中金公司研究部　中金研究院　/ 著

"一带一路"新十年

宏观、金融与产业趋势

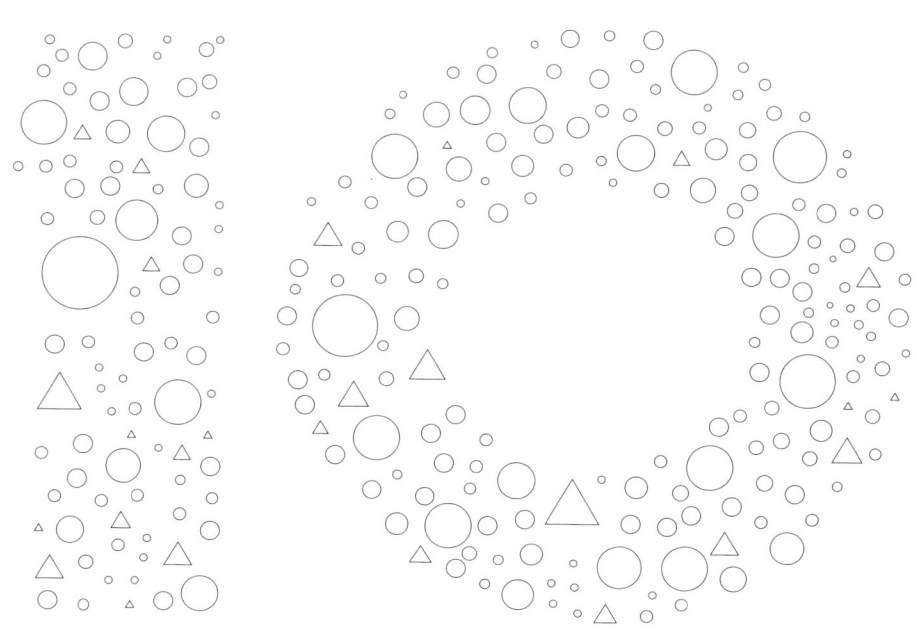

中信出版集团 | 北京

图书在版编目（CIP）数据

"一带一路"新十年 / 中金公司研究部，中金研究
院著 . -- 北京：中信出版社，2023.11
ISBN 978-7-5217-6043-9

Ⅰ.①一… Ⅱ.①中…②中… Ⅲ.①"一带一路"
－国际合作－研究 Ⅳ.① F125

中国国家版本馆 CIP 数据核字（2023）第 188030 号

"一带一路"新十年
著者： 中金公司研究部　中金研究院
出版发行：中信出版集团股份有限公司
　　　　　（北京市朝阳区东三环北路 27 号嘉铭中心　邮编　100020）
承印者： 北京盛通印刷股份有限公司

开本：787mm×1092mm　1/16　　　印张：33.25　　　字数：560 千字
版次：2023 年 11 月第 1 版　　　　印次：2023 年 11 月第 1 次印刷
书号：ISBN 978-7-5217-6043-9
定价：89.00 元

版权所有·侵权必究
如有印刷、装订问题，本公司负责调换。
服务热线：400-600-8099
投稿邮箱：author@citicpub.com

目　录

代导读　"一带一路"中的比较优势与融资问题　/001
前　言　对新形势下"一带一路"倡议促进发展与合作的几点思考　/009

宏观篇

第一章　发展：共建"一带一路"的总钥匙　/003
第二章　合作："一带一路"合作中基建比重高　/031
第三章　创新：打造开放可持续的"一带一路"合作体系　/063
第四章　绿色：新约束下共谋"一带一路"发展　/095
第五章　共建："一带一路"与国际经济治理　/131

金融篇

第六章　"一带一路"金融合作：现状与挑战　/163
第七章　"一带一路"债务：风险化解　/195
第八章　"一带一路"金融：资本市场大有可为　/229
第九章　"一带一路"与人民币国际化：路径选择　/261

产业篇

第十章　"一带一路"项目可持续性：产业视角的分析　/297

第十一章　基建"一带一路"：共谋发展之道　/323

第十二章　大宗原材料：破解资源诅咒，"一带一路"合作共赢　/355

第十三章　重化工业："一带一路"迎来发展新机遇　/389

第十四章　高端装备：聚焦基建类装备"一带一路"出海机遇　/419

第十五章　新能源汽车："一带一路"出海正扬帆　/447

第十六章　消费产业：助力"一带一路"经济　/475

代导读

"一带一路"中的比较优势与融资问题[①]

很高兴能够参加"中金公司 2023 '一带一路'新十年论坛"。2023 年是习近平主席提出共建"一带一路"倡议的十周年，中国将举办第三届"一带一路"国际合作高峰论坛，因此，中金公司提出的"'一带一路'新十年"是个很好的题目。中金撰写的《"一带一路"新十年》覆盖面全，包含了宏观、金融和产业三个篇章，关注了不少需要进一步深入研究分析的议题。我参加过一些关于"一带一路"以及国际债务问题的讨论。2023 年 6 月初，我在复旦大学围绕"'一带一路'若干经济分析"做了一个讲座，与此题目有一定的关联性。这里我讲其中三个方面的议题，跟大家分享一下。

一、关于"一带一路"合作中基建比例高的问题

中金的这本书分析了"一带一路"合作中为什么基建比例高，提出了"比较优势"观点。我想这个问题还可以进一步展开讨论。从概念上看，比较优势有三个关系可以讨论：一是自然禀赋与比较优势，二是国际分工与比较优势，三是效率优势与产能过剩。早期的比较优势理论认为，由于有自然禀赋，才形成了比较优势。后来慢慢发现，不见得必须拥有自然禀赋，由于国际分工需要，也会形成

[①] 本文为 2023 年 7 月 25 日周小川在"中金公司 2023 '一带一路'新十年论坛"上的讲话。

比较优势。从分工的角度看，一个国家会逐渐培养某一方面的特长，进而形成比较优势；而形成比较优势后，也会加速国际分工的发展。如果一国希望在国际分工方面有比较多的参与，就必须在效率方面有优势，包括在技术、管理、市场开拓、运输等方面，特别是在生产和成本方面有效率优势。效率优势会使得一国在相关产能方面超过本土需求，因此它就必须走向国际。如果仅从国内市场需求量来看，就会出现产能过剩的现象。所以从这个角度来说，产能过剩并不是坏的词，实际上它是和比较优势、国际分工密切联系的。一国出现产能过剩，其实可以在全球化、在国际分工中进一步发挥好自身优势。"一带一路"在这方面有非常明确的特点。

在亚洲金融风暴之前，中国的基础设施比较薄弱。那时，中国作为一个大国，有大量的基础设施需求，意味着会迎来基础设施大发展阶段。特别是为了应对20世纪90年代末期的亚洲金融风暴以及本轮国际金融危机，中国政府以大力推进基础设施建设和投资项目为切入点，加大了财政支出和总需求管理的力度。这样也就加速培育了基础设施建设的产能。当这个产能增加到一定程度时，国内需求就逐渐略显饱和，产生了产能输出的潜力以及压力。经历了这两个危机阶段，中国在基础设施建设、城镇化、制造业和工业园区等若干方面呈现出非常明显的能力和比较优势。基础设施建设的优势领域包括公路建设、铁路建设、机场建设、通信系统（特别是无线通信）、火力发电、水力发电等；城镇化方面既包括城市基础设施和公用设施建设，也包括商业地产和住宅地产建设；制造业的优势既包括工业园区建设，也涵盖广泛的产品和关键设备制造。这些优势领域在超过国内需求以后就会大力寻求海外项目，参与的主体既包括国有企业、股份制企业，也包括私营企业。

与这种生产和输出能力相对应的一个重要议题就是储蓄率，这也是很值得研究的一个问题。中国的储蓄率一直保持在高位。初步估算，2022年中国的储蓄额和GDP之比维持在45%左右，而且短期内这种高储蓄率现象似乎难以改变。储蓄率高有利有弊，但从对外投融资的角度来说，它是一种优势，意味着对海外项目有很强的融资能力。这是与工程建筑、设备制造的比较优势相并列的同等重要的优势。观察全世界，有的国家产能输出能力很强，但国内储蓄率低，在投融资能力方面就有所欠缺；有的国家有投融资能力，但不见得有很强的建设能力。

而中国正好这两个方面的能力都具备。在共建"一带一路"国家中，中国的融资比例高，金融上的主力是国家开发银行和中国进出口银行两大机构，它们主要是通过在国内发债融资（当然也有其他个别融资方式），来支持"一带一路"项目。这与国内储蓄率高是有非常大的关系的。

此外，从"一带一路"项目的类型分布来看，政府援助性项目占比很小，典型的政府贷款项目占比也不高，绝大多数项目都是市场驱动、公司行为、具有商业属性的项目融资，是与前面所说的比较优势、产能过剩以及高储蓄率相关联的，是在此基础上推动形成的一种主动行为。这当中包含的政府色彩往往比较少，而公司行为又往往分为公司主动行为和公司被动行为。像国内很多有基建方面特长的公司，大多是主动到海外寻找、开发项目，并把它们承担下来的。当然也有少数是甲方公开招标或主动要求的。由于我们在共建"一带一路"国家中主动寻求项目，有很多收入不高的国家随即就会提出融资需求，为解决这一融资需求，基建公司往往主动在国内寻找金融机构，特别是寻求国家开发银行和中国进出口银行进行融资，当然也有少数去找工农中建或其他金融机构进行融资。这些金融机构可能最开始对于具体项目以及共建"一带一路"国家的情况了解得还不太充分，同时一些项目也确实存在风险，因此，金融机构对项目融资给出的风险溢价通常都比较高。为降低融资成本，出资方金融机构往往提出两种解决办法：一种是要求对方进行主权担保或准主权担保，其中也包括用未来资源产出进行偿还；另外一条路子就是请中国信保提供保险。整体来看，大多数项目是以"市场驱动 – 公司行为 – 商业属性"为主的做法。

由于中国和共建"一带一路"国家的外交往来也非常多，在高级访问和其他有关场合下，往往会把"一带一路"项目、融资协议及有关合同的签署汇总搞一个签字仪式，突出双方合作的意愿。但要说清楚，在见签仪式上以公司名义参与签署的协议或合同，更多是表示双方友谊合作、相互支持，并不表明该项目就是政府项目，也不表明是政府决策的。

如果把这些项目再仔细划分一下，可以看出一些所谓主权融资的项目，其实是债务方进行了主权担保，并不是债权方的政府行为。项目的分布也并不是非黑即白的二进制关系（要么是商业性，要么是政府性），而是在 0 和 1 之间有一种分布，有的是商业性质更多一些，有的则具有一定的政府性质。国际上对此的理解差异很大，误导性也很大。一些人片面地认为，中国参与的项目，特别是国有金融机构进行融资的项目，都是政府行为。而从我们对具体项目的了解和对分布的度量来看，其实并非如此。我们也一直对外明确说，工农中建都是股份制的商业银行，它们的贷款是商业性贷款；国家开发银行是开发性银行机构，不是政府信贷机构，不能归为政府行为，也不是代表政府的主权债权，不应参加双边主权债务重组。只有中国进出口银行是中方定义的政策性银行，其对外的文字描述上写的是"政府出口信贷机构"，也就被当作主权贷款机构了。但实际上即使是中国进出口银行，相当一部分涉及重组问题的债权也是商业性项目贷款，并非典型的政府出口信贷。

由于国内外理解差异比较大，因此对债务性质认定、债务重组安排等产生了很大的分歧。特别是，如果债务需要重组，就涉及究竟由谁承担重组成本的问题：是由政府承担，还是由具体公司和金融机构自身来承担？国外一些人一看到中国的项目方公司是国有企业，融资机构是国有金融机构，就认为债务应该纳入双边主权债务进行重组。事实上，债务是否重组、由谁承担重组成本，不见得取决于项目方公司和金融机构戴的是国有还是民营的"帽子"，而是要看债务实际形成的动机、实质以及资金来源。总之，从比较优势、基建能力、产能角度来看，"一带一路"倡议从基建到产业的大量项目及其融资主要是基于经济方面的原因，也就是市场驱动、公司行为、商业化融资。

二、关于中国"债务陷阱"的问题

这本书中也谈到了债务问题。国际上关于中国"债务陷阱"的说法传得沸沸扬扬，对这种说法我们必须正面应对。对于"债务陷阱"，一种说法是，共建"一带一路"的发展中国家在借债发展过程中出于各种原因出现了债务偿付问题，陷入了债务泥潭。另外一种说法则是从更负面的角度进行猜想，认为是中国主动在路上挖了陷阱，让有些国家掉进去，以便对它们进行控制。这种说法与阴谋论、地缘政治紧张相联系，非常缺乏根据。从自身来讲，历史上很长时间中国都不是对外的主要债权国，缺乏当债权人的经验，因此对这些言论，我们自己缺乏深入研究和论证，也没有形成高度共识的对策体系，所以加强这方面的研究非常有必要。

总体而言，此事不可小视，不能想当然地认为这仅是个别西方国家对我们的攻击，认为广大共建"一带一路"的发展中国家不会听它们的，也不能止步于仅评判其政治动机，或大力谴责就完事了，还需要具体应对其各项负面影响。事实上，有不少共建国家受"债务陷阱"说法的影响，在与中国打交道的过程中态度已变得消极。另外，别有用心人士散布了很多关于"一带一路"倡议的负面言论，一些国家的民众受此煽动，对一些具体项目的推进很不利；非洲某些发展中国家受此影响，开始对中国项目、中国融资产生疑虑。从中国来看，国家开发银行和中国进出口银行的新项目融资明显下降，如中国进出口银行每年新的融资项目数量减少过半，融资数额也有明显减少。当然新项目数量减少和最近几年的新冠疫情也有关系，因为疫情使人员往来不便，很多项目没法当面接触，现场考察受到拖延。其实这也是有合理性的反应，因为个别国家出现了债务偿付问题，存在违约的可能性，所以对于债权金融机构来讲，就会降低这个国家的内部评级，提高风险评估系数。如果发生了违约，该国的国际评级也会下行。这样一来，金融机构必然会减少未来对这个国家的贷款和债权融资，已经进行的项目甚至也有可能搁置或者重新评估。

这当中涉及很多问题，中金的这本书谈及了一部分。我试图把核心问题归纳为：债务是否需要分层？如果需要进行分层，究竟谁跟谁应该站在一层？如何设定层间关系及层内规则？债权一般分为三层。第一层是多边债权人，主要是世界银行和一些区域、次区域开发机构，如美洲开发银行、欧洲复兴开发银行、非洲开发银行、亚洲开发银行、亚洲基础设施投资银行，还有体量小一点的西非开发银行、东南非贸易与发展银行、加勒比开发银行等。第二层是双边官方债权人，主要是政府贷款。第三层是商业性债权人，由私人和机构分散持有。当前，第一层不同意参与重组和债权减让。第三层模式近年来发生了很大转变，商业银行项目贷款占的比例开始减少，而且减少得比较明显，更多的是发行债券。发债的透明度有所提高，涉及的债权人更为广泛，且多为私人机构。因此，从难度上来讲，商业性债权人自然会在债务重组安排上更为靠后。这就把减让的压力、注意力过多地针对第二层。

从G20（二十国集团）2020年通过"缓债倡议"，以及2021年提出"G20

债务处置共同框架"以来，有很多争议实际上都是围绕层次划分问题展开的，比如层次划分得对不对、划分后谁应该与谁站在哪个层次上等。因为划分层次不同，承担救助的义务不一样，偿付顺序也不一样，这有点像国内债务重组中遇到的优先债、普通债、劣后债等层次安排。在第一层上，对于世界银行等多边开发机构是否应该参加债务重组和债务削减等，有很多争议。在第二层上，经过多次努力，国际上已经大致接受中国的国家开发银行属于开发性金融，不是政府主权性的债权，不应纳入双边政府层次上的债务重组安排。对于私人债权层次，能否以同等减让程度参与债务重组和债务削减，各方有不同主张，也涉及可行性。总之，这些问题的提出显然会涉及债权层次，会有不同的观点和不同的利益。

如果一个债务国确实出现比较大的问题，债务削减实际上是不可避免的，可以采取若干种削减债务的方式：可以直接"剃头"（haircut），可以对期限进行延长，可以设置更长的宽限期，也可以降低未来的利率。但这些方式都可以折算成对债权净现值的减让，同一层次上的债权人的减让幅度应大致相同。与此同时，就会导致谁跟谁应该站在一层、应该与哪一层上的减让相比较的问题。

当然，债务重组并不是唯一的出路。对于是否需要债务重组，必须先研究债务的可持续性，也就是分析债务国的债务到底严重到什么程度、违约的可能性有多大等。有时候对债务可持续性的看法各方也不一样。对有些国家来讲，债务的可持续性涉及矿产及资源的国际市场价格变动，还有的涉及其他一些非经济因素。同时，债务性质是债务重组过程中一个经常需要讨论的问题。不是"帽子"决定脑袋，有时候机构的"帽子"是什么颜色、它印上什么名字，与债权的性质不见得是同一回事。因此，对债务债权还要进行可比性分析。此外，需要建立债务重组的原则和机制。债权人要有知情权，对债务人偿还能力的评估，债权人必须有自己的权利；另外，中国还主张一些好项目应该从债务重组中剔除，并作为利润来处理；再有，涉及外债和内债的关系，比如最近的斯里兰卡，它既有较高的外债，也有内债，内外债的处理尺度应该是什么样的关系，也需要妥善处理。总之，做好债务重组就要分析好不同重组方案所涉及重组的成本，这些都需要用很好的经济和金融方面的功底去做分析。

具体涉及中国的某些问题，大家可能还没有付诸足够的注意力。比如，国家开发银行债权应该放在什么样的位置？再如，我们在处理具体的债务重组安排时，究竟应该在多大程度上依靠多边机制，或者在多大程度上依靠双边机制？在什么情况下如何选择多边机制和双边机制？二者之间究竟是什么样的关系？此外，债务如果出了问题，就会产生债务重组的成本，于是就有了成本承担机制问题，谁应该负担最终的重组成本？这些问题，不能说目前都已经解决好了，有的讨论不够充分，没有达成高度共识。像今天的这种讨论会也很少见，无法对一些专门的问题进行充分交流。只有把这些问题进行充分研究讨论并达成共识，我们才能更加主动、更有效率、更有说服力地应对"债务陷阱"问题。把"债务陷阱"问题应对好了，对于"一带一路"倡议下一步的发展会有显著的作用。

三、关于"一带一路"投融资的未来

关于"一带一路"投融资的未来有很多题目，这本书在金融篇中提到了关于资本市场的作用、关于人民币国际化的作用等。我这里补充几点看法。

第一，如何应对债务国过高的债务杠杆率？结合前面谈及的关于比较优势和产能优势、"债务陷阱"问题的分析可以看出，当前"一带一路"投融资出现的突出问题，基本上表现为债务的杠杆率过高的问题。这个问题与我们在国内遇到的财务重组问题类似。应对高杠杆就应该提高股权的比例，增加股权投资有助于降低高杠杆，同时股权的利益绑定也有助于提高项目的效率和避免各种不必要的行政干预。

如果债务过高，对一部分债务实行债转股也是一种合理的选择。一个项目初始采取较高比例股权投资的做法和债务出问题后采取事后的债转股，最终的效果实际上是接近的。与此股权融资接近的一个概念是BOT（建设－经营－转让），在最终转让之前出让了控制权。有些对共建"一带一路"国家的股权安排往往是一种阶段性股权，不是永久的，最终是要转让的。一些公路、铁路项目往往采取的就是BOT形式，最近恰好看到两个例子：一个公路项目的运营期是50年；另外一个交通项目的运营期先定的是50年，后来又增加到75年。斯里兰卡的汉班托塔港项目是事后做的债转股，运营期明确的是99年。虽然年份的数字有差别，但实际上都在50~100年，因此总的来说都属于阶段性股权。这个做法在西方试图抹黑中国的情况下，都被渲染成中国试图谋取控制权，并通过控制权实现自己的利益。但如果去了解内情和运行机制，其实更多还是为了项目能顺利完成建设和运营，同时投资方能获取合理回报，这是属于市场驱动的公司商业化行为。

当然，也有些项目在实行 BOT 或者债权股权重新安排的情况下，本来是能搞好的项目，但是不断产生亏损。观其原因，有时候是由于该国民粹主义及选举需要，对项目定价过低，比如很好的铁路建设项目，由于票价定得过低，刻意迎合部分选民的利益，项目回报就有困难了。再如，在项目建设过程中，有时候地方政府"吃拿卡要"比较厉害，导致建设成本大幅提高，远远超出原有设想，使未来财务上还本付息压力变得很大，进而把一个本来可以不亏的项目生生变成了亏损项目。可以通过债股关系的合理安排减少这一类不当利益，也可以对已发生的财务负担做出纠正性安排。这有助于减少道德风险，是进行融资安排或债务重组的一种选择，但前提是我们必须要把前述所谓的"债务陷阱"中的是非关系处理好。

第二，应该适度减少主权债。既然有些共建"一带一路"国家已面临内债和外债偏高的情况，中国就应该借鉴世界上融资趋势的新变化，对这些国家未来发展所需要的项目减少运用主权债，同时适当减少采用银行类机构贷款的方式，而更多运用债券市场和认购债券的方式，并更多参与区域和次区域开发银行来共同投融资。

第三，要推动多边机制的改革和建设。因为融资问题和债务重组问题比较复杂，存在很多争议，有很多问题并未真正建立起有效的机制，这中间还有很多多边机制改革的问题，也有很多多边机构建设的问题，包括现有多边机构决策背后的经济理念、历史背景，以及最终形成的分析框架和重组框架等。中国明确支持多边主义，但在债务问题上，现行多边机制的规则实际上还在不断争论、不断变化之中，尚未真正建设好。因此，在这方面还有很多工作要做。中金的这本书在这些方面也有一定程度的涉及。

我就讲这三个方面，希望能引起大家的关注和讨论，同时推进这些方面的研究，以便我们把"一带一路"工作做得更好。讲得不对的地方请大家批评指教。谢谢。

周小川

博鳌亚洲论坛副理事长、中方首席代表

前 言

对新形势下"一带一路"倡议促进发展与合作的几点思考

2023 年是共建"一带一路"倡议提出十周年。自 2013 年以来，中国已与 151 个国家和 32 个国际组织签署 200 余份共建"一带一路"合作文件[①]，涵盖投资、贸易、科技、人文等领域，这些国家（含中国）拥有全球约 2/3 的人口和约 40% 的 GDP（国内生产总值）。这十年中，"一带一路"倡议拉动近万亿美元投资规模，形成 3 000 多个合作项目，为相关国家创造超过 42 万个工作岗位，让将近 4 000 万人摆脱贫困。"一带一路"倡议在促进中国与共建国家的互联互通和合作发展方面取得了显著成绩，成为深受欢迎的全球公共产品和国际合作平台。

与十年前相比，全球环境发生了深刻变化。一场百年不遇的新冠疫情给世界带来了巨大冲击，疫后经济复苏不平衡，一些长远的疤痕效应还在显现，地缘政治、产业链调整、绿色转型等新变局和新约束条件，也给经济基本面和全球治理机制带来深远影响。在新形势下，包括"一带一路"倡议在内的国际合作面临新的问题和挑战，需要在实践中探索和解决。

中金公司研究部和中金研究院联合撰写了本书，从宏观与产业、实体与金融、国内与国际多个层面分析"一带一路"倡议取得的成就与面临的挑战，探讨

---

① 2023 年 6 月 12 日洪都拉斯成为第 152 个与中国签署共建"一带一路"合作文件的国家，如未经特别说明，本书使用的共建"一带一路"国家的统计口径和数据截至 2023 年 5 月，包括 151 个共建"一带一路"国家。

未来发展的机遇和相关公共政策问题。本文从宏观的视角就"一带一路"合作发展提出一些看法和思考。

一、"一带一路"基建：外部性如何内部化

"一带一路"倡议包括两部分，"带"主要指欧亚内陆地区的连接，接近历史上的丝绸之路，指从中国出发，通过铁路、公路等方式连接亚洲、欧洲和非洲的经济带；"路"是指海上连接，将中国与东南亚、南亚、非洲等地的海上贸易网络联系起来。"一带一路"倡议涉及的领域包括贸易投资、金融、教育、文化、旅游等，影响最大、受关注度最高的是基础设施建设，最开始是通过基础设施连接欧亚大陆沿线国家，之后延伸到东南亚和非洲，再后来南美洲、太平洋岛国等也参与进来，成为中国和其他国家合作发展新模式的关键载体。

"一带一路"基础设施建设既涉及交通、能源、通信等传统领域，也有学校、医院、绿色、文化等公共服务和新型基础设施，在工业化和城市化两个层面促进了当地的经济发展。在交通领域，"一带一路"倡议推动了多个国际大通道的建设和运营，如中欧班列、海铁联运等。电力、石油和天然气等项目满足了共建国家的能源需求增长。卫星通信、光缆等通信项目则促进了共建国家的信息交流和互联互通。多个水利项目建设，如老挝南欧江水电站等，则改善了当地的水资源开发和利用。

基建需要成本投入，一般来讲发达国家的基础设施相对完善，那么基建是经济发展的结果，还是促进发展的原因？两者应该是互为因果。但基建带有一定的公共品属性，意味着公共政策应该也能够发挥促进作用。公共品属性意味着基础设施产生的收益部分惠及全社会，而不完全归属项目本身。基建的公共品属性还体现在其外溢效应上，比如公路等基础设施有利于拉动汽车的消费和生产。基建设施作为公共品的外部性容易导致私人部门投入不足，需要公共投入和政策引导。很多共建"一带一路"国家在这方面存在较大的投资缺口，可以说是阻碍经济发展的一个重要因素。

公共品属性往往也和规模经济联系在一起，对于公共物品来讲，用的人越多越划算，也就是规模越大，单位成本越低。基于人口规模和大市场，加上高储蓄

率带来的资金支持，结合政府的投入和引导，中国得以在过去几十年大量投资基础设施建设，积累了丰富的经验，技术水平不断提高。例如在高速公路、高速铁路、城市轨道交通、桥梁和隧道等领域，中国掌握了一些世界领先的技术，建立了强大的工程实施能力和较高的自主创新能力，这些优势为中国和共建"一带一路"国家的合作提供了坚实支撑。

共建"一带一路"国家对基础设施有需求，中国有供给（建设）能力，供需匹配促进合作，实现互利共赢。但基础设施公共品属性也意味着跨国合作面临障碍，因为单个项目的商业回报低于其对整体经济的贡献。在一个国家内部，纠正这样的外部性可以通过财政或者公共政策激励措施来实现，即政府代表整个社会的利益来增加基建投入，并协调管理潜在的外部性。但国家之间不存在这样的财政调节机制，因此也产生了对跨国基建投资可行性和持续性的质疑。

"一带一路"倡议以外，一些发达国家在近几年也提出了加强与发展中国家合作的方案，比如美国在2022年启动全球基础设施和投资伙伴关系（Partnership for Global Infrastructure and Investment），欧盟在2021年宣布类似"一带一路"倡议的基础设施合作项目"全球门户"（Global Gateway）。这些项目通常被认为与"一带一路"倡议存在竞争关系，但欧美方案投入的资金规模小，对发展中国家的帮助有限。跨国基建投资的外部性如何内部化是一个难题，对此发达国家也没有处理好。

在"一带一路"倡议提出后的头几年，基建项目的数量较大，后面有所放缓，这里有新冠疫情的冲击和地缘政治变化的影响。同时，随着前期投入的推进，不少项目逐步完工，并进入运营阶段。这些项目整体来看就像一个投资组合，少数项目的收益或者效果不理想属于正常现象。实际上，大部分项目对促进当地经济建设、促进中国和这些国家之间的贸易、实现共同发展发挥了良好作用。"一带一路"合作是一个发展模式的创新，我们需要超越基础设施本身来看外部性内部化的问题。

二、发展新模式探索

过去40年，主流经济政策框架是华盛顿共识，强调自由市场有效配置资源，全球化下世界是一个统一的大市场，共性大于差异，不重视发展中国家内部传统经济和现代经济并存的二元结构国情，也不重视中心国家和边缘国家如何建立互利共赢的机制。结果是过去40年的全球化模式对发展中国家的促进作用有限，一些国家的发展失衡问题更加严重，和发达国家的差距扩大了而不是缩小了。

与此同时，发达国家内部的贫富分化也加剧了，甚至有观点认为发达经济体也存在二元结构，比如美国的铁锈地带、产业空心化问题，而内部分化反过来导致对外经贸关系层面上的保护主义死灰复燃。叠加地缘政治的影响，过去的全球化模式遇到重大挑战，一些发达国家越来越多地把内部的目标放在更优先的位置上，贸易、产业、绿色转型等方面的单边主义政策在增多。例如，作为全球化时代全球治理最具代表意义的国际机构，世界贸易组织（WTO）有被边缘化的迹象，从而损害发展中国家通过贸易促进发展的空间。

在这样的背景下，"一带一路"倡议带来的是对发展模式和国际经济合作模式的创新与探索。第一，提升贸易总量。"一带一路"倡议通过互联互通，降低了运输成本和其他交易成本，促进了跨境贸易和投资。根据 UN Comtrade（联合国商品贸易统计数据库）的数据，共建"一带一路"国家中，10年前中国是18个国家的第一大贸易伙伴，现在是35个，美国对应的数据是15个与11个，德国是12个与16个。这反映了中国在全球经济中的比重上升，"一带一路"合作也是一个重要推动力量。"一带一路"合作下各国潜在市场规模的扩大不仅增加了出口需求，也通过竞争提升了资源配置效率，促进了经济可持续发展。

第二，促进平衡发展。回顾历史，海运和水运连接是工业经济的重要标志，产生了很多著名的港口城市，并在此基础上形成了现代城市经济枢纽，现在的纽约、伦敦、新加坡、香港地区（粤港澳大湾区）、上海、东京是典型的例子，这些城市既得益于全球化，也在此过程中扮演重要角色。"一带一路"倡议的一个重要创新是"带"，增强欧亚内陆地区（尤其是东欧和中亚经济体）的连接，促进陆港城市的发展，助力内陆国家、地区（包括中国中西部地区）的经济增长。

第三，"一带一路"合作在应对气候变化方面可以开拓新领域，带来发展新机遇。到目前为止，绿色转型强调需求端，旨在增加对可再生能源的需求，包括绿色补贴和碳定价（碳交易市场、碳税），在一些方面带来"气候保护主义"的担忧，比如有些绿色补贴存在对相关产品国内生产的要求，以及针对进口商品的边境税等。"一带一路"合作可以更重视供给端，不少共建国家有丰富的太阳能和风能，低成本的可再生能源是支持可持续工业化的资源禀赋。结合共建国家可再生能源供给优势和中国的制造业能力优势是未来的新增长点，而基础设施投资是前导。

第四，"一带一路"倡议的发展观也涉及金融和实体的关系。20世纪80年代开始的超级全球化，以资本跨境流动为主要载体和驱动力，华盛顿共识的一个关键部分就是金融自由化，其逻辑是跨境资金自由流动驱动各国的创新、工业化和贸易，是发达国家经济金融化的延伸或者说一部分，以金融化促进落后国家的发展。"一带一路"倡议以基础设施一体化为国际经济合作的载体，以实体资本而不是金融资本为发展的驱动力，体现了金融服务实体经济的理念。发达国家的金融自由化对发展中国家的帮助有限，甚至有反作用，"一带一路"金融合作还在开始阶段，能否经得起时间的检验呢？

投资存在风险，尤其基础设施的外部性意味着市场机制在匹配风险和回报上并不总是有效的。就单个项目而言，项目收益通常较债务偿付义务滞后，债务偿还压力在一段时间内上升属于正常现象。但近年来个别媒体和机构放大单个项目的债务问题，甚至认为存在"债务陷阱"。现实的情况是中国没有强迫相关国家举债投资，项目也来自相关国家自己的提议，共建"一带一路"国家对中国的负债只占其对外债务的小部分，也没有出现中国因为债务而没收所谓抵押资产的例子。

基建资产收益的外部性意味着对应的债务也有外部性，就像基建投资的合理性要放在发展和合作的大框架下看待，"一带一路"债务的可持续性也有一个宏观平衡的视角。这不仅涉及一国内部的协同，更有跨国的互动和合作。有两个方面的问题值得分析，一是"一带一路"合作对国际收支平衡的影响，二是纠正可能失衡的制度安排和合作机制。

三、宏观金融平衡的是与非

我们可以从三个角度看跨境资金流动的宏观平衡。第一，从实体层面看，一国贸易顺差意味着当下对外资源转移，换取对外资产（对未来资源的索取权），逆差则相反。对外净资产或负债的过度累积可能反映了宏观失衡，或许是不可持续的。比如 2008 年全球金融危机发生前，市场关注美国持续贸易逆差所隐含的风险。第二，从金融层面看，融资总量和结构不合理也有不可持续的问题。2008年以前，虽然欧洲对美国的贸易顺差规模小，但欧美之间双向流动的资金量大，加剧了次贷风险的积聚。第三，从治理机制看，实体和金融层面失衡的调整方式及后果受国际货币体系的影响。

从实体资源配置的宏观平衡来看，一国积累对外净资产的唯一方式是贸易顺差。假设私人机构对外投资导致对外汇的需求增加，有两个可能的情形：一是没有资金流入抵消，外汇求大于供，本币汇率贬值，一段时间后贸易顺差增加；二是正好有资金流入（带来对外负债），与私人部门的资金流出（带来对外资产）相互抵消，外汇的供求平衡不变、汇率不变，贸易差额不变，对外净资产不变。从全球来看，贸易是平衡的，一些国家的顺差意味着另一些国家的逆差，在一个时间点，有些国家在累积对外资产，有些国家在累积对外负债。

一国对外净资产的理想水平取决于人口结构、资源禀赋、技术进步等因素。过去 30 年中国持续的贸易顺差部分源自人口红利带来的高储蓄，青壮年人口为养老累积资产，包括对外资产。大部分共建"一带一路"国家人口年轻、育儿负担相对较高，储蓄率低，通过对外负债推动国内投资是合理的选择，体现为贸易逆差。此外，部分国家拥有丰富的自然资源，比如能源和矿产，开采埋在地下的实物资产，通过出口转为金融资产，分散资产配置也是理想的选择，带来贸易顺差。

"一带一路"合作对跨境资源配置有什么影响？比较"一带一路"倡议提出之后的 10 年和提出之前的 10 年，中国对全球的贸易顺差（占中国 GDP 比重）平均值下降了 0.4 个百分点，但对共建国家则由 1% 的逆差转为 0.5% 的顺差，增加了 1.5 个百分点。中国顺差总量下降的背后有人口红利消退的作用，地区分布变化则有"一带一路"合作的影响。"一带一路"共建基础设施项目的融资有相当一部分来自中国，用以进口中国的资本品和中间品。相关投资促进了所在地的经济增长，所有贸易伙伴都受益，作为全球最大的制造业中心，中国自然受益较多。

如何看待净资源转移带来的债务可持续性？一个关键因素是转移的资源（进口商品）用于投资还是消费。"一带一路"合作模式下的投资项目增加基础设施和公共服务，促进了当地的工业化和城市化发展，有利于长期经济增长，由此形成的债务是可持续的。相反，如果资金流入支持消费，其形成的债务的可持续性就较低。历史上有不少发展中国家，甚至一些发达国家都经历过外债支持消费的阶段，最终被证实难以为继，10多年前南欧国家债务问题是典型的例子。

从金融层面来看，当下的资源转移（储蓄）能否有效转化为投资还取决于融资的形式和结构。过去40年，在金融自由化的推动下，全球范围内资本市场相对于银行体系的重要性上升，跨境资本流动也从银行贷款转向资本市场。由于资本市场参与者投资基础设施的耐心和意愿不足，这种融资结构的变化意味着发达国家对发展中国家基建的支持有限。"一带一路"金融合作以银行贷款为主，兼具开发性金融注重发展和商业性金融关注特定项目经济效益的特征，符合大部分共建"一带一路"国家金融市场不发达、基建的资金需求大，以及中国金融体系以间接融资为主的现状。

但随着"一带一路"合作的深化，单向资金流动和单一融资形式的不足和风险也需要重视。金融有顺周期性，预期好的时候，投融资增加，由此带来的经济增长促进乐观情绪上升，进一步提升融资，促进经济的繁荣。一旦遇到外生冲击，反向的下行压力也较大。不过，资本市场与银行信贷的顺周期性不同。一般而言，银行贷款需要抵押品（包括某种形式的信用担保）以应对信息不对称问题，造成信用扩张与抵押品价值相互促进的循环，由此形成较强的顺周期性。资本市场投资者对新信息更为敏感，外生冲击的影响能够通过资产价格波动较为及时地被消化，导致经济沿着一个方向过度强化的可能性较低，顺周期性比银行信贷弱。因此，促进融资形式多元化，利用资本市场工具可以降低金融的顺周期性、分散风险，提升"一带一路"金融合作的可持续性。

另外，早期"一带一路"金融合作的扩张得益于中国对外资产存量配置结构的调整。中国的大规模外汇储备是在贸易顺差大和汇率灵活性相对不足时累积的，最高时超过4万亿美元，当时美国国债收益率也低，增加对新兴市场和发展中国家的投资，既为这些国家提供了紧缺的基础设施和工业投资，对中国来讲也带来分散投资、提升回报的作用。

从未来发展看，贸易顺差减少意味着单向投资（资源转移）的空间降低了，存量结构调整也基本完成，"一带一路"金融合作的增长空间在哪儿？双向资本流动是合理的逻辑推演。中国作为一个大型经济体，抗风险的能力较强，中国提供安全资产，投资风险资产，形成一个闭环，可能是"一带一路"合作的新方向。但产生安全资产需求的机制是什么？是需求引导供给还是供给创造需求？这涉及国际货币体系治理问题，"一带一路"合作既需要国际货币体系的支持，反过来也影响国际货币体系的演变，其中人民币国际化尤其值得关注。

四、促进国际货币体系变革的抓手

国际货币体系随着世界经济和政治环境的变化而演变。100年前，在大流感和一战的双重冲击下，金本位体系崩塌。二战后，美国在军事、经济和金融等领域一家独大，围绕美国打造的布雷顿森林体系相对平稳地运行了近30年。在越南战争和中东石油危机等地缘政治事件的冲击下，布雷顿森林体系于1973年垮台。在之后的40多年，全球进入了以美元为主导的国际货币体系。

美国经济占全球总量的比重已从20世纪60年代初的40%，下滑至目前的25%左右，但美元在全球外汇储备中的比重则维持在60%左右的水平。过去40年，美元国际货币体系的两大基础是全球化和金融化。全球化最重要的代表性国家是中国，改革开放后，中国融入世界经济，尤其是加入WTO之后，中国在全球产业链中扮演着日益重要的角色，成为最大的产成品生产和出口中心。金融化最具代表性的国家是美国，在金融自由化的推动下，内部来讲金融在经济活动中的重要性增加，在跨境层面美国在国际金融体系中的优势地位得到强化。

在以通胀目标制和浮动汇率制为双支柱的宏观政策框架下，尽管经济学理论寄希望于通过浮动汇率制来调节国际收支失衡，但现实中汇率波动的作用有限，国际收支平衡在相当大的程度上依赖美元的国际货币地位，载体是美国提供安全资产和商业融资。中国、日本以及能源出口国等贸易顺差国购买美国国债和其他金融资产作为安全资产，能源进口国等贸易逆差国则通过美元融资弥补国际收支缺口。

新形势下，全球化和金融自由化遭遇挑战。2008年全球金融危机发生后，金融监管加强，贸易摩擦增加，近期的新冠疫情和俄乌冲突加剧了经济的逆全球化和去金融化的趋势。部分国家在科技领域施加了诸多限制，同时各国更关注产业链的稳定和安全，产业链调整带来全球化的逆风。另外，在地缘政治冲突中，部分国家政府利用本国货币所拥有的国际地位实施金融制裁，加剧了其他国家对当前国际货币体系的疑虑，促使其他国家寻求降低对单一国际货币的依赖。

在此趋势下，双边和区域性经贸合作的重要性增加，实体资产相对金融资产的重要性上升。随着美国由金融优势带来的竞争力下降，其他国家遭受的金融劣势约束也弱化了，国际货币体系面临向多极化方向演变的新契机。虽然未来相当长的时间内，美元大概率将维持其第一大货币的地位，但其绝对优势可能下降。大部分共建"一带一路"国家不再以美国为第一大贸易伙伴，减少在金融层面对美元的依赖有利于减小实体经济的波动。

首先，在支付方面，双边、多边，甚至区域货币协作机制的重要性将上升。因为实体资产的通用性比金融资产低，随着"一带一路"合作的深化、贸易的持续扩大，货币的支付职能的差异性将日益显现，增加各类非美元支付机制安排的空间。例如，欧亚经济联盟成员国间贸易的本币结算比例已经超过70%，中国与非洲、拉丁美洲以及其他区域的国家也达成了一些非美元的支付机制安排。基于人民币的非美元支付体系尤其具有发展潜力，这一方面源于中国与共建"一带一路"国家的经济互补性，另一方面源于中国作为全球最大贸易伙伴国所拥有的规模经济优势。

其次，国际货币的一个重要功能是提供安全资产，中国有潜力填补美元地位下降带来的缺口。金融监管的加强降低了美国等发达国家金融体系供给安全资产的能力，而近期地缘政治事件尤其是相关的金融制裁，则降低了其他国家对美国国债作为安全资产的需求。中国的国债和其他人民币流动性工具可成为对全球安全资产供给的一个重要补充。此外，中国与一些大宗商品出口国的战略储备合作，中国央行与他国央行签订的货币互换协议，也有望扮演安全资产的角色。

最后，过去10余年一些新的多边金融机构建立起来，促进了共建"一带一路"倡议和其他多边合作的发展，也是对现有的国际货币治理体系的有益补充。这包括2015年开始运营的新开发银行，以及2016年开始运营的亚洲基础设施投资银行。在国家开发银行和中国进出口银行之外，中国设立了丝路基金，用于支持"一带一路"倡议相关项目的融资。

五、从规模经济到创新发展

共建"一带一路"倡议成绩斐然，已经成为开放包容、互利互惠的国际合作平台。与 10 年前相比，国际环境发生了重大变化。从实体层面看，供给约束在增加，主要经济体人口老龄化、绿色转型、从效率到安全的产业链调整、和平红利下降等因素意味着成本增加，潜在增长率下降。在金融层面，通胀压力下美国利率的上升不完全是周期波动，美元利率难以回到以前的低位，而地缘政治等非经济因素导致市场的风险溢价增加，这些都意味着新兴市场面对的融资条件收紧。展望下一个 10 年，"一带一路"合作深化发展的最大潜力和亮点在什么地方？

一个可能的答案是规模经济，即规模越大，单位成本越低，效率越高。按照传统的比较优势理论，要素禀赋差异产生贸易需求，呈现发达国家集中于资本密集型、发展中国家集中于劳动密集型、资源国出口资源的格局。但现实中，发达国家之间的贸易往往超过发达国家和发展中国家之间的贸易，此外，尽管中国的劳动力成本已大幅上升，但中国作为全球制造业中心的地位反而得到加强。消费需求多元化和规模经济效应相结合，使得即使处于同一发展阶段的国家也可以通过分工和贸易来实现规模经济效应。

作为人口大国、全球第二大经济体，中国的大市场和制造业能力是"一带一路"合作未来发展的最大基石。尤其是在逆全球化背景下，大国规模优势将会进一步凸显，中国纺织服装、家电电子、新能源等优势产业能够为共建"一带一路"国家提供高性价比的制成品。很多共建国家有丰富的自然资源、年轻的人口结构，但相对缺乏将这些要素整合起来的资本、技术与管理经验，中国庞大的工业体系能够通过能源、工业金属、新能源金属等原材料进口与轻工业、重化工业、装备制造业等成熟产能合作的方式实现与共建国家的优势互补。本书的产业篇将对这些领域的"一带一路"合作展开详细分析。

尤其值得一提的是，"一带一路"合作推出后的 10 年来，基建投资为规模经济发展创造了良好的条件。运输成本使得生产应在靠近市场的地方进行，是通过分工细化提升规模经济效应的障碍。"一带一路"合作的基础设施建设，促进了共建国家的互联互通，降低了运输成本和其他跨境交易成本，有利于分工细化，拉长产业链，以实现更大的规模经济。近几年，"一带一路"基建投资的增速有所放慢，有观点认为"一带一路"合作对经济的拉动作用下降了，但这仅仅看到了需求端。在供给端，过去的投入已经形成产能，其对经济效率的提升要在未来10年甚至更长时间才会充分体现出来。

规模经济还会促进创新，而创新是提升效率、增加安全的根本保障。中国目前受过高等教育的人口数量超过2亿，超过印度和美国二者的总和，从创新对人力资本的要求看有明显优势。中国在可再生能源、新能源汽车等领域处于全球领先地位，是规模经济促进创新的典型例子。规模的优势在数字经济时代得到放大，数字产品和数字服务的边际成本低，既促进内部规模经济（个体企业做大），也促进外部规模经济，即实现上下游联系和集群效应。

过去3年，围绕新发展理念的5个关键词"创新、协调、绿色、开放、共享"，中金公司研究部和中金研究院发布了系列深度报告，包括数字经济、碳中和、科技创新、橄榄型社会、大国产业链等主题。作为跨国经济合作平台，"一带一路"倡议涉及新发展理念的多个方面，本书是我们分析新发展阶段趋势性问题的最新研究成果，希望对促进相关问题的分析和讨论有帮助，有偏差和不当之处欢迎读者批评指正。

彭文生

中金公司首席经济学家、研究部负责人

中金研究院院长

宏观篇

第一章

发展:共建"一带一路"的总钥匙

共建"一带一路"倡议所希望解决的根本问题以及期待达成的目标，可以归结到"发展"这个总钥匙。中国作为当今全球第二大经济体，与大多数发展中国家在要素禀赋和宏观经济特征上具有较强的互补性。从历史经验看，大型经济体能够在投资、贸易、技术和金融等领域产生外溢效应。共建"一带一路"倡议，并不是另搞一套国际经贸规则，也不是试图用单一的发展模式解决经济发展面临的各项困难，而是中国依据其经济规模、发展经验和历史传统，与其他国家共建促进经济发展的开放式国际平台。

共建"一带一路"倡议的宏观经济学逻辑，在一定程度上可以归结为中国发展的正外部性与全球经济再平衡之间的互动。改革开放大幅提高了中国宏观经济运行效率，中国的高储蓄成功转化为强劲的国内投资和贸易顺差。发达国家对贸易平衡的追求，使中国更多关注与发展中国家的贸易，中国的对外投资也相应地在发达国家和发展中国家间趋向平衡。基于经济的互补性，中国与大部分共建"一带一路"国家合作空间大，可发展不同的合作方式。人口规模突出的东南亚、南亚和非洲，产业合作空间大；而具备资源禀赋优势的西亚、中亚、美洲和大洋洲，贸易与金融合作空间大。

由于巨大的经济规模，中国发展具有正外部性，体现在四个方面：第一，中国的基建产能和积极作为促进了跨国基础设施建设和公共品提供；第二，中国巨大的市场需求使全球贸易条件有利于发展中国家；第三，中国初具规模的创新体系有利于带动相关国家技术进步；第四，中国的产业调整推动对外投资。

共建"一带一路"逐步从理念和愿景落实为政策和行动，从"大写意"转为"工笔画"。在相关的投资和贸易作用下，共建"一带一路"初步实现了"六廊六路"的设施联通和规则共建，带动了部分共建"一带一路"国家的贸易、投资和就业，对相关国家的经济增长起到显著的正面作用。跨国公共品提供和对外投资也存在风险，促进共建"一带一路"迈上新台阶的一个抓手是，切实推动包括人民币国际化在内的高水平对外开放。[1]

---

[1] 本章作者：赵扬、吴婷。

一、从发展视角看"一带一路"

（一）历史的回响

2013年，习近平主席在出访哈萨克斯坦和印度尼西亚时分别提出共建"丝绸之路经济带"和"21世纪海上丝绸之路"的倡议[①]，之后这两项倡议被并称为"一带一路"倡议。截至2023年5月，已有151个国家和32个国际组织与中国签署了共建"一带一路"的合作文件。[②] 参与共建"一带一路"的国家遍及亚洲、非洲、欧洲、北美洲、南美洲和大洋洲，总人口达37亿人，占全球人口的近一半。[③]

"丝绸之路"和"海上丝绸之路"历史悠久，但是"丝绸之路"（Seidenstrassen）概念的提出并不久远，是由德国地理学家李希霍芬于1877年提出的。[④] 他将张骞第二次从西域返回长安作为丝绸之路历史的起点——其后不久中国的丝

[①] 参见 https://www.yidaiyilu.gov.cn/xwzx/xgcdt/10908.htm。
[②] 2023年6月12日洪都拉斯成为第152个与中国签署共建"一带一路"合作文件的国家，参见 https://www.yidaiyilu.gov.cn/xwzx/roll/77298.htm。如未经特别说明，本书使用的共建"一带一路"国家的统计口径和数据截至2023年5月，包括151个共建"一带一路"国家。
[③] 资料来源：世界银行。
[④] 参见 https://www.yidaiyilu.gov.cn/xwzx/roll/99959.htm。

绸便出现在了罗马。除了陆上的"丝绸之路","海上丝绸之路"也在唐宋之际兴起,二者一度是世界上最重要的贸易路线。由于古代中国的经济总量长期居世界领先地位(见图 1.1),中国在"丝绸之路"和"海上丝绸之路"的历史中具有举足轻重的地位。与东西方各自传统中的文化中心主义不同,"丝绸之路"这个概念聚焦于文明的交汇处,一经提出便受到学者的广泛推崇。

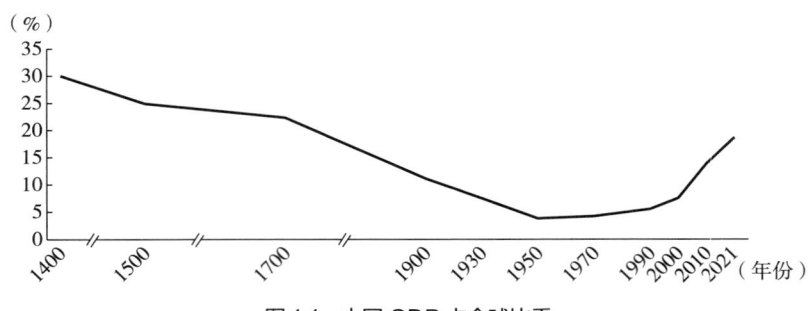

图 1.1　中国 GDP 占全球比重

注：图中为以国际美元计价的 GDP 占全球比重。
资料来源：Stephen Broadberry, Hanhui Guan, David Li, "China, Europe and the great divergence," July 2014；TED data base, September 2015；Maddison data base, 2013；Macquarie Research, January 2017；世界银行；中金研究院。

得益于改革开放带来的经济增长,中国的经济体量及其在全球贸易中的地位正向曾经的历史排名回归。中国的经济能量,再度沿着古老的"丝绸之路"和"海上丝绸之路"向周边扩散。与"丝绸之路"这个概念所体现出的文化包容精神相呼应,"一带一路"倡议着眼于构建以发展为导向的包容、互惠平台,具有多元化的探索和演进的可能性。正如习近平主席在 2017 年"一带一路"国际合作高峰论坛上的演讲所指出的："'一带一路'建设不是另起炉灶、推倒重来,而是实现战略对接、优势互补。"[①] 这意味着,"一带一路"倡议并不独立于现有的国际经贸规则之外,而是立足于世界经济现实。

当前世界经济最大的现实是,发展仍然是大多数国家最主要的经济要求。从大部分共建"一带一路"国家的现实状况来看,发展是这些国家面临的突出的

---

① 参见 http://www.beltandroadforum.org/n100/2017/0514/c24-407.html。

经济任务。151 个共建"一带一路"国家 2021 年的 GDP 加总只有 21 万亿美元，不到全球 GDP 的 1/4。① 按照经济发展水平划分，目前共建"一带一路"国家中共有 135 个发展中国家，低收入和中低收入国家数量合计占比近 50%②，而且集中了更多人口。经济和社会的发展被学者们看作"城市的胜利"，然而，2021 年共建"一带一路"国家的平均城镇化率只有 56.1%。③ 因此，"一带一路"倡议聚焦在发展这个目标上。对此，习近平主席在 2017 年"一带一路"国际合作高峰论坛上做出了清晰的阐述："发展是解决一切问题的总钥匙。推进'一带一路'建设，要聚焦发展这个根本性问题，释放各国发展潜力，实现经济大融合、发展大联动、成果大共享。"④

（二）历史如何开始？

自从熊彼特提出相关概念以来，经济学将发展这一概念理解为广义的创新。熊彼特在《经济发展理论》（1911 年）一书中将经济中的发展定义为"用不同的方式使用现有的资源，利用这些资源去做新的事情"，熊彼特更具体指明发展包括下列五种情形：（1）采用一种新的产品；（2）采用一种新的生产方法；（3）开辟一个新的市场；（4）利用新的原材料或掌握新的中间品供给来源；（5）实现一种新的产业组织。发展的这五种情形其实也是创新的五种方式。

罗斯托在《这一切是怎么开始的》（1975 年）一书中将现代社会和原始社会的分野明确划定为，"是否把科学和技术系统地、经常地、逐步地应用于商品生产和服务业方面"。在他看来，站在古代社会巅峰的中国之所以徘徊在科学革命的门外而始终没有迈进去，并非李约瑟所说的"商人总是被压在下层，没有办法上升到掌握国家权力的地位"，而在于当时中国缺少"一种不断增长的对科学、哲学、发明和革新的激情"。他进而得出结论："传统社会缺乏革新者，缺乏那些受经济的及其他的刺激或观念的影响而去积极探索技术变革的人。传统社会为热

---

① 资料来源：世界银行。
② 资料来源：国际货币基金组织，世界银行。
③ 资料来源：世界银行。
④ 参见 http://www.beltandroadforum.org/n100/2017/0514/c24-407.html。

心科学的人保留了一席之地，但产生不了稳定而有力的刺激，以吸引许许多多这种人去从事科学工作。"显然，罗斯托认同熊彼特发展即创新的观念。如果翻译成当下的术语，罗斯托认为中国明清之际的传统社会之所以发展不起来，关键在于缺乏健全的国家创新体系。

可是，如何发展出成功的国家创新体系？罗斯托所颂扬的"对科学的热情"，更像是发展的成果，而非发展的原因。经济学对于发展的原因仍然莫衷一是。那个神秘的推动力如同发展经济学中的"圣杯"，曾一度被认为是资本、人力资本、全要素生产率、制度等。库兹涅茨在《各国的经济增长》（1971年）一书中详细梳理了发达国家近百年的数据，发现这些国家在增长的同时伴随着经济结构的演变：总是有新兴的产业在经济中占比扩大。这在一定程度上验证了熊彼特的发展观念。但库兹涅茨不得不沮丧地承认，发达国家"在长期的趋势上并不存在共同的形式……它们没有对罗斯托的起飞理论提供支持"。

尽管第二次世界大战后成立的世界银行在促进全球经济增长方面做了大量工作并取得了一定成果，但是如果剔除中国等个别国家，全球的发展成果非常有限。以共建"一带一路"国家中的低收入和中低收入国家为例，这些国家的人均GDP对美国的比例仅有3%，且1960年以来始终在这一低水平徘徊，并没有趋势性上升（见图1.2）。毋庸讳言，战后的国际经济体制并没有给大多数发展中国家带来根本性发展。

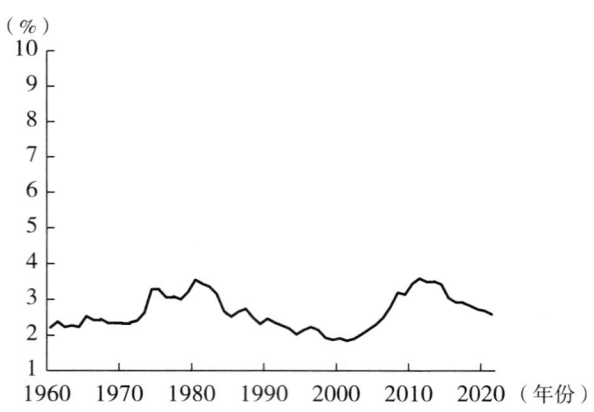

图1.2 低收入和中低收入共建"一带一路"国家的人均GDP对美国的比例

注：低收入和中低收入国家的人均GDP取各国人均GDP均值。
资料来源：世界银行，中金研究院。

如果我们用熊彼特广义创新的发展观念来审视上述事实，则会更加尴尬。大多数发展中国家发展缓慢：经济结构单一且固化，几乎没有创新活动，更缺乏创新体系来持续提供创新投入。相反，发达国家却处在发展之中：持续有创新涌现，且经济结构变化活跃。简言之，发达国家的历史并没有终结，而更多的发展中国家所面临的问题是：历史该如何开始？

（三）中国的角色

中国作为过去几十年全球发展最为成功的国家之一，其发展经验值得总结和推广，也对促进全球发展承担一定的责任。根据联合国的报告，1990—2015年全球极端贫困人口从19亿下降到8.4亿。[1] 而全球发展的主要成果集中体现在中国的发展上。中国通过改革开放，带领8.5亿人摆脱了贫困，对世界减贫贡献率超过70%。世界银行前行长罗伯特·佐利克对中国的减贫成果赞叹道："毫无疑问，这是消除贫困历史上最大的飞跃。"[2]

中国发展的成功在很大程度上归功于改革开放的政策。改革针对的是计划经济体制，改革的核心是引入了现代市场经济体制。开放则是逐步放松对于国际贸易和外商投资的限制，鼓励本国企业参与国际市场和引进外资，加入世界贸易组织更是中国取得当前经济成就的重要一步。中国的发展体现了市场经济的伟大力量。可以说，中国的成功在很大程度上得益于开放和市场原则。

在体现市场经济普遍共性的同时，中国的成功也具有鲜明的独特性。其中一个不容忽视的特征就是，国有经济在中国经济中发挥着重要作用。过去20多年，投资在中国的GDP中占比一度高达50%，而接近1/3的投资是由政府和国有企业主导实施的基础设施建设投资。在铁路、公路、航空、电力、通信和金融等重要行业中，国有企业牢牢占据着主导地位。另一个与此相关的鲜明特征，就是政府对于经济的广泛参与。中国在实行市场经济的同时，政府积极参与经济活动。

---

[1] 参见 https://hdr.undp.org/system/files/documents/hdr2015overviewchinese2pdf.pdf。
[2] 参见 https://www.gov.cn/xinwen/2020-09/02/content_5539244.htm。

中国发展的成功经验，既因其基于市场经济的普遍原则，与现有的国际经贸规则相辅相成，也因其国有经济和政府参与的特色，而对现有各国的发展实践构成补充。这种双重角色，也体现在中国所提出的"一带一路"倡议的实践中。共建"一带一路"倡议，并非着意于提出一个新的发展模式，而在于搭建国际合作平台，以助力共建"一带一路"国家在发展实践中开创新的局面。

二、中国发展的正外部性与经济再平衡

改革开放将中国推入了国际大循环，使中国得以与以美国为代表的发达国家进行广泛的经贸合作，包括吸引外国投资、进口设备、成立合资企业、学习技术和管理等。经过几十年的发展，中国开始从贸易逆差国变为贸易顺差国。虽然中国仍然引进大量外国直接投资（FDI），但中国已经成为对外净投资的国家。随着经济规模的扩大，中国从国际循环的被动参与者，逐渐变为一个主导力量。中国经济的成功发展已经开始对全球经济产生并发挥着正外部性作用。

（一）中国与共建"一带一路"国家在要素禀赋上的互补性

虽然中国仍然是一个发展中国家，但是40年的高速发展，使中国的要素禀赋发生了动态变化。伴随着经济增长，中国积累了大量的资本，并打造了一个以银行为主的坚实的金融体系。无论是金融资本还是实物资本，中国目前都不稀缺。同时，中国已经发展出了一个较为强大的工业体系。中国目前主要出口工业制成品，同时大量进口能源和原材料等初级产品。更重要的是，中国通过大力发展基础教育和高等教育，培养了人数众多的工程师和高技能劳动力，逐步建成了一套科技创新体系，具备一定的创新能力。中国的产业结构和要素禀赋与共建"一带一路"国家中的低收入与中低收入国家具有较强的互补性。

从发展的要素禀赋角度来看，中国与共建"一带一路"国家的互补性主要体现在三个方面。第一，人口年龄结构的互补性。共建"一带一路"国家总体人口数量充裕，整体人口年龄结构较为年轻，但人口潜力尚未得到充分发挥，劳动力素质有待提升，这与中国人口所面临的老龄化和教育深化形成互补。2021年共

建"一带一路"国家的人口规模达到37亿人，其中0~14岁和15~24岁的年轻人口占比分别为31%和17%，远高于中国的18%和11%（见图1.3）。尤其是低收入和中低收入国家较多的非洲、东南亚及南亚，人口结构更为年轻。共建"一带一路"国家年轻的人口年龄结构有利于这些国家工业化的发展，为共建"一带一路"的产业配置和技术合作提供了空间。

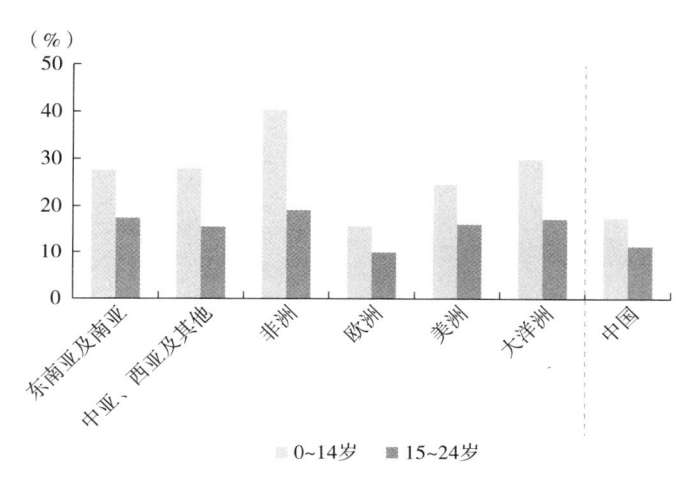

图1.3 共建"一带一路"国家分地区年轻人口比例

注：以上为2021年数据。
资料来源：联合国，中金研究院。

第二，大部分共建"一带一路"国家属于资源依赖型国家，发展倚重能源等资源，这与作为全球制造业中心的中国在产业上形成互补。联合国定义资源品出口占商品出口金额超过60%的国家为资源依赖型国家，以此为标准，151个共建"一带一路"国家中有90个为资源依赖型国家。不同区域的国家的资源禀赋特点有所不同，例如中亚及西亚地区能源和矿产资源储备丰富，经济结构依赖能源和矿产出口；非洲和美洲国家农业占比更高，依赖农产品出口。由于这些国家的工业发展基础薄弱，需要进口工业制成品来满足生产和生活需要，形成了出口资源、进口制成品的贸易结构，参与全球生产网络的方式较为初级。大部分国家虽然可以通过出口资源品赚取外汇，但在对外贸易中整体处于逆差（见图1.4）。

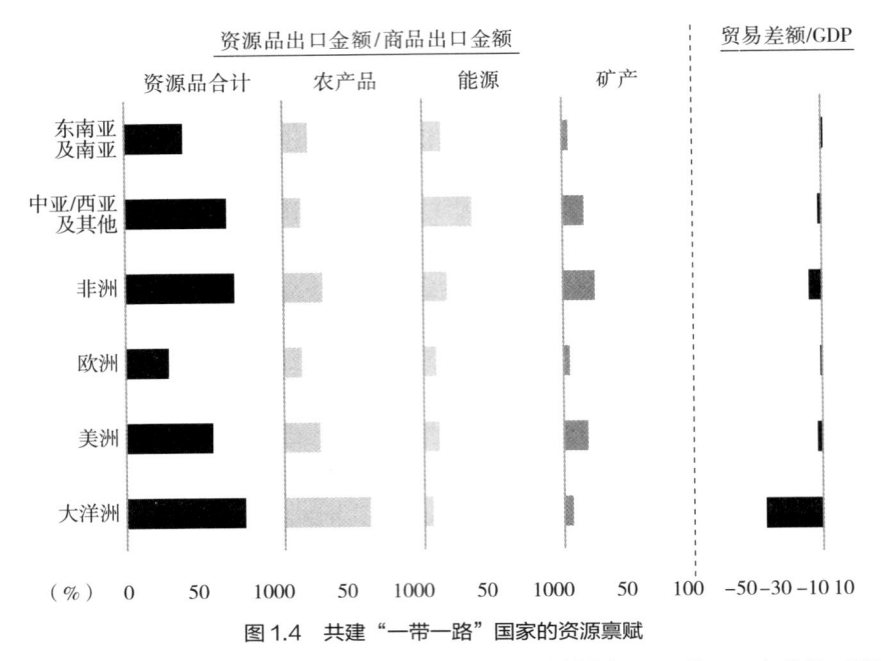

图 1.4 共建"一带一路"国家的资源禀赋

注：资源品出口金额/商品出口金额为 2018—2019 年数据，贸易差额/GDP 为 2021 年数据，取区域内各国平均值。
资料来源：UNCTAD，世界银行，中金研究院。

第三，共建"一带一路"国家面临资本的制约，这与中国已经形成的资本条件构成互补。共建"一带一路"国家中发展水平较落后的国家由于自身资本形成能力不强，技术和研发投入不足，导致生产效率较低，制约经济发展。2019 年共建"一带一路"国家中的低收入和中低收入国家的人均资本存量分别为 0.3 万美元和 1.1 万美元[①]，约为美国和日本水平的 2% 和不到 8%。中国人均资本存量为 4.6 万美元，虽然不及发达国家，但远高于大部分共建"一带一路"国家。

基于要素禀赋的互补性与营商环境的差异，中国与共建"一带一路"国家具备多元的合作潜力。东南亚 2021 年总人口达 6.8 亿人，其中 15~40 岁人口为 2.6

---

① 资料来源：IMF Investment and Capital Stock Dataset（1960–2019），世界银行。资本存量包含政府、私人以及 PPP（政府和社会资本合作）三个部分，以 2017 年不变价国际美元计。人均资本存量取各收入类别国家的人均资本存量平均值。

亿人,其既提供了充足的劳动力,也是未来具备潜力的消费市场。东南亚正在借助全球制造业的空间转移,发展劳动密集型制造业,培育产业链、供应链和贸易网络。在逆全球化和贸易摩擦背景下,东南亚成为中国加强区域产业合作、应对美国产业链调整风险的重要区域。西欧和中东欧国家经济发展水平较高,2021年城镇化率分别为77%和63%,人均GDP高于全球平均水平。在交通和网络设施、电力供应、法律制度等方面条件较好,政治稳定性较高。西欧和中东欧的优势产业以资本密集型制造业为主,尤其在研发创新方面具备潜力,2020年R&D(科学研究与试验发展)投入占GDP的比例平均约为1.6%和1.1%,中国与西欧和中东欧经济体的产业合作,可更多以资本与创新要素作为支撑与增长动力。非洲由于其资源禀赋的属性,在农产品、矿产和能源资源品出口方面与中国贸易结构互补,吸引外商投资流入、依托能源资源行业辐射更多行业发展或是可行的合作路径。

(二)中国的高储蓄与宏观再平衡具有世界经济含义

共建"一带一路"国家与中国在要素禀赋上的互补性为"一带一路"的共建和发展提供了基础。但仅仅具有互补性还不足以联系全球151个国家打造一个经济发展的共建平台。除了要素禀赋的互补性之外,中国经济的一些宏观特征及其对世界经济的含义,是构成"一带一路"倡议的另一项经济基础。

中国的储蓄率长期保持在40%以上[①],是经济史上一个较为特殊的现象,为经济发展积累了资本。美国的GDP和人均GDP均高于中国,但是储蓄率大大低于中国。随着中国经济总量跃居全球第二,中国的高储蓄率意味着大规模的储蓄额。加入世界贸易组织之后,中国的储蓄额在全世界的份额快速上升,先后将日本、美国和欧盟甩在身后(见图1.5)。目前中国的储蓄额已接近全球储蓄额的1/3。如此规模的储蓄额,足以影响全球宏观经济。

---

① 资料来源:中国国家统计局。

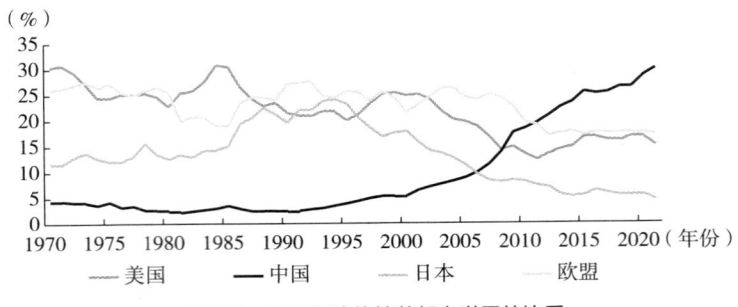

```
（％）
35
30
25
20
15
10
 5
 0
  1970  1975  1980  1985  1990  1995  2000  2005  2010  2015  2020（年份）
      —— 美国    —— 中国    —— 日本    —— 欧盟
```

图1.5 主要经济体储蓄额占世界的比重

资料来源：世界银行，中金研究院。

一国的高储蓄，通常意味着贸易顺差，而贸易顺差则意味着对外投资。这可以从宏观经济的会计等式中看出：储蓄＝国内投资＋净出口，净出口＝对外净投资。当一个国家的高储蓄具有世界经济含义时，这个国家将对全球的贸易和投资产生影响。美国在二战后拥有大规模贸易顺差，这是其主导的欧洲复兴计划（马歇尔计划）的基础。借助马歇尔计划，美国在帮助欧洲实现战后复兴的同时，也确立了美元的国际主导货币地位。尽管布雷顿森林体系在1973年彻底瓦解，但是美元在世界经济中的主导地位延续至今。

日本在发展过程中也经历过对外投资扩张。二战后随着日本经济从战后恢复快速转向20世纪60年代的高速增长，日本的高储蓄率也同样形成了具有世界经济含义的储蓄规模。日本的贸易顺差也曾经导致其面临来自美国的再平衡压力。日本从20世纪70年代开始系统性地扩大对外投资，尤其是对于东南亚地区的投资，取得了较好的成效。20世纪80年代，随着日本对外投资的扩大，日元国际化也曾经是日本央行和大藏省的主要任务。受制于日本的经济规模，日元的国际化无法与美元分庭抗礼，但是日元国际化也扩大了日元在国际贸易、国际投融资以及国际储备中的使用。

中国的储蓄超过国内的投资需求，需要转变为贸易顺差来实现宏观平衡。而贸易顺差的数额在国民经济统计中恒等于对外净投资，二者实际上是"储蓄大于国内投资"这一宏观现象的一体两面。长期以来，中国的贸易主要与发达国家展开，中国最大的贸易顺差来自美国，中国外汇储备中最大的单一投资是美国国债。但是，2008年全球金融危机发生后，发达国家面临着平衡其贸易和经济的要求。过去 10 年，中美贸易摩擦显现。随着新冠疫情和俄乌冲突对全球经济带来的冲击，美国更是希望借助其众多的跨国公司和强大的政府干预能力，推动全球产业链进行调整。面对全球宏观经济的新格局，中国的宏观经济也面临再平衡的需要。一方面，中国通过扩大消费和国内投资，尽可能平衡其储蓄和国内投资的差额；另一方面，中国的贸易顺差和对外投资也有必要在发达国家和发展中国家之间重新平衡。由于美国对中国采取的贸易壁垒政策和高科技出口限制，中国难以继续通过对美国的贸易来平衡国内储蓄和投资。某种意义上，"一带一路"倡议反映了中国对海外投资的调整：将对外净投资从发达国家的金融资产转向对共建"一带一路"国家的实体投资。对于中国来说，这样的宏观再平衡在当前的国际宏观经济环境下具有一定的必要性。

（三）中国规模经济的外溢效应

除了高储蓄，巨大的经济体量是中国经济的另一个宏观特征。习近平总书记在党的二十大报告中指出，"中国式现代化是人口规模巨大的现代化"。[①] 人口规模巨大的现代化，首先意味着巨大的经济规模。同时，在现代市场经济的集聚效应和外部性作用下，人口规模巨大的现代化也意味着规模经济效应，也就是中国因为巨大的经济规模而获得的生产成本优势。历史的经验是，任何经济体大到一定程度，都会产生外溢效应。这一点充分体现在古代中国对"丝绸之路"和"海上丝绸之路"的塑造与影响中。随着中国在世界经济中的地位向其历史地位恢复，也不可避免地会产生历史上类似的外溢效应。而且，由于中国现代化的独特性，中国经济在全球产生的外溢效应与现代历史上的发达国家不尽相同。

首先，因规模经济而获得的强大产能优势，使中国在较短时间内建成了世界一流的基础设施，并在国际基建市场上具有很强的竞争力。2020 年中国的粗钢产量和水泥产量均接近全球产量的 60%。过去 20 多年里，中国在人烟稀少的广袤西部也修建了完善的公路、铁路以及电力和信息网络。中国的挖掘机、起重

[①] 参见 https://www.gov.cn/xinwen/2022-10/25/content_5721685.htm。

机、装载机等主要产品产量居全球第一[①]，世界上最长的桥梁、最高的水坝、最强大的电网等也在中国。

其次，中国巨大的市场需求使国际贸易条件朝着有利于发展中国家的方向转变。在中国实现工业化之前，全球工业化的国家主要是少数发达国家，人口总和至今不到10亿，在出口工业制成品的发达国家与出口初级品的发展中国家之间的贸易中，发达国家因人口较少和市场集中而拥有更强的市场地位，贸易条件有利于发达国家而不利于发展中国家。中国工业化的完成，使全球工业化人口在短短40年间翻倍不止。当前，中国不仅大量出口工业制成品，国内市场的工业品需求也在世界各国中居于领先地位，因此中国对能源和原材料等大宗商品的进口数量达到了历史空前的规模。由此形成的国际贸易格局一举改变了大宗能源和原材料商品相对于工业制成品的比价，发展中国家的贸易条件也得到了改善（见图1.6）。

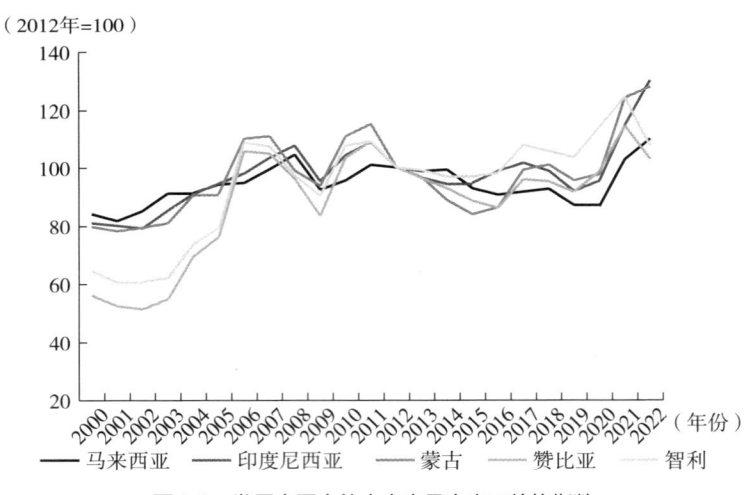

图1.6 发展中国家的大宗商品净出口价格指数

注：以该商品占全部大宗商品贸易额的比例加权。
资料来源：国际货币基金组织，中金研究院。

[①] 参见 https://www.gov.cn/xinwen/2022-09/15/content_5709870.htm。

再次，中国基于巨大的国内消费市场和出口能力，已经形成了一定的技术创新体系，可以据此通过投资和贸易带动中低收入共建"一带一路"国家的技术进步。巨大的国内市场为中国的技术创新提供了良好的应用场景和试错空间。虽然中国的技术水平与全球顶尖水平仍存在差距，但是在很多方面这些差距已经较小，特别是制造业领域。而且中国已经形成一套由政府、市场、企业和大学所构成的创新体系，并且依靠这套体系的技术进步在持续开展。中国已经具有的很多技术可以与中低收入国家的劳动力和资源相结合，一方面为中国的技术进步提供更广阔的应用场景，另一方面也可以向中低收入国家形成技术外溢和扩散，推动这些国家走上真正的创新发展道路。

最后，中国发展所实现的要素禀赋结构变化和技术升级，使中国的企业在市场规律的支配下开始"走出去"，产业链逐步向劳动力成本更低的发展中国家转移，中国开始大量出现自己的跨国经营的实业公司和金融机构。这有些类似于20世纪80—90年代日本制造业向亚洲其他国家转移的"雁行模式"。中国企业"走出去"，一方面是因为2008年全球金融危机后世界经济再平衡的调整压力，另一方面也反映了中国自身资源禀赋从原先单纯的廉价劳动力优势逐步转向充裕的资本积累和一定的技术能力。企业和产业链外迁，也会带动中国金融能力向产业链上的相关国家辐射。人民币国际化则是顺势而为，有助于降低中国的跨国公司所面临的市场风险，保护中国对外投资的利益。

中国发展所积累的正外部性会随着"一带一路"倡议所倡导的互联互通而得到强化。无论是设施联通，还是政策沟通，都有利于加强相关国家内部的经济集聚和国家之间的技术传导，扩大共建"一带一路"国家的国内规模经济和跨国规模效应。集聚效应对内生经济增长的作用，已经成为经济学界的一个共识。基础设施的完善会促进共建"一带一路"国家的贸易增长，而贸易会扩大一国产业的市场规模和范围，是一种典型的熊彼特创新。有证据表明，"一带一路"倡议确实推动了"一带一路"沿线国家贸易的增长。[①]另外，设施联通有利于加强各国中心城市的跨国联通，而城市对创新和经济发展具有核心作用，可以加大溢出效应。

---

① 参见 http://fec.mofcom.gov.cn/article/fwydyl/zgzx/201905/20190502860527.shtml。

三、"一带一路"十年：从"大写意"到"工笔画"

过去 10 年，"一带一路"倡议从理念转化为行动，从愿景转变为现实。共建"一带一路"的发展经历了几个阶段。2013—2018 年是总体布局阶段，在倡议提出后，2015 年中国政府对外发布《推动共建丝绸之路经济带和 21 世纪海上丝绸之路的愿景与行动》，以"政策沟通、设施联通、贸易畅通、资金融通、民心相通"（简称"五通"）作为"一带一路"建设的重点内容，明晰了"一带一路"建设的行动纲领。2018 年开始，"共建'一带一路'向高质量发展转变"。[①] 在推进"一带一路"建设工作 5 周年座谈会上，习近平主席指出，"过去几年共建'一带一路'完成了总体布局，绘就了一幅'大写意'，今后要聚焦重点、精雕细琢，共同绘制好精谨细腻的'工笔画'"。[②] 伴随共建"一带一路"的推进，中国发展的正外部性展现积极成效：对外贸易和投资实现从发达国家向共建"一带一路"国家、从金融到实体的再平衡；共建"一带一路"在基础设施建设和规则标准对接领域为共建国家提供国际公共品，切实帮助共建国家减少发展障碍。在全球百年不遇的经济变局的影响下，2021 年高质量共建"一带一路"更加注重风险管控与可持续发展，进一步强调以高标准、可持续、惠民生为目标。[③]

（一）对外贸易和投资向共建国家再平衡，人民币国际化借力发展

2008 年全球金融危机后，制造业外流以及对中国不断扩大的贸易逆差使发达经济体转向产业链回流、贸易摩擦壁垒等一系列政策。美国经济增速放缓，以亚洲新兴市场国家为代表的发展中经济体快速发展，成为全球经济格局中的新兴力量。在此背景下，2013 年提出的"一带一路"倡议打开了中国全方位对外开放的新格局，一个重要进展是中国的对外贸易和投资从发达国家向共建"一带一路"国家进行再平衡。

[①] 参见 https://www.gov.cn/xinwen/2018-08/27/content_5316913.htm。
[②] 参见 https://www.gov.cn/xinwen/2018-08/27/content_5316913.htm。
[③] 参见 http://www.news.cn/2021-11/19/c_1128081486.htm。

中国对外贸易的再平衡首先表现为对共建"一带一路"国家贸易规模的快速提升。2013—2021年，中国对共建"一带一路"国家的进出口金额年均增长6%，比中国对全球的贸易增速高约一个百分点。贸易规模提升的背后是中国与共建"一带一路"国家的贸易深化，由早期进口原材料逐步拓展至基于与这些国家的产业分工形成产业链贸易和制成品贸易。根据UN Comtrade的统计，2021年中国已经是35个共建"一带一路"国家最大的贸易伙伴。[①]

此外，中国扩大了对共建"一带一路"国家的贸易优势，对共建国家从贸易逆差转为贸易顺差（见图1.7）。2021年共建"一带一路"国家占中国对外贸易顺差的20%，而美国和欧盟占贸易顺差的份额在近20年中从绝对主导地位有所下滑。从贸易结构看，共建"一带一路"国家仍是中国重要的原材料供应来源，2022年占中国从全球进口燃料金额的85%[②]，与此同时，产业链和制成品贸易开始持续贡献中国对共建国家的贸易顺差。东南亚是中国对其贸易逆差转为顺差最明显的区域，矿物燃料和木材曾经是贸易逆差的主要来源。随着东南亚国家发展、承接部分产业转移及中国-东盟自由贸易区建立并升级，中国与东南亚国家建立的贸易和产业分工联系改变了双方的贸易结构，金属制品、通用设备和纺织服装成为目前中国对东南亚贸易顺差的前三大行业。

整体上，中国从共建"一带一路"国家净进口燃料和初级工业供应品，净出口资本货品和消费品，形成了较为稳定的贸易结构。但细分到不同地域，由于各国资源禀赋和发展阶段的不同，中国与不同的共建"一带一路"国家也形成了贸易结构的区分。以2019年为例，中国对东南亚、南亚、中亚、非洲和欧洲的共建"一带一路"国家是贸易顺差，对西亚、美洲和大洋洲的共建"一带一路"国家则是贸易逆差。中国对东南亚和欧洲的贸易顺差主要来自资本货品（除运输设备），其中，中国与东南亚的产能合作密切，机械设备成为中国对东南亚主要净出口资本货品，中国与欧洲的资本货品顺差则有更大比例来自电器和电子设备。中国对东南亚、非洲和欧洲的贸易顺差都有一定比例来自消费品、纺织服装等，

---

① 资料来源：UN Comtrade。部分国家未披露分国别贸易数据，此处根据已披露数据的国家进行统计，以单一国家作为贸易伙伴。
② 资料来源：UN Comtrade。

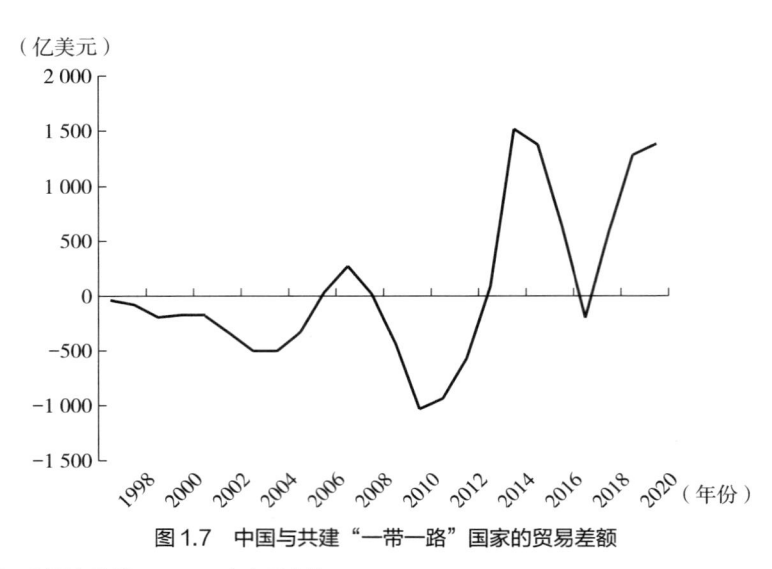

图 1.7 中国与共建"一带一路"国家的贸易差额

资料来源：中国商务部，Wind，中金研究院。

半耐用消费品占比突出，但欧洲从中国净进口更多耐用消费品。西亚国家是中国的主要贸易逆差地域，中国主要从西亚国家净进口燃料等资源品（见表1.1）。

表1.1 中国与共建"一带一路"国家的贸易结构

单位：亿美元

2019年贸易差额	食品饮料	工业供应品－初级	工业供应品－加工	燃料	资本货品－机械	资本货品－其他	运输设备	消费品－耐用	消费品－半耐用	消费品－非耐用	合计
东南亚	-2.3	-13.4	20.7	-10.1	24.4	15.9	15.2	6.3	21.4	5.2	83.3
南亚	0.5	-0.1	20.0	0.9	5.4	4.8	1.7	0.7	1.6	0.5	36.0
中亚（含蒙古）	0.2	-4.7	2.4	-16.7	2.4	3.6	2.5	0.9	8.2	1.6	0.5
西亚	0.9	-5.2	12.6	-121.2	16.8	18.8	7.9	7.7	16.3	3.3	-42.1
非洲	0.8	-19.6	15.3	-47.2	11.1	14.5	12.8	5.5	18.3	4.7	16.2
欧洲	-2.8	-7.5	16.1	-42.0	21.4	31.1	-0.4	7.6	23.4	1.9	48.7
美洲	-14.2	-27.2	2.4	-4.7	6.6	6.8	6.1	2.8	8.8	2.8	-9.8
大洋洲	-7.9	-4.1	0.6	-1.5	0.9	0.5	0.5	0.5	1.2	0.3	-8.8

注：以上为中国对共建"一带一路"国家的贸易差额，资本货品一项不含运输设备。

资料来源：UN Comtrade，中金研究院。

对外贸易顺差需要转化为对外投资来保持国际收支平衡。2008年全球金融危机发生后，欧美发达经济体的量化宽松政策以及金融体系存在的潜在风险，迫使中国开始调整以美国国债为主的对外投资结构。与贸易再平衡同步的是，中国的对外投资也从发达国家向共建"一带一路"国家进行再平衡。共建"一带一路"国家多为发展中经济体，金融市场较不发达，实体经济迫切需要发展。中国的对外投资相应从对发达国家的金融投资转向对共建国家的实体投资。在新冠疫情和俄乌冲突带来的百年大变局下，去金融化可能会强化这一趋势。

随着对外投资从发达国家的金融投资转向共建"一带一路"国家的实体投资，持有美国国债的外汇储备资产占中国对外投资资产的比例在近10年内从63%下降至35%，而对外直接投资资产、以贷款和贸易信贷为主的其他投资资产份额则持续增长。对外直接投资和银行贷款成为对"一带一路"实体投资的主要形式。2013年"一带一路"倡议提出后，中国对共建"一带一路"国家的投融资规模有较大提升，截至2021年末，累计存量规模接近1.3万亿美元。大部分投融资发生在"一带一路"倡议提出后，其中银行贷款占比超过七成。[①] 中国对共建"一带一路"国家的投资规模相对中国的GDP体量而言并不算大：中国每年对共建国家的新增投资大约相当于自身GDP的1%左右，仍小于贸易顺差占GDP的比例。

中国对共建"一带一路"国家的实体投资基于中国发展经验外溢及比较优势，围绕基建和产业展开。部分共建国家的资本积累不足、基础设施发展欠佳，制约了经济的进一步发展。中国恰好在国内发展过程中积累了具有国际竞争力的基础设施建设能力，并拥有充足的外汇储备保证对外投资资金，国内产业向国外的转移调整也需要当地基础设施提供保障。因此，中国对共建"一带一路"国家的实体投资优先向基础设施领域倾斜。从投融资数据看，2013—2021年中国对共建"一带一路"国家直接投资的至少58%提供给了基础设施建设，交通和能源基建是两大主要板块，非援助性质贷款至少有一半提供给了基础设施建设相关行业（见表1.2）。

---

① 资料来源：中国商务部，国家外汇管理局，Wind。详细口径参见第六章。

产业方面，大部分共建"一带一路"国家缺少产业发展所需的配套基础设施、生产要素和营商环境条件，产业发展和技术创新的成本较高。中国在共建"一带一路"国家发展产业的一个思路是建设经贸产业园区，这借鉴了国内产业发展的经验，通过在园区局部先行改善营商环境、降低交易成本，促进技术创新和产业升级。截至 2021 年底，中国企业累计投资 430.8 亿美元在共建国家建设境外经贸合作园区。[①] 根据中国国际贸易促进委员会公布的 80 个"一带一路"沿线经贸园区名录，经贸园、工业园和农业园区占大部分，主要分布在东南亚、非洲和欧洲。[②]

中国与共建"一带一路"国家的贸易和投资关系更有利于形成发展的良性循环。过去中国的贸易顺差主要面向欧美发达国家，顺差所形成的外汇储备投资于发达国家的金融资产，贸易失衡成为常态。中国对共建"一带一路"国家的贸易顺差转化为对外基建和产业实体投资，有助于改善共建国家的生产和贸易条件。我们认为，随着中国国内产业转型升级和共建国家产业发展，未来"一带一路"的制成品贸易可能向技术含量更高的中上游环节发展。共建"一带一路"国家可能在中下游制成品环节形成生产和出口能力，为贸易和投资关系的动态调整提供了更多可能。

表 1.2 中国对共建"一带一路"国家投融资的行业构成

单位：%

	直接投资（2013—2021 年）	贷款（2013—2017 年）
交通物流	18	13
能源	40	18
金属化工	18	21
金融/地产	10	4
科技	3	2
多部门	0	29
其他	10	14
合计	100	100

注：贷款口径不包含对外援助和出口买方/卖方信贷，贷款的金属化工一类包含采矿、工业和建筑业。
资料来源：AEI，AidData，中金研究院。

[①] 参见 https://www.yidaiyilu.gov.cn/ydyljzn.htm。
[②] 参见 https://oip.ccpit.org/ent/parkNew/139，数据截至 2018 年 11 月。

对外贸易和投资向共建"一带一路"国家的再平衡也为人民币国际化提供了天然的发展条件。当前地缘格局变化更加凸显了人民币国际化的重要性。在共建"一带一路"中使用人民币具有合理性。一是可以通过人民币实现贸易和投资闭环，让货币循环服务于"一带一路"贸易和投资。例如，在建设项目上的人民币收益可以通过人民币采购所需设备等实现回流，减少美元债务和汇率风险。二是人民币融资具有成本可控的优势，在同为商业贷款的情况下，当前美联储加息后维持利率高位、汇率波动带来不可控成本上升，人民币融资利率成本反而可能更低。

依托与共建"一带一路"国家的贸易和投资规模提升，人民币业务的基础设施建设持续推进。人民币跨境支付系统（CIPS）业务范围已覆盖60多个沿线国家。[①] 截至2022年7月底，中国累计与20多个共建"一带一路"国家建立双边本币互换安排，在10多个共建国家建立人民币清算机制安排。[②] 2021年中国与"一带一路"沿线国家人民币跨境收付金额为5.42万亿元，占同期人民币跨境收付总额的14.8%。[③] 2022年以来，中俄、中阿在经贸投资和能源领域加强合作，或将拓展人民币结算空间，给人民币国际化带来进一步发展机遇。

（二）国际公共品提供：基建"硬联通"和规则"软联通"

共建"一带一路"国家的经济发展面临"硬"设施和"软"条件两个方面的制约。"硬"设施主要是部分国家基础设施建设水平不高，导致贸易成本较高，影响产业集聚和规模经济效应发挥。"软"条件约束主要来自国际环境，现有的国际经济治理体系并未充分考虑到共建"一带一路"国家的利益诉求，使这些国家在现有国际规则体系中可能损失效率。共建"一带一路"作为中国向全球提供的公共产品，着眼于提升基础设施"硬联通"和规则标准"软联通"，减少共建"一带一路"国家发展面临的障碍，促进这些国家的发展。

---

① 此处指最早响应"一带一路"倡议的64个国家。
② 参见 https://www.yidaiyilu.gov.cn/ydyljzn.htm。
③ 参见 https://www.gov.cn/xinwen/2022-09/24/5711660/files/003e0bd04d4742a5a06869fdc37ea8c8.pdf。

共建"一带一路"的基础设施建设重点围绕"补短板"和"促联通"展开。在"补短板"上，针对共建"一带一路"国家在交通和能源基建上的欠缺，中国通过基建能力和优势外溢提供基础设施，为这些国家的经济发展创造条件。2013—2021年中国在共建"一带一路"国家开展的建设项目中，交通基建和能源项目金额合计占比超过75%（见表1.3）。能源领域，巴基斯坦卡洛特水电站、哈萨克斯坦谢列克风电场等大批项目，有效缓解了当地电力短缺问题。随着投资建设的电源类型从火电等转向风电、光伏，中国在绿色低碳能源领域的投资已超过传统能源，为这些国家平衡经济发展与绿色转型做出了贡献。交通领域，蒙内铁路、中老铁路等一系列项目建成通车提升了当地人力和物力运输水平。

在"促联通"上，共建"一带一路"重点建设国际通道，致力于跨区域或跨国通达度的提升，突破要素禀赋的空间制约，打通跨区域要素流动，推动沿线经济释放活力，形成了"六廊六路多国多港"的主体框架。六大国际经济合作走廊分别是新亚欧大陆桥、中蒙俄、中国－中亚－西亚、中国－中南半岛、中巴和孟中印缅经济走廊，打造通畅安全高效的国际大通道。其中，中欧班列已成为新亚欧大陆桥经济走廊现代化国际物流体系的重要依托，截至2022年8月累计开行近6万列、运输货值累计近3 000亿美元，共有82条运输线路通达欧洲24个国家和200座城市[①]，形成人流、物流、资金流和信息流的跨区域配置。能源领域，中国－中亚－西亚经济走廊下的中哈原油管道、中国－中亚天然气管道等设施，提供了中亚资源和中国资本要素的交换渠道。

表1.3 中国在共建"一带一路"国家进行建设项目的行业结构

单位：%

	东南亚	南亚	中亚（含蒙古）	西亚	非洲	欧洲	美洲	大洋洲	共建"一带一路"国家合计
交通物流	34	31	22	15	39	26	40	25	31
能源	41	56	48	59	35	43	42	42	45
金属化工	10	0	24	7	3	16	5	0	7

① 参见 https://www.yidaiyilu.gov.cn/ydyljzn.htm。

续表

	东南亚	南亚	中亚（含蒙古）	西亚	非洲	欧洲	美洲	大洋洲	共建"一带一路"国家合计
金融/地产	11	7	5	14	14	5	6	25	11
科技	1	1	0	0	2	5	2	5	2
旅游/娱乐	2	1	0	2	2	0	1	0	1
其他	2	4	1	3	6	6	4	3	4

注：表中每列加总为100%，按建设项目的金额计算占比，时间范围为2013—2021年。

资料来源：AEI，中金研究院。

在"软联通"方面，"一带一路"倡议作为当前国际经贸规则和治理体系的补充，提供规则标准方面的增量全球公共产品，聚合了丰富的合作平台与机制，并在现有的双边和多边国际合作框架下持续推进。例如，既有的中非合作论坛、中国－中东欧合作机制得到了加强，中国－拉美开发性金融合作机制、"一带一路"绿色发展国际联盟等合作平台也建设了起来。截至目前，中国已签署的20个自贸协定中，有15个是与共建"一带一路"国家签署或涉及共建"一带一路"国家的（如区域联盟）。中国－海合会、中日韩、中国－韩国（第二阶段）、中国－斯里兰卡等自贸谈判正在推进。[1] 2022年1月《区域全面经济伙伴关系协定》（RCEP）正式生效，推动区域贸易合作迈上新台阶。中国也正在申请加入《全面与进步跨太平洋伙伴关系协定》（CPTPP）、《数字经济伙伴关系协定》（DEPA）等合作框架，以扩大和提升对外开放水平。

同时，"一带一路"倡议也以开放包容为特点提供指导性的软法，在现有发达国家主导形成且以硬法为基础的国际治理体系上形成了补充。"一带一路"的主要协议以谅解备忘录为主，不涉及具体规则与制度对接，能够兼容不同国家之间的差异，达成开放的合作意向。正因如此，共建"一带一路"在过去10年已与151个国家和32个国际组织签署200余份合作文件，形成3 000多个合作项目。[2]

---

[1] 参见 http://fta.mofcom.gov.cn/。
[2] 参见 https://www.mfa.gov.cn/web/zwbd_673032/wjzs/202306/t20230602_11088523.shtml。

在共建"一带一路"下形成的专业领域合作倡议，也更加尊重各国发展实际，帮助共建"一带一路"国家在国际舞台上构建符合自身利益的规则体系。例如，中国与俄罗斯、巴基斯坦、蒙古、老挝、尼泊尔、新西兰、沙特阿拉伯、叙利亚、越南等国的国家会计准则制定机构共同建立"一带一路"会计准则合作机制，并发起《"一带一路"国家关于加强会计准则合作的倡议》，推动共建"一带一路"国家会计准则国际趋同。中国也与49个共建"一带一路"国家联合发布《关于进一步推进"一带一路"国家知识产权务实合作的联合声明》，加强在知识产权领域的沟通协调和能力建设。

（三）共建"一带一路"推动经济增长

共建"一带一路"对东道国的经济增长总体存在显著的正面效果。根据世界银行的估计，"一带一路"交通项目可使沿线经济体[①]贸易增加2.8%~9.7%，使沿线低收入经济体的外国直接投资流入增加7.6%，实际收入增幅为1.2%~3.4%。[②]共建"一带一路"通过投资、贸易和创新三个渠道促进共建国家经济增长。

共建"一带一路"实体投资建设的基础设施和产业园区直接刺激经济增长。共建项目涉及铁路、公路、机场、港口、石油天然气管道、厂房等基础设施和园区建设，能够在较短的时间内刺激固定资产投资增长。基础设施建设也有乘数效应，能带动其他行业增长。例如，蒙内铁路建成通车能够促进肯尼亚GDP增长至少2%。[③]需求侧，伴随基建和产业园区建设创造的就业机会增加劳动者收入，提升消费水平，推动经济扩张。截至2021年底，中国企业在共建"一带一路"国家建设的境外经贸合作园区为当地累计创造了34.6万个就业岗位。[④]

基础设施和产业园区建设还能够增加区位条件优势，创造更好的营商环境，

---

① 世界银行的分析包含71个经济体，称为"沿线经济体"。
② 参见 https://documents1.worldbank.org/curated/pt/448361569922674511/pdf/Main-Report.pdf。
③ 参见 http://www.focac.org/zfgx/jmhz/202302/t20230216_11025770.htm。
④ 参见 http://www.scio.gov.cn/31773/35507/35510/35524/Document/1732206/1732206.htm。

吸引投资增量，推动经济增长。德雷埃尔和富克斯等人在《美国经济学杂志：经济政策》上发表的论文，分析了中国于2000—2014年在138个发展中国家进行的共计4 304个官方投融资项目的数据。结果显示，来自中国的投资显著促进了东道国的经济增长。平均而言，一个投融资项目在签约的两年后可以将东道国的经济增速提高0.4~1.5个百分点。[1]

共建"一带一路"投资建设的基础设施以及通关清关等贸易便利化措施的实行，能够有效降低运输和劳动力成本，提高地区贸易活跃度。贸易一方面能够带来生产和消费所需的原材料与最终品，丰富经济活力；另一方面也带来互联互通和产业分工的可能性，为共建"一带一路"国家参与全球产业链创造条件。根据世界贸易组织的计算，贸易便利化条件改善可将共建"一带一路"国家的贸易成本降低12%~23%。荷兰国际集团（ING）高级经济学家乔安娜·科宁斯分析称，如果"一带一路"沿线走廊和主要合作伙伴国家间的贸易成本减半，可能会使世界贸易增加12%。[2] 郑智和刘卫东等学者的研究[3]则显示，2001年以来中国与共建"一带一路"国家的整体价值链联系不断增强，中东欧的增长最为显著。

经济增长的最终动力源来自创新，共建"一带一路"国家在研发创新上的劣势可能成为其与领先国家的差距进一步加大的根源。中国在发展历程中积累了"追赶式"创新的经验，在市场导向的应用技术创新等领域，向共建国家提供更加可借鉴的模式和经验，能够以创新要素驱动经济活力释放。截至2021年末，中国已与84个共建"一带一路"国家建立科技合作关系，累计投入29.9亿元，在农业、新能源、卫生健康等领域启动建设53家联合实验室。[4]

---

[1] Axel Dreher, Andreas Fuchs, Bradley Parks, Austin Strange & Michael J. Tierney. "Aid, China, and Growth: Evidence from a New Global Development Finance Dataset." May 2021.

[2] 参见https://think.ing.com/uploads/reports/Tradebelt_final2.pdf，作者在这个文件中定义了"一带一路"沿线走廊和主要合作伙伴国家。

[3] Zhi Zheng, Weidong Liu & Zhouying Song. "Does the Belt and Road Initiative Promote Value Chain Connection Between China and the Silk Road Countries." September 2021.

[4] 参见https://www.gov.cn/xinwen/2022-01/25/content_5670280.htm。

四、思考与启示

（一）存在的突出问题

过去 10 年，共建"一带一路"从"大写意"转向"工笔画"，切实推动了共建"一带一路"国家的发展。未来更加需要聚焦于解决建设过程中出现的问题，走向精细化的发展。总结而言，"一带一路"建设中存在以下突出的问题值得思考。

第一，政府和企业间的协调有待提高。共建"一带一路"具有特殊性，与不同国家战略和政策的协调沟通由政府部门发挥重要作用，但合作与项目建设的基础仍然基于基本的市场规则，需要政府、市场和企业主体的协调配合。例如，共建"一带一路"项目的建设可能由于东道国政府更迭受到影响，这就需要政府和企业主体加强配合来推动项目顺利实施。目前中国参与共建的主体较为单一，政府机构和国有企业占对共建"一带一路"国家直接投资金额的 60% 左右。[①] 相比之下，虽然民营企业参与的共建项目数量不少，但体量规模小。民营企业 500 强中近六成企业有意愿参与共建"一带一路"，但面临金融支持不够、缺少境外投资的统筹协调、对东道国信息了解不充分等主要困难。[②] 加强政府和企业的协调配合，有助于民营企业出海，推动共建"一带一路"从基础设施拓展至更多产业领域。

第二，低回报的投资项目往往导致债务问题，引发国际社会对"一带一路"项目投融资可持续性的关注。一部分项目如果未能充分理解当地需求，会导致建成后的投资回报不可持续，可能因此引发债务可持续性问题。部分基础设施建设项目未能与产业发展进行联动，形成可持续的经济效益。国际项目的建设往往面临诸多不确定性因素，加强与跨国公司的多方合作，实现技术、管理和资源等的优势互补，能够有效降低参与方的风险。在项目投融资上，也可以引入更多国际组织和多边金融机构参与运作实施，有助于提升债务的可持续性。

第三，共建"一带一路"在规则制度体系建设方面仍存在不足。例如，软

[①] 资料来源：AEI。
[②] 全国工商联：《2021 中国民营企业 500 强调研分析报告》，2021 年 9 月。

法的灵活性有助于不同国家达成共识，但在一些具体问题上缺乏统一的执行标准，难以落地推进。共建"一带一路"国家遵循不同的国际经贸规则，可能出现规则交叠难以执行或者规则疏漏无法覆盖的问题，在争端解决上也缺乏有效的机制来解决实际问题。另外，多边合作不足也容易导致跨国建设项目面临的风险较为集中，共建"一带一路"在与跨国公司和国际组织合作方面也有待加强。

（二）以高水平对外开放推动共建"一带一路"迈上新台阶

站在十年路口，共建"一带一路"面临逆全球化等更为严峻的外部环境。如何将中国的资本和经验优势与共建"一带一路"国家的人口和资源禀赋更好地结合，充分发挥中国在基建和市场规模等方面的正外部性潜力，推动共建"一带一路"迈上新的台阶？我们认为需要以高水平对外开放作为推动共建"一带一路"的重要抓手。

党的二十大报告对于"高水平开放"做出了全方位的阐述，其中提到了四个重要的方面。其一，"稳步扩大规则、规制、管理、标准等制度型开放"。其二，"深度参与全球产业分工和合作"。其三，"维护多元稳定的国际经济格局和经贸关系"。其四，"有序推进人民币国际化"。[①]

基础设施是中国对共建"一带一路"国家开放和进行贸易投资的基础。中国在共建国家建设了很多"硬基建"项目。在当前国际形势变化下，基础设施建设可以从实体角度缓冲逆全球化风险，也可以从金融角度缓冲去金融化风险。针对基建项目的可持续性问题，应当聚焦更"高质量"的项目，一方面基建往更高收益的项目倾斜，另一方面在产业园区建设中加强公私合作。共建"一带一路"国家的风险溢价较高，可以通过多边合作分散融资风险，加强多边合作来化解债务问题。

制度型开放要求中国进一步提高自身的科技创新能力，在共建"一带一路"中发挥技术优势，加强中国的技术溢出。制度和规则对新兴领域的发展起到更为

---

① 参见 https://www.gov.cn/xinwen/2022-10/25/content_5721685.htm。

关键的作用,通过共建"一带一路"在规则和标准制定中发出符合发展中国家现状的声音,与现有国际规则和制度有效对接,能够帮助共建"一带一路"国家更好地应对新发展约束。中国的大市场规模也为技术创新应用提供了场景。一些科技创新较为领先的共建国家的创新人才,拥有与中国本地的创新人才不同的学科优势,可以通过制度型开放吸引先进人才要素进入中国,聚合共建国家创新生产要素,扩大创新活动的规模和范围。特别地,制度型开放的基础是市场机制,在共建"一带一路"中应以市场机制为基本原则,在市场原则的基础上加强政府的作用。

深度参与全球产业分工与合作,要求中国进一步在比较优势的基础上,通过贸易、投资和产业链整合与全球经济开展深度合作。在发达国家产业链调整的背景下,中国需要更积极主动地推动全球化的进程。在供给侧,中国的发展经验为共建"一带一路"国家提供借鉴,中国资本与共建国家人口和资源的互补带来深度产业合作机会,尤其是可以开拓新的产能合作。例如,在绿色转型领域,光伏、风电等新能源产业具备制造业属性,已经进入商业化阶段,可以外溢到具备廉价劳动力成本和低关税成本优势的东南亚共建国家。在需求侧,中国需要加大国内超大规模市场的开放力度,同时挖掘共建"一带一路"国家的多元市场潜力。

维护多元稳定的国际经济格局和经贸关系,要求中国维护和完善世界贸易组织等多边机制,使其与时俱进,适应新条件下的国际贸易与投资关系,同时也要求中国积极发展区域性的诸边经贸规则。加强"一带一路"倡议与现有国际经贸和投资规则的对接,动员更广泛的国际力量共同参与,由中国作为主导国家更多参与相关国际规则的制定和维护,有利于加强共建"一带一路"国家与中国之间的多元经贸联系。

最后,有序推进人民币国际化。中国与共建"一带一路"国家具备贸易互补性,共建"一带一路"为人民币国际化提供了机遇,人民币国际化也有利于共建"一带一路"的可持续性。在"中国投资—进口中国商品—向中国出口初级品"的投资和贸易闭环中,双方的货币循环服务于共建"一带一路"对应的货物循环,有利于降低融资成本。当东道国与中国的贸易量足够大时,双边贸易和投资使用人民币所面临的汇率风险也要小于美元。以跨境贸易的人民币结算、计价为基础,推出更多人民币计价产品,发展人民币的储值功能,构建投融资闭环,将在长期推动共建"一带一路"行稳致远。

第二章

合作:"一带一路"合作中基建比重高

世界银行、发达国家提供的国际公共品中"软基建"较多,而中国与共建"一带一路"国家合作中"硬基建"比重高。西方国家重视"软基建"(人力资本、无形资本,如教育、医疗等),与20世纪80年代以来新古典自由主义强调"小政府"、重视人力资本的理念有很大关系。国际经验表明,"硬基建"(实物资产、有形资本,如道路等)对工业化非常重要。大部分共建"一带一路"国家尚未完成工业化,"硬基建"对其经济发展的作用会更加明显(下面要点中的基建主要是指"硬基建")。

中国在基建供给方面有明显的比较优势。中国具有规模经济、制造业优势,基建经验丰富,融资成本也较低。纯公共品一般由政府部门提供,但基建不是纯公共品,部分具有收益性,其融资不必完全依赖政府出资,可以通过市场方式融资。而且中国为共建"一带一路"国家提供基建以承接工程为主,不拥有所有权,因此以银行贷款融资为主,政府援助为辅,符合经济逻辑。

基建项目因为规模大,具有高杠杆特征,基建投资增长一般也导致债务上升,但负债对应资产,基建的外溢效应不可忽视。"一带一路"基建首先惠及共建国家本身,促进其经济增长和就业,增强贸易联通,促进FDI。"一带一路"基建也使中国与共建国家的经贸互补作用得以发挥,贸易和投资上升更快。欧美日等发达国家和地区也享受到了"一带一路"基建的外溢效应,其企业也从"一带一路"基建项目中获得了收入。

向共建"一带一路"国家提供基建可以从实体角度缓冲逆全球化风险,从金融角度缓冲去金融化风险。但"一带一路"基建也面临可持续性的挑战,包括债务问题、收益问题、治理问题等。应对"一带一路"基建可持续性的挑战,既要提升项目收益,也要分散项目风险。收益方面,建议聚焦更"高质量"的项目,消除国际公共品的"木桶效应",提升公私合作水平来调动私人部门参与的积极性。风险方面,逆全球化和去金融化推高了折现率,需要通过多边合作,分散金融风险。[1]

---

[1] 本章作者:张文朗、黄亚东。

"一带一路"倡议提出以来，中国一直积极地为共建"一带一路"国家提供基建，本章聚焦以下几个问题：（1）为什么世界银行、发达国家提供的国际公共品以"软基建"为主，而中国与共建"一带一路"国家的合作中"硬基建"比重较高？（2）为什么是中国而不是其他国家，向共建"一带一路"国家提供基建产品？（3）"一带一路"基建产生了什么影响？（4）"一带一路"基建有哪些方面可以改进？

一、共建"一带一路"国家更需要"硬基建"

（一）中国向共建"一带一路"国家提供的公共品中，"硬基建"比重高

世界银行、发达国家提供的国际公共品以"软基建"为主，相比而言，中国给共建"一带一路"国家提供的更多是"硬基建"公共品。[1]美国前财政部长萨默斯曾说："某个发展中国家的人曾经跟我说，'我们从中国得到的是一座机场。

---

[1] Zeitz, Alexandra O. "Emulate or differentiate? Chinese development finance, competition, and World Bank infrastructure funding." *The Review of International Organizations* 16, no. 2: 265–292, 2021.

我们从美国得到的是一场讲座'。"[1] 这在一定程度上说明了"一带一路"倡议的特点。根据波士顿大学全球发展政策研究中心的统计，2008—2021年，中国国家开发银行和中国进出口银行的对外贷款中，给开采和管道业、交通运输业、电力行业这三个行业的贷款总计达3 310亿美元，占总额的66%。[2] 相比之下，世界银行的贷款则主要用于支持健康、教育及其他核心公共管理行业（见图2.1）。根据AidData（援助数据研究实验室）的数据，2001—2017年，中国的海外开发性金融项目中22%是"硬基建"项目。相比来说，2001—2022年，世界银行支持的国际项目中大约15%是"硬基建"项目，美国的对外援助中11%是"硬基建"项目（见图2.2）。

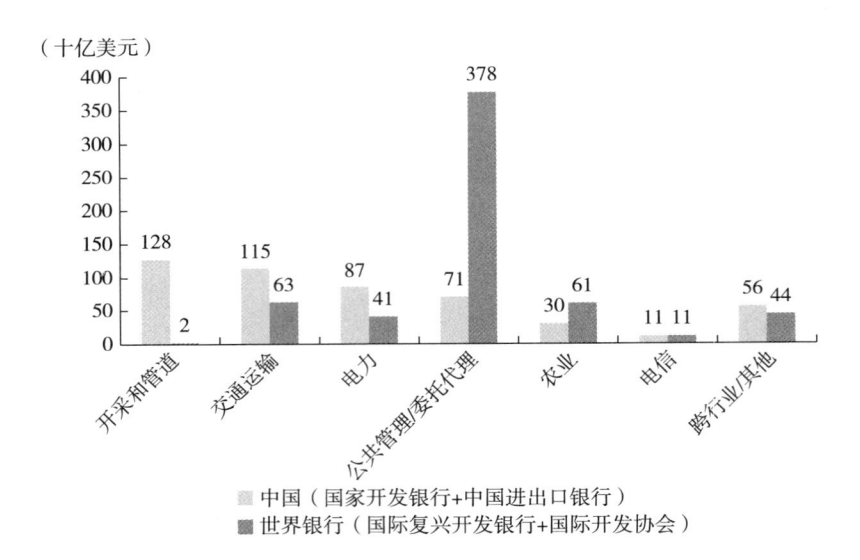

（十亿美元）

行业	中国（国家开发银行+中国进出口银行）	世界银行（国际复兴开发银行+国际开发协会）
开采和管道	128	2
交通运输	115	63
电力	87	41
公共管理/委托代理	71	378
农业	30	61
电信	11	11
跨行业/其他	56	44

图2.1 2008—2021年中国和世界银行发展贷款支持的行业分布

资料来源：波士顿大学全球发展政策研究中心，中金公司研究部。

---

[1] 原文为 "Somebody from a developing country said to me, 'What we get from China is an airport. What we get from the United States is a lecture.'"。参见 https://www.wsj.com/articles/scolding-isnt-a-foreign-policy-blinken-philippines-china-vietnam-communism-pragmatism-morality-3028f9c。

[2] 参见 https://www.bu.edu/gdp/2023/01/19/small-is-beautiful-a-new-era-in-chinas-overseas-development-finance/。

图 2.2 "硬基建"项目的比例

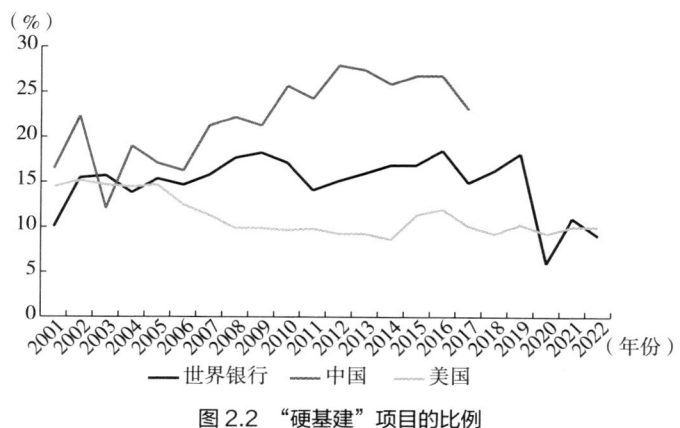

资料来源：AidData，World Bank Projects & Operations Dataset，USAID，中金公司研究部。

发达国家偏好"软基建"在一定程度上与 20 世纪 80 年代以来的新古典自由主义有关。在凯恩斯主义流行时期，主流观点认为政府应该积极有为，所以政府对基建比较热衷。二战之后，美国发起马歇尔计划，帮助西欧各国战后重建并提供经济援助，其中主要项目是基础设施建设。以意大利为例，其接受的马歇尔计划援助中 74% 是用于基建的。[1] 20 世纪 50—60 年代，美国政府基建支出与 GDP 之比达到 7%。20 世纪 70 年代之后，发达国家出现滞胀现象，促使经济学思潮从凯恩斯主义转向新古典主义。新古典主义强调小政府，关注点在于财政政策的纪律性。而"硬基建"通常投资规模大，对财政支出有较大压力。自 20 世纪 70 年代以来，主流经济学不再强调公共部门的实物资本和基础设施投资，转而倡导优先发展私人市场、人力资本。[2] 在 20 世纪 70 年代之后，美国政府"硬基建"支出持续下降，到 2021 年为 GDP 的 3.5%。[3] 不过近年来，随着新古典主义不断受到挑战，美国开始重视"硬基建"，一个证据是 2021 年美国总统拜登签署了

---

[1] Giorcelli, Michela, and Nicola Bianchi. "Reconstruction Aid, Public Infrastructure, and Economic Development: The Case of the Marshall Plan in Italy." No. w29537. National Bureau of Economic Research, 2021.

[2] 参见 https://www.project-syndicate.org/commentary/public-infrastructure-investment-sustained-growth-by-dani-rodrik-2016-01。

[3] 参见 https://fredblog.stlouisfed.org/2021/10/government-investment-on-the-decline/。

《基础设施投资和就业法案》，计划在 5 年内新增约 5 500 亿美元投资，用于修建道路、桥梁等交通基础设施，更新完善供水系统、电网和宽带网络等。[①]

（二）"硬基建"对工业化非常重要，共建"一带一路"国家更需要"硬基建"

1. "硬基建"是一种资本要素

在农业时代，土地是主要的生产要素。由于土地规模有限，人口增长使劳动力产出的边际收益递减，经济发展最终面临停滞，而资本积累的意义并未得到重视。[②] 这一时期典型的增长理论是马尔萨斯的人口理论。进入工业化时代，资本对经济发展的促进作用逐渐得到重视，资本深化和各类资本设备的使用被认为是英国率先实现工业化的主要原因。[③] 代表理论是索洛增长理论，该理论认为，在资本与劳动力要素互补的情况下，资本积累可以提高劳动力边际产出，进而推动人均产量和经济增长。基于 75 个国家的历史数据的研究发现，投资占 GDP 的比例上升能推升人均产出和经济增长速度，特别是在资本相对稀缺的非 OECD（经济合作与发展组织）国家。[④] 实物资本投资是提高劳动力效率和经济发展的重要因素，研究发现机械和工具投资占 GDP 的比例每增长 1 个百分点，可使 GDP 年增长率提高约 1/3 个百分点。[⑤] 但根据经典的索洛模型，资本本身亦面临折损和边际收益递减，使资本深化仅能推动经济进入稳态，而长期经济增长依然依赖外生的技术进步。

[①] 参见 https://www.whitehouse.gov/cea/written-materials/2021/11/15/the-time-is-now-to-modernize-u-s-infrastructure/。

[②] Allen, Robert C. "The great divergence in European wages and prices from the Middle Ages to the First World War." *Explorations in Economic History* 38（4）: 411–447, 2001.

[③] Voigtländer, Nico, and Hans-Joachim Voth. "Why England? Demographic factors, structural change and physical capital accumulation during the Industrial Revolution." *Journal of Economic Growth*: 319–361, 2006.

[④] Bond, Steve, Asli Leblebicioğlu, and Fabio Schiantarelli. "Capital accumulation and growth: a new look at the empirical evidence." *Journal of Applied Econometrics* 25（7）: 1073–1099, 2010.

[⑤] De Long, J. Bradford, and Lawrence H. Summers. "Equipment investment and economic growth." *The Quarterly Journal of Economics* 106（2）: 445–502, 1991.

进入内生增长理论时代，全要素生产率是经济持续发展的主导因素，代表理论是罗默内生增长理论。这类理论中，基建往往对应着公共资本的积累，构成生产要素的一部分，且往往具有外部性，能提高全要素生产率。例如，铁路、公路、机场等建设便是中国改革开放以来增加公共资本积累的重要渠道。[1] 而公共资本积累带来的基础设施水平提升，又是促进企业生产效率提升的关键因素。研究发现，公共资本投入是企业生产的重要环节，公共资本不足是20世纪70年代之后美国全要素生产率增速下降40%的原因。[2] 除此以外，投资增加带来的规模经济也可以提升全要素生产率。研究发现，大型制造业企业投资建厂所带来的溢出效应可以显著提升效率，对比没有得到投资的地区，获得投资建厂的县域全要素生产率会提升12%。[3] 同时，资本的范围出现拓展，教育、技能、健康等人力资本的积累得到重视。劳动者将部分时间投入人力资本积累，可提升劳动生产效率，进而推升经济体的内生增长速度。[4]

总结起来，从对经济影响的渠道来看，"硬基建"不仅在短期内推升需求，也从中长期改善供给。短期来看，基建投资有乘数效应，可以扩大需求。由G20发起的全球基础设施中心（Global Infrastructure Hub）对超过200份的研究进行总结，发现过去25年中基础设施投资的乘数效应为1.5倍，高于一般性的政府支出。[5]

长期来看，"硬基建"的一个关键作用是提升要素的"移动性"，改善资源配置，提高生产率。第一，从要素积累的角度来看，"硬基建"投资本身就是资本积累的过程。"硬基建"类资本的不足是制约经济发展的重要因素。例如，有研究显示，道路交通的投资不足给20世纪90年代的中国造成的年度损失达到

---

[1] Xiong, W. "The mandarin model of growth." No. w25296. National Bureau of Economic Research, 2018.

[2] Lynde, Catherine, and James Richmond. "Public capital and total factor productivity." *International Economic Review*: 401–414, 1993.

[3] Greenstone, Michael, Richard Hornbeck, and Enrico Moretti. "Identifying agglomeration spillovers: Evidence from winners and losers of large plant openings." *Journal of Political Economy* 118(3): 536–598, 2010.

[4] Caballé, Jordi, and Manuel S. Santos. "On endogenous growth with physical and human capital." *Journal of Political Economy* 101(6): 1042–1067, 1993.

[5] 参见 https://www.gihub.org/infrastructure-monitor/insights/fiscal-multiplier-effect-of-infrastructure-investment/。

GNP（国民生产总值）的 1%。[①] 美国自 20 世纪七八十年代起公共资本投资的不足，也被认为是制约其私人部门发展的重要原因。[②] 同时，"硬基建"能够降低生产、物流成本，促进私人投资，对私人部门的资本积累有正外部性。[③] 第二，对于劳动力来说，"硬基建"可以提升劳动力流动性，增加劳动收入以及人力资本。例如，"硬基建"可以缩减通勤时间，使劳动者可以在更大范围内寻求更高收入的工作。"硬基建"带来的劳动力流动，促进了知识的传播，可以提升人力资本。第三，从提升生产率的角度来看，基础设施改善资源配置，对于生产率的提升起到了重要作用。研究表明，基础设施投资提升 1%，生产率提升 0.24%。[④] 因为基础设施会折旧，基础设施存量不足与美国 20 世纪七八十年代的生产率放缓有关。[⑤] "硬基建"类投资带来的产业集聚和规模经济，也是促进生产力提升和经济发展的重要因素。例如，1998—2007 年中国全国性的高速公路建设，推动了工业企业的整合和规模经济效益。[⑥]

2. "硬基建"促进工业化

在发展初期，各国普遍更需要"硬基建"，而在经济发展到一定程度后，"软基建"的重要性上升。[⑦] 从数据来看，从低收入转向高收入的过程中，"软基建"

[①] Dasgupta, D. "Growth versus welfare in a model of nonrival infrastructure." *Journal of Development Economics*, 58(2), 359–385, 1999.

[②] Heintz, J. "The impact of public capital on the US private economy: new evidence and analysis." *International Review of Applied Economics*, 24(5), 619–632, 2010.

[③] Bivens, J. "The potential macroeconomic benefits from increasing infrastructure investment." EPI Working Paper, 2017.

[④] Aschauer, David Alan. "Is public expenditure productive?" *Journal of Monetary Economics* 23, no. 2: 177–200, 1989.

[⑤] Aschauer, David Alan. "Is public expenditure productive?" *Journal of Monetary Economics* 23, no. 2: 177–200, 1989.

[⑥] Liu, Z., Zeng, S., Jin, Z., & Shi, J. J. "Transport infrastructure and industrial agglomeration: Evidence from manufacturing industries in China." *Transport Policy*, 121, 100–112, 2022.

[⑦] Abiad, Abdul, Margarita Debuque-Gonzales, and Andrea Loren Sy. "The role and impact of infrastructure in middle-income countries: Anything special?" Asian Development Bank Economics Working Paper Series 518, 2017.

的投资上升，"硬基建"的投资下降（见图2.3和图2.4）。一方面，对处于经济发展初期的国家来说，最重要的是实现工业化。一般认为，国内大市场对于工业化是不可缺少的，所以对于小国来说很难实现工业化。罗森斯坦·罗丹提出的"大推进"理论认为，经济中的各个行业同时发展，能够为彼此创造需求，从而可以扩大市场规模，完成工业化。即使某一个行业单独不具有规模经济，但是在众多行业一起发展的时候，彼此之间能够创造需求，产生外溢效应，从而达到规模经济。[1] 基础设施建设对其他行业的外溢效应最为明显，能达到规模经济。因此，基础设施建设通常是经济发展在工业化初期所必需的。另一方面，对于发达国家来说，工业化已经完成，最重要的是创新。因此，对与创新有关的人力资本、无形资本等"软基建"的投资会越来越重要。在美国，企业的无形资本相比有形资本的比例从20世纪70年代的80%上升到100%以上。[2]

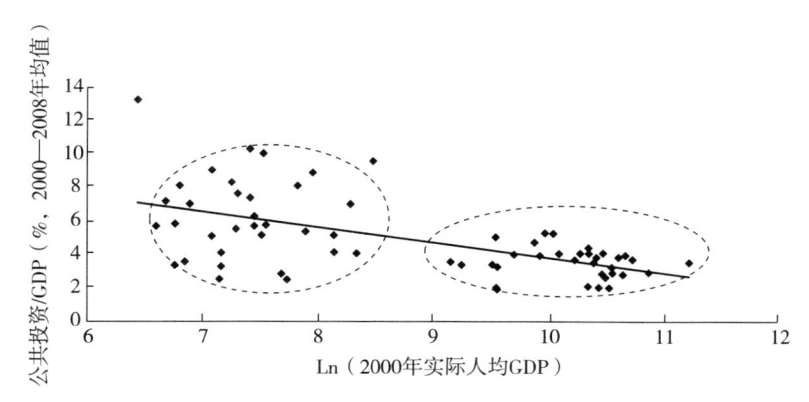

图2.3　基建投资与经济发展水平的关系是动态的

注：公共投资一般是基建投资的近似。
资料来源：国际货币基金组织；Atolia, Manoj, Bin Grace Li, Ricardo Marto, and Giovanni Melina, "Investing in public infrastructure: roads or schools?" *Macroeconomic Dynamics* 25, no. 7: 1892–1921, 2021；中金公司研究部。

---

[1] Murphy, Kevin M., Andrei Shleifer, and Robert W. Vishny. "Industrialization and the big push." *Journal of Political Economy* 97, no. 5: 1003–1026, 1989.

[2] Crouzet, Nicolas, Janice C. Eberly, Andrea L. Eisfeldt, and Dimitris Papanikolaou. "The Economics of Intangible Capital." *Journal of Economic Perspectives* 36 (3): 29–52, 2022.

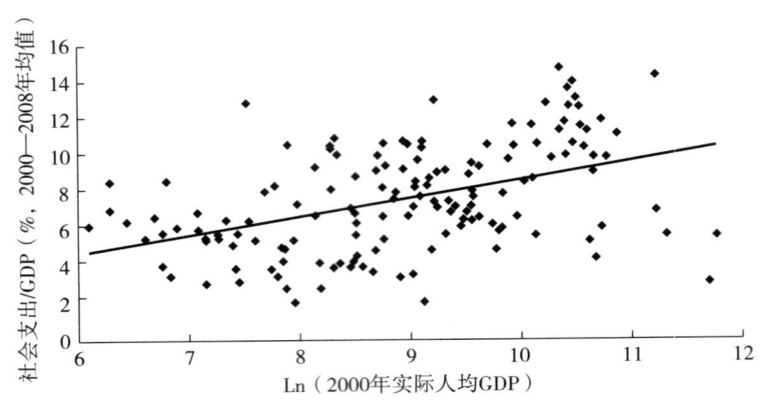

图 2.4　经济发展水平越高，民生支出越多

注：此处社会支出为政府在教育、医疗上支出的总和。
资料来源：世界银行；国际货币基金组织；Atolia, Manoj, Bin Grace Li, Ricardo Marto, and Giovanni Melina, "Investing in public infrastructure: roads or schools?" *Macroeconomic Dynamics* 25, no. 7: 1892–1921, 2021；中金公司研究部。

实际上，图2.3有一个有意思的现象。在经济发展水平比较低的阶段，"硬基建"投资与人均GDP没有显著的相关性，可能与部分低收入国家无力投资"硬基建"有关（左边椭圆圈）。而人均GDP较高的国家，"硬基建"似乎都较低，可能说明"硬基建"已经比较发达，无须继续大力投资"硬基建"（右边椭圆圈）。

因为大部分共建"一带一路"国家的工业化尚未完成，"硬基建"对其经济发展的作用会更加明显。世界银行编制的物流绩效指数可以作为衡量基建水平的一个近似指标，取值范围为1~5。2018年，共建"一带一路"国家的物流绩效指数均值为2.56，低于其他国家3.35的物流绩效指数均值。根据全球基础设施中心的测算，到2040年，全球基础设施缺口累计达到15万亿美元。为了弥合缺口，需要将基础设施支出从GDP的3%提升到3.5%。下文中，如果没有特别解释，我们所说的基建主要是指"硬基建"。

二、比较优势明显，中国适合为共建"一带一路"国家提供基建

在众多的基建产品提供者中，中国具有丰富的基建经验，有规模经济、制造

业优势，融资成本较低，适合向共建"一带一路"国家提供基建。从提供方式来看，一般的公共品完全由政府部门提供，但基建并非纯公共品，带有俱乐部公共品性质[①]（有部分排他性，有的可以直接收费），其融资就不必那么依赖政府出资，可以通过市场融资。

（一）中国在基建方面有比较优势

可以提供基建产品的国家很多，由谁提供更合适呢？科斯认为，当产权规则明晰、交易费用为零的时候，通过市场交易总可以使资源的配置达到最优。中国具有规模经济、制造业优势，基建经验丰富，融资成本也较低，在基建供给方面具有比较优势，是市场上最好的基建供给者之一。

中国基础设施建设成本较低、周期短。根据美国纽约大学运输成本项目（Transit Cost Project）的统计，过去20年中国的地铁建设规模在全球是最大的，总建设长度是第二名印度的10倍，是美国的72倍。不仅建设规模大，中国地铁建设的平均成本和建设周期也具有优势。平均来说，按照2021年的价格，中国每千米地铁建设的成本是1.66亿美元，是印度的88%、美国的28%。中国高铁的建设成本也低于欧美发达国家。根据世界银行的统计，截至2013年，包含土地、车辆、利息等成本，中国时速350千米高铁的每千米建设成本为1 700万~2 100万美元，而欧洲时速300千米高铁的每千米建设成本为2 500万~3 900万美元（见图2.5）。而在不含土地、车辆、利息等成本的情况下，美国加州高铁的每千米建设成本预计为5 200万美元。[②] 土地成本是影响基建成本的一个重要因素。根据世界银行的数据，中国高铁建设中土地成本占比低于8%，而美国加州高铁建设中土地成本占比为17.6%。[③] 但排除土地成本后，中国时速350千米高铁的每千米

---

① 俱乐部商品（club goods）是指具有非竞争性和排他性的商品。非竞争性是指增加一个消费者的使用并不减少其他人的消费。排他性是指可以限制个人使用这个商品。俱乐部商品的案例包括有线电视、电影院、公共交通等。

② Ollivier, Gerald, et al. "High-speed railways in China: A Look at Construction Costs." World Bank, 2014.

③ 同上。

建设成本最高为 1 932 万美元，低于欧洲（按照和美国相同的 17.6% 土地成本计算）和美国。因为不同国家的劳动力成本不同，准确比较基建成本高低有难度。但是，建设周期方面，中国也相对更短，能在一定程度上佐证中国基建的比较优势。根据美国纽约大学运输成本项目的统计，过去 20 年中国每千米地铁建设平均耗时 0.1 年，印度需要 0.16 年，美国需要 1 年。

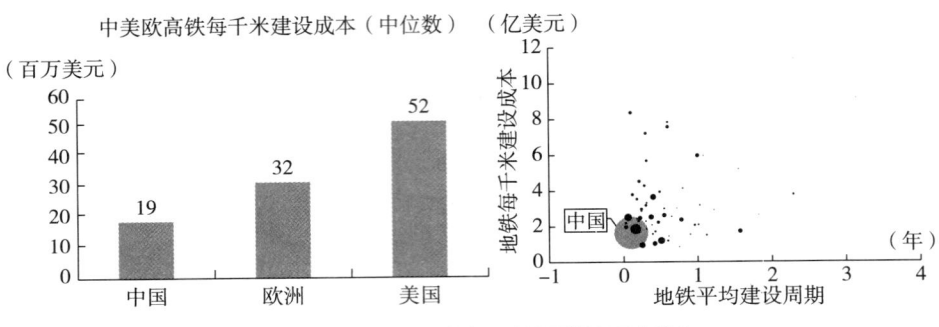

图 2.5　中国在基建成本和建设周期方面有优势

注：右图气泡大小代表自 20 世纪 90 年代以来的地铁项目总长度。
资料来源：Transit Cost Project；Ollivier, Gerald, et al., "High-speed railways in China: A Look at Construction Costs," World Bank, 2014；中金公司研究部。

中国在与基建有关的商品的生产方面亦有优势，产出大于消费。以钢铁、有色金属、铸造金属等为代表的基建产品，中国的产出在全球占比 55.35%，消费在全球占比 51.21%，产出大于消费（见图 2.6）。共建"一带一路"国家的基建产品产出在全球占比 14.34%，消费在全球占比 15.38%，产出低于消费。因此，中国与共建"一带一路"国家在基建产品的供需方面可以形成互补。截至 2021 年末，共建"一带一路"国家从中国进口的基建产品占其该类产品进口的比重为 12.16%，相对较高。

中国基建不仅规模大，质量也比较高。根据全球质量基础设施指数（Global Quality Infrastructure Index，简称 GQII）的统计，2021 年，在统计的 183 个国家和地区中，中国的基建整体排名全球第二，仅次于德国。根据世界经济论坛发布的《2019 年全球竞争力报告》，中国的基建整体排在全球第 36 名。两个指标的差异在于，《2019 年全球竞争力报告》更多关注基建的规模、质量、密度等，而

GQII 的排名不仅关注基建本身，还关注基建的运营能力，如基建的标准化、对基建运作的市场监督等，更能体现一国的基建综合实力。

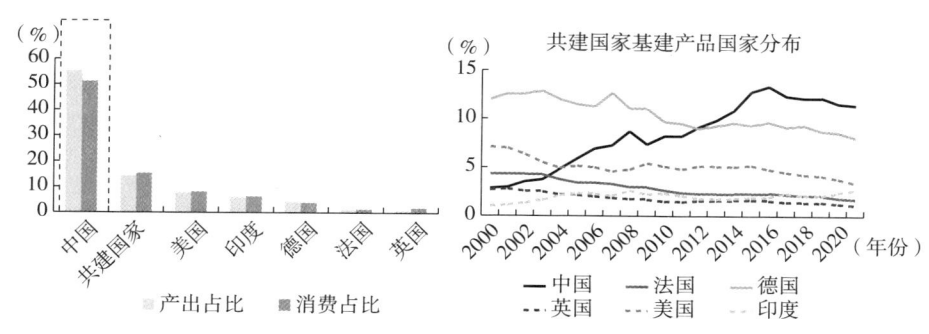

图 2.6　中国与基建有关的商品的产出大于消费，向共建"一带一路"国家的出口比例高

注：消费 = 产出 + 进口 − 出口，数据为 2018 年，或者最近的可得年份。左图统计的基建产品包括钢铁、有色金属、铸造金属。右图统计的基建产品包括工业设备、交通运输设备、金属制造、钢铁、非金属矿、有色金属。

资料来源：UNIDO，UN Comtrade，中金公司研究部。

具体到操作层面，中国基建承包商也有优势。在美国《工程新闻记录》杂志公布的 2022 年度全球 250 大国际承包商中，中国占 79 家，营业额达到 1 129 亿美元，占比达 28.4%。较西方各国，中国基建承包商的规模经济优势较为明显，具有丰富的海外建设经验。从劳动生产率来看，根据中国国家统计局的数据，2022 年中国建筑业的劳动生产率是 2003 年的 6 倍，提升较快。与之相比，美国建筑业的劳动生产率在 20 世纪 70 年代之后不断下降，2020 年的生产率只有 20 世纪 70 年代的 60%。[1]

从融资方面来看，中国向共建"一带一路"国家提供基建的融资成本也较低。由于不同债务国的风险不同，借款利率也会不同。不同年份的无风险利率水平不同，也会影响债务国的借款利率。根据世界银行国际债务数据库中的新增主权债务数据，在剔除了所有的债务国和年份的固定效应后，可以相对更加公平地比较借款利率。结果表明，虽然 2008 年以来全球发达国家进入低利率环境，

---

[1] Goolsbee, Austan, and Chad Syverson. "The Strange and Awful Path of Productivity in the US Construction Sector." No. w30845. National Bureau of Economic Research, 2023.

而中国的国内市场利率相对较高，但从整体上看，中国对外借贷的平均利率并不高，低于英美等发达国家和地区。2000—2022 年，中国的外汇储备从 0.17 万亿美元增长至 3.13 万亿美元，支撑了中国向共建"一带一路"国家提供低成本资金。

（二）基建不是纯公共品，不必完全由政府提供，中国"一带一路"基建融资主要靠政策性银行

从产品属性看，基建是一种公共品，更准确地说是俱乐部性质的公共品。公共品具有非竞争性、非排他性特点。公共品的提供者并不能向所有的公共品使用者收费，会导致"搭便车"现象。因此，公共品提供者的收益小于成本，会导致公共品供给不足。根据竞争性和排他性程度的不同，公共品可以分为纯公共品和非纯公共品。纯公共品具有完全非竞争性和非排他性，非纯公共品具有部分排他性或竞争性。例如，空气具有完全非竞争性和非排他性，因此是纯公共品。海洋渔业资源会因为一些人的捕捞而减少其他人的收获，因此具有竞争性。但由于渔业资源会在不同水域移动，不能阻止个人捕获，因此具有非排他性。这种具有竞争性和非排他性的公共品被称为公共资源。而另一种产品具有排他性和非竞争性，例如收费公路不会因为一辆车的使用而减少其他车的使用，但是可以限制部分人去使用公路，这种产品被称为俱乐部产品。

带有俱乐部性质的公共品可以由市场提供。鉴于公共品的非竞争性和非排他性，"搭便车"问题难以避免，因此私人部门投资不足，萨缪尔森认为应该由政府提供。政府提供公共品的逻辑是，政府可以通过收税的方式来支持提供公共品的支出。但根据制度经济学家科斯的研究，如果制度安排得当，公共品并非一定要由政府提供，市场也可以提供公共品，特别是俱乐部性质的公共品。[1] 例如，航海的灯塔具有公共品属性，过往船只都会受益于灯塔，而且不能排除单一船只从中受益，因此具有非竞争性和非排他性。理论上，灯塔应该由政府提供，因为向过往船只收费非常困难。但是，在 19 世纪的英国，灯塔是私人部门提供的，

---

[1] Coase, R. H. "The lighthouse in economics." *The journal of Law and Economics*, 17(2): 357-376, 1974.

显然与理论并不一致。私人部门提供灯塔的制度安排是，灯塔提供者并不向船只收费，而是向港口收费。如果港口不付费，灯塔关灯，船只就会避开这个港口，造成港口的损失。因此，通过合适的制度安排，市场也可以提供公共品。这说明纯公共品可能主要靠政府提供，而非纯公共品可以由市场提供。

不过，市场提供公共品的收费方式与政府不同。政府通过税收来解决提供公共品的成本问题，市场中的私人部门不存在收税的权力。但是，市场中的私人部门可以通过彩票、广告、商业地产等方式为体育、广播、地铁等公共品融资。例如，公共广播提供了信息这种公共品，本身的收益是小于成本的。但是，公共广播可以通过广告来获取收入，覆盖提供广播信息的成本，从而私人部门也乐意提供广播这种公共品。市场中的私人部门提供公共品的另一种思路是收取使用费，主要是针对俱乐部性质的公共品。例如，视频网站提供的产品不具有竞争性，但可以通过收取会员费来支持成本，从而具有一定的排他性。

中国向共建"一带一路"国家提供的基建主要是带有俱乐部性质的公共品，而且不能由中国政府通过跨国税收的方式来收费。中国给共建"一带一路"国家提供的是国际（区域）公共品，而不是国内公共品，可以通过使用费获取收益，不能通过税收的方式解决"一带一路"基建费用问题。在提供国际（区域）公共品方面，欧盟可以通过税收的方式来融资，但是欧盟的一体化程度较高，并不具有普遍的借鉴意义。还有一点要强调的是，中国给共建"一带一路"国家提供基建产品，多数情况下是基建项目的承建者，而不是基建项目的所有者，无法获得基建项目的后续收益。

综上所述，"一带一路"基建融资不必依赖政府无偿援助。根据中国海外发展融资数据库，中国在2008—2021年共向100个国家提供了1 099笔海外发展融资贷款，年均约356亿美元。[1] 世界银行在同一时期通过国际复兴开发银行和国际开发协会这两个主权贷款渠道，年均发放贷款429亿美元。

具体而言，中国"一带一路"基建主要通过政策性银行融资。根据AidData的数据，中国对外贷款主要是通过中国进出口银行和国家开发银行进行的，这两家银行的对外贷款在全部的中国对外贷款额中占87%左右，商业银行、国有

---

[1] 参见 https://www.bu.edu/gdp/2023/01/19/small-is-beautiful-a-new-era-in-chinas-overseas-development-finance/。

企业、政府在对外贷款额中占13%左右。[①] 传统发展模式强调国际机构和发达国家对发展中国家的单向援助，可能与其项目主要是"软基建"（纯公共品）有关，但这种模式难以满足基础设施的投资需求。新的发展模式从"输血式"的资金援助向"造血式""投资+贸易"的开发性金融模式转变，从而实现可持续的增长。

三、负债对应资产，"一带一路"基建外溢效应可观

（一）负债对应资产

接下来的一个关键问题是，如何看待与"一带一路"基建相关的债务？向共建"一带一路"国家提供基建是否产生了积极的经济效应？有研究显示，中国海外贷款发生重组的数量在增多。[②] 特别是新冠疫情发生之后，共建"一带一路"国家宏观经济受到影响，偿债压力增加，债务重组进一步增多。一种观点认为，中国对海外的贷款造成了"债务陷阱"。[③] 我们认为，这种观点忽视了贷款所带来的收益，仅仅关注了贷款所带来的偿债负担。基建投资因为项目大、周期长，天然需要比较高的杠杆。从资产负债表来看，基建投资推升债务的同时也创造了规模庞大的资产，不能只看资产负债表的一面而忽视另一面。

中国经济发展早期，世界银行向中国提供贷款支持基建的经验有助于说明这个问题。根据世界银行的统计数据，到2021年世界银行给中国的贷款余额为166亿美元。随着中国发展速度的加快，这些贷款所对应的资产升值较快，产生

---

① Malik, A., Parks, B., Russell, B., Lin, J., Walsh, K., Solomon, K., Zhang, S., Elston, T., and S. Goodman. "Banking on the Belt and Road: Insights from a new global dataset of 13,427 Chinese development projects." Williamsburg, VA: AidData at William & Mary, 2021.

② Horn, S., Reinhart and Trebesch. "Hidden Defaults." *American Economic Review Papers & Proceedings*, 2022.

③ 参见 https://trumpwhitehouse.archives.gov/briefings-statements/remarks-vice-president-pence-administrations-policy-toward-china/。

了比较好的经济效益，并没有形成债务问题，2021年的债务余额相较于最高的2009年（225亿美元）下降了26%。例如，1992年世界银行对中国贷款2.4亿美元，修建广东省佛山—开平高速公路。该项目于1993年动工，于1996年竣工。根据世界银行的评估报告，该高速项目在1999年的车流量比预期高50%，内含收益率达到14.7%。在1997年，该项目日均通车量为11 648辆，税后净收益为亏损1 191万美元。而到了2000年，该项目的交通流量上升为30 957辆，实现税后净利润187万美元。[①]

1.债务视角

对于共建"一带一路"国家来说，偿债压力增大并不仅仅是因为中国的贷款增加。在共建"一带一路"国家总体债务中，多边国际组织如世界银行、国际货币基金组织等发放的债务约占40%。[②] 按持有结构来看，在2021年中国持有21%的共建"一带一路"发展中国家政府债权，在双边债权中占比较高。但负债对应资产，反映了中国给这些国家创造的资产也比较多。此外，在"一带一路"倡议提出后（2014—2021年），中国对共建"一带一路"国家外债的持有比例并没有明显上涨，2018年以来甚至是小幅下降的。

中国的对外债权规模与其经济规模匹配。与贸易流量遵循引力模型相似，国家间的债务规模同样受经济规模影响，经济体量越大的国家向外提供的融资越多，参与国际金融的规模越大，则其持有的外债规模也相应增多。美国和中国是全球最大的两个经济体，所持有的对发展中国家债权也是最多的。总体上看，中国对发展中国家的总债权是与GDP规模相匹配的。

共建"一带一路"国家的债务问题和"一带一路"倡议并没有必然的因果联系。事实上，国际债务的增长更有可能是其他全球共同因素导致的。例如，2008年全球金融危机以来，以美国为首的发达国家实行量化宽松，形成了全球低利率环境，推动了债务扩张。无论是共建"一带一路"国家，还是未参与"一带一

[①] 参见 https://projects.worldbank.org/en/projects-operations/project-detail/P003518。
[②] 根据外交部的数据，在发展中国家主权债务中，多边金融机构和商业债权人占比超过八成，与我们的统计接近。参见 http://www.xinhuanet.com/world/2023-03/07/c_1129419937.htm。

路"倡议的发展中国家,政府外债在2008年全球金融危机后均出现了明显上涨趋势。例如,哥伦比亚尚未参与"一带一路"倡议,但政府外债占GDP的比例从2010年的22.5%上升到2021年的54.7%。共建"一带一路"国家中,既有债务上升的国家,也有债务下降的国家。例如,埃塞俄比亚的政府外债占GDP的比例从2010年的21.7%上升到2021年的25.3%,老挝的政府债务占GDP的比例同期从22.3%下降为18.2%。如果考虑各国的对外总债务,即政府债务加私人债务,则未参与"一带一路"倡议的发展中国家的增速甚至高于共建"一带一路"国家。

当然,部分共建"一带一路"国家存在的债务问题不能忽视。一些共建国家由于本身所处发展阶段等,举债较多,但是这些债务并没有形成优质资产,也没有产生相应的收益,导致偿债能力不足。例如,根据世界银行的数据,斯里兰卡的公共债务和公共担保债务占GDP的比例从2010年的28%上升到2020年的44%。但因为新冠疫情影响旅游收入,过度追求绿色转型影响农业收入,供应链受阻影响纺织业出口,斯里兰卡发生债务违约。

2.资产视角

从理论上看,对于公共投资是否一定能够促进经济增长这一问题,结果是不确定的。公共部门的投资对于私人部门具有"挤入"和"挤出"两种效应。一方面,公共投资可以和私人投资起到互补作用,降低工厂生产和物流成本,挤入私人投资;另一方面,公共投资会占用更多资源,推升投资成本,挤出私人投资。因此,公共部门投资对经济增长的净效应是不明确的。有研究表明,虽然美国的公共投资整体上促进了私人投资,但是有1/3的情况是挤出了私人部门投资。[1]根据沃顿商学院的测算,如果美国在2020年实施2万亿美元的基建投资,到2040年美国GDP将比正常趋势增长0.3%。但是,如果基建投资是通过国内的债务进行融资的,那么将提升利率水平,对私人投资产生挤出效应,到2040年

---

[1] Pereira, Alfredo M. "On the effects of public investment on private investment: what crowds in what?" *Public Finance Review* 29, no. 1: 3–25, 2001.

将使私人投资降低0.8%，从而抵消基建对GDP的正面影响。[①] 因此，从理论上看"一带一路"倡议的影响是不确定的，对于"一带一路"倡议是否促进了经济增长，需要做出正确的评估。

"一带一路"基建的一个不同是其公共投资的资金较大程度上源于共建"一带一路"国家之外，不会提升共建"一带一路"国家当地金融市场的利率，可能不会产生挤出效应，因此对经济增长的促进作用会比较大。研究也表明，当财政支出没有导致利率上升时，财政支出的乘数也会更大。[②] 从相关的研究和评估来看，"一带一路"基建整体上促进了共建"一带一路"国家的经济发展。例如，世界银行2019年发布的《"一带一路"经济学：交通走廊的机遇与风险》认为，共建"一带一路"国家将因贸易和投资扩大而实现经济增长和收入增加。[③] 而且，"一带一路"基建的外溢效应不仅仅局限于共建"一带一路"国家，也使中国与共建"一带一路"国家的经贸互补作用得以增强。除了共建"一带一路"国家和中国之外，欧美日等发达国家和地区也从"一带一路"基建中受益。当然，这并不意味着所有的"一带一路"项目都能形成优质资产，其中也存在资产优劣分化。"一带一路"项目应注重提升优质资产比例，减少劣质资产比例。

（二）"一带一路"基建的外溢效应

1. 促进GDP增长和就业

基础设施建设可以降低贸易联通的成本，从而促进消费和企业生产，以及经济增长（见图2.7）。根据世界银行的测算，平均来说，得益于"一带一路"项目，共建"一带一路"国家的GDP将长期比正常趋势增长3.35%。由于共建"一带一路"国家的经济增长同样可以拉动其他地区的经济，未参与"一带一路"倡议的国家和地区的经济将增长2.61%，全球GDP长期将因此增长2.87%。除了基础设施建设本身，如果配合以减少通关时间、降低关税等措施，共建"一

[①] 参见 https://budgetmodel.wharton.upenn.edu/issues/2021/6/15/economic-effects-of-infrastructure-investment。

[②] Nakamura, Emi, and Jón Steinsson. "Fiscal Stimulus in a Monetary Union: Evidence from US Regions." *American Economic Review* 104 (3): 753–92, 2014.

[③] World Bank. "Belt and road economics: Opportunities and risks of transport corridors." 2019.

带一路"国家将获得更大的收益，GDP将长期增长12.92%，全球GDP将长期增长8.24%。

"一带一路"基建的外溢效应也体现在就业方面。首先，包括基建在内的公共品建设本身会直接带动就业。其次，无论是贸易活动，还是FDI，都可以起到间接增加就业的效果。以埃塞俄比亚的产业园为例，根据世界银行的报告，到2021年共创造了9万个工作岗位，占埃塞俄比亚私人部门创造的正式工作的1/7。2021年，埃塞俄比亚的产业园促进该国GDP增长了0.5%，贡献了40%的制造业出口。在产业园区中，中国和印度的企业占据了70%以上。除了直接拉动就业的效果，通过产业链联系，产业园还可以拉动上下游企业的就业，起到间接拉动就业的效果。埃塞俄比亚产业园大约15%的经济效益是间接产生的。[1]

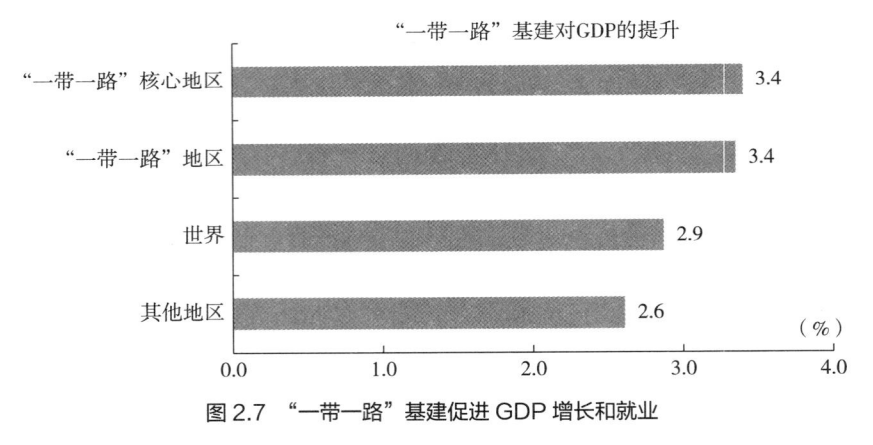

"一带一路"基建对GDP的提升

地区	提升(%)
"一带一路"核心地区	3.4
"一带一路"地区	3.4
世界	2.9
其他地区	2.6

图2.7 "一带一路"基建促进GDP增长和就业

资料来源：De Soyres, François, Alen Mulabdic, and Michele Ruta, "Common transport infrastructure: A quantitative model and estimates from the Belt and Road Initiative," *Journal of Development Economics* 143: 102415, 2020；Fanuel, Senidu, Matthew Butler, and Philip Grinsted, "On the Path to Industrialization: A Review of Industrial Parks in Ethiopia-Policy Report," 2022；中金公司研究部。

---

[1] Fanuel, Senidu, Matthew Butler, and Philip Grinsted. "On the Path to Industrialization: A Review of Industrial Parks in Ethiopia-Policy Report." 2022.

2. 增强贸易联通

根据世界银行的测算，得益于"一带一路"基建，共建"一带一路"国家的贸易量将至少增长 4.1%。从区域层面来看，各个地区都将受益于"一带一路"基建（见表 2.1）。其中，撒哈拉以南非洲、东亚、中亚将受益最多，原因在于这些地区的现有基础设施水平较低，边际改善会比较大。从行业层面来看，木材、蔬菜等对时间更加敏感的产品贸易量增长最多，超过 60%。

从渠道看，"一带一路"基建首先是减少贸易时间。从全球来看，平均来说，"一带一路"基建将使双边贸易时间从 22.9 天降低至 22.3~22.6 天，下降比例为 1.2%~2.5%。[①] 其中，东亚和南亚地区将受益最多，贸易时间至少下降 4.67%。另一个渠道是减少贸易成本。更高质量的基础设施，能够使商品运输成本更低、时间更快，而且更加安全，从而降低贸易成本。从全球来看，"一带一路"基建将使双边贸易成本下降 1.05%~2.19%。[②] "一带一路"基建不仅能够减少共建"一带一路"国家的贸易成本，而且因为基础设施能够联通周边国家，从而可以减少未参与"一带一路"倡议的国家的贸易成本。例如，得益于巴基斯坦的基础设施建设，澳大利亚和吉尔吉斯斯坦之间的贸易成本会下降 11.1%。[③]

表 2.1　"一带一路"基建增强贸易联通，受益于"一带一路"基建，区域间贸易增长比例

单位：%

发货地＼目的地	中欧和东欧	中亚和西亚	东亚和太平洋	北非	南亚	撒哈拉以南非洲	总和
中欧和东欧	0.70	2.50	4.50	2.00	3.70	6.00	3.21
中亚和西亚	3.40	10.20	10.60	3.70	0.80	6.90	5.93
东亚和太平洋	5.50	12.60	2.20	12.00	5.70	12.80	8.45
北非	1.70	1.80	8.70	0.10	1.10	3.30	2.78

---

① De Soyres, F., A. Mulabdic, S. Murray, N. Rocha, and M. Ruta. "How Much Will the Belt and Road Initiative Reduce Trade Costs?" Policy Research Working Paper WPS 8614, World Bank, Washington, DC, 2018.
② 同上。
③ 同上。

续表

发货地 \ 目的地	中欧和东欧	中亚和西亚	东亚和太平洋	北非	南亚	撒哈拉以南非洲	总和
南亚	2.70	0.90	5.00	0.90	0.60	3.80	2.33
撒哈拉以南非洲	5.60	20.90	13.70	3.40	4.10	3.90	8.60

资料来源：Baniya, Suprabha, Nadia Rocha, and Michele Ruta, "Trade effects of the New Silk Road: A gravity analysis," *Journal of Development Economics* 146: 102467, 2020；中金公司研究部。

3. 促进 FDI

基础设施建设降低交通成本，可以促进企业的跨国生产投资活动。FDI 可以通过生产和进出口活动促进当地经济增长，并且可以促进技术扩散和工业化。根据世界银行的研究测算，对于共建"一带一路"国家来说，基础设施联通将使 FDI 水平提升 4.97%。其中，共建"一带一路"国家之间的 FDI 将上升 4.36%，从 OECD 国家投向共建国家的 FDI 将上升 4.63%，从未参与"一带一路"倡议的国家投向共建国家的 FDI 将上升 5.75%。[1] 在共建"一带一路"国家内，东亚地区的 FDI 将上升 6.25%，欧洲和中亚将上升 4.70%，西亚和北非将上升 3.37%，南亚将上升 5.19%，撒哈拉以南非洲将上升 7.47%。

"一带一路"倡议的其他溢出效应还包括知识、技术的溢出效应，提供职业培训和教育机会，提升融资的便利度，增加旅游收入等。例如，根据 AidData 在 2022 年的调研，超过一半的非洲领导人认为"一带一路"倡议会带来职业培训和旅游收入的提升。[2]

（三）对中国的外溢效应

中国和共建"一带一路"国家有资源互补的优势，双方合作的经济基础比较明显。改革开放以来，中国逐渐成为制造业大国，但制造业的上游资源，除

---

[1] Chen, Maggie Xiaoyang, and Chuanhao Lin. "Foreign investment across the Belt and Road: Patterns, determinants, and effects." World Bank Policy Research Working Paper 8607, 2018.
[2] AidData. "Delivering the Belt and Road: Decoding the supply of and demand for Chinese overseas development projects." 2022.

煤炭外，对于铁铜等工业金属、石油，以及镍、钴、锂等新能源材料，中国均是净消费国，生产小于消费，依赖进口。与中国不同的是，多数共建"一带一路"国家具有丰富的上游资源，是净生产国，生产大于消费。例如，智利的铜、锂资源丰富，是全球第一大储量国，而智利本身对铜、锂的消费需求并不高。从排名前二十的国家进出口行业的分布来看，中国向共建"一带一路"国家出口的主要产品为机电、贱金属、纺织制品、化工产品、车辆等运输设备等。中国从共建"一带一路"国家进口的主要产品为矿产品、机电、贱金属、化工产品、塑料制品等。

从投资看，中国对共建"一带一路"国家的投资聚焦于能源、交通运输等领域。其中，在2022年，能源（31.6%）占比最高，其次为交通运输（20.9%）、金属（18.6%）、金融（10.6%）、房地产（3.6%）。交通运输占比在2013年以后有了显著提升。作为对比，2022年中国对未参与"一带一路"倡议的国家的投资中，交通运输（38.1%）、能源（22.3%）、医疗保健（7.5%）、金属（5.5%）、农业（5.3%）为排名前五的行业。相比于未参与"一带一路"倡议的国家，中国对共建"一带一路"国家的能源、金属领域的投资比例更高。

截至2022年末，中国已与22个共建"一带一路"国家签署12份自由贸易协定（含升级版协定），涵盖了货物贸易、服务贸易、投资和经济合作等领域。货物贸易方面，中国与共建"一带一路"国家双方降低关税，对部分产品实施零关税。例如，中国－东盟自贸区中货物贸易零关税覆盖双方90%以上的税目产品。[①] 服务贸易方面，中国与共建"一带一路"国家也进一步开放服务部门。相比于同美国和欧盟的贸易，中国与共建"一带一路"国家的双边贸易额增长更快。2022年，中国与共建"一带一路"国家的双边贸易额较2010年增长了131%，而中国与美国的双边贸易额同期增长了97%，与欧盟的双边贸易额同期增长了77%。

中国与共建"一带一路"国家的直接投资也增长迅速。从2010年到2021年，中国对共建"一带一路"国家的直接投资增长了163%，高于对美国、欧盟的直接投资增速。这里面既有中国经济增长后对外投资需求的自然增长，也有"一带

---

① 参见 http://fta.mofcom.gov.cn/article/fzdongtai/202302/51919_1.html。

一路"倡议的促进作用。特别是新冠疫情暴发后,中国对共建"一带一路"国家的直接投资仍在增长,可能反映出"一带一路"倡议对中国的外溢效应。

(四)欧美日等发达国家和地区也受益

随着共建"一带一路"国家基础设施的改善,欧美日等发达国家和地区与共建"一带一路"国家间的贸易成本也出现下降,促进这些发达国家对外投资增长。例如,北美洲是埃塞俄比亚产业园出口纺织品的主要目的地,在2019年占总出口的69%。[1]此外,美国对共建"一带一路"国家的直接投资受益于"一带一路"基建。例如,2010—2019年,美国企业向肯尼亚投资了29.3亿美元,其中可口可乐公司投资了2.4亿美元用于扩大当地的生产,这些生产经营活动都受益于当地的基础设施建设。[2]

在微观层面上,美国企业受益于"一带一路"基建。例如,2016年11月,美国卡特彼勒公司发布《"一带一路":共赢的愿景和承诺》白皮书,愿意通过其先进的技术、产品和服务参与"一带一路",为共建"一带一路"国家的基础设施建设等领域提供支持和帮助。[3]为满足共建"一带一路"国家不断增长的需求,卡特彼勒在中国徐州建立了世界上最大的工程机械工厂之一。截至2017年9月,卡特彼勒已经在20多个共建"一带一路"国家与中国的国有企业展开合作,涉及公路、港口、矿业和油田等项目。[4]美国霍尼韦尔公司与众多中国企业建立了长期战略合作伙伴关系,致力于在"一带一路"倡议下服务第三方市场。2017年5月,霍尼韦尔与惠生工程(中国)签署合作协议,共同为共建"一带一路"国家的客户提供甲醇制烯烃(MTO)工艺技术等,帮助天然气资源丰富的共建"一带一路"国家以更低的成本生产乙烯和丙烯,而且更清洁、更高效,推动实

---

[1] Fanuel, Senidu, Matthew Butler, and Philip Grinsted. "On the Path to Industrialization: A Review of Industrial Parks in Ethiopia-Policy Report." 2022.

[2] AidData. "Investing in Kenya's People: Valuing the Benefits of the U.S.-Kenya Relationship." 2019.

[3] 参见 http://www.scio.gov.cn/ztk/wh/slxy/31208/Document/1532268/1532268.htm。

[4] 参见 https://www.yidaiyilu.gov.cn/ghsl/gnzjgd/95161.htm。

现"一带一路"的创新绿色发展①。

日本企业也受益于"一带一路"倡议。自 2015 年 11 月开始，日本通运正式利用中欧班列的渝新欧铁路物流运输。在 2019 年 4 月第二届"一带一路"国际合作高峰论坛之后，日本通运对中欧班列的利用显著提升，不断扩大并完善中欧班列铁路运输服务。此后日本通运不断开通海铁联运固定班次新线路，如 2019 年 9 月开通从东京、横滨、名古屋等地海运到中国厦门，搭载中欧班列至波兰及德国的线路，班列行程最短为 23 天，相比传统的海运行程 40 天而言，可缩短将近一半的时间。

"一带一路"倡议也为一些欧洲公司开创了国际合作新局面。2019 年 3 月，德国西门子公司与中国国家发展和改革委员会一带一路建设促进中心在北京签署谅解备忘录②，中德两国企业在能源、交通、制造业与数字化等领域将开展广阔的合作与对话，促进"一带一路"第三方市场项目合作和建设项目投融资合作；同时，充分发挥中德工业领域的战略协同效应，共同推进数字化在"一带一路"建设中的应用。

四、思考与启示

共建"一带一路"国家基建仍然不足，需要增加基础设施建设。而且，在逆全球化和去金融化的大变局背景下，中国与共建"一带一路"国家间的合作的重要性上升，对逆全球化和去金融化的风险起到对冲作用。但是，"一带一路"建设也面临可持续性的挑战。未来，有哪些问题需要注意呢？如何做得更好呢？

（一）大变局赋予"一带一路"基建更多含义

从实体的角度看，逆全球化冲击产业链安全。加强与共建"一带一路"国家

---

① 参见 https://www.yidaiyilu.gov.cn/ghsl/gnzjgd/95161.htm。
② 参见 http://world.people.com.cn/n1/2019/0325/c1002-30993569.html。

的经贸合作可以缓冲逆全球化风险，基建是提升经贸合作水平的前提。从金融的角度看，去金融化带来安全资产的变迁，实体资产相比金融资产的安全性提升，基建是实体资产的重要组成部分。

1. 逆全球化视角

大变局的第一个体现是逆全球化。逆全球化表现为国际经贸往来从主要追求效率转向相对更强调安全。2018年以来，全球贸易环境发生深刻变化，贸易保护主义和逆全球化思维抬头，公共政策对贸易活动的干预增加。特朗普政府时期，美国政府对从中国进口的商品加征额外关税，将中国科技企业列入"实体清单"，促进制造业回流美国。拜登政府时期，美国运用产业政策，强调国家安全，促进半导体等产业回流。

2. 去金融化视角

大变局的第二个体现是去金融化。去金融化体现在多个方面。从政策的角度来看，就是财政政策的重要性相对上升，货币政策的重要性相对下降，金融监管加强，政府债务上升，私人部门债务下降，这是全球普遍现象。2008年全球金融危机之后，金融监管加强，私人部门债务扩张受限，经济发展主要靠政府部门债务扩张，而地缘政治变局叠加新冠疫情导致去金融化加速。从资产端来看，就是实体资产重要性上升，金融资产重要性下降。实体资产不仅包括传统的实体资产（土地、黄金、设备、矿产），还包括知识产权（专利），就是硬科技。

在国际上，去金融化的一个体现是安全资产的含义发生变化，美元资产的安全性下降，去美元化开启。非美元货币在全球贸易结算、储备资产等领域的比重增加。例如，2023年3月，中国首单以人民币结算的进口液化天然气采购交易达成。去美元化反映了地缘政治下，特别是俄乌冲突发生以来，以美元为主导的国际货币体系走向多元化。相比于金融资产，实体资产能提供比较稳定的现金流回报，体现其抗宏观不确定性的能力。在全球资产配置中，以基础设施、房地产、自然资源为代表的实体资产投资额不断上升（见图2.8）。在OECD国家的养老金配置中，除美国以外的发达国家实体资产的配置比例不断提升（见图2.9）。共建"一带一路"国家具有丰富的自然资源，是实体资产的重要提供国。在金融资产重要性下降，尤其是美元资产重要性下降的背景下，"一带一路"基建的重要性相对上升。多数共建"一带一路"国家的基建一直处于短缺状态，有碍互补优势充分发挥，而从配置的角度来看，也需要提升共建"一带一路"国家的基础设施供给。

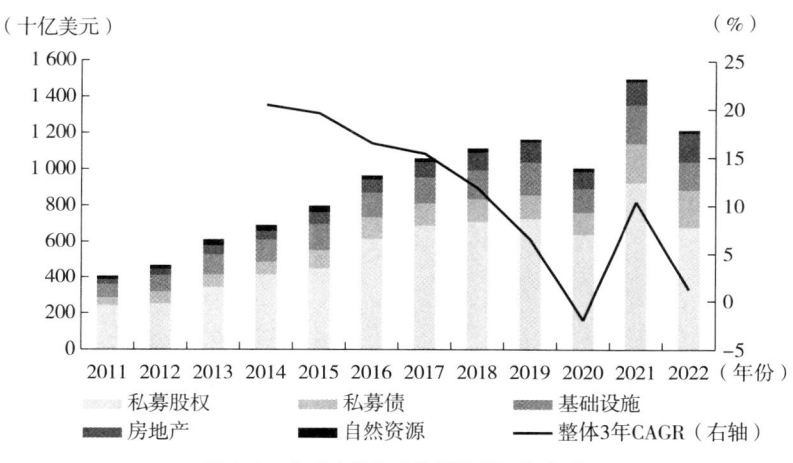

图 2.8　全球实体资产的投资额不断上升

注：CAGR 表示复合年均增长率。数据截至 2022 年 11 月。
资料来源：Preqin，中金公司研究部。

虽然在逆全球化和去金融化背景下，"一带一路"合作的必要性上升，但是"一带一路"项目也面临着可持续性的挑战。第一个挑战是债务的可持续性问题。部分共建"一带一路"国家的债务水平较高，而美联储为抗通胀从 2022 年开始加息，加剧了这些共建国家的偿债压力。本书的第六章和第七章详细描述了"一带一路"建设中的债务问题。第二个挑战是收益性问题。由于基建项目的回报周期长，基建项目的收益面临着不确定性。项目运营不善、标准不够统一等因素，都会影响基建项目的收益性。因此，在近期的项目中，中国开始逐渐重视基建运营，提升项目的可持续性。以蒙内铁路为例，一方面，中企不仅负责建设，还承诺管理，保障前期的有效运转，并培养当地的铁路运营人才；另一方面，不同于以往的"输血项目"，蒙内铁路的建设更加重视对沿线制造业、港口等的拉动作用，引导本地工业化，以实现项目正收益。[1] 第三个挑战是治理问题。ESG（环境、社会和公司治理）概念越来越受到重视，与之相关的环境污染问题、碳排放问题、生物多样性问题、劳动保护问题等也成为"一带一路"项目可持续的挑战。本书的第四章对绿色约束做了探讨。

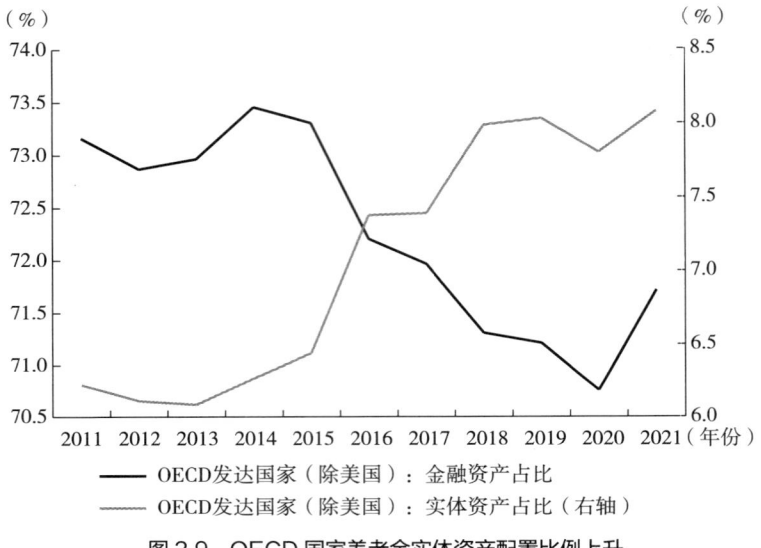

图 2.9 OECD 国家养老金实体资产配置比例上升

注：（1）OECD 发达国家（除美国）包括澳大利亚、奥地利、比利时、加拿大、丹麦、芬兰、德国、以色列、意大利、荷兰、挪威、葡萄牙、西班牙、瑞典、瑞士、英国；（2）金融资产包括二级股票、债券、私募股权、现金、对冲基金，实体资产包括地产、能源、大宗、基础设施以及上述挂钩债券；（3）OECD 统计上述国家的养老金。
资料来源：OECD，中金公司研究部。

提升"一带一路"项目的可持续性其实就是提升基建项目的净现值。对于可持续的项目，其净现值应该是大于零的。净现值取决于两个方面的因素，一是现金流收入，二是折现率。净现值与现金流收入正相关，与折现率负相关。因此，提升"一带一路"项目的可持续性应该从这两个方面入手。

---

[1] 参见 http://www.china.com.cn/opinion/think/2016-08/29/content_39184957.htm。

（二）提升项目收益

1. 聚焦"高质量"项目

提升"一带一路"项目的可持续性需要提升项目的收益，适当向收益更高的项目倾斜。2019年，在第二届"一带一路"国际合作高峰论坛记者会上，习近平主席提出要"建设高质量、可持续、抗风险、价格合理、包容可及的基础设施"[①]。2021年，习近平主席在出席第三次"一带一路"建设座谈会时强调，"要稳步拓展合作新领域。要稳妥开展健康、绿色、数字、创新等新领域合作，培育合作新增长点"[②]。从资产和负债的角度看，"高质量"的项目能够在同样的负债水平下，提升分子端的收益，从而提高"一带一路"的可持续性发展。

当前，在全球绿色转型的背景下，"绿色"基建的重要性上升，"一带一路"合作可以重点发力。过去，中国和共建"一带一路"国家间的合作以港口、铁路、机场等传统基础设施为主。未来，可以考虑增加光伏、风电、水电等新能源领域的合作，既可以助力共建"一带一路"国家的绿色转型，也可以发挥中国在新能源产业链方面的优势，获得相对更高的收益。例如，2019年底，由上海电力控股的黑山莫祖拉风电项目正式投入商业运行，年均发电量占黑山年社会用电量的5%，每年可为黑山减少3 000吨碳排放。[③]

2. 消除国际公共品的"木桶效应"

基建整体上能产生的效果取决于效率最低的一环。对于公共政策来说，取决于最弱的一环意味着提升短缺地区的公共品供给，能提升最大的效用，即所谓的"木桶效应"，木桶能装多少水取决于木桶最短板的长度。从"木桶效应"来看，应该提高共建"一带一路"国家基建的数量与质量。不同国家的基础设施标准不统一，也会形成短板，影响基础设施发挥作用。

---

① 参见 http://www.qstheory.cn/yaowen/2019-04/27/c_1124425091.htm。
② 参见 http://kz.mofcom.gov.cn/article/jmxw/202111/20211103219655.shtml。
③ 参见 http://www.sasac.gov.cn/n2588025/n2588139/c11632202/content.html。

以中欧班列为例,"木桶效应"会影响中欧班列发挥功能。首先,中外铁路标准存在差异。中国铁路轨距是 1 435 毫米,为标准轨距,与西欧国家一致;而东欧国家、中亚国家的轨距是 1 520 毫米,为宽轨距。因此,中欧班列在途经东欧、中亚地区时需要进行换轨作业,影响了中欧班列的运转效率。其次,基础设施不足影响换轨效率。部分中亚国家的边境换轨设施待完善,仓储能力和运营能力待提升,影响了中欧班列的运输效率。[①]因此,提升共建"一带一路"国家基建标准的统一性比较重要。

根据世界银行的测算,如果提升通关效率,共建"一带一路"国家的贸易额将增加 7.2%,较仅仅提供基础设施的效果提升 3.1 个百分点;如果加强基础设施管理,提升运行效率,共建"一带一路"国家的贸易额也将增加 4.6%,较仅仅提供基础设施的效果提升 0.5 个百分点。提升通关效率、加强基础设施管理的效果在中亚和西亚、北非等基础设施薄弱地区更加明显。

3. 产业园本质是俱乐部产品,公私合作有待加强

相比于公共部门更加偏好公平和安全,私人部门更加偏好效率。发挥私人部门参与的积极性,可以提升"一带一路"的收益。公共部门和私人部门合作的一个结合点是产业园,公共部门可以提供产业园的基础设施建设,私人部门企业入驻,可以提升产业园的收益性。从公共属性来看,产业园本质是俱乐部产品,具有一定的排他性,通过入驻费、管理费等可以持续获得收益。

对于企业来说,产业园可以帮助应对外部营商环境的挑战,减少运营风险。自 2005 年开始,中国商务部相继出台多项政策,鼓励企业通过产业园建设"走出去"。截至 2018 年 9 月,中国企业在 46 个国家建设境外经贸合作区 113 家,入区企业 4 663 家。[②]但是,全国工商联发布的《"一带一路"沿线中国民营企业现状调查研究报告》显示,园区化尚未成为沿线国家中资民营企业发展的主流模

---

① 许英明、邢李志、董现垒:《"一带一路"倡议下中欧班列贸易通道研究》,《国际贸易》,2019 年第 2 期。
② 中国商务部国际贸易经济合作研究院、联合国开发计划署:《中国"一带一路"境外经贸合作区助力可持续发展报告》,2019 年 4 月。

式，在受访企业中仅占比 25.3%。^① 因此，未来或可以将产业园作为公共部门和私人部门合作的结合点，提升"一带一路"的经济效益。

拜登政府在 2022 年联合 G7（七国集团）启动全球基础设施和投资伙伴关系（PGII），计划到 2027 年筹集 6 000 亿美元用于全球基础设施投资。^② 与"一带一路"倡议不同的是，PGII 更加寻求调动双边和多边工具来激活私人部门的资金，加强私人部门在基础设施投资中的作用。对于"一带一路"倡议来说，本章认为调动私人部门资金参与也可以成为未来的一个发力点。

（三）分散项目风险

公共品的长周期特征，使其投资回报对折现率较为敏感，而逆全球化、去金融化使折现率上升。折现率包括两个部分，即无风险利率和风险溢价。在"大缓和"时代，全球经济呈现低通胀、低利率、低波动的特征，无风险利率和风险溢价均较低。逆全球化导致产业链效率损失，去金融化背景下财政支出上升，去美元化背景下交易成本上升，逐步推升通胀和无风险利率。同时，地缘政治风波、气候变化、公共卫生事件等不确定性推升风险溢价，导致折现率上升。因此，即使基建投资未来的现金流不变，其净回报也将随着折现率的提升而下跌，使某些地区的基建投资缺口今后更加严峻。

共建"一带一路"国家的风险溢价本来就比较高。高质量的基建有助于帮助企业规避宏观波动造成的生产扰动。例如，高效的港口设施使中国在新冠疫情发生后依旧能够保证进出口相对畅通，从而保持宏观经济的稳定。对比来看，共建"一带一路"国家的整体基建质量较低，抵御风险的能力较差（风险溢价高）。特别是在部分自然灾害较为频发的非洲国家，气候变化等不确定性因素增加，将进一步拉高其风险溢价，造成更严重的基建投资缺口。从实体经济的角度看，向共建"一带一路"国家提供基建项目，可以提高生产、运输、仓储等环节的效率，

---

① 参见 https://www.yidaiyilu.gov.cn/xwzx/gnxw/110501.htm。

② 参见https://www.state.gov/about-us-office-of-the-u-s-special-presidential-coordinator-for-the-partnership-for-global-infrastructure-and-investment/。

有效促进经济发展和对外贸易，从而降低其风险溢价，但比较高的风险溢价又可能制约其基建扩张。

通过多边合作，分散融资风险。降低基建项目风险的一个方式是多边合作，减少风险敞口。世界银行有189个成员，国际货币基金组织有190个成员，亚洲开发银行有68个成员，因此在提供国际公共品时，每个成员都可以分散投资风险。"一带一路"倡议下也设立了一些多边机构，如亚洲基础设施投资银行（AIIB）、金砖国家新开发银行（NDB），在分散基建风险方面还可以进一步加强多边合作。

第三章

创新：打造开放可持续的"一带一路"合作体系

由于基础弱、需求小,"一带一路"创新合作过去一直没有成为"一带一路"倡议的重点。不过随着G-2(中美两国集团)创新体系出现松动,共建"一带一路"国家内生增长动力不足的问题也开始显现,凸显了共建"一带一路"国家(G-N)间进行创新合作的必要性和重要性。推动共建"一带一路"国家创新合作有三大好处:第一,有利于整合共建"一带一路"国家的创新资源,形成共建国家间的创新循环,提升共建国家的发展潜能;第二,可以强化共建国家合作的强度、黏性与可持续性,消解当前"一带一路"建设的痛点;第三,共建国家创新合作越有效,越能降低与未参与"一带一路"倡议的国家合作的阻力,这为应对逆全球化,建立更开放的国际创新环境提供了新思路。

要促进共建"一带一路"国家的创新合作,离不开跨国创新体系(TNIS)的建设。跨国创新体系按知识创造和市场需求两个维度可以分为四种类型。共建"一带一路"国家所面临的禀赋条件和发展环境约束,决定了"一带一路"跨国创新体系建设不能不分主次,需要讲究战略与战术。对共建"一带一路"国家而言,优先推进自由布局型和区域依赖型跨国创新体系建设,是推动"一带一路"创新合作的先手棋,具有战略意义。通过下好先手棋,带动市场锚定型和生产锚定型跨国创新体系建设,可以更好地连接全球创新体系,防止形成"技术孤岛",是打造开放的"一带一路"创新体系的可行战术。

如何下好先后手棋?对"一带一路"自由布局型跨国创新体系而言,共建"一带一路"国家面对的是"前沿内"创新,不确定性降低,政府可以发挥更大的引领作用,增加创新投资;需提升跨国科研激励政策的强度和多样性,创建创新中心发挥集聚效应;增加各国制度协同,减少科技合作摩擦;撬动科研创新的后发优势,在"前沿内"技术领域建立"研发—市场"循环。对"一带一路"区域依赖型跨国创新体系而言,需要加强细分市场的创新供需匹配,鼓励咨询、VC/PE(风险投资/私募股权)等中介公司跨国展业,提升共建"一带一路"国家市场的融合度。市场锚定型和生产锚定型跨国创新体系则可以作为加强全球创新联系的桥梁,未来随着"一带一路"创新体系的不断完善,形成开放包容的创新交流合作,也有助于吸引欧美国家创新主体参与其中,推动全球的包容性发展。①

---

① 本章作者:周子彭、刘欣然、黎芝源、陆趣、刘梦玲、熊督闻。本章得到了李娜的支持。

一、从 G-2 到 G-N：全球创新体系面临新挑战

（一）逆全球化冲击 G-2 创新模式

过去 20 年，全球的创新活动可以概括为 G-2 创新模式，即美国进行前沿科技创新，中国吸收创新成果并完成商业价值的实现。从经济学角度来讲，创新是指将新的、原创的或者改进的想法或方法转变为有价值的商品、服务或者流程的过程，其包括推出新产品或新服务，创造新生产过程、新营销方法以及新的组织模式等。自二战以来，美国一直是全球的创新中心，其研发投入多年来居全球首位，完善的教育体系、浓厚的创新氛围以及对科学的推崇，促使美国的基础科学不断取得突破，使其在前沿创新领域一直保持着领导者的地位，很多国家的创新活动都曾受益于西方的科学和教育体系。进入 21 世纪，美国的创新成果开始通过以中国为代表的发展中国家的制造业体系和大规模市场快速商业化，获得的收益反过来进一步支持美国不断创新，而中国在这个过程中"干中学，学中干"，本土技术水平也取得了进步。可以说，G-2 创新模式，一方面降低了创新成果落地的成本，另一方面推动技术不断进步，促进了全球共同发展。

然而，在大国竞争日趋激烈的背景下，全球创新的 G-2 模式出现松动。出

于国家安全、经济利益和保持科技全球领先地位等考虑[1]，美国一方面限制前沿技术转移他国，另一方面调整供应链布局，推动在岸、近岸和友岸外包[2]，导致G-2创新模式开始松动。在前沿科技领域，欧美国家为维持自身的领先地位选择出台相关政策，对高技术企业进行制约，限制前沿技术的转移路径，从而抑制其他国家的科技赶超，造成科技合作逆全球化。在全球供应链布局方面，欧美发达国家不断推动制造业回流或构建"亚洲替代供应链"，试图将供应链迁出中国[3]，减少制造业进口对中国等国家的依赖，并限制部分关键技术零部件对华出口，导致贸易逆全球化的现象。虽然在政府的推动下，中国已在高铁和航天等领域取得了一定的基础科学创新能力，但多数前沿领域仍面临发达国家技术限制的困境，特别是与大众市场连接更为紧密的领域可能受到更大的影响。

（二）共建"一带一路"国家内生增长动力不足

在G-2创新模式下，前沿技术的创新主要由美国完成，以中国为代表的发展中国家吸收技术，通过市场转化后，形成商业利润并流向美国，支撑其继续进行研发创新。G-2创新模式在全球范围内形成了一个创新需求与生产的循环。但这也意味着在G-2创新模式下，中国和共建"一带一路"国家并没有发展出完全独立的前沿创新的内生增长循环。如在半导体产业中，高导电型碳化硅单晶衬底材料是一种重要材料。衬底尺寸越大，对应的技术越先进。美国企业Wolfspeed（半导体制造商）早在2015年就研制出8英寸[4]产品，并于2022年正式投产，也是目前业内最先进的产品。尽管中国电子行业对这种8英寸单晶衬底材料有需求，但中国企业的技术暂时无法完全满足这一需求。此外，2018年S&P（标准普尔）公司对中国电子、半导体、汽车等领域的657家上市企业供应

---

[1] Bateman J. "U.S.-China technological 'Decoupling': A Strategy and Policy Framework." 2022.
[2] 薛澜、魏少军、李燕、贺俊、罗长远、余振、杨荣珍：《美国〈芯片与科学法〉及其影响分析》，《国际经济评论》，2022年第6期。
[3] 科尔尼咨询：《美国制造业回流之势已成，你准备好了吗？》，2023年4月。
[4] 1英寸=2.54厘米。——编者注

商进行调查，数据显示[①]，这些中国企业的各级供应商中，位于美国、欧盟、亚太等区域的海外科技供应商占比几乎超过一半，表明中国企业对欧美发达国家的技术依赖程度并不低。当前，中国制造业的竞争力居于全球前列，但 G-2 创新模式开始松动，也在一定程度上显现了中国制造的技术水平与创新研发水平存在错配，内生增长动力仍有待加强的问题。

同中国一样，许多共建"一带一路"国家也同样遭受了来自欧美的技术限制。[②] 对这些国家而言，经济发展对国外技术的依赖度同样较高，并且自身也没有发展出独立的技术内生增长模式。在欧美发达国家切断技术转移途径后，共建"一带一路"国家引进技术受阻，部分产业无法继续从欧美发达国家进口核心零部件和技术设备，削弱了产业竞争力，且由于部分共建"一带一路"国家原本的创新基础较为薄弱，短时间内很难独立进行突破，因此难以形成推动技术内生增长的动力。在欧美的科技限制措施下，许多共建"一带一路"国家的发展也面临巨大的挑战。

（三）共建"一带一路"国家的创新合作是另一种选择

在当前 G-2 创新模式难以为继的背景下，跨国创新合作亟须重构，联合处境相似、价值理念较为一致的共建"一带一路"国家，共建 G-N "一带一路"创新合作循环是另一种选择。

中国和共建"一带一路"国家之间价值理念相似，比起欧美发达国家，中国与共建"一带一路"国家的核心利益诉求更为接近，为构建 G-N 合作体系提供了坚实的基础。中国和共建"一带一路"国家具有丰富的创新资源禀赋，"一带一路"合作将会对大量的人才储备和差异化的学科优势进行充分整合，优势领域加速积累，弱势领域互为补充，从而加快创新的知识创造过程，取得更多技术突破，助力中国跨越中等技术陷阱。与此同时，共建"一带一路"国家大规模和多

[①] S&P Global. "A New Great Game—China, the U.S. and Technology." 2018.
[②] Jeremy Ney. "United States Entity List: Limits on American Exports." Harvard Kennedy School Belfer Center, 2021.

层级的消费市场能够为创新成果提供价值实现支撑，从而形成 G-N 合作体系的创新循环，培育技术内生增长动力，提升共建"一带一路"国家创新能力的可持续性，进而实现共同发展（见图 3.1）。

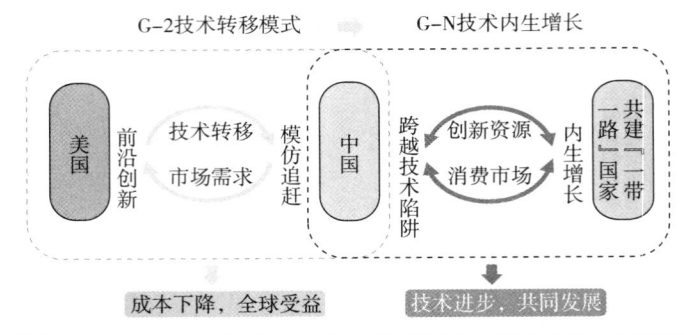

图 3.1 从 G-2 走向 G-N，"一带一路"创新合作的跨国创新循环重构

资料来源：中金研究院。

1. 价值理念相似，具有合作基础

中国与部分共建"一带一路"国家核心利益诉求接近，为可能的创新合作打下了基础。中国与共建"一带一路"国家都面临技术限制、创新受阻、内生增长动力不足的困境，同时利益诉求也更为接近，为构建"一带一路"创新合作打下了一定的基础。联合国大会是各国参与国际政治和外交的重要平台，会上两国投票表决结果的相似程度体现了两国国家利益诉求的一致程度。我们以具有全球经济代表性的 GDP 总量排名前 75 的国家作为分析对象，利用 2016—2021 年联合国大会上各国与中国在 602 次投票中结果的相似度，考察不同国家与中国的国家利益一致程度（见图 3.2）。结果显示，与中国国家利益诉求相近程度居于前 1/3 的主要经济体全部为共建"一带一路"国家，政治互信程度相对较高，面对国际议题体现出的立场倾向较为一致，合作基础坚实，在一些关键领域可能更容易形成科技合作。相近程度居于中间 1/3 的主要经济体也以共建"一带一路"国家为主，这些国家与中国有一部分共同利益，同时与欧美发达国家也有比较紧密的联系，在市场和贸易方面可能较容易形成合作，但技术开发合作特别是前沿技术合作可能受到限制。后 1/3 的国家多为欧美发达国家，这些国家与中国的国家利益

一致性稍显不足，达成合作需要破除的障碍较多，但并非毫无可能。总体来说，中国与共建"一带一路"国家的外交关系普遍更为友好，更容易共同建立创新合作体系。本章后续讨论中，图3.2中的左列为核心国家，中间列为一般国家，右列为外围国家。

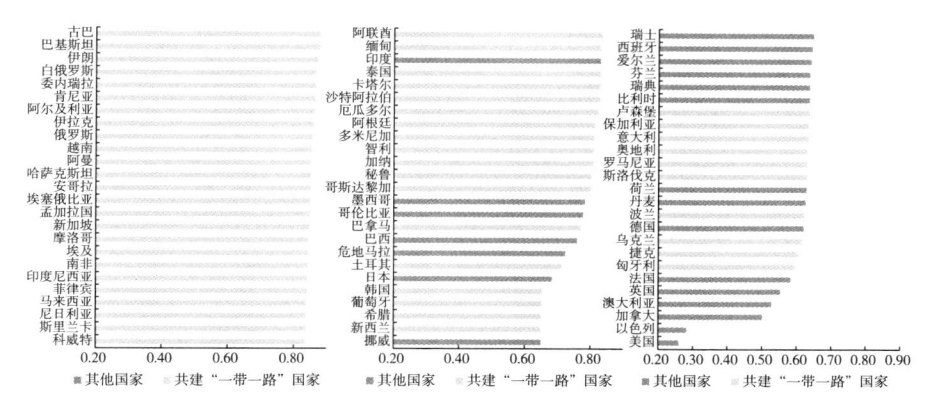

图3.2 不同国家与中国在联合国大会上的投票相似度（2016—2021年）

注：作者已将数据库更新至2021年，出于图表展示方便以及排除新冠疫情冲击，此处仅选用2019年联合国贸易和发展会议数据中GDP排名前75的国家（GDP大于630亿美元）。
资料来源：Erik Voeten et al.（2017），UNCTAD，中金研究院。

2. 资源整合 "1+1>2"

中国与共建"一带一路"国家构建市场驱动的创新合作体系（G-N模式）能够联动供需两方，形成内生增长的创新循环（见图3.3）。在"一带一路"跨国创新合作体系下，通过对研发成果进行转化，推动从知识创造到价值实现的过程，而价值实现带来的创新资源积累则进一步推动知识创造，由此实现了供给侧和需求侧之间的创新循环。充分调动共建"一带一路"国家供需双方之间的创新循环，能够提高资源配置效率，从而起到"1+1>2"的效果。

在供给侧，核心国家的创新资源禀赋一定程度上能与我国实现优势互补，并能够为创新合作体系的技术研发提供基本条件。在人才资源方面，共建"一带一路"国家具备一定数量的科研人才以支持技术研发。根据世界银行的数据，2019年中国及核心共建"一带一路"国家的人口总量达到全世界的43%，有将近一半的国家人口规模在1亿以上。庞大的人口基数为"一带一路"创新合作提供了人才基础，其中接受过高等教育的人口接近4亿人，总研发人员数量超过1 600万人。此外，不同地区的共建"一带一路"国家的优势学科存在差异，能够与我国实现人才和知识要素的互补。根据中国科学院文献情报中心2018年的统计信息，东南亚、西亚、南亚、中亚和东欧地区的共建"一带一路"国家的前五大优势研究领域不尽相同，表明其各自具有不同领域的人才储备和知识基础，提供了优势互补的契机。借助这些各不相同的优势领域交流合作和技术转移，促进创新研发资源与中国资源进行整合，能够为中国创新发展注入新动能。

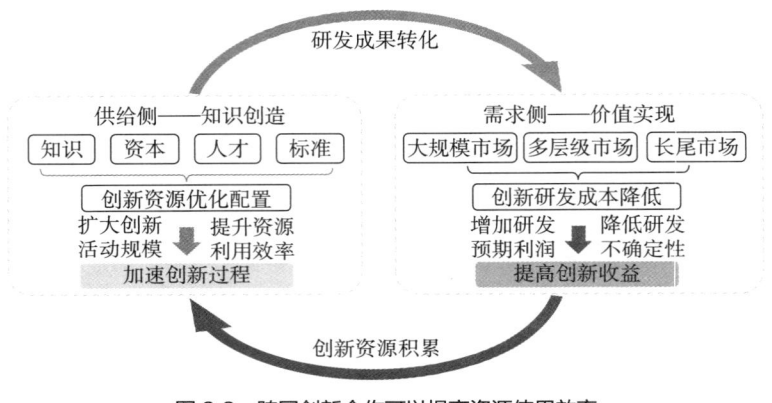

图 3.3 跨国创新合作可以提高资源使用效率

资料来源：中金研究院。

在需求侧，共建"一带一路"国家市场广阔、多样，有利于促进现有创新成果的价值实现，为进一步创新提供价值支撑。共建"一带一路"国家数量众多，且多处于中低端消费水平，能够为"一带一路"创新体系现有的前沿和成熟技术创新提供利基市场。以智能手机为例，中国的传音、小米、OPPO等品牌在非洲市场份额占比稳定超过50%，可见中国企业的定制化产品出口在共建"一带一路"国家市场具备突出优势。利用共建"一带一路"国家的市场需求，可以加速中国研发创新成果的价值实现过程，从而为后续更高技术水平的研发创新提供资金来源和技术积累，支持新技术的突破攻关。不仅如此，共建"一带一路"国家横跨亚欧大陆，部分核心国家还延伸至非洲与拉美地区，其广泛的地理分布、多元的文化习俗和差异化的发展水平，为拓展细分领域的长尾市场带来了潜力，为

"一带一路"创新的价值实现提供了多层级的市场需求,从而为创新循环的形成创造了更广阔的空间。

3. 提升共建"一带一路"国家间合作的强度、黏性与可持续性

与政府支持的基建项目不同,创新活动合作牵扯的主体单位更多、合作时间更久,并且互惠的属性更明显,这有利于增进不同主体间的信任关系,有利于"一带一路"合作关系更具黏性以及可持续性。由于共建"一带一路"国家以发展中国家为主,创新水平相对偏弱,中国与大部分共建国家相比都具有明显的创新优势,综合创新水平在共建国家中居于前列[①],因此共建国家本身有动力与中国合作,以提升其创新水平。比如越南的科技公司依托中国-东盟技术转移中心与我国开展太阳能技术合作,引进多种太阳能热水器生产设备,迪拜通过中阿技术转移中心获赠100万套风光互补节水灌溉技术设备。[②]

从如今欧洲国际科技合作的经验来看,进行市场驱动的创新合作,有利于让来自不同国家的更多主体相互协同,形成更稳固的国家合作关系。从当前的经验来看,为了加强欧洲国家作为一个整体的创新能力,欧盟一直在推动跨国创新合作,例如旨在支持研究人员国际交流的欧洲科技合作(COST)行动,旨在推动国际产品、流程和服务创新成果市场化的尤里卡(EUREKA)项目,以及致力于推动计量标准化的欧洲计量创新与研究计划(EMPIR)。由欧盟委员会直接领导实施的欧洲研究和创新框架计划(FP),除资助研究项目外,还支持研究人员的奖学金和培训,鼓励研究成果的商业化,并为研究机构资助基础设施和设备等,自1984年至今,该计划已实施到第九期。以最近完成的第八期(地平线2020)为例,从2014年到2020年,该计划总计提供约800亿欧元资助,项目中约3.25万个为跨国项目,包含16.77万个参与主体,该计划整体提升了欧洲的创新能力,有利于国家间合作的持续性。[③]

---

① WIPO, "Global Innovation Index 2022: What is the future of innovation-driven growth?" 2022. 参见 https://www.globalinnovationindex.org/gii-2022-report。
② 参见 http://www.stdaily.com/guoji/shidian/2020-09/14/content_1017872.shtml。
③ 参见 https://ec.europa.eu/info/funding-tenders/opportunities/portal/screen/opportunities/horizon-dashboard。

4."一带一路"高效合作，有助于削弱欧美的科技限制意愿

共建"一带一路"国家良好的创新合作，也有利于减小与未参与"一带一路"倡议的国家合作的阻力，这为应对逆全球化、建立更开放的国际创新环境提供了新的思路。共建"一带一路"国家通过良好的创新合作，充分利用自身优势进行互补，整合市场和资源，在创新过程中创造可持续的经济利益，并提高共建"一带一路"国家的创新技术水平。技术取得突破后，共建"一带一路"国家在国际技术市场的话语权提高，不仅能削弱欧美国家限制共建"一带一路"国家发展科技的意愿，同时也会吸引更多欧美企业参与"一带一路"创新的合作，从而在逆全球化浪潮的背景下，为建立更开放的国际创新环境提供新的思路，促进各国共同应对挑战和推动创新发展。

共建"一带一路"国家创新合作有利于加速前沿技术创新，进行技术追赶，当技术取得突破后，可以打破欧美国家原有的垄断局面，出于全球市场竞争和维护自身利益的考虑，欧美国家会相应放松这一层次上的技术限制。例如中国在20世纪90年代初自主研制出高性能计算机"曙光一号"，最终突破了欧美国家对10亿次计算机的禁运限制。又如中国化工工程服务商惠生工程和美国霍尼韦尔公司在节能环保和相关科技创新领域进行一系列合作项目，2017年5月25日，二者签署协议共同为部分共建"一带一路"国家提供甲醇制烯烃工艺技术和工程总承包（EPC）服务[①]，以促进当地清洁能源和化工工艺技术的提高，推动区域经济发展。这些案例都提示我们，如果共建"一带一路"国家的创新合作可以创造巨大的商业价值，同时共建国家提升自己的技术能力，将会削弱科技限制的效果，并吸引更多的欧美企业参与创新合作，从而为构建更加开放和可持续的国际创新环境提供可能性。

在逆全球化背景下，共建"一带一路"国家的创新合作具有重要意义，但是当前共建国家的创新合作还面临诸多挑战，值得我们关注。

---

① 《霍尼韦尔UOP与惠生工程达成甲醇制烯烃海外项目合作》，《中国新闻周刊》，2017年6月7日。

二、支撑不足：G-N 创新合作提升空间大

随着全球 G-2 创新模式面临越来越多的挑战，中国与共建"一带一路"国家创新合作的重要性和必要性日益增加。不过由于共建"一带一路"国家的合作起步晚、地理分布较为分散，且创新合作历史上主要由欧美引领，当前共建"一带一路"国家间创新合作的程度不高，也没有形成有效的创新合作循环。

（一）共建"一带一路"国家间的创新合作历史短，存在路径依赖

1."一带一路"合作历史较短、地理分散，创新合作还不成熟

"一带一路"倡议的提出已经有 10 个年头，但与国际创新合作的漫长历史相比，时间非常短，共建"一带一路"国家间的创新合作还处于探索阶段。不同国家建立顺畅的创新合作需要长时间的磨合，当前"一带一路"倡议刚刚迈过第一个 10 年，距离科技部等部委出台《推进"一带一路"建设科技创新合作专项规划》[①] 也只有 7 年。共建"一带一路"国家之间进行创新合作尚不成熟。以创新合作平台为例，2019 年科技部认定了第一批启动的 14 家"一带一路"实验室，其余的 39 家合作实验室则分别于 2020 年和 2021 年启动，由于成立时间较短、数量较少，且部分实验室更多地起到援助和教学作用，因此仍存在合作范围有限，产业布局与人才培养、科技支撑缺乏协同等问题。[②]

同时，"一带一路"倡议覆盖的国家多，不同国家的地理位置较为分散，这也为共建"一带一路"国家进行创新合作增加了难度。通过比较不同国家间的地理距离可以发现，以欧美国家为主的外围国家作为 G-2 创新模式下的创新中心，其地理位置较为接近，平均地理距离约为 3 200 千米，更加容易协同。反观共建"一带一路"国家的地理位置，更多分散在全球各处，核心国家间的平均距离达到近 6 500 千米，约为外围国家的两倍多。同时不少国家机场、铁路、通信网络等基础设施不完善的问题较为突出，在创新合作的过程中交流成本较高，这为推

---

① 参见 https://www.most.gov.cn/tztg/201609/t20160914_127689.html。

② 参见 http://www.rmhb.com.cn/zt/ydyl/202209/t20220920_800307173.html。

动"一带一路"创新合作增加了难度。

当前共建"一带一路"国家之间对创新合作的投入与欧美发达国家之间对创新合作的投入相比，仍有较大差距。核心国家大多为亚洲、非洲、拉丁美洲的发展中国家，经济、社会方面的发展程度不如欧美发达国家，导致其在创新方面的跨国合作较为滞后，投入也相对偏少。根据中国一带一路网公布的数据[①]，2016—2021年，中国用于支持与共建"一带一路"国家的联合研究项目的经费累计达到29.9亿元人民币，但与欧盟在2014—2020年通过"地平线2020"科研合作计划投入的800亿欧元[②]相比仍有较大差距。而包括俄罗斯、印度尼西亚在内的其他核心国家，对于跨国创新方面的投入更少，相较之下，近期欧美发达国家的科技合作政策频繁出台，主要发达国家之间的创新合作经费持续提升，可能进一步拉开投入的差距。具体到科创合作协议签订方面，核心国家之间的合作政策较少。全球经济水平最高的76个国家在2000—2020年共签订了591份双边的科技创新条约，其中包含中国在内的核心国家签订的双边协议数量仅40份，占比6.8%，明显低于核心国家与外围国家（21.2%）、外围国家之间（17.6%）达成的协议数量（见图3.4）。

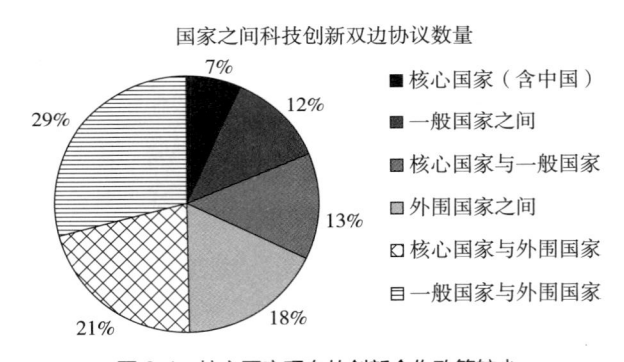

图3.4 核心国家现有的创新合作政策较少

注：数据时间为2000—2020年。
资料来源：WZB Berlin Social Science Center，中金研究院。

---

① 参见 https://www.yidaiyilu.gov.cn/info/iList.jsp?cat_id=10005&info_id=296311&tm_id=126。
② 参见 https://op.europa.eu/en/publication-detail/-/publication/1f107d76-acbe-11eb-9767-01aa75ed71a1。

2. 欧美国家引领的创新合作形成了路径依赖

出于历史原因，共建"一带一路"国家创新方面的合作曾经一直由欧美发达国家主导。全球创新在机构设置、人才交流、中介辅助等方面，都还依赖未参与"一带一路"倡议的欧美发达国家构建的现有体系，而共建"一带一路"国家之间则仍未形成有效的创新资源和创新成果的循环体系。传统欧美发达国家主导的创新合作，让共建"一带一路"国家形成了路径依赖。

从海外研究的分支机构可以看出，未参与"一带一路"倡议的欧美发达国家在全球创新合作中仍占据主导地位。研究机构作为创新研究的重要平台，其海外分支机构的设立对跨国创新合作起到了重要作用。当前在全部 7 271 家研究机构的海外分支中，仅有 332 家为共建"一带一路"国家研究机构，占比仅达到 5%，共建"一带一路"国家研究机构在未参与"一带一路"倡议的国家设立的研究分支机构也相对较少，近九成的海外研究分支机构均由未参与"一带一路"倡议的国家的研究机构派出设立。

当前跨国创新中介机构由欧美主导，这也限制了共建"一带一路"国家创新资源的整合。从标准化机构的分布来看，根据 2022 年 ISO（国际标准化组织）、IEC（国际电工委员会）、ITU（国际电信联盟）这三大国际标准组织中各国主导权的情况，ISO、IEC 这两个组织的秘书、项目召集人中，来自标准制定的十大国家的人占比超过八成，这些国家在 ITU 的部门成员中占比也超过半数，集中度偏高。其中，美国与德国为占比最多的两个国家，而其他占比较多的国家也多为欧美发达国家，中国的占比分别为 10.4%、6.1%、9.2%，相较占比排在首位的美国或德国仍有较大差距，其他的共建"一带一路"国家在其中的主导力量则更加微弱（见图 3.5）。

此外，聚焦作为重要创新资源的人才，共建"一带一路"国家的人才也更多流向未参与"一带一路"倡议的国家。图 3.6 展示了共建"一带一路"国家和未参与"一带一路"倡议的国家的留学生目的地选择，可以发现，在共建"一带一路"国家数量明显多于未参与"一带一路"倡议的国家的情况下，选择未参与"一带一路"倡议的国家作为留学目的地的留学生仍然更多，较少的共建"一带一路"国家的学生选择前往其他共建国家留学，说明目前共建国家内部的留学交流

三大国际标准组织中各国代表数量比较

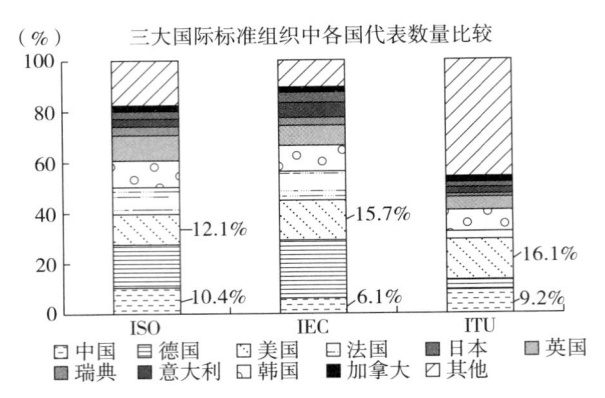

图 3.5 三大国际标准组织中欧美占据主导（2022 年）

注：三大国际标准组织为 ISO、IEC 和 ITU[①]，图中数据为 ISO、IEC 各技术委员会及分技术委员会的秘书、项目召集人的国别比例，以及 ITU 设定标准的过程中具有全部权限的部门成员的国别比例。
资料来源：ISO，IEC，ITU，中金研究院。

项目仍未形成体系。同时，中国与共建"一带一路"国家的人才合作项目实力偏弱，发起单位与成员单位整体科研教学能力与国际影响力不高，同时项目多为语言类项目和非学历项目，专业性与质量整体上均有待提升。[②]

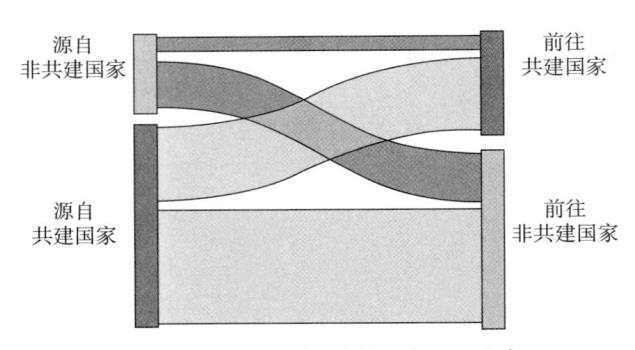

图 3.6 海外留学生流向情况（2022 年）

注：由于数据可得性，部分国家数据时间为 2021 年。
资料来源：UNESCO，中金研究院。

[①] 参见 https://www.cnis.ac.cn/gjbzh/gjbzhzz/。
[②] 魏浩、袁然、赖德胜：《中国吸引留学生来华的影响因素研究——基于中国与全球 172 个国家双边数据的实证分析》，《教育研究》，2018 年第 11 期。

（二）共建"一带一路"国家之间尚未形成有效的创新循环

无论是创新合作产出还是市场整合程度都表明，共建"一带一路"国家当前尚未形成有效的创新循环。创新合作方面，从跨国合著的学术文献成果来看，中国与共建"一带一路"国家之间的学术合作成果较少，更多的成果出现在与未参与"一带一路"倡议的国家的合作中。根据2016—2020年全球跨国学术文献的合作情况，全球学者共发表了441.8万篇跨国合作的学术文献，其中仅有39.8万篇为共建"一带一路"国家之间的合作成果，占比仅10%。相较之下，更高比例的跨国学术合作发生在共建"一带一路"国家与未参与"一带一路"倡议的国家之间，文献成果达到220.7万篇，占比超过半数。这说明共建"一带一路"国家具有跨国学术合作的实力，但目前更依赖于与未参与"一带一路"倡议的国家的学术合作，以欧美发达国家为中心的创新体系较为稳固。从专利合作来看，共建"一带一路"国家之间的创新合作成果同样偏少，未能充分发挥共建国家的禀赋优势。根据2016—2022年跨国研发的专利申请的合作情况，在全球跨国合作完成的818.6万件专利中，共建"一带一路"国家之间跨国合作的专利数量为7.4万件，占比不足1%，共建"一带一路"国家与未参与"一带一路"倡议的国家合作的专利成果占比不到三成，而超过七成的国际合作专利是未参与"一带一路"倡议的国家之间合作完成的。这表明共建"一带一路"国家之间很少完成专利方面的合作，共建"一带一路"国家与未参与"一带一路"倡议的国家在商业技术方面的合作成果也相对较少。

此外，创新成果最终需要转化成商品并流入市场，但是当前核心国家之间的市场整合程度不高，难以支持共建国家之间创新的价值实现。比较不同类型国家的跨国贸易成本可以发现，核心国家之间的跨国贸易成本平均占产品生产成本的251.32%，显著高于外围国家之间88.13%的跨国贸易成本，表明核心国家之间的贸易壁垒远高于以欧美国家为主的外围国家之间。同时，核心国家与其他类型国家的贸易成本也相对更高。这意味着核心国家在创新后续的产业化过程中或将面临更多困难，不利于实现可持续的创新活动。

三、谋定而后动：跨国创新体系的主体与结构

面对逆全球化的挑战，共建"一带一路"国家的创新合作可以作为推动共建国家技术进步和经济内生增长的重要依托。然而，当前共建国家进行创新合作的基础较弱，尚未形成有效的创新循环。要发挥"一带一路"创新合作的潜力，优化共建国家创新资源的配置，亟待建立一个机制化的创新体系，也就是"一带一路"跨国创新体系。那么跨国创新体系究竟是一个什么样的体系，共建国家建立跨国创新体系又应该如何入手呢？

（一）跨国创新体系是什么

简单地说，跨国创新体系是指政府、企业、研究机构、中介组织等创新主体，跨越国境的地理边界，进行创新合作的体系。完善的跨国创新体系可以让知识、人才、资本、市场机会、技术标准等创新资源在多个国家之间流通并优化配置，从而让创新的需求和产出循环更高效地运转。跨国创新体系是一个庞杂的系统，既包括各创新主体在跨国层面的合作，也包括跨国创新主体与不同地区的国家或区域创新联结。对国家或者区域层面的创新体系而言，参与创新的主体、创新资源以及制度环境等往往都存在地理边界，但在跨国创新体系的连接下，这些国家或区域子系统的主体可以通过跨国创新主体与他国的创新主体产生互动，从而联结到跨国创新的活动中。

新冠疫情发生后国际 mRNA（信使核糖核酸）疫苗的研发合作机制，可以被看作跨国创新体系的一个示例。在跨国创新体系中，跨国企业、研究机构、咨询公司和国际组织等具有全球影响力的主体相互作用，以确保资金、知识等资源的调动。新冠疫情发生后不久，中国的研究机构面向全球公布了新冠病毒基因序列，全球各疾病防控部门、医疗机构和生物医药企业等均可以通过这些信息研发检测试剂；世界卫生组织及时编制和发布了新冠病毒的检测指南；美国知名制药企业辉瑞和德国 BioNTech（拜恩泰科）公司进行 mRNA 疫苗联合研发。这些具有国际影响力的主体相互作用，在疫情初期快速开启了疫苗研发的国际合作机制。在国家创新中，知识创造过程发生在特定国家的生物医药研究机构和企业

中，通过国际研究计划和国家标准制定机构等进行合作。mRNA 疫苗的研发在美国辉瑞和德国 BioNTech 中进行，研究计划的开展离不开当地政府部门的许可和支持，以及遵循必要的研发和生产的标准等。在区域创新中，mRNA 疫苗技术的应用需要支持性的制度环境，跨国企业的子公司或专门部门在当地活跃地促进疫苗检测、建立生产网络等。疫苗研制成功后，两家公司在美国和欧洲部分地区进行了测试和检验；辉瑞公司建立了专门的跨职能团队，确保当地的供应商支持疫苗生产过程中的原材料需求；测试和生产都在 mRNA 疫苗成功问世的过程中起到了重要作用。跨国细分市场子系统由跨国企业和中介组织在世界各地选定城市建立，该子系统将建立创新成果的合法性，并了解市场需求和用户反馈。2021年 1 月，国际中介世卫组织颁发了首个紧急使用许可，以尽快让全球更多国家获得新冠疫苗。在疫苗上市后，辉瑞和 BioNTech 仍在根据各国卫生部和世卫组织等公布的数据和病毒变体的传播情况进行疫苗的改进。跨国创新体系中不同的子系统建立了良好的资源交互与整合，从而整合全球资源，发展和传播创新成果。

基于上述案例，我们可以发现跨国创新体系的核心在于创新主体在跨国层面上实现结构性耦合。创新主体的跨国结构性耦合指的是通过具有国际影响力的创新主体进行跨地域联结，实现市场机会和创新资源的交互与整合。例如，跨国公司在全球不同地区设立分支机构，将特定区域层级的技术与知识运用到其他国家的细分市场；研究机构通过国际学术会议、技术专家交流机制等连接起来，促进创新的协同以及知识的扩散；标准化组织制定全球适用的技术规范和产品标准，为商品的国际分工制造和跨境贸易提供基础；国际金融机构或咨询公司则与相关国家的金融或咨询机构合作，为该国的企业提供服务。这些都是创新主体实现跨国结构性耦合的例子。

（二）跨国创新体系可以分为四种类型

对于不同领域的创新活动，创新主体的协同方式存在差异，跨国创新体系也会呈现出不同的特点。一般而言，创新可以分为"科学创新"（Science, Technology, Innovation, STI）与"经验创新"（Doing, Using, Interacting, DUI）两类。前者是基于科学理论突破带来的进步，可以从实验室的基础研究中转化，这些知识可以被记录，主要以论文、专利和报告流传，知识溢出的壁垒较低；后者则是基于在生产工艺和实践经验中积累的经验知识，主要通过"干中学"和生产者-用户交互产生，很多创新的产出属于"诀窍"类型，传输和流动的壁垒较高。而从市场需求出发，可以将创新成果分为"标准化需求"与"个性化需求"：所谓标准化需求即表明该类创新具有全球通用的特点，无须适应特定市场，价值实现过程呈现同质化；而个性化需求则是面向细分市场，用户偏好和生产标准等方面在不同市场之间存在较大差异，因此创新过程需要扎根于特定的区域/国家环境，根据用户群体的异质性需求进行改进优化。

从创新的特征和市场需求特征出发[1]，跨国创新体系可以分为四种类型。如图3.7所示，第一种类型是自由布局型，创新依托科学创新，而价值实现则是面向标准化的大众市场，生产环节往往依托全球供应链跨国分布，并且需要世界通用的技术标准和产品分销渠道，典型的例子包括人工智能、医药、芯片等产业。由于生产流程高度标准化，企业能够在世界各地布局生产，科学创新成果亦能随全球进出口贸易迅速溢出，转移至其他国家的企业。[2] 第二种类型是市场锚定型，跨国创新体系同样依托科学创新，但价值实现高度依赖独特的产品设计和特定的销售渠道，需要深耕细分市场，长时间积累本地资源。典型的产业包括育种、专用精密设备、污水处理、高端基础设施建设等。第三种类型是区域依赖型，其知识创造过程以经验创新为主，并面向特定地区的细分市场进行价值实现，典型的例子包括石油管道阀门、手工制造行业等。第四种类型是生产锚定型，同样利用积累的经验知识优化改进原有的产品设计和生产工艺，而创新成果能够适用于全球大众市场的跨国创新体系，典型的产业包括汽车、通用服装、家具等。此类产业通常生产流程较为标准化，企业能够基于经验"干中学"，不断累积生产经验增加技术储备，并通过标准化的渠道将产品销往全球市场。

---

[1] Binz C, Truffer B. "Global Innovation Systems—A conceptual framework for innovation dynamics in transnational contexts." *Research Policy*, 46(7): 1284–1298, 2017.
[2] Binz et al. "Catch-up dynamics in early industry lifecycle stages—a typology and comparative case studies in four clean-tech industries." *Industrial and Corporate Change*, 2020.

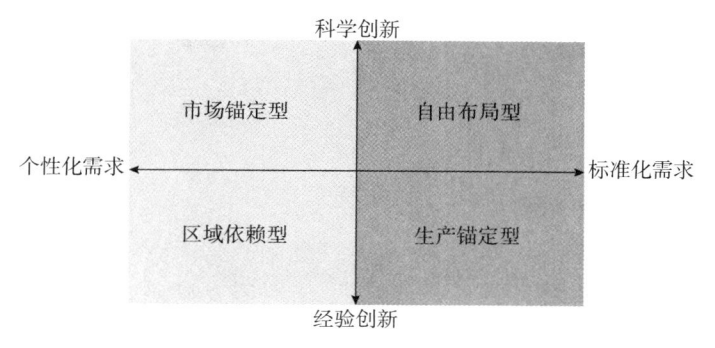

图 3.7 跨国创新体系的四种类型

资料来源：Binz and Truffer（2017），中金研究院。

（三）布局先后手，优先推进自由布局型和区域依赖型跨国创新体系建设

面对四种类型的跨国创新体系，共建"一带一路"国家应该如何抉择？是同步推进还是有所侧重？从共建"一带一路"国家面临的外部环境和自身禀赋条件来看，"一带一路"创新体系可以优先推进自由布局型和区域依赖型跨国创新体系的建设，在此基础上带动市场锚定型和生产锚定型跨国创新体系的建设。

首先，当前 G-2 创新模式难以为继，对自由布局型和区域依赖型产业造成的冲击更大，而对市场锚定型和生产锚定型产业的负面冲击相对较小，因此共建"一带一路"国家侧重构建自由布局型和区域依赖型跨国创新体系具有现实迫切性。从安全和经济两个角度来看，美国更倾向于抑制对其安全收益较高、经济损失较小的产业，具体而言主要是共建"一带一路"国家的自由布局型和区域依赖型产业。自由布局型产业处于科技竞争更激烈的领域，从安全的角度来看，美国对其进行限制的动机更大；区域依赖型产业由于对美国经济的影响相对偏小，因此受美国限制的可能性较大。生产锚定型和市场锚定型两类产业所涉及的领域对美国而言有较高的"分离"成本，从意愿和事实层面来讲，G-2 创新模式出现松动对这两类跨国创新体系的负面影响均相对有限。事实上，当前对共建"一带一路"国家的产业限制是符合这个特征的。截至 2023 年 5 月，全球共有 5 337 家实体被美国商务部产业与安全局列入"实体清单"，将其逐一匹配至所在国家和

联合国国际标准产业分类（ISIC）的400余个细分行业，可以发现被美国限制的实体大部分集中在自由布局型和区域依赖型的体系中（见图3.8）。因此，为了应对欧美科技限制的冲击，快速建立自由布局型和区域依赖型跨国创新体系具有战略意义。

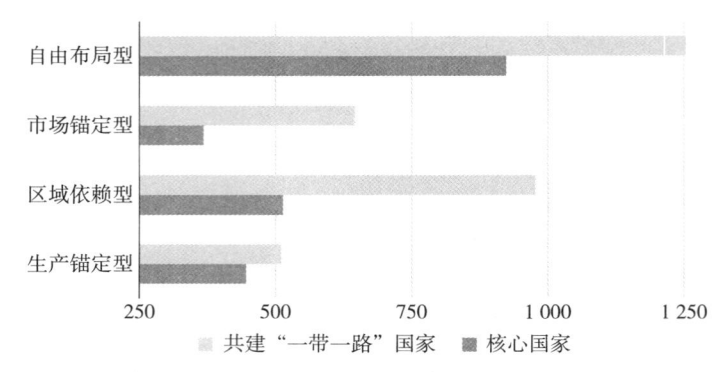

图3.8 被美国列入实体清单的实体数量在四种跨国创新体系类型中的分布

注：数据截至2023年5月。
资料来源：美国商务部，中金研究院。

其次，对市场锚定型与生产锚定型跨国创新体系建设保持战略耐性，有助于建设更为开放的跨国创新体系，可以更好地利用全球创新资源。上文提到，生产锚定型和市场锚定型两类跨国创新体系所涉及的领域对美国而言有较高的"分离"成本，从意愿和事实层面来讲，欧美发达国家主动与共建"一带一路"国家断开这两类产业的创新合作的可能性不高。对于生产锚定型跨国创新体系，其所涉及行业非前沿且生产技术已经较为成熟，中国企业具备生产规模、技术水平和要素成本优势，在全球占据产业的主导地位，使美国在这类产业的创新体系里与中国"分离"的经济成本较高，因此阻力也较大。例如，2018年美国加收中国企业进口关税，使平均值由3.1%飙升至19.3%，然而，随后美国对华贸易赤字不降反增，美国进口商因此被迫降低利润率承担关税上涨造成的成本增加[①]，

---

① Carlos Caceres, Diego A. Cerdeiro and Rui C. Mano. "Trade Wars and Trade Deals: Estimated Effects using a Multi-Sector Model." IMF Working Paper, 2019.

2022年初美国商务部决定重新豁免352类中国进口商品关税。对于市场锚定型跨国创新体系，由于其仅面向特定的细分市场，对美国科技地位的挑战有限，中断已经形成的创新合作对其而言收益较小，必要性不大。以污水处理行业为例，相关技术创新基于生化材料等科学原理，但具体应用则需要适应当地的环境规制和地理特征，目前各国企业主要满足当地的市场需求。[①] 通过市场锚定型和生产锚定型产业对欧美发达国家实现开放，不仅可以为全球创新合作搭建桥梁，同时也可以防止与前沿科技的完全隔离而形成"科技孤岛"。

最后，自由布局型和区域依赖型跨国创新体系的建设可以带动另外两类创新体系的完善。无论是哪种跨国创新体系的建设，都需要不同的创新主体在跨国创新的活动中实现结构耦合。自由布局型和区域依赖型跨国创新体系的建立，可以较为全面地带动主要创新主体的互动、细分市场的整合，以及制度机制的完善，叠加全球创新体系的驱动，自然也就进一步带动市场锚定型和生产锚定型跨国创新体系的建设。这对融入市场锚定型和生产锚定型跨国创新体系的国际创新主体而言，同样会带来效率的提升。

因此，"一带一路"创新体系建设的核心，就变成如何下好建设自由布局型和区域依赖型这两类跨国创新体系的先手棋。

四、从战略到战术：推动"一带一路"创新体系建设的先后手

未来"一带一路"创新体系的建设应当从共建"一带一路"国家自身禀赋和现状出发，循序渐进打造一个开放可持续的创新体系。由于自由布局型和区域依赖型跨国创新体系受到欧美国家更多的限制，而且共建"一带一路"国家本身缺乏前沿技术研究能力，市场整合程度也较低，因此，从创新体系的战略全局来看，这两类体系的建设具有较为强烈的紧迫性和较高的战略意义，可以作为先手重点发展。市场锚定型和生产锚定型作为战术后手，在先手的基础上进一步强化

---

① Yap, X. and B. Truffer. "Shaping selection environments for industrial catch-up and sustainability transitions: a systemic perspective on endogenizing windows of opportunity." *Research Policy* 48(4): 1030–1047, 2019.

"一带一路"创新体系，并且基于现有的良好合作，建设与欧美沟通的桥梁，助力"一带一路"创新体系的开放可持续发展。

（一）聚焦"前沿内"创新，以确定性引领自由布局型跨国创新体系

针对自由布局型跨国创新体系，G-N"一带一路"创新体系需要着眼"前沿内"的追随式技术创新，借助互补优势与规模效应，基于现有的确定性创新方向加大投入。自由布局型跨国创新体系强调前沿技术的创新，而前沿技术创新是一个不确定性较大的过程，不仅需要长时间的高额投入，还可能面临较高的探索方向失败风险，共建"一带一路"国家的创新体系短时间内可能难以形成较强的前沿创新能力。为此，"一带一路"体系中的科学创新应当重点发展进步方向更为明确、实现路径更加清晰的"前沿内"技术。对"前沿内"技术而言，知识创造过程的不确定性显著降低，且创新成果面向具有规模经济的大众市场，由于消费者已经掌握了前沿产品的信息，无须重新挖掘技术和产品的消费需求，因此信息不对称程度较低，能够快速实现规模经济效应，价值实现的不确定性较小。同时，共建"一带一路"国家的市场资源与中国的技术水平存在高度互补，也有助于支撑"前沿内"创新的自由布局型跨国创新体系建设。共建"一带一路"国家市场的消费层级更加匹配 G-N 模式中"前沿内"产品的创新，大规模的潜在市场也意味着前期的大量投入能够获得相应的回报。

当前共建"一带一路"国家用于开发"前沿内"技术的人才和资金等创新资源仍然投入不够，资源流动壁垒较高。人才方面，"一带一路"创新体系尚未能很好地集中人才资源，且"前沿内"科技领域来华留学生偏少。目前共建"一带一路"国家学生选择中国作为留学目的地的比重并不高，例如除了俄罗斯，意大利、菲律宾等国的学生选择的留学目的地的前十名中并没有中国。从专业培养结构来看，前往美国、俄罗斯的留学生均有较大比例选择学习工科、自然科学、数学与计算机以及医学等专业，而来华留学生有近 50% 的比例选择学习人文专业[①]，难以直接支撑共建"一带一路"国家进行前沿科技创新。另外，虽然我国

---

① 参见 http://edu.people.com.cn/n1/2018/0330/c367001-29899384.html。

已成为世界第三、亚洲第一大留学目的地[①]，但高质量技术人才的有效配置与保障驻留面临较大难题。对共建"一带一路"国家来华留学博士毕业生去向的调查显示[②]，仅有6.3%的留学生明确选择在华就业。由此，我们认为吸引更多的理工科学生来华留学，并在毕业后为其提供合适的工作机会和留居环境，或成为未来政策的重要发力方向。

资金方面，政府投入不足，吸引外商的科研激励政策力度相对有限，且手段较为单一。对于确定性创新而言，政府应该扮演重要的角色。但是从直接资金投入来看，共建"一带一路"国家对创新合作的投入并不高。比如"一带一路"倡议提出10年来，我国对"一带一路"科研的投入总量仅有不到30亿元，无论是与美国的对外R&D投入相比，还是与欧盟地平线计划预期支持的体量相比，都有显著差距。吸引外资方面，根据联合国贸易和发展会议的统计，2017年中国商业研发支出中外商出资的份额不足5%，低于美国、英国、德国等大多数发达国家，不利于大量吸取FDI的技术溢出。究其原因，中国吸引外商研发投入的政策主要集中于税收减免和免税期，对高新技术企业的企业所得税率减免10%，按照15%征收，研发费用的175%可在税前扣除，相较于欧美发达国家的现金补助、贷款、免税额、专利盒等多样化的激励工具，显得较为单一且力度较小。[③] 对此，中国商务部联合科技部于2023年1月发布《关于进一步鼓励外商投资设立研发中心的若干措施》[④]，提出鼓励外资研发中心承担国家科技任务、参与国家重大科技计划项目等举措。

共建"一带一路"国家创新资源流动的壁垒较高，共建国家间较大的制度差异可能对发挥创新资源的集聚效应形成阻碍。通常来看，国家之间资源流动壁垒的消除和制度协同的建设可分为三个阶段[⑤]：第一阶段聚焦在对"硬性"壁

---

① 参见 http://www.moe.gov.cn/jyb_xwfb/xw_zt/moe_357/jyzt_2017nztzl/2017_zt11/17zt11_yw/201710/t20171024_317275.html。
② 李怡、吴丹：《共建"一带一路"与来华留学生就业促进研究》，《神州学人》，2022年第9期。
③ Worldwide R&D Incentives Reference Guide, 2022.
④ 参见 http://www.gov.cn/zhengce/content/2023-01/18/content_5737692.htm。
⑤ Karl-Johan Lundquist and Michaela Trippl. " Policy options for constructing cross-border innovation systems." September 2011.

垒的消除上，例如物理距离、法律法规的初步协同；第二阶段需要对"软性"壁垒发力，促进跨国交流的进一步融合，强化如文化理解等方面的政策；第三阶段则是消除"认知壁垒"，即国家间的资源共享、体系协同成为政策更需要关注的内容。基于该框架衡量国家间的政策协同程度，相较欧美发达国家而言，中国及共建"一带一路"国家间仍处于消除"硬性"壁垒的初级阶段。由于共建"一带一路"国家分布地区较为广泛，我国目前与共建国家的合作项目以基建项目为主；已与49个"一带一路"沿线国家初步在法律合作、知识产权等领域发布了联合声明[1]，强调在基本法律和监管体系上的协同，但在缺乏多边合作框架及权威性主体的情况下，解决共建"一带一路"国家间发生的相关争端仍然面临挑战。[2] 此外，在基本的贸易流动上，共建"一带一路"国家的平均自由度指数（68.93）仍低于未参与"一带一路"倡议的国家（73.45）[3]，可见在共建"一带一路"国家间的合作壁垒较为明显，不利于形成创新中心以充分发挥集聚效应。

以政府为主导，集中科研力量，增加公共品投入和科研激励，针对"前沿内"技术重点领域进行攻关突破。由于"前沿内"技术仍属于科学创新的范畴，具备较强的正外部性，而且需要投入的成本较大，回报时间较长，企业或科研机构可能缺乏意愿或能力进行研发，因此我们认为政府可以发挥主导作用。基于前述现状，从加快"前沿内"技术供给的角度出发，首先，我们认为政府可以在中国香港等开放程度较高的地区牵头设立"产学官"结合的科创中心，将共建"一带一路"国家间，特别是核心国家间的相关高校、研究机构和科创企业等主体集中到某个区域，为其提供相应的资金和配套基础设施，针对半导体、人工智能等领域的"前沿内"技术开展联合攻关，通过分工合作和知识溢出来充分发挥集聚效应。其次，对于需重点突破的"前沿内"技术相关人才，一方面政府可以通过设立各类特别人才选拔项目或是奖助学金等方式发现和培养人才，另一方面

---

[1] 参见 https://www.fmprc.gov.cn/mfa_eng/wjbxw/202112/P020211218394332617729.pdf。

[2] Malik R. Dahlan. "Envisioning Foundations for the Law of the Belt and Road Initiative: Rule of Law and Dispute Resolution Challenges." 2020.

[3] 参见 https://www.theglobaleconomy.com/rankings/herit_trade_freedom/。根据该指标计算共建"一带一路"国家与未参与"一带一路"倡议的国家的贸易自由度均值。

可以通过更高的薪酬福利、差异化的优惠税收、留居快速通道等政策招揽和保留人才。此外，考虑到共建"一带一路"国家间文化、制度差异较大，在整合研究力量联合攻关"前沿内"技术时，可以制定统一的技术标准，协调知识产权保护机制，并帮助研究人员减少因语言和习惯等差异带来的隔阂，还可以考虑借助数字技术打破地理层面的隔阂，在空间上扩大合作主体范围。

（二）立足细分市场，建立供需高效匹配的区域依赖型跨国创新体系

对于区域依赖型跨国创新体系，G-N"一带一路"创新体系应当聚焦共建"一带一路"国家的细分市场，侧重提升匹配各国技术专长与个性化需求的效率。区域依赖型产业首先基于本地化的需求在某个区域形成利基市场以支撑知识创造，但全球其他区域也可能存在同样的需求，因此区域依赖型跨国创新体系的建设强调充分匹配已有知识创新和其他区域的潜在需求，以进一步强化价值实现和内生创新过程。对于共建"一带一路"国家而言，首先，G-N"一带一路"创新体系的合作领域范围大、细分市场多，对于不同国家需求相似的利基市场，利用各国累积的知识储备及各具比较优势的国内成熟技术，通过优化改进向需求匹配的其他国家转移，能够显著提高创新回报。其次，针对个性化需求的精准匹配也更容易达成合作，并形成一定的用户黏性，为后续合作打下良好的基础。此外，共建"一带一路"国家内部区域依赖型跨国创新体系形成完整循环后，也能在一定程度上避免受到欧美发达国家的"长臂管辖"。

当前共建"一带一路"国家跨国创新主体耦合程度仍然不够，尤其是较为缺乏由共建国家主导的中介机构，供需匹配仍不够畅通。在主体结构耦合方面，以跨国公司为例，共建"一带一路"国家跨国公司及其子公司的合作网络存在不足。跨国公司是创新体系中的重要耦合主体，一方面承担一定的研发职能，另一方面又承担市场发现和开发的职能。欧美发达国家已形成较为成熟的合作体系，但共建"一带一路"国家则有所欠缺。根据联合国统计司与经合组织（UNSD-OECD）数据库列示的2021年全球前500家跨国公司及其12.2万家子公司的地理分布情况，未参与"一带一路"倡议的发达国家设立了82%的跨国母公司，区域内的跨国子公司占75%，是全球创新网络的主要建设者；其跨国公司的分支

机构布局平均连接了约 38 个国家和地区，为共建"一带一路"国家跨国公司覆盖范围（约 14 个）的近 3 倍。欧美发达国家的跨国公司，如聚焦医疗健康的强生和葛兰素史克、生产电子硬件的戴尔科技和惠普等，均在超过 80 个国家和地区建立了全球合作型网络，而中国的跨国公司如腾讯和小米，则偏向于建立区域合作型网络，覆盖国家和地区数量多为 10 个左右甚至更少（见图 3.9）。

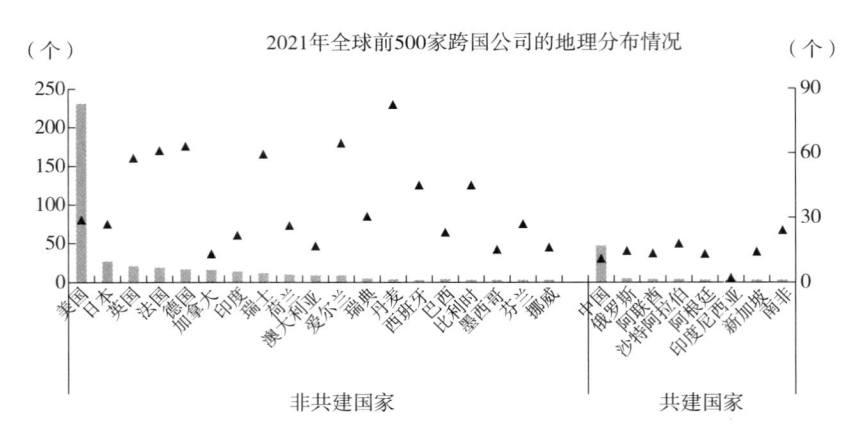

图 3.9 共建"一带一路"国家跨国公司数量和连接市场均相对较少

注：根据公司注册地确认跨国公司所属国家和地区，注册地在开曼群岛的公司调整为母公司所在地。
资料来源：UNSD–OECD，中金研究院。

当前"一带一路"创新体系缺乏创新中介，对区域依赖型跨国创新体系较为关键的咨询公司等中介机构大多来自欧美发达国家，致使共建"一带一路"国家难以实现创新细分市场的供需匹配。从咨询公司的分布来看，《福布斯》2022 年评选出的全球头部咨询公司中，美国占比达到 44%，仅美、德、英、法四国占比超过 10%，四国占比总计接近九成，共建"一带一路"国家中，仅中国有一家咨询公司进入榜单。同时，咨询服务的主要市场仍集中在未参与"一带一路"倡议的国家中，占比接近 3/4。[①] 根据 Statista（数据统计公司）公布的 2019 年数据，中国与共建"一带一路"国家的市场占比与其 GDP 占比相差较大，例如中

---

① 参见 https://www.statista.com/statistics/1065188/management-consulting-market-size-country/。

国和俄罗斯为共建"一带一路"国家中咨询服务市场较大的两个国家，占比分别为 3.4% 和 0.3%，但同年两国的 GDP 占比分别达到 16.5% 和 2.0%。[①] 在各类主体形成有效耦合之前，区域细分市场的前期建设对以咨询机构为代表的创新中介具有较大依赖度，而当前中介机构的缺位可能是区域依赖型跨国创新体系建设时需要优先解决的问题。

完善"一带一路"创新中介机构，减少信息不对称与交易成本，并带动其他创新主体的进一步耦合。由于区域依赖型跨国创新体系中知识创造者和潜在市场需求通常并不在同一地理区域，因此需要通过某些互动渠道撮合供需双方达成匹配和交易。从创新体系的各类主体来看，企业和科研机构等创新主体虽然能通过跨国子公司或者分支机构等自行寻找交易对象，但共建"一带一路"国家此前尚未建立成熟的合作机制，贸然去其他共建国家建立子公司或分支机构可能面临较大的风险，短期内也难以形成可靠的合作网络。因此，优先完善各类跨国创新中介，建立供需双方的良性互动，带动跨国公司等主体的耦合或许是更加可取的方式。一方面，可以通过创建共建国家的信息共享平台等方式，减少信息不对称问题，在平台中整合各研究机构的国情调研资料，并建立一些跨国商务和法律等咨询机构，为跨国公司等主体对接当地经销渠道，提供业务所在国的法律和商业前景等信息。另一方面，共建"一带一路"国家多数为发展中国家，创新活动可能面临较大的融资约束，还需在"一带一路"创新体系内设立一些针对创新的私募创投、投资银行、商业银行等金融机构，为各类主体提供融资、担保，以及风险的防控和处置等服务，减少创新活动的交易成本。此外，主体间跨国耦合前期可能存在较高的固定成本，为此政府也需进行一定的前期投入，提供信息咨询和启动资金等公共品，促进跨国创新中介的建立。

（三）以市场锚定型和生产锚定型建设强化创新体系开放可持续能力

在创新主体及其跨国耦合已基本完善后，市场锚定型和生产锚定型跨国创新体系还应继续强化"一带一路"创新体系。市场锚定型跨国创新体系建设需继续

---

① 参见 https://www.theglobaleconomy.com/rankings/gdp_share/。

加强本土化市场渗透。市场锚定型跨国创新体系中，通常知识在全球层面进行耦合，但价值实现则位于各细分市场，这意味着在创新转化过程中可能面临大量本土化和个性化问题。首先，由于共建"一带一路"国家多数为发展中国家，市场和法律体系可能还不够完善，因此市场锚定型跨国创新体系应当在政府层面加强对话与合作，在法律方面也应当达成谅解合作机制，保障创新投资和创新产品的合法权益。其次，共建"一带一路"国家在人文地理以及社会制度等方面均存在较大差异，建设创新体系应当设立一些国际中介机构，协同各国政府致力于减少或消除语言、关税和标准等合作壁垒，并通过一部分国际金融机构为各国提供融资、评估和交易的便利。此外，还应加强技术输出国的人才与接收国的交流，一方面向接收国提供技术指导，另一方面也能培养更多的技术本土化人才，强化接收国的创新能力。生产锚定型跨国创新体系建设需继续加强全球化市场推广。生产锚定型跨国创新体系中，知识往往产生于本地化的产业集群，创新成果基于本地利基市场得到验证，进而向全球销售，这意味着创新价值实现需要在全球市场加强营销和推广能力。为此首先应当加强共建"一带一路"国家的跨国公司在国外的经营能力，例如鼓励跨国公司的海外投资以及对当地销售渠道的并购等活动，强化跨国公司对创新产品市场的宣传、营销和售后服务活动，打造积极的品牌形象，树立消费者对产品的认同等。同时，还应建立国际销售和咨询服务中介，前者为跨国公司提供市场销售和推广服务，后者则为跨国公司提供业务所在国的法律和商业前景等信息，避免创新产品贸然进入时产生不适而遭受不必要的损失。

建立"一带一路"创新体系的目的，并不是打造一个封闭和对抗的工具，完善市场锚定型和生产锚定型跨国创新体系可强化共建"一带一路"国家与全球创新体系的联结。市场锚定型和生产锚定型跨国创新体系受欧美发达国家的限制相对较轻，并且这两类跨国创新体系的相关产业与共建"一带一路"国家以及欧美发达国家均有较好的合作案例，未来或可作为提升"一带一路"创新体系开放程度的重要桥梁。市场锚定型相关产业中，"一带一路"创新体系在高端基础设施建设方面已与欧美发达国家形成了一定的合作。以高铁为例，目前匈塞铁路正在建设并已部分通车，该项目由中国铁路国际有限公司牵头建设，2022年11月，国际知名认证机构里卡多（荷兰）评估机构为匈塞铁路颁发了贝尔格莱德至诺维萨德段（简称贝诺段）轨旁通信信号列控子系统、基础设施子系统和能源子系统

TSI（互联互通技术规范）符合性认证证书，标志着匈塞铁路贝诺段全部项目通过 TSI 认证，实现了中国铁路技术和装备与欧盟铁路 TSI 的对接。① 除高铁建设外，中国中车株机公司也先后向马其顿、德国等出口高铁动车组，其后续的良好运行状况为中国进一步拓展欧洲高端市场带来了示范效应。②

在生产锚定型相关产业中，"一带一路"创新体系在新能源设备等方面的合作也有较好表现。随着我国新能源汽车产业迅速发展，在国内利基市场的支撑下，近年来新能源汽车产业在东南亚地区的市场已站稳脚跟，且正逐步扩大与欧美国家的合作，积极开拓高端市场，2021 年欧洲取代亚洲成为我国新能源汽车第一出口地区，在欧洲每 10 辆新能源汽车中，就有 1 辆来自中国。③ 除了上汽、东风、一汽、吉利等老牌中国汽车制造商以外，2022 年小鹏、比亚迪和长城等企业的新能源汽车也陆续进军欧洲市场。④ 鉴于合作规模不断扩大，目前重庆、广东、河南等地已开行中欧班列新能源汽车专列。⑤ 在光伏领域，我国已形成较好的国际合作，2022 年光伏产品（硅片、电池片、组件）出口总额约 512.5 亿美元，同比增长 80%⑥，全年共出口 154.8 吉瓦的太阳能光伏组件，同比增长 74%，其中向欧洲出口量超过一半，达到 86.6 吉瓦。⑦ 中国光伏企业也积极赴欧融资上市，2023 年前两个月，就有包括隆基绿能、宁德时代、福斯特、先导智能、盛新锂能等近 10 家中国企业宣布拟发行全球存托凭证（GDR），并已有超过 30 多家中国企业排队在瑞士证券交易所上市。⑧

发挥市场锚定型和生产锚定型的桥梁作用，避免"一带一路"创新体系成为"科技孤岛"。从上述情况来看，共建"一带一路"国家的市场锚定型和生产锚定

---

① 参见 https://www.peoplerail.com/rail/show-2020-505366-1.html。
② 参见 http://app.ceweekly.cn/?action=show&app=article&contentid=132785&controller=article 和 https://www.ndrc.gov.cn/fggz/qykf/xxjc/202108/t20210831_1295814.html。
③ 参见 https://mp.pdnews.cn/Pc/ArtInfoApi/article?id=36015146。
④ 参见 https://www.yidaiyilu.gov.cn/xwzx/hwxw/270485.htm。
⑤ 参见 https://www.yidaiyilu.gov.cn/xwzx/gnxw/309007.htm。
⑥ 参见 https://m.gmw.cn/baijia/2023-02/21/1303289902.html。
⑦ 参见 https://www.in-en.com/keylist.php?q=%E5%85%89%E4%BC%8F%E7%BB%84%E4%BB%B6%E5%87%BA%E5%8F%A3。
⑧ 参见 https://mnewenergy.in-en.com/html/newenergy-2418730.shtml。

型创新合作本身具备一定优势，目前欧美发达国家出于自身利益考虑，对于相关产业限制相对较少，仍然保留了一部分合作，未来或可以此为抓手，加强"一带一路"创新体系的开放程度，更好地融入世界市场。例如，美国、英国和德国等发达国家也曾对与中国进行高铁建设合作感兴趣，并进行过相关洽谈，虽然出于种种原因项目未能落地，但从商业和市场化角度来看，中国在这些产业具有明显优势，不排除未来仍然可以合作的可能性。例如，针对这些市场锚定型和生产锚定型相关产业，共建"一带一路"国家可以先通过跨国公司进入欧美市场，从事一些基础的贸易和市场合作，建立一些良好合作案例增强双方信任，随着贸易规模的扩大可以继续通过中介组织进行标准化合作，并且由一般技术到前沿技术逐步尝试与欧美的科研机构和政府展开合作。为此，"一带一路"创新合作一方面要加强自身创新能力，在某些前沿领域取得领先，取得国际话语权，以市场利益吸引欧美发达国家主动合作；另一方面在建设过程中也不应排斥与欧美发达国家的合作，虽然目前面临限制，但是某些国家或某些国家的主体依然愿意参与"一带一路"创新建设，应当积极欢迎这些国家或主体的加入，以其作为一个沟通的桥梁，同时也为未来的全球合作打造一个良好的范本。

五、思考与启示

在过去很长一段时间，共建"一带一路"国家主要参与欧美发达国家主导的全球创新体系，共建国家间的创新合作相对较少，也没有形成成熟的合作机制。不过随着大国博弈日趋激烈，逆全球化趋势不减，中国与共建"一带一路"国家合作的重要性显著提升，这就要求我们在"一带一路"建设过程中，立足共建国家的资源禀赋及发展约束，打造具有"一带一路"特色的跨国创新体系。

（一）建立"一带一路"创新体系具有重要意义

在"一带一路"建设的过程中，我们需要重视"一带一路"跨国创新体系的建设。逆全球化已经对共建"一带一路"国家的创新活动产生了较大的冲击，同时也凸显了共建国家创新内生增长动力不足的问题。推动共建国家的创新体系建设，不仅可以应对当前"一带一路"合作迫切需要解决的内生动力不足的问题，而且可以为"一带一路"合作提供更多支撑，起到强化共建"一带一路"国家合作强度、黏性和可持续性的作用。更重要的是，"一带一路"创新合作并不是要建成排他的封闭"小团体"，而是要通过立足市场化机制，形成多元多层次、开放而包容的创新交流机制，增加世界其他国家参与"一带一路"创新合作体系的动力，推动更加包容的全球创新体系的发展。

（二）立足现实，先从核心国家推进

目前"一带一路"框架下已有100多个国家签订了合作协议，但各个国家之间在地理、文化、制度、外交、经济和自然资源等方面均存在较大差异，共建"一带一路"国家的跨国创新体系建设不能囫囵吞枣，而应讲究策略。我们可以将共建"一带一路"国家按照与中国发展理念的接近程度分为核心国家和非核心国家。在建设"一带一路"跨国创新体系时可以优先考虑核心国家，特别是在重点和关键技术领域，优先促进理念与中国较为接近的核心国家创新主体的结构耦合，减少创新合作的阻力。对于非核心国家，则可以先争取在市场和贸易领域合作，后续逐步加强在前沿技术开发方面的合作，扩大"一带一路"创新体系的"朋友圈"，防范"科技孤岛"效应。此外，共建"一带一路"国家本身也各有特点，俄罗斯、新加坡等国家技术实力相对较强，沙特阿拉伯、巴西等国家自然资源较为丰富，东盟国家人力资源较为充足，建设创新体系时应充分考虑各国的禀赋优势，各取所长。

（三）优先推动自由布局型和区域依赖型的"一带一路"创新体系建设

逆全球化与大国竞争下，创新合作由G-2向G-N转变具有必然性，但建立"一带一路"跨国创新体系，需要重视策略，结合区域禀赋建设适合共建"一带一路"国家的新模式。跨国创新体系有四种类型，核心在于实现"一带一路"跨国创新主体的结构耦合。但建立"一带一路"跨国创新体系需要区分轻重缓急，充分考虑共建"一带一路"国家面临的现状，找准迫切需求，建立符合共建

"一带一路"国家发展需要的跨国创新体系。

考虑到共建"一带一路"国家的创新合作面临的现实约束和挑战,我们认为,中国与共建"一带一路"国家间建立的创新体系需要以自由布局型和区域依赖型跨国创新体系作为首要抓手。在自由布局型跨国创新体系上,可着眼于追随式技术创新,重点建立不同创新主体间的跨国协同,巩固"一带一路"体系内的要素流通与配置机制,加强创新主体对各区域资源的整合利用能力,引导跨地区基础研究项目合作和科研成果共享,推动包括政府和研究机构在内的跨国创新主体实现功能耦合。在区域依赖型跨国创新体系上,可利用中国与共建"一带一路"国家技术水平与市场需求的高度互补性,扩大企业间的生产授权与技术并购等功能耦合,根据当地市场的具体需求,利用本地技术经验积累,促进企业面向其他区域的应用技术优化与改进。提升跨国公司活力,辅以企业研发投资和新兴消费市场的支持政策,统一市场标准,促进共建"一带一路"国家细分市场的整合,以发挥共建国家的市场规模优势。通过自由布局型和区域依赖型的建设,进一步支撑生产锚定型和市场锚定型跨国创新体系的建立,尤其要重视后两类创新体系的桥梁作用,吸引欧美创新主体融入"一带一路"创新体系。

(四)中介机构不足,政府发力空间巨大

"一带一路"创新体系高效配置创新资源的关键,在于各类创新主体实现有效的功能耦合,政府需要扮演更加重要的角色。首先,共建"一带一路"国家的创新主体存在不完整的情况,需要政府为这些主体的建立提供支持。比如"一带一路"创新体系中尤为缺乏各类跨国中介机构,包括跨国咨询公司、金融中介以及各类标准化组织等,需要政府为这些"一带一路"创新主体的建立扫清制度上的障碍。其次,共建"一带一路"国家所需要的创新很多是"前沿内"创新,具有确定性,有助于发挥政府集中力量办大事的优势。最后,"一带一路"倡议推动多边创新合作机制,包括市场制度协同、基础设施建设、商业博览会或交流活动等,有助于降低国际创新合作的交易成本与风险,提高技术扩散速度,进一步强化共建"一带一路"国家细分市场的整合。

第四章

绿色：新约束下共谋"一带一路"发展

自 2013 年共建"一带一路"倡议提出以来，中国的对外投资合作正处于全球绿色约束力度渐强的时期。许多共建"一带一路"国家正处于发展初级阶段，但绿色约束已经趋紧。在绿色约束下谋求发展已成为共建"一带一路"国家所要面对的现实，也给共建"一带一路"带来诸多新变化。围绕这一趋势，本章主要回答以下三个问题。

第一，绿色约束如何影响共建"一带一路"国家的发展？经典环境经济学刻画了倒 U 形的环境库兹涅茨曲线（EKC），反映出"先污染后治理"这一传统发展路径的现实性。但随着国际社会对全球性环境问题治理力度增强、公众环保意识快速提升，绿色约束下 EKC 呈现扁平化趋势。这意味着与先发国家相比，共建"一带一路"国家中许多后发国家要在同等发展水平下产生更少的污染和排放，需要走"边发展边治理"的绿色新发展路径。

第二，共建"一带一路"国家走新发展路径面临哪些挑战和机遇？关键挑战在于，在发展初期就治理环境问题，会提高技术和能源、资本、土地等要素成本，高耗能、资本和土地密集型产业发展受限，或导致经济发展速度和工业化进程放缓。但绿色转型也使许多共建"一带一路"国家的新能源金属资源、风光资源等新资源的比较优势凸显，后发国家也更容易将其低成本劳动力的比较优势在发展成熟的绿色产业链中发挥出来。因此，绿色约束在导致共建"一带一路"国家绿色成本上升的同时，也提高了其新资源与劳动要素在全球产业链的参与率，绿色产业或将成为新的经济增长极。

第三，绿色约束下共谋发展，中国应该怎么做？关键是促进共建"一带一路"国家抓住绿色机遇、降低绿色成本。一方面，中国在绿色转型领域具备一定的技术和资金优势，可以通过加强绿色基建与绿色制造业的合作，尽可能地将有关共建"一带一路"国家的新能源金属和风光等资源禀赋及低价劳动力资源纳入全球绿色经济，推动其在绿色产业转型中受惠。另一方面，中国可以积极帮助共建"一带一路"国家降低绿色成本，鼓励中国企业实施对外投资合作建设项目时应用更高的排放标准，加强民生项目建设，还可以推动国际社会建设"一带一路"跨境生态环境补偿机制。此外，还应注重分享中国经验，助力共建"一带一路"国家在发展中突破绿色约束。①

---

① 本章作者：陈济、王帅、蒋姝睿、赵扬。

当前，全球正处在生态环境意识全面提升、各国环境政策约束力度持续增强的时期，不只是发达国家，许多仍是发展中国家的共建"一带一路"国家环境政策约束力度也在提高。根据 OECD 计算的环境政策严格度指标，可以发现土耳其、印度尼西亚、南非等共建"一带一路"国家的环境政策严格度在 20 世纪 90 年代后均经历了快速上升。[①] 绿色约束收紧成为许多共建"一带一路"国家在发展初级阶段就不得不面对的现实，这如何影响共建国家的发展？中国应该如何更好地共建绿色"一带一路"？这是本章想要回答的问题。

一、共建"一带一路"国家的新发展路径

分析共建"一带一路"国家绿色约束收紧下的经济发展路径，首先应该从环境与发展的关系着手。[②] 一个经济体的经济发展与绿色环境指标存在倒 U 形的关系，这就是经典环境经济学所描述的环境库兹涅茨曲线，即随着一国人均 GDP 的上升，环境污染程度会先上升再下降[③]，这在某种程度上反映了"先污染后治

[①] 参见 https://stats.oecd.org/Index.aspx?DataSetCode=EPS。
[②] 本章主要聚焦共建"一带一路"国家中的发展中国家，而非发达国家。因为目前大多数共建"一带一路"国家是发展中国家，而大多数发展中国家也是共建"一带一路"国家。正如第一章中提到的那样，共建"一带一路"倡议聚焦在发展这个目标上，其中重要的一点就是如何平衡共建"一带一路"国家绿色与发展之间的矛盾。
[③] IBRD. "World development report 1992: Development and the Environment." 1992.

第四章 绿色：新约束下共谋"一带一路"发展

理"的现实性。由于碳减排、污染物治理和生态保护等并非一蹴而就，相关绿色技术研发、治污设备购置和运行等都将增加企业的治污和运营成本，进而提高经济发展的绿色成本，因此"先污染后治理"是在经济发展初期，以牺牲环境为代价来优先保证经济发展速度的一种传统发展路径。

然而，随着绿色约束收紧，越来越多的经济学家观察到后发国家的EKC扁平化趋势。[①] 他们发现，与先发国家相比，后发国家在经历不同发展阶段时，同等发展水平下产生更少的污染和排放。例如，对于工业SO_2（二氧化硫）排放来说，后发国家集中的南美洲、亚洲地区，其EKC比欧洲、北美洲更加扁平（见图4.1）。同样是在人均GDP为5 000国际元时[②]，北美洲（19世纪90年代）、欧洲（20世纪30年代）的人均SO_2排放水平是90千克、40千克，而南美洲（20世纪50年代）、亚洲（20世纪90年代）只有20千克、10千克。对于人均碳排放量而言，中国和马来西亚、泰国等共建"一带一路"国家的EKC也显著低于美国、德国、英国等发达国家（见图4.2）。当人均GDP为10 000国际元时，三个后发国家（20世纪90年代至21世纪前10年）的人均碳排放量在5吨左右，而三个发达国家（20世纪30年代至60年代）均超过10吨。

EKC扁平化蕴含着绿色与发展之间关系的变化，即在绿色约束下，共建"一带一路"国家似乎不能再像发达国家那样走"先污染后治理"的老路，而只能走"边发展边治理"的绿色新发展路径。

为什么许多共建"一带一路"国家在发展初期，绿色约束就已经收紧，需要走上新发展路径？我们认为，推动共建"一带一路"国家绿色约束收紧和走新发展路径的力量主要有两股：一是来自国际社会对于气候变化和生物多样性破坏等全球性环境问题的治理力度增强；二是共建"一带一路"国家公众环保意识提升，导致对污染物排放和生物多样性减少等环境破坏的约束趋严，最终使共建"一带一路"国家面临较强的国内外环境约束（见表4.1）。

---

① Dasgupta S, Laplante B, Wang H, et al., "Confronting the environmental Kuznets curve," 2002; Rasli A M, Qureshi M I, Isah-Chikaji A, et al., "New toxics, race to the bottom and revised environmental Kuznets curve: The case of local and global pollutants," 2018; Stern D I, "The rise and fall of the environmental Kuznets curve," 2004.
② 为保证数据的时间尺度足够长，我们使用麦迪逊数据库的GDP数据，单位为2011年国际元。

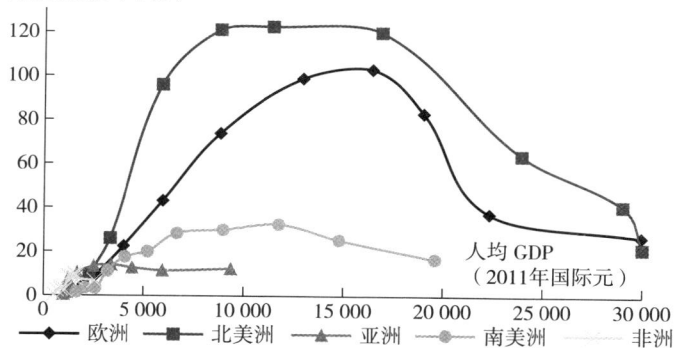

图 4.1 部分区域的人均二氧化硫排放 EKC

注：人均 GDP 数据单位为 2011 年国际元。
资料来源：Our World in Data，Maddison Project Database，中金研究院。

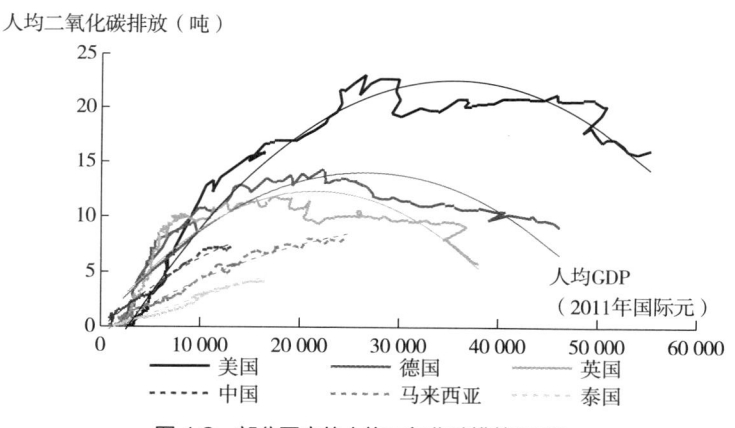

图 4.2 部分国家的人均二氧化碳排放 EKC

注：人均 GDP 数据单位为 2011 年国际元，按购买力平价计算的马来西亚和泰国人均 GDP 高于中国。部分国家数据区间为 18 世纪至今，对各国数据进行二次函数拟合。
资料来源：Our World in Data，Maddison Project Database，中金研究院。

表 4.1 共建"一带一路"国家面临的国内外环境约束

约束类型		气候变化	污染	生物多样性
国际约束	国际公约	主要针对碳减排，如《联合国气候变化框架公约》《京都议定书》《巴黎协定》等	主要针对全球污染物，如《关于持久性有机污染物的斯德哥尔摩公约》等	《生物多样性公约》《湿地公约》等

第四章　绿色：新约束下共谋"一带一路"发展

续表

约束类型		气候变化	污染	生物多样性
国际约束	投融资	净零碳排放银行业联盟、《金融行业科学碳目标指南》等	联合国环境规划署金融倡议等	生物多样性金融
	其他	欧盟碳边境调节机制、美国《清洁竞争法案》等单边贸易政策	《东盟跨境雾霾污染协议》等针对跨境污染物的区域协议	红树林保护倡议等国际倡议
国内约束	正式规制	1. 国家自主贡献：146个共建"一带一路"国家已经提出国家自主贡献目标。其中98个国家已实现或提出碳中和目标，目标年份大多设定为2060年前 2. 碳定价机制：（1）碳市场，亚洲、欧洲及大洋洲地区7个共建"一带一路"国家已建立国内碳市场，东南亚、东欧、非洲和南美洲地区15个共建"一带一路"国家正考虑建立碳市场；（2）碳税，东欧、南美洲、非洲和东南亚地区12个共建"一带一路"国家已经实施碳税，东南亚和非洲地区6个共建"一带一路"国家考虑出台碳税 3. 非定价机制：76个共建"一带一路"国家已经明确出台了工业能效政策；70个共建"一带一路"国家制定了车辆排放标准，其中46个国家与欧四及以上标准的严格度相当；87个共建"一带一路"国家提出退煤承诺，其中65个国家已经实现无煤化目标	1. 整体看，部分国家或地区已经较为严格 2. 印度尼西亚、菲律宾等东南亚国家对大气污染防治力度较强 3. 东南亚、中东、东欧的水污染治理力度大 4. 西亚、北非、南美洲、东欧固体废物处理率较高	1. 整体看，非洲、南美洲、东欧对生物多样性及其栖息地保护力度较强 2. 非洲、东欧对陆地生物保护力度较强 3. 南美洲、东南亚对海洋生物保护力度较强
	非正式规制	公众对应对洪水、干旱等极端天气和减缓与适应气候变化的需求	当地民众、非政府组织、媒体的污染防治意识	农林牧渔、生态旅游等利益相关者的环保诉求

资料来源：世界银行，UNEP，EPI，Net Zero Tracker，Our World in Data，中金研究院。

（一）国际：全球性环境问题治理力度增强

在国际上，通过一系列国际环保公约，国际社会对共建"一带一路"国家绿色约束收紧的压力渐强。早在1992年，在里约热内卢举办的联合国环境与发展大会就通过了《联合国气候变化框架公约》和《生物多样性公约》，旨在推动全球共同治理气候变化和生物多样性这两大全球性环境问题，后续又有《巴黎协定》、昆明－蒙特利尔全球生物多样性框架等多个国际环保公约，再加上净零碳排放银行业联盟、《银行业金融机构支持生物多样性保护共同宣示》等限制国际金融机构对高环境风险项目的投融资，这些都在不同程度上形成了对共建"一带一路"国家的绿色约束。以应对气候变化为例，一项研究发现，若共建"一带一路"国家仍然按照"先污染后治理"的模式发展，很可能无法实现全球升温幅度控制在2摄氏度以内的目标，需要减排近70%才能实现，这对于其经济发展来说是巨大的碳约束。[①]

更重要的是，由于碳排放问题具有全球负外部性，出于对碳泄漏的考虑，发达国家已经或考虑出台单边贸易政策，向所有国家施加越来越大的碳约束。其中一个典型的例子是碳关税，欧盟碳边境调节机制已经实施，美国也正在讨论《清洁竞争法案》，G7则旨在成立"气候俱乐部"，组建碳关税联盟。事实上，早在20世纪末期，发达国家就通过限制进口的方式，对另一种全球性公共物品——消耗臭氧层物质（ODS）[②]施加单边贸易约束，使后发国家提前减排。[③]因此，我们认为，碳关税等单边贸易政策将对来自共建"一带一路"国家的出口产品施加更为强制性的国际碳约束，从而倒逼共建"一带一路"国家加速碳减排。

此外，部分外溢性强、环境影响大的污染问题也受到国际社会的关注。例如，在持久性有机污染物、重金属污染和海洋污染等全球性污染问题上已经形成了具有全球影响力的国际公约[④]，有关全球塑料污染的国际公约也正在制定当

[①] 清华大学与Vivid Economics课题组、马骏、谢孟哲：《支持"一带一路"低碳发展的绿色金融路线图》，《金融论坛》，2020年第7期。
[②] 消耗臭氧层物质会破坏臭氧层进而导致皮肤癌等疾病，主要用于冰箱、空调的制冷剂，比如氟利昂。
[③] 周新、曹凤中：《执行〈蒙特利尔议定书〉对中国经济的影响——对电冰箱行业经济与环境双赢的定量分析及典型案例研究》，《环境保护》，1999年第11期。
[④] 参见 https://treaties.un.org/; https://www.imo.org/en/About/Conventions/Pages/StatusOfConventions.aspx。

中①，给共建"一带一路"国家的污染问题带去日益增强的绿色约束。而对雾霾、流域污染等区域性污染问题的国际约束也逐渐强化。比如，东盟成员国就曾为减少东南亚雾霾污染问题而签署《东盟跨境雾霾污染协议》②，智利、阿根廷等国也签署了拉美及加勒比地区首份区域环境协定《埃斯卡苏协定》③。

（二）国内：公众环保意识快速提升

共建"一带一路"国家也面临着国内公众的环境保护诉求。20世纪60年代开始的全球环保运动以及出现的各类环境公害事件，不断强化公众保护生态环境的意识，尤其是互联网时代信息的迅速传播，促使公众环保意识在全球范围内快速统一和提升。因此，很多共建"一带一路"国家的民众、非政府组织和媒体已经具有较强的环保意识，他们尤其关心污染和生物多样性这两类环境问题，原因在于空气污染、水污染等会直接影响身体健康，而且当地许多居民的生产生活依赖于对生物多样性高度敏感的农林牧渔业、旅游业等生态相关产业，甚至一些国家的当地文化与生物多样性高度融合。④例如，肯尼亚拉穆燃煤电站和菲律宾卡利瓦大坝等项目就曾面临环境风险。⑤在全球公众环保意识快速统一的同时，各国经济发展仍然存在较大差距，这也是为什么部分共建"一带一路"国家即使面临严重的缺电问题，也要叫停可能导致环境问题的电力项目。看似非理性决策的背后，正是公众环保意识支撑推动绿色治理的体现⑥，由公众形成的环保约束

---

① 参见 https://www.unep.org/environmentassembly/unea-5.2/outcomes-resumed-session-unea-5-unea-5.2-0?%2Funea-5_2%2Fproceedings-report-ministerial-declaration-resolutions-and-decisions-unea-5_2=。
② 参见 https://www.mfa.gov.cn/web/ziliao_674904/1179_674909/202211/t20221111_10972996.shtml。
③ 参见 https://observatoriop10.cepal.org/es/tratado/acuerdo-regional-acceso-la-informacion-la-participacion-publica-acceso-la-justicia-asuntos。
④ 毛舒欣、沈园、邓红兵：《生物文化多样性研究进展》，《生态学报》，2017年第24期。
⑤ 参见 https://chinadialogue.net/zh/4/70559/。https://www.163.com/dy/article/ET4LI34305148II3.html。
⑥ 陈东、付雨鑫：《精英治国的理论诠释与发展演变——基于环境政治学视角》，《特区经济》，2013年第1期。

（可以称为非正式环境规制[①]）已经成为推动共建"一带一路"国家正式环境规制趋严的重要力量。[②]

综上所述，无论是面对国际社会应对气候变化和保护生物多样性的要求，还是国内公众对污染物减排和遏制生物多样性丧失的切身利益诉求，"先污染后治理"的传统发展模式难以为继，共建"一带一路"国家需要走上"边发展边治理"的绿色新发展路径。因此，从结果上看，目前共建"一带一路"国家已经出台了大量与气候变化、污染和生物多样性相关的环境政策。

气候变化方面，绝大多数共建"一带一路"国家根据自身经济发展情况制定了国家自主贡献目标[③]，部分国家进一步提出碳中和目标，计划实现年份集中在2030—2050年。[④] 而且，共建"一带一路"国家较多采用非定价机制收紧国内碳约束，其中半数已明确出台工业能效政策或车辆排放标准，并就退煤议题做出承诺。同时越来越多的共建"一带一路"国家正积极推动碳定价机制建设，目前已有近20个共建国家建立国内碳市场或开征碳税，其中亚洲、东欧和南美洲地区国家较多；超过20个共建国家正在考虑出台碳市场或碳税政策，分布在东欧、东南亚、西非和南美洲地区；还有少数南美洲和东南亚共建国家考虑同时采用上述两种碳定价机制，以实现更严格的碳减排，如智利、哥伦比亚和印度尼西亚等。因此，在一定程度上，来自国际社会的压力已经成为推动大多数共建"一带一路"国家碳减排的主要因素，这对于很多依靠国际援助的共建国家而言显得更为重要。

污染方面，受国内非正式规制和部分国际及区域协定的影响，许多共建"一带一路"国家针对污染物的环境规制政策较为严格。[⑤] 在空气污染方面，越

[①] 赵晓梦、倪娟：《国外非正式环境规制及其环境治理效应研究》，《国外社会科学》，2022年第5期。这种由共建"一带一路"国家的国内公众形成的环保约束没有正式的环境规制文件，企业也难以在事前充分察觉，可以称为非正式环境规制。
[②] Heyes A, Kapur S. "Community pressure for green behavior." 2012.
[③] 潘勋章、王海林：《巴黎协定下主要国家自主减排力度评估和比较》，《中国人口·资源与环境》，2018年第9期。
[④] 参见 https://zerotracker.net/。
[⑤] 李林子、傅泽强、贺克斌等：《"一带一路"沿线国家环境空气质量标准比较研究》，《中国工程科学》，2019年第4期。

南、印度尼西亚等煤电较多的东南亚国家，其燃煤电厂的二氧化硫排放标准（200~500毫克/立方米）与中国（100~400毫克/立方米）较为接近[1]；菲律宾、马来西亚、印度尼西亚、越南等东南亚国家工业燃煤锅炉可吸入颗粒物排放限值（150~230毫克/立方米）已接近中国2014年前的水平（80~250毫克/立方米）。[2]在污水排放方面，柬埔寨、越南的纺织业污水排放标准（分别为化学需氧量≤100毫克/升、化学需氧量≤150毫克/升）甚至比中国（化学需氧量≤200毫克/升）还要严格[3]；除非洲地区，其余绝大多数共建"一带一路"国家均有较高的废水收集和处理率，尤其是中东、东欧的部分国家废水收集和处理率超过90%。[4]在固体废物收集和处理率方面，东欧、西亚、南美洲等地区的共建"一带一路"国家环境标准较高，回收并处理的固废占比大多超过60%。[5]

生物多样性保护方面，绝大多数共建"一带一路"国家均已做出保护生物多样性的承诺。从保护力度来看，除经济相对发达的东欧国家外，生物多样性丰富但工业化程度不高的非洲、南美洲部分国家对生物多样性及其栖息地的保护力度较强。[6]具体来说，从陆地生物和海洋生物的自然保护区分布看，非洲、东欧对陆地生物保护力度较强（陆地保护区覆盖面积占比大多超过10%），而南美洲、东南亚对海洋生物保护力度较强（如智利海洋保护区覆盖面积占比超过40%）。[7]

二、成本上升的新挑战

"边发展边治理"的绿色新发展路径固然美好，但是绿色与发展之间存在一定的权衡取舍，尤其是大多数共建"一带一路"国家仍处于经济发展过程中，要

---

[1] 参见 https://www.sustainable-carbon.org/library/emission-standards/。

[2] 参见 https://www.sustainable-carbon.org/library/emission-standards/。

[3] 中金公司研究部、中金研究院：《大国产业链》，中信出版社，2023年3月。

[4] Jones E R, Van Vliet M T H, Qadir M, et al. "Country-level and gridded estimates of wastewater production, collection, treatment and reuse." 2021.

[5] 资料来源：环境绩效指数（EPI）中的固体废物控制指数。

[6] Dietz S, Adger W N. "Economic growth, biodiversity loss and conservation effort." 2003.

[7] 参见 https://www.protectedplanet.net/en。

实现发展大概率还是要经历工业化，这必然带来污染物排放和对生态环境的破坏。那么，与"先污染后治理"的传统发展路径相比，共建"一带一路"国家的绿色新发展路径，或者说在发展的同时对环境问题进行治理，将面临哪些挑战？

回答这一问题，需要回到经济增长理论上来。根据生产函数，一个经济体可以在一定技术条件下将资本、劳动、土地、能源等生产要素转换为产出，因此经济增长与技术和要素成本有关。[①] 在其他条件不变的情况下，生产率越高、要素成本越低，企业的生产成本就越低，进而提高投资收益率、鼓励企业投资、促进经济增长。我们认为，与"先污染后治理"的传统发展路径相比，"边发展边治理"的新发展路径的主要挑战是绿色成本上升，或将导致发展速度放缓。

具体来说，无论是应对气候变化还是减少污染物，都需要应用末端治理或清洁生产技术，进而增加企业的生产成本。而且，碳减排会大大提高能源使用成本，保护生物多样性则主要涉及土地利用方式的变化，会面临土地成本上升的问题。此外，治理环境问题需要大量资金，而许多共建"一带一路"国家的资本积累本来就不足，环境治理的资金需求进一步提高了经济发展的资本成本。因此，在绿色约束下，共建"一带一路"国家将面临技术和能源、资本、土地等要素成本上升的窘境（见表4.2）。

表 4.2　绿色约束下的技术和要素成本上升

	应对气候变化	减少污染物	保护生物多样性
技术成本	↑↑↑	↑	—
能源成本	↑↑↑	—	—
资本成本	↑↑↑	↑	↑
土地成本	↑	—	↑↑↑

注：↑表示上升，↑↑↑表示大幅上升。
资料来源：中金研究院。

（一）技术：部分绿色技术成本仍然高昂

目前，部分绿色技术成本仍然高昂，尤其是在碳减排方面。当前全球各国实

[①] 谢丹阳、周泽茜：《经济增长理论的变迁与未来：生产函数演变的视角》，《经济评论》，2019年第3期。

现碳减排的主要转型路径是采取"电力清洁化＋终端电气化"的低碳或零碳生产方案[1]，但是对于大多数共建"一带一路"国家来讲，两者的成本依然较高。在电力清洁化方面，虽然从全球来看可再生能源发电的平准化度电成本（LCOE）相较过去已经大幅降低，与煤电相比具有较强的竞争力[2]，但由于大多数共建"一带一路"国家制造业能力较弱、利率较高等，其可再生能源发电成本仍然十分高昂。[3]印度尼西亚就是一个典型的例子，其光伏发电LCOE比煤电高20%左右，陆上风电比煤电高80%以上。[4]此外，由于相关技术尚不够成熟，可再生能源系统成本会随着可再生能源渗透率上升而快速上升[5]，意味着共建"一带一路"国家不仅承受了可再生能源的高发电成本，还将面临高系统成本的压力。

对于终端电气化，各种低碳和清洁生产技术也意味着成本上升。例如，对于钢铁大国土耳其，其钢铁行业生产工艺从高炉钢转换到电炉钢，虽然吨钢碳排放量会下降，但吨钢生产成本会上升10%左右。[6]由于高碳产业的低碳清洁生产技术成本普遍高昂，减碳过快会导致绿色成本大幅上升。例如，斯里兰卡在2022年宣布"国家破产"[7]，其中一个重要原因就是追求绿色农业，禁止使用农药和合成化肥导致农产品产量下降，使斯里兰卡从粮食自给国变为进口国，再加上国际粮食和能源价格上涨、新冠疫情发生后旅游业收入下滑等因素的共同作用，最终斯里兰卡出现经济危机。

此外，哪怕在发达经济体，很多碳减排技术也没有完全实现大规模商业化应用，创新能力不强的共建"一带一路"国家更加无法享受减碳技术的后发优势。

---

[1] 邹才能、何东博、贾成业等：《世界能源转型内涵、路径及其对碳中和的意义》，《石油学报》，2021年第2期。

[2] IRENA. "Renewable Power Generation Costs in 2021." 2022.

[3] Kan X, Reichenberg L, Hedenus F, et al. "Global renewable LCOE—including socio-economic factors in assessments of resource potential." 2022.

[4] 资料来源：BNEF 2H 2022 LCOE。

[5] 朱彤：《我国可再生能源的发展阶段与面临挑战》，《中国国情国力》，2019年第7期。

[6] Medarac H, Moya JA, Somers J. "Production costs from iron and steel industry in the EU and third countries." 2020.

[7] 参见 https://www.wsj.com/articles/sri-lankas-green-new-deal-was-a-human-disaster-gotabaya-rajapaksa-borlaug-synthetic-fertilizers-hunger-organic-agriculture-11657832186。

比如，许多工业过程在非电环节只能借助碳捕集、利用与封存（CCUS）等末端治理手段来减碳，但该项负碳技术还处在早期商业化发展阶段①，成本仍然较高。目前，碳捕集技术的成本超过 100 美元 / 吨二氧化碳。伍德麦肯兹预测，即使到 2050 年，CCUS 项目的成本仍将高于 70 美元 / 吨二氧化碳。② 以越南为例，越南未来仍将长期依赖煤电③，一项研究发现，若越南的燃煤电厂使用碳捕集技术减排，其发电成本将大幅上升。④

（二）能源：减碳政策提升用能成本

绿色政策，尤其是与碳减排相关的政策，会提高共建"一带一路"国家的化石能源使用成本。具体来说，碳减排政策可以分为命令控制型或非定价型政策（如能效标准、碳排放强度或总量控制、可再生能源目标等），以及碳税、碳市场等定价型政策。但无论哪种碳减排政策，都会给用能企业带来化石能源使用成本的上升，其中非定价型碳减排政策会带来隐性的碳减排成本，碳定价政策还会带来显性的剩余碳排放成本。⑤

共建"一带一路"国家较为普遍地采用非定价型碳减排政策。如前文所述，采用非定价型碳减排政策的共建"一带一路"国家数量远大于采用碳定价政策的国家⑥，大多数共建国家均出台了工业能源效率和车辆排放标准等减排政策，只

---

① 邢力仁、武正弯、张若玉：《CCUS 产业发展现状与前景分析》，《国际石油经济》，2021 年第 8 期。
② Wood Mackenzie. "Carbon capture and storage: how far can costs fall？" 2021.
③ 参见 https://www.dfdl.com/insights/legal-and-tax-updates/vietnams-national-power-development-plan-2021-2030/。
④ Ha-Duong M, Nguyen-Trinh H A. "Two scenarios for carbon capture and storage in Vietnam." 2017.
⑤ Campbell E, Pizer W. "Border Carbon Adjustments without Full (or Any) Carbon Pricing." 2021.
⑥ 从碳税、碳市场等碳定价政策看，目前碳定价政策的使用仍然以发达国家为主，除纳入欧盟碳市场的国家以及南非、智利等国之外，大多数共建"一带一路"国家还没有碳定价政策，可能与发展中国家市场经济体系不完善、绿色技术不足、显性碳成本易遭反对等因素有关。资料来源：CRU，"Carbon pricing schemes: only for the rich?" 2022，参见 https://carbonpricingdashboard.worldbank.org/。Zhang H, Meng J, Yau K N, "Carbon pricing or non-pricing for developing countries? A dual-track strategy for decarbonization in China," 2022.

是在非洲地区稍显薄弱。[①] 近年也有不少共建"一带一路"国家开始积极探索碳定价政策，例如越南2022年明确了国内碳市场发展路线，计划2025年开始试点碳交易；印度尼西亚在2023年2月启动了燃煤电厂强制性碳交易第一阶段工作，计划在2025年、2028年启动碳市场第二、第三阶段。因此，为满足政府设定的碳减排要求，工业企业需要购置高能效的环保生产设备、投入更多环保技术研发资金等，导致减排成本以及化石能源使用成本上升。

减碳政策下的用能成本上升，会减缓电力、钢铁、水泥等高耗能产业的发展速度，影响工业化进程。正是因为减碳政策下的用能成本上升与经济发展之间矛盾激烈，许多共建"一带一路"国家需要在减碳与发展之间进行艰难平衡，因此其气候政策往往存在较高的不确定性。例如，2020年印度尼西亚政府就曾表态，作为发展中国家不会为了减碳目标牺牲经济[②]，印度尼西亚碳税政策因此一再被推迟。[③]

（三）资本：绿色资金需求提升资本成本

正如第一章提到的，由于自身资本形成能力不强、经济发展水平低等，大多数共建"一带一路"国家的资本存量不足，资本价格（利率）普遍高于中国和发达国家。[④] 更何况，实现绿色转型需要大量资金。近期有研究测算，新兴市场和发展中国家（不含中国）的气候融资需求到2025年将高达1万亿美元（占GDP的4.1%），到2030年为2.4万亿美元（占GDP的6.5%），其中约一半资金需要来自国内。[⑤] 这意味着，共建"一带一路"国家一旦决定投资绿色转型，其国内的资金需求将更快上升，导致资金成本上升。而且，在资本存量一定的情况下，绿色投融资会挤占其他资本支出，尤其导致资本密集型产业的资本成本上升、发展速度

[①] 参见 https://www.unep.org/interactive/air-pollution-note/。

[②] 参见 https://www.eco-business.com/news/indonesia-wont-sacrifice-economy-for-deeper-emissions-cuts/。

[③] 详见2023年3月8日发布的《印尼碳定价机制的现实与展望》。

[④] 参见 https://advisor.visualcapitalist.com/mapped-interest-rates-by-country-in-2022/。

[⑤] The Independent High-Level Expert Group on Climate Finance. "Finance for climate action: scaling up investment for climate and development." 2022.

放缓。[1]

对于绿色转型来说，高资本成本导致的一个后果就是，共建"一带一路"国家可再生能源发电项目的经济性不足。由于可再生能源发电项目的成本结构呈现前期资本支出大、后续运营支出小的特点，因此项目经济性（以 LCOE 衡量）对利率高度敏感。[2] 联合国开发计划署测算，在其他条件不变时，与发达国家相比，资本成本更高的发展中国家气电 LCOE 上升 6%，而风电 LCOE 会上升 40%。[3] 因此，共建"一带一路"国家的高资本成本，叠加不完善的碳税、碳市场等碳定价政策体系，导致可再生能源项目的经济性较差，私人资金投资缺乏积极性。

缺乏对私人部门资金吸引力的后果就是，共建"一带一路"国家必须依赖成本更低的公共资金，包括本国财政和国际发展援助资金两类。财政资金方面，共建"一带一路"国家近年来普遍面临公共卫生、能源、外债利息等支出上升，而收入下降的窘境。而且，与交通基建、国防、研发等有较高乘数效应的财政支出类型相比，环境治理这类偏消费性财政支出对经济增长的乘数效应更低。[4] 尤其是就地保护、迁地保护和生态修复等生物多样性保护措施，不仅需要投入大量的财政资源，而且几乎都是纯成本支出。[5] 这导致共建"一带一路"国家的财政资金相较于发达国家也更难用于生态环保领域。国际货币基金组织统计，发达国家的财政环保支出占 GDP 的比重普遍在 0.6% 以上，而共建"一带一路"国家大多在 0.3%~0.4% 之间。[6]

---

[1] Pearce D, Palmer C. "Public and private spending for environmental protection: a cross-country policy analysis." 2001.
[2] 参见 https://findevlab.org/financing-costs-of-green-transition-in-developing-countries/。
[3] UNDP. "Derisking Renewable Energy Investment." 2013.
[4] 中金研究院、中金公司研究部：《迈向橄榄型社会》，中信出版社，2022 年。
[5] White T B, Petrovan S O, Christie A P, et al. "What is the price of conservation? A review of the status quo and recommendations for improving cost reporting." 2022. 参见 https://www.weforum.org/agenda/2021/05/biodiversity-deforestation-global-investment-inititive/。
[6] 参见 https://climatedata.imf.org/pages/go-indicators。

相比财政资金，国际公共资金参与环境问题治理的积极性更高，理应在助力共建"一带一路"国家绿色发展方面发挥较大作用，但流入共建国家的资金量仍显不足。目前，发达国家未能履行每年向发展中国家提供1 000亿美元气候资金的承诺，有研究测算，国际多边开发金融机构对中低收入国家的气候缓解融资只有250亿美元[1]，难以满足共建"一带一路"国家较大的外部融资需求。[2] 此外还有结构性问题，主要体现在国际资金的接收方集中于印度尼西亚、南非、土耳其等经济实力相对较强的共建"一带一路"国家，而许多低收入国家获得的国际融资较少。[3] 我们认为，这种绿色投融资鸿沟，可能会演变为绿色发展鸿沟，成为新的不平等因素。

（四）土地：利用方式变化增加用地成本

绿色约束下，土地利用方式有所变化，且成为一个越来越重要的生产要素。在应对气候变化的过程中，土地不仅为可再生能源（风电、光伏、水电）项目的建设提供空间，还能以森林碳汇等形式吸收二氧化碳，应对气候变化可能需要改变土地的用途和地貌。[4] 而且，经济发展过程中的土地占用问题是生物多样性丧失的核心原因[5]，尤其是耕地开垦、工业化、城镇化及其道路基建等经济活动导致栖息地丧失或碎片化，生物多样性保护需要大幅改变土地的利用方式。

这都意味着，在"边发展边治理"的新发展路径下，应对气候变化和保护生物多样性会减少可利用的土地、提高土地利用成本，进而对经济发展造成负面影响。工业化、城镇化及其配套的道路基建是大多数共建"一带一路"国家实现经

---

[1] ETC. "Financing the Transition: How to Make the Money Flow for a Net-Zero Economy." 2023.
[2] 张建平、张旭：《"一带一路"伙伴国家应对气候变化资金需求评估研究》，《河海大学学报（哲学社会科学版）》，2022年第4期。
[3] 参见 https://climatefundsupdate.org/data-dashboard/。
[4] 详见2022年11月8日发布的《大国规模和逆全球化下的产业链发展与重塑》。
[5] 除土地占用问题外，生物多样性丧失的原因还包括过度捕捞、乱砍滥伐导致的物种濒危或灭绝等。参见 https://luclab.berkeley.edu/landuseandconservation/。

济增长的必由之路[①]，但这些经济活动不可避免地需要利用大量土地。从这个角度看，共建"一带一路"国家保护环境需要大规模利用土地，与工业化、城镇化及其道路基建等经济发展因素之间存在矛盾，有时两者甚至是互斥的。比如，自然保护区等禁止开发的区域会排斥采矿、基建等几乎所有类型的工业经济活动，不可避免地要在有限的可用土地内对基建、农田、工厂等建设项目进行权衡取舍，导致经济发展所需的土地资源供给紧张。[②]

更重要的是，这些土地利用行为变化给经济发展带来的机会成本难以通过技术进步来降低，因其与技术进步的关联性较弱。虽然生物多样性保护可以借助多种技术支持来提高效果，比如利用 GPS（全球定位系统）追踪仪、无人机等可以更好地跟踪和监测野生动物的行为，但仍无法从根本上解决经济发展须占用土地，以及保护生物多样性须禁止区域开发之间的矛盾。[③] 因此，即使有先进技术的加持，自然保护区内仍然无法开展任何工业经济活动，道路基建也仍需给动物留出迁徙通道，铺设光伏板的土地也难以用于工业经济建设。

这种土地利用和经济发展之间的矛盾，在生物多样性丰富、国土面积不大的共建"一带一路"国家更为突出。尤其是水利水电、道路交通等占地面积较大的基础设施投资项目，可能因为对生物多样性的潜在破坏而无法建设，进而阻碍共建国家的电力和基建发展。对于水电，印度尼西亚、缅甸、马来西亚等东南亚国家和俄罗斯、土耳其等国仍然有大量未开发的水电潜力（见图 4.3）；对于道路基建，东南亚和南亚部分国家的路网连通性、道路基础设施质量仍有较大的改善需求和提升空间（见图 4.4）。但这些国家的生物多样性十分丰富，可能难以开展相关的水电和道路基建投资建设，导致水能资源利用率不足、道路基建出现缺口等问题。

---

① 史丹：《绿色发展与全球工业化的新阶段：中国的进展与比较》，《中国工业经济》，2018 年第 10 期。

② Simkin R D, Seto K C, McDonald R I, et al. "Biodiversity impacts and conservation implications of urban land expansion projected to 2050." 2022.

③ Panayotou T. "Conservation of biodiversity and economic development: The concept of transferable development rights." 1994.

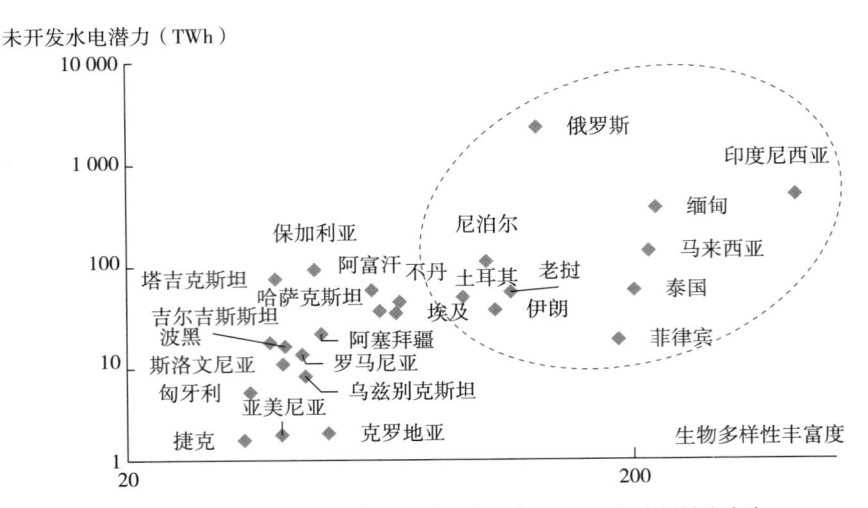

图 4.3　部分共建"一带一路"国家未开发水电潜力与生物多样性丰富度

注：TWh 表示亿千瓦时。
资料来源：Our World in Data，The Swiftest，Zhou et al.[①]，中金研究院。

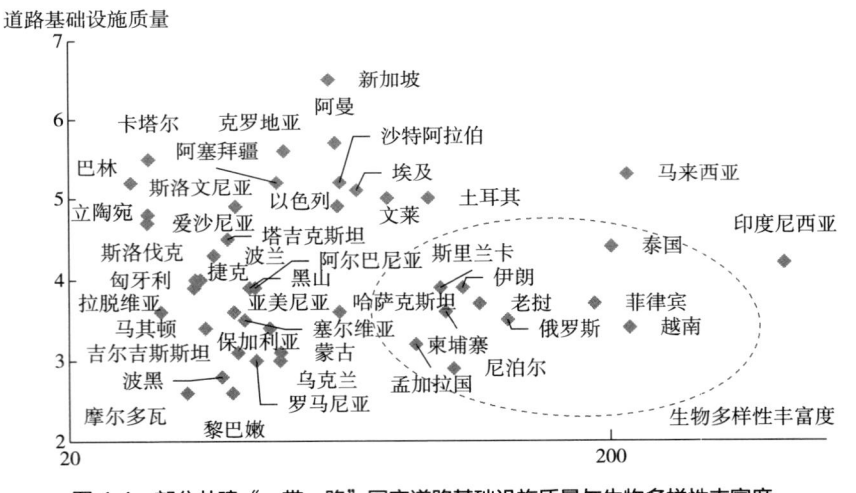

图 4.4　部分共建"一带一路"国家道路基础设施质量与生物多样性丰富度

注：道路基础设施质量包括路网连通性等指标，数值越高，道路基础设施质量越好。
资料来源：WEF，The Swiftest，中金研究院。

---

① Zhou Y, Hejazi M, Smith S, et al. "A comprehensive view of global potential for hydro-generated electricity." 2015.

正是因为土地利用方式变化给发展带来的用地成本等机会成本较高，且难以享受到低技术成本的后发优势，所以许多共建"一带一路"国家在工业化、城镇化及其道路基建发展的过程中，对生物多样性约束的收紧容易反复。比如2021年印度尼西亚签署了《关于森林和土地利用的格拉斯哥领导人宣言》，承诺到2030年停止砍伐森林，扭转土地退化状况。但印度尼西亚随后宣称不能以"零森林砍伐"的名义停止发展，因为需要修建道路穿过林区以连通林区附近的大量村庄。[①]

三、绿色产业带来的新机遇

从各国经济发展的历史经验来看，抓住世界发展趋势带来的机遇，在更大范围配置本国的生产要素，参与全球生产和分工，是"追赶型"国家实现经济发展的必由之路。绿色转型是当今世界最确定的全球发展趋势之一，近年来这一趋势更是依托新能源产业发展和各国政策落地加速发展。虽然绿色约束下共建"一带一路"国家面临绿色成本上升的问题，但绿色转型同时也给许多共建国家的新能源金属、风光等新资源要素禀赋带来新的比较优势，而且全球绿色产业链也会促进共建国家丰富的劳动力要素禀赋参与全球生产。一个经济体的发展，归根结底是依托自身的要素禀赋结构，发展其具有比较优势的产业，通过推动生产要素参与全球生产实现发展。[②]从这个角度讲，绿色转型会提高许多共建"一带一路"国家新资源与劳动要素在全球产业链的参与率，绿色产业或将成为拉动其经济增长的新机遇。

（一）新资源比较优势凸显

全球绿色低碳转型的实质是新能源与传统能源的更替，锂、钴、镍、铂、铜、锰等新能源金属是新能源产业链的上游环节，绿色转型下新能源金属的重要性将越来越高，使许多拥有新能源金属资源的共建"一带一路"国家形成新的比

---

① 参见 https://new.qq.com/rain/a/20211104A0CF7R00?no-redirect=1。
② 林毅夫：《解读中国经济》，北京大学出版社，2012年9月。

较优势。根据美国地质勘探局的数据，共建"一带一路"国家中新能源金属资源国主要包括：锂资源丰富的智利、阿根廷，钴资源丰富的刚果（金）、俄罗斯、菲律宾、古巴，镍资源丰富的印度尼西亚、菲律宾、俄罗斯，铂资源丰富的南非、俄罗斯等。在全球绿色转型的背景下，对新能源金属的需求将不断上升，新能源金属资源国的新能源金属出口收入或将因此提高。[①]

更重要的是，许多共建"一带一路"国家依托国内新能源金属资源禀赋，注重向新能源金属冶炼、电动汽车等增加值更高的下游产业链延伸发展，充分发挥新能源金属资源的比较优势，或可实现"追赶式"发展。比如，智利大力发展国内冶炼产业，提高冶炼能力来实现碳中和并促进可持续的工业化。[②]印度尼西亚从2020年开始禁止镍矿石出口，国内镍冶炼厂等金属加工业投资快速增加，增加值更高的镍制品产量和出口额上升。[③]而且，由于镍是电动汽车电池的必要原材料，印度尼西亚也在大力支持国内电动汽车及其零部件产业的发展，计划打造从采矿到冶炼，再到电池生产和整车制造的新能源汽车全产业链，并通过减免公司所得税等税收优惠政策来积极吸引外资。[④]这种"以资源换产业"，甚至采取禁止矿石出口的方式来引进外资和发展本土新能源产业的做法，正是抓住绿色转型机遇谋发展的体现。正如印度尼西亚总统指出的，发展下游产业是印度尼西亚成为发达国家的关键。[⑤]

北非、西亚、南美洲等地区的共建"一带一路"国家风光资源丰富，绿色转型下风光资源的利用率上升，使这些国家具有风光资源禀赋充足的比较优势。若将风光资源与沙漠等原本利用率低、成本低的土地结合起来，则更能发挥其资源禀赋的比较优势。如欧盟和北非计划在撒哈拉沙漠开展可再生能源发电与绿氢等方面的合作，以充分利用北非的光照、风能以及低价土地资源，在帮助欧盟实现减碳目标的同时，也会促进北非地区共建"一带一路"国家的电力供给和经济

[①] 参见 https://www.bnamericas.com/en/news/chilean-lithium-producer-sqm-reports-milestone-performance-in-1q22。

[②] 参见 https://www.163.com/dy/article/H851LUVA05198CJN.html。

[③] 参见 https://asiatimes.com/2022/02/indonesia-bans-mineral-exports-to-move-up-value-chain/。

[④] 详见 2023 年 1 月 10 日发布的《你所要知道的印尼市场》。

[⑤] 参见 http://www.52hrtt.com/admd/n/w/info/A1669889152659。

发展。①受益于丰富的风光资源与辽阔的土地，哈萨克斯坦也提出了到2035年建成10GW（吉瓦）新能源项目的目标。②此外，光伏发电还可以与种植业、渔业、畜牧业等结合，实现农光互补、渔光互补、牧光互补等。可以说绿色转型使风光这种过去难以开发利用的资源变得更加容易利用，推动部分共建"一带一路"国家的风光资源、土地等生产要素参与全球新能源产业链，进而带来绿色发展新机遇，尤其给原本就缺乏煤炭等化石能源资源的部分国家的电力供给和经济发展等带来更大的边际改善。

（二）劳动参与率上升

许多共建"一带一路"国家往往拥有充足的劳动力要素禀赋，但是传统高耗能、高污染制造业多为技术密集型、资金密集型产业，且产业链相对较短，共建国家难以参与进去，也较难发挥其劳动要素禀赋的比较优势。相比之下，光伏、风电等新能源产业和绿色转型产业的技术准入门槛相对较低，新能源产业链较长且制造业属性强，从电池组件生产到安装维护都需要大量劳动力，有研究测算发现，每千瓦时可再生能源发电所创造的就业是化石能源发电的三倍以上。③

这意味着，共建"一带一路"国家参与新能源产业链的可能性更高④，其低成本劳动力的比较优势也更容易在新能源产业链上发挥出来，进而提高其劳动力要素的参与率，促进绿色就业。根据2022年国际能源署发布的《世界能源就业》报告，我们发现，目前除中东和俄罗斯，大多数共建"一带一路"国家清洁能源产业就业人数已经超过化石能源，预计到2030年全球能源转型将创造至少1 300万个就业机会。⑤以摩洛哥为例，在摩洛哥国内失业率较高的背景下，仅Noor I

---

① Van Wijk A, Wouters F. "Hydrogen—the bridge between Africa and Europe." 2021.
② 参见 http://www.sinopecnews.com.cn/xnews/content/2023-01/20/content_7057259.html。
③ Blyth W., Gross R., Speirs J., et al. "Low carbon jobs: The evidence for net job creation from policy support for energy efficiency and renewable energy." 2014.
④ Bowen A., Kuralbayeva K., Tipoe E. L."Characterising green employment: The impacts of 'greening' on workforce composition." 2018.
⑤ IEA. "World Energy Employment." 2022.

（努奥一期）太阳能项目就创造了约 1 800 个建筑岗位和 250 个运营岗位，西门子在摩洛哥的风力涡轮机转子叶片工厂又创造了 700 个就业岗位，预计未来 20 年内能源转型或将为摩洛哥创造超过 48 万个就业岗位。① 换句话说，新能源产业在一定程度上具有普惠性，有助于提高共建"一带一路"国家的劳动力生产要素在全球绿色产业链的参与率，通过收入分配提高其国内劳动要素的收入。

从结果上看，得益于新能源产业链上的低技术准入门槛和低成本劳动力优势，土耳其、越南等共建"一带一路"国家在部分新能源项目上已经有较强的国际竞争力，尤其是对于 EPC 这类存在较多人工成本的项目。例如在光伏 EPC 类项目中，有许多共建"一带一路"国家的企业发展迅速，土耳其的 Eko Renewable Energy（清洁能源解决方案提供商）、越南的 RumtechS（可再生能源公司）等企业已经具备与中国以及部分发达国家同类企业同台竞争的实力。②

不只是光伏 EPC 项目，由于要素价格较低，部分共建"一带一路"国家在电池组件生产环节也有较强的竞争力。根据中金公司研究部的测算，东南亚国家光伏电池片及组件生产成本只比中国高约 5%，且产品出口的关税等交易成本较低。③ 未来随着中国低成本劳动力红利渐行渐远，共建"一带一路"国家丰富的低成本劳动力比较优势或将更加凸显。此外，新能源产业链涉及金属冶炼加工、设备制造、建筑、运输、物流等多个部门，进而可以带动共建"一带一路"国家更多的绿色就业。④ 因此，共建"一带一路"国家通过广泛参与新能源产业链，可以增加劳动力的就业机会，促进经济多元化和经济增长。已有研究发现，在一国发展初期，经济多元化可以提高经济韧性、提升就业率和人力资本水平，进而

---

① Auktor G. V. "Renewable energy as a trigger for industrial development in Morocco." 2017. 赵畅：《摩洛哥可再生能源发展前景、挑战及中摩可再生能源合作》，《中国投资（中英文）》，2022 年第 ZA 期。参见 https://moroccoonthemove.com/2016/03/10/siemens-build-wind-turbine-rotor-blade-factory-morocco-renewable-energy-magazine/。
② 参见 https://wiki-solar.org/company/contractor/ 和 https://www.pv-magazine.com/2021/09/06/ihsm-clean-energy-insights-the-30-largest-epc-pv-system-providers-took-28-of-the-global-market-in-2020/。
③ 详见 2022 年 11 月 11 日发布的《绿色转型与能源危机交织下的新能源安全课题》。
④ ILO, "Assessing green jobs potential in developing countries," 2011; O'Sullivan M., Overland I., Sandalow D., "The geopolitics of renewable energy," 2017.

有利于促进经济发展。①

四、思考与启示

中国提出绿色是共建"一带一路"的底色。② 基于以上对共建"一带一路"国家在绿色发展趋势下的机遇与挑战的分析，我们认为共建"一带一路"绿色底色的关键是，帮助这些国家最大化绿色收益、最小化绿色成本。一方面，结合自身绿色产业优势，尽可能为共建国家提供参与绿色价值链分工的发展机遇，共享绿色发展带来的经济效益。另一方面，依托自身的技术、资金和管理优势，积极承担参与共建"一带一路"的生态环境成本，推动国际社会为发展中国家承担的全球环境成本提供更多补偿，尽可能降低绿色成本。更重要的是，支持中国企业在这一过程中实现共赢。

（一）抓住绿色机遇：要素匹配与优势互补

当下中国在绿色产业领域具有一定优势和较强的全球竞争力，能与相关共建"一带一路"国家的新资源要素和劳动力要素有效结合，形成优势互补，进而为共建国家抓住绿色发展机遇做出重要贡献。如上所述，全球绿色转型的大趋势下，共建"一带一路"国家获得的新发展机遇源于新能源金属以及风光等自然资源成为新的要素禀赋，且相关国家丰富的劳动力资源对于技术门槛较低的新能源产业也形成了新的比较优势。本节将重点围绕中国如何有效结合共建"一带一路"国家的新要素禀赋和比较优势，实现绿色共赢。

围绕有关共建"一带一路"国家的新能源金属资源，中国可以为破解资源诅咒做出独特贡献。有关经济学研究将拥有大量不可再生资源的国家反而更容易成

---

① Imbs J., Wacziarg R. "Stages of diversification." 2003.
② 习近平主席在 2019 年第二届"一带一路"国际合作高峰论坛上强调要"把绿色作为底色，推动绿色基础设施建设、绿色投资、绿色金融"。2022 年，国家发展改革委、外交部、生态环境部、商务部联合印发了《关于推进共建"一带一路"绿色发展的意见》，旨在进一步推进共建"一带一路"绿色发展，让绿色切实成为共建"一带一路"的底色。

为工业化水平低、经济发展困难的现象描述为资源诅咒。尽管资源诅咒的责任不应由资源需求方来承担，但是拥有较大需求的经济体更有能力和可能性为资源国破解诅咒做出贡献。正如中国在 21 世纪初快速的经济发展带动全球油气以及铁矿石、铝等传统金属矿产资源需求上升一样，今天的中国新能源产业对全球新能源金属的需求也给拥有新能源金属资源的国家带来了较大的需求。充分利用好这一需求，让有关共建"一带一路"国家获得发展红利，不仅是中国"构建人类命运共同体"的大国责任担当，更是中国企业能够在这些国家可持续经营的关键。

具体来说，与西方发达国家大多仅采取加强资源收入管理、提高信息披露透明度等"软基建"措施[①] 相比，中国可以为资源国摆脱资源诅咒提供"硬基建"（如道路、港口等）的中国方案，或更为有效地推动资源国的经济多元化。[②] 许多资源国的基础设施不完善、运输成本高，阻碍其经济的可持续发展，发展和完善基础设施的需求较大，而中国在当地开展资源项目的投资合作时，可以发挥自身"硬基建"建设成本低、周期短、质量高、融资成本低等优势，帮助完善该国的基础设施。例如，中国紫金矿业在刚果（金）开发卡莫阿－卡库拉铜矿项目，由于该国道路基础设施匮乏、运输资源稀缺，紫金矿业与嘉友国际合作，通过萨卡尼亚路港资产及安哥拉本格拉铁路为该国矿业疏通南下及向西出海路线，进而降低了刚果（金）在国内外开展经贸活动的运输成本。

除"硬基建"外，中国在帮助新能源金属资源国向中下游制造业延伸方面也有较大潜力。许多新能源金属国矿产资源丰富，具备向新能源产业链中下游制造业延伸的资源要素，但技术水平尚不成熟。而中国在新能源冶炼加工和新能源汽车制造等方面具备全球领先的竞争力，能够与共建"一带一路"国家较为薄弱的制造环节形成优势互补，进而带动共建国家提升工业化水平，破解资源诅咒。例如，比亚迪、上汽等多家中国新能源车企已经去印度尼西亚投资建设电动汽车制造厂，华友钴业、力勤资源等中国企业则出海投建钴镍冶炼产能，以利用当地丰

---

① 比如英国推出的采掘业透明度倡议（EITI）、国际货币基金组织的资源收入透明度指南、世界银行的采掘业全球支持纲领（EGPS）等许多国际倡议和文件，都旨在提高资源国自然资源管理的透明度。资料来源：IMF, "Guide on Resource Revenue Transparency," 2007；World Bank, "Extractives Global Programmatic Support（EGPS）Annual Report," 2021。

② Kelley J. "China in Africa: Curing the resource curse with infrastructure and modernization." 2011.

富的新能源金属资源优势。

围绕共建"一带一路"国家的风光资源，中国可以发挥自身优势，通过加强绿色电力基础设施建设合作，带动当地产业发展，释放劳动力红利。目前，要素成本优势叠加规模效应，中国光伏产品和电力设备等产品的性价比高、全球竞争力强，结合风光资源丰富的共建"一带一路"国家的风光电站建设需求或相关零部件及整机进口需求，中国可以与其在绿色电力建设、新能源装备出口等方面实现合作互惠。比如，在南非提出到2030年风电光伏新增装机容量达到20.4GW目标的背景下[1]，金风科技、龙源电力等多家中国企业已经通过股权投资等方式，与南非展开了在风电站与光伏电站方面的投资合作[2]，也带动了国内企业风光组件出口当地。除了风光电站建设以外，共建"一带一路"国家发展清洁电力产业还面临电网基础设施不完善的挑战，而中国电网技术位于全球前列，可以帮助完善共建国家绿色产业发展所需的绿色基础设施。比如为解决埃及电力供应不足问题，中国电建在埃及开展EETC（埃及输电公司）500千伏输电工程项目，促进了埃及国家电网的升级改造。[3]

随着绿色基础设施的不断完善，相关产业也将获得更多的发展机遇，从而给共建"一带一路"国家丰富的劳动力创造更多机会。如前文所述，依托于劳动力要素优势，部分共建"一带一路"国家在绿色产业链部分环节上的生产成本与中国相比差异并不大，再叠加逆全球化背景下的贸易摩擦与产业链重构因素，为深化中国企业向外转移光伏电池片及组件等产能[4]，增进与相关共建国家之间的绿色投资合作提供了机会。隆基绿能等国内新能源制造企业顺势而为，在马来西亚、越南等多个东南亚国家布局海外生产基地，既能充分利用当地劳动力比较优势降低生产成本，又顺应当前国际贸易政策降低了光伏产品出口的关税等交易成本[5]，同时也加速促进了当地绿色制造业发展。我们认为，随着光伏电池片及组

---

[1] 资料来源：2019年南非政府出台的"综合资源计划"。
[2] 中央财经大学绿色金融国际研究院：《中国与"一带一路"沿线国家南非的可再生能源合作及投融资》，2019年。
[3] 参见 http://www.sasac.gov.cn/n2588025/n2588124/c10205027/content.html。
[4] 详见2022年11月11日发布的《产业链纵横与双支柱举国体制》。
[5] 详见2022年11月11日发布的《绿色转型与能源危机交织下的新能源安全课题》。

第四章　绿色：新约束下共谋"一带一路"发展

件等产能向共建"一带一路"国家转移,中国的硅片、光伏玻璃等光伏主辅材也有望跟随式出海,进而加强光伏产品的贸易合作。

因此,由于中国与共建"一带一路"国家的要素匹配和优势互补,企业和市场本身具备充分发挥其自身活力的基础,中国政府应更多服务于国内新能源企业与共建国家的投资和贸易活动。具体来说主要包括三个方面。一是顺应国内产业外迁势头,通过合作兴建海外工业园区等方式,降低企业出海的营商和交易成本,在化解国内新能源产业链"去中心化"风险的同时[1],也让更多共建"一带一路"国家能够参与绿色产业的全球价值链分工。二是加强与共建"一带一路"国家的绿色技术合作,依托并充分利用"一带一路"科技创新行动计划和"一带一路"绿色技术储备库,推动绿色技术合作网络和基地建设,与共建国家共享技术进步红利。三是推动与共建"一带一路"国家的绿色投融资合作,持续探索"一带一路"绿色金融标准,可以借鉴中欧互认的《可持续金融共同分类目录》经验,逐步推广至更多共建国家,并通过联合国、G20等多边合作框架,深化"一带一路"绿色金融领域能力建设。特别是抓住当前中美利差走阔的机遇期,可以考虑优先发行针对"一带一路"绿色项目的熊猫债券,通过简化行政审批流程、免征或优惠征收利息收入增值税及所得税,或对发行主体实施认证费、发行费补贴等方式予以激励。

(二)降低绿色成本:成本承担与收益补偿

对共建"一带一路"国家来说,如何在绿色约束下更好地平衡绿色与发展之间的关系,以较低的绿色成本走上绿色新发展路径,已经成为重要的现实问题。为解决这个问题,首先需要回到环境问题的外部性上面来。经济学中的外部性理论认为,在缺乏有效环境政策机制设计的情况下,外部性可能导致环境公共物品的私人成本收益与社会成本收益分离[2],使市场无法达到最优资源配置。理论上有两种方式解决成本与收益不一致的问题:一是让破坏环境者承担负外部性相关

---

[1] 详见2022年11月11日发布的《产业链纵横与双支柱举国体制》。
[2] 桑瑜:《碳排权交易:社会成本内化及其制度设计》,《中南财经政法大学学报》,2015年第5期。

成本，即成本承担（见图4.5）；二是让带来了正外部性的环境保护者获得补偿，即收益补偿（见图4.6）。中国可以在上述两个方面有所作为，帮助共建"一带一路"国家降低绿色成本，走上绿色新发展路径。但由于涉及跨国的环境成本与收益主体，无论是在成本承担还是收益补偿方面，中国推动绿色"一带一路"建设都面临挑战。

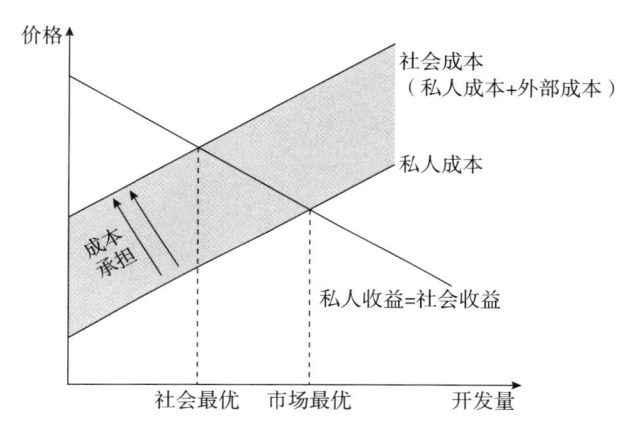

图4.5 环境破坏负外部性导致私人成本低于社会成本，需要成本承担

资料来源：中金研究院。

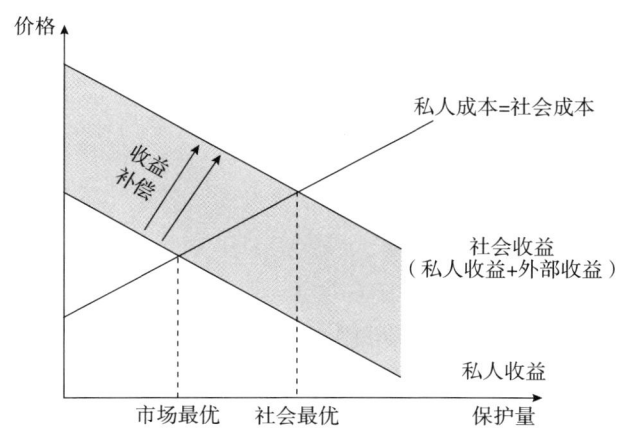

图4.6 环境保护正外部性导致私人收益低于社会收益，需要收益补偿

资料来源：中金研究院。

第四章 绿色：新约束下共谋"一带一路"发展

1. 对环境破坏进行成本承担

结合发达国家跨国公司对环境破坏进行成本承担的经验来看，主动承担环境成本的方式可以分为事前、事中和事后三类。第一类是事前的高环境标准规划和审批，例如进行高标准的环境影响评价、加强与当地公众的沟通等。全球环境管理倡议（Global Environmental Management Initiative）在 20 世纪末调研和分析了跨国公司的环境表现[1]，结果发现跨国公司普遍运用比东道国竞争对手更严格的环境标准。托马斯·安德森在 1991 年的研究中也得出了类似的结论。[2] 美国进出口银行也会对其跨国公司的境外投资贷款进行环境评估。[3] 第二类是事中的高标准实施，即在项目建设过程中，对噪声和固体废物污染等相关环境问题进行监测和控制，加强施工期环境管理。第三类是事后的环境信息披露和对环境风险事件的处理，其中政府的监管者角色尤其需要关注。例如，美国在《清洁空气法案》和《水污染法案》中规定了跨国公司海外子公司的环保责任和义务，若海外子公司因环保问题受罚，美国也会追究其国内母公司的责任。[4] 因此，中国可以借鉴发达国家的经验，在事前、事中和事后三个方面主动承担环境成本。

首先，为加强事前环境责任意识，中国可以引导出海企业加强环境评估与公众参与。可以通过建立针对企业境外投资环境的行业规范，加强行业自律，引导企业加强环境责任，同时强化企业境外项目环境尽职调查能力建设，提升环境评估信息在共建"一带一路"国家的认可度。[5] 还应促进"一带一路"项目信息透明度，鼓励企业定期发布环境报告，鼓励利益相关方参与环境决策过程，减少非正式规制对项目实施的约束。

中缅油气管道项目是一个成功案例，该管道的设计和施工均采用严格的国际

---

[1] 参见 https://gemi.org/resources/MNC_101.pdf。
[2] Springer Science & Business Media. "Linking the natural environment and the economy: Essays from the Eco-Eco group." 2013.
[3] 参见 https://www.exim.gov/policies/exim-bank-and-environment。
[4] 郑静、张剑智等：《借鉴国际经验加强中国企业对外直接投资环境管理》，《环境保护》，2014 年第 22 期。肖清华：《"一带一路"背景下我国企业海外投资的环境风险及法律对策》，2020 年。
[5] 朱源、赵思等：《"一带一路"项目环境调查规程研究》，《环境影响评价》，2017 年第 4 期。

工程标准，环境影响评估通过国际招标进行，在项目开始前便对环境与生态因素进行了全面深入的评价，还确定了缓解或防止管道对生态环境潜在影响的解决方案。该管道项目开工前的征地遵循自愿原则，如果当地居民不同意土地收购，管道将绕开该土地。此外，项目方在开工前重视提升当地居民的参与感，不仅有意识地雇用本地劳动力，还主动加强公众参与，联合当地政府、社区代表等利益相关方就土地和农作物补偿开展实地调研并签署补偿协议。可以说，中缅油气管道项目的成功，与企业在项目开始前就重视生态保护、土地征用及公众参与密切相关。①

特别是，中国全面停止新建境外煤电项目②，也是主动在事前避免环境破坏和成本承担的体现。在2021年9月中国宣布不再新建境外煤电项目后的半年内，至少15个中国参与的煤电项目（合计13GW）被取消，最终可能取消共计32个煤电项目（合计37GW）③，以支持发展中国家的能源绿色低碳发展。

其次，对于事中环境责任，中国可以鼓励企业通过提高排放标准实现主动减排进行成本承担，减少对环境造成的破坏。2022年生态环境部、商务部联合印发的《对外投资合作建设项目生态环境保护指南》明确提出，若东道国没有相关生态环境政策标准或标准要求偏低，鼓励采用国际通行规则标准或中国更严格的标准，以更好地应对共建"一带一路"绿色发展面临的风险挑战。在实践中，采用高环境标准来进行成本承担的一个典型案例是中石油乍得油气项目。该项目在大气、土壤、地下水和废物处理等多个方面对标国际标准，进行全过程监测，此外还积极履行社会责任，组织中外方员工共同参与全民植树造林活动，最终获得了乍得政府颁发的环境保护卓越贡献证书。④ 不难理解，从成本与收益的角度分析，与过去相比，绿色约束收紧下的项目环境风险在上升，而治理污染的成本随着技术的进步在下降，意味着企业承担的治污成本更低、收益更高（即规避更大的环境风险），因此采用高环境标准或将越来越成为中国企业理性的选择。

最后，增强事后环境责任方面，中国可以从项目事后跟踪评估入手来引导企

---

① Xunpeng Shi, Lixia Yao. "Prospect of China's Energy Investment in Southeast Asia under the Belt and Road Initiative: A Sense of Ownership Perspective." 2019.
② 参见 https://www.ndrc.gov.cn/xxgk/zcfb/tz/202203/t20220328_1320629.html。
③ 参见 https://energyandcleanair.org/2022-chinese-overseas-coal/。
④ 参见 http://app.zgsyb.com.cn/paper/c/202208/30/c189280.html。

业承担环境成本。通过建立健全项目事后跟踪评估机制，对"一带一路"出海项目建成后的运营期间环境信息披露、环境风险事件处理等内容做出规范性要求，监督和引导企业加强项目全生命周期环境影响管理。未来也可借鉴美国等发达国家的海外项目监管经验，对"一带一路"投资中违反环境法规和标准的行为予以适度追责，确保企业履行环境责任。同时，对于注重生态环境并取得良好效益的项目，可以适当加大宣传力度，总结汇编"一带一路"最佳环保实践案例，为出海企业提供参考激励。

2. 对环境保护进行收益补偿

生态环境作为公共产品，环境保护的受益者普遍存在免费消费心理，补偿意识不足，因此内部化绿色成本的另一种方式是遵循"受益者付费"原则，让环境保护的受益者进行收益补偿，来分担治理成本。那么对于共建"一带一路"国家的环境治理来说，应该由谁来进行收益补偿？在气候变化、生物多样性保护和部分跨国污染治理问题上，共建"一带一路"国家环境治理的效益具有全球或区域属性。如果考虑成本收益对等原则，既然环境效益由全球共享，那么治理成本也不应只由共建"一带一路"国家承担，而是需要全球层面共同分担。

中国可以呼吁收益补偿的全球行动，主动参与和引领国际生态环境与可持续发展进程，探索建立"一带一路"跨境环境补偿机制，尤其是敦促先发国家参与其中。对于共建"一带一路"国家环境保护行为产生的全球效益，由先发国家承担更多的付费补偿责任较为合理。最直接的原因就是，先发国家其实是共建"一带一路"国家环境保护行为的受益者。例如，从历史存量角度来看，发达国家过去累积的排放和环境破坏远大于后发国家。而后发国家的生态环保行为，如南美洲亚马孙热带雨林保护，对全球气候和生态环境的影响举足轻重，但一直以来发达国家都未能对环境收益进行合理付费。再则，考虑经济发展水平区别来分配环境治理的责任，让具备经济优势的先发国家对全球收益予以补偿，也反映了"共同但有区别的责任"这一原则逻辑。[1]

---

[1] 先发国家在没有环境限制的情况下已经实现了较高水平的经济发展，而且通过产业转移将高污染、高排放企业转移到后发国家，成为其当前环境水平显著优于后发国家的重要原因之一。而大多数共建"一带一路"国家还处在发展初期，承担环境治理成本的同时也提高了经济发展的机会成本。因此，让共建"一带一路"国家承担绝对的环境责任，是缺乏公平性的。

当前，基于"受益者付费"原则的环境补偿实践以激励机制为主，国际主流做法是生态系统服务付费（PES），主要集中在省级或私人部门之间[1]，与基于"污染者付费"原则的环境补偿机制互为补充，例如墨西哥水文环境服务补偿计划（PSAH）、南非水资源工作计划（WfW）等。[2] 目前已有一些针对污染物治理的跨国生态补偿机制落地实践。一个典型案例是欧洲易北河的治理，易北河上游在捷克，中下游在德国，2000 年德国给捷克 900 万马克用于建设污水处理厂，同时对捷克进行适度补偿。[3] 另一个案例是东南亚的烟霾治理合作，为解决印度尼西亚大规模种植经济作物过程中毁林开荒导致的跨境烟霾污染，新加坡和马来西亚在技术、资金等方面对印度尼西亚进行援助；泰国则向缅甸、老挝提供资金和技术援助，以共同治理三国交界区域的烟霾污染。[4]

虽然上述成功案例大多为区域性的污染物治理，但仍可以类比适用于气候变化和生物多样性这两类全球性环境问题，因为其本质仍然是需要通过跨国的生态补偿机制来解决环境保护正外部性问题。针对气候变化和生物多样性这两大全球性环境问题，虽然也存在一些资金援助形式的国际补偿机制，例如《巴黎协定》要求发达国家落实每年 1 000 亿美元资金支持发展中国家应对气候变化[5]，全球环境基金资助发展中国家的生物多样性保护等[6]，但相关机制并未取得充足的资金筹措效果。[7]

---

[1] 余慧容、郑钰等：《"一带一路"倡议下跨境流域生态补偿——国际经验与中国对策》，《中国环境管理》，2018 年第 6 期。

[2] 胡苏萍、赵亦恺：《生态系统服务付费及其典型案例》，《第十九届中国海洋（岸）工程学术讨论会论文集（下）》，2019 年。

[3] 赵玉山、朱桂香：《国外流域生态补偿的实践模式及对中国的借鉴意义》，《世界农业》，2008 年第 4 期。

[4] 毕世鸿、张程岑：《东盟跨境烟霾问题及其治理合作》，《南洋问题研究》，2019 年第 3 期。

[5] Paula Castro, Carola Betzold. "Climate Finance after the Paris Agreement: new directions or more of the same?" 2016.

[6] 刘海鸥、张风春等：《从〈生物多样性公约〉资金机制战略目标变迁解析生物多样性热点问题》，《生物多样性》，2020 年第 2 期。

[7] 张建平、张旭：《"一带一路"伙伴国家应对气候变化资金需求评估研究》，《河海大学学报（哲学社会科学版）》，2022 年第 4 期。王倩慧：《〈生物多样性公约〉的履行困境与改革路径》，《地方立法研究》，2023 年第 1 期。

目前，"一带一路"跨境生态补偿机制还处在理论探索阶段，这是因为共建"一带一路"国家之间存在较大差异，机制实施难度相较单一区域更大。[①] 未来，中国可以通过强调跨境补偿机制，在共建"一带一路"国家的国际环境战略合作中发挥引领和纽带作用，积极为共建国家争取合理、正当的发展空间，防止国际社会形成超出发展中国家能力和发展阶段的绿色约束，帮助共建国家提高对气候、污染和生物多样性约束的主动适应能力。例如，与共建"一带一路"国家探索协商制定森林、土地等环境资源的跨国 PES 机制，在 G20、《联合国气候变化框架公约》等多边进程下为共建"一带一路"国家 PES 项目争取国际资金，借鉴全球环境基金、绿色气候基金等已有多边基金经验联合建立"一带一路"生态补偿基金等。[②] 除了公共资金之外，还可以通过气候债券、可持续发展挂钩债券等方式撬动私人部门为共建"一带一路"国家拓宽绿色资金来源。

此外，中国自身也可以通过提供资金援助、加强能力建设等方式，为共建"一带一路"国家提供力所能及、形式多样的收益补偿。在风险可控的前提下，中国可为共建"一带一路"国家争取国内援助资金和技术支持，积极为共建国家环境保护提供收益补偿，在国际社会中体现大国担当。一个可行的方式是，借鉴现有的 PES 方式创新，通过向共建"一带一路"国家提供类支付（payment in-kind）手段，如基础设施援助、居民补贴援助等资金援助方式来实现环境收益补偿。[③]

中国还可以通过提供绿色技能培训、搭建绿色人才交流平台、推广 ESG 理念等技术援助方式，帮助和提升共建"一带一路"国家绿色能力建设。共建"一带一路"国家通常对当地绿色能力建设的资金投入有限，导致在转型过程中绿色管理水平不高、绿色从业人员技能不足，限制了当地绿色产业的发展。发达国家在这一点上提供了良好经验，过去泰国、印度尼西亚等国曾受日本援助，设

[①] 刘荣建：《"一带一路"中的生态补偿研究综述与展望》，《安徽行政学院学报》，2017 年第 4 期。
[②] 张雯、朱留财：《全球环境基金生物多样性政策分析与展望》，《环境保护》，2009 年第 6 期。崔连标、宋马林等：《全球绿色气候基金融资责任分摊机制研究——一种兼顾责任与能力的视角》，《财经研究》，2015 年第 3 期。
[③] 蔡晶晶、罗薇薇：《全球视角下生态系统服务付费的国际经验与评价》，《中国林业经济》，2020 年第 1 期。

立环境管理中心，获得了日方提供的环保设备、专家派遣，以及环保培训和研究等，环境管理能力得到大幅提高。[1] 埃及、孟加拉国、印度尼西亚、尼泊尔等多个国家也曾接受来自加拿大、澳大利亚等不同发达国家的绿色就业援助，包括绿色商业发展服务、技术与职业培训等。[2] 因此，借鉴国际经验，针对近期蒙古荒漠及草原退化引起风沙的问题，中国就可以通过传授生态修复技术、共建环境绿化系统、绿色人才交流与培训等援助方式协助合作，提升该国的风沙治理能力。[3]

（三）分享中国经验：在发展中突破绿色约束

改革开放以来的40多年里，中国经历了经济发展与生态环境保护矛盾日益突出的发展阶段，其中的经验教训值得中国在共建绿色"一带一路"的过程中分享。

经验一：坚持在发展中解决环境问题。在经济发展初期，中国的环境保护主要采取被动应对的方式，关注和治理某个地点、某个工厂的环境问题，以解决当下困境为主。[4] 随着中国经济发展的加速，高耗能、高污染产业的快速扩张导致越发严重的环境问题，环境和发展之间出现了一些系统性矛盾，此时中国的环境保护思路是强调环保与发展相协调、相适应，比如在"九五"规划中将"可持续发展战略"作为国家战略。2012年后中国经济发展阶段进入新常态时期，对大气污染等环境问题的重视程度和治理力度快速提高，同时供给侧改革背景下锂电、光伏、新能源汽车等绿色产业逐渐成为经济增长新动能[5]，中国开始以绿色主动引领发展。因此，随着经济增长和产业结构的调整，绿色对经济的制约作用

---

[1] Toru Iwami. "The 'advantage of latecomer' in abating air-pollution: the East Asian experience." 2005.
[2] Kelbesa Megersa. "Creating Green Jobs in Developing Countries." 2021.
[3] 田新元：《遏制黄沙漫天 国际合作刻不容缓》，《中国经济导报》，2023年4月15日。
[4] 郭薇：《中国环境政策思路的演变与发展——访全国人大环资委原主任委员曲格平》，《环境保护》，2009年第23期。
[5] 吴舜泽、黄德生、刘智超等：《中国环境保护与经济发展关系的40年演变》，《环境保护》，2018年第20期。

在下降、促进作用在上升，且经济发展水平越高，治理环境问题的能力就越强。对于绿色约束下的共建"一带一路"国家来讲，中国经验的一个重要启示可能就是要在发展中突破绿色约束，发展是解决环境问题的关键。

经验二：积极培育绿色环保产业发展。生态环境治理由于是经济活动、工业生产的末端环节，无法成为经济的支柱产业。但此轮的全球绿色转型涉及能源供给、生产生活方式的改变，给后发国家形成支柱性产业带来机会。中国的绿色产业最初主要是靠国际市场发展起来的，后来又靠国内新能源产业政策进一步发展壮大。以光伏产业为例，过去几十年欧美发达国家通过出台各类可再生能源补贴和优惠税收政策，努力推动可再生能源特别是太阳能发电的发展，中国凭借劳动力等要素成本优势，率先发展了光伏产业链中游的电池组件环节，并以出口欧美市场为主。后来欧美发达国家开始针对中国光伏产品征收双反税，中国光伏产业在财政补贴、上网电价等国内政策的大力扶持下，通过开拓国内市场获得新的竞争优势，最终孕育了庞大的光伏产业链。[1]

中国参与全球绿色产业链的成功经验进一步印证了共建"一带一路"国家促进其新资源与劳动要素参与全球绿色产业链的重要性。从产品生命周期的角度来看，当一个产品在发明国完成标准化流程后，其成熟工艺和产能往往会向"生产成本＋交易成本"低的地区转移。[2] 随着新能源产业的发展成熟，全球光伏、风电等大部分新能源产业已经完成研发阶段进入商业化阶段，新能源产业已经具备外溢到发展中国家的客观条件。受益于低劳动力等生产要素成本和低关税等交易成本，东南亚地区的一些共建"一带一路"国家已经承接了大量新能源产能转移，未来或将继续扩张，进而带动当地就业和经济发展。新能源产业转移叠加当地新能源产业政策支持，共建"一带一路"国家通过承接或发展新能源产业走上绿色新发展路径的可能性越来越高。

经验三：善用国际援助和支持。从中国的环境保护受援经验来看，中国注重将国际援助资金运用在刀刃上，优先选择治理当前较为紧迫且影响范围较大的环境问题，尽可能降低环境污染带来的经济成本。例如，针对直接影响民众身体健

---

[1] 详见2022年11月9日发布的《绿色转型下的全球产业链：机遇与挑战》。
[2] 详见2022年11月11日发布的《绿色转型与能源危机交织下的新能源安全课题》。

康的大气污染问题,中国就曾利用世界银行贷款来支持京津冀空气污染治理。[①] 同时,中国注重利用援助资金引进国际先进的环保技术,并通过国际交流和培训加强能力建设。更重要的是,在当前气候变化和生物多样性这两类全球性环境问题越发严峻的背景下,中国不断加强全球性环境问题和污染物的协同治理,例如推动节能和能效提升可以同时实现减污降碳(如中欧能源合作伙伴关系项目),促进废物管理和循环利用则可以在减少固废污染的同时保护生物多样性(如中国和联合国环境规划署的综合固废管理合作项目)。

对共建"一带一路"国家而言,相较于已经步入工业化后期且环境问题大部分已得到解决的发达国家,中国作为发展中国家"边发展边治理"的经验与教训更加具有借鉴意义。因此,中国可以为共建"一带一路"国家在发展中突破绿色约束提供良好借鉴,助力其经济结构转型与可持续发展,在平衡绿色与发展中最终实现共建绿色"一带一路"。

---

① 参见 https://www.gov.cn/xinwen/2016-09/25/content_5111719.htm。

第五章

共建:"一带一路"与国际经济治理

第二次世界大战后形成的国际经济治理体系，在很长一段时间里主导并推动了一系列有利于经济复苏和增长的国际规则的形成。为改善在国际经济治理体系中的相对弱势局面，发展中国家一直积极探索符合自身利益诉求的经济治理架构。多边层面的实践通常以发展中大国为主导，寻求推动对传统国际经济治理框架的改革与完善；区域层面的实践通常以地理距离相近的多个国家开展合作的形式进行，推行具有地区特征的发展目标与战略。这些努力取得了不同程度的成就，为"一带一路"倡议行稳致远提供了宝贵的借鉴经验。

作为改善国际经济治理体系的积极尝试，"一带一路"倡议覆盖经济、政治、绿色、文化等多个领域，聚焦发展，秉持开放包容的精神，为广大发展中国家凝聚发展共识、汇聚发展资源提供了合作平台。"一带一路"倡议通过"主要协议＋次要协议"的缔约形式，采用对发展中国家相对更友好的、不具法律约束的软法，使共建"一带一路"国家"先发展，后分享"，提升了"一带一路"倡议相关协议的推进效率和灵活性，成为构建更具灵活性的规则体系的新实践，并在国际竞合中带动资源流向基建领域。同时，"一带一路"倡议也有利于进一步提升中国与共建"一带一路"国家间经贸往来的规模与质量，部分解决中国产业链的纵向和横向风险问题，为中国推动构建高质量、可持续外循环提供重要依托。但鉴于外部环境复杂多变、自身动员能力相对有限等不足，"一带一路"倡议在改善全球经济治理体系中仍存在局限性。更具灵活性的软法模式，也有可能因为共建"一带一路"国家数量众多、情况复杂而存在一定疏漏，并在"一带一路"合作缺乏争端解决机制等挑战下导致其国际经济治理有效性有所弱化。

在百年未有之大变局的背景下，应充分考虑到"一带一路"倡议面临的内外挑战，推进软联通和制度性合作，加强"一带一路"倡议同现有国际规则的对接，提高"一带一路"倡议的标准化、机制化水平，加强对国际形势的跟踪研判，动员更广泛的国际力量共同参与，共同推进高质量"一带一路"建设。[1]

---

[1] 本章作者：刘南、张卓然、吴爱旌、吴慧敏。

"一带一路"倡议提出 10 年来，为提升中国同共建"一带一路"国家的经贸关系以及推进包容发展做出了积极贡献，但也面临来自内外部的挑战。如何有效推进"一带一路"倡议，进一步完善全球经济治理，推动发展中国家共同发展，并为推进"一带一路"倡议塑造良好的外部环境，成为中国和国际社会广泛关注的问题。本章将从国际经济治理的角度来分析"一带一路"倡议的意义及挑战，并提出政策建议。

一、国际经济治理体系的演变与困境

（一）国际经济格局与秩序演变

国际经济格局与国际经济治理体系是相互作用、相互决定的一组关系。[1] 二战以前，全球经济规则主要建立在双边或单边规则之上，由英法等欧洲发达国家主导。二战后，美国主导构建了新的国际经济治理体系。一是建立了布雷顿森林体系，确立了美元作为国际储备货币的地位，并在该体系下牵头成立了国际货币

---

[1] Michael C. Webb. "International economic structures, government interests, and international coordination of macroeconomic adjustment policies." 1991.

基金组织和世界银行。二是推动缔结《关税及贸易总协定》（GATT），旨在通过削减关税和其他贸易壁垒，消除国际贸易中的歧视性待遇，为全球贸易开放发挥了重要作用。三是通过欧洲复兴计划，即马歇尔计划，对被战争破坏的西欧各国进行经济援助，协助重建。[①]

20世纪70—80年代，伴随着石油危机带来的冲击，发达国家开始推行新自由主义的理念，以自由主义为特征的"华盛顿共识"成为主流经济学思潮，此后新增投资协定数量迅速增加（见图5.1），促进了全球产业转移并实现了生产组织的全球化。冷战结束后，特别是2008年全球金融危机以来，新兴经济体的崛起推动世界经济力量格局改变，发展中经济体在世界生产中的地位明显提升，全球经济格局呈现较为明显的多极化发展趋势。大国之间由于实力地位的相对变化，围绕在国际治理体系中的话语权和国际经贸规则制定权方面的争夺越发激烈。世界贸易组织的改革陷入僵局，主要国家在争端解决、国企保护、产业补贴等重点领域的改革上意见相左，以区域贸易协定为代表的国家间经贸合作开始大量涌现。[②]

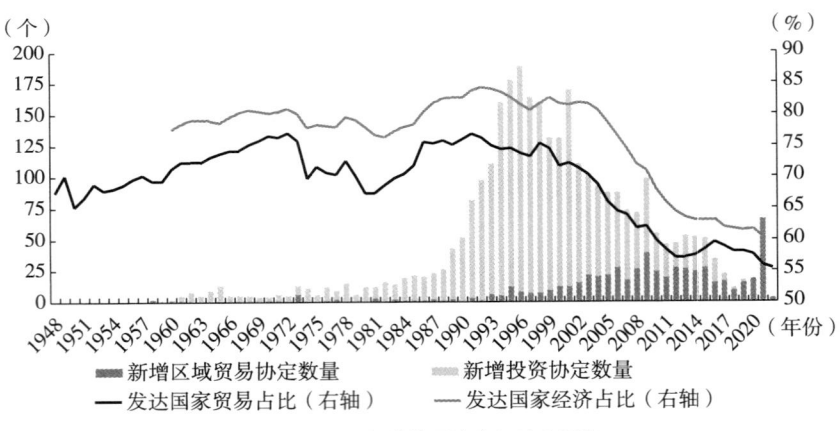

图5.1 国际经济格局演变与秩序调整

注：本图中的发达国家泛指经合组织国家。
资料来源：世界银行，世界贸易组织，联合国贸易和发展会议，中金研究院。

---

① 资料来源：美国国家档案馆，参见 https://www.archives.gov/milestone-documents/marshall-plan。
② 中金公司研究部、中金研究院：《大国产业链》，中信出版社，2023年3月。

（二）发展不均衡问题凸显，国际经济治理体系亟待完善

当前的国际经济治理体系基本延续二战后建立的结构，以世界银行、国际货币基金组织、世界贸易组织等三大制度性机构为核心（见图 5.2）。这一体系在很长一段时间里主导并推动了一系列有利于经济社会发展的国际规则的形成，在助力经济增长、缓解发展赤字、促进投资贸易便利化等方面做出了重要贡献。

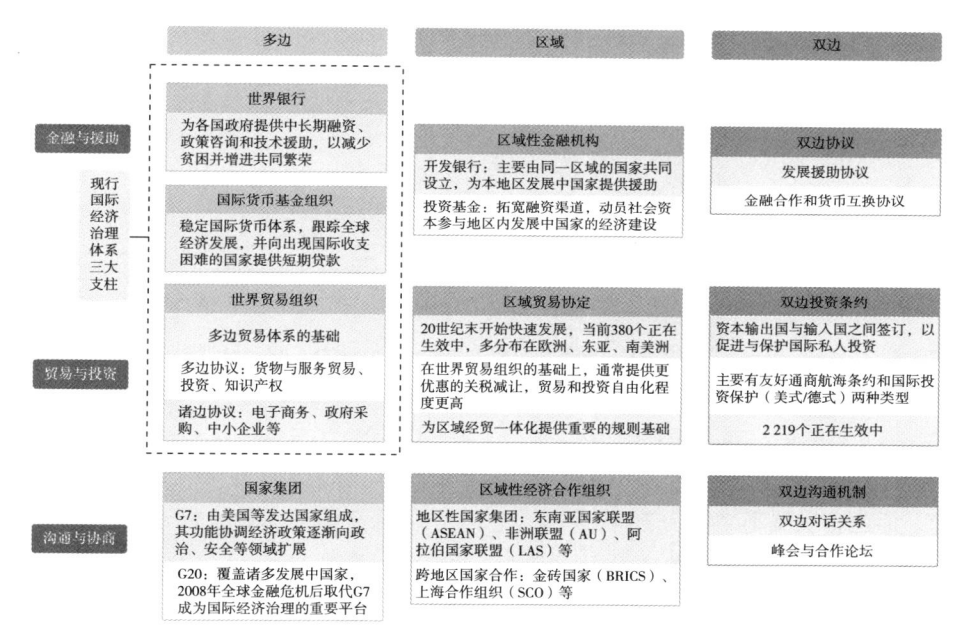

	多边	区域	双边
金融与援助	**世界银行**：为各国政府提供中长期融资、政策咨询和技术援助，以减少贫困并增进共同繁荣 **国际货币基金组织**：稳定国际货币体系，跟踪全球经济发展，并向出现国际收支困难的国家提供短期贷款	**区域性金融机构** 开发银行：主要由同一区域的国家共同设立，为本地区发展中国家提供援助 投资基金：拓宽融资渠道，动员社会资本参与地区内发展中国家的经济建设	**双边协议** 发展援助协议 金融合作和货币互换协议
贸易与投资	**世界贸易组织**：多边贸易体系的基础 多边协议：货物与服务贸易、投资、知识产权 诸边协议：电子商务、政府采购、中小企业等	**区域贸易协定** 20世纪末开始快速发展，当前380个正在生效中，多分布在欧洲、东亚、南美洲 在世界贸易组织的基础上，通常提供更优惠的关税减让，贸易和投资自由化程度更高 为区域经贸一体化提供重要的规则基础	**双边投资条约** 资本输出国与输入国之间签订，以促进与保护国际私人投资 主要有友好通商航海条约和国际投资保护（美式/德式）两种类型 2 219个正在生效中
沟通与协商	**国家集团** G7：由美国等发达国家组成，其功能协调经济政策逐渐向政治、安全等领域扩展 G20：覆盖诸多发展中国家，2008年全球金融危机后取代G7成为国际经济治理的重要平台	**区域性经济合作组织** 地区性国家集团：东南亚国家联盟（ASEAN）、非洲联盟（AU）、阿拉伯国家联盟（LAS）等 跨地区国家合作：金砖国家（BRICS）、上海合作组织（SCO）等	**双边沟通机制** 双边对话关系 峰会与合作论坛

图 5.2 现行国际经济治理体系以世界银行、国际货币基金组织、世界贸易组织三大支柱为核心

注：区域贸易协定与双边投资条约数量的统计截至 2023 年 6 月。
资料来源：WTO，UNCTAD，中金研究院。

例如，2022 财年，世界银行向伙伴国和私营企业提供的贷款、赠款、股权投资和担保突破 1 043 亿美元，国际货币基金组织援助规模达 837.8 亿特别提款权[1]，帮助发展中国家稳定经济，促进国际货币合作和贸易发展。在世界贸易组

---

[1] 特别提款权（Special Drawing Rights，SDR）是国际货币基金组织创设的一种储备资产和记账单位，依据各国在国际货币基金组织中的份额进行分配，可供各成员平衡国际收支。2023 年 1 月 3 日，1 特别提款权 =1.33 美元。资料来源：国际货币基金组织。

第五章 共建："一带一路"与国际经济治理

织的作用下，1995—2015年高收入国家和中低收入国家的平均关税分别削减2.7个百分点和12.0个百分点（见图5.3），全球贸易额也随之增长2.2倍[①]，约八成世界贸易组织成员的贸易条件得以改善。[②]

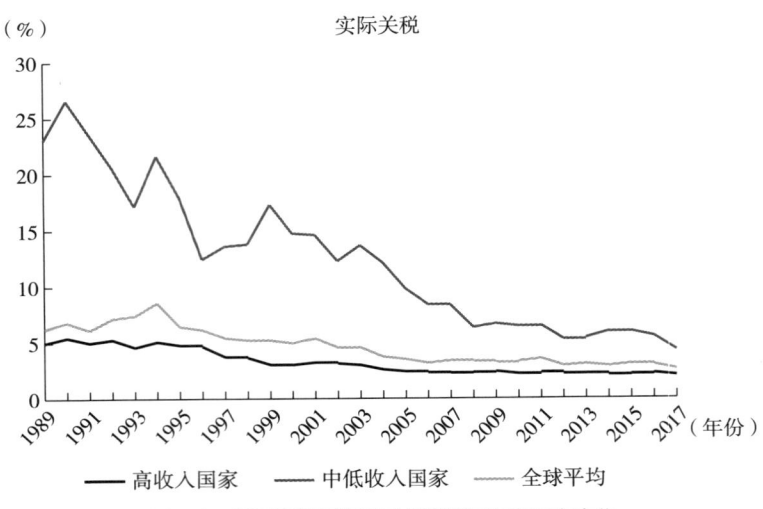

图5.3 世界贸易组织推动关税削减和贸易自由化

资料来源：世界银行，中金研究院。

但随着发展不平等问题日益严重，当前国际经济治理体系的局限性也逐渐显现。全球化带来了经济快速发展，但增长和分配、资本和劳动、效率和公平的矛盾也如影随形，收入分配不平等、发展空间不平衡问题越发突出。世界银行的数据显示，1960年，最富裕的20个国家的人均GDP是最落后的20个国家的45倍；至2020年，这一比例已升至接近120倍。《2022年世界不平等报告》显示[③]，全球最富有的10%的人口分别拥有76%的总财富和52%的总收入，而最贫穷的一半人口仅拥有2%的财富和8.5%的收入。其中一个主要原因在于，当

[①] 资料来源：世界银行。

[②] Department for International Trade, United Kingdom. "Valuing the impact of the World Trade Organization (WTO)." 参见 https://assets.publishing.service.gov.uk/government/uploads/system/uploads/attachment_data/file/1100287/valuing-the-impact-of-the-world-trade-organization.pdf。

[③] 资料来源：World Inequality Lab，参见 https://wir2022.wid.world/。

前由发达国家主导的传统经济治理体系虽然促进了经济增长，但未能根据国际格局的变化及时有效调整完善，难以充分满足发展中国家的发展诉求和需要。这导致全球经济治理规则滞后于全球治理主体结构的变化，也滞后于全球治理议题的不断扩张。具体而言，发展中国家在现行国际经济治理体系中仍面临三重困境。

第一，在经贸规则制定中相对被动。发展中国家和发达国家由于发展阶段差异，对经贸规则持有不同立场；随着世界贸易组织多哈回合停滞[①]，发达国家往往将部分议题移至诸边或区域框架下谈判，或采取单边行动，构建符合其自身利益的规则。以"环境－贸易"规则为例，发达国家普遍主张在世界贸易组织谈判中纳入环境问题；而发展中国家则不愿参与相关议题，对以环境保护为目标，实际上带有歧视性的贸易措施存在不满。[②] 此外，发达国家陆续采取以保护环境为名的单边行动，如欧盟碳边境调节机制就有可能对发展中国家对欧出口造成实质影响。在区域层面，发达国家也通常倾向于制定高标准经贸规则，而这往往会损害发展中国家的经济利益。多数发展中国家希望对国内市场实行一定的保护措施，但发达国家依旧在区域经贸规则中占据优势。

第二，西方国家进行的国际发展援助多关注软机制建设，对发展中国家所需要的硬设施的援助规模不足。发达国家进行的援助注重实现民主和善政，通常通过两种方式实现：一是资金直接附带结构性改革条件；二是资金更多流向社会服务、公共管理等"软设施"领域，间接对受援国进行干预。由于发达国家在深刻理解发展中国家的切实诉求方面存在局限性，其制定的改革条件的实际作用或有不足，并可能出现执行不力、条件过多、国内阻力过强、方案缺乏可信度等问题，导致效率低下和资源浪费。[③] 同时，发达国家及其领导下的国际机构对硬件基础设施领域的重视度仍有待提高。OECD 预计，全球基础设施融资缺口至

---

① 2001 年 11 月，在卡塔尔首都多哈举行的世界贸易组织第四届部长级会议上，成员同意启动新一轮多边贸易谈判。这轮谈判被称为"多哈发展议程"（Doha Development Agenda），是世界贸易组织成立后发起的首轮多边贸易谈判。由于各成员在农产品和工业品市场开放上的分歧，多哈回合谈判几经波折，目前已基本陷入停滞状态。
② UNCTAD. "Seattle Ministerial Conference-Trade and Environment: Current Proposals and Their Possible Implications for Developing Countries." 1999.
③ Jonathan R.W. Temple. "Aid and Conditionality." April 2010.

2040年将达15万亿美元[①]，但2010年至今，世界银行仅有14%的项目聚焦基础设施等硬件建设，而近七成的项目都投向经济金融、公共管理和可持续发展等领域；1970—2021年，发展援助委员会（DAC）[②]成员对社会服务领域的援助增加了21倍，但对经济和生产设施的援助仅增加了2.5倍（见图5.4）。

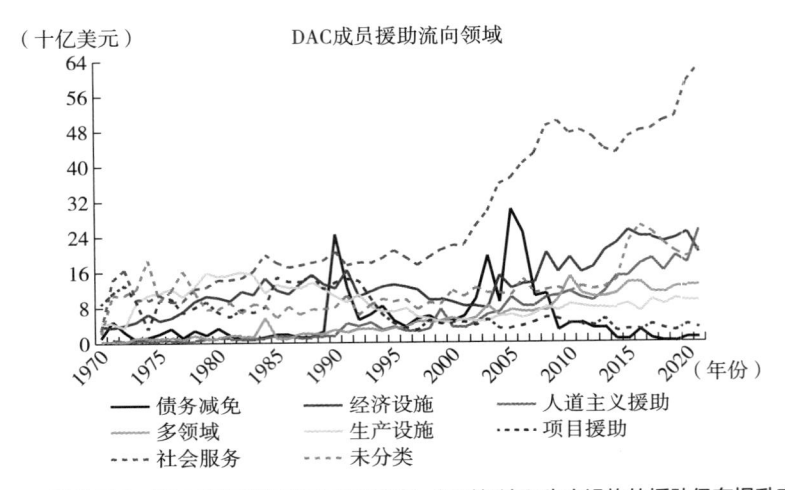

图5.4　发达国家对社会服务领域的重视度较高，但对经济和生产设施的援助仍有提升空间

资料来源：OECD，中金研究院。

第三，国际决策话语权不足，发展中国家难以充分表达自己的意愿。例如，国际复兴开发银行与国际开发协会作为世界银行为发展中国家政府提供资金的主要机构，其投票权前十名中仅有三个发展中国家。此外，作为全球第二、亚洲第一大经济体，中国在国际货币基金组织和亚洲开发银行的投票权占比仅分别为6.1%和5.4%，大幅低于美国和日本的份额。传统多边组织的治理结构问题，尤其是投票权的分配问题，导致其在全球经济治理中存在局限性，如对发展的金融支持不足、治理模式与新兴经济体和发达国家实力对比变化不匹配等。这也是促使新的多边金融机构，尤其是由发展中国家主导的多边开发银行成立的重要原因之一。

---

① 参见 https://www.oecd.org/finance/g20-infrastructure-investors-dialogue-2021.htm。
② 发展援助委员会是OECD的一个下属论坛，旨在讨论发展中国家的援助、发展、减贫问题。至2021年，发展援助委员会有30个正式成员，包括欧盟的大部分国家以及美国、日本等国。

二、发展中国家拓展发展空间的积极尝试

面对在国际经济治理体系中的相对弱势局面,发展中国家积极探索符合其自身利益诉求的经济治理架构,以实现更好的发展。2008年全球金融危机后,发展中国家经济规模总量超过发达国家[①],国际治理主体的构成向多元化发展;新兴经济体在国际货币基金组织和世界银行中的投票权上升,G20机制的重要性越发凸显,发展中国家推动全球经济治理体系的改革和完善正取得实质性进展。在此背景下,"一带一路"倡议应运而生,为发展中国家开展国际合作、推进国际治理提供了重要平台。发展中国家积极推进国际经济治理合作并获得不同的成就,也为"一带一路"倡议行稳致远提供了宝贵的借鉴经验。

(一)发展中国家积极合作推进经济治理

1955年召开的万隆会议被认为是南南合作的开端,促进了原料生产和输出国组织的建立,一定程度上提升了发展中国家在国际经济治理体系中的话语权。时至今日,发展中国家在推进经济治理方面已有诸多实践,取得了可观的进展。在多边层面,新兴大国积极改革和完善当前的国际经济治理框架,推动全球经济格局朝着均衡、多极的方向发展。例如,巴西、俄罗斯、印度、中国、南非等新兴国家成立了金砖国家合作机制,成为新兴国家完善全球治理的重要实践。该机制发起成立了新开发银行,将基础设施建设和可持续发展项目作为主要投资支持领域,为现有多边和区域金融机构提供了重要补充。

区域层面的实践通常以地理距离相近的多个国家开展合作的形式进行,推行具有地区特征的发展目标与战略。近年来,区域治理实践正扮演着越发重要的角色。在金融和援助方面,非洲开发银行、拉美开发银行、亚洲基础设施投资银行等开发性金融机构相继成立,为欠发达国家提供了更加多元的融资渠道。在贸易和投资方面,《区域全面经济伙伴关系协定》、南方共同市场等以发展中国家为核心的区域贸易协定初见成效。在沟通与协商方面,反映区域内发展中经济体利益

---

① 资料来源:国际货币基金组织。

的东盟地区论坛、海湾阿拉伯国家合作委员会等区域合作机制,以及东亚-拉美合作论坛等跨区域机制陆续涌现。

合作是发展中国家推进国际治理的重要路径。通过合作供给公共品,各国可明显减少制度成本并受益于规模效应。但也应注意到,发展中国家由于国情迥异,其推进完善国际经济治理的具体策略存在较为明显的差异。小型发展中国家通常倾向于采取地区联合的策略,以此促进内部经贸往来,提升国际上的集体话语权。例如,东南亚各国成立了东盟,致力于提高区域内贸易投资便利化程度,实现联合自强;非洲国家组成了多个地区组织,除了非洲联盟,还有西非经济货币联盟、南部非洲发展共同体、东非共同体等,为区域一体化提供了制度基础。经济体量较大的国家通过加强与周边国家或其他发展中国家的经济合作,强化自身的大国地位,从而提升多边影响力。以巴西为例,该国致力于推进南方共同市场建设和南美洲区域一体化,并与南非、印度等国一道,通过对发展援助采取不同的定义方式、理念和规则制度,推动改善传统援助国的援助规则等。[①]

(二)发展中国家合作取得进展的重要因素:合理的角色和制度设置

应意识到,当前发展赤字问题依旧不容忽视,发展中国家的各类经济治理实践成效不一。具体来看,东南亚国家经济增长较好,2020年前后 GDP 占全球比重从 2000 年的 1.8% 上升至 3.6% 以上,对外贸易占全球的 7%,吸收外资近年来更是达到了全球的 10% 以上[②];其中越南、老挝、柬埔寨、缅甸四国已成功由低收入国家迈入中低收入国家行列,马来西亚和泰国也成为中高收入国家。非洲、南美洲的发展进度则仅略快于全球平均,且部分国家仍面临贫困问题。发展中国家成功的关键是什么?除了提升自身经济整体竞争力之外,构建有效的互惠合作框架、完善经济治理体系也至关重要。因此,对于发展中国家而言,有两个问题值得思考:第一,与谁合作,如何分配与平衡各国角色?第二,如何确保集体行为的效率和可持续性?

---

① 毛小菁:《新兴援助国:发展趋势及对国际发展合作的影响》,《国际经济合作》,2017年第6期。
② 资料来源:世界银行。

对于第一个问题，成功的经济治理实践既需要实力较强的国家提供公共品，又需要各方协同合理分配权力和利益。实力较强的国家往往更有能力提供公共品、推动区域规则的建设，例如开发银行的设置通常需要大国提供初始资金。但也要注意平衡大国和小国的角色，合理分配权力和利益，避免大国在合作机制中可能出现的负面溢出效应。以巴西和南非为例（见图5.5），巴西在2019年先后退出南美洲国家联盟和拉共体合作框架，2023年政权更迭后，巴西选择重返南美洲国家联盟和拉共体，并积极与阿根廷商讨发起拉美共同货币相关事宜，推动区域合作风向再次发生转变。南非GDP占南部非洲发展共同体所有成员国总和的90%[①]，该组织其他成员国的对外贸易高度依赖南非提供的交通设施，出口产品也主要为初级产品，竞争力相对更弱，难以进入南非市场，这在一定程度上催化了南共体内部的贸易摩擦。[②]

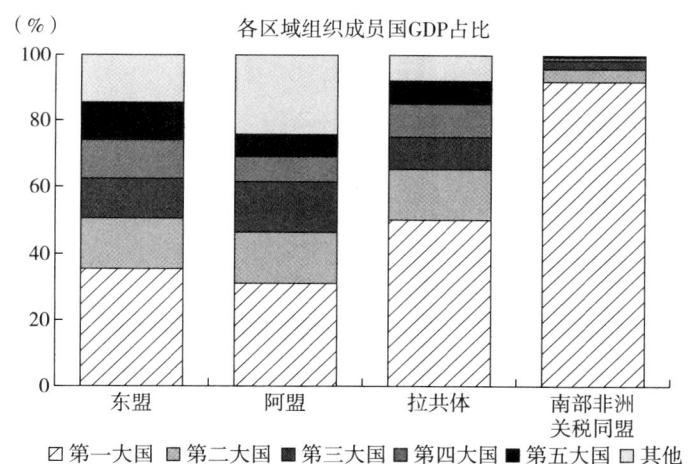

图5.5 巴西和南非在区域组织中担任重要角色

注：2021年数据。出于可得性原因，阿盟数据不含也门与科威特，拉共体数据不含委内瑞拉。"大国"按当年GDP规模进行定义和排序，各区域组织第一大国分别为印度尼西亚、沙特阿拉伯、巴西、南非。

资料来源：世界银行，中金研究院。

[①] 资料来源：世界银行，2021年数据。
[②] 赵长峰、赵积旭：《南部非洲发展共同体经济一体化的成就与问题》，《非洲研究》，2013年第1卷。

对于第二个问题,合理的制度配置能够使发展合作事半功倍。首先,制度配置需要服务于合作目的。以秘书处的设置为例,具有常设秘书处的组织通常更有执行力、约束力,推进议程更具连续性和稳定性,如东盟、阿盟、南美洲国家联盟等合作机制。但秘书处的设置会增加制度成本,并给成员带来约束,某些情况下也会削弱参与方对议程的主导权。面对这一问题,G20等非正式的国际合作平台采取了由成员国轮流担当主席国的机制,并由轮值主席国设立临时秘书处负责承办当年的各项会议。这种相对松散的治理框架是为了适应G20国家所处的不同发展阶段,提升组织的灵活性;但同时也制约了G20机制的决策效率,削弱了决议的执行力度,降低了采取共同行动的可能性。[1]

其次,应规避制度碎片化的问题。例如,截至2020年初,在非洲大陆内部已有200多个地区合作组织,平均一个非洲国家至少是2.5个区域组织的成员。诸多区域经济组织间缺乏有效统筹和整合,成员身份重叠现象导致制度的重合,带来多重义务负担、区域司法机构间管辖权冲突、区域经贸制度间法律适用冲突等问题(见图5.6),对非洲内部贸易和区域一体化进程产生负面影响。[2] 与之相对的是,东南亚国家在组成东盟后,其对外合作与沟通通常以论坛、对话或经贸协定的方式进行,且各领域合作绝大多数都在东盟框架下推进,尽量规避制度冲突及重叠的矛盾。

最后,政策规则等软制度需要同硬设施及经济基础形成配套,才能有效发挥各自的作用。经济一体化的核心基于经济结构互补和共享基础设施的全球价值链参与,而部分地区尚未形成类似欧盟和亚洲内部的较为完整的产业链,软制度的作用有限。例如,西非经济货币联盟成员在投资方面采用相同的法律框架,并通过设置区域监测框架确保货币政策的一致性,但联盟内部贸易水平和投资水平依旧较低,反映出经济发展水平和基础设施的落后削弱了制度的实际效力。与此同时,硬件设施也需要软制度配置才能更好地促进经济合作,如交通运输设施虽然能降低运输时间和成本,但贸易规则和海关程序的对接也非常重要。

---

[1] 高海红:《G20如何维护全球金融稳定》,《清华金融评论》,2016年第9期。
[2] 朱伟东、王婷:《非洲区域经济组织成员身份重叠现象与消解路径》,《西亚非洲》,2020年第1期。

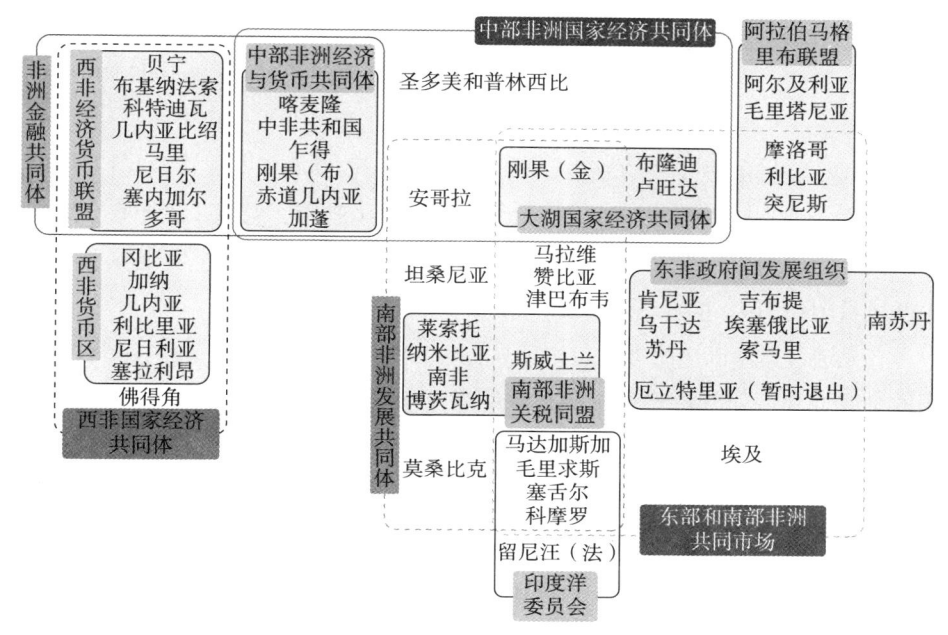

图 5.6　非洲区域制度重叠和碎片化问题突出

注：统计截至 2023 年 6 月。

资料来源：非洲联盟，非洲开发银行，中国外交部，国际货币基金组织，各组织机构官网，中金研究院。

（三）东南亚发展奇迹的背后

东盟是亚洲最成功的区域合作组织之一，其成员国经济规模普遍较小，发展水平差距较大，制度能力不足，经历过多次分裂和动荡。但近年来，通过区域深度融合，东南亚各国实现了良好发展。东盟作为该地区核心的合作组织，在凝聚东南亚乃至全球各国参与区域发展方面发挥了不可忽视的作用。东盟借鉴了欧洲经济一体化的经验，但并未照搬欧洲模式和做法，而是根据自身的特点和诉求，开创了独具特色的"东盟之路"。这对中国开展国际经济治理合作，推进"一带一路"建设具有一定的启示意义。

一是坚持以经济发展为基础，逐步提高东盟内部市场的开放程度，改善发展环境。推动市场开放、改善营商环境、增强对外部资源投入的吸引力是东盟开展经济合作的主要方式。1977年,东盟推出特惠贸易安排,并在贸易一体化的过程中不断修改、升级相关条款,以推进区域内市场开放。即便在1997年亚洲金融危机爆发、东南亚经济发展面临挑战的时期,东盟各成员国也未曾退回到保护主义,而是坚持加速开放的战略,原成员国承诺到2000年完成降税目标,并在充分考虑各国不同国情的基础上,给予新成员国(越南、老挝、柬埔寨、缅甸)3~8年的缓冲期。1999年,东盟又决定6个原成员国到2015年实现零关税、4个新成员国到2018年实现零关税。

二是通过循序渐进的方式,构建具有地区特色的共同体。东盟的建设并未照搬欧洲建立单一组织的经验,而是采取循序渐进的方式,同步推进"经济共同体"、"安全共同体"和"社会文化共同体"的建设,且未强加"终极"标准。此外,东盟共同体的建设也注重可行性和舒适度,避免区域合作进程因超出各方接受能力而使合作破裂。因此,东盟共同体的建设遵循了"自然发展"原则。2007年,东盟制定了《东盟宪章》,以法律形式确立了东盟作为区域组织的地位、目标和原则,比建设初期的《曼谷宣言》更具约束力。根据《东盟宪章》,东盟是一个具有法律地位的区域组织,成员国在本国法规与宪章出现冲突时须以《东盟宪章》为准,从而为区域一体化奠定了法治基础。此外,东盟可统一代表所有成员国进行外交活动,并与其他国家和组织签署有关协议,这也在一定程度上避免了规则重叠和碎片化的问题。《东盟宪章》的制定标志着东盟已由一个松散的合作平台发展为具有法律地位和决策效力的区域合作组织,为东盟共同体的建设奠定了有力的基础。[1]

三是通过积极的对外合作,在区域层面补充和完善全球经济治理机制。东盟践行开放的区域主义,致力于在全球治理机制框架内建立区域经济合作机制。1997年亚洲金融危机爆发后,东盟与中日韩领导人举行首次非正式会晤,启动东亚合作进程。在金融方面,东盟与中日韩财长会议发起清迈倡议和亚洲债券市场发展倡议,以解决区域内国际收支和短期流动性困难问题。在贸易方面,东盟分别与中、日、韩签署双边自贸协定,与欧盟、美国开展贸易和投资协议谈判,并广泛加入《区域全面经济伙伴关系协定》《全面与进步跨太平洋伙伴关系协定》

---

[1] 张蕴岭:《如何认识和理解东盟——包容性原则与东盟成功的经验》,《当代亚太》,2015年第1期。

和印太经济框架①等大型经贸协定。2005年，东盟在"东盟+3"的基础上启动东亚峰会，形成了更具开放性、涉及国家更多、探讨议题更广的合作机制，进一步助力东盟融入全球治理进程。

三、包容、灵活、开放的合作新模式

作为中国主动参与国际经济合作的重大战略构想，"一带一路"倡议如果能够在完善国际经济治理体系、维护广大发展中国家利益中发挥更大的作用，将不仅有助于高质量共建"一带一路"，拉紧中国同共建"一带一路"国家的经贸纽带，促进全球包容性发展，而且对于中国来说更有利于应对外部风险挑战。

（一）合作平台：凝聚更大发展共识、汇集更多发展资源

"一带一路"倡议对国际治理体系的补充，主要体现在其建立起的合作平台体系上。"一带一路"倡议涉及的合作平台种类繁多、数量庞大。根据是否聚焦于贸易和投资领域、是否为多边机制、是否在"一带一路"框架下新设立、企业或民间合作是否占据重要部分等内容，本章将"一带一路"倡议下最为突出的合作平台进行简要分类（见图5.7）。一方面，共建"一带一路"与既有国际合作平台形成了紧密的联系，包括中非合作论坛、中国－中东欧合作机制等；另一方面，在"一带一路"框架下，澜湄合作机制、中拉开发性金融合作机制、"一带一路"绿色发展国际联盟等新的合作平台不断涌现。整体来看，"一带一路"倡议建立起的合作平台体系呈现领域多元、发展导向、开放包容的特点。

首先，"一带一路"合作平台覆盖经济、政治、绿色、文化等多个领域。"一带一路"项目以基础设施互联互通为主，但"一带一路"框架下的合作平台则大多由经济领域拓展到了社会、文化等多元化的领域。例如，2019年第二届"一带一路"国际合作高峰论坛共推出27项多边平台合作方面的成果，其中有6项在

---

① 《区域全面经济伙伴关系协定》包括东盟十国，《全面与进步跨太平洋伙伴关系协定》、印太经济框架仅包括部分东盟国家。

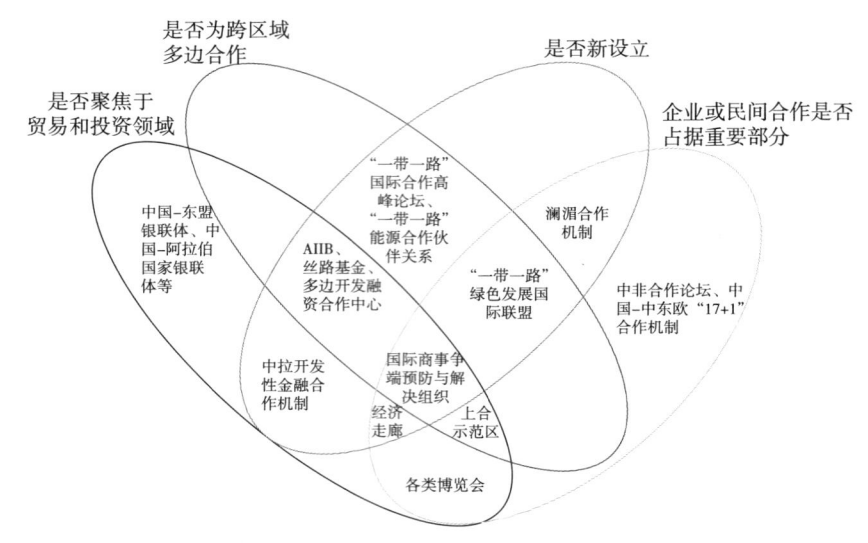

图 5.7 "一带一路"倡议下的合作平台

注：(1) 对于"是否为跨区域多边合作"，本文主要指代涉及来自多个不同区域/大洲的国家的合作机制。此外，图中未涉及双边合作。(2) 对于"企业或民间合作是否占据重要部分"，本文主要指代有报道强调私营企业或民间扮演重要角色的机制。(3) "是否新设立"以在 2013 年提出"一带一路"倡议为节点。(4) 此图形式借鉴 Bech 和 Garratt（2017）[①]的"货币之花"形态。
资料来源："一带一路"国际合作高峰论坛成果清单，中金研究院。

传统的贸易投资和基建领域，而更多的合作平台涵盖了文化、绿色、科技创新和人才培养、智库合作等领域。具体到共建"一带一路"相关的活动，一项研究对 2016 年 9 月 1 日至 2018 年 7 月 17 日发布的千余篇网络报道所覆盖的约 1 900 项相关活动进行了分类。[②] 根据"五通"领域划分，共建"一带一路"相关活动在政策沟通（17.9%）、设施联通（19.4%）、贸易畅通（15.7%）、资金融通（11.8%）、民心相通（35.2%）方面均有涉及，且相对较为均衡。进一步将这五大领域划分为 26 个细分领域，教育和文化合作单项数量占比最高，为 26.4%；其次则为与多边机制相关的活动，占比达到 13.8%（见图 5.8）。

[①] Bech, M. L., & Garratt, R. "Central bank cryptocurrencies." September 2017.
[②] Liu L. "Beyond the status quo and revisionism: an analysis of the role of China and the approaches of China's Belt and Road Initiative (BRI) to the global order." November 2020.

"一带一路"相关活动领域分布

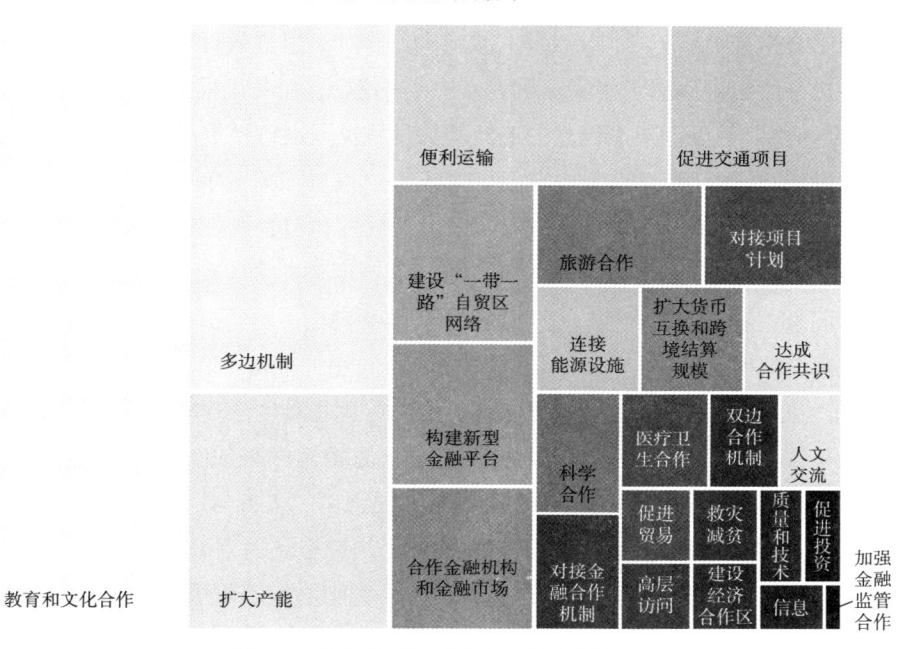

图 5.8 共建"一带一路"相关活动领域

资料来源：Liu（2021）[1]，中金研究院。

其次，"一带一路"合作平台的建立以发展为导向。发达国家主导的国际合作大多以结果为导向，这一特征根植于既往国际化经验背后的理论渊源中。新自由主义强调绝对收益，而制度正是达成这一收益的重要手段——制度可以增强国际合作中的透明度，提升结果的确定性，带来更好的成效。[2] 换言之，既有国际合作模式以"先谈判，后合作"为主。[3] 现实中，从签订《关税及贸易总协定》到世界贸易组织的成立，再到发达国家牵头开展的特惠贸易协定（PTA）谈判，均带有成立国际组织、签署协议等明确的目标。共建"一带一路"以倡议而非谈判为发端，事先并未预设合作路径和目标，而是在过程中不断充实合作框架，呈

---

[1] Liu L. "Beyond the status quo and revisionism: an analysis of the role of China and the approaches of China's Belt and Road Initiative (BRI) to the global order." November 2020.

[2] 孙吉胜：《"一带一路"实践与国际合作理论创新的思考》，《国际问题研究》，2020 年第 3 期。

[3] 饶一鸣：《关于"一带一路"倡议的研究》，《经济研究参考》，2020 年第 8 期。

现"先发展，后分享"的新模式。①此外，"一带一路"倡议在侧重领域上与既有国际合作有明显不同，更注重发展导向。例如，世界银行、亚洲开发银行等既有多边开发银行偏重于减贫、环境、教育等议题，对基础设施投入有限②，而在"一带一路"倡议框架下设立的亚洲基础设施投资银行则重点聚焦能源、交通等基础设施建设领域，与其他多边开发银行是"互补而非竞争"的关系。③

最后，"一带一路"合作具有较强的开放性和包容性。现有国际合作大多以国家间的共同点为基础，即具有相似法律、制度、文化背景，以及相近的经济条件的国家更容易达成合作。比如加入欧盟需要满足一定的标准，东盟虽然未对吸纳成员设定明确标准，但同样需要不断协商沟通、达成规则共识，从而对成员国形成约束。④相较之下，"一带一路"倡议在"共商共建共享"的理念下，既未将合作限定在特定地理区域，也未对合作国家提出限制条件。从参与过程来看，"一带一路"框架下的合作不具有排他性，更强调"先参与"而非"先筛选"，因此迄今已覆盖全球超过 3/4 的国家和地区。从资金流通来看，"一带一路"倡议打破了既有模式下从发达国家到发展中国家单向资金流动的模式，合作方均能参与获取资金议程的制定过程。⑤从合作模式来看，中国与共建"一带一路"国家的双边合作也以各国实际情况为基础，并未限定统一的框架，提高了合作的包容性。

（二）规则补充："一带一路"倡议推动生成具有灵活性的规则体系

目前，中国已同 151 个国家和 32 个国际组织签署了 200 余份共建"一带一路"合作文件⑥，参与国多采用"主要协议+次要协议"的缔约形式。其中，主

---

① 饶一鸣：《关于"一带一路"倡议的研究》，《经济研究参考》，2020 年第 8 期。
② 杜心蕾：《为发展中国家提供新选项——亚投行的缘起、设计与创新》，《国际论坛》，2021 年第 3 期。
③ 参见 http://www.rmzxb.com.cn/c/2015-06-25/522328.shtml。
④ 孙吉胜：《"一带一路"实践与国际合作理论创新的思考》，《国际问题研究》，2020 年第 3 期。
⑤ 施丹辉：《共建"一带一路"对国际发展合作的塑造研究》，2021 年。
⑥ 资料来源：中国一带一路网。

要协议以谅解备忘录为主，其条款内容多采用指导性而非约束性的语言，多使用"致力于"等说法（见表5.1），是一种具有承诺性质的软法，即"原则上没有法律约束力但有实际效果的行为规则"[①]。次要协议多为项目履约协议、融资合同等，用于具体的合作项目，不涉及规则对接与制度合作。因此，不同于发达国家主导形成的、以硬法为基础的现有国际治理体系，"一带一路"倡议的规则体系建立在软法基础上。

表5.1 "一带一路"框架下的主要协议形式

协议类型	协议伙伴	协议形式	典型案例
双边	国家	MOU	《中华人民共和国政府与菲律宾共和国政府关于"一带一路"倡议合作的谅解备忘录》
		MOA	《中华人民共和国政府和新西兰政府关于加强"一带一路"倡议合作的安排备忘录》
		框架协议	中国国家发展和改革委员会与阿联酋经济部签署关于加强产能与投资合作的框架协议
		其他协议	《中华人民共和国政府和泰王国政府和平利用核能合作协定》
	地方政府	MOU	《中国国家发展和改革委员会与澳大利亚维多利亚州政府关于共同推进丝绸之路经济带和21世纪海上丝绸之路建设的谅解备忘录》
		框架协议	《中华人民共和国国家发展和改革委员会与澳大利亚维多利亚州政府关于共同推进"一带一路"建设框架协议》
	国际组织	MOU	中华人民共和国国家发展和改革委员会与联合国欧洲经济委员会签署《谅解备忘录》
		LOI	《中华人民共和国外交部与联合国亚洲及太平洋经济社会委员会关于推进地区互联互通和"一带一路"倡议的意向书》
		其他协议	《中华人民共和国政府和世界知识产权组织加强"一带一路"知识产权合作协议》
多边		联合公报	《"一带一路"国际合作高峰论坛圆桌峰会联合公报》
		联合声明	《中国-东盟关于"一带一路"倡议与〈东盟互联互通总体规划2025〉对接合作的联合声明》
		行动纲领	《中阿合作共建"一带一路"行动宣言》
		MOU	《关于共同设立多边开发融资合作中心的谅解备忘录》
		指导原则	《"一带一路"融资指导原则》

[①] Snyder, F. "Soft law and institutional practice in the European Community." 1994.

续表

协议类型	协议伙伴	协议形式	典型案例
多边		共识	《苏州共识》（中国－中东欧国家最高法院院长会议）
		倡议	《"一带一路"数字经济国际合作倡议》
		声明	《南宁声明》（第二届中国－东盟大法官论坛）
第三方市场合作		联合声明	《中法关于第三方市场合作的联合声明》
		MOU	《关于中日第三方市场合作的备忘录》

注：MOU 为谅解备忘录，MOA 为协议备忘录，LOI 为意向书。
资料来源：Wang（2021）[1]，中金研究院。

"一带一路"合作使用软法有助于兼容合作国之间的差异，特别是有助于带动发展中国家参与。一方面，共建"一带一路"国家涉及多种法系，包括37.7%采用大陆法系（民法法系）的国家、7.9%采用英美法系（普通法系）的国家，以及超过半数（51.7%）使用混合法的国家，另有三个采用伊斯兰法系的国家[2]。不同法系的国家对法律适用规则差异大，包括对于法律术语、法律标准理解不同，在谈判模式、争端解决方式上更是存在分歧。因此，使用硬法订立合约将面临诸多冲突，如和国内法律的冲突，和已有双边、多边规则的冲突等。另一方面，共建"一带一路"国家在发展水平上也存在较大差异，根据世界银行对收入水平的分类，处于低、中低、中高、高人均收入水平的共建"一带一路"国家占比分别为17.9%、31.8%、26.5%、23.8%。[3]

相较硬法，软法不产生具有法律拘束力的国家义务，达成协议的可能性及效率更高，立法语言通常偏向原则性内容，以宣示和倡导为主，为进一步合作留有空间。并且，软法对各国主权影响更低[4]，能够更快地向所关注的领域分配资源，发展中国家和欠发达国家往往对软法有较强的偏好。[5] 相较之下，硬法达成需满

---

[1] Wang, H. "The Belt and Road Initiative Agreements: Characteristics, Rationale, and Challenges." January 0221.

[2] 为2023年情况。资料来源：University of Ottawa。

[3] 除萨尔瓦多为2020年数据，其余国家均使用2021年数据。资料来源：世界银行。

[4] Shaffer, G. C., & Pollack, M. A. "Hard vs. soft law: Alternatives, complements, and antagonists in international governance." 2009.

[5] Ahmed, A., & Mustofa, J. "Role of soft law in environmental protection: an overview." March 2016.

足各国政府的批准手续，谈判往往要花费大量时间，一项协定的形成可能需要数年。

具体来看，硬法方面以自由贸易协定为例，有统计显示，截至2016年美国的20个自由贸易协定从启动到生效平均花费45个月的时间，最长曾耗时8年以上。[①] 而在过去10年，中国已与超过150个国家签署200余份共建"一带一路"合作文件，形成3 000多个合作项目。由此，"一带一路"倡议早期以软法为基础的实践避免了使用硬法可能带来的两种不利情况：一是硬法失灵，即无法达成协议，如美国退出《跨太平洋伙伴关系协定》的前车之鉴；二是在大国主导下，发展中国家的诉求无法得到充分满足，如前文所述，诸边和区域贸易协定的谈判过程多由发达国家主导，而在知识产权、农业、争端解决等方面使发展中国家处于不利地位。

尽管软法的灵活性有助于国家间达成共识，但由于共建"一带一路"国家在一些具体问题上缺乏统一的标准，执行面临困难，因此，当前在共建"一带一路"合作中呈现出一种混合式体系，既包括备忘录或类似形式的文件，以及适用于相关共建国家但无法律约束力的文件，还包括具体项目上具有法律约束力的条约形式的国际协议。但从总体来看，"一带一路"倡议在推进过程中仍面临着规则方面的障碍。

首先，"一带一路"项目在推进过程中面临一定的外部规则风险挑战。发展中国家近年来试图提升在国际经贸规则中的话语权，但受到较大的外部阻碍，其中一个重要原因在于，部分发达国家着意于推行更符合其自身利益的国际经贸规则，或制定针对竞争对手的歧视性规则。例如，近年来美国制定了一系列涉及国家安全和国有企业的经贸规则，对中国和相关共建"一带一路"国家的利益产生了挤压。国际经贸规则中对"国家安全"的泛化，容易使"一带一路"项目成为其他国家实施贸易投资限制措施的对象。

其次，"一带一路"倡议覆盖国家众多、情况复杂，现有规则网络存在一定疏漏。当前，不同的共建"一带一路"国家遵循不同形式（条约或非条约性文

[①] 资料来源：PIIE，参见 https://www.piie.com/blogs/trade-and-investment-policy-watch/how-long-does-it-take-conclude-trade-agreement-us。

书)、不同层面(多边、区域或双边)的国际经贸规则,且在覆盖领域范围、约定的贸易自由化与便利化程度、投资自由化与便利化程度、投资保护高度、知识产权保护范围和保护高度、规则的刚性等方面存在差异。这种碎片化和复杂性可能导致"一带一路"倡议在国际经济治理工具方面出现一定的失灵。例如,在税收合作方面,中国虽然已与百余个国家或地区签订双边税收协定[1],但仍有部分与中国经济往来较为频繁的国家未签订协议。必要协定的缺失可能导致跨国企业面临重复征税问题,损害企业利益,也可能出现双重不征税问题,影响相关国家的税收收入。

软法的问题也突出体现在缺乏争端解决机制上。"一带一路"项目种类繁多,在进展过程中可能面临商业纠纷、贸易纠纷、投资纠纷。[2]但是,"一带一路"框架下尚未构建对应的争端解决机制,并且与中国签署了民事或刑事司法协助条约的国家较少。[3]与此同时,国际上现有的机制适配度较低。国际上最常用的争端解决机制来自世界贸易组织,但该机制难以用于"一带一路"项目,尤其是部分共建"一带一路"国家并非世界贸易组织成员。此外,中国与部分国家签署的双边投资协定虽然涉及争端解决,但签订时间大多在20世纪80年代至2010年,已不适用于当前情况,亟须更新。

最后,以软法为基础的规则体系随着时间的推移或将面临更高的成本,需通过制度化保障"一带一路"合作的可持续性。在合作起步时,软法有助于较快地扩大合作范围,加速项目落地,但随着"一带一路"倡议形成一定规模,中国作为发起国面临的成本与日俱增。[4]在现有软法的基础上,加强硬法的建设,将使"一带一路"倡议发挥更大优势,推动"一带一路"倡议高质量发展。以贸易为例,一项2020年的研究显示,"一带一路"倡议可使共建国家贸易增长2.5%~4.1%。但是,若能够辅之以更深层次的贸易协定,贸易可增长

---

[1] 截至2020年11月,中国税收协定网络已覆盖全球111个国家和地区,参见 http://shanxi.chinatax.gov.cn/topic/detail/sx-11400-41001-31786-1724030。

[2] Wang, G. "The Belt and Road Initiative in quest for a dispute resolution mechanism." June 2017.

[3] Dahlan, M. R. "Dimensions of the New Belt & Road International Order: An Analysis of the Emerging Legal Norms and a Conceptionalisation of the Regulation of Disputes." March 2018.

[4] Li, X. "High-Quality Development and Institutionalization of the BRI." July 2021.

9.5%~11.2%。特别是对于当前面临较大保护措施的低收入和中低收入国家，其出口可分别平均增长38%和19%，如缅甸、泰国、文莱增长均超过30%。[①] 截至2023年5月，在中国已签署的20个自贸协定中[②]，有15个涉及共建"一带一路"国家/地区/国家联盟，未来仍有很大的拓展空间。

（三）国际影响：在国际竞合中带动资源流向基建领域

"一带一路"倡议的提出在国际上引发了广泛的关注和反响，随后美国、欧盟、日本分别提出了全球基础设施和投资伙伴关系、全球门户战略、高质量基础设施伙伴关系计划。具体来看，2022年6月美国启动全球基础设施和投资伙伴关系，目的是在5年内筹集6 000亿美元，为发展中国家提供发展基础设施的资金。该倡议将专注于气候和能源安全、信息和通信技术、卫生系统以及性别平等和公平四个领域。欧盟全球门户战略于2021年12月正式启动，旨在促进数字、能源和交通领域的智能、清洁和安全联系，并加强全球的卫生、教育和研究系统。欧盟计划在2023—2027年通过全球门户战略动员3 000亿欧元投资于数字、气候与能源、交通、健康、教育与研究等优先领域。日本于2015年11月在东盟商务与投资峰会上正式宣布高质量基础设施伙伴关系计划，覆盖领域包括铁路、公路、能源等传统基础设施项目，以及人才培养、法治建设等"软基建"项目。该计划最早主要针对东盟地区，提出到2020年前为东盟地区投入1 100亿美元推进基础设施建设，而后拓展到中南美、非洲、西伯利亚和远东地区等。

以上三项计划与"一带一路"倡议下的基建项目及规则制定存在一定的竞争关系。但项目投资主体多元化带来的竞争对"一带一路"倡议的推进而言或非负面因素，从实际的效果来看，这些倡议有助于进一步提升国际社会对发展中国家基础设施建设投资的力度，能从一定程度上改善发展中国家发展的外部环境，并能够在国际竞合中促进"一带一路"项目持续优化。例如，发达国家在基建项目

---

① Baniya, S., Rocha, N., Ruta, M. "Trade effects of the New Silk Road: A gravity analysis." September 2020.
② 资料来源：中国自由贸易网。

中强调规则、标准的运用，客观上促进了"一带一路"倡议下的合作与国际通行规则对接。①此外，中国可积极探索扩大与发达国家的合作空间，在基建项目中发挥各自的比较优势，形成合力。除了日本的高质量基础设施伙伴关系计划在发布之初便有明确的运作规划，其余计划均是在探索中拓宽投资领域和地域的。目前，已有多国政府表态，愿吸引各国多元化的投资，避免在大国之间"选边站"。②向前看，这些计划或长期共存，将有助于提升发展中国家资金的多样性。

（四）对内意义：有利于进一步巩固中国同相关国家的经贸合作

中国作为"一带一路"倡议的主导国家，倡议的制度化有助于巩固和强化中国与共建"一带一路"国家的合作，建设稳定的国际经贸大后方。2019—2021年，在各种外部风险挑战叠加的情况下，中国与共建"一带一路"国家的贸易总额增长31.6%，年复合增长率突破14.7%，占中国贸易总额的40%以上③；同期中国对外投资总额增长30.6%，但对共建"一带一路"国家的投资规模增长近39%④，成为中国推动构建高质量、可持续外循环的重要依托。

中国的改革开放大幅提升了经济效率，发达国家追求贸易再平衡的压力，使中国的贸易逐步转向发展中国家。从某种意义上讲，"一带一路"倡议既是中国改革开放和对外经贸合作的延续与发展，也是在当前逆全球化背景下，解决中国产业链纵向和横向风险问题的一个可行路径。

从发展的要素禀赋角度来看，中国与共建"一带一路"国家在人口年龄结构、产业结构、资本条件等多方面形成优势互补。从发展的内生动力角度来看，中国同利益相似的共建"一带一路"国家加强创新合作，更深层次地参与现有的

---

① 邹磊：《美欧全球基建计划协调对"一带一路"倡议的影响与中国应对》，《国际经济评论》，2023年第2期。
② 参见 https://www.gtreview.com/magazine/volume-19-issue-4/b3w-infrastructure-plan-can-rival-chinas-bri/ 和 https://www.scmp.com/news/china/diplomacy/article/3155857/room-africa-both-chinas-belt-and-road-plan-and-bidens-b3w。
③ 资料来源：中国国家统计局，Wind。
④ 资料来源：中国商务部，Wind。

国际标准制定过程，不仅有助于整合"一带一路"创新资源，提升共建"一带一路"国家互惠可持续的创新能力，也有助于弥补中国创新循环断层，促进全球发展。

从中国企业"走出去"的角度看，对于基建类装备企业，特别是高铁、核电等兼具项目型与政府主导型的行业出海，中国企业不仅面临来自其他国家的竞争，也在很大程度上受到中国同相关国家关系的影响。"一带一路"倡议在拉紧中国同共建"一带一路"国家利益纽带的同时，也可以通过加强政策沟通，改善中国同共建国家的关系来降低跨国交易成本，增强中国企业应对政治风险的能力，服务中国企业走向共建国家。同时，在"一带一路"倡议框架下，推进构建对发展中国家更为有利的经贸规则，也将有助于缓解中国企业"走出去"面临的困境，提升中国企业出海的经济效益，部分解决中国产业链的纵向和横向风险问题。对于消费产业，中国与共建"一带一路"国家的消费产业合作体现在生产、销售、采购全流程中。中国消费产业已经从人口红利阶段转向工程师红利阶段，品牌全球影响力正快速提升，共建"一带一路"国家居民收入的增长同步释放出来的市场潜力，为中国的消费品牌提供了重要的海外市场。此外，消费是文化的重要承载和表现形式，可以提升我国和共建"一带一路"国家对彼此文化的亲近感，增进民心相通。

从国际关系视角来看，在构建"一带一路"倡议制度体系的过程中，中国与共建"一带一路"国家开展大量的双边、多边对话，有助于进一步拉近中国与共建国家的伙伴关系，增进政治互信。提升"一带一路"倡议制度化水平，也有利于提升中国与共建"一带一路"国家间的身份相似度，形成"我们"的身份概念和共同的利益诉求。[1]

四、"一带一路"倡议面临的挑战

如前文所述，"一带一路"倡议聚焦于发展，而非一个涵盖多区域、超大规模的经济一体化的制度性设计。尽管该倡议对现有国际经济治理体系会产生有效

---

[1] 张立、胡大一：《论国际博弈中的"选边站"》，《当代亚太》，2021年第5期。

的补充，为发展中国家面临的紧迫挑战提供有效助力，但由于中国在国际格局中并非像当年的英、美等国那样形成"一超"的优势，自身也系发展中国家成员，因此在动员国际社会，特别是发达经济体共同促进发展、有效管理或规避外部风险等诸多方面，仍存在一定程度的"力不从心"。从完善国际经济治理的视角看，"一带一路"倡议仍有一定的局限性。

（一）复杂多变的外部环境

共建"一带一路"国家的地缘政治格局多变。整体来看，共建"一带一路"在长期面临的地缘政治风险主要来自四种类型的国家。一是市场空间较大的国家，东南亚与中亚国家发展前景广阔，但其中有些国家与中国存在领土主权和海洋权益争端，可能对中国企业和人员实施不公平市场准入、签证限制等不利政策。二是资源禀赋优越的国家，中东国家石油资源丰富，但长期受到全球大国的高度关注，项目能否顺利开展较大程度上取决于国际关系。三是地理位置重要的国家，新加坡、埃及等国家处于世界交通要道，是各国争相合作的对象，但企业的重大项目可能存在被暂停或取消的风险。四是民族宗教冲突频繁的国家，在这类国家，企业的投资与经营存在较高的不确定性。[①]

更重要的是，"一带一路"项目与投资多集中在治理风险较高、营商环境欠佳的地区，进一步加剧了不确定性。"一带一路"项目许多在东南亚和南亚、非洲、中亚和西亚地区开展，多为与发展中国家合作。根据世界银行的数据，位于南亚和非洲的共建"一带一路"国家在政治稳定、政府效率、规制质量、法治体系等方面相较其他国家仍有较大提升空间。[②]

（二）相对有限的动员能力

国际资源是全球基础设施建设、经济发展和国际合作的重要力量，特别是在

[①] 上海证券交易所：《我国上市公司参与"一带一路"建设的机遇与挑战》，2016年。
[②] 资料来源：Political Risk Services International Country Risk Guide。统计时间为2021年。

应对发展中国家，尤其是欠发达国家的发展难题时，必须有效动员发达国家、国际机构在内的利益攸关方。虽然国际组织参与"一带一路"建设已取得一定成效，但总体仍处于初级阶段。整体来看，参与"一带一路"倡议的国际组织数量仍有增加空间。第一届和第二届"一带一路"国际合作高峰论坛分别有超过80个和超过90个国际组织代表与会，但截至2023年5月，中国仅与32个国际组织签署了共建"一带一路"合作文件，大部分与会组织仍处于观望状态，尚未与中国签署正式的合作文件。

从结构上看，中国与联合国下设组织在"一带一路"倡议下合作内容丰富，但区域性国际组织较少参与共建"一带一路"。目前，中国与联合国亚洲及太平洋经济社会委员会、联合国开发计划署、联合国粮食及农业组织等国际组织，以签署协议、共同执行项目等形式开展了多样化的合作。已同中国签署"一带一路"合作文件的国际组织多为联合国框架下的组织，与其他区域性国际组织的合作尚未以法律文件的形式固定下来。由于区域性国际组织对区域事务的掌控能力更强，这类组织的缺席或将限制"一带一路"建设的效率。与此同时，部分有重大影响的国际经济组织参与共建亦较为有限。中国与国际货币基金组织、世界银行、世界贸易组织的"一带一路"合作项目有限，在规则制定、国际治理方面缺乏对接与合作。

国际组织参与对"一带一路"倡议的长远发展有重要意义。国际组织在推进全球议程方面具有明显的优势，其既是既有国际治理体系和公共问题的管理者，也是国际合作平台的供给者，此外在信息交流和传播方面也有较强的影响力。在共建"一带一路"的进程中，中国可积极与国际组织的规范和规则对接，从而加强国际社会对"一带一路"倡议的理解，更好地发挥"一带一路"倡议在国际公共事务中的作用。但就目前来看，"一带一路"在合作主体上仍以国家为主，涉及的国际组织较少。"一带一路"机制对合作成员的纳入具有较强的包容性，但在与国际组织的合作对接中或缺乏明确的定位和针对性。受地缘政治因素的影响，部分国际组织对"一带一路"倡议性质的了解尚有偏误，参与合作的意愿不强。此外，中国尚需在部分国际组织，尤其是区域性国际组织中增加影响力。

2020年，在联合国系统内国际组织中，中国籍雇员仅占不到1.2%[①]，担任高级职位的雇员比例更低，这在一定程度上对"一带一路"倡议的推广形成了制约。

五、思考与启示

在百年未有之大变局的背景下，应充分考虑"一带一路"倡议面临的内外挑战及不足，有序推进倡议同现行国际规则的对接，加强对国际形势的跟踪研判，求同存异，动员更广泛的国际力量共同参与，共同推进高质量"一带一路"建设。

（一）推进软联通和制度性合作，加强"一带一路"倡议同现有国际规则的对接

打造新型次区域合作机制是目前中国推进"一带一路"机制多边化的途径之一。由于涉及成员少、能够较快达成共识，它在一定程度上具有双边机制效率和灵活性，同时相较双边合作机制更容易被其他共建"一带一路"国家所接受。例如，新型次区域合作机制"澜湄合作"在联系中国、柬埔寨、老挝、缅甸、泰国、越南六国的基础上，吸引联合国开发计划署、世界银行、亚洲开发银行等10余个国际机构就防灾减灾援助、水资源等议题参与共建，各国也承诺推动同东盟国家、三河流域机制国家的对接，这一合作已成为推进"一带一路"倡议机制化的重要平台。

应基于现有区域协定，推动"一带一路"框架下的大型多边协定的谈判和建设。对于海上丝绸之路的建设，《区域全面经济伙伴关系协定》的多数成员也是海上丝绸之路的重要节点国家，同时《区域全面经济伙伴关系协定》作为以发展中国家为主体的区域贸易协定，规则更加符合发展中国家的利益，对于"一带一路"高标准规则体系建设有重要的借鉴意义。对于丝绸之路经济带的建设，可基于欧亚经济联盟与上合组织逐步推进。

---

① 资料来源：UN System Chief Executives Board。

（二）提高"一带一路"倡议的标准化、机制化水平

标准化治理有望解决当前的碎片化问题和国际规则的效用赤字。具体而言，标准化包括法治化、公正性、可预测性和可持续性四个层面：一是推进法治化进程，统筹软法和硬法在解决国际问题中的选择、补充和竞争关系；二是提升全球治理公正性，建构建立在广泛合意性和公共价值基础上的治理模式；三是遵循可预测性诉求，在良性博弈的基础上，建立创新风险管控治理模式；四是落实全球治理可持续发展，在一个更为合理的数量规模与质量水平基础上保障稳定、可持续的全球公共产品供给。同时，在时机成熟时，可尝试设立类似秘书处等相对稳定的机制安排，推动"一带一路"建设多边机制的探索，进而提高"一带一路"规则的透明度与约束力，加强国际社会对"一带一路"倡议的信任，这或许能够成为"一带一路"倡议可持续发展的一个方向。

（三）动员国际多边组织机构共同参与

国际多边组织拥有丰富的资源和经验优势，在一定程度上可以弥补中国政府在推动"一带一路"建设方面的不足，有效发挥引导和协调作用，同时也将有助于带动国际私有资本投资。因此，为了寻找与国际组织合作的突破口，减小面临的外部阻力，可以从减贫问题、就业问题、污染问题等具有紧迫性的低级别政治议题入手，从目前争议较少、共识较多的环保、碳中和项目入手，启动与更多国际组织的合作，再逐渐深化。可依托国际组织在全球或区域范围内的统筹协调优势，进一步释放"一带一路"倡议给各国带来的收益，让各国感受到"一带一路"倡议对接国际组织的必要性，从而推动后续合作的展开和合作议题的深入。

（四）加强对共建"一带一路"国家的国情、社情研究

考虑到共建"一带一路"国家的国情、社情复杂情况，以及与中国的国情、文化背景差异，"一带一路"倡议在落地过程中必须做好对东道国市场、行业、金融、法律、税务等方面的调查研究工作。政府需要加强统筹协调，为支持出海

企业自行开展国情、社情研究创造良好环境，发挥前往共建"一带一路"国家投资的企业的自主作用，如支持在各东道国建设中国商会，鼓励前往同一东道国投资的企业互相协作、整合资源、提升研究能力、强化监管机制等。同时，政府也应该做好必要的"保底"工作，发挥自身获取信息和整合资源的优势，组织做好对共建"一带一路"国家的调研工作，为调查研究能力有限的企业提供支持和参考。例如，成立"一带一路"研究智库，整合包括政府部门、企业、专家学者和智库、媒体等主体在内的人才队伍，并广泛联系非政府组织、普通民众、族群团体、宗教团体人才，推出共建"一带一路"国家国情、社情白皮书，并及时更新。

金融篇

第六章

"一带一路"金融合作：现状与挑战

推进"一带一路"经济合作，金融支持必不可少。金融服务共建"一带一路"国家经济，既有传统开发性金融元素，注重推进发展中国家发展；也有商业性金融性质，关注相关项目及其资金支持的经济效益和长期可持续性。"一带一路"金融以政策性金融机构和国有银行为主要资金方，以银行贷款为主要融资形式，资金主要投向东南亚、中亚、非洲、拉丁美洲等地区的发展中国家，支持以资源、能源和基建类为主的项目。"一带一路"金融在促进共建"一带一路"国家减贫、推进经济发展等方面发挥了重要作用。

与一些发达国家海外投资的早期路径相似，"一带一路"金融以政府引导为主，并重视中国改革开放以来"要想富，先修路"等宝贵经验，积极支持基础设施建设，在过去10年间为共建"一带一路"国家实体经济的互联互通、共同发展提供了重要支持。但在近年面对全球化放缓、新冠疫情导致全球经济停滞、产业链调整等多重挑战的情况下，一些欠发达国家面临债务风险。当前，"一带一路"金融也面临挑战。首先，其以银行贷款为主体，投融资形式单一，存在一定风险且难以满足共建"一带一路"国家的需求。其次，共建"一带一路"国家以欠发达国家为主，存在一定的政治、环境、治理等风险。

金融主体和形式的多元化有助于提升效益、降低投融资风险、提升投融资效率，是经济发展的总体趋势。这体现在投融资主体从以单边政策性金融机构为主走向多边合作和多边机构、私人部门共同参与，从政府主导逐渐走向由政府引导的重收益、可持续的市场化模式，从以银行贷款为主的单一模式走向与资本市场多种融资渠道并重的新模式。

"一带一路"金融仍处于初始阶段，展望未来，共建"一带一路"国家对基础设施建设仍有大量资金需求，银行将在"一带一路"金融中继续起到中流砥柱的作用，而资本市场在拓宽融资渠道和提升投资效率上大有可为。国内金融机构可以加强"走出去"的能力建设，促进共建"一带一路"国家金融联通，因地制宜地构建灵活、稳定、有韧性、能够助力中国与共建"一带一路"国家长期共同发展的"一带一路"金融体系。[①]

---

① 本章作者：吴晓慧、王乃玺、彭文生。本章得到了朱锋的支持。

一、金融服务"一带一路"倡议：兼顾长远与当下

"一带一路"倡议主要面向众多新兴经济体，致力于合作共赢，促进共同发展。中国在1978年改革开放后逐步融入全球市场，经济迅速腾飞，取得了举世瞩目的成绩，发展经验丰富，其中金融也发挥了重要的、积极的作用。当前，高质量发展、高水平开放已成为新时代中国和世界大多数经济体的共识及政策方向。新冠疫情和俄乌冲突发生后，世界进入一个不确定性高企的时代，共建"一带一路"国家共同努力突破发展瓶颈、战胜困难、迎接发展新机遇，亟须金融的支持。正如我们在宏观篇阐述的，发展是"一带一路"的总钥匙，支持"一带一路"实体经济建设，优质有效率的金融资源不可或缺，而"一带一路"倡议的特殊性，意味着"一带一路"金融和传统的单纯开发性金融或商业性金融存在重要差别。其核心在于融合了开发性金融聚焦服务国家、服务社会的公共品特质，以及商业性金融以市场为导向、以效率和回报为依托的盈利性质，在服务"一带一路"倡议、促进共建国家经济贸易投资多维度连接、推进共建国家共同利益的大前提下，平衡收益和商业回报，实现共建"一带一路"国家、社会和私人部门紧密协作、互利共赢。

（一）现状：银行贷款与直接投资为主

金融是"一带一路"实体项目的重要支撑。自起步以来，"一带一路"金融的发展以中国国有金融机构提供的开发性金融为主，而商业性金融起到了重要的辅助作用。截至2021年末，中国参与共建"一带一路"国家的总融资金额达1.3万亿美元（见图6.1）。其中，银行贷款和赠款的开发性金融属性较强，而直接投资和证券投资的商业属性更强。在1.3万亿美元中，银行贷款、对外直接投资、证券投资和赠款占比分别为73%、21%、4%和2%左右。[1] 整体而言，中国两家国有政策性银行（国家开发银行、中国进出口银行）以及四大国有商业银行是贷款资金的主要提供者，其占比超过80%，而多边金融机构（包括亚洲基础设施投资银行和新开发银行）所占份额仍很小，仅为2%。[2] 部分贷款以主权信贷的形式交予共建"一带一路"国家政府，再由其政府注入实体经济；另有部分贷款则通过银行直接提供给实体经济各行业。

"一带一路"直接投资主要由企业直接投向共建"一带一路"国家实体经济，由金融机构（如丝路基金、中国投资有限责任公司等官方基金或私募投资基金等）推动的仅占很小一部分。[3] 截至2021年，中国对共建"一带一路"国家直接投资存量达2 831亿美元，其中股权类投资达2 061亿美元，为直接投资总额的约70%。证券投资主要由政府性基金和私营投资基金通过资本市场投向共建国家，其存量在2021年仅为534亿美元，其中54%为债权形式、46%为股权形式。赠款整体规模较证券投资而言更小，其中绝大部分由中国政府直接提供给共建国家政府。[4]

---

[1] 贷款口径详见第七章。

[2] Dreher, A., Fuchs, A., Parks, B. C., Strange, A., & Tierney, M.J., "Banking on Beijing: The Aims and Impacts of China's Overseas Development Program," 2022; Alex He, "The Belt and Road Initiative: Motivations, Financing, Expansion and Challenges of Xi's Ever-expanding Strategy," CIGI Papers No. 225, 2019.

[3] American Enterprise Institute. "China Global Investment Tracker." 2022.

[4] Dreher, A., Fuchs, A., Parks, B. C., Strange, A., & Tierney, M.J., "Banking on Beijing: The Aims and Impacts of China's Overseas Development Program," 2022; Weidong Liu, Yajing Zhang, and Wei Xiong, "Financing the Belt and Road Initiative, Eurasian Geography and Economics," January 2020.

金融机构互相之间的资金联系也是"一带一路"金融的重要组成部分。银行是投资基金的重要出资人。[①] 投资基金分为官方基金和私营投资基金，其中官方基金包含丝路基金、中国与其他国家政府合作创建的双边基金等，而私营投资基金主要为可以投资股权或债权的私募基金/创业投资基金等。以丝路基金为例，政策性机构是其主要出资方之一，外汇储备、中国投资有限责任公司、中国进出口银行、国家开发银行对其出资的比例分别为 65%、15%、15%、5%。[②] 商业银行则通常是双边基金的重要出资人。[③] 官方基金和多边机构的部分资金也以母基金的形式通过其他投资基金以直接投资或是证券投资的形式流入共建"一带一路"国家。

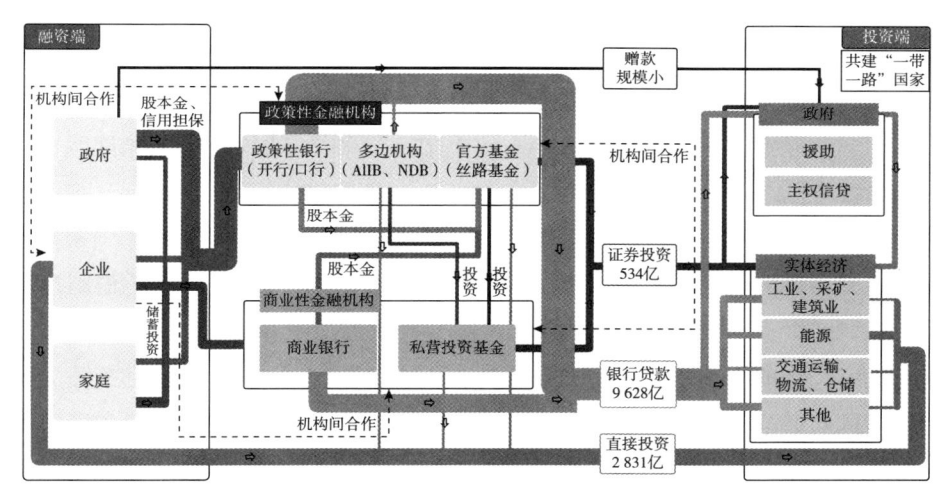

图 6.1 共建"一带一路"国家投融资基本路径——政策性金融机构发挥重要作用

注：图中数据单位为美元，图中数据显示 2021 年存量。图中直接贷款数据为中国国际投资头寸表下"贷款"口径（中国国家外汇管理局），直接投资数据为中国对签署协议国直接投资存量口径（中国商务部），资本市场数据为中国对签署协议国证券投资存量口径（国际货币基金组织）。图中线条粗细仅为示意，并非等比例变化。

资料来源：中国国家外汇管理局，国际货币基金组织，Wind，AEI，中金研究院。

---

① Alex He. "The Belt and Road Initiative: Motivations, Financing, Expansion and Challenges of Xi's Ever-expanding Strategy." CIGI Papers No. 225, 2019.
② 参见 http://www.silkroadfund.com.cn/cnweb/gywm/gsgk/gsjj/index.html。
③ Alex He. "The Belt and Road Initiative: Motivations, Financing, Expansion and Challenges of Xi's Ever-expanding Strategy." CIGI Papers No. 225, 2019.

概而言之，当前不同形式的"一带一路"金融中，传统意义上的开发性金融仍占主导地位，国有政策性银行和国有商业银行贷款是"一带一路"金融的主要组成部分，企业主导的直接投资为辅。与传统发达国家相比，中国在共建"一带一路"国家发展商业性金融维度仍有较大距离，直接投资和证券投资规模总量相对仍较小。在对共建国家的直接投资存量规模方面，中国增长迅速，在2009年仅为美国的6%、德国的9%、日本的33%，到2021年已达到美国的20%、德国的44%、日本的79%。然而，中国对共建国家的证券投资规模总量与发达国家相比仍然较小——2021年，中国证券投资存量规模仅为美国的3%、德国的4%、日本的15%。

目前中国已与150多个经济体开展"一带一路"共建，中国开发性金融资金更是广泛投向世界各国，但在不同区域出资金额有所差异，覆盖行业也有所侧重。在"一带一路"直接投资项目中，中国在东亚和中东国家的投资增速明显高于其在撒哈拉以南非洲国家的投资，而欧洲和美洲获得的投融资项目明显少于其他地区[①]；分国别来看，截至2021年，获得中国直接投资最多的10个国家投资规模存量占中国对共建国家直接投资资金总量的61%，其中位居首位的新加坡占比达到24%。"一带一路"金融聚焦服务实体经济，其覆盖的行业与受资国经济结构有一定的一致性，资金主要集中于资源（矿业/金属）、能源和基建类项目。中国对共建"一带一路"国家提供的银行贷款，主要分布于基建和能源行业。2013—2017年，基建相关的工业、矿业、建筑业，以及交通运输和仓储占比相加达到48%左右，能源占比为28%左右（见图6.2）；直接投资资金也主要用于能源、交通运输物流、矿业项目，2013—2022年，能源行业占比最高，达36%，交通运输占比20%左右，金属行业占比约17%（见图6.3）。[②] 这在一定程度上反映了中国和一些共建国家的经济发展需求呈现较强的互补性。

---

① American Enterprise Institute. "China Global Investment Tracker." 2022.
② 同上。

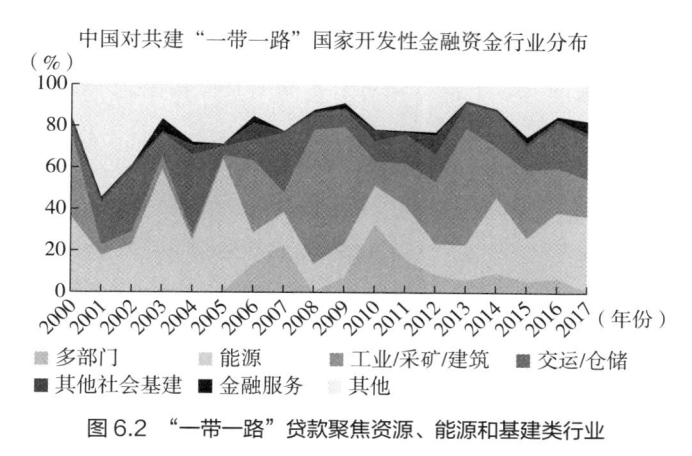

中国对共建"一带一路"国家开发性金融资金行业分布

图6.2 "一带一路"贷款聚焦资源、能源和基建类行业

资料来源：AidData，中金研究院。

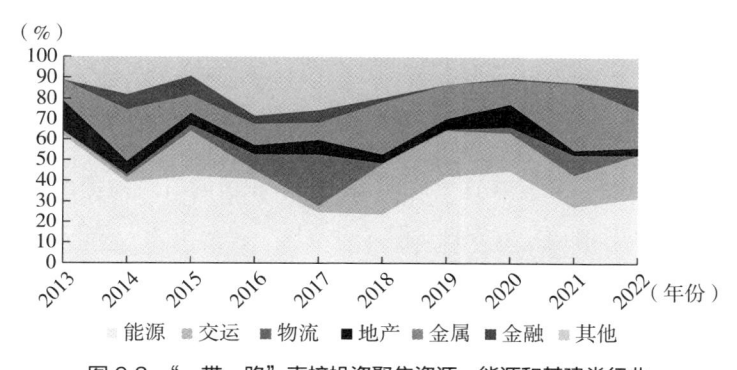

图6.3 "一带一路"直接投资聚焦资源、能源和基建类行业

资料来源：AEI，中金研究院。

（二）特殊性：兼重经济发展与市场利益

为"一带一路"倡议提供有效金融支持，需要充分结合由政策主导的开发性金融和商业性金融机构主导的市场化金融服务，促进两者齐头并进、共同推进"一带一路"项目。现代开发性金融或发展援助可溯源于二战后由美国提供财政援助的马歇尔计划。相较于马歇尔计划以美国为主要施援国的形式，"一带一路"倡议更强调共同参与、互利共赢，在融资方式上"一带一路"金融有较强的市场化、盈利性金融的特质。马歇尔计划帮助欧洲战后重建，成功地推动了欧洲国家

经济迅速复苏,也由此创建了国际开发性金融基本的合作和金融支持框架。该计划的主要参与者在战前基本上都是相对发达的国家,相比之下,"一带一路"金融更近似于在20世纪五六十年代以促进发展中国家的工业化和基础设施建设为核心的开发性金融。这些发展中国家经历过长期的贫困,严重缺乏教育和医疗保健等基本公共服务,工业化基础薄弱。这个时期的开发性金融主要以双边、多边形式推进,也形成了一个由世界银行、国际货币基金组织、联合国附属机构和区域性开发银行组成的全球开发性融资体系。几十年间,开发性金融逐步扩展了支持范围,渗入了全球各主要地区的经济、社会发展和治理的方方面面。"一带一路"金融在组织形式上与早期发展援助计划类似,主要是由一个发展治理卓有成效的国家主导;同时,中国也逐步推动、建设一个以新型国际金融组织(如亚洲基础设施投资银行、金砖国家新开发银行等)为基础的体系,推进共建"一带一路"国家发展,共同承担风险、共享共赢。

开发性金融的出现,在很大程度上与市场失灵引起的不能有效分配资源,使产业乃至整个经济增长乏力、发展失衡有关。20世纪30年代的大萧条充分展示了市场失灵的破坏性,正是在这个时期,以政府积极的财政和货币政策稳经济、促增长的凯恩斯主义崛起。开发性金融某种程度上是对市场失灵的回应,也是凯恩斯主义政策的跨境延伸,其主要目的就是以政府干预纠正欠发达国家和地区经济与金融的严重失衡,通过经济援助刺激就业、经济增长与社会进步,包括减贫和促进可持续发展。众多发展中国家基础设施薄弱且缺乏公共服务,企业通过信贷等方式获取资金的机会有限,这对企业发展、经济增长和创造就业机会都产生了重大阻碍。而开发性金融通常包括财政和金融支持,与政策指导和技术援助配合提供,通过国家间、区域内乃至全球协作以降低欠发达国家中市场失灵对经济增长、社会发展的阻碍。

经济发展中不可或缺的一些要素,包括传统经济中的基础设施,如公路、铁路、电线电缆以及数字经济中的5G(第五代移动通信技术)基站和数据等,都有一定的公共物品属性和特殊的外部性,基于市场的自我调节往往无法解决其中的权益纠纷并导致次优结果,而失灵的市场机制则需要政府干预。基础设施等公共物品具有一定的非排他性,即这些物品的生产者或维护者,无法阻止或需要付出高昂代价阻止其他人无偿或以较小支出享受其好处;公共物品通常具有非竞争性特征，特定某个人的消费不会减少或不会排除其他人消费的机会。但发展所必需的公路铁路，往往建造和维护成本高昂，特别是在市场经济不发达的情况下，私人收益远低于社会收益，这会造成私人部门没有意愿提供此类公共物品；而采矿、化工等行业造成的巨额环境成本则由当地居民承担，私营公司收益远高于社会收益，这会造成该类物品的过度生产。当私人部门无法或者无意将其交易的间接成本或收益内部化时，外部性会造成私人和社会成本回报差，导致市场失灵低效，乃至阻止市场的出现。由于市场的调节空间有限，政府干预成为帮助收益或成本由投资经营主体内部化的常规途径。正因如此，公共财政政策和开发性金融成为在欠发达国家中提供和调节这些公共物品服务的重要手段。在中国经济发展早期，政府就意识到基础设施等发展必需品的公共物品属性，特别是改革开放以来，中国以开发性金融为核心积极拓展融资渠道支持基础设施建设，积累了丰富的经验，是新兴国家中以政策性金融、开发性金融支持实体经济快速增长的典范。

"一带一路"金融与传统开发性金融有很多共同点，两者的核心宗旨都是促进发展中国家的经济增长和社会发展、解决基础设施缺乏等可能阻碍经济增长的市场失灵问题，使各利益相关方互利共赢。同时，与传统开发性金融一样，"一带一路"金融也面临着对其效率、可持续性及其对当地社区和环境影响的考量。开发性金融有更强的政策目标导向，商业性金融则偏重效率和回报，而"一带一路"金融介于两者之间，不是纯粹的传统开发性金融或商业投融资。具体而言，"一带一路"金融的特殊性主要体现在四个方面。

第一，"一带一路"金融的目标之一是支持相关国家经济和金融的互联互通，大规模的基础设施建设旨在通过铁路、公路、港口和其他基建项目构建网络，将中国与亚洲、非洲、欧洲乃至南美洲等地区的资源、生产、消费和资本市场连接起来，促进双边、多边贸易和投资，以及市场、经济和金融的融合，形成或扩大规模效应。因此，"一带一路"金融的规模和范畴不同于传统开发性金融：中国主导的融资虽然和传统开发性金融一样主要以贷款形式进行，但更加注重中国和资金投向国家间的产业连接，推进多边贸易和投资。这和一些传统开发性融资方式，包括单边和多边组织有条件援助、赠款和优惠贷款支持专项发展项目有所不同。

第二，"一带一路"金融通过开发性金融和商业性金融相结合的资金支持方式，体现出国家发展和市场逻辑相结合的特点。"一带一路"金融的一个重要方面就是通过共同发展，促进共建"一带一路"国家双边、多边友好关系，营造一个相对友好的国际环境，寻求宏观层面的互利共赢、共同繁荣，而不限于狭隘的商业盈利。欧美国家自身推动的国际援助也往往服务于经济发展或人道主义宗旨之外的重要战略利益。[1] 例如美国政府通过美国国际开发署和国际开发金融公司等机构推进的开发性金融项目，一直与美国政府的国际战略目标和外交政策密切相关，促进受援国发展只是其目标之一。美国国会研究服务局明确指出，应对中国"一带一路"倡议是设立国际开发金融公司的原因之一[2]，从实际资金投向来看，投资对象包括并不急迫需要金融支持的高收入国家。欧盟的外部投资计划（External Investment Plan，EIP）则投向和欧盟临近的非洲地区，其主要目的是通过提振该地区经济、促进当地就业来解决欧洲非法移民的问题。

同时，在受资主体为发展中国家的金融项目中，市场机制和盈利对项目的可持续性至关重要。从美国的马歇尔计划开始，国际社会对发展中国家较多使用赠款、优惠贷款等援助性较强的资金支持措施。马歇尔计划虽然在组织形式上与"一带一路"倡议有相似之处，但其金融结构与"一带一路"金融全然不同。1948—1951年，美国通过马歇尔计划为欧洲16国提供总额达133亿美元的援助，其中近90%的援助资金以赠款形式支出，其余为贷款。[3] 这样的跨境金融往往需要出资方大量的财政补贴，因此，二战后，除了美国、苏联等，大多数国家没有能力长期提供大规模对外援助。大量的援助可能使受援国形成对无偿或廉价资金的依赖，难以形成自主优势产业和独立金融体系，导致自身经济缺乏发展动力；援助也可能带来跨境挤出效应，减少当地私人部门投资，非但不能应对"市场失灵"，反倒扭曲可能行之有效的市场资源配置机制。中国"一带一路"金融则以政策性银行和国有银行贷款为主，注重推进市场化融资和资金运营，比起以援助为主的资金支持，更有潜力提升相关"一带一路"项目的盈利性和财务长期可持续性。

---

[1] Apodaca, Clair. "Foreign Aid as Foreign Policy Tool." *Oxford Research Encyclopedia of Politics*, 26 Apr 2017.
[2] Shayerah I. Akhtar, Nick M. Brown. "U.S. International Development Finance Corporation (DFC)." 2022.
[3] Curt Tarnoff. "The Marshall Plan: Design, Accomplishments, and Significance." 2018.

第三，"一带一路"项目可以对中国实体经济发展形成有效的支撑和补充，进一步增强"一带一路"金融的可行性和可持续性。"一带一路"项目规模大，参与的经济体、涉及的项目和企业多，且基建项目投资大、周期长，其可持续性来源于社会和私人部门收益。这要求"一带一路"金融以市场为依托，在服务"一带一路"倡议的同时兼重盈利和商业逻辑，实现中国与共建"一带一路"国家、国企和私人部门的互利共赢。例如2021年12月通车的中老铁路，由中国和老挝以70%和30%的比例共同投资，由中国进出口银行提供贷款支持[1]，切实带来了旅客和进出口贸易增量。一年时间内，中老铁路累计运载旅客850万人次，运输货物1 120万吨，其中跨境货物运输超过190万吨。2022年1—10月，中国通过中老铁路进口规模达29.9亿元人民币，出口规模达86亿元人民币。[2] 这些"一带一路"项目为中国企业国际化提供了重要机遇，支持中国企业"走出去"和共建"一带一路"国家企业"走进来"也意味着中国金融的国际化。在良好的基础设施基础上，拓展金融支持盈利性强的非基建项目和业务有利于提升金融盈利性和可持续性。从国际历史经验来看，马歇尔计划在支持欧洲战后经济复苏的同时也带来了对美国工业产品的旺盛需求。在马歇尔计划实施期间，美国各行业产能利用率也呈现明显上升趋势，特别是汽车行业；同时，美国出口增速迅速上升（见图6.4）。"一带一路"项目也带来经济收益外的好处，例如，与中国有紧密经贸关系的国家更倾向于接受中国的经济发展模式[3]，因此可以更好地促进双边经贸交流。

---

[1] 参见 https://www.worldbank.org/en/country/lao/publication/transforming-lao-pdr-from-a-land-locked-to-a-land-linked-economy。

[2] 方经纶：《中老铁路开通一年，折射出怎样的合作前景？》，人民网，2022年，参见 http://www.people.com.cn/n1/2022/1207/c32306-32582460.html。

[3] Scott L. Kastner. "Buying Influence? Assessing the Political Effects of China's International Trade." *Journal of Conflict Resolution*, September 2016.

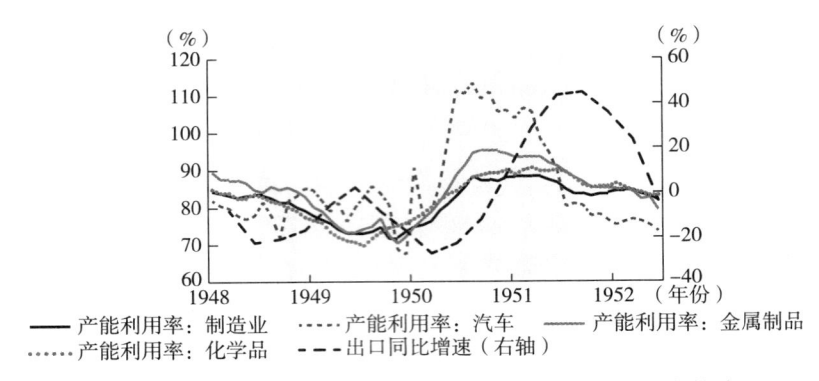

图6.4　马歇尔计划支持美国出口复苏以及各行业产能利用率的抬升

注：阴影区域为马歇尔计划实施期间。

资料来源：CEIC，中金研究院。

"一带一路"金融支持实体经济，还表现在对外投资可与本国经济紧密结合、相互支持上。从日本经验来看，其对外直接投资与本国经济以及产业结构紧密相关。1956—1973年，日本出口大幅上升，出口额占世界出口总额的比重从1956年的2.4%上升到1970年的6.2%。[1] 日本制造业蓬勃发展，特别是重化工业，其在制造业中的占比从1964年的64%上升至1975年的75%，甚至超越欧美传统制造业强国。[2] 由于日本自然资源匮乏，日本重化工业等原材料对海外依赖性很强，其间，日本对外直接投资主要流入自然资源丰富的国家，其对外投资中制造业和矿业投资占比相加高达60%乃至70%以上。[3] 1974—1991年，日本作为"世界工厂"开始寻求制造业升级：能源与矿产消耗高的钢铁、石化等重化工业比重下降，技术含量更高的汽车、家电、机械等组装加工业则由1955年的14.6%上升至1985年的40%。[4] 因其制造业结构的变化，日本对外投资也从能源、资本密集型产业向知识、技术密集型产业转型升级，特别是金融和保险（见

---

[1] 杨勇、武晓韵：《日中对外直接投资发展的比较》，《国际贸易问题》，2000年第5期。

[2] 孙杭生、丁庆蔚：《日本"世界工厂"繁荣期的制造业转型升级》，《商业研究》，2010年第10期。

[3] Ryutaro Komiya and Ryuhei Wakasugi. "Japan's foreign direct investment, The Annals of the American Academy of Political and Social Science." January 1991.

[4] 孙杭生、丁庆蔚：《日本"世界工厂"繁荣期的制造业转型升级》，《商业研究》，2010年第10期。

图 6.5），并且不再聚焦发展中国家，而开始向发达国家转移。[1] 当前中国正处于国民经济和产业结构转型优化关键时期，中国和共建"一带一路"国家需合理布局"一带一路"金融支持双方产业结构互补优势和全球产业链重塑，同时逐步推进金融产业海外投资，实现互惠互利、合作共赢。

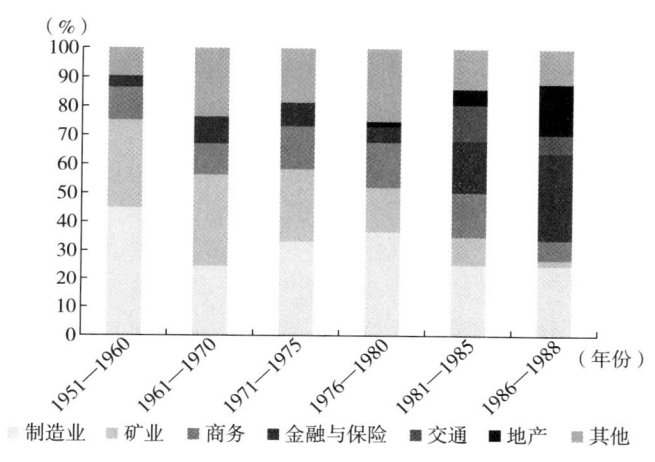

图 6.5 日本对外直接投资中金融保险业比例上升，矿业下降

资料来源：Komiya and Wakasugi（1991）[2]，中金研究院。

第四，"一带一路"金融关注新兴经济体增长潜力，通过实践引领开发性金融的一些新趋势，特别是对基础设施建设等经济增长的重要长期驱动因素的关注日益增多。传统宏观经济学理论认为，公共部门过度借贷和投资会带来需求过剩，并通过实际利率上升降低私人部门投资水平，因此对民间投资产生挤出效应。但阿绍尔（1989）发现，政府基建投资能够帮助提高私人部门的效率及利润，从而刺激来自私人部门的投资增长，即政府投资对民间投资有"挤入效应"[3]。这和中国推进政府基建投资助力企业进入市场共享发展红利的实践一致：改革开放以

---

[1] 汤建光：《中日对外直接投资的动因与特点比较及其启示》，《当代财经》，2007 年第 11 期。

[2] Ryutaro Komiya and Ryuhei Wakasugi. "Japan's foreign direct investment, The Annals of the American Academy of Political and Social Science." January 1991.

[3] Aschauer, D.A. "Does public capital crowd out private capital." *Journal of Monetary Economics*, 24(2), 1989.

来，中国经济增长的一个重要推动因素是基础设施建设，"要想富，先修路"，国家财政和金融资源大量投入，通过基建支持实体经济发展。当前欠发达经济体仍存在较大的投资缺口，特别是在亚洲和美洲，而应时而生的"一带一路"经济规划中基建项目占主导地位。这些项目外溢效应强、社会效益明显，然而其投融资规模大、风险高、周期长，叠加中国企业相比发达国家企业海外投资经验较为缺乏、意愿不足，需要政府支持，"一带一路"金融在现阶段聚焦支持基建项目是和一般性商业金融的一个重要差异。

总而言之，"一带一路"金融带来各国间的互联互通，是公共品性质和市场逻辑相结合的金融形式，在促进共建"一带一路"国家发展的同时，也可对本国经济形成支撑，实现互利共赢。其对基础设施的关注也是目前的一大特色。虽然如前所述，与传统发展援助如马歇尔计划相比，"一带一路"金融在融资形式上有较大差异，其中以银行贷款为主的形式比无偿援助更具有经济可持续性。然而，从融资结构角度看，截至2021年，"一带一路"资金存量中，银行贷款和企业直接投资占绝大多数，相加达到94%（其中银行贷款占73%）。项目投向中，能源和基建类行业、资源（金属/矿业）行业为重点领域。这样的现状表明，"一带一路"金融融资结构和项目投向仍较为单一，在多元化、市场化方面，仍有进一步提升的空间。

二、多元化是必由之路

"一带一路"金融应服务中国与共建"一带一路"国家的实体经济，在增进中国和共建国家间的贸易、投资并促进经济的发展和融合的同时降低风险。为更好地服务这一目标和"一带一路"项目的多种不同需求，"一带一路"金融可在当前融资端以银行贷款为主体，在投资端集中于部分地区和行业的现状基础上，拓展参与投融资的国家和地区、行业和主体，在融资端增加共建"一带一路"国家及私人部门的参与度，增强资本市场的作用。加强"一带一路"金融多元化，对有效支持"一带一路"倡议、分散"一带一路"项目投融资风险有重要作用。

（一）投融资主体多元化

金融多元化的目的是从实际需求和市场经济逻辑出发，为不同性质的"一带一路"项目提供风险属性匹配的、多种多样的金融服务和资金支持。参与共建"一带一路"的国家中，89.4%为发展中国家、17.9%为低收入国家[①]，这些国家对开发性的基建项目仍有较大需求，而相关项目具有投资大、回报周期长、收益低的特性，在融资方式上仍将由政策性金融机构主导，以提供优惠利率的开发性贷款（或赠款）为主，但可聚焦下述的三个方面增进多元化。

第一，积极推进投融资主体多元化。多边开发银行如世界银行、亚洲开发银行、美洲开发银行等在开发性金融，特别是在融资和提供技术援助以支持发展中国家的经济增长和可持续发展方面发挥了关键作用，相较单边的开发性金融机构存在多方面优势。一方面，多边开发机构能有效帮助降低相关融资成本。基于政府直接或间接的担保，单边开发性金融机构可凭借主权信用发行利率较低的资本市场债券。但相较于共建"一带一路"国家中的新兴经济体，多边机构发行的债券一般信誉评级更高、利息更低、融资条件更优惠。例如，金砖五国成立的新开发银行评级为"AA+"，而5个成员国中主权评级最高的中国为"A+"（见图6.6）。另一方面，多边开发机构融资更稳定，可发挥重要的逆周期作用。在全球经济危机严重时期，多边开发银行和国际货币基金组织迅速将其年度金融支持扩大30%~50%。[②] 亚洲开发银行的债券融资规模在近几年保持了相当高的稳定性，在新冠疫情发生后和2022年美联储加息的压力下仍提升并保持了高规模，与商业机构债券相比更具韧性。[③]

[①] 按照世界银行的划分标准和人均收入水平数据，截至2021年末，共建"一带一路"国家中，发展中国家为135个，低收入国家为27个。

[②] World Bank Group. "Multilateral Development Banks." August 2016. 参见 https://www.un.org/esa/ffd/wp-content/uploads/2016/01/Multilateral-Development-Banks_WBG_IATF-Issue-Brief.pdf。

[③] 徐佳君、任晓猛、吴昕：《全球开发性金融机构全景览：内涵、理据和多样性》，《新结构经济学发展融资研究报告》，2019年第1期。

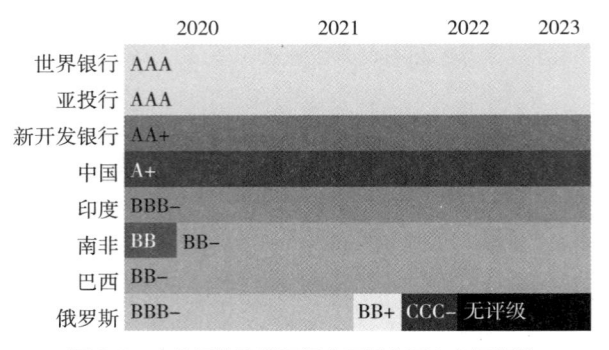

	2020	2021	2022	2023
世界银行	AAA			
亚投行	AAA			
新开发银行	AA+			
中国	A+			
印度	BBB–			
南非	BB	BB–		
巴西	BB–			
俄罗斯	BBB–		BB+	CCC– 无评级

图6.6 多边机构债券评级高于新兴国家主权债券

资料来源：Bloomberg，FRED，中金研究院。

第二，推进多元化"一带一路"基建项目，提升私人部门参与度和资本市场融资的作用。从中国自身的发展历程来看，基建项目类型逐步多元化、资本市场参与度不断增加是大趋势，这为我们展望未来共建"一带一路"国家基建项目类型和融资来源的走向提供参考。在基建项目类型方面，中国从开始以交通运输、电力热力类项目为主，逐步走向水利环境、公共设施等多类项目，其中，交通运输、电力热力类项目从2002年占总基建固定资产完成额的93%降至2022年的55%。从融资端来看，中国国家统计局固定资产投资[①]资金来源中，企业自筹部分的占比由1990年的40%上升至2022年的近70%，私人部门参与度不断提高。中国社会融资数据显示，2002年银行贷款占社会融资存量的比例为80%，而在2022年这一比例降至62%，非金融企业股票融资、企业债券、政府债券占比分别为9%、4%、17%，资本市场特别是债券市场成长壮大并发挥了更大的作用。不同的基建项目适宜引入的投资主体、可以达成的社会经济目标以及收入周期都不同，在不同的共建"一带一路"国家因地制宜推进多元化基建并带动投资主体的多元化，可以帮助降低单一性带来的风险。

第三，政府与社会资本合作（PPP）有利于金融多元化和市场化，特别是在基建领域。PPP投融资模式由政府与私人部门共同提供公共产品或服务，以特许

---

① 固定资产投资主要包括基建投资、制造业投资与房地产投资三大类。限于数据可得性，这里列示整体固定资产投资资金来源作为参照，没有单独列示基建投资资金来源。

协议为基础形成一种伙伴合作关系，在发达国家有广泛实践。目前PPP在"一带一路"项目中占比小，有很大发展空间。但私营资本的参与也带来两个问题：一是私营资本的逐利特性使其无法在欠发达国家开展一些难以获得盈利的关键基建项目；二是当海外基建投资环境等因素发生变化时，私营资本参与投资基础设施的意愿与偏好更容易受到影响。① 日本政府开发援助注重PPP模式，充分发挥民间资本的作用，在发展中国家培养人力资源、提高技术水平、创造就业。基于此，日本国际协力机构于2008年特别成立了私人部门合作办公室，以加强政府与企业间的合作，进一步了解企业需求，并为企业海外投资提供指导。除PPP模式外，2022年G20发展部长会议亦提出指导混合金融发展的若干原则，建议各国政府提高可持续发展项目融资的优先级，并与具有盈利以外的社会影响、机构联系等多元目标的多边机构、基金会、慈善组织等多样化的私人部门加强合作。② PPP与混合金融等创新融资模式协同，有利于促进私人部门在共建"一带一路"国家的投资参与度，提升"一带一路"金融可持续性，推进"一带一路"投融资的多样化。

（二）投融资方式的多元化

由于"一带一路"倡议涉及的国家异质性较大，经济规模、发展程度、资源禀赋、增长模式等均存在较大的差异，中国在各个国家适合开展的投资项目，以及各个国家对投资项目的需求也会存在较大差异，其对应的投融资方式也需要多元化以更好地满足不同需求。世界各区域在基建投资机遇，出口对能源、矿产、农产品等资源的依赖度，金融市场发展程度，数字基建方面都有较大差异（见图6.7）。其中，东南亚地区基础设施发展指数（显示基建投资机遇大小）连续4年居首位且2022年对第二名的领先优势进一步扩大，而越南、菲律宾、马来西

---

① 王宏禹、彭昭男：《日本在东南亚的对华基建竞争——动因、演进与走向》，《国际展望》，2022年第5期。

② 参见 https://perpustakaan.bappenas.go.id/e-library/file_upload/koleksi/migrasi-data-publikasi/file/Unit_Kerja/Deputi%20Bidang%20Pendanaan%20Multilateral/G20-Principles-to-Scale-Up-Blended-Finance-in-Developing-Countries-including-LDCs-and-SIDS.pdf。

亚的基建发展热度高于地区平均值。①该地区的基础设施建设需求对中国而言是机遇，"一带一路"金融中银行贷款和债券等适合长期项目融资的工具将继续扮演重要角色，但未来债券对银行贷款的比例以及PPP形式占比都可以适当增加，扩大融资渠道、提升经济效率。

  在数字基建领域〔如4G（第四代移动通信技术）及以上网络覆盖率〕，欧洲、亚太地区和美国领先优势明显，显示了良好的数字经济发展基础，PE/VC等股权类融资方式可以支持相关的科技初创企业。能源、矿产等资源的出口在一些非洲国家仍然非常重要，在这些行业中，成熟企业或可以通过银行和债券市场获取稳定的融资，而新开发项目则可以更多地利用资本市场、股权融资。最后，从金融发展度指标来看，东亚、欧洲等地区金融基础较好，更深入的金融往来例如资本市场互联互通、加强清结算合作等是重要的推进方向；而面向非洲等金融不发达地区，金融合作可能需要更多政策性银行等官方性质的机构发挥一定的引导作用，分阶段逐渐走向市场化金融。此外，非洲等地区传统金融不发达的现状也为金融科技（Fintech）等创新性金融留下了更大空间。鉴于共建"一带一路"国家在经济、金融等方面发展程度的明显异质性，中国参与"一带一路"合作的领域和相关金融融资方式也会呈现多元化。

  从国际经验来看，面向发展中国家的投资及相应的融资方式也日趋多元化。亚洲开发银行、国际金融公司（IFC）等认为股权投资更灵活，积极开展股权投资，相关机构也积极拓展投资覆盖范围。IFC进行股权投资的理由是能通过持有具有影响力的少数股权来参与客户公司的管理，甚至可能让IFC提名的人选参与客户公司的决策，从而使IFC能够手把手地为地方经济的关键参与者提供战略指导。IFC提名的人选大多是具有丰富经验的专业人士，能成为企业管理层的重要一员。②亚洲开发银行则既有私募股权又有风险投资。亚洲开发银行风投是一个支持初创公司的融资伙伴基金，也是亚洲开发银行在发展中国家推广有利于气候行动和性别平等的技术解决方案的举措中的一部分。亚洲开发银行还对私募

---

① 中国对外承包工程商会：《"一带一路"国家基础设施发展指数报告2022》，2022年9月。
② 资料来源：IFC Annual Report 2022—Stepping Up in a Time of Uncertainty，参见 https://www.ifc.org/wps/wcm/connect/8dac2dfa-e12f-4b63-aee6-35ca1bb40692/IFC-AR22-CN.pdf?MOD=AJPERES&CVID=ojfJ0CX。

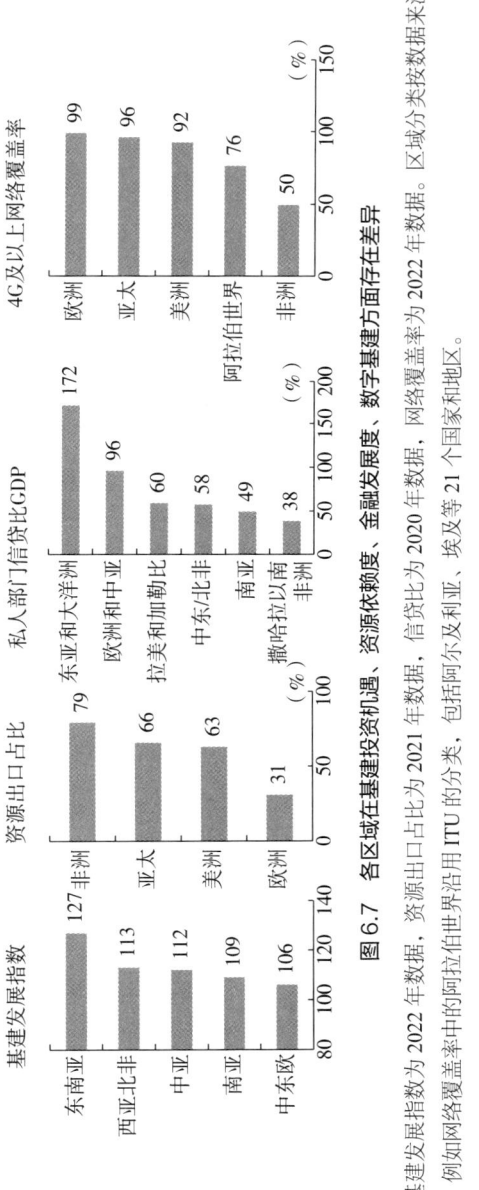

图 6.7 各区域在基建投资机遇、资源依赖度、金融发展度、数字基建方面存在差异

注：基建发展指数为 2022 年数据，资源出口占比为 2021 年数据，信贷比为 2020 年数据，网络覆盖率为 2022 年数据。区域分类按数据来源的分类标注，例如网络覆盖率中的阿拉伯世界沿用 ITU 的分类，包括阿尔及利亚、埃及等 21 个国家和地区。

资料来源：世界银行，中国对外承包工程商会，UNCTAD，ITU，中金研究院。

第六章 "一带一路"金融合作：现状与挑战

股权基金进行投资，用于覆盖直接股权投资或者贷款计划未能有效普及的行业和地区。2021年，由于新冠疫情的影响，此类投资显得尤为及时，并且流向了农业、教育、金融服务和医疗卫生等受到严重影响的行业。[1] 经济合作与发展组织的数据显示，英国政府开发援助覆盖的经济领域不断增多，各领域投资占比趋向均衡。20世纪六七十年代，英国政府开发援助主要聚焦制造业和社会基础设施建设；在80年代，人道主义援助的比重开始逐渐增加；2000年后，其在包括制造业在内的多个领域的投资稳步增加，援助分布在近年走向均衡状态。

"一带一路"金融不限于为投资项目筹集资金，多元金融服务有助于实现推动国际贸易、促进中小微企业成长等不同目标。对于和中国有较大贸易（包括原材料、制成品等）潜力的国家，贸易融资是非常重要的金融服务。常见的贸易融资形式包括银行为进出口商提供信用额度、银行信用证、保理、运输和交货保险等。中国政策性银行和商业银行提供的贸易融资总体呈上升趋势，但仍有较大发展空间。从币种来看，进出口银行提供的人民币贸易融资自2011年起已超过外汇贸易融资额。对于依靠大宗商品出口的共建"一带一路"国家，发展以期货为代表的金融衍生品市场可帮助管理和对冲包括国际大宗商品价格波动在内的贸易条件变化风险。一些共建"一带一路"国家拥有丰富的自然资源，如石油、天然气、橡胶等，还有一些共建国家自然资源结构或进出口结构单一，面临较大的宏观经济波动的风险。煤炭和铜这两种大宗商品在蒙古出口额中占比高，2014—2016年，因其价格波动，蒙古承受了严重的经济损失。[2] 发展期货市场等资本投融资方式，可优化共建"一带一路"国家相关商品定价，加强产业和宏观经济风险管理。

共建"一带一路"国家中欠发达经济体居多，普遍存在银行及其他金融机构数量和能力不足，无法满足企业尤其是中小微企业融资需求的问题。中国近年来在包容性和普惠性兼具的金融科技的发展与应用上积累了丰富的经验，可出海助力应对共建国家不同的金融需求。基于大数据分析的金融科技公司贷款

---

[1] 资料来源：ADB Annual Report 2021—Toward a Green and Inclusive Recovery，参见 https://www.adb.org/sites/default/files/institutional-document/788046/adb-annual-report-2021.pdf。

[2] 参见 https://www.fdiintelligence.com/content/locations/how-fdi-can-help-emerging-markets-to-diversify-74800。

对商业银行贷款有重要的补充作用[1],尤其是对因风险偏高、缺乏抵押品而易被银行忽视的中小微企业来说更是如此。近年来,金融科技贷款在全球范围内迅猛增长,2017年全球另类授信额度占总贷款额度的比例就已超过50%(见图6.8)。根据中国虚拟银行网商银行发布的数据,2017年其网商贷产品99.8%的借款方是小微企业(年销售额低于100万元),其中一半来自三、四线城市。[2] 大型金融科技公司(Bigtech)还能够为中小微企业提供授信以外覆盖支付、保险、存款、投资等多维度的金融服务。[3]

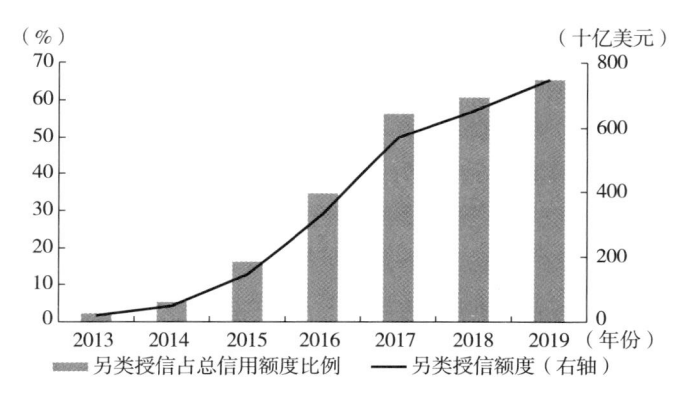

图6.8 全球范围内另类授信额度显著增长

资料来源:国际清算银行[4],中金研究院。

(三)发展"一带一路"资本市场

中国和国际经验显示,投融资市场最终会走向多元化,多种融资方式并存,不同的投融资需求和不同性质的"一带一路"项目都能有与其特征和风险属性相

---

[1] Tang, Huan. "Peer-to-Peer Lenders Versus Banks: Substitutes or Complements?" *Review of Financial Studies* 32, 2019.
[2] Huang, Yiping, et al. "Fintech Credit Risk Assessment for SMEs: Evidence from China." 2020.
[3] Jon Frost, Leonardo Gambacorta, Huang Yi, Hyun Song Shin, Pablo Zbinden. "BigTech and the Changing Structure of Financial Intermediation." 2019.
[4] Cornelli, Giulio, Jon Frost, Leonardo Gambacorta, P. Raghavendra Rau, Robert Wardrop, and Tania Ziegler. "Fintech and big tech credit: A new database." 2020.

匹配的资金支持，这包括银行信贷和以资本市场为主的直接融资，以及不同主体通过资本市场参与"一带一路"建设，共享收益，共同承担风险。[1] 与银行间接融资相比，资本市场融资存在多重借贷方。一些"一带一路"新兴经济体获取信息的成本高昂，信贷信息的积累不会一蹴而就，银行借贷有明显优势，资本市场融资则存在难以逾越的信息阻碍和"搭便车"问题。而在投融资方和信息来源更为分散的资本市场，对投资盈利能力的多方不同观点有利于反映真实情况。同时，资本市场相较银行可以更有效地进行项目市场监督，并更有可能强制取消低效的投资项目。资本市场的投资主体有不同的风险偏好和收益率要求，"一带一路"投融资需要考虑资本市场内在的多样性。

不同经济体，包括美、英、德、日等发达国家，其金融格局也有较大差异，特别是资本市场的重要性不一样。在经济发展的过程中，各主要国家金融市场发展程度总体提升（见图6.9）。但从市场结构来看，2000—2021年，美国银行体系占比维持低位，在英国、日本、德国等国，银行资产由高位走低；部分共建"一带一路"国家如阿根廷、韩国、南非则趋势各异，但银行资产仅在韩国呈明显上升趋势。而除了德国，各国债券市场体量普遍增长。股票市场体量在韩国、南非、美国、日本呈上升趋势，在德国、英国、阿根廷则没有明显增长，不过从绝对体量上看，英国（世界银行2014年数据：116.5%）远超德国和阿根廷等国家，其中阿根廷股票市值于2019年仅占GDP的8.7%。

资本市场发展程度与经济发展水平正相关[2]，但也受到产权与投资者保护、法律体系等因素的影响。不同类型的金融安排可支持实体企业和金融机构、市场更加有效地评估潜在的投资机会、优化公司管理、促进风险防控、增强流动性并调动社会储蓄资金。与投融资相关的制度和环境直接影响特定金融安排的可行性和效率。对股东权益的保护相较债权人权益保护更强、会计体系更可靠、存款保险更弱的国家，可能会更多发挥资本市场的作用。[3] 从数据来看，在保护少数权

---

[1] Michael Thiel. "Finance and economic growth — a review of theory and the available evidence." 2001.

[2] Cull, Demirgüç-Kunt, and Lin. "Financial structure and economic development: A reassessment." 2013.

[3] Demirguc-Kunt and Levine. "Bank-based and market-based financial systems: Cross-country comparisons." 2001.

图 6.9 主要国家金融市场结构

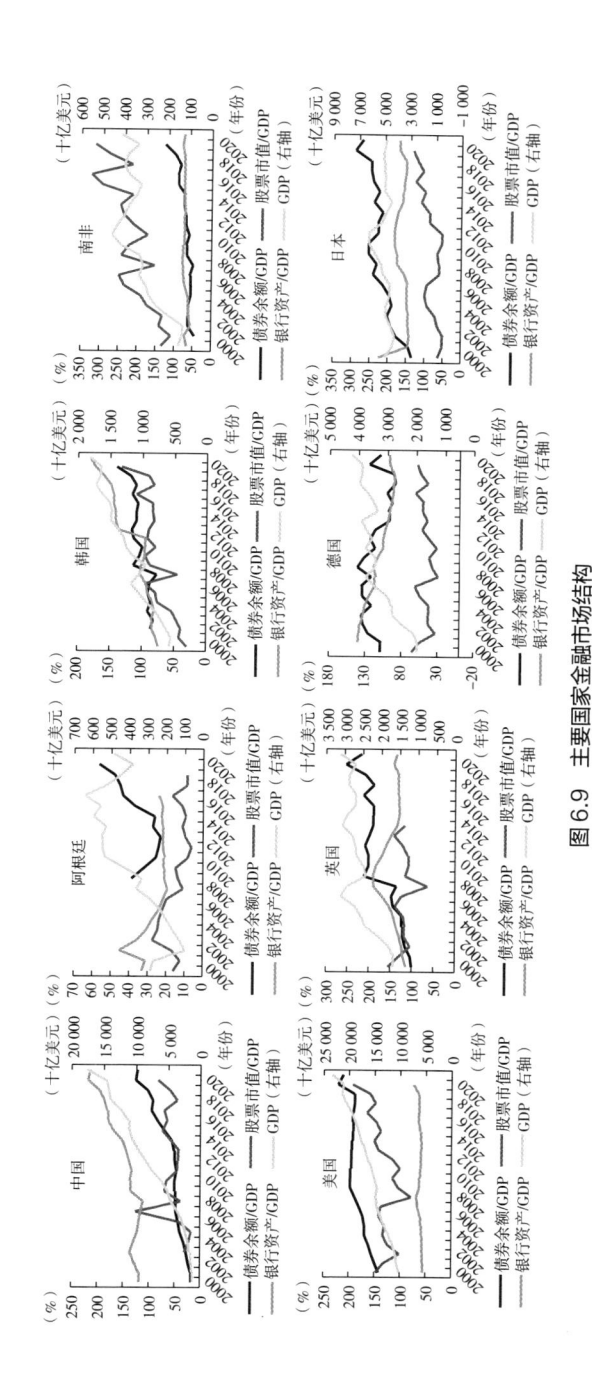

注：债券余额为国内及国际债券存量总计。
资料来源：世界银行，国际清算银行，中金研究院。

第六章 "一带一路"金融合作：现状与挑战

益股东上得分相对较低的国家（如德国、日本、阿根廷等），股票市场发展程度也相对较低；而股票市场发展程度在新兴市场中名列前茅的南非，在保护少数权益股东上的得分仅次于英国。作为人均GDP相近的新兴国家，阿根廷对少数权益股东保护不足，其金融市场的发展也大幅落后于中国。[①]

"一带一路"资本市场的成长和不断壮大有利于中国和共建"一带一路"国家的金融发展，不过除了经济发展水平、制度环境等限制因素，也面临着政策支持力度不足、监管协调成本高、中资和共建"一带一路"国家金融机构能力建设尚需加强、跨境资本流动存在限制等其他众多共性问题。中资机构股权投资基础薄弱，在共建"一带一路"国家中的业务处于起步阶段，投资风险较高；"一带一路"债券、熊猫债规模小，点心债期限短，对"一带一路"项目的支持力度有限。发挥"中国专家"专长，利用中国特殊新兴国家金融经验，推动"一带一路"金融国际化，是未来"一带一路"金融发展的重要方向。同时，多方协作推动监管机构和金融机构双层次联通机制和"一带一路"国际资本市场机制，建立"一带一路"跨国金融范式；股票/债券通、CDR（中国存托凭证）联通"走进来"，通过QDII（合格境内机构投资者）"走出去"，与共建国家交易所加强合作，完善互联互通机制。"一带一路"金融参与者应把握契机，有针对性地解决问题，推动"一带一路"资本市场发展。

三、风险防范和化解

"一带一路"金融面临开发性金融和跨国商业性金融存在的共性问题和挑战，其中包括：（1）传统开发性金融中可能出现"援助依赖"，受援国因长期依赖大量外部援助而削弱其经济发展投融资的内生动力；（2）资源过度集中在少数规模较大的项目，一个项目的失利可能导致严重的资源浪费；（3）国际经验显示，一些新兴国家的治理水平和透明度有提升空间，如果援助资金被滥用或挪用，则可能破坏其公信力；（4）不同参与方的目标不完全一致，如果缺乏协调，项目的执行和效果会受到影响。开发性金融和援助关注援助方的利益，不完全契

[①] 资料来源：世界银行；Djankov, McLiesh and Shleifer, "Private Credit in 129 Countries," 2007。

合受援国的发展需求。"一带一路"金融主要是发展中国家间的国际金融，面临一些特殊的风险，其防范和化解是"一带一路"金融健康发展的必要条件。

（一）特殊风险

"一带一路"金融服务共建"一带一路"国家，面临一些特殊的风险。第一，在全球地缘政治日趋紧张的格局下，亚非地区的一些共建国家通常地缘政治风险较高、政治稳定度偏低（见图6.10）。在2013—2020年，共建国家地缘政治风险指数上升，且亚非区域的共建国家地缘政治风险指数高于世界平均值。部分共建"一带一路"国家因其特殊地理位置或丰富的自然资源而深受地缘政治影响，如中东地区；个别共建"一带一路"国家间存在冲突，如围绕科索沃问题存在分歧等。地缘政治和社会风险给推进"一带一路"项目带来威胁：2014年7月，缅甸搁置了中缅两国铁路项目；2015年3月，斯里兰卡暂停了科伦坡港口城项目等。

第二，"一带一路"建设面临环境风险，给环保及技术带来诸多挑战。大多数共建"一带一路"国家具有较为复杂的地理条件和薄弱的生态环境，给"一带一路"建设项目带来较高的技术挑战，尤其是交通、水利等建设工程面临较大风险。"一带一路"沿线覆盖平原、海洋、荒漠、沙漠、冻土等各样地貌，东南亚与南亚等地区易受台风影响且洪水频发，缅甸有2 500万居民居住在两个拟议中的公路项目的下坡，易受泥沙淤积和洪水的影响。[①]"一带一路"沿线途经多样生态区，基础设施建设可能给植被动物保护增加难度，生态保护责任大，如"一带一路"项目穿越中印缅生物多样性热点地区、中亚山区、东南亚珊瑚三角等荒野保护区。此外，许多共建国家生态脆弱性较高：共建国家人口密度较世界平均水平高一半以上，国家单位GDP下的能耗、二氧化碳排放等高出世界平均水平50%以上，而单位GDP的钢材消耗、有色金属消耗、水资源消耗等高出世界平均水平两倍以上。"一带一路"建设在高生态敏感性的国家面临一定的可持续性风险，也可能面临来自环保组织等方面的压力。

[①] 世界银行：《"一带一路"经济学——交通走廊的机遇与风险》，2019年。

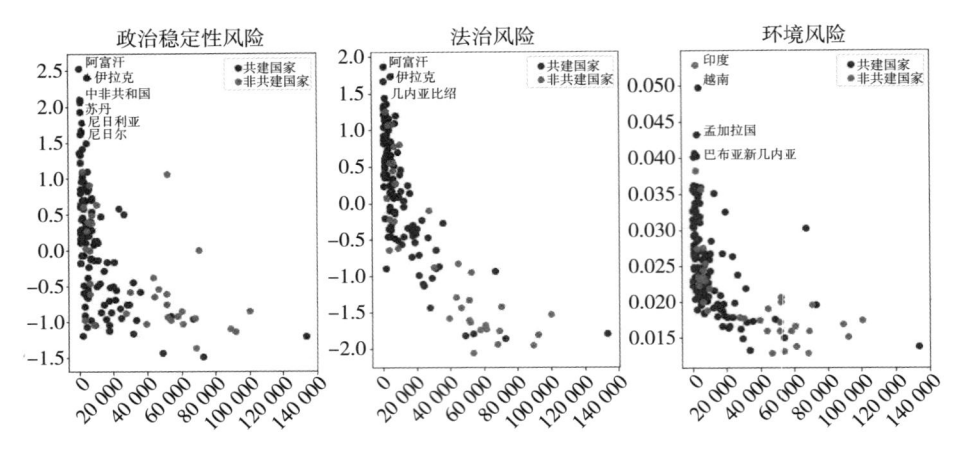

图 6.10 部分共建"一带一路"国家存在较高风险

注：横轴为 2020 年人均 GDP，以美元计。纵轴为各项指标的评分，并通过取负数或倒数处理使数值越大表示风险越高。

资料来源：世界银行，EPI，中金研究院。

第三，部分共建"一带一路"国家存在资本和外汇管制，一些国家的治理体系仍有待进一步完善，为"一带一路"联通金融和经济融合发展增加了难度。不同形式、不同程度的资本和外汇管制会限制跨境资本流动，增加投融资成本，降低资源配置效率，推高项目可持续性风险，不利于共建国家间的项目合作和"一带一路"贸易增长、经济金融发展。治理及法治方面的风险则可能带来项目透明度、所有权等方面的风险。此外，"一带一路"项目以基础设施建设为主，面临该类投资的特定风险。根据世界经济论坛对全球建筑公司、投资公司等展开的基础设施投融资风险调研，基础设施建设面临建筑、竣工/调试、操作、转移/移交、宏观经济等主要风险：市场需求变化易导致项目无法实现预期收益从而无法维持运营成本，带来操作运营风险；合同法律约束性不强易导致移交转移纠纷问题，带来转移/移交风险；外汇波动易影响一国进出口、经济增长等，同时对一国政治、监管制度提出挑战，带来宏观等方面的风险。[①] 目前投资者主要通过风险传递，以及使用多边开发银行、出口信贷和类似机构等提供的工具进行风险缓解。由于基建项目资金量大、周期长，一些大型基建项目需要多个机构以

[①] World Economic Forum. "Risk Mitigation Instruments in Infrastructure Gap Assessment." 2016.

成立合资机构或是特殊目的公司等方式共同出资。以巴基斯坦的卡洛特水电站项目为例，其总投资金额高达17.4亿美元，股权占比25%，债权占比75%，出资人包括政策性银行、国有基金和多边机构等。[①]

（二）风险防范和化解

"一带一路"金融支持项目数量多、规模大、种类丰富，涉及经济风险、政治风险、环境风险、市场风险等多维度和多领域风险。部分共建"一带一路"国家在参与"一带一路"金融前已负担沉重债务，在新冠疫情发生后各国经济下行、政府债务大幅上升的大形势下，面临较大的经济和债务风险。特别是一些中小新兴国家在疫情发生后经济增长失去动力、财力匮乏，债务承担能力有限，面临严峻的经济形势。截至2023年3月，超过50%的共建"一带一路"国家主权风险评级为投机级，仅24%的共建国家主权风险评级为A级及以上。[②]根据国际货币基金组织和世界银行的评估，2022年底全球70个低收入国家中，有36个处于债务承压（已出险或高风险）状态，其中32个是共建"一带一路"国家。这些共建国家本身经济相对薄弱，在参与"一带一路"合作前已存在对多边机构和一些发达国家、周边区域大国的债务，"一带一路"债务只是其中一部分，债权各方需共同协商解决其债务问题。相关各方需要加强评估机制，关注一些新兴共建"一带一路"国家的债务承担能力以及相关项目和经济的发展前景，在风险可控的前提下妥善合理推进"一带一路"金融。

政府和金融机构内部严格评估评价程序，准确评估项目风险，从而有针对性地加强风险管理，可助力推进"一带一路"金融。完善风险识别体系，构建项目风险评级系统，有助于事前规避风险。世界银行于20世纪70年代成立了独立评估局（Independent Evaluation Group，IEG），对其项目的效果及背后原因进行分

---

① Weidong Liu, Yajing Zhang & Wei Xiong. "Financing the Belt and Road Initiative, Eurasian Geography and Economics." 2020. 参见 http://pk.china-embassy.gov.cn/eng/zbgx/CPEC/201901/t20190104_1270086.htm。
② 资料来源：Moody's。

析，并以此指导新投资项目的选择、计划、协作方法及质控等。[①] 这一评价体系的引入促进了世界银行投资项目平均风险的明显下降。探研共建"一带一路"国家的风险及法律法规和相关政策，针对风险点出台相应管理条例，并由政府和政策性金融机构引导推动国际合作，鼓励共建"一带一路"国家签订双边或多边投资保护协定，有助于推动"一带一路"国际合作以多种方式预防或降低风险。

1. 与东道国政府、企业投融资合作

"一带一路"项目以新兴国家和发展中国家投资为主，寻求东道国合作以政府担保、多方机构共投等方式降低违约风险。政府担保在一定程度上可以降低项目投融资风险，增强项目可持续性。世界银行的数据显示，1947—2001年，无担保的国际复兴开发银行贷款偿还额占比的波动幅度远高于有担保贷款，无担保的国际复兴开发银行贷款免除偿还义务金额占比的波动幅度远高于有担保贷款。目前，部分"一带一路"项目已寻求政府担保，如蒙巴萨-内罗毕铁路建设90%的出资来源于中国进出口银行贷款，肯尼亚政府设立特殊的海关税基金、土地补偿措施等作为还款担保；巴基斯坦卡洛特水电站项目中，巴基斯坦政府对电费支付提供担保并承担由巴方导致的违约赔偿。[②]

2. 推动与国际或区域组织多方合作

"一带一路"金融中多方机构合作有助于降低单一投资者承担的风险，特别应推动国际组织、区域组织参与"一带一路"金融合作。多边机构跨境金融经验丰富且政治立场更为中立，其参与"一带一路"金融可减少政治风险，提高参与方之间的互信，共同承担投资风险。开发性金融机构通常具有较为丰富的专家资源、完善的项目审核评估体系、丰富的协调经历、更全面的管理条例，如世界银行等具有更复杂且完善的合约条款，国际金融公司、亚洲基础设施投资银行、亚洲开发银行等具有更完备的投融资机制和管理机制等。国际和区域组织参与，其

---

① 参见 https://ieg.worldbankgroup.org/sites/default/files/Data/More-on-IEG/IEG-TheoryOfChange-July2021-Summary.pdf。

② 国家开发银行：《"一带一路"基础设施投融资分析》，2019。

多边优势和政治影响力可帮助提高项目信用评级、降低融资成本，也有助于引入私人部门跨境投资、拓宽融资渠道；其推进开发性金融的丰富经验和专业知识可助力吸引投资与技术支持，提高基础设施建设的水平与质量，助力共建"一带一路"国家经济增长和"一带一路"金融可持续性。总体而言，对国际基础设施投资态度越开放的国家，越容易获得国际基础设施投资和技术支持，从而拥有更完善的基础设施[1]，在多方合作推动基础设施建设发展的同时有助于促进国家开放程度，进一步促进基础设施建设水平和质量的提高。

多方金融合作支持发展项目在亚太地区已有先例。亚洲开发银行与世界银行建立的合作伙伴关系，通过共同融资、共同提供专业技术支持等，为亚太地区实现更为全面、可持续、平衡和综合的发展目标提供了支持和保障。[2] "一带一路"金融可与国际及区域组织通过联合融资、建立银行间合作机制等方式推动多方合作。目前，"一带一路"项目多方合作进展顺利，包括与亚洲基础设施投资银行合作支持孟加拉国天然气基础设施和效率改善等项目；丝路基金与国际开发性机构和国内外金融机构合作建立联合投资基金、资产管理公司和其他类型的投资实体并对项目开展联合融资，比如丝路基金与欧洲投资基金共同投资的中欧共同投资基金规模约5亿欧元；丝路基金同国际金融公司、国家开发银行、中国进出口银行联合为巴基斯坦卡洛特水电站项目提供约14亿美元的贷款支持；国家开发银行发起设立了上合银联体、中国－中东欧银联体、中阿银联体等银行间合作机制，同渣打银行、巴克莱银行、花旗银行、德意志银行等签署针对"一带一路"项目的合作备忘录等。

"一带一路"金融国际合作是降低风险、提高效益的重要方式。这不仅体现在国际组织和多边机构的参与上，更重要的是中国金融机构和企业能够由此更好地"走出去"，增强其海内外投融资能力和对共建"一带一路"国家金融的理解。金融服务中的"认识客户"（Know Your Customer，KYC）也要求金融机构对参与"一带一路"金融的国家和企业有深度了解。与日本20世纪五六十年代在经济腾飞后由政府引导、金融机构和企业跟进的海外投资模式相似，"一带一

---

[1] 资料来源：Global Infrastructure Hub。
[2] 参见 https://www.adb.org/zh/news/features/adb-world-bank-partnership-helping-pacific-reach-development-goals。

路"金融需要为中国和共建"一带一路"国家实体经济服务，助力中国企业国际化。这包含多个层次的国际化：有国家和政府层面的金融体制和架构联通建设；有资本和外汇市场的互联互通，包括支付和清算体系的连接和人民币国际化；有金融机构的海外布局和双边、多边合作；有中国和共建"一带一路"国家协作推进金融产品包括衍生品的国际化。其中，本币和人民币结算对保障共建"一带一路"国家经济安全独立和贸易投资具有重大意义。同时，"一带一路"发展要更多利用现有国际金融体系中已有的保护措施，如直接保险、双边投资协定、多边投资担保机构担保等。截至2020年底，中国与共建"一带一路"国家签订了57份双边投资协定，但中外双边投资协定的保障效力有待加强。[1]截至2022年4月，已有23家保险公司加入"一带一路"再保险共同体。[2]

四、思考与启示

"一带一路"金融对推进"一带一路"项目服务实体经济建设和推进共建"一带一路"国家金融发展意义重大，也反映了二战后开发性金融的目标和形式在不断与时俱进的过程中产生的新趋势，以及一些主要发达国家和发展中国家的重要经验。从战后重建，到20世纪六七十年代的大型基础设施项目如水坝和高速公路等，以及90年代的减贫、工业化和社会发展，对教育、医疗保健和其他基本服务、可持续发展等的重视，再到"一带一路"金融中基础设施、能源等产业核心地位的改变，全球治理和发展中国家发展的优先事项和需求不断变化。与传统开发性金融一样，"一带一路"金融面临一些重大挑战和风险，如一些欠发达国家在接受援助后可能产生的依赖、腐败、低效、缺乏协调等。随着国际形势的变化，"一带一路"金融也面临一些独特的挑战，特别是近期日趋紧张的全球大环境中地缘政治风险凸显，个别国家政局、社会不稳定，以及新冠疫情发生后全球经济增长乏力。在全球金融面临冲击的情况下，参与"一带一路"倡议的一

---

[1] 参见 https://hanspub.org/journal/PaperInformation.aspx?paperID=55461。双边投资协议数量根据联合国贸易和发展会议及中国商务部的数据整理。

[2] 参见 http://finance.people.com.cn/n1/2022/0401/c1004-32389827.html。

些欠发达国家可能出现债务偿付风险。

"一带一路"金融要有效支持参与共建"一带一路"的新兴国家长期经济发展和互联互通、共同繁荣。强化"一带一路"区域内双边或多边金融与实体经济跨境多方协作,"一带一路"市场和资源的互联互通,探索创新投融资机制支持可持续发展,防范、降低风险是"一带一路"金融的必由之路。这需要多方积极参与、协作,其中包括和传统发展融资中的多边组织、联合国机构、非政府组织及私人部门等合作,让这些参与者发挥应有的作用。在这个过程中,中国金融机构陪伴、协助中国企业一起"走出去"、加强国际化尤为重要。中国金融机构能力建设是为中国相关企业和共建国家提供金融服务的关键一步,金融机构可通过直接投资、并购、建立合作伙伴关系、提供技术和咨询支持以及发行金融产品等方式"走出去",并在此过程中不断提升国内国际业务专业能力、扩大金融跨境影响力。要尊重共建国家具体国情及其独特的金融格局,在保持金融灵活性和韧性的基础上促进跨境金融开放,因地制宜支持经济发展。

"一带一路"金融在资金投向多元化的同时应坚持对基础设施建设的关注,特别是移动通信、互联网、人工智能等可催生新的商业模式和机遇、提高生产力的新数字经济基础设施,支持数字技术在包括农业、医疗保健和教育等不同领域的采用和发展。"一带一路"基础设施建设离不开金融服务,推进中国金融国际化以及与共建"一带一路"国家的金融合作是关键,如建立集中清算体系,共同推动共建"一带一路"国家区域金融中心建设,推进"一带一路"相关金融监管机构合作体制,确立"相互承认"和"国内控制"的原则,注重跨境风险管理并加强实时监管和沟通,持续监控金融格局变化,确保共建"一带一路"国家金融体系的长期稳定。"一带一路"金融中对不同项目可行性、可持续性、社会和环境影响,以及对东道国经济、财政承受能力的衡量和评估对于降低风险尤为重要,必须确保"一带一路"金融有效支持实体经济并使当地社区和民众受益、反映当地的需求和优先事项。

"一带一路"金融应支持引导私人部门发挥更大作用,提高收益、降低成本,加强"一带一路"金融长期可持续性。私营金融机构和企业投融资对促进经济增长和就业有重要作用,"一带一路"金融可向企业提供更多融资便利和其他形式的支持,并通过优化政策和监管为私人部门跨境投资、获取盈利创造有利环境。政府机构、金融机构和企业共同推进创新融资机制和产品，如为特定社会项目或为环境保护（如可再生能源）提供资金的社会债券或可持续发展挂钩债券，增强"一带一路"项目的社会接受度，让中国和共建"一带一路"国家的不同项目参与方普遍受益。

第七章

"一带一路"债务：风险化解

2008年后,出于维持国内经济增长和财政开支的需要,共建"一带一路"发展中国家政府增加借贷,带动债务水平和偿付压力上升。2020年暴发的新冠疫情加剧了这些国家的偿付困境,且全球宏观环境和实体经济等因素表明这一问题还具有持续性。

在共建"一带一路"发展中国家政府增加借贷的同时,中国对外放贷明显增长,扮演了为各国提供发展急需资金的积极角色。中国对外放贷是全球南南合作加强的体现,资金多流向基建领域。相应的是,中国债权方的出资形式主要表现为银行贷款,并尝试在优惠性和商业性之间取得一定平衡。

与发达国家债权方相比,中国债权方的头寸占比较低,贷款条件较宽松,更多基于商业性目标。此外,中国债权方的风险处置手段更倾向于采取与境内债务类似的展期等方式。综合来看,有关中国债权方利用自身优势损害债务国利益的说法并不属实。往前看,考虑到发展中国家面临的偿付压力正部分转化为切实的违约风险,发展中国家主权违约风险处置将是未来全球各类债权方的共同关切与合作热点。

历史上,主权违约事件多有发生,债务重组有助于解决债务危机、帮助债权方回款。经过多年发展,主权违约处置已演变成官方债权人和私人债权人通力合作的模式。具体实践来看,1989年美国处理拉美债务危机的布雷迪计划较好地结合了国际援助与市场化重组,受到各方普遍欢迎,并取得了较好的处置成效。布雷迪计划对此后数轮主权债务危机的处置具有标杆意义,国际社会在处理本轮发展中国家债务问题的过程中也可借鉴其可取之处。

综合来看,中国可着手在多个方面优化对外放贷实践。事前方面,中国可提升对外放贷的一致性和多样化水平,包括加强债权机构间协调、增强多边国际机构的作用等。事中方面,中国可着手加强存续债权的监测和管理,完善并利用好债务可持续性分析。事后方面,中国可逐步构建起系统性、差异化的债务处置机制,并与中国的对外发展战略相结合。尤其是,中国的私人债权人可积极推动或参与市场化重组,利用国际金融体系维护自身正当利益。[1]

---

[1] 本章作者:张帅帅、林英奇、洪灿辉、李佩凤。

一、共建"一带一路"发展中国家面临债务偿付压力

(一)共建"一带一路"发展中国家债务可持续性下滑

共建"一带一路"发展中国家政府债务水平已逐步攀升至历史高位。2019年,共建"一带一路"发展中国家的政府债务占 GDP 比重已达 55.4%。2020年,这一数字进一步跃升至 67.4%,已接近 1990 年的历史高位(见图 7.1),历史上,1990 年前后也是发展中国家债务危机的高发期。2021 年,共建"一带一路"发展中国家存量外债共有 5.1 万亿美元,其中政府部门外债为 2.9 万亿美元。[①]

当前共建"一带一路"发展中国家的困境突出体现在偿付压力上。发达国家政府债务的偿付压力在过去 30 年处于持续下降趋势,政府借贷显示出动态有效性。[②] 与此不同的是,共建"一带一路"发展中国家的政府债务利息偿付占税收的比重跟随政府债务上涨,已从 2008 年的 10.8% 大幅攀升至 2021 年的 18.9%,全球低利率并未反映到这些国家政府的借贷效率上。2021 年,这一数字已逐渐接近发展中国家爆发大规模债务危机的 1990 年时 25.0% 的高点,是同期发达国家的

[①] 资料来源:世界银行。
[②] Yared, P. 2019. "Rising government debt: Causes and solutions for a decades-old trend." *Journal of Economic Perspectives*, 33(2), 115–40.

3.3倍（见图7.1）。相比发达国家，共建"一带一路"发展中国家政府面临的偿付压力明显更大。

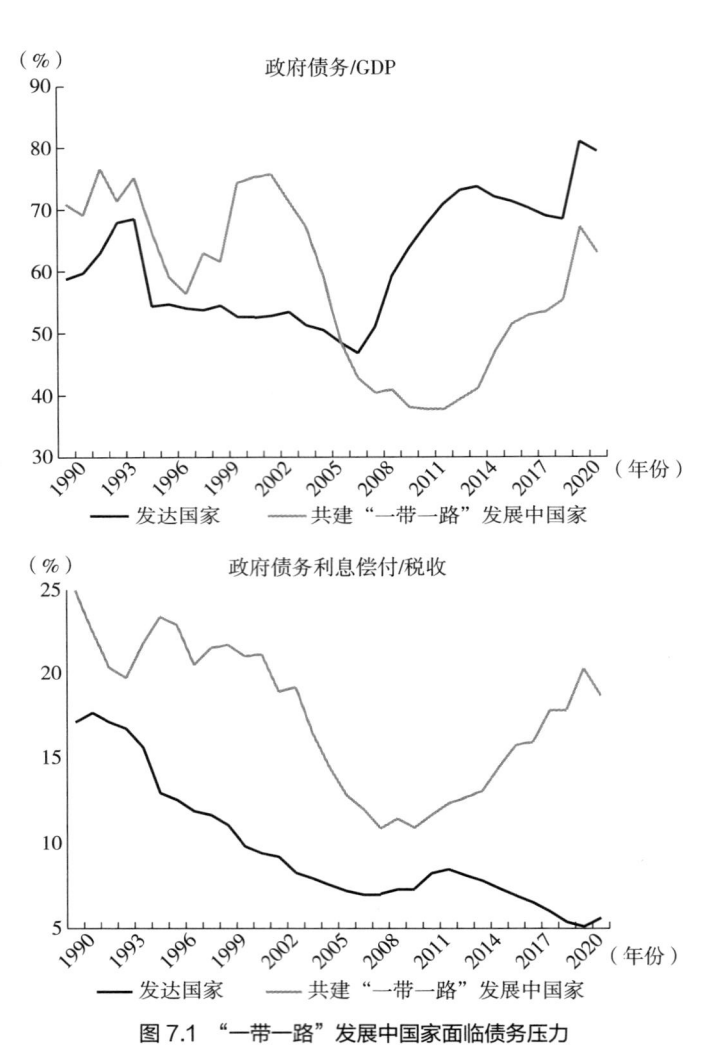

图7.1 "一带一路"发展中国家面临债务压力

注：数据来源于世界银行跨国财政空间数据库，共有150个发展中国家和地区，40个发达国家和地区，其中参与共建"一带一路"倡议的发展中国家共有126个（数据均不包括中国，下同）。图中数据为简单算术平均，采用GDP加权平均不改变基本结论，下同。20世纪90年代初期，部分发展中国家处于违约或危机中，此类情况在计算过程中予以剔除。

资料来源：国际货币基金组织，世界银行，中金研究院。

早在新冠疫情发生前，共建"一带一路"发展中国家政府债务的可持续性就饱受多方面困扰。首先，全球发展中国家经济增速已然放缓，财政收入增长乏力，过往举债维持国内开支的做法已导致债务负担加重。其次，受限于发展水平、经济结构等因素，发展中国家财政收入仅占 GDP 的 10%~20%，而发达国家则平均高达 40%。[①] 根据国际货币基金组织和世界银行的统计，2017 年，获得官方发展援助并披露税收数据的 124 个国家和地区中，超过 1/3 的国家和地区的税收占 GDP 的比例低于 15%，超过 2/3 的国家和地区低于 20%。有研究估计[②]，2019 年低收入国家[③] 平均需要占 GDP 15.4% 的资金弥补支出缺口，税收能力不足导致的债务偿付压力不言而喻。

新冠疫情发生后，共建"一带一路"发展中国家政府的债务压力加大。2020 年新冠疫情暴发后，全球各国财政收入锐减，但各国政府为推动经济复苏而采用的一揽子刺激计划又增大了支出需求。这种情况下，各国政府更加依赖借贷弥补财政收支差距，债务水平因此跃升。其中，共建"一带一路"发展中国家延续了新冠疫情前长达数年的财政赤字局面。2015—2021 年，共建"一带一路"发展中国家的财政赤字占税收的比例平均达 41.9%，是 GDP 的 7.1%[④]。与此同时，新冠疫情的发生也导致国际债权人减少投入。根据世界银行的统计，发展中国家的短期债权资金从 2019 年的 413.9 亿美元净流入转为 2020 年的 149.2 亿美元净流出。此外，来自私人债权人的长期债权资金净流入，从 2019 年的 1 500 亿美元锐减至 2020 年的 1 098 亿美元，降幅高达 26.8%。[⑤]

面对偿付压力，主权违约的可能性上升。根据世界银行的数据，2020 年共建"一带一路"发展中国家的债务拖欠延续增长态势，拖欠本金已增至当年应还

---

① Besley, T. and Persson, T. 2014. "Why do developing countries tax so little?" *Journal of Economic Perspectives*, 28(4), pp.99–120.
② Gaspar, V., Amaglobeli, M.D., Garcia-Escribano, M.M., Prady, D. and Soto, M. 2019. "Fiscal policy and development: Human, social, and physical investments for the SDGs." International Monetary Fund.
③ 低收入国家指同时有资格获得减贫与增长信托（PRGT）和国际开发协会优惠性贷款的国家，或者有资格获得国际开发协会无偿援助的国家。
④ 资料来源：世界银行。
⑤ World Bank, International Debt Statistics 2022.

本金的6%，拖欠利息则占当年应还利息的12%。面对这一局面，国际社会推出多项紧急措施，包括国际货币基金组织增发特别提款权和G20的暂缓最贫困国家债务偿付倡议（DSSI），但这些措施更关注缓解流动性压力，对于解决债务压力的作用有限。[①] 与此同时，这些国家的债务重新安排金额已达到历史高点，从2019年的1.3亿美元飙升到2020年的766亿美元。面对这一压力，赞比亚、斯里兰卡等国已相继违约。[②] 违约发生后，这些国家可能被排除出国际借贷市场，致使偿付困境进一步加重。

（二）公共债务承压在共建"一带一路"发展中国家相对普遍，且料将持续

当前，共建"一带一路"发展中国家公共债务承压是普遍现象。国际货币基金组织和世界银行评估，2022年底全球70个低收入国家中，有36个处于债务承压（已出险或高风险）状态[③]，其中32个是共建"一带一路"国家。2023年，国际货币基金组织评估债务承压的低收入国家占比进一步升至60%。[④] 更值得关注的是，债务偿付困境还不局限于低收入国家。2008年以来，中等收入国家偿付负担的回升程度与低收入国家相当，主权债务承压是普遍现象。

向前看，共建"一带一路"发展中国家面临的偿付困境还具备相当的持续性，主要是全球宏观环境转变和受实体经济影响两个方面的原因，使国际债权人蒙受损失。一方面，全球宏观环境正在转变，共建"一带一路"发展中国家维持主权债务有序滚动的难度加大。2022年以来的全球经济增长放缓将拖累共建"一带一路"发展中国家的增长，冲击主权债务偿付能力。同期，欧美发达国家密集加息，共建"一带一路"发展中国家面临资金外流、货币升值和债务利率上行的

---

① Fresnillo, I. 2022. "The G20 will fail again. Eurodad."
② 本文采用标准普尔等信用评级机构的宽泛定义，当债务国违反合同条款或是"不论自愿或强迫，以劣于原始发行条款的新条款重组债务，导致债权人蒙受损失（债务剃头，debt haircut）"，即视为违约。资料来源：Tomz, M. and Wright, M. L. 2013. "Empirical research on sovereign debt and default." *Annual Review of Economics*, 5(1).
③ 参见 https://www.worldbank.org/en/programs/debt-toolkit/dsa。
④ CBS News. 2023. "IMF head Kristalina Georgieva on the issues facing the global economy."

多重压力，维持债务有序滚动的难度随之加大。2022年后，加纳、孟加拉国等国面临利率飙升、外汇耗尽问题，转向国际货币基金组织寻求偿债支持。[1] 此外，多数发展中国家高度依赖能源、矿产、农作物等大宗商品出口，大宗商品价格下跌带动出口和财政收入下滑，偿付能力因此下滑。历史上，跨国资本流动和大宗商品价格的下行阶段与主权违约事件高度重叠。[2] 当前，大宗商品价格的下行风险同样加大了共建"一带一路"发展中国家主权违约的可能性。

另一方面，债务压力还可能传导至实体经济，甚至与国内金融风险交织，放大债务国的主权违约风险。首先，有研究统计，1972—2000年，债务危机导致债务国的信誉受损、国际借贷变难和国际收支承压，债务国的GDP每年下滑1%~4%[3]，经济产出的下降反过来又制约了偿付能力。其次，主权违约风险可能蔓延至国内银行业，触发孪生危机。[4] 银行体系受损后，会降低对私人部门的贷款，拖累债务国的长期增长和偿债能力。极端情况下，主权与企业违约风险相互交织，形成"厄运循环"。[5] 最后，债务违约风险如果出现跨国传染，可能演变成整个地区的系统性问题。例如，20世纪80年代的拉美债务危机和2010年的欧债危机，均是初始发生于个别国家的风险事件，最终扩散至整个地区。主权债务违约风险的外溢性，也是可能加重本轮共建"一带一路"发展中国家偿付困境的因素之一。

二、中国对外债权的现状与特征

（一）中国对外放贷现状概览

中国对外贷款数据主要包括两个来源，各有优势和不足，综合运用有助于提

---

[1] Gbadamosi, N. 2022. "Ghana Goes to the IMF. Foreign Policy."
[2] Reinhart, C. M., Reinhart, V., & Trebesch, C. 2016. "Global cycles: capital flows, commodities, and sovereign defaults, 1815–2015." *American Economic Review*, 106(5), 574–80.
[3] Panizza, U., Sturzenegger, F. and Zettelmeyer, J. 2009. "The economics and law of sovereign debt and default." *Journal of Economic Literature*, 47(3), 651–98.
[4] Borensztein, E. and Panizza, U. 2009. "The costs of sovereign default." IMF Staff Papers, 56(4), 683–741.
[5] Bocola, L. 2016. "The pass-through of sovereign risk." *Journal of Political Economy*, 124(4), 879–926.

升分析的全面性。第一，中国国际投资头寸表显示，2021 年末中国对外直接贷款余额为 9 628 亿美元，该口径主要涵盖中国境内机构通过向境外提供贷款和拆放等形式而持有的对外资产头寸。国际投资头寸统计的权威性高，但其对外贷款数据并不必然与"一带一路"倡议相关，也缺乏贷款条件、流向等相关细节，更适合用于在总量层面把握数据的准确性。第二，世界银行数据显示，2022 年末中国在共建"一带一路"发展中国家的债权规模约为 1 748 亿美元。值得注意的是，世界银行国际债务数据库由债务国自主申报，主要以政府部门债务为主，数据口径偏小。但世界银行数据的一大优势在于，覆盖了所有发展中国家和各类债权人，侧重于外债统计，且包含平均利率、期限等债务条款信息，便于做比较分析（见图 7.2）。不难发现，尽管两个数据在规模上存在差异，但在整体增长趋势上是相对一致的。综合来看，这两个数据来源各有优势与不足，本章将综合利用这两个数据来源展开分析。

图 7.2 中国对外债权头寸估算

资料来源：世界银行，中国国家外汇管理局，中金公司研究部。

从宏观层面来看，中国对外贷款是发展中国家间加强南南合作的一部分。传统上，发展中国家拥有自然资源和劳动力禀赋优势，寻求外部融资有助于发挥这一优势、激发国内经济增长潜能，发达国家通常扮演外部资金提供方的角色。但是，这一国际金融合作模式却遭遇跨国资金流动摩擦、制度差异、供需错配等因素的制约，流入发展中国家的资金绝对规模不足且波动剧烈。[1] 2000年以来，以金砖国家为代表的发展中国家取得了令人瞩目的增长成就，例如2008年后金砖国家经济增速显著高于发达国家，这些国家部分取代了发达国家成为其他发展中国家的外部资金来源，国际南南合作得到增强。[2] 在这一背景下，中国对共建"一带一路"发展中国家的贷款正是全球南南合作的重要组成部分。2000—2017年，中国投向亚洲、美洲、非洲地区的资金占对外贷款的76%。

具体行业上，中国与共建"一带一路"发展中国家的合作体现为贷款多投向基础设施建设。基础设施是共建"一带一路"发展中国家利用好自身禀赋优势、激发国内经济潜能的关键前提条件，这些国家因此拥有巨大的基础设施投入资金需求。根据亚洲开发银行的估算[3]，2016—2030年，亚洲国家基础设施建设资金缺口达26万亿美元，年均约17 333亿美元。另外，非洲开发银行估计非洲国家每年在基础设施方面的资金投入需求可达1 300亿~2 700亿美元。[4] 相应地，中国拥有资金、建设能力与经验等优势，且制造业发达，更有能力与共建"一带一路"发展中国家在基础设施建设领域达成合作。

在上述两个方面因素的共同作用下，基础设施互联互通是推进中国与共建"一带一路"发展中国家合作的核心，中国债权方主要是政策性银行和商业银行，出资形式以商业贷款为主。中国对外债权的投向行业集中在基建与能源领域，且在"一带一路"倡议提出后相关行业的集中度进一步加强。此外，鉴于中国对外放贷是全球南南合作的一部分，且多流向共建"一带一路"发展中国家的基础设施建设领域，这意味着单个项目的投入规模较大且建设周期较长，商业贷款因而成为主要出资形式。正因如此，国有政策型银行和商业银行在中国对外放贷中扮演着关键角色。从具体结构来看，中国对外贷款的资金流动以其他非官方发展援助类资金为

---

[1] Lucas, R. 1990. "Why Doesn't Capital Flow from Rich to Poor Countries?" *American Economic Review*, 80(2), 92–96.

[2] Zoccal Gomes, G., & Esteves, P. 2018. "The BRICS effect: Impacts of south-south cooperation in the social field of international development cooperation."

[3] Asian Development Bank (ADB). 2017. "Meeting Asia's infrastructure needs."

[4] Brautigam, Deborah. "A critical look at Chinese 'debt-trap diplomacy': The rise of a meme." Area Development and Policy 5(1), 2020: 1–14.

主，主要由政策性银行和国有商业银行发放，2013年后平均占比约90%[1]，显示中国对外放贷以商业性贷款为主。

根据中国进出口银行的数据，截至2022年末，该行对外合作领域业务余额为9 378.23亿元人民币（约1 400亿美元），较年初减少22.42亿元人民币。其中，国际主权合作贷款余额为6 100.38亿元人民币（约900亿美元），对外承包工程贷款余额为2 242.15亿元人民币，金融机构合作贷款余额为578.87亿元人民币。[2] 另外，根据国家开发银行的数据，截至2022年末，国家开发银行国际业务余额为2 856亿美元，涉及全球136个国家和地区，其中共建"一带一路"国家109个。[3] 此前国家开发银行曾披露，截至2019年9月底，共建"一带一路"国家业务余额约为1 600亿美元，重点支持了基础设施互联互通、产能合作、社会民生等领域的发展。[4]

（二）多方面来看，中国对外放贷实践不存在所谓的"债务陷阱"

"债务陷阱外交"指的是债权国或其机构出于提高自身政治影响力的考虑，向债务国提供贷款的做法。具体操作上，债权国向债务国提供过度信贷，目的是在债务国无法履行偿付义务时迫使后者做出经济或政治让步。此外，此类贷款条件通常不公开，债务国借来的钱通常用于支付从债权国承包商处采购的费用，其利益进一步受到债权国的侵害。2017年1月，一位印度学者首先提出针对中国推行"债务陷阱"的指责[5]，此后这一概念被两名哈佛大学研究生的论文进一步放大[6]。这一观点虽然引起了西方媒体、政策界和研究界的广泛关注和讨论，但

---

[1] Horn, S., Reinhart, C. M., & Trebesch, C. 2021. "China's overseas lending." *Journal of International Economics*, 133, 103539.

[2] 中国进出口银行：《中国进出口银行2022年度报告》，2023。

[3] 参见 https://www.investgo.cn/article/hd/gbr/gbriii/202305/669732.html。

[4] 参见 https://www.financialnews.com.cn/zgjrj/201912/t20191217_173573.html。

[5] Chellaney, B. 2017. "China's debt-trap diplomacy." Project Syndicate, 23.

[6] Parker, S., & Chefitz, G. 2018. "Debtbook diplomacy." Belfer Center for Science and International Affairs, Harvard Kennedy School, 24.

明显是对中国对外放贷实践的不了解和误读，本章将就中国与发达国家对外放贷的异同点展开讨论。

存量债权规模上，发达国家仍是主要的债权方。1990年以前，发达国家提供的跨境债务融资主要是双边贷款和银行贷款两种形式，1970年双边贷款占共建"一带一路"发展中国家公共部门外债的比重高达59.8%，银行贷款的占比也一度于1984年达到23.2%的高位。20世纪80年代，双边债权人和商业银行在拉美和东欧债务危机中受损严重，驱动发达国家对外债权形式发生根本转变。官方债权人方面，发达国家政府的对外放贷转向多边化，国际货币基金组织和世界银行等多边国际组织贷款占比从1970年的17.1%上升至2021年的35.8%。私人债权人方面，发达国家私人部门债权转向信息披露充分、市场化程度较高的债券形式。1990年后，债券占比也从1970年的4.1%上升至2021年的37.7%，是目前共建"一带一路"发展中国家占比最高的单一外债形式（见图7.3）。这些债券的投资者多为西方发达国家的基金、养老金等资产管理机构，相比其他债权人更分散，沟通难度也更大。

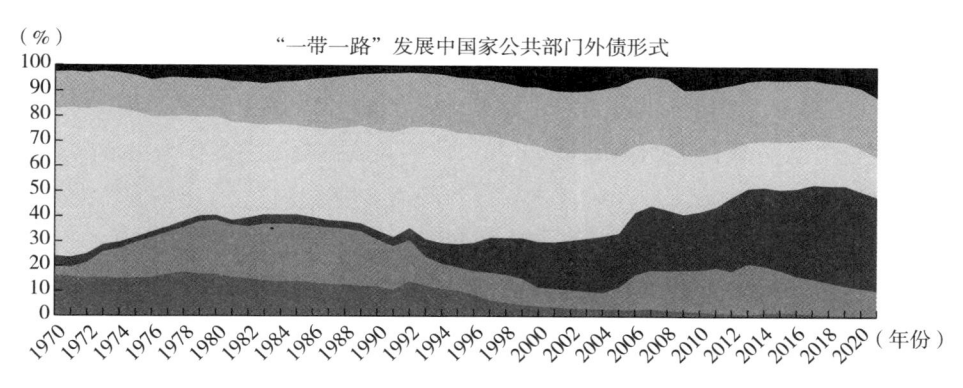

图7.3 共建"一带一路"发展中国家公共部门外债逐渐转向多边机构贷款和债券

资料来源：世界银行，中金研究院。

与发达国家有所不同的是，中国债权方"走出去"的经验仍有待积累，对共建"一带一路"发展中国家的贷款主要是双边贷款和银行贷款形式，这也部分导致中国对外债权成为被关注的对象。但是，债权形式的差异并不改变西方发达国家才是共建"一带一路"发展中国家最大债权方的事实。事实上，2018年非洲国家政府外债中35%来自西方的银行、资产管理公司和石油交易商，而中国债权方仅占12%。①从存量债权规模来看，中国债权方对共建"一带一路"发展中国家的放贷规模小于发达国家债权人，并不存在过度放贷问题。

从贷款条件来看，中国对外放贷给债务国带来的偿付压力较小。根据世界银行的数据，中国对外贷款在赠款比例、贷款利率、期限和宽限期等贷款条件上更接近于世界银行和巴黎俱乐部，相比纯粹商业目的债券更有利于债务国。相反的是，债券的收益率更高、条款更苛刻，债券市场波动更可能给债务国带来压力，极端情况下债券持有者甚至会对违约债务国持续发起诉讼，寻求更高偿付比率和超额收益。综合来看，中国对外贷款尝试在优惠性和商业性之间取得一定平衡，给债务国带来的偿付压力较小，有关中国提供苛刻贷款条件、在贷款定价上侵害债务国利益的说法缺乏证据支持。此外，中国在事前放贷决策中还借鉴了世界银行等国际主流模式，给予低收入国家一定的优惠待遇，并根据后者的偿付能力决定贷款优惠力度，仅凭借存量规模推断债务压力并不充分。

从放贷模式来看，中国对外放贷实践与发展中国家寻求外部资金的传统模式存在相似之处。正如前文所述，中国与共建"一带一路"发展中国家的金融合作有助于这些国家发挥自身禀赋优势、激活经济增长潜力，这一模式在中国自身的发展过程中也发挥了重要作用。1978年，改革开放初期的中国作为亟须推动国内经济增长的发展中大国，与日本等国签订了诸多贷款协议。②中国方面，来自日本的贷款有助于推动国内港口、发电厂等基础设施建设，刺激经济增长，这对于当时仍不是世界银行和国际货币基金组织成员的中国而言具有现实意义。日本方面，尽管当时中国的国际信用和外汇储备不足以保障绝对偿付，但这些贷款有石油和煤炭出口作为担保。此外，通过加强与中国的金融合作，日本企业得以进入中国市场，享受中国此后的增长红利，日本企业的产业优势和专业知识也因此有了用武之地。当前，中国与共建"一带一路"发展中国家的金融合作与这一传

---

① Campaign, J. D. 2018. "Africa's growing debt crisis: Who is the debt owed to."
② Liu, W., & Dunford, M. 2016. "Inclusive globalization: Unpacking China's belt and road initiative." *Area Development and Policy*, 1(3), 323–340.

统国际金融合作模式具有相似之处，而非推行"债务陷阱"策略。

中国对外放贷决策更多基于商业性目标，是参与国际市场竞争的结果。以汉班托塔港为例，该项目被广泛引用以佐证中国在对外放贷过程中推行"债务陷阱"，但对该项目发展历程的全面回顾否定了这一说法。事实上，斯里兰卡开发汉班托塔港的意图最早可追溯至20年前。2003年，加拿大国际开发署资助的本国公司SNC–兰万灵（SNC-Lavalin）进行了汉班托塔港的可行性研究，证实该项目在商业上是可行的，并着手与斯里兰卡政府洽谈合作。2006年，丹麦工程公司Ramboll出具了第二份可行性报告，得出了与加拿大国际开发署的报告类似的结论，并对汉班托塔港的建设周期提出了更具体的建议。2007年，中国进出口银行与斯里兰卡政府最终达成合作，承诺向后者提供一笔3.07亿美元的商业贷款用于汉班托塔港的建设，该笔贷款期限为15年并有4年宽限期。贷款利率方面，斯里兰卡政府在6.3%的固定利率或是基于LIBOR(伦敦同业拆出利息率)的浮动利率两个选项中选择了前者，同年斯里兰卡政府发行的国际债券收益率高达8.25%。[①] 综合来看，汉班托塔港的商业前景得到了多方认可，中国债权方在汉班托塔港的竞标过程中面临着全球层面的竞争，放贷决策是出于商业性考虑。

中国对外放贷的商业性还体现在资金来源的市场化程度上。在对外放贷实践中，中国债权方只有三种贴息贷款，包括无息援助贷款、优惠援助贷款和优惠出口买方信贷。其中，无息援助贷款由国家国际发展合作署管理，数量有限，而后两种"两优"贷款由中国进出口银行负责运营，2014年占该行存量贷款余额的14%。除优惠援助贷款，并无切实证据显示中国政策性银行和商业银行发放的海外贷款享有中央政府的兜底保障。[②] 换句话说，大多数中国债权方对外发放的贷款来自自营资金，这意味着商业利益是放贷决策中的重要考虑因素，这也可以从大多数中国债权方要求风险较高的债务国为其商业贷款购买保险的事实中得到印证。

从事后风险处置的角度来看，有关中国债权方迫使承压的债务国做出经济或

---

① Brautigam, D. 2019. "Misdiagnosing the Chinese infrastructure push." American Interest, 4.
② Brautigam, D., & Huang, Y. 2023. "Integrating China into Multilateral Debt Relief: Progress and Problems in the G20 DSSI."

政治让步的猜测也不属实。在增加对外放贷的同时，中国债权方还积极参与全球债务重组，支持其他国家的发展需要。根据《中国的对外援助（2014）》白皮书[1]，2000—2012年，中国共帮助债务国减免了270亿元人民币（约39.9亿美元）的债务。在参与方式上，中国通常作为国际货币基金组织、巴黎俱乐部或私人债权人牵头重组的参与债权方，为重组成功落地做出重要贡献。相反的是，由中国牵头的重组相对少见。有研究指出[2]，中国参与的重组与国际货币基金组织的重债穷国计划有关，旨在解决20世纪80年代危机中积压的零利率贷款，并不是由对共建"一带一路"发展中国家的贷款违约导致的。换句话说，中国债权方积极参与国际债务治理，并未有"乘人之危"迫使债务国做出让步的举措。

中国债权方一般采取较温和的重组方式，这与其境内债务管理特色一脉相承。有研究发现[3]，中国债权方不会扣押违约债务国的资产或寻求动用借贷合同所事先载明的仲裁条款，更不会诉至国际法院要求强制执行债务合同条款或对债务国罚息。此外，中国给予的重组通常会照顾到债务国的需求，并根据其情况量身定制交易方案，多数情况在双边协商和个案处理的基础上推进，不会采取"一刀切"的做法。主权违约发生时，中国债权方通常先采取暂停项目付款的做法。重组方式选择上，中国债权方倾向于对部分零息贷款提供部分债务勾销，其他贷款的重组更多通过展期或借新还旧的方式，利息减免、本金减免或再融资的情况也不多见。中国债权方之所以如此，与中国国内债务管理的特点有关。面对国内贷款违约，中国的银行更倾向于调整贷款条款而非注销贷款，这是因为减少贷款本金需经上级部门批准，中国政府也没有对政策性银行注销的贷款加以补偿的机制。换句话说，中国债权方在处理贷款违约时采取了一致的做法，并未区别对待境外债务方。

2020年新冠疫情发生后，中国积极参与帮助发展中国家解决债务问题。2020年后，国际社会为缓解发展中国家的流动性压力，推出了G20的DSSI。

---

[1] 中华人民共和国国务院新闻办公室：《中国的对外援助（2014）》，2014年7月。

[2] Development Reimagined & Oxford China Africa Consultancy. 2019. "China: Debt Cancellation, Development Reimagined."

[3] Brautigam, D., Acker, K. and Huang, Y. 2020. "Debt relief with Chinese characteristics." No. 2020/39. Working Paper.

DSSI 要求所有官方双边债权人参与，并鼓励私人债权人参与，为最不发达国家提供债务递延。该倡议推出后，截至 2020 年 6 月，中国债权方已宣布暂停 77 个发展中国家和地区的债务偿还[①]，2021 年暂停了 43% 的债务偿还，与法国（65%）、日本（89%）和美国（73%）等巴黎俱乐部成员的贡献接近。这个倡议的另一大积极意义在于，它标志着中国债权人积极参与多边债务减免，显示了中国债权方更加重视自身国际声誉，对多边债务协调机制的认识也有了长足提升。

（三）在如何处置违约风险上，全球各类债权方拥有共同关切与合作需求

对于全球各类债权人而言，当前共建"一带一路"发展中国家的债务问题意味着潜在的债权损失。债务承压除了导致债权的二级市场价格下跌之外，可能的违约还将给债权人带来更直接、切实的损失。具体而言，处于偿付困境的债务国将经历外汇储备的持续净流出，迫使债务国政府选择主权违约。例如，斯里兰卡外汇储备从 2020 年开始迅速下滑，到 2022 年 7 月仅余 18.2 亿美元，仅满足进口用汇就显得杯水车薪。[②] 迫于这一压力，斯里兰卡政府停止了债务偿付，并寻求国际救助，债权人也就得不到应有的偿付。此外，主权借贷合同一般附有加速清偿条款，且由于主权债务的匿名性（例如债券）和可交易性等特征，债务国政府一般不会仅对部分债权人歧视性违约。[③] 这意味着一旦发生违约，所有债权人均可能被波及，头寸占比较高的官方债权人尤其需要格外关注潜在的风险和损失。

现存国际机制不足以根本缓解共建"一带一路"发展中国家的债务压力，全球各类债权方需就债务处置加强合作。2020 年新冠疫情发生后，G20 的 DSSI 对于帮助发展中国家缓解流动性压力做出了突出贡献，但实践中各类债权人出于种种原因难以就缓债方案达成一致，导致节奏相对拖沓。此外，DSSI 更倾向于缓债，坚持债务净现值（NPV）中性，并无充足的资源和计划推进债务减免。一旦

[①] 人民网：《外交部：向 77 个发展中国家和地区暂停债务偿还》，2020 年 6 月 7 日。
[②] Bloomberg. 2022. "Sri Lanka's FX Reserves Dwindle to $1.82 Billion in July."
[③] Arellano, Cristina, Xavier Mateos-Planas, and José-Víctor Ríos-Rull. 2023. "Partial default." *Journal of Political Economy* (Forthcoming).

过了缓债期，债务国须在 3 年内支付递延本金和利息，总偿付义务并未减少。更重要的是，DSSI 仅要求所有官方双边债权人参与，对私人债权人仅以类似条件鼓励参与，并非强制要求，这也缩小了 DSSI 的覆盖面。鉴于以上特点，有观点认为[①] DSSI 在缓解本轮全球债务压力上将走向失败。

往前看，对各类债权方而言，如何完善全球主权债务治理体系是值得关注的命题。尤其是，在诸多共建"一带一路"发展中国家债务承压、主权违约概率升高的当下，各方如何加强沟通协调，推动重组化解债务违约风险，并在此过程中保证各方公平承担处置成本，成了全球各类债权方的共同关切，这也是未来全球各方加强合作的重点。

三、国际主权债务重组经验

（一）主权违约和重组是国际风险分担和危机救助机制

历史上，主权违约事件多有发生。1800—2012 年，全球共有 107 个主权实体发生了 248 次违约，其中厄瓜多尔、墨西哥、乌拉圭和委内瑞拉均至少违约了 8 次。历史上，共有 4 个时间段，全球超过 30% 的国家处于违约状态[②]（见图 7.4）。值得强调的是，主权国家一般享有"主权豁免"地位，这意味着主权国家政府并无破产或清算程序，大部分情况下也难以被起诉[③]，这是主权违约事件多有发生的重要原因之一。

当债务国为发展中国家，且全球大宗商品价格下跌或跨国资本流动收缩时，主权违约的可能性更高。发展中国家受限于单一的经济结构和税收基础等因素，更加依赖大宗商品出口收入和跨国资本流动，这导致全球经济周期波动对发展中

---

① Fresnillo, I. 2022. "The G20 will fail again." Eurodad.
② 包括 19 世纪 10 年代的拿破仑战争时期、19 世纪 70 年代的拉美和发展中国家违约、20 世纪两次世界大战之间的违约，以及 20 世纪的拉美和东欧债务危机时期。
③ Aguiar, M. and Amador, M. 2014. "Sovereign debt." *Handbook of International Economics* (Vol. 4, pp. 647–687), Elsevier.

国家的影响更大[①]，发展中国家违约的可能性因此较高（见图 7.4）。尤其是，当大宗商品价格下跌或跨国资本流动收紧时，发展中国家的出口和财政收入随之下滑，国际收支紧张对偿付能力的冲击更显著。历史上，跨国资本流动和大宗商品价格的下行阶段就与主权违约事件高度重叠。[②]

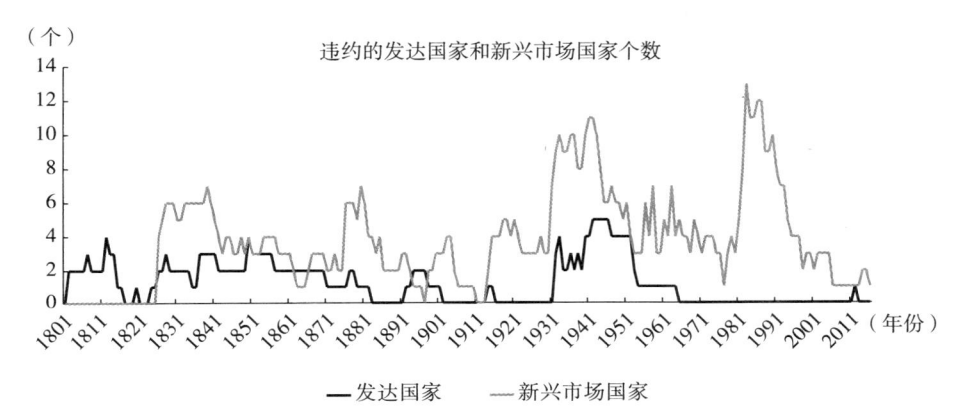

图 7.4 历史上，发达国家和新兴市场国家均可能违约

资料来源：Harvard BFFS Project，中金研究院。

针对主权违约，有必要区分无偿付能力和无偿付意愿两种情况。对债务国而言，战争、灾害等不利因素导致财政收不抵支，债务偿付能力受损。这种情况下，若坚持原有偿付安排，债务国需压缩支出并付出沉重的经济和社会代价。相反，债务国政府可选择违约，等情况好转后再回归正常的偿付和国际借贷轨道，起部分隔绝不利冲击的作用。另一边，国际债权人的财务和风险承受能力更强，给予债务国适当帮助对于保持借贷关系的长期平稳是有利的。具体安排上，债权人可在事前承担部分违约风险，换取较高的收益率作为补偿。综合来看，此类"情有可原"的违约为主权借贷合同引入了弹性安排，帮助债务国政府平滑收入

[①] Aguiar, M., & Gopinath, G. 2007. "Emerging market business cycles: The cycle is the trend." *Journal of Political Economy*, 115(1), 69–102.

[②] Reinhart, C. M., Reinhart, V., & Trebesch, C. 2016. "Global cycles: Capital flows, commodities, and sovereign defaults, 1815–2015." *American Economic Review*, 106(5), 574–580.

和支出波动，促进了跨国风险分担。[1]但是，债务国不负责任借贷或策略性违约的行为则不属于风险分担范畴，长期反而可能导致借贷双方缺乏必要的信任，可能使主权借贷市场崩塌。[2]有鉴于此，如何区分这两种违约，防止"无偿付意愿"的违约，相关制度和重组机制的设计尤为关键。

主权违约后的惩罚和重组构建起了一个区分机制。违约发生后，债务国一般会遭遇债权人和金融市场的惩罚，体现为GDP每年下滑1%~4%。[3]具体而言，违约债务国的信用评级平均被下调1.7个级别，主权信用风险溢价平均上升4个百分点。此外，债权人还可能在贸易领域出台制裁措施，债务国面临的关税或非关税壁垒上升，贸易信贷随之收紧。最后，债务国还可能发生国内金融危机，甚至是政治动荡。[4]惩罚充当着"大棒"的角色，有助于规范债务国的行为，提供还款激励。但也不宜过度夸大惩罚的作用，债务国无法从国际市场获得融资的时间平均仅持续2.9年，有效地处置违约还需要债务重组扮演"胡萝卜"的角色。[5]

通过重组给予适当减免，对于解决债务危机是有必要的。债务国方面，重组能有效减轻债务负担，助其重回国际借贷市场。只有国内经济和国际收支复苏，才能保证存量债务的有序运转。相应地，未来偿付能力的修复也有利于提振投资者信心。事实上，如果存量债务规模过大，将对债务国的投资形成较大约束，从而妨碍经济增长，即所谓的"债务积压"问题[6]，这显然也是不利于债务国维持有序偿付的。债权人方面，拖欠或未决违约带来资金的时间成本，债权人有意愿

---

[1] Grossman, H. I. and Van Huyck, J. B. 1985. "Sovereign debt as a contingent claim: excusable default, repudiation, and reputation (No. w1673)." National Bureau of Economic Research.

[2] Bulow, J. and Rogoff, K. 1989. "A constant recontracting model of sovereign debt." *Journal of Political Economy*, 97(1), 155–178.

[3] Panizza, U., Sturzenegger, F. and Zettelmeyer, J. 2009. "The economics and law of sovereign debt and default." *Journal of Economic Literature*, 47(3), 651–98.

[4] Borensztein, E. and Panizza, U. 2009. "The costs of sovereign default." IMF Staff Papers, 56(4), 683–741.

[5] Dovis, A. 2019. "Efficient sovereign default." *Review of Economic Studies*, 86(1), 282–312.

[6] Aguiar, M., Amador, M., & Gopinath, G. 2009. "Investment cycles and sovereign debt overhang." *Review of Economic Studies*, 76(1), 1–31.

尽快收回资金。与其久拖不决，推进重组并以适度当期损失换取后续稳定还款，对债权人而言可能是合意的，这也是尊重既有事实的选择。综合来看，主权违约后的惩罚与重组相互配合，构成了一个规范主权借贷行为、保障主权借贷市场有序运转的综合机制。

（二）主权债务危机处置有赖于各类债权人的通力合作

1950年后，出于主权债务形式多样化和提升效率的需要，主权债务重组发展出五种常见模式。根据债权人类型，主权债务可分为五种，对应不同的重组模式：一是多边贷款，债权人为开发性国际组织，代表性重组模式是国际货币基金组织的重债穷国重组框架；二是贸易信贷，债权人为出口信贷机构，重组一般通过自主协商进行；三是双边债务，债权人为外国政府，代表性重组框架为巴黎俱乐部；四是银行贷款，债权人为商业银行，代表性重组框架为伦敦俱乐部；五是债券，债权人为私人部门债券投资者，重组一般通过债券置换的市场化方式进行。其中，前三者为官方债权人，而后两者为私人债权人。

主权债务重组已演变为不同类型债权人通力合作的模式。官方债权人拥有资源优势，来自官方债权人的救助性贷款能部分填补偿付资金缺口，阻止危机扩散。相比私人债权人在危机期间撤出资金的"顺周期"行为，官方债权人通常承担救助义务，提供的资金具有"逆周期"特征（见图7.5）。此外，危机时各方的信心和协调处于低位，官方债权人救助有助于提振各方信心，推动危机处置。欧债危机中，时任欧洲央行行长德拉吉于2012年7月承诺借助直接货币交易"不惜一切代价"保护欧元。政策公布一年内，欧元区政府债券利差大幅下降。随着主权借贷和重组经验的积累，官方债权人的救助职能逐渐加重。例如国际货币基金组织的重债穷国重组框架侧重于减贫，已帮助36个低收入国家获得全额减免。另外，为响应重债穷国重组框架，巴黎俱乐部逐渐从债务追索向协助恢复债务可持续性转变，允许商业贷款减免最高可达90%，政府开发援助可被展期至40年。[①]

---

① Cheng, G., Díaz-Cassou, J., & Erce, A. 2016. "From debt collection to relief provision: 60 years of official debt restructurings through the Paris Club."

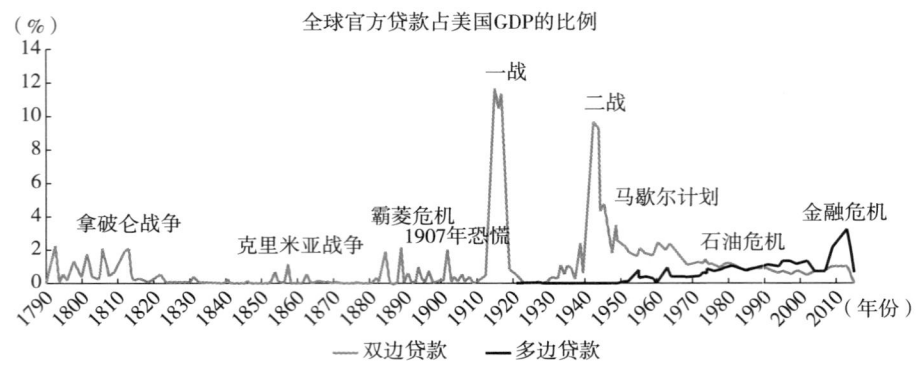

图 7.5　官方债权人资金呈现逆周期特征

资料来源：Horn et al.（2021）[①]，世界银行，中金研究院。

私人债权人数量多且分散，危机发生时倾向于采取撤出资金的"顺周期"行为，对其要求则是推进市场化重组，公平分担处置成本。需要强调的是，官方债权人救助是以私人债权人配合重组及债务国后续稳定偿付为前提的。这不仅有助于提高处置成功率，而且能够防止救助成为唯一手段，抬高救助成本。此外，仅靠救助解决危机，将导致债务国缺乏与债权人的良性互动和债务市场机制的规范，债务国潜在的"道德风险"问题也有违国际救助的初衷。有鉴于此，官方债权人救助与私人债权人重组之间是相辅相成、相互促进的，只有两相结合才能完备地处置债务危机。

1950—2010 年，全球共完成超过 600 笔主权债务重组交易。其中，巴黎俱乐部主导的重组共 447 笔，涵盖本金 5 800 亿美元，私人债权人共 187 笔。从时长来看，主权债务重组平均耗时 28 个月，但标准差高达 32 个月，时效性差异较大。此外，1990 年后重组平均耗时降至 17 个月，且债权人参与率高达 90%。从承担的损失来看，巴黎俱乐部债权人平均给予 78.6% 的减免，而债券投资者平均仅给予 40% 的减免。[②]

[①] Horn, S., Reinhart, C. M. and Trebesch, C. 2020. "Coping with disasters: two centuries of international official lending." No. w27343.

[②] Das, M. U. S., Papaioannou, M. M. G., & Trebesch, C. 2012. "Sovereign debt restructurings 1950–2010: Literature survey, data, and stylized facts."

官方债权人逐渐往多边化方向发展。直觉上，官方债权人理论上应享受优先受偿权，债务重组损失较小，但这一观点仅体现在多边国际机构的债权上。基于1950—2014年全球主权债务借贷、违约和重组数据，有研究发现[1]，主权债务的偿付顺序从高到低依次为国际货币基金组织、多边国际组织、债券投资者、双边政府、商业银行和出口信贷机构。贸易信贷、银行贷款和双边贷款的被拖欠比例分别20.4%、14.7%和10.3%，而债券则仅为5.4%。还有研究表明，债务国政府在偿付顺序上做了歧视性选择，双边政府和商业银行更可能被拖欠。考虑到随着债务重组进程的拉长，债权人的损失越来越大。巴黎俱乐部的平均债务减免比例为78.6%，远高于私人债权人40%的平均水平。有鉴于此，过去40年全球各国出现了对外放贷从双边形式转换至多边形式的趋势，2021年中低收入国家的公共部门对外债务中，来自国际货币基金组织和世界银行等多边国际组织的债务占30.9%。[2] 这是因为债权国通过在事前给予更优惠贷款条件的方式，换取了事后的最高偿付优先级。并且，债权国还得以利用多边国际机构协调各债权方的优势，为债权增添另一份保障。

私人债权人已成为影响重组成败的关键参与方。一方面，伴随着债券市场高速发展，私人债券持有人已成为发展中国家最重要的借贷资金来源，2021年占比为44.1%。[3] 相比其他债权人，债券持有人更分散，沟通难度更高，更有可能拖慢重组节奏。2020年，赞比亚寻求六个月债务免息期，私人债权人就以债权人之间信息不对称为由拒绝该动议。另一方面，重组方案需要一定比例的债权人认可的特点意味着，最终同意的债权人拥有一票否决权的"后发优势"，变相鼓励了债券持有人采取"钉子户"行为。此外，全球各国的"主权豁免"地位已被侵蚀，英美等国的法院可能受理对债务国的商业诉讼。部分债券持有人甚至成立专业秃鹫机构，对违约债务国持续发起诉讼，寻求更高的偿付比率。[4]

---

[1] Schlegl, M., Trebesch, C. and Wright, M. L. 2019. "The seniority structure of sovereign debt." National Bureau of Economic Research Working Paper, No. w25793.

[2] 资料来源：世界银行。

[3] 资料来源：世界银行。

[4] Schumacher, J., Trebesch, C. and Enderlein, H. 2021. "Sovereign defaults in court." *Journal of International Economics*, 131, p.103388.

不同债权人被区别对待的事实也凸显了协调合作的重要性。债券和国际组织贷款的重组更有效率，得益于信息公开透明、流程规范等优点。信息公开透明既有助于债权人准确评估债务国政府的财政状况，防止无效率的拖延甚至欺诈，也有规范、约束债务国政府行为的作用。此外，重组流程规范化有助于明确各参与方的责任、权利和分工，避免不必要的拖延和损失。以债券市场为例，债务国政府负责主导整个交易，而债券持有人决定是否参与交易，债券持有者结构、法律条款和市场惯例等因素都将影响重组结果，对借贷双方形成了有效的引导与约束。

（三）布雷迪计划较好完成了对拉美债务危机的处置

20 世纪 70 年代大宗商品价格处于高位，拉美国家普遍实施"赤字财政－负债增长"战略，西方商业银行向这些国家提供了大量银行贷款。随着 20 世纪 80 年代初大宗商品价格回落，1982 年墨西哥政府违约，并诱发了一场席卷整个拉丁美洲的债务危机。债务国方面，危机导致政府陷入无休止的债务谈判中，并引发持续经济衰退，20 世纪 80 年代成了拉美地区"失去的十年"。债权人方面，1982 年底，美国前九大商业银行对这些国家的贷款头寸为 511.8 亿美元，相当于资本金总和的 176.5%。[1] 危机发生后，存量银行贷款的二级市场价格一度跌至面值的 35%，隐含的贷款损失给债权银行带来切实的经营压力（见图 7.6）。

初始的流动性救济方案缺乏重组元素，收效甚微。1982—1985 年，国际社会为确保全球贸易和金融流动畅通，在鼓励债权银行对存量贷款展期、借新还旧的同时，国际货币基金组织和世界银行也加大了对债务国的援助性贷款。1985—1988 年，美国财政部的贝克计划更是将新贷款与减税、降低关税等措施挂钩，激励债务国推动国内市场化改革。但此类方案着眼于债务国的流动性不足，并无债务重组或减免，在帮助债务国走出危机方面收效甚微。并且，官方债权人还因救助承诺承担了大部分"拖延"成本。1982—1987 年，官方债权人对拉美债务国的贷款头寸从 500 亿美元上升至 1 200 亿美元，同期商业银行贷款头寸则仅从

---

[1] Federal Financial Institutions Examination Council. 1983. "Country Exposure Lending Survey."

2 500 亿美元下降至 2 250 亿美元。[①] 换言之，债务国的债务头寸并未下降，只是私人债权被缓慢转移至官方债权。

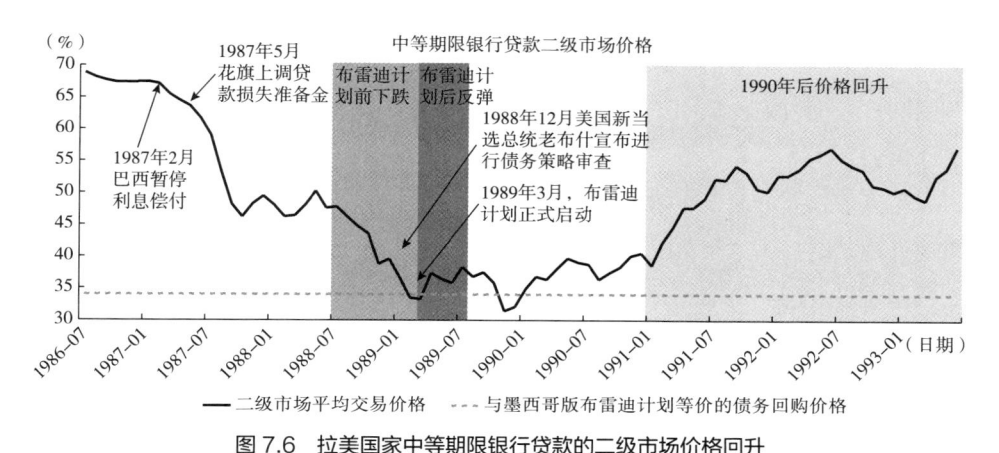

图 7.6 拉美国家中等期限银行贷款的二级市场价格回升

资料来源：Salomon Brothers，Federal Reserve Bank of New York，中金研究院。

布雷迪计划较好融合了国际救助与债务重组。1989 年初，拉美债务国在保障债务偿付方面越来越显得力不从心，这反过来促使多个债权国暂停了官方援助项目。1989 年 3 月，美国财政部推出布雷迪计划，以债务国政府推行市场化改革为前提，将国际援助和债务重组相结合。国际援助方面，通过国际货币基金组织和世界银行向债务国政府提供新贷款，后者动用这笔贷款和外汇储备购买美国的 30 年期特别国债，并托管于美国财政部。债务重组方面，布雷迪计划则是采取了债券置换的市场化思路，债务国政府发行美元计价的布雷迪债券置换拖欠的银行贷款，新发行债券净值低于原始债务净值，达到债务减免的效果。

1989 年，墨西哥成为首个完成布雷迪计划重组的债务国，并为其他债务国树立了榜样。此后不久，菲律宾、哥斯达黎加、委内瑞拉和摩洛哥相继完成重组。1989—1994 年，有 18 个国家通过布雷迪计划完成了共计 1 900 亿美元的银

[①] Krugman, P. R., Enders, T. and Rhodes, W. R. 1994. *American Economic Policy in the 1980s* (pp. 691–740). University of Chicago Press.

行贷款重组，减免金额达 640 亿美元，整体减免比例约为 38.2%。[1] 其中，国际货币基金组织和世界银行提供了购买美国国债所需的 120 亿美元新贷款，日本进出口银行提供额外的 80 亿美元。[2]

事后来看，布雷迪计划成功推动了对拉美债务危机的处置，私人债权人、债务国和官方债权人均从中受益，这也是该计划受到普遍欢迎并取得较好成效的重要原因。

私人债权人方面，布雷迪计划帮助西方商业银行打通了退出渠道。首先，布雷迪计划重组提供"菜单式"重组选项，包括利息打折、本金打折等选项，债权人可基于自身的经济前景预期和经营需要灵活做出选择。并且，对债务国更具优惠性的选项，也辅以更高的未来利率作为补偿，以激励债权人给予更多的当期减免。其次，置换所得的债券以美元计价，且有美国国债提供部分偿付保障，比存量贷款的流动性更高，债权银行可将其卖出以节约资本金。再次，受益于重组对债务国偿付能力的提振作用，债权银行收到的净债务偿付并未实质性改变，且在中长期还有所上浮。与此同时，存量银行贷款的二级市场价格逐步回升（见图 7.6）。最后，该计划宣告了拉美债务危机的结束，债务国得以重回国际借贷市场，债权银行也能从后续借贷业务中获益。

综合来看，尽管重组完成后债务国的净债务偿付在短期略有下滑，但受益于重组对债务国偿付能力的提振作用，以及将债务国的偿付义务拉长并更多放在远期，债权银行收到的净债务偿付并未发生实质性改变，在长期反而有显著抬升。换句话说，面对尚未完全明朗的前景甚至是可能的后续违约，布雷迪计划下市场化的重组思路兼顾了债权人的利益和差异化诉求，并帮助债权银行打通退出渠道，债权银行参与率因此大增，高达 90% 以上。

拉美债务国方面，该计划帮助各国走出了困扰其多年的债务危机，从而启动国内改革进程。布雷迪计划重组下，随着债务偿付期限被拉长，债务国不再依赖借新还旧，存量债务也止住了上涨势头。在足额减免支持下，市场信心得以修复，债务国的外部融资环境大幅改善。更重要的是，债务国政府避免了此前无休

---

[1] 资料来源：国际货币基金组织，世界银行，纽约联邦储备银行。
[2] Cline, W. R. 1995. *International debt reexamined*. Peterson Institute Press.

止的债务重新谈判，能够将更多精力投入经济改革和政策措施当中，而这也是国际援助和债务重组所要求的。计划实施后，拉美国家市场化和结构化改革进程明显加快，叠加更低的全球利率环境使国际资金再次大规模涌入这些国家，为解决债务危机提供了一个长期稳定的金融环境。从结果来看，大多数债务国在出口、财政赤字、通胀和国际收支等方面均有大幅改善。综合来看，尽管拉美国家的对外债务水平仍处于相对高位，但在多个有利因素的帮助下变得可控。此后，尽管仍有零星国家违约，但拉美地区未再爆发大规模主权债务危机。

布雷迪计划的另一大贡献在于为广大发展中国家开辟了更市场化的新融资渠道。在该计划之前，发展中国家严重依赖双边和银行贷款，主权债券市场规模很小且缺乏流动性。截至1997年，该计划帮助发展中国家共发行2.4万亿美元布雷迪债券[1]，债券的标准化特性促进了风险分担和交易，交投活跃的全球美元国债市场应运而生。截至2018年，国际市场上流通的发展中国家债券总额达20万亿美元，占全球债券市场存量的20%，债券也已成为中低收入国家获取外部资金的最重要来源。[2]

官方债权人的救助成本得到压降。布雷迪计划以推动实质性债务重组为前提，避免了国际救助方承担绝大部分处置成本。该计划完成了1 900亿美元本金、640亿美元减免的重组，官方债权人仅新增了合计200亿美元的贷款。[3]形成鲜明对比的是，计划开始前的250亿美元商业银行贷款头寸下降，却伴随着700亿美元官方债权上涨，救助成本较高。此外，布雷迪计划通过国际货币基金组织、世界银行相关项目发放援助性贷款，也能有效利用后者的高偿付优先级，防止援助资金被滥用。

更值得关注的是，美国作为布雷迪计划的主导国，其国际金融地位得到了巩固。首先，美国政府主导了整个布雷迪计划的设计和实施，帮助西方尤其是本国

---

[1] Clark, J. 1993. "Debt reduction and market reentry under the Brady plan." *Federal Reserve Bank of New York Quarterly Review*, 18(4), 38–62.

[2] Bai, Y. and Zhang, J. 2012. "Duration of sovereign debt renegotiation." *Journal of International Economics*, 86(2), 252–268.

[3] Vásquez, I. 1996. "The Brady Plan and market-based solutions to debt crises." *Cato Journal*, 16(2). 233–243.

商业银行解决了困扰多年的贷款拖欠问题。其次，布雷迪计划下的交易普遍采用美国会计准则、债券市场惯例和法律，提高了美国在国际金融市场规则制定过程中的话语权。再次，以美元计价的布雷迪债券成为金融市场上重要的资产类别，并为后续公司发行人的加入奠定了基础，美元债券市场整体规模随之飞速壮大。债券市场规模壮大带来的日常交易进一步刺激了全球对美元的需求，巩固了美元的国际货币地位。最后，布雷迪计划要求债务国购买美国国债作为新发行债券的还款支持，这也提升了美国国债作为全球储备资产的重要性。

（四）欧债危机处置凸显了推动债权银行参与重组的必要性

2010年欧债危机爆发后，官方债权人迅速响应、出台救助措施。当时，欧盟、欧洲央行和国际货币基金组织迅速组成三方委员会，即欧洲的"三驾马车"，其职能包括监控欧债危机，提出政策建议，并提供贷款资金援助。2010年5月，欧盟联合国际货币基金组织向希腊提供1 100亿欧元的3年期紧急贷款，前提是希腊政府要在3年内推动相当于GDP 11%的财政紧缩以及结构性改革。紧随其后，欧盟设立了欧洲金融稳定基金（EFSF），该基金可在金融市场发债融资并向成员国提供资金，预设规模为4 400亿欧元。该计划推出后，2010年11月爱尔兰获得了850亿欧元的救助方案，而葡萄牙则在2011年5月获得了780亿欧元的援助。此外，欧洲央行将利率降低至0.25%的低位，并相继推出"二级市场购债计划"和"直接货币交易计划"，通过在二级市场无限量购买欧元区成员国政府债券，保障主权债券收益率的稳定。来自欧盟、欧洲央行和国际货币基金组织的官方救助措施，在防止欧债危机进一步蔓延、帮助欧洲边缘国家避免违约等方面无疑发挥了关键作用。[1]

希腊债务危机程度更深，与私人债权人的重组成为处置的关键一环。在得到来自欧盟和国际货币基金组织的救助后，希腊于2010年实现了约为GDP 5%的财政紧缩，但财政调整进程于2011年上半年陷入停滞状态。随后，欧元区政

---

[1] Gourinchas, Pierre-Olivier, Philippe Martin, and Todd Messer. 2022. "The Economics of Sovereign Debt, Bailouts and the Eurozone Crisis."

府首脑和代表私人债权人的国际金融协会（IIF）均表态支持希腊重组。官方债权人方面，2011年6月欧盟和国际货币基金组织向希腊追加了640亿欧元的3年期救助贷款承诺。同期，私人债权人的方案则给出了菜单式重组选项，并以希腊持有的EFSF为置换所得债券提供担保，该交易蕴含21%的债务剃头比率，相当于在2011—2014年向希腊提供了540亿欧元的新融资。综合来看，2011—2014年，官方债权人和私人债权人合计将向希腊提供1 180亿欧元的低息资金，足以覆盖希腊面临的700亿欧元资金缺口。[1]但随着经济的进一步恶化，希腊无法就国内结构性改革与欧盟和国际货币基金组织达成一致，该方案的债务减免力度过低，不足以解决问题，最终也未真正落地。

根据形势需要，对希腊的救助和重组力度进一步加大。2011年底，国际货币基金组织的评估指出希腊的资金缺口扩大，"私人债权人更大力度地参与"对于恢复债务可持续性是必需的。[2]随后，由12家主要债权银行和资管机构牵头的债权人委员会与希腊政府启动谈判，双方于2012年2月宣布就重组达成一致。[3]考虑到经济形势和重组的紧迫性，该方案向债权人提供"一视同仁"动议而非菜单式选项，并支付现金即期付款换取大额减免。2012年4月，希腊与债权人完成了创纪录的1 992亿欧元重组交易，综合的债务剃头比率约为64.6%[4]，债务减免金额超过2012年希腊GDP的50%，减免比例为史上第四高。[5]在此过程中，来自希腊和欧洲其他国家的债权银行因持有较多头寸，承担了相当的重组义务。此外，官方救助力度也得到加大，2012年12月，欧盟国家同意将欧洲央行持有希腊国债的收益全额返还给希腊政府。此后，在欧洲"三驾马车"救助、私人债权人重组和希腊推进国内改革的共同作用下，希腊主权债收益率逐渐回

---

[1] IMF. 2011. "Greece: Fourth review under the stand-by arrangement and request for modification and waiver of applicability of performance criteria." IMF Country Report No. 11/175.

[2] "Greece: Debt Sustainability Analysis." October 21, 2011, https://info.publicintelligence.net/GreeceDebtSustainability.pdf.

[3] Zettelmeyer, Jeromin, Christoph Trebesch, and Mitu Gulati. 2013. "The Greek debt restructuring: an autopsy." *Economic Policy* 28(75): 513–563.

[4] Cruces, Juan J., and Christoph Trebesch. 2013. "Sovereign defaults: The price of haircuts." *American Economic Journal: Macroeconomics* 5(3): 85–117.

[5] 前三名分别是伊拉克（2006年，91%）、阿根廷（2005年，76%）和塞黑（2004年，71%）。

落。随着2014年希腊重回国际债券市场等事件的发生,希腊债务危机乃至整个欧债危机渐趋缓和(见图7.7)。

事后来看,2010年欧债危机的处置充分借鉴了布雷迪计划的做法。一方面,来自欧盟和国际货币基金组织的官方援助迅速阻止了危机的大规模蔓延。另一方面,针对债务可持续性问题更严重的希腊,处置方案也重视推进与商业银行等私人债权人的市场化重组,以达到各类债权方公平分担重组损失、帮助希腊重回主权借贷市场的根本目的。与此同时,所有交易均以债务国切实推进国内财政、养老金等改革为根本前提,从而保证处置计划落地的可延续性,也是从根本上帮助债务国恢复债务可持续性。

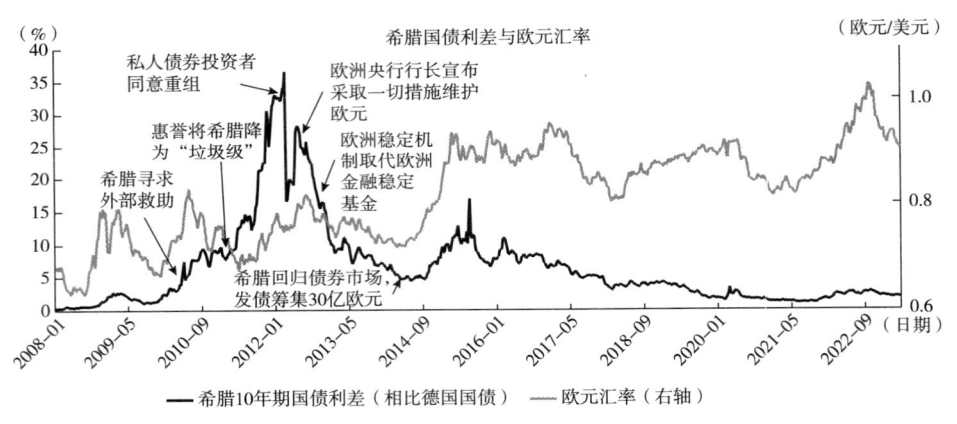

图 7.7 欧债危机的成功处置包括官方救助和私人债权人重组

资料来源:Haver Analytics,Deutsche Bank Research(2015)[1],中金研究院。

四、思考与启示

基于中国对外债权的特点和相关机制特征,结合国际主权债务领域的经验,中国可在多个方面优化对外放贷实践,包括事前的放贷选择、事中的存续债权管理和事后的风险处置三个维度。

---

[1] Deutsche Bank Research. 2015. "The House View-Greece: Take it or break it."

（一）事前来看，中国债权方可推动提升对外放贷的一致性和多样化水平

中国债权方可优化事前放贷机制，加强放贷决策协调。2008年后，中国债权方扮演了全球发展中国家出资方的重要角色，中国债权方涵盖政府部门、政策性银行、商业银行和国有企业，各类主体并非一致行动方，放贷政策相对独立，在放贷工具、对象、优惠性等方面存在区别。同时，中国债权方的对外贷款决策更多基于具体项目的商业化考虑，目前没有看到一个跨机构间的贷款协调机制，也就不存在一致行动利用自身优势赚取超额收益的可能。事实上，从债权方角度来看，机构间缺乏协调反而可能是劣势，可能导致债权过度集中于部分国家和地区。极端情况下，缺乏协调的债权方还可能出现竞争性放贷，业务过度重叠导致效率低下，债务国甚至可能采取策略性行为侵害债权方利益。[①] 有鉴于此，中国可借鉴世界银行和国际债权人的通行做法，着手加强本国放贷主体间的协调，必要时成立专门的对外贷款协调机构，同时厘清不同金融机构间的业务范围和放贷工具，针对放贷对象选择差异化工具，在事前放贷阶段降低违约风险。

中国可着手提升对外贷款的多边化水平。历史经验显示，多边国际机构享有最高的偿付优先级，被拖欠的可能性最低，这源于两个方面的原因。一方面，多边国际组织在重组过程中具有关键的协调作用，比如国际债权人通常以债务国获得国际货币基金组织贷款作为同意提供重组的先决条件，多边国际组织的债权因此一般受到债务国的尊重。另一方面，随着多边债务协调机制的完善，全球官方贷款中通过多边机构发放的比例已经超过双边贷款，这一特性使多边国际机构成为占比最高的官方债权人，其重要性反过来又增强了多边借贷的可靠性。有鉴于此，中国可尝试推动对外借贷的多边化水平，包括利用多边国际机构发放贷款，在事前降低违约风险。尤其是，亚洲基础设施投资银行等中国参与较多的多边国际机构，其成立宗旨本就与中国对外贷款主要关注的基础设施建设领域相契合，更有能力在相关业务中扮演积极角色。

---

① Amador, M. 2008. "Sovereign Debt and the Tragedy of the Commons."

中国还可根据情况探索债券甚至股权等市场化工具，丰富对外出资形式。与贷款类似，债券同样也是主权借贷中常用的债权工具。但有所不同的是，债券及其配套机制的市场化程度更高，具有信息更透明、市场惯例完善等优点。国际主权债务市场的经验表明，债券的偿付优先级高于银行贷款，已取代银行贷款成为发展中国家对外借贷的主要工具。有鉴于此，中国债权方未来也可探索债券等市场化工具，提升出资的效率与安全性，这本身也具备相当的可行性。2019年，75.3%的共建"一带一路"国家拥有主权信用评级，51.5%的评级为投资级。[1]在债权工具以外，国际机构还以股权形式对债务国出资，例如世界银行集团下属的国际金融公司就通过股权形式投资于发展中国家，进而与世界银行的贷款形成相互撬动、互补的关系。有鉴于此，在条件允许的情况下，中国也可尝试股权工具，以更丰富的出资形式服务共建"一带一路"发展中国家的资金需求。但需要指出的是，股权融资方在经济上行期间违约激励更高，导致跨国执行问题更突出，股权的偿付优先级也劣于债权，中国出资方在探索股权形式时需格外关注当地制度环境、跨国交易设计等更多细节。

（二）事中方面，中国债权方可着手加强存续债权的监测和管理

针对加强存续债权管理，债务可持续分析的作用值得重视。即便是审慎的放贷决策或是主权债务重组方案，也无法保证未来经济波动不会侵蚀债务国的偿债能力。因此，除了着眼当下，优化相关机制设计，也有必要放眼未来，对债务国进行审慎融资和债务管理。而要达成上述目标，完善对外债权统计和做好债务国的债务可持续性分析（DSA）就是基础。以国际货币基金组织和世界银行的DSA为例，DSA在全面掌握债务国政府的财政状况与金融市场条件等指标的基础上，预测该国未来10年的债务负担以及潜在的经济和政策冲击[2]，从而全面评

---

[1] Hurley, J., Morris, S. and Portelance, G. 2019. "Examining the debt implications of the Belt and Road Initiative from a policy perspective." *Journal of Infrastructure, Policy and Development*, 3(1), 139–175.

[2] 预测内容包括外债 GDP 比、外债还本付息占财政收入比重、总公共债务 GDP 比等，压力测试则包括自然灾害、大宗商品价格下跌、GDP 增速下滑等情景。

估主权偿付能力和违约风险。自 2005 年 4 月被引入以来，DSA 已被广泛用于对低收入国家主权债务可持续性每年至少一次的评估中，扮演着债务违约风险预警的角色。此外，DSA 还根据评估结果设定相关债务阈值并提出政策建议，用于指导国际货币基金组织和世界银行等国际债权人的放贷决策，在存续债权管理中扮演关键角色。此外，DSA 也是主权债务重组的重要参考，欧债危机期间，欧洲"三驾马车"就是基于 DSA 的评估结果来决定对欧盟成员国的金融救助和债务重组规模的。

中国的债务可持续性分析框架仍需完善，与实践的结合度有待提升。2019 年 4 月，中国财政部推出了《"一带一路"债务可持续性分析框架》，显示中国正有针对性地关注共建"一带一路"低收入国家的债务可持续性，实现对外放贷实践与国际通行做法的接轨。但该框架仍处于起步阶段，需要在三个方面予以完善。第一，中国的框架推出时间较短，主要是原则性的，指标体系有待完善，也缺乏具体的实施细则和相关指标的考虑因素等，不利于具体落地。第二，中国需建立起完整的、一致的对外债权统计信息，这是各类债权方开展债务可持续性评估、充分发挥该框架作用的必要条件。第三，中国的框架仍属非强制性政策工具，金融机构基于自愿原则决定是否运用于实践当中。但在缺乏统一协调机构的情况下，债务可持续性评估面临着信息、协调多方面的掣肘，仅靠单一机构的自发行为并不足以发挥该框架的指导作用。往前看，中国可进一步优化该框架的具体细则和适用范围，并探索将其作为中国对外债权管理和贷款发放的重要参考，拓宽金融机构的应用覆盖面，更好服务于对外放贷决策和贷后管理实践。

对中国而言，完善存续债权管理也体现在加强债权方的协调上。在主权借贷领域，债权方需要对存续债权进行实时监测和预警，以防止自身债权出险或被稀释，这也关系到存续债权滚动和新增借贷等事前领域。这意味着债权方之间需加强协调，否则将不利于存续债权管理，且可能鼓励债务国的策略性行为。[1] 正如前文所述，中国的对外放贷主体较多、放贷政策相对独立，不存在一个贷款协调机制，这可能也不利于中国对外债权的事中管理。有鉴于此，中国未来加强对外

---

[1] Hatchondo, J. C., Martinez, L., & Sosa-Padilla, C. 2016. "Debt dilution and sovereign default risk." *Journal of Political Economy*, 124(5), 1383–1422.

借贷机构的协调，甚至成立专门的对外贷款协调机构，不仅反映在事前的放贷决策上，也体现在加强事中的存量债权追踪、监测和预警层面。

（三）事后角度，中国债权方可争取更大的主动权，推动完善国际债务重组机制

中国债权方可与各方一道推动国际债务治理体系的完善。2008年后，中国债权方在为共建"一带一路"发展中国家提供发展所需资金方面发挥了重要作用，已成为重要的国际债权方。2020年新冠疫情发生后，中国债权方积极通过G20的DSSI为广大发展中国家提供债务喘息机会。往前看，中国债权方可与各方一道在G20框架下，着手推动DSSI往债务处置乃至重组的方向演进，借以完善现行国际债务治理体系，帮助共建"一带一路"发展中国家根本解决债务问题。尤其是，考虑到债券持有者是占比最高的一类债权人，新的机制尤其要重视引导债权人的参与，从而最大化处置成效。

具体方式上，中国可逐步构建起系统性、差异化的债务处置机制，掌握更大的主动权。就解决债务问题的效果而言，国际救助与债务重组相辅相成，缺少其中任意一环都很难达成帮助债务国恢复可持续性的目的。因此，在多边层面推进国际救助的基础上，中国也可积极探索构建系统性、差异化的债务处置方案。此外，中国的债务国主要为发展中国家，不同国家面临偿付困境的原因差异很大，仅靠单一的债务展期或减记并不适用于解决所有问题。例如，如果债务国仅遭遇流动性短缺问题，则可采取债务重新安排或利息减免的方式，避免债务直接减记带来的大额损失。有鉴于此，中国债权方可着手推动对外重组方式的多样化，这不仅对于维护自身权益有积极意义，也有助于针对性地帮助债务国解决问题。

中国债权方多样化的债务重组方式还体现为私人债权人积极推动或参与市场化重组，利用国际金融体系维护自身正当利益。国际经验表明，有别于官方债权人承担更多救助义务，私人债权人主要通过市场化重组配合整体处置流程，并起到活跃市场交易、协助监督债务国的作用。有鉴于此，中国的私人债权人可积极推动或参与对发展中国家的债务重组，通过市场化方式维护自身权益。具体而言，债券置换允许债务国发行新债券置换拖欠债务，中国可将存量贷款转换为债

券形式，实现有序退出。

中国债权方提供的方案还可与中国的对外发展战略结合起来，体现中国的特色与贡献。中国推动的债券置换可采取人民币债券形式，从而实现与人民币国际化战略的有序对接。在具体操作上，可参考布雷迪计划的债券置换重组方式，通过菜单式重组选项为债务国将债务转化为人民币债券提供多样化激励，利用债务重组壮大人民币计价资产市场。在主体选择上，可更关注中等收入国家或发展性贷款问题。一是此类国家往往具有主权债务评级，或拥有从国际债券市场融资的经验，更能接受债券置换。二是中国发放贷款本就出于帮助共建"一带一路"发展中国家基础设施建设、增强双方合作的目的，人民币债券置换的重组方式也与上述目标相一致。此外，随着新冠疫情的逐渐消退，全球发展中国家在促进国内经济增长和绿色转型等领域拥有更高的要求，新的债务处置机制也可通过"债转发展""债转绿色"等方式将主权债务重组与上述命题联系起来，这也符合中国推动全球经济治理改革、绿色发展的诉求。

第八章

"一带一路"金融：资本市场大有可为

在"一带一路"金融中引入资本市场可长期、持续地满足共建"一带一路"国家发展中的资金需求，可通过管理赋能、产业资源引入、优化资源配置等方式助力共建"一带一路"国家的经济转型升级。对于中国资金而言，"一带一路"项目可丰富投资选择，并助力提升潜在收益水平。对于中资金融中介机构而言，"一带一路"项目可推动其业务国际化。对于中国资本市场而言，通过与共建"一带一路"国家交易所深化合作，有望形成更大的资本辐射圈。此外，"一带一路"资本市场的发展亦将为"一带一路"金融中贷款的发展和解决债务拖欠提供参考价值。

目前大部分共建"一带一路"国家资本市场体量较小，而中国投资到共建"一带一路"国家资本市场的资金体量更是相对受限。这背后有几个共性原因，包括共建"一带一路"国家经济体量偏小和中国金融发展周期的问题、中国和共建"一带一路"国家政策力度不足、中资机构业务能力建设有待提高以及中国和共建"一带一路"国家资本管制等。我们认为，未来需要在政策层面发力，降低摩擦成本来推动资金的双向流动以及"一带一路"资本市场的发展。

虽然目前"一带一路"资本市场体量偏小，但在一系列契机的配合下，我们认为"一带一路"资本市场未来有望发展壮大。主要原因是中国的资本投资可以满足共建"一带一路"国家资本市场发展的多方面诉求，比如增加非美元货币融资、需要长期资金支持、借鉴资本市场发展经验和引入产业经验和资源等。

日本当年的发展经验也为中国资金走出去，更多投向共建"一带一路"国家资本市场提供了良好的借鉴和启示。展望未来，我们认为，在中短期维度内，提升政策重视程度有望减少当前存在的监管摩擦成本并更快推进相关业务能力建设；在中长期维度上，"先易后难"从经贸往来逐步延伸至资本市场层面的影响力，实现全方位交流与合作；未来5~10年，"一带一路"资本市场的规模可能会以较快的速度提升。[①]

---

① 本章作者：陈健恒、刘刚、姚泽宇、王海波、韦璐璐、于杰。本章得到了万筱越、张巍瀚、周东平的支持。

目前，中国"一带一路"金融更多由国有大行主导，银行贷款成了流向共建"一带一路"国家资金的主要组成部分。考虑到"一带一路"金融的重要意义，当业务处于起步阶段、赚钱效应尚未完全显现时，由政策性银行和四大国有商业银行直接响应国家倡议、发挥政策引导作用具有合理性和必然性。但中长期而言，形式单一、支出项目集中于少数行业、区域分布不均衡的"一带一路"投融资现状是否可以长期可持续地满足共建"一带一路"国家的发展需求？共建"一带一路"国家经济转型升级所面临的投融资及产业资源缺口庞大，进一步引入多元化金融工具是否具有可行性和必要性？这些问题逐步成为"一带一路"金融发展的关注焦点。

近年来，资本市场对共建"一带一路"国家经济连接和发展支持牛刀小试，"一带一路"金融多元化初见成效，境内债券市场发行了"一带一路"贴标债券，部分共建"一带一路"国家发行了熊猫债/点心债，部分中资私募股权机构设立了"一带一路"专项基金或投资于共建"一带一路"国家的企业，中资券商帮助部分共建国家的企业实现了港股/美股上市。但整体而言，相较于发达经济体"债券+股票+股权+贷款"的多元化新兴市场投资结构，当前中国资本市场工具在"一带一路"金融中的探索与实践整体仍处于初级阶段。究竟限制资本市场"一带一路"金融展业的障碍是什么？诸如共建"一带一路"国家经济体量普遍较小、风险较大、存在监管摩擦，以及中资机构自身能力建设不足等共性问题是否可以被解决，需要哪些政策支持？站在当前时点，推动"一带一路"资本市场发展究竟有

第八章 "一带一路"金融：资本市场大有可为

何契机？针对当前面临的机遇和挑战，应如何展望未来"一带一路"金融的发展路径，而其进一步发展对共建"一带一路"国家及中国又会产生什么样的影响？

本章将尝试对这些问题进行探讨。第一节将从共建"一带一路"国家经济发展需求以及中国资金/机构的供给收益两端，分析在"一带一路"金融中引入资本市场的必要性和可行性；第二节将剖析当前共建"一带一路"国家的资本市场格局，并拆分当前多元化资本市场工具在"一带一路"金融中的现状、结构、特征；第三节将讨论当前"一带一路"金融发展中面临的共性问题和障碍；第四节将分析当前发展"一带一路"资本市场的契机；第五节将对"一带一路"资本市场的未来发展进行展望。

一、"一带一路"金融中资本市场的地位和作用

"一带一路"金融以政策性金融机构和国有银行为主要资金方，以银行贷款为主要融资形式，资金主要投向东南亚、中亚、非洲、拉丁美洲等地区的发展中国家，支持以资源、能源和基建类为主的项目。从主要形式来看，"一带一路"金融包括以政策性金融机构及国有商业银行为主导、以银行贷款为主要融资形式的开发性金融模式，以及依托中国资本市场、股权/股票/债券等多种投融资渠道并重的多元化金融模式。在过往"一带一路"金融的发展过程中，为解决共建"一带一路"国家的基础设施建设缺口、满足经济发展的基本要求，基建项目在"一带一路"金融投资中长期占据主导地位。因为基础设施的准公共物品属性，盈利性驱动的私人部门参与的动力不足，所以中国官方机构提供的开发性金融则成了在欠发达国家中提供和调节公共物品服务的重要手段。然而，从长远来看，形式单一、缺乏市场化/商业化逻辑支撑的投融资渠道能否持续性地满足庞大的"一带一路"投融资需求？此外，对于部分经济发展走在前列的共建"一带一路"国家，仅提供资金、缺乏发展经验共享/产业资源支持的银行贷款模式能否匹配它们的经济转型升级需要？在"一带一路"经济发展已取得累累硕果、共建"一带一路"国家面临经济结构深层次转型的当下，这些问题逐步成为关注焦点。在下文我们将分别站在共建"一带一路"国家及中国资金/机构的角度，进一步论述为何需要在"一带一路"金融中引入多元化投融资手段。

（一）"一带一路"金融多元化对于共建"一带一路"国家发展的意义

1. 引入资本市场有助于满足共建"一带一路"国家发展的资金需求

如前文所言，当前"一带一路"金融投融资体系仍主要依托以银行贷款为主的开发性金融工具。然而，从风险－收益组合选择的角度来看，由于部分共建"一带一路"国家经济水平相对较低，财政压力相对较大，共建"一带一路"国家企业发展处于早期，整体发展面临较大不确定性，所需的投资期限也较长，其风险属性与聚焦企业短期偿付能力、有形资产质量的银行贷款存在一定背离，因此银行贷款的介入可能需要贷款贴息、政策性担保等财政激励分摊潜在的资金成本和风险损失，长期而言可持续性不足，难以对"一带一路"融资形成支持。而资本市场能够通过估值等风险定价方式提升风险容忍度，也能够根据生命周期不同的企业的不同风险特征提供期限从短到长的全方位服务，可更加长期、可持续地满足"一带一路"投融资需求。根据世界银行的数据，2030年共建"一带一路"国家仅基础设施投资需求就将达到6 499亿美元[①]，而实际建设领域不仅限于基础设施，涉及的资金需求或更大；为保证资金的充足性及可持续性，未来需要形成以私人部门投资为主力、政府资金起杠杆作用和导向作用的市场化投资体系。[②] 大部分共建"一带一路"国家资本市场受制于经济体量，普遍面临规模偏小、流动性有限等问题，因此充分运用中国资本市场投融资能力、为"一带一路"金融引入多元化投融资工具具有较大意义。其中，分别讨论各投融资工具及渠道：（1）具有高风险容忍度、较长投资期限的PE/VC投资或将成为尚处于早中期发展阶段的共建"一带一路"国家中小创业企业的重要资金来源；（2）依托中国大规模、国际化、多层次的资本市场，借助A股/港股市场上市制度改革及互联互通机制深化并纳入外国公司等契机，A股与港股上市/再融资等股票市场融资手段可拓宽成长期、成熟期的共建"一带一路"国家企业融资渠道；（3）债券则可更多引入风险偏好不同的资金，尤其是非银行金融机构的资金，为风险相

---

① 鞠传霄：《"一带一路"资金融通面临的挑战及建议》，《中国投资（中英文）》，2021年第ZA期。
② 易纲：《中国将通过商业性资金为"一带一路"融资》，参见 https://finance.sina.com.cn/roll/2019-04-25/doc-ihvhiqax4950924.shtml。

对可控的共建"一带一路"国家基础设施建设等项目提供一定的资金支持。

从过往全球经验来看,早期流向新兴市场的资金以贷款及贸易相关借贷为主,之后逐步形成了当前"股权投资+股票二级投资+债券二级投资+贷款及其他"的多元化组合。根据世界银行的数据,1980—1982年,流向发展中国家的资金净流入以银行贷款及贸易相关借款为主(占比超过3/4,且主要向主权政府提供),债券投资占比较低,二级市场股票投资几乎不存在。之后,伴随发展中国家的金融市场管制放松、技术及金融工具进步、宏观经济环境趋于稳定、存量债务减少,对应的投资风险和交易成本有所下降,同时部分发展中国家的经济高增长带来预期回报较高、投资组合风险分散的优质投资机会,流向发展中国家的股/债二级市场资金及FDI增长明显,1995—1996年合计占比超过3/4(见图8.1),同时资金的接收方也由政府转向私人部门,也就是主要通过市场渠道投资进行。1986—1995年,全球新兴市场国家基金、区域/全球基金数量分别由19只、9只增至约500只、约800只,合计基金总资产由19亿美元增至超过1 300亿美元。[1] 根据国际金融协会的数据[2],截至2014年,全球私人部门流向新兴市场的资金净额中,股权投资、其他债权投资、银行贷款、股票投资的金额占比约为4.5∶3∶1.5∶1(见图8.2)。

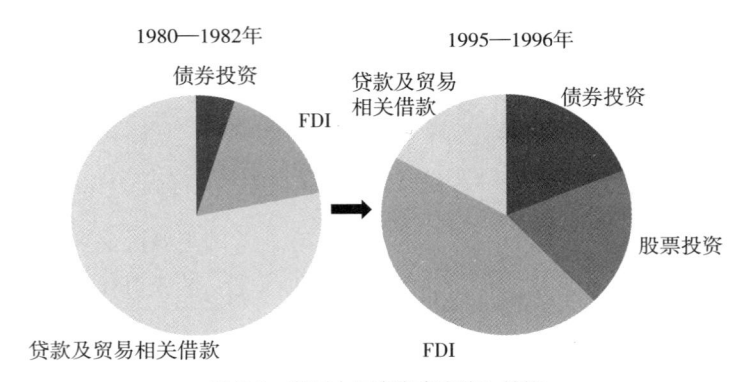

图8.1 发展中国家资金净流入结构

注:由于数据可得性未将中国进行拆分,同时由于20世纪80年代及90年代初中国股票、债券市场对外开放仍处于初期,所以资金净流入结构的多元化变化趋势受中国影响较小。

资料来源:世界银行,中金公司研究部。

[1] World Bank. "Private Capital Flows to Developing Countries." 1997.
[2] IIF. "Capital Flows to Emerging Market Economies." 2013.

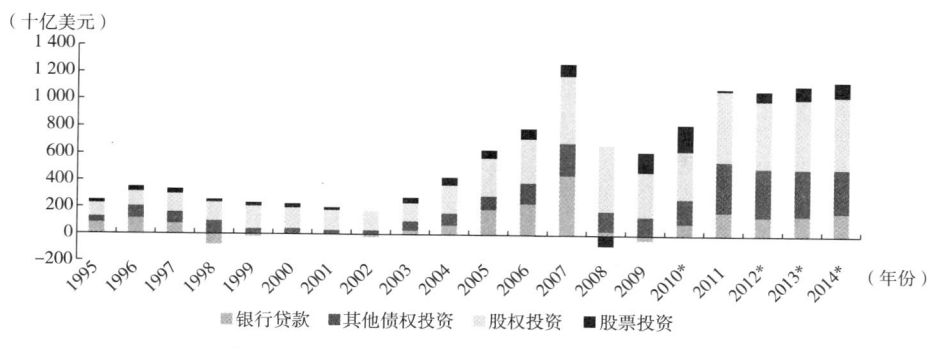

图8.2 私人部门流向新兴市场的资金净流入拆分

注：标*数据为国际金融协会估算。
资料来源：欧洲央行，国际金融协会，中金公司研究部。

2. 中国资本市场可为共建"一带一路"国家提供金融发展借鉴及产业发展支持

整体来看，目前大多数共建"一带一路"国家的资本市场及实体产业的发展程度相较发达国家仍有一定差距。而共建"一带一路"国家在资本市场发展及实体产业转型升级过程中，除了需要贷款融资的经济支持外，往往还需要先进的发展经验引导以及领先的产业资源帮扶。伴随中国多层次资本市场渐趋成熟、各项制度渐趋完善，一方面，中国资本市场发展经验可为共建"一带一路"国家资本市场发展及体系建设提供借鉴，从而优化其金融体系发展路径，具体的领域包括金融监管体系的构建及完善、多层次资本市场建设、运用资本市场赋能实体经济的路径，以及绿色金融与ESG发展理念等。另一方面，中国资本市场亦可通过投后赋能/产业资源引入等方式助力共建"一带一路"国家产业成长。如股权投资可通过投后管理赋能、产业及股东资源引入等方式助力被投"一带一路"企业降本增效，尤其对于中国市场具有发展经验的产业，股权投资机构可为共建"一带一路"国家企业提供产业发展的商业模式，为其对接中国战略股东资源及优质企业合作资源，助力其更好地在中国市场展业；而并购重组市场可助力优质企业外延式发展，实现规模效应，也可使经营能力有待改善的企业被收购重组、优化资源配置、助力产业发展。

从中国市场的发展经验来看，资本市场在助力经济和企业发展、推动经济结构转型升级的过程中起到了重要作用。经过30余年的发展（见图8.3），中国资本市场目前已成长为全球第二大市场（2022年末A股总市值79万亿元、债券存量余额 141 万亿元），逐步形成了"区域股权市场＋新三板＋北交所＋创业板＋科创板＋主板""股权＋债权""期货＋现货""场内＋场外"协调发展的多层次市场架构，在服务实体经济发展、助力经济转型升级、推动金融业改革开放、优化公司治理等方面做出了重要贡献。（1）促进直接融资和实体经济发展。截至 2020 年末，中国资本市场累计完成股权融资超过 21 万亿元[①]，根据中国人民银行的数据，2022 年末直接融资存量规模为 101.8 万亿元，约占社会融资规模存量的 29.6%。（2）助力经济转型升级、国家倡议实施。2018 年以来，更多半导体、信息技术、医疗保健等战略性新兴产业企业通过 A 股市场获得融资，包括未盈利、特殊股权架构、红筹在内的创新企业也在注册制改革下实现了上市融资突破，市场服务新经济的能力明显提升。（3）推动金融业改革开放。伴随各类互联互通机制推进／扩容、投资额度及外资股比限制取消，中国金融双向资金流动加快，外资在 A 股自由流通市值中的持股占比由 2014 年的 3.7% 提升至 2022 年末的 9.8%。[②]（4）通过信息披露、规范监管等强化上市公司及发债企业公司治理，推动企业规范可持续发展。

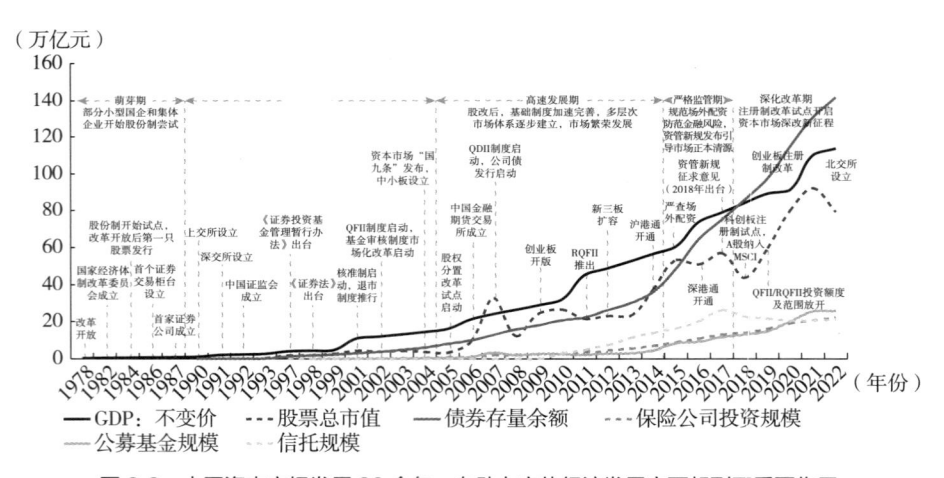

图 8.3　中国资本市场发展 30 余年，在助力实体经济发展方面起到了重要作用

注：QFII 指合格境外机构投资者，QDII 指合格境内机构投资者，RQFII 指人民币合格境外机构投资者，MSCI 指明晟。

资料来源：Wind，国家统计局，中国信托业协会，中国证券投资基金业协会，中金公司研究部。

---

① 中国证券监督管理委员会：《中国资本市场三十年》，中国金融出版社，2021 年。
② 基于中金策略组估算，参见中金策略组报告《主题策略：A 股市场 2023 年展望——翻开新篇》（2022 年 11 月）。

(二)"一带一路"金融多元化与资本市场发展对于中国的意义

首先，对于中国资金/投资人而言，伴随中国经济发展由高速发展期迈入高质量发展期，过往部分新经济行业（如消费互联网）已逐步进入成熟发展阶段，行业增速放缓，投资机会减少，回报水平降低，而由于经济主体性质多元，部分共建"一带一路"国家仍处于转型发展初期，可以为国内资本市场投资者提供更为丰富的投资选择，并助力提升潜在收益水平。具体有如下几点。第一，就债券投资而言，共建"一带一路"国家间由于国际评级差异较大，对应的债券收益率方差亦较高，可丰富中资机构投资范围，完善中资机构构建最优风险投资组合的工具及手段，并在一定程度上增强中资机构投资回报。第二，就股票投资而言，一方面，若中国与共建"一带一路"国家交易所间的联通机制得以建立，将丰富资金"走出去"的投资渠道；另一方面，伴随以港股通纳入外国公司为代表的港股/A股制度改革进一步推进，未来更多优质共建"一带一路"国家企业有望"引进来"，实现上市/再融资，国内投资者也将获得丰富多元的投资标的。第三，就股权投资而言，部分共建"一带一路"国家当前仍处于新经济产业发展初期，市场发展空间较大，在投资、并购整合等方面仍具备机会。以共建"一带一路"国家数字支付产业为例，伴随通信等基础设施的进一步完善，以印度尼西亚、菲律宾、越南为代表的共建"一带一路"国家数字支付交易规模增速全球领先，此外，当前数字金融等赛道已成为东南亚地区的投资重点。中国私募股权机构基于中国互联网的发展经验，对接两国互联网发展资源，未来有望进一步分享"一带一路"新兴市场互联网产业发展红利。

其次，对于券商等"一带一路"金融中介机构而言，在持续的、更高水平的制度型开放背景下，或将加快国际化扩张步伐。但目前中国券商整体仍处于国际业务发展初期，更多以中国香港为桥头堡，服务于本土客户"走出去"的跨境业务需求。考虑到中国与共建"一带一路"国家间相对友好的交流合作关系，以及与其中部分国家（以亚洲国家为主）更加接近的文化背景，共建"一带一路"国家项目相对更易上手，并能够提升中资券商的国际影响力，我们认为有望成为中资券商逐步迈向国际化2.0模式（海外业务做大做强）、3.0模式（业务全球化）的重要抓手，并逐步贡献收入新增长点。

此外，在引入资本市场的过程中，通过中国交易所与共建"一带一路"国家交易所间的互联互通，以及推进构建支付清结算基础设施的联通机制，一方面可减少汇率/换汇等问题带来的多方阻力，降低摩擦成本；另一方面可增强交易所间人员，以及技术与其他细分领域的沟通往来，最终推动中国资本市场的双向开放，形成更具规模的资本辐射圈，助力中国与共建"一带一路"国家互利共赢。

最后，"一带一路"资本市场的发展亦将为"一带一路"金融中贷款的发展和解决债务拖欠提供参考价值。"一带一路"资本市场的发展逻辑不单纯是资金的单方面输出，而是带有商业逻辑的"资本+产业资源+管理经验"的多维度输出，这样可以提升投资的成功概率和资金收益的回收，避免投资效率过低导致投资失败和债务拖欠。虽然"一带一路"资本市场的体量依然偏小，不足以替代"一带一路"贷款的投放，但我们认为其经验也可以为贷款投放提供公司质量考量、项目风险管控方面的相关借鉴，帮助提高贷款投放成功率，降低债务违约风险。

二、目前"一带一路"资本市场的格局和特征

前文详细阐述了"一带一路"资本市场发展对共建"一带一路"国家及中国资金/机构的重要意义。下文将重点梳理共建"一带一路"国家资本市场的格局，描述境外资本市场资金的来源情况以及中国资金投资共建"一带一路"国家的情况。

（一）共建"一带一路"国家资本市场整体规模不大，但各具特色

共建"一带一路"国家资本市场发展与经济发展阶段有关。在经济较为发达的国家，比如韩国、意大利、卢森堡和新加坡等，资本市场相对成熟。但对于发展中或者欠发达地区，其资本市场发展较慢甚至没有自身的资本市场。

但即使是共建"一带一路"国家中的发达经济体，因受限于自身的经济体量，其资本市场规模相比中国来讲仍然较小。从上市公司市值规模来看，截至2022年末，股市较为发达的韩国，其上市公司市值总规模也仅有1.6万亿美元左右，相比中国A股79万亿元人民币（约11.3万亿美元）的规模仍然偏小。从

债券市场规模来看，截至 2022 年末，意大利债券存续规模在 3.5 万亿美元左右，相比中国 141 万亿元人民币（约 20.3 万亿美元）的规模也偏小。

从发展中或者新兴市场的共建"一带一路"国家来看，其股市和债市的规模更小，融资能力整体偏弱。从股市来看，以阿联酋、印度尼西亚、俄罗斯、阿根廷为例，截至 2022 年末，其上市公司市值分别仅有 8 736 亿美元、6 103 亿美元、1 501 亿美元、530 亿美元；从债券市场来看，截至 2023 年 4 月末，阿联酋、印度尼西亚、俄罗斯、阿根廷存续债券余额分别仅有 2 390 亿美元、5 526 亿美元、6 461 亿美元、3 397 亿美元。

不过随着经济的发展，部分共建"一带一路"国家的股票市场发展较快且具备自身特色。以印度尼西亚股票市场为例，其交易所已建成多层次、多种类的投资市场，包含主板、开发板、加速板和新经济板。近年来，印度尼西亚市场已经成为东南亚多国中最为活跃的 IPO（首次公开发行）市场之一。世界证券交易所联合会披露，2010—2022 年印度尼西亚股票市场共有 429 家公司通过 IPO 上市，总募资额为 390.4 亿美元，IPO 公司数和募资额均位列东南亚市场第一位。存量市值分布上，以银行代表的金融公司和本土的优势产业公司为主。投资者的国际化程度相对较高，截至 2022 年末，国外投资者约占交易量的 1/3。

债券市场方面，新兴经济体起步较晚，基本上是主权债券市场先起步发展，信用债市场逐步跟进。主权债券基本上也是以固息债券为主的。从国际化程度来看，拉美国家外国投资者占比在拉美、亚洲、中东欧、中东和非洲等地中最高。不同国家由于经济、政治和文化方面存在差异，其债券市场也呈现出不一样的特征。比如南非市场较为发达且流动性相对较好，境外投资者占比相对较高，信用债发行人集中在银行业。根据 AsianBondsOnline（债券信息平台）的数据，马来西亚市场是东盟最发达的债券市场之一，也是全球最大的伊斯兰债券市场，境外投资者占比较高，截至 2021 年末，能达到 1/3。

（二）不同共建"一带一路"国家股权和债券等资本市场投资占境外资金来源差异较大

从共建"一带一路"国家的境外资本市场资金来源看，不同国家差异较大，这跟其自身经济、文化、资本市场规模和格局等因素相关（见图8.4）。对于资本市场相对发达的国家来讲，其境外股权类和债权类证券投资合计占境外总投资比例相对较大，比如2022年韩国的比例在60%左右，新西兰超过40%，而资本市场相对落后的阿根廷，占比则在15%左右。从股权和债权证券内部来看，不同国家差异也较大，韩国比较依赖股权证券，2022年其占比为32%，而意大利则相对依赖债权证券，其比例为27%。另外，同一国家不同年份对股权和债权证券融资的依赖度也存在一定的变化，与金融环境的波动有关。

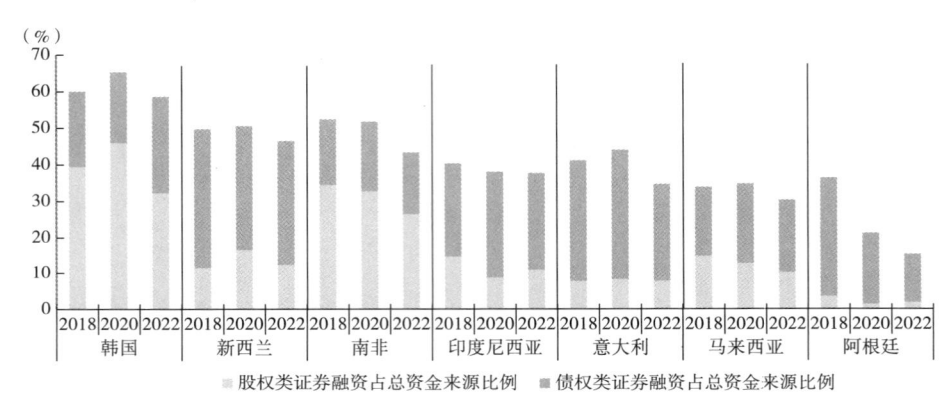

图8.4 境外股权类和债权类证券投资占总境外投资比例在共建"一带一路"国家间差异较大

资料来源：国际货币基金组织，中金公司研究部。

（三）"一带一路"资本市场在股债市场的发展情况

共建"一带一路"国家整体金融市场体量不算大，而中国资金投资到共建"一带一路"国家的资本市场体量更是相对受限。权益方面，2022年末，中国投向共建"一带一路"国家的私募股权资金占整体私募股权投资额的2.1%左右，截至2022年底，共建"一带一路"国家企业港股和美股上市数量占比分别仅为3%和2%左右。债券方面，截至2022年末，境内"一带一路"债券占境内债券市场规模的比例仅为0.06%，共建"一带一路"国家发行熊猫债存量占比也仅为0.35%，共建"一带一路"国家发行点心债存量的占比相对较高，但是也只有6.7%。而共建"一带一路"国家GDP占全球GDP的比例为22%左右，共建国家出口占中国出口的比例为40%，进口占比更高，为44.9%左右。[①]"一带一路"资本市场在权益和债券市场的发展是远低于共建"一带一路"国家的经济体量与中国的贸易体量的，其背后的原因是多样的，涉及政治、文化、经济和政策等多个方面。

1. 私募股权投资规模较小，"一带一路"基金主要投资于具有"一带一路"业务的企业

根据清科口径的数据（见图8.5），2014年以来，国内私募股权机构[②]针对共建"一带一路"国家的年平均直接投资规模仅为468亿元，占总私募股权投资规模的比例约为2%，占私募股权海外直接投资总额的14%。同时，对共建"一带一路"国家的私募股权投资规模近年来持续下降，由2017年915亿元的高点下降至2022年的346亿元。根据清科私募通的数据，截至2023年3月底，国内已备

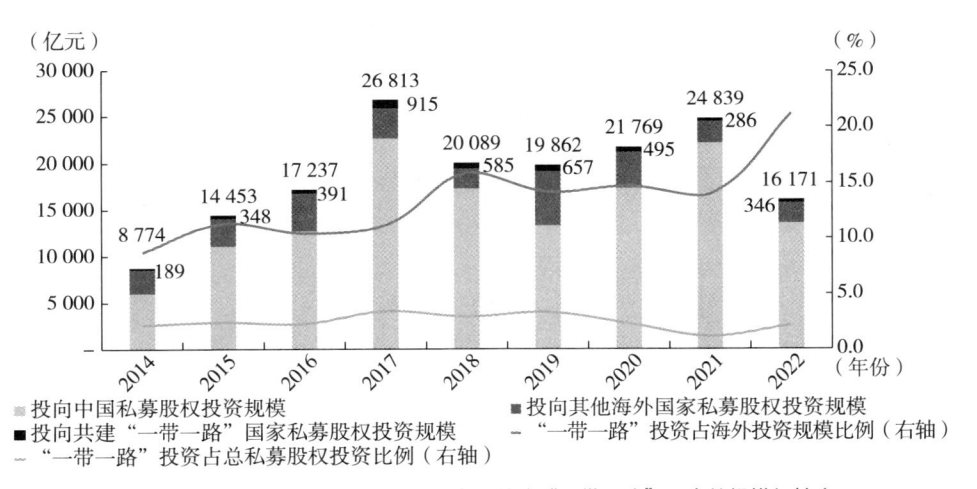

图8.5 国内私募股权机构直接投资于共建"一带一路"国家的规模仍较小

注：清科私募通统计的投资机构包含国内私募股权投资基金及投资过中国私募股权项目的海外私募股权投资基金。

资料来源：清科私募通，中金公司研究部。

---

① 资料来源：世界银行，UNCTAD。数据截至2021年末。
② 含部分投资过中国大陆企业的海外私募股权机构。

案的"一带一路"专项私募股权基金仅8只，其中仅中投国资"一带一路"卫星媒体基金直接投资于阿联酋当地企业，其余私募股权基金均通过投资国内有"一带一路"业务的企业实现对"一带一路"市场的间接投资。

2. 共建"一带一路"国家企业股权融资规模较小，中资券商竞争力有待提升

从港股及美股IPO项目组成来看，截至2022年底，共建"一带一路"国家IPO数量占比仍较小，其中港股数量为90个，占总IPO数量的3%，美股数量为87个，占总IPO数量的2%。同时，在港股和美股上市融资的共建"一带一路"国家主要是经济发展相对成熟的国家，如新加坡、马来西亚、阿根廷、韩国，国家集中度较高。

另外，中资券商"一带一路"股权融资业务开展不足，相较外资投行仍欠缺竞争力。以IPO为例，港股和美股市场的共建"一带一路"国家企业上市融资仍主要依托海外领先投行，中资券商参与较少。从承销规模市占率来看，截至2022年底，港股中资券商共建"一带一路"国家企业IPO合计承销规模为22.5亿美元，占"一带一路"企业总IPO融资规模的比例为23%，美股中资券商相应承销规模为5.1亿美元，占比为2%。

3. 共建"一带一路"国家人民币债券市场融资规模也较小

债券方面，目前"一带一路"资本市场涉及的债券品种有两类：一是境内债券品种，主要包括境内贴标的"一带一路"债券或者是募集资金投向"一带一路"项目的债券；二是跨境债券品种，包括熊猫债和点心债两个品种。其中境内"一带一路"债券整体规模较小。根据Wind（万得）的统计，2016—2019年"一带一路"债券的发行量波动较大，其中2018年的发行量高达461亿元，其余年份均不足100亿元。而2020年以来年度发行量均保持在200亿元以上的较高水平。2021年因到期量较大，净增量转负，2022年有所转正。

虽然熊猫债和点心债发行量相对较大，但是共建"一带一路"国家发行人发行较少。熊猫债起步较早，2005年监管明确国际开发机构可以在中国境内发行以人民币计价的债券，但是早期的发行量较小。直到2016年4月允许试点企业的境外母公司在中国境内发行人民币债券，并明确以放款形式用于境内子公司的

资金不纳入跨境融资风险加权余额计算后,熊猫债的发行量才出现明显增长。当年发行和净增量达历史最高,分别为 1 300 亿元和 1 247 亿元,此后发行量基本保持在 500 亿~1 100 亿元。共建"一带一路"国家中,新加坡、马来西亚、俄罗斯、意大利和韩国五国曾有企业法人发行熊猫债。整体来看,共建"一带一路"国家发行占比较低。

点心债则起步于 2007 年,至 2014 年发行规模增至 5 702 亿元。后受人民币汇改影响,发行规模连续下行。直到 2018 年发行量出现回升,至 2022 年发行规模突破 10 000 亿元。截至 2022 年末,共建"一带一路"国家存量点心债金额为 812 亿元,占存量的 6.7% 左右。虽然点心债发行不需要审批,但募集资金使用仍存在汇兑成本,这可能是海外国家发行量较少的主要原因。

三、发展问题、原因及建议

从上述"一带一路"资本市场格局来看,目前其体量和占比都偏小。本部分内容聚焦分析和讨论在"一带一路"资本市场的发展过程中面临哪些共性的问题和障碍,以及有何政策建议。

(一)共建"一带一路"国家经济体量和金融周期问题

"一带一路"资本市场目前的体量和占比偏小,从经济和金融维度来看,与共建"一带一路"国家经济体量偏小和中国过去的金融周期尚不利于推动金融业务交互有关,但随着时间的推移,这些问题有望逐步得到解决。

"一带一路"倡议更多出于多维度的互利共赢考量,而非纯经济利益导向,这决定了合作的国家以发展中国家为主,经济发展水平相对有限。"一带一路"倡议涉及的 151 个国家大多分布于非洲、东南亚、中东等地区,总体而言经济体量偏小,2021 年共建"一带一路"国家平均名义 GDP 约为 1 600 亿美元,不足美国 GDP 的 1%,平均占世界 GDP 的比例仅约 0.2%,且经济结构以劳动密集型、资源密集型等复杂度相对偏低的业务为主。金融层面的合作依托于彼此的经济发展,经济体量和发展阶段不匹配也意味着双方合作很难处于双向纯依赖经济利益往来的关系，中国此前与共建"一带一路"国家的金融层面合作更多局限于以支持为主的开发性金融。

从金融周期的角度来看，此前资金成本和估值原因制约海外主体来中国融资，当前金融环境变化或有望促进海外主体重新聚焦中国市场。第一，从债市来看，过去较长时间内，人民币利率比美元和欧元利率高，如果从财务视角看，对境外主体而言，到中国市场发行熊猫债吸引力不高。2022 年开始，国内利率开始低于美债利率，熊猫债又成为一个比较受关注的券种。第二，从二级市场来看，此前中国曾尝试通过发行中国存托凭证的方式促进红筹股和海外公司来 A 股上市，但当时一大制约因素是 2018 年科创板尚未开放，在主板发行科创类公司中国存托凭证估值水平不具备竞争力。主要共建"一带一路"国家前向市盈率区间情况如图 8.6 所示。

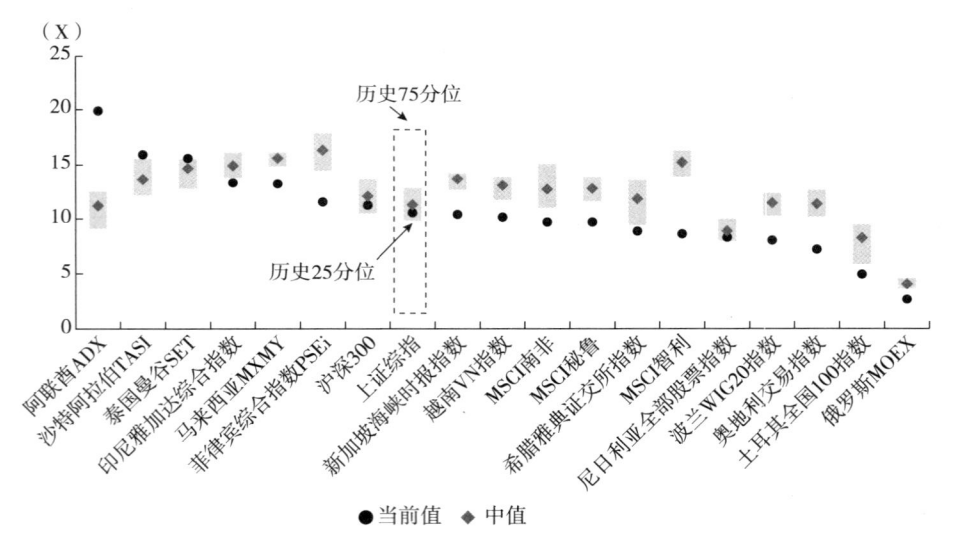

图 8.6　主要共建"一带一路"国家前向市盈率区间（2010 年 1 月至今）

注：ADX 指阿布扎比证券交易所，TASI 指沙特全股交易指数，SET 指泰国证券交易所，MXMY 指明晟马来西亚指数，PSEi 指菲律宾基准证券交易所指数，MOEX 指莫斯科交易所。数据截至 2023 年 6 月 14 日，阿联酋 ADX 当前值为 2022 年 12 月 31 日数据。
资料来源：Bloomberg，中金公司研究部。

我们认为，一方面，从经济和金融体量对比来看，共建"一带一路"国家经济高增速有望改进当前双边合作模式。伴随中国发展为全球第二大经济体，产业结构升级、对外贸易调整等问题浮现，经济增速逐步放缓进入"新常态"；但部分共建"一带一路"国家仍处于发展早中期，伴随全球产业链重塑，将受益于产业链转移和人口红利等，有望迎来高速发展，金融市场体量也将随之发展壮大，双方合作模式有望得到进一步发展。

另一方面，从金融周期来看，当前伴随国内利率走低和多层次资本市场制度建设完善，海外主体来中国融资动力增强。伴随2022年以来国内利率走低，当前国内人民币债券融资成本要低于美元债券，对于境外发行人而言可以节省财务费用，为熊猫债券扩容提供了较好的时间窗口。二级市场方面，伴随国内科创板等多层次资本市场建设完善、全面注册制下A股定价科学有效性提升，科创板的上市规则对于吸引海外科创类公司来国内发行具备较大吸引力；此外，港股通纳入外国公司也意味着港股市场对海外公司吸引力加强。

（二）政策重视程度和监管摩擦成本

目前"一带一路"资本市场实际的发展过程面临监管制约和摩擦成本，鼓励"一带一路"资本市场的政策力度仍有提升空间，在债券、股本市场融资方面都有体现。

债券方面，中国"一带一路"资本市场中债券审批存在一定制约，其余共建"一带一路"国家也存在一定摩擦成本。审批方面，如熊猫债的审批制度为核准制，申请流程较为复杂，海外和国内会计准则的不匹配也导致发行中摩擦和人力成本较高，且过去熊猫债在资金能否出境这个问题上面临一定的审批限制。

股权方面账户开放程度不够，缺少证券层面的融资支持。共建"一带一路"国家的企业部分存在股、债融资难问题，传统西方资本市场对其开放程度、接纳程度有限，而其本地证券监管体系尚待完善，资本市场规模与深度有限。相较已经构建多层次的国际融资体系的地区，我国相对缺少证券层面的融资支持，尤其是股权市场。

针对以上问题，我们建议可简化债券审核流程并提供政策支持，通过加强政策性基金与市场"一带一路"基金合作，利用港交所拓展对外渠道。首先，建议统一境内"一带一路"贴标债券的发行认定标准,简化相关流程,提供审核便利。将"一带一路"债券的发行和投资纳入金融机构考核,提升机构积极性。其次,可通过引导政策性基金与市场化"一带一路"主题基金加强合作,引导社保基金等长期资金优先投资于优质"一带一路"主题基金的方式解决其资金来源问题。再次,我们认为可利用中国香港发达的资本市场和金融服务体系投向共建"一带一路"国家,拓展对外投资渠道。在纵向联通方面,港交所以及A股交易所可以尝试拓展与共建"一带一路"国家交易所战略协同,寻找合作机会。在横向联合层面,可以探索与共建"一带一路"国家的交易所开展产品合作创新。最后,可以在支付清结算基础设施上尝试联通。

我们认为也可适度优化并购监管,将共建"一带一路"国家纳入中欧通或设立"一带一路"细分市场。在并购方面,我们建议设立分类考评体系,针对国企"一带一路"并购行为适度优化考核指标,在保证合理回报和国有资本保值的基础上,根据"一带一路"并购企业情况,适度放宽监管指标,增强国企央企跨境并购活力。最后,我们建议可循序渐进地将新加坡等经济相对发达、资本市场基础设施相对完善的共建"一带一路"国家纳入中欧通覆盖范围,提高当地企业赴A股上市的可能性。同时可逐步推进国际板建设,打通海外企业直接来华上市渠道,或可专设"一带一路"细分市场,针对共建"一带一路"国家企业性质设置专有上市标准及投资者准入门槛。

(三)中资机构业务能力建设问题

"一带一路"资本市场业务开展难度大,对中资机构的业务能力建设提出了较高挑战。不同于国内资本市场,"一带一路"资本市场发展过程中或由于境内外文化、语言、法律、会计准则等存在较大差异,而天然面临更高的合规风险和业务开展难度,部分共建"一带一路"国家还可能由于自身经济、政治发展状况和资本市场建设进程,存在着更大的法律风险、国别风险、币值不稳定带来的汇兑风险,对中资机构展业时的多样化风险识别及管理提出了较高挑战(见图8.7)。根据中国社会科学院《中国海外投资国家风险评级报告(2022)》的数据,进行风险评级的56个共建"一带一路"国家中,仅4个为低风险国家,而45个为中风险国家、7个为高风险国家（且中国社科院仅针对可能涉及真实投资活动的国家进行评级，因此剩余95个国家甚至没有被评级的机会）。在此背景下，中资机构在开展"一带一路"金融股权、股票及债券业务时，需要境内外相关基础设施相对完善（如当地交易场所、服务设施及境内相关产品法律法规等），并需与当地具备"一带一路"跨境业务能力的服务中介（律所、评级机构等）建立紧密合作，自身也需招揽具有相关语言能力和法律知识储备的人才、搭建在地展业团队。

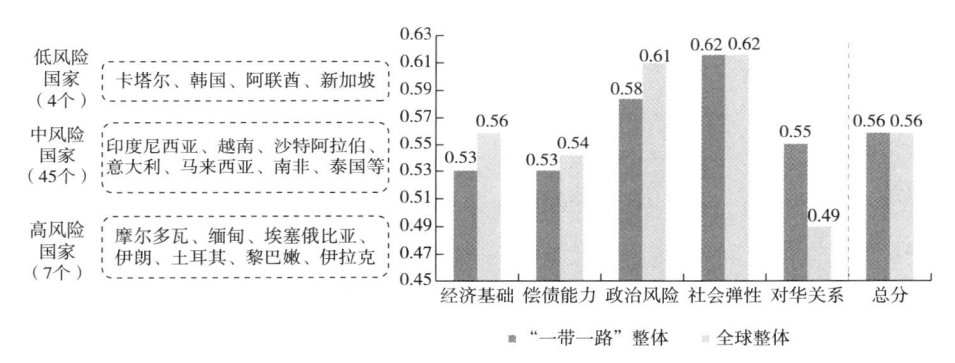

图8.7 共建"一带一路"国家整体投资风险相对较高

低风险国家（4个）：卡塔尔、韩国、阿联酋、新加坡

中风险国家（45个）：印度尼西亚、越南、沙特阿拉伯、意大利、马来西亚、南非、泰国等

高风险国家（7个）：摩尔多瓦、缅甸、埃塞俄比亚、伊朗、土耳其、黎巴嫩、伊拉克

指标	"一带一路"整体	全球整体
经济基础	0.53	0.56
偿债能力	0.53	0.54
政治风险	0.58	0.61
社会弹性	0.62	0.62
对华关系	0.55	0.49
总分	0.56	0.56

注：中国社科院风险评价指标包括经济基础、偿债能力、政治风险、社会弹性和对华关系，目前仅对56个国家进行了评级。除对华关系外，共建"一带一路"国家整体投资风险高于全球其他地区（投资评分越低风险越高）。

资料来源：中国社会科学院《中国海外投资国家风险评级报告（2022）》，中金公司研究部。

目前来看，"一带一路"资本市场展业在基础设施、服务中介、自身人才团队建设方面均存在一定不足。第一，基础设施建设方面，许多共建"一带一路"国家当地市场的交易场所建成时间较短、资本市场成熟度不足、可投资资产相对匮乏，且尚未与A股市场建立完善的合作机制，导致中资投资者参与当地市场股/债二级投资的难度较大、交易成本较高，也不利于股权投资的后续退出。第二，服务中介方面，除韩国、新加坡及欧洲少数发达市场外，多数共建"一带一路"国家的服务中介水平仍有较大提升空间。以律师事务所建设情况为例，2021年Law.com International（法律权威媒体）发布的全球前100大律所中（按收入计），共建"一带一路"国家中仅韩国有1家律所上榜（排名第55位）。而就中资律所在共建"一带一路"国家的覆盖情况来看，盈科、大成、京师等国际化布局领先的律所已在多个共建国家设点，但其他律所的共建"一带一路"国家布局还有一定提升空间。第三，自身人才团队建设方面，对于多数中资机构而言，目前其在共建"一带一路"国家的业务布局尚处于起步阶段。以中资券商的全球办公室布局情况来看，截至2022年末，除中信证券国际化进程相对较快，其他主要券商在共建"一带一路"国家的设点相对较少，仅在新加坡、韩国等偏发达市场有所布局。而由于缺乏在地团队，中资券商或股权投资机构在共建"一带一路"国家展业时，可能在项目筛选、尽职调查、项目开展、后续管理等各阶段缺乏抓手，不利于业务开展和风险管控。

建议进一步完善境内外"一带一路"基础设施，并按业务拓展机遇顺序搭建在地团队或强化产业/当地机构合作，建立共建"一带一路"国家业务能力。第一，基础设施方面，针对交易所间合作机制不完善的问题，我们建议借助开展跨境金融服务的契机，进一步完善配套举措的监管制度，为金融服务与多层合作在后续落地疏通阻碍。第二，针对部分国家交易所市场不成熟、中资机构缺乏在地团队的问题，我们建议首先优选基础设施已相对完善的共建"一带一路"国家，如泰国、印度尼西亚、新加坡、越南、马来西亚等，再结合业务拓展机会、其他非经济因素风险等，有顺序、有选择地搭建共建"一带一路"国家在地业务团队，以提升项目开展的事前、事中、事后管理能力，逐步建立对当地市场的理解和认识，降低业务开展不确定性。第三，考虑团队搭建及中介能力建设尚需时间，在共建"一带一路"国家展业时，中资机构可借助产业公司及当地机构的力量，强化业务能力，降低当地展业风险。例如，开展股权投资时，可引入产业公司，共同开展特定产业的共建"一带一路"国家投资，一方面借助其深厚产业理解，提升项目筛选/管理/风控能力；另一方面为被投企业提供产业内战略合作资源。同时，中资机构可引入当地主权基金或其他金融机构，提升被投企业的资金接纳度，也降低项目开展风险。此外，中资机构还可通过母基金投资于海外管理人（包括"一带一路"当地机构及覆盖"一带一路"项目的国际机构），将筛选企业转变为筛选管理人，降低业务能力不足带来的不确定性，并可依托管理人的能力，发掘优质资源。

（四）中国和共建"一带一路"国家跨境资本流动限制

1. 我国跨境资本流动限制

出于经济金融发展阶段的考虑，中国当前资本项目尚未实现完全开放，跨境资本流动仍处于可控范围内的管制状态。基于此，中国选择采用以 QFII/QDII、沪深港通及存托凭证为主要方式的资产跨境流动，以实现有限度的资金跨境流动。另外，对于"一带一路"交易所合作等也采取相对谨慎的态度，例如上交所、深交所已和共建"一带一路"国家的大部分交易所签署谅解备忘录，但后续进展有限，主要停留在信息交换、研究合作、人员交流等方面，开放互联互通等由于涉及较为深度的制度性变革，进展较缓。总体而言，当前中国主要在外汇管制、资格准入、投资范围及退出机制四个方面具有一定的跨境资金流动限制。

资本项目仍实行较为严格的外汇管制。外汇管理条例禁止人民币以外的外币在境内的市场流通，对于在境内的外汇交易和国际结算都实施了管制措施。在此管制背景下，中国主要通过 QDII/QFII、沪深港通实现资本账户流通，以及通过存托凭证实现资产流通，但整体上仅实现一定程度的跨境资本流动，作用空间仍较为有限。

跨境投资资格准入方面仍具障碍。投资者层面，目前 QFII 与 QDII 制度针对投资机构的资格审查，按照机构类型对申请机构的资产规模、经营年限以及财务状况等均做了较为详细的规定，另外 QDII 制度中还对机构需要具备的境外投资经验丰富的专业人员进行了明确的要求。虽然近年来已根据现实情况不断调低准入门槛，但仍有较大约束，对资本市场层面"一带一路"金融的双向投资项目的推进存在一定障碍。企业融资层面，无论是境外企业发行 CDR，还是伦交所上市公司通过沪伦通发行存托凭证，均需要进行保荐承销，满足市值和营业收入等硬指标，其较长的审批流程往往导致选择存托凭证渠道的公司较少。

双向投资范围均有明显限制。首先在沪深港通方面，虽然近年来持续优化且交易范围不断扩大，但可投资标的范围仍然局限于互联互通机制下的标的池内，双向投资范围拥有进一步开拓的空间。其次在 QFII 与 QDII 方面，分别对应合格的境外与境内机构投资者制度，可投资的资产类别更加丰富，但对各投资类别仍有细分的投资范围限制，且对持股比例有明确管制。在资产的跨境流动类别下，目前存托凭证互联互通主要分为东西两个方向——CDR与GDR，审批流程烦琐冗长导致东西双向存托凭证可投资产品十分有限，截至2023年5月31日，已发行GDR 18只，而CDR仅1只。

外资退出机制仍欠完善。当前外商在中国境内投资企业，其股份转让在很大程度上受到外资监管限制、资本项目管制、人民币不可自由兑换以及税收政策等制度因素的约束。尤其是境内资本市场提供的退出渠道和机会相对有限，使股权流通成为影响外资通过上市路径退出的障碍。而对于QFII与QDII等投资机制来说，退出需要经过监管机构审查，流程较为复杂，同时缺乏自愿性退出机制，主要为被动退出。

为解决以上问题，以下提出针对性建议与措施。

根据"一带一路"金融的特点对相关项目进行有条件的针对性放松。进一步拓宽各类跨境资本投资机制的投资范围，借鉴现有机制与共建"一带一路"国家实现资本互通往来。为扩大金融市场双向开放，中国先后推出跨境证券投资新机制，并于2015年将资本金意愿结汇政策推广至全国，2018年对QDII与QFII政策松绑，不断扩大资本流通范围。我们认为在当前开放新格局和外汇管理新常态下，对于符合条件的"一带一路"金融项目或可进行针对性的松绑，后续可进一步纳入包括衍生品在内的对冲工具，满足投资者不同的需求。

渐进式放宽双向投资准入门槛。当前QFII与QDII制度对投资机构的准入资格仍有放松空间，例如目前境内的私募投资基金尚不具备申请QDII管理人的资格。中国存托凭证市场现行的审核制度对参与发行的企业设立了诸多条件，对于企业融资进程或带来些许阻力。未来或许可考虑逐渐灵活化存托凭证的审核制度，在保证风险可控的前提下精简流程并逐步降低门槛。

拓宽各类跨境资本投资机制的投资资质及范围，实现与共建"一带一路"国家的资本互通往来。前文提到，QFII/RQFII以及资本市场互联互通制度均为中国资本账户管制下尝试适当开放的一系列举措。尤其是互联互通机制近年来不断发展（2016年沪港通取消总额度、2022年纳入交易所交易基金产品，以及2023年3月港股通首次纳入外国公司等进展），可投资范围逐步拓宽，未来或可进一步纳入衍生品等对冲工具。后续随着"一带一路"机制的发展，可尝试与各国交易所进一步往来，效仿已存在的与伦敦、瑞士等的互通机制，初期可以交易所交易基金等投资基金为主，后续逐步发展并扩充可投资范围。

逐步健全与完善外资退出机制。现行 QFII 和 QDII 制度中的退出大多是被动性退出，缺乏自愿性退出机制，QDII 制度对于退出机制的规定更为笼统。我们建议证监会和相关部门完善退出机制，在完善被动性退出要求的同时也逐步建立健全自愿性退出机制。

2.共建"一带一路"国家跨境资本流动限制

全球范围内，无论是发达国家还是新兴市场国家，都在一定层面上对资本项目实行管制，其中新兴市场国家管制相对更为严格，以防范跨境资金流动带来的风险。共建"一带一路"国家大多具有金融市场开放程度低于贸易活动，且资本"走出去"开放程度低于资本"引进来"的特征，从资本项目管理分类来看，主要对跨境证券交易的限制较多，对跨境信贷业务的限制较少。根据国际货币基金组织公布的 2022 年《汇率安排与汇兑限制年报》的分类，跨境证券交易业务中具有管制的国家为 100 个左右，占比超过 60%。对于发达国家而言，资本项目管制相对较为宽松，以新加坡为例，非居民在新加坡销售或发行证券限制较少，非居民购买债券没有最低持有期限的要求。

对新兴国家而言，以印度尼西亚和马来西亚为例，其出于对本国贸易及经济的保护，往往对外资持股及国内资本投资海外设有明确限制。印度尼西亚发布的第 49 号总统令中，将外资限制分为：（1）外国持股比例上限限制；（2）须相关部门特批；（3）100% 预留给国内投资者等。尽管近年来看到当地政府有逐步放松的迹象，但当前仍然规定了 37 个外资投资受限领域。对印度尼西亚国内资金而言，印度尼西亚政府规定养老基金不得投资于海外证券，共同基金最多只能将其资产净值的 15% 投资于国外，受保护与有保证的共同基金最多将这一数字提升到 30%。马来西亚同样在投资范围、商业投资形式及持股比例等方面对外国投资者设置限制。投资范围方面，马来西亚当前对包括银行、保险、电信等行业的外资准入设置了较为严格的限制条件及审核程序；商业形式方面，当前外国投资者在马来西亚市场的商业主体仍以合伙公司、合资公司、外国公司分支机构为主，独资公司面临较大限制；持股比例方面，马来西亚对于不同行业设有不同的外商持股比例限制，且政策时常调整，变化性强。

对于上述问题，我们认为有以下两种解决方案。

第一，与对应国家进行协商谈判，获得针对性的放松条款。以中国－东盟系列协议为例，我国过往在区域投资协定方面，也进行了许多类似的尝试工作。2014年我国开始与东盟国家展开谈判。历时一年半后，双方在2015年正式签署中国－东盟系列协议，标志着我国与东盟国家进入全新发展阶段。我们认为，基于"一带一路"倡议的重要意义，针对性的条款放松有助于减轻双方合作的交易成本，为双方国家展开更深层次的金融合作与交流打通障碍。

第二，完善投资法律制度及相关政策联络点的建设工作。当前在双方跨境交流中，由于投资者往往对于不同的法律法规及监管体系不够熟悉，如何有效降低投资成本、防范投资法律风险，从而实现投资利益的保障，成了双方投资者关注的核心问题。我们认为，在"一带一路"金融市场合作建设的过程中，应重视双方在跨境资本流动限制上的法律风险，对投资者做好相关法规限制的宣传及教育工作，完善相关政策联络点，为投资者提供多维度、个性化的法律服务，针对性解决投资者在实际跨境投资过程中所遇到的相关问题。

四、当前发展契机

虽然"一带一路"资本市场目前体量偏小，发展过程中仍面临一些政策和金融发展阶段的障碍，但"一带一路"资本市场目前也面对着发展壮大的契机，主要原因是中国的资本投资可以满足共建"一带一路"国家资本市场发展的多方面诉求。

（一）共建"一带一路"国家发展资本市场和融资方面的诉求

大部分共建"一带一路"国家资本市场体量较小，发展壮大其资本市场是经济发展的必然要求。同时，在发展自身资本市场的过程中，也需要引入其他国家的资金，来满足短期可能存在的资金缺口。对于共建"一带一路"国家而言，发展资本市场可能也不单纯是引入资金，还对资金本身的特性和资金以外所附带的属性有一定的诉求。

第一，共建"一带一路"国家需要增加非美元货币融资。过去几年，美元体系为全球其他国家的发展带来机遇的同时也带来了挑战。美国货币政策的大幅变动给全球金融市场的稳定带来诸多挑战，尤其是对目前资本市场发展尚不完善的共建"一带一路"国家的影响更为明显。共建"一带一路"国家增加非美元货币融资有利于减少对美元的依赖，可以避免美元资金大进大出对市场造成过大扰动。

第二，共建"一带一路"国家的发展需要长期资金支持。新兴共建"一带一路"国家的发展需要有长远视角和追逐长期投资回报的稳定资金，扩大非欧美的资金来源也有利于共建"一带一路"国家中长期融资资金的多元化以及经济的长期发展。

第三，共建"一带一路"国家发展需要借鉴资本市场发展经验。在引入长期资金的同时，也可以带来其他国家资本市场发展的一些经验，减少在发展过程中走弯路的可能性。中国资本市场在过去几十年发展较快，与一些共建"一带一路"发展中国家的情况有较多的相似之处，可以为共建"一带一路"国家资本市场的发展提供较多的经验借鉴。

第四，共建"一带一路"国家产业发展需要引入经验和资源。引入资金除了可以带来资本市场的发展经验之外，也可以带来产业的发展经验，可以使本国产业发展与其他国家的产业资源更深度捆绑。同时能带来资源整合以及一定的业务需求，反过来也会促进共建"一带一路"国家经济的发展，相辅相成。

（二）中国资本市场能为共建"一带一路"国家带来的赋能

1. 中国可以提供稳定的非美元融资选项，帮助共建"一带一路"国家避免美元资金大进大出干扰金融稳定

美联储货币政策"大收大放"导致美元资金大量涌入涌出，不利于共建"一带一路"国家的金融稳定。2018年底，美联储进入降息周期，总降息幅度为225个基点；2022年初，美联储进入加息周期，至2023年5月已加息10次，加息幅度达500个基点。美联储通过调整联邦基金目标利率来控制美元供给和海外

美元走向，在一定程度上会干扰其他国家正常的金融秩序。在当前的国际货币体系下，美元资金的外溢性效应已经成了诱发国际金融危机的重要原因。2022年，在美联储加息周期的影响下，全球超过90个经济体[①]也实行了加息政策，直接提高了融资成本。对于共建"一带一路"国家而言，过度依赖美元会削弱一国货币政策的有效性，导致金融风险加大，需要尽快实现非美元货币融资的补充，以维持国内金融稳定性。

人民币汇率和利率波动性更低，可为共建"一带一路"国家提供稳定的非美元融资。自2016年人民币正式纳入特别提款权货币篮子，人民币对于共建"一带一路"国家货币的"锚货币"属性逐渐显现。共建国家货币兑美元与兑人民币汇率的数据显示，近半数货币兑人民币的汇率更加稳定，其余兑美元汇率更稳定的货币主要是受石油美元影响的商品货币（如阿联酋迪拉姆、沙特里亚尔、科威特第纳尔等）。人民币的汇率稳定性为共建国家进行非美元货币融资提供了良好的选择。人民币利率的波动性也远低于美元利率的波动性，如果共建"一带一路"国家通过人民币融资，也可以更好地控制融资成本波动。

2. 中国能为共建"一带一路"国家提供长期稳定的资金支持

中国目前面临经济增速下滑的现状，使中国国内的资本收益率较低，客观上存在较强的资本"走出去"诉求，并且这一需求可能将持续相当长的一段时间。当前，中国国内实体部门加杠杆的意愿和能力均比较弱，社会融资需求或将持续处于偏弱水平，加之可能出现的经济增长中枢下移、通胀位于低位，中国的利率水平较难很快回升到高利率状态，因此，中国国内资金利率普遍低于海外利率水平的状况可能是偏长期的，资金出海投资的需求相应也可能是偏长期的。从目前我们跟海外中资机构投资者的交流来看，目前中资机构在离岸市场上开始关注共建"一带一路"国家美元债投资的机会，而以往中资机构主流配置品种是中资美元债。随着人民币利率低于美元利率，以及中资美元债供给因国内贷款成本较低而减少，不少中资机构在离岸市场挖掘其他共建"一带一路"国家美元债投资的机会，比如中东和东南亚的美元债等。这些转变就是国内资本"走出去"投向共

---

① 参见 http://world.people.com.cn/n1/2022/1001/c1002-32538384.html。

建"一带一路"国家诉求提升的一个体现。对于共建"一带一路"国家而言，在美元加息、资金成本较高的背景下，利用更低资金成本的货币融资，尤其是融入低成本长期资金，是符合其诉求的。因此，从目前的经济和市场格局来看，中国可能在相当长的一段时间里有较强的对外投资需求，而共建"一带一路"国家也可以获得低成本长期资金融资来源，双方的利益诉求都能得到满足。

3. 中国资本可发挥中国专长，借助国内发展经验向共建"一带一路"国家赋能

中国金融机构可以借助国内发展经验，发挥"中国专家"的专长，从金融角度向共建"一带一路"国家赋能。例如，具备人口红利的市场在互联网等新经济产业具备发展机遇，中国金融机构可以提供股权投资、私募融资财务顾问、IPO等业务发展经验。此外，对于经济发展水平相对领先、有较强资本或较大集团企业的国家，中国金融机构同样可以发挥并购基金、并购财务顾问、IPO等业务的专长赋能当地企业。市场化的资本市场服务除了可以提供资金层面的支持外，更能够通过投后赋能、高效资源配置、公司治理规范等方式助力共建"一带一路"国家产业成长，推动共建"一带一路"国家实现经济结构转型升级。

4. 中国可以助力共建"一带一路"国家实现更多长期产业发展机会，引领产业持续升级

在全球化时代下，全球经济体都受益于规模经济的增强，即便是小国家也能通过自由贸易享受到规模经济带来的好处。但是当前逆全球化趋势抬头给各国参与国际市场带来阻碍，而近年来新冠疫情、地缘局势以及海外经济下行等因素对于发展中国家的影响则更大。共建"一带一路"国家普遍存在体量不算大、发展不均衡等问题，中国的"一带一路"金融和相应的产业合作能够帮助相关国家在逆全球化格局下受益于中国的规模经济效应，实现与中国在经贸层面的正反馈效应。与此同时，在通过"一带一路"金融实现"国内资金走出去＋国外资产走进来"的同时，更进一步引导相关国家融入中国已较为成熟的产业链中，实现优势互补，更有利于部分产业成为全球产业链中心，帮助中国和共建"一带一路"国家实现产业持续升级，共同寻求长期发展的机会。

中国资金在输出过程中有不少特征符合共建"一带一路"国家发展资本市场

以及招商引资的诉求，因此在这些相辅相成的共性利益的驱动下，"一带一路"资本市场迎来了良好的发展契机。

五、思考与启示

我们认为"一带一路"资本市场在上述契机的配合下，加上政策的重视和资源的加大投入，未来5~10年，其规模可能会以较快的速度提升。事实上，由于资本项目尚未完全开放，当前我国针对共建"一带一路"国家的对外直接投资活动相比二级市场的跨境资金往来更为活跃。"他山之石，可以攻玉"，对外直接投资能够给资本市场发展提供领先经验，有助于熟悉共建"一带一路"国家的制度与营商环境，降低二级市场投资的信息搜索成本与进入壁垒，帮助国内资金更好地"走出去"。同时，对外直接投资也有助于共建"一带一路"国家了解我国市场的发展情况与能力，促进资金主动"走进来"。我国与日本均面临经济快速发展几十年过后的转型升级压力。例如日本自20世纪70年代起经济快速发展，而90年代起伴随着金融制度的改革，日本资本市场逐渐走向自由化与全球化。我们可以借鉴日本对外直接投资乃至跨境资金流动的经验，紧密结合自身经济发展实际情况和国际收支形势变化，有序放开证券投资跨境资金流动。

（一）日本20世纪80—90年代对外投资及跨境资金管理经验对"一带一路"资本市场的借鉴

当前中国对外投资背景与20世纪80年代日本对外投资状况具有许多相似之处。首先，经济结构都面临转型升级压力，日本20世纪80年代中后期经济结构逐步向内需主导型转变，传统劳动密集型和资本密集型产业失去竞争力，面临转型压力。当前，我国也不断强调内需对经济发展的支撑作用，正积极培育完整的内需体系。其次，对外贸易摩擦都日益增多，20世纪80年代日本商品出口遭到的关税与非关税壁垒大幅增加，我国近些年亦在出口关税等方面频频受到外界扰动。通过比较这两个时期中日经济的发展，能为中国更好地实施"一带一路"倡议提供有益启示。

日本自20世纪80年代起逐步完善了对外投资发展的全球布局。在20世纪80年代，日本抓住东南亚邻近国家发展重化工业等资本密集型产业的机会，转移了国内发展成熟的重化工业，推动国内产业向技术密集型升级发展。随后在20世纪90年代，通过向中国以及东南亚国家投资劳动密集型产业，向欧美投资服务业与高端制造业，日本产业结构逐渐从重工业向技术集约、服务业转型。总体上，日本对外投资行业按照"资源品—制造业—服务业及新兴产业"的路径发展，逐渐形成产业梯次转移与构建全球价值链的全球对外投资格局；区域上首先向印度、印度尼西亚、菲律宾等邻近亚洲国家，随后向南亚、东南亚及中国等转移劳动力密集行业和资源行业，最后逐步向欧美布局金融服务业及汽车、电子等强势产业，完善全球布局。

日本跨境资金流动管理的政策调整历程与经济发展形势相结合，特别是在资本项目开放过程中，采取了渐进的开放方式。日本从1964年实现经常项目可兑换，到1980年初步实现资本项目的开放，再到20世纪末通过修改《外汇法》实现了全面的资本项目开放，整个过程历时约40年。在这个过程中，日本遵循先开放低风险项目再开放高风险项目的原则，其经常项目开放在资本项目开放之前，直接投资开放在间接投资开放之前，资本流入开放在资本流出开放之前。在资本项目开放过程中，日本注重根据本国需要以及国际收支形势的变化，有选择地开放子项目，以减少跨境资本流动对经济的负面影响，取得了良好效果。

由此为我国提供了从对外直接投资到二级资本市场开放的良好经验及启示。第一，日本将对外投资作为产业转型升级的抓手。遵循"相对优势理论"分阶段地通过海外直接投资将本国不再具备比较优势的产业转移出去，从而为国内向其他更具有发展潜力的产业升级和迭代腾出了资源与发展空间，成为优化产业结构、促进产业升级的重要手段。我国在产业转型升级的过程中同样可以将对外投资作为化解过剩产能及产业转型升级的抓手。第二，兼具新建企业及跨国并购投资两种形式。日本企业对外直接投资以新建企业投资为主，能够有效减少东道国产业保护政策制约，更大限度地维持企业技术、管理等方面的优势。但与此同时，新建企业需要较长周期，这不仅影响日本对外直接投资的整体收益率，同样不利于日本企业获取海外资源、品牌和技术。而跨国并购则可以实现有效补足，有利于企业利用海外资源补齐自身短板,从而实现产业链和价值链的位势提升。第三,对外投资的过程中需防范国内产业"空心化"。虽然日本将对外投资作为转移过剩产能及产业升级的抓手,但在这个过程中同时出现了产业"空心化"的问题,这成为日本经济自20世纪90年代后长期低迷的重要结构性原因。由此,我国在扩大对外投资的过程中亦需要把握好产业转移的规模、层次及结构,同时需要注意在"走出去"的过程中兼顾高端产业的"引进来",以避免产业"空心化"。第四,借鉴日本跨境资金流动自由化经验,在推进资本项目可兑换时,紧密结合自身经济发展实际情况和国际收支形势变化,有序放开证券投资资金流动。同时,要特别注意资本开放过程中的政策协调,处理好汇率改革与资本项目开放的协调、货币政策与资本项目开放的协调等。

(二)我国"一带一路"资本市场发展建议及展望

在前文提到的障碍点中,由于形成相关共性问题的原因并不统一,因此想要解决此类问题难以一蹴而就。不过在梳理的过程中,我们也意识到因为解决各项问题背后所涉及的资源与成本各不相同,所以可以根据当前发展情况、发达国家对外投资经验相对难易程度,在不同时间维度下进行解决方案的规划。

首先,在中短期维度内,提升政策重视程度有望减少当前存在的监管摩擦成本并有力推进相关业务能力建设,在产业结构上侧重当前我国较为传统的产业的对外投资。我们在前文中提到,相较于绿色金融等近年来国家积极推进的领域而言,目前对于"一带一路"金融,尤其是资本市场的政策力度有待提升。不过在"一带一路"倡议提出十周年之际,我们相信随着政策支持力度的不断加码,这些问题有望在中短期内得到有效的解决。同时在组织架构上或可考虑组建类似负责委员会或办公室,自上而下制定并统一相关制度、简化流程,从而较大限度地缓解当前由监管摩擦成本带来的障碍。在业务能力建设层面,文化、法律与会计准则等方面的差异使得在部分共建"一带一路"国家开展业务初期面临一定难度,但是我们认为这些问题在中短期内随着政策力度的不断加强,有望在较大程度上得到解决。同时,借鉴日本经验,中短期内可将对外投资作为完成我国产业结构升级及跃迁的重要手段。

其次，在中期和长期维度上，"先易后难"从经贸往来逐步延伸至资本市场层面的影响力，实现全方位交流与合作，产业结构上逐渐完成跃迁。目前共建"一带一路"国家自身经济与金融体量较小，我们认为可能首先需要从建立经贸往来层面入手，"先易后难"逐步解决。对于部分已经与中国建立较深层次经贸与产业往来的共建"一带一路"国家，可以先根据双方在经常账户层面发现的特定需求，尝试设计具有针对性的资本市场工具，乃至进行定向可控的资本账户开放。随后，对于目前与中国相关经贸往来相对欠缺的国家，可借助"一带一路"相关产业与金融发展共同的契机，提升产业合作并通过金融层面使合作更为紧密。资本市场在这一进程中能够起到很大的促进作用，更可以在构建金融合作等领域初期便实现机制的统一与完善，避免后续多方摩擦的成本，为后期双方多层次多方位合作奠定基础。同时，中长期内可在产业转移及升级的基础上逐步完善海外产业布局，从传统的国内产业向更为成熟的行业分布过渡。在前期通过对共建"一带一路"国家的直接投资完成我国对相对传统及过剩的产业的转移之后，中长期维度可考虑向更加成熟且全面的产业分布，从而完善我国与共建"一带一路"国家经贸合作的产业布局。在此过程中同样需注意产业转移的规模、层次及结构，并辅以高端产能资本技术的"引进来"，以避免我国出现类似日本的产业"空心化"问题。

展望未来，根据上文中提到我们对于短期、中期和长期维度上"一带一路"金融的发展路径来看，金融合作尤其是资本市场层面将迎来新的发展阶段。根据Wind的数据，近年来中国对外金融投资快速增长，2010—2021年实现从553亿美元到3 004亿美元的飞跃，年均复合增速达16.6%。但当前中国金融投资规模占总金融资产及负债的比重与发达国家相比仍有较大差距。根据Haver Analytics（经济和金融数据库）的数据，以美国为例，自2005年至今其资本账户中对外投资占金融总资产及负债的比重均稳定在11%左右，而中国2021年金融类对外投资占比仍仅有1.8%。因此，我们认为随着经济结构的发展及金融开放的进一步深化，中国金融类对外投资仍有较大增长空间。中长期来看，中国金融类对外投资占比有望提升至5%。参照过去10年中国对外金融资产及负债的发展规律，我们测算远期中国金融类对外投资或可达到 1 万亿美元左右。① 同时追溯中国对共建"一带一路"国家的直接投资体量，2015—2021 年稳中略增，2021 年对共建"一带一路"国家的直接投资占总体直接投资的比重为 11.4%。我们认为若随着政策重视程度及双方经贸往来的进一步加深，远期该比重或可提高到 15% 甚至更高。据此作为金融投资的比例参照，我们认为届时"一带一路"金融体量或有望达到近 2 000 亿美元。

---

① 根据既往增速（2012—2022 年的 CAGR 为 6.4%）推算 10 年后我国远期金融资产及负债或达到 23 万亿美元，结合预估届时 5% 的金融类对外投资占比，推算远期金融类对外投资或达到 1 万亿美元。

第九章

"一带一路"与人民币国际化：路径选择

2003年以来，人民币的国际化进程整体呈波浪式前进，但人民币在国际外汇储备的占比仍明显落后于中国的经济体量和贸易份额，背后的根源是人民币尚未形成完整顺畅的投融资闭环。具体而言，货币国际化的本质是货币功能的推广，相比交易媒介功能，人民币的价值储藏和计价功能的发展相对落后，相对不均衡的功能对人民币国际化进程形成制约。不过，在新的时代背景下，国际货币体系正在迈向多元化格局。这就需要人民币在全球金融、贸易场景中发挥更大的作用。

"一带一路"倡议为人民币国际化提供了良好的契机，而人民币顺畅便捷的流通闭环的形成反过来也助力"一带一路"经济和人民币国际化的良性互动。一方面，"一带一路"倡议为扩大人民币影响力提供了契机：首先，从整体看，中国对共建"一带一路"国家具备贸易优势和互补性，有利于进一步推进人民币的计价和结算功能；其次，大部分共建"一带一路"国家金融市场相比中国欠发达，中国资本账户已经实现一定程度的开放，有利于完善人民币的价值储藏功能。因此，"一带一路"倡议有利于促进人民币三大功能的完善，打造人民币投融资闭环。另一方面，人民币顺畅便捷的流通闭环的形成也能够为共建"一带一路"国家的投融资和贸易合作提供便利，助力"一带一路"倡议高质量发展。

在去美元化、逆全球化的宏观变局下，参考德日货币国际化的经验，我们认为中国应该充分发挥经济体量和贸易规模庞大的优势，首先在共建"一带一路"国家跨境贸易的人民币结算、计价功能方向上寻找突破口，在此基础上，通过发展和开放中国金融市场、推出更多人民币计价产品、构建投融资闭环，推广人民币的价值储藏功能。具体而言，我们认为签署双边本币互换协议有利于推广人民币的结算功能，大宗商品计价有助于拓展人民币的计价功能，建设外汇市场有望发展人民币的储值功能，三项措施将成为共建"一带一路"国家推动人民币国际化的重要抓手。[1]

---

[1] 本章作者：李刘阳、李瑾、杨晓卿。本章得到了缪延亮、施杰的支持。

一、人民币国际化程度有待提升

货币国际化，指一种货币的使用范围超出国界，在发行国境外可以同时被本国居民或非本国居民使用和持有。国际化货币需要承担交易媒介、价值储藏和记账单位的功能，只有同时具备三个功能才能成为真正的国际货币。

2003年以来，人民币国际化经历了波浪式前进的过程。从三项基本功能的使用程度看，人民币的交易媒介功能发展相对较快，其次是价值储藏功能，最后是记账单位功能。2003—2009年是人民币国际化的起步阶段，边境贸易开始使用人民币计价和结算，中国港澳人民币业务起步，2007年国家开发银行首次在中国香港发行人民币债券。2009—2015年人民币国际化提速，中国先试点后扩围推进跨境贸易与直接投资的人民币结算，跨境投资方面，RQFII、RQDII（人民币合格境内机构投资者）、沪港股票互联互通等制度陆续出台，其他投资方面，跨境人民币贷款、贸易融资等业务限制放宽，以中国香港为代表的离岸人民币市场快速发展，央行开启双边本币互换提供境外人民币，2015年国际货币基金组织决定将人民币纳入特别提款权货币篮子，人民币跨境支付系统开始运营。2015年汇改后，人民币汇率出现大幅波动，人民币国际化步伐也因此有所放缓，后来随着2017年国内经济状况改善，资本外流压力缓解，人民币国际化程度继续稳步提升。2017年起，"债券通"启动，人民币计价的原油期货推出，MSCI、富时罗素、标准普尔、道琼斯陆续宣布将 A 股纳入指数体系，国内金融业开放力度加大。2020 年以来，人民币国际化的步伐再度提速，双边本币结算成为亮点。人民币国际化现状见表 9.1。

表 9.1 人民币国际化现状

功能	官方用途	私人用途
价值储藏	国际储备 ▶ 2016 年 10 月 1 日，人民币正式纳入 SDR 货币篮子；2022 年 8 月，人民币在 SDR 货币篮子中的权重上调至 12.28% ▶ 截至 2022 年，人民币在官方外汇储备中的份额为 3%	货币替代和投资 ▶ 截至 2022 年，境外持有境内人民币金融资产总额 9.6 万亿元，其中股票、债券、贷款、存款占比分别为 33%、36%、13%、18% ▶ 离岸人民币金融资产快速增加
交易媒介	载体货币 ▶ 非主流外汇干预载体货币 ▶ 截至 2022 年，中国人民银行累计与 40 个国家和地区的中央银行或货币当局签署双边本币互换协议，总金额达 4.02 万亿元	结算货币 ▶ 跨境贸易和投资结算，2023 年第一季度人民币跨境收付占同期本外币跨境收付总额的 45.3% ▶ 跨境交易的活跃货币之一，在 2023 年 7 月 SWIFT 国际支付货币中人民币位列第五
记账单位	锚货币 ▶ 非主流锚货币	贸易和金融交易计价 ▶ 跨境贸易和投资计价稳步推进 ▶ 大宗商品计价开始起步

注：SWIFT 指环球同业银行金融电信协会。
资料来源：中国人民银行，国际货币基金组织，SWIFT，Chinn Frankel（2007）[①]，中金公司研究部。

人民币国际化面临的关键问题是，与中国庞大的经济规模相比，人民币国际化程度有待提升。现行国际货币体系是美元主导的体系。在全球 GDP 份额中，美国占比已经从 2000 年的 30% 下降至 2021 年的 24%，中国占比从 2000 年的 4% 大幅上升至 2021 年的 18%。不过参考国际货币基金组织的统计数据，截至 2022

[①] Chinn, Menzie, and Jeffrey A. Frankel. "Will the euro eventually surpass the dollar as leading international reserve currency?" *G7 Current Account Imbalances: Sustainability and Adjustment*. University of Chicago Press, 2007, 283–338.

年，在全球外汇储备中，美元的优势地位从未动摇，占比高达58%，然后依次是欧元（20%）、日元（6%）、英镑（5%），人民币占比位居第五，约为3%。此外，人民币交易媒介、记账单位两项货币功能的发展程度明显落后于中国的贸易地位。中国已经成为全球最大的贸易国，2022年货物贸易进出口占全球贸易的比重达到12.5%，但在结算货币方面，人民币国际支付份额比重仅为2.15%。计价货币方面，2021年全球国际债务约65%是美元债务，国际贷款约55%是美元贷款，美元计价的大宗商品交易占全球交易额的80%~90%。

不过，人民币国际化正迎来历史机遇。随着全球经济政治环境发生变化，国际货币体系的变革已经发生，由单一的美元体系向多元体系过渡。2008年金融危机后，全球对于国际货币体系多元化的诉求开始增加，2015年是一个重要的分水岭，全球储备规模停止快速增长，美元在全球外汇储备中的占比在2015年达到65%的阶段性高点之后开始下降。新冠疫情和俄乌冲突的发生，使货币多元化需求变得越来越强烈。新冠疫情发生后，为保障美国经济稳定，美联储实行大规模资产购买政策，压低国债收益率，同时积累了通胀和美元贬值的风险，新兴市场国家储备资产因高通胀和美元贬值而受损的可能性明显增加。

俄乌冲突或成为国际货币体系的"格局转换加速器"[1]。俄乌冲突发生后，各国出于对供应链安全的考虑加速去全球化，全球贸易、金融和投资更加碎片化。俄乌冲突可能在三个层面影响国际货币体系。第一，全球贸易版图发生重构，导致国际货币体系的巴尔干化。俄乌冲突爆发后，欧洲开始脱离对俄罗斯的能源依赖，对能源安全的重视度上升，这将加速全球贸易碎片化，而贸易的变化将直接影响国际货币体系中的交易环节，国际货币体系进一步多元化。此外，全球供应链正发生重构，当政治结盟发生变化时，全球供应链和金融联结会相应转向，影响主要货币的相对重要性。第二，西方国家对俄罗斯的经济金融制裁手段力度较大，现行国际货币体系的全球金融安全网不充分问题被放大。俄罗斯多家银行被排除出SWIFT支付系统，央行资产被冻结，引发了西方制裁俄罗斯央行外汇储备资产的行为是否改变了外汇储备资产定义的争辩。俄罗斯作为G20成员国和安理会常任理事国，其央行资产被冻结，并未享受不被制裁的豁免权。有观点

---

[1] 缪延亮：《信心的博弈：现代中央银行与宏观经济》，中信出版社，2023年。

认为西方制裁央行外汇储备资产仅在极端情形下发生。[1]但还有一种可能，随着美国发起极端制裁的阈值逐步降低，针对外汇储备资产的制裁可能越来越容易被触发。在如今的情形下，如果西方对俄升级制裁，比如纳入对其他国家的二级制裁，外汇储备资产的安全性可能会越发受到挑战。第三，西方对俄制裁可能影响金融全球化的趋势。原本各国持有外汇储备的背景是贸易和金融全球化，因为全球金融安全网不充分才需要留有外汇储备自救。俄乌冲突可能标志着1991年冷战结束以来金融全球化趋势的变化。全球化的产业链和供应链停滞，外汇储备作为外债最后贷款人的必要性下降，储备规模可能停止增长。在这种背景下，人民币地位上升将加快国际货币体系多元化的形成。人民币在更多金融、贸易场景下发挥作用，与"去美元化"进程密切相关。

二、人民币国际化与"一带一路"的双赢

人民币国际化的本质是人民币上述三个功能的跨国体现。关于国际储备货币发挥交易媒介、价值储藏、记账单位等功能的先后顺序，有两种观点：一种观点强调货币的价值储藏功能，认为一国货币需要先成为安全资产，再逐渐开展其交易和计价功能；另一种观点则认为先有交易和计价货币，而后其他国家才愿意持有货币，成为储备资产。理论上，不同观点对货币三个功能的强调有所区别，而实证上，关于货币三个功能的发展顺序没有统一答案，在实际使用过程中，三个功能相互循环、相互加强。一般来说，货币国际化程度代表了一种货币在全球范围的竞争力，本质上由发行国的经济规模与经济实力决定。19世纪英国经济在全球范围内领先，英镑在国际货币体系中占据主导地位，20世纪以来美国的经济地位取代英国，美元也逐渐取代英镑，成为最主要的国际货币。[2]

---

[1] Davis, Lance, and Stanley Engerman. "History lessons sanctions: neither war nor peace." *Journal of economic perspectives* 17 (2), 2003: 187–197.

[2] Eichengreen, Barry, and Marc Flandreau, "The rise and fall of the dollar, or when did the dollar replace sterling as the leading international currency?" No. w14154, National Bureau of Economic Research, 2008; Genberg, Hans, "Currency internationalisation: analytical and policy issues," 2009.

影响货币国际化的因素可以分为供给和需求两个维度。[1]一种货币的需求由其发挥基本功能的程度决定，需求端影响因素包括以下几点。第一，国际货币存在网络效应，一个国家的贸易网络覆盖范围足够广，就有条件推动本国货币成为记账单位和交易媒介。[2]第二，计价实践，在贸易活动中，如何确定计价货币有规律可循，发达国家之间的贸易活动通常使用出口国家的货币计价；发展中国家向发达国家出口商品，通常使用发达国家的货币计价；如果一个国家出口的商品技术含量和附加值高，就拥有更强的议价能力，能够推动贸易活动以本国货币计价[3]；大宗商品出口国一般不使用本国货币计价，而是更倾向于采用国际标准。第三，价值储藏意愿，一个国家的宏观经济环境和金融稳定程度会影响其货币作为储备货币的意愿，如果货币发行国增长率高、通胀水平低且稳定，其货币被作为储备货币所持有的意愿更强。而危机事件会降低货币的储备吸引力，20世纪90年代日本银行业危机、1997年亚洲金融危机之后，日元的国际地位明显下降。[4]从供给的角度看，获得以特定货币计价的资产的便利性会影响货币的国际化程度。供给端影响因素包括以下几点。第一，金融市场深度，金融市场深度指金融工具的丰富程度，在具备深度、流动性充裕的金融市场中，借款人与投资者可选的金融工具更多，能够有效对冲持有货币的风险。第二，离岸市场，货币国际化涉及非居民的货币使用，离岸市场需发挥重要作用，因此离岸市场应与在岸金融市场同步发展。第三，货币可兑换与资本账户开放。

---

[1] IMF. "Internationalization of Emerging Market Currencies: A Balance between Risks and Rewards." IMF Staff Discussion note. 2011.

[2] Dwyer, Gerald, and Lothian James. "The Economics of International Monies." CRIF working paper series no. 10. 2003.

[3] Ozeki, Yusuru, and George S. Tavlas, "The internationalization of currencies: an appraisal of the Japanese yen," International Monetary Fund, 1992; Minikin, Robert, and Kelvin Lau, "The offshore renminbi: the rise of the Chinese currency and its global future," John Wiley & Sons Singapore Pte. Limited, 2013.

[4] Tetsuji, Murase, "The Internationalization of the Yen: Essential Issues Overlooked," Asia Pacific Economic Papers 307, Australia National University, 2000; Takagi, Shinji, "Internationalizing the Yen, 1984–2000: Unfinished Agenda or Mission Impossible?" Paper presented at the BoK-BIS Seminar on Currency Internationalization: Lessons from the Global Financial Crisis and Prospects for the Future in Asia and the Pacific, Seoul, March 19, 2009.

上述影响因素意味着，一种货币要成为国际货币，需要具备完整的跨境投融资闭环，人民币目前尚难以充分发挥国际货币功能的核心原因，在于尚未形成这种闭环。在完整的跨境投融资闭环中，一方面各类经营主体有融资意愿，也能便利地通过发行债券、银行贷款等途径获得人民币融资；另一方面持有者有使用人民币的渠道，可以用人民币购买商品或投资金融产品。长期以来，人民币在投融资两端都存在制约。在融资端，人民币在过去很长一段时间里是高息货币，自然缺乏融资优势。但这种状况正在发生变化，2022年3月，美联储开启了一轮近40年来最激进的加息周期，人民币融资成本相对美元明显走低。在投资端，使用人民币计价结算的商品种类还比较少，份额偏低，同时中国金融市场开放程度还比较有限。

人民币国际地位与经济贸易份额不匹配的局面正在悄然改变。"一带一路"倡议为推进人民币国际化提供了天然的外部契机，人民币国际化程度的提升也能够为共建"一带一路"国家的投融资和贸易合作提供便利，助力"一带一路"倡议高质量发展，形成双向互动和良性循环。人民币国际化有望与"一带一路"倡议实现双赢，而推动计价、结算功能或将成为有效的突破口。俄乌冲突爆发后，国际储备货币的三个功能有所分离，计价、结算与储值有所分割，因而先有计价交易、后有储值的循环变得更加可能，人民币在结算支付和计价领域有望获得更大的机会。与计价功能相比，结算功能更容易推进，因为结算仅涉及货币支付和转换，而计价则包含底层的价格形成机制。结合共建"一带一路"国家的发展特征看，一方面，推动"一带一路"倡议有机会改变人民币在上述供需两端的现状，促进人民币投融资闭环形成，成为提升人民币国际化程度，尤其是拓展计价结算功能的突破口；另一方面，人民币国际化也会助力"一带一路"倡议的建设。

（一）贸易规模和网络有利于扩大人民币在贸易结算中的使用

中国推进人民币国际化的最大优势是贸易规模。中国对共建"一带一路"国家整体存在贸易顺差，双方贸易有较强的互补性。自2013年"一带一路"倡议提出以来，中国与共建"一带一路"国家之间的贸易合作不断加强，通过建设自由贸易区、经济合作区等方式降低贸易壁垒，双方贸易金额持续增长。2013—

2021年，中国对共建"一带一路"国家的出口金额由 0.79 万亿美元上升至 1.34 万亿美元，年复合增速 7%，累计出口 8.4 万亿美元；对共建"一带一路"国家的进口金额由 0.84 万亿美元上升至 1.21 万亿美元，年复合增速 5%，累计进口 7.8 万亿美元。共建"一带一路"国家占中国进出口贸易金额的比例从 2013 年的 39.1% 提升至 2021 年的 42.2%。看进出口商品的结构，中国与共建"一带一路"国家贸易存在较强的互补性（见图 9.1）。共建"一带一路"国家经济发展在很大程度上依赖能源，能够向中国出口原料和中间品，中国则拥有完备的制造业产业链，向共建"一带一路"国家出口资本品、运输设备和消费品。研究表明[①]，中国与共建"一带一路"国家正搭建起越来越丰富的贸易网络。

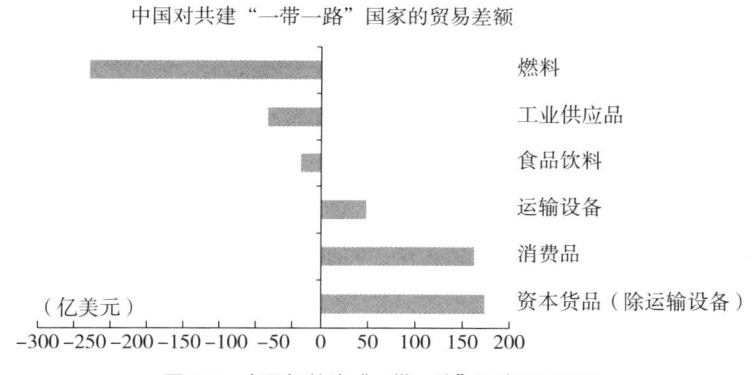

图 9.1 中国与共建"一带一路"国家贸易互补

资料来源：UN Comtrade，中金公司研究部。

贸易合作自然会催生货币合作需求。中国对共建"一带一路"国家存在贸易顺差的情况，共建"一带一路"国家有人民币融资需求，贸易结构互补有利于人民币投融资闭环的形成。签署双边或多边自贸协定能够有效降低中国与共建"一带一路"国家之间的关税水平，随着贸易往来增加，人民币将有更多机会扮演结算货币的角色，人民币使用范围扩大也将是水到渠成的过程。目前中国人民银行已经与多个共建"一带一路"国家央行签署双边贸易互换协议，对应国家可

---

① Li, E., Lu, M., Chen, Y. "Analysis of China's Importance in 'Belt and Road Initiative' Trade Based on a Gravity Model." *Sustainability* 2020, 12, 6808.

以将人民币资金注入本国金融体系，便利本国企业或机构获取人民币融资，用于支付从中国的进口金额。根据中国银行2021年《人民币国际化白皮书》，接近八成受访的境内外企业表示，将进一步提升人民币在跨境收付结算中的使用比例，境外伙伴较为接受和完全接受人民币结算的境内企业占比合计约为55%。

从其他角度看，使用人民币有利于规避使用第三方货币结算的风险，为贸易活动提供便利。一方面，如果共建"一带一路"国家能够直接将人民币作为贸易、金融投资活动的结算货币，有利于节省交易步骤，降低交易成本，避免第三方汇率波动对贸易造成的负面影响，进一步促进区域内贸易与金融的发展。另一方面，美元霸权已经在一定程度上动摇了美元的信用基础，对于海外国家而言，更加分散的外汇储备，以及更多使用本币结算是一种自然的选择，能够降低本国金融系统的对外依赖和风险感染性。

（二）中国产业链优势有助于发展人民币计价

中国在共建"一带一路"国家贸易产业链上具备优势，有助于拓展人民币的计价功能。如果一国出口的商品技术含量和附加值较高，具备更强的议价力，就更有能力推动贸易活动以本国货币计价。[①] 有研究表明，从产业链供应链的角度看，中国在共建"一带一路"国家中居于重要地位，已经具备主导纺织业和高技术制造业领域产业链的能力。[②] 中国制造业和战略性新兴产业发展水平领先于大多数共建"一带一路"国家，尤其在人工智能、高铁、核电、航空航天等高端制造领域发展较快。而共建"一带一路"国家之间的经济与产业发展水平参差不齐，工业化程度差距较大，几乎涵盖工业化进程的各个阶段，各国优势产业类型存在差异，与中国在装备、技术、资金等方面存在优势互补和需求对接。

反过来，在全球产业链重构的背景下，中国如果能够联合共建"一带一路"

---

① Tavlas, George, and Yuzur Ozeki, "The Internationalization of Currencies: An Appraisal of the Japanese Yen," IMF Occasional Paper 90, 1992; Minikin, Robert, and Kelvin Lau, "The Offshore RENMINBI: The Rise of the Chinese Currency and Its Global Future," Singapore: John Wiley and Sons, 2013.

② 陈爱贞、陈凤兰：《中国与"一带一路"主要国家产业链供应链竞合：基础、发展与对策》，《厦门大学学报（哲学社会科学版）》，2022年第6期。

国家构建区域产业链，提高在全球分工中所处的位置，则有望进一步推动中国产业提质升级。区域产业链的构建，需要区域内国家和地区在产业内外形成较强的互补性，如果双方在同一产业或生产环节中存在较激烈的竞争，或区域内产业没有形成梯度，发展难度就会增加。中国应该借助在共建"一带一路"国家高端制造业中的生产优势，建立以中国为中心的国际生产网络体系，形成"中国技术"与共建"一带一路"国家"资源、劳动"禀赋的优势互补。"十四五"规划提出，要强化国家战略科技力量，打好关键核心技术攻坚战，加强基础研究、注重原始创新，瞄准人工智能、量子信息、集成电路、生命健康、脑科学、生物育种、空天科技、深地深海等前沿领域，实施一批具有前瞻性、战略性的国家重大科技项目，向科技和制造强国持续迈进，这将为主导区域产业链打下坚实的基础。

（三）依托金融市场提升人民币储备吸引力

共建"一带一路"国家将人民币作为储备货币已经取得一定进展，但发展还比较缓慢。人民币被纳入 SDR 货币篮子和中国发起"一带一路"倡议后，越来越多的国家开始将人民币作为储备资产。参考中国人民银行《2022 年人民币国际化报告》，据不完全统计，80 多个境外央行或货币当局已经将人民币纳入外汇储备。国际货币基金组织的数据显示，截至 2021 年底，俄罗斯持有的全球人民币储备比重约为 1/3，此外，共建"一带一路"国家中，马来西亚、泰国、柬埔寨、新加坡、菲律宾、白俄罗斯、哈萨克斯坦等也持有人民币储备。

与共建"一带一路"国家相比，中国拥有规模庞大的金融市场，资本账户已经实现一定程度的开放。20 世纪 90 年代以来中国资本账户逐步开放，基本遵循"先流入后流出、先长期后短期、先直接后间接、先机构后个人"的渐进模式，先开放资本流入，再开放资本流出。在子项方面，率先开放直接投资，随后开放证券投资，最后开放其他投资。看具体的开放措施，2002 年 QFII 制度出台，外资进入中国资本市场；2005 年由于经常项目和资本项目持续大额双顺差，中国改革汇率形成机制，鼓励资金有序流出，促进国际收支平衡，外汇管理由"宽进严出"向"双向均衡管理"转变。2006 年 QDII 制度出台，境内投资者可以投资境外证券市场。2009 年跨境贸易人民币结算试点开启，人民币国际化进程提速，经常项目和资本项目下人民币跨境流动的便利化程度通过 RQFII、RQDII 等安排迅速提高。2014 年中国宣布开始"沪港通"试点，2016 年推出"深港通"，2017 年推出"债券通"，2019 年 QFII、RQFII 投资额度限制取消，2023 年"互换通"正式启动。

中国经济增长空间大，增速相对高，财政货币政策稳健，金融市场开放持续推进。人民币资产综合回报较为稳定，兼具安全性和流动性，对共建"一带一路"国家而言具备投资吸引力。从整体情况看，境内金融市场股票和债券是境外主体配置人民币金融资产的主要品种，根据中国人民银行的数据，截至 2022 年末，境外持有境内人民币金融资产总额 9.6 万亿元，其中股票、债券、贷款、存款占比分别为 33%、36%、13%、18%。

（四）通过基础设施建设推广人民币融资

在"一带一路"倡议的"五通"目标之中，基础设施互联互通是核心重点，也是"一带一路"倡议成功实施的基础。[①] 建设"一带一路"的目标是"五通"，即政策沟通、设施联通、贸易畅通、资金融通、民心相通。要实现经济贸易的互联互通，需要基础设施投资先行，这也是"一带一路"倡议有别于欧美国家国际发展计划的最突出特点之一。基础设施包括铁路、港口、高速公路、电网等，根据中国商务部的数据，2013—2021 年中国对共建"一带一路"国家承包工程合同金额累计 1.1 万亿美元，约占中国总体对外承包工程合同金额的 51%。根据美国企业公共政策研究所（AEI）的数据，2013—2021 年中国累计在共建"一带一路"国家开展超过 1 200 个建设项目，累计项目金额达 5 331 亿美元。基础设施建设提升经济增长潜力、改善居民生活水平，但投资规模大、建设周期长、直接经济效益不明显，具有公共品属性。共建"一带一路"国家需要构建起长期、稳定、可持续的投融资和金融支持体系，来应对规模大且投资周期偏长的资金需求。

中国在共建"一带一路"国家基建中的作用有助于推广人民币在国际融资中

---

① 习近平主席在 2017 年"一带一路"国际合作高峰论坛的主旨演讲中，强调"设施联通是合作发展的基础"，我们应该促进土地、海洋、空中和网络空间的联通，把我们的努力集中在关键的通道、城市和项目上，联结由公路、铁路和海港组成的网络。

的使用。中国拥有丰富的基础设施建设经验，能够借助亚投行、丝路基金等多边金融机构撬动全球资源，通过人民币债券、贷款、直接投资、项目融资等多种形式为基建项目提供资金支持，推广人民币的使用。目前看，中国对共建"一带一路"国家基建投资的融资支持以政策性、开发性和商业性贷款为主，以投资基金、证券发行为辅。在中国的海外贷款中，美元仍占据主导地位（见图9.2），我们认为随着人民币融资成本的相对走低，以人民币形式进行的融资比重有望提升。

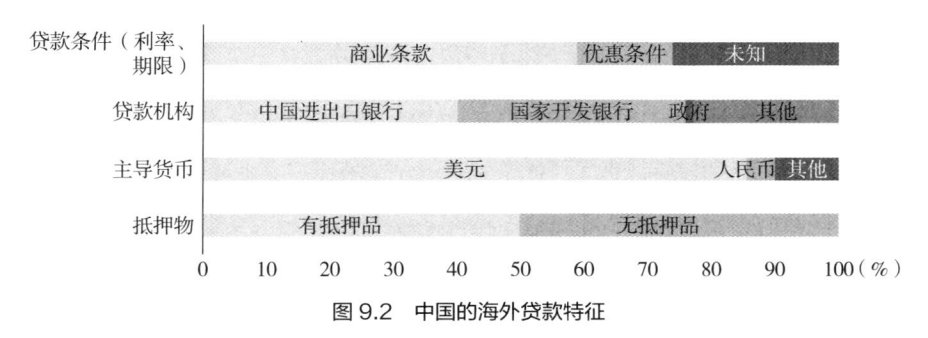

图9.2 中国的海外贷款特征

注：图中数据样本为2000—2017年中国海外贷款。
资料来源：Sebastian Horn, Carmen M. Reinhart & Christoph Trebesch；NBER；中金公司研究部。

三、路径的选择

从历史经验看，货币国际化的典型模式有两种，一种是由实体贸易主导、金融配合的德国模式，另一种是金融主导的日本模式。以在全球官方外汇储备中所占份额这一代表指标来衡量货币国际化程度（见图9.3），与日元相比，德国马克的国际化成果无疑更加成功。德国马克在1973年超过英镑成为世界第二大储备货币，但彼时其在全球官方储备中的占比也仅为8%，随后的10余年间德国马克份额快速提升，1989年德国马克在全球官方储备中的占比已达到20%，随后稳定在15%左右。相比之下，日元在全球外汇储备中的占比在1991年达到10%，但随后占比转为下滑。对比两种货币国际化的典型模式，结合当前逆全球化、去金融化的宏观格局，我们认为德国马克依托贸易竞争优势和区域合作走向国际化的路径更加值得我们参考。

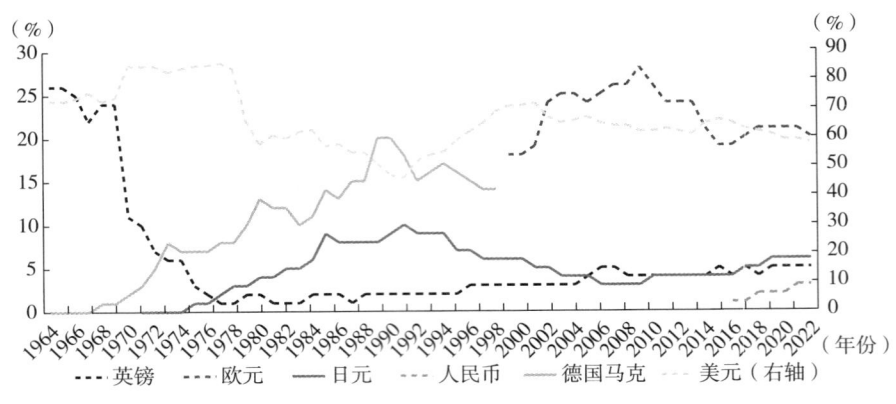

图 9.3　各货币在外汇储备中的占比

资料来源：Haver Analytics，中金公司研究部。

（一）德国"贸易计价+资本控制"模式

20 世纪 50 年代，时任联邦德国经济部长路德维希·艾哈德提倡自由竞争和市场化力量，积极实行货币改革、贸易自由化等多项政策，打造了德国的"经济奇迹"。10 年间，德国国民生产总值年化增长达到 7.5%，同时出口贸易的迅速增长为经常账户积累了大量顺差，为德国逐步放松资本流出和经常账户奠定了基础。1952 年，德国开始逐步放松外汇管制，1958 年正式实现经常项目可兑换。同时，德国央行奉行以物价稳定为主要目标的货币政策，积极运用利率调控、存款准备金等货币政策工具维持马克币值稳定。但在此阶段，德国的金融市场还没有实现对外开放，资金流入和非贸易支付仍然受限。

20 世纪 60—80 年代，德国马克在贸易结算和国际储备中的占比快速提升。但与此同时，由于德国放松汇率管制，大量的国际资本流入也为德国带来了通胀上行压力，1969—1974 年，德国通胀率从 2% 左右快速攀升至 7%。对此，德国政府采取了积极和灵活的政策应对，资本流入经历了"加强管制—取消管制—再次恢复限制"的反复过程，马克汇率制度也经历了"固定汇率—浮动汇率—欧洲汇率联动"的演变，有效降低了汇率升值对国内经济和贸易的冲击。1979 年 3 月 13 日，欧洲货币体系正式成立，德国马克成为欧洲货币体系中的主要货币。20 世纪 80 年代之后，全球金融国际化逐步深化，东京、伦敦、纽约、中国香港等资本市场日益发展壮大,德国转变了此前的金融抑制态度,开始推进金融市场建设,金融管制也逐渐放松。1984年,德国实现了资本账户可兑换。欧洲货币体系逐渐钉住马克,而德国则承担起稳定马克与美元汇率的责任。1990年,马克已经基本成为事实上的欧洲基础货币。

总的来说,德国货币国际化模式以强大的制造业为基础,以经常账户贸易往来为核心动能,依托欧洲经济一体化成果,通过币值稳定和资本管制逐渐使德国马克成为区域性的贸易结算和外汇干预货币。

(二)日本"隔绝式金融自由化 + 离岸市场"模式

日本经济自朝鲜战争时期开始崛起,叠加美元国际地位削弱,日元迎来升值机遇。1964年4月,日本取消了经常项目收支相关的汇兑限制。1973年2月,日本开始实行浮动汇率制度,日元波动开始增加,为了应对汇率风险敞口,日本政府推动出口贸易以日元结算,形成日元国际化的开端。

进入20世纪80年代,日本政府开始推行日元国际化战略,日元完成了经常项目可自由兑换到资本项目开放的转变。1980年12月,日本颁布了新的《外汇法》,取消了此前严格的外汇管制,启动了资本项目可兑换,推动日元计价结算的金融交易大量增加。随后,日本金融自由化改革开始提速。1984年5月,由于美日之间的贸易不平衡加剧,美国要求日本加速金融自由化和日元国际化,日本大藏省发表《金融自由化和日元国际化的现状与展望》,完善了推动日元国际化的多项措施,包括建立东京离岸市场、取消金融管制、准许外国银行的驻日分支机构在日本国内经营欧洲日元存款业务等。[1]1986年12月1日,日本东京离岸市场(Japan Offshore Market,JOM)正式挂牌成立。随着日元国际化进程的快速推进,日元在国际资本涌入的助推下大幅升值,日本政府开始担忧出口竞争力下滑。为了促进经济增长,日本政府实施低利率政策,流动性宽松使资产价格脱离实际价值。20世纪90年代末,由于泡沫经济崩溃及长期经济停滞的影响,日元国际化发展陷入停滞,1990年开始,日元在国际储备中的占比从10%的高

---

[1] 张超、张家瑞:《日元国际化的路径与经验教训》,2015年7月。

点持续下滑。到 2006 年，日元在国际储备中的占比仅为 3%。

总的来说，日本模式依托货币国际化战略，推动以离岸市场开放为核心的金融自由化政策，但在岸市场改革步伐缓慢，且缺乏区域货币和金融合作，导致日元的国际化并不成功。

（三）马克和日元的国际化路径对人民币国际化的启示

第一，贸易竞争力是货币国际化的核心，逆全球化、去金融化宏观变局凸显了以经常账户顺差为核心推进人民币国际化的必要性。首先，德国和日本国际化路径的基础都是经济地位与贸易份额提升带来的真实贸易结算需求，但相比之下德国马克的国际化更成功，本质是因为德国在全球产业链中更具优势地位。马克的对外输出渠道以核心为"德国制造"的全球商品生产贸易网络为基础，马克是占据主导的支付清算手段，德国出口的产品 80% 以德国马克计价，为马克较大的国际需求奠定了基础。相比之下，日本在全球产业链中的位置相对劣势，更多依附美国，议价能力偏弱，更多通过放开资本管制的方式，鼓励本国和海外金融机构参与日元资产交易，以金融渠道输出日元。20 世纪 80 年代，美国企业通过直接投资在日本开展了大量的代工生产，美国企业掌握销售品牌、销售渠道和核心技术，在日本的企业负责加工生产，议价能力低，为了得到订单只能选择美元作为计价和结算货币。参考德日经验，与共建"一带一路"国家共同推进人民币国际化应该依托中国的贸易和产业链优势，重点突破跨境贸易结算计价。此外，逆全球化和去金融化的宏观变局凸显了以经常账户推进人民币国际化的必要性。新冠疫情和俄乌冲突加速了逆全球化和去金融化，逆全球化表现为各国从追求效率转向平衡多重目标，去金融化表现为金融资产相对实体资产的重要性下降。[①] 在此背景下，美国的金融优势地位和中国的金融劣势地位的影响均将下降，实体贸易竞争力的重要性进一步提升，凸显了以经常账户顺差为核心推进人民币国际化的必要性和合理性。

第二，在货币国际化初期，资本账户开放不是必然条件，应协调推进利率市

---

① 彭文生：《货币国际化新机遇与新挑战：从逆全球化到去金融化》，2022 年 6 月。

场化、汇率市场化、资本账户可兑换。金融市场的开放或解除资本管制不是货币国际化的先决条件，实体贸易的竞争力在国际化初期可能更为重要。20世纪80年代，日本金融市场的开放程度虽然高于德国，但因为缺乏实体经济部门在国际市场上进行商品交易的支撑，日元资产的国际交易更多成为少数大企业和金融机构套利及投机活动的工具；相反的是，德国对于资本账户的开放更加谨慎，经历了"加强管制—取消管制—再次恢复限制"的灵活渐进过程，路径选择上是先开放资本流出，后开放资本流入，德国马克的国际化反而相比日元更成功。结合当前逆全球化和去金融化的宏观变局，我们认为金融市场的对外开放或者解除资本管制并非人民币国际化的先决条件。在人民币国际化初期，资本账户开放过快对于利率、汇率改革来说反而可能是风险。但是从更长的时间维度来看，资本管制和货币不完全可兑换可能会阻碍本币跨境流动，从而影响人民币国际化的发展速度和程度。因此，中长期可以考虑循序渐进放松金融管制，在服务"一带一路""自贸区"等国家倡议中充分发挥金融市场的作用，逐步适应并融入国际金融市场体系。

第三，区域合作是实现货币国际化的有效手段。德国马克国际化的成功也得益于欧洲国家间的政治性制度安排。德国以促进贸易投资便利化和欧洲经济货币一体化为目标，借助欧洲区域内的贸易发展，特别是1979年3月创立的欧洲货币体系（EMS），推动德国马克成为区域关键货币，孕育了欧元的诞生。此外，美元霸权带来的压力也是促使德国和其他国家区域合作、推动德国马克国际化的直接驱动因素之一。对于中国而言，"一带一路"倡议旨在加强共建"一带一路"国家间各个领域的紧密合作与互联互通建设，增加区域内贸易和投资活动的规模，提高区域内国家的开放程度，为人民币在区域经济中的广泛使用提供了契机，对于促进人民币国际化进程具有重要意义。

总结而言，我们认为德国马克依托贸易优势和区域合作走向国际化的路径更值得人民币借鉴。参考德日经验，在人民币国际化初期，资本项目可兑换并非先决条件，资本账户开放过快对于利率、汇率改革来说反而可能是风险。在逆全球化与去金融化的宏观变局下，通过经常账户推进人民币国际化的必要性和合理性进一步凸显，推进人民币国际化应更加重视实体经济的竞争力和科技创新，以贸易和实体投资的伙伴关系为抓手，促进中国与共建"一带一路"国家在支付和金融领域的合作。

四、三个现实抓手

结合共建"一带一路"国家的特征,以及德国马克与日元推广国际化的经验,我们认为中国可以充分发挥经济体量和贸易规模庞大的优势,首先在共建"一带一路"国家跨境贸易的人民币结算、计价功能方向上寻找突破口,在此基础上,通过发展和开放中国金融市场,推出更多人民币计价产品,构建投融资闭环,推广人民币的价值储藏功能。

我们认为签署双边本币互换协议有利于推广人民币的结算功能,大宗商品计价有助于拓展人民币的计价功能,而建设外汇市场则有望发展人民币的价值储藏功能,三项措施将成为促进共建"一带一路"国家发展和人民币国际化的重要抓手。三项抓手的实施进展与可能面临的问题如下。

(一)双边本币互换协议与"一带一路"金融

1.双边本币互换协议的两个职能

中国人民银行与外国央行所签署的双边本币互换协议,主要职能有两个。第一,为共建"一带一路"国家建立流动性补充机制。相比发达国家的双边互换协议,中国的双边互换协议覆盖到更多的发展中国家,尤其是共建"一带一路"国家,这为这些国家在全球流动性紧缩时提供了一个补充机制。第二,促进中国与共建"一带一路"国家的贸易投资。在此类协议下,外国央行在提取货币互换额度后,能够向本国商业银行及企业提供人民币融资,满足人民币进口和直接投资需求,反之亦然。在其他非美国家也存在着类似的双边本币互换协议,如日本与新加坡、澳大利亚、中国及泰国有着双边本币互换协议,从日本的经验看,双边本币互换协议在泰国当地发生洪灾时对在泰国运营的日资企业提供了泰铢的流动性支持。[①]

---

① 参见 https://www.boj.or.jp/intl_finance/cooperate/rel111025b.pdf。

2.双边本币互换协议推进情况、额度使用现状

自2008年中国人民银行与韩国央行签署了规模为1 800亿元的双边本币互换协议起,截至2021年末,中国人民银行累计与40个国家和地区的中央银行或货币当局签署过双边本币互换协议,2018年以来协议签署额度增加较为明显,总金额从2018年的3.02万亿元增加至2022年的4.02万亿元,有效金额为3.54万亿元(总金额与有效金额的差为部分未续签而失效的金额)。其中,中国与22个共建"一带一路"国家签署了双边本币互换协议,对促进中国与共建"一带一路"国家的双边贸易以及投资发挥了积极作用。

双边互换协议下,协议方使用人民币的情况有所增加。截至2022年末,境外货币当局动用人民币余额887.77亿元。在双边互换协议下,韩国、俄罗斯、蒙古、土耳其、阿根廷等多个国家的央行曾动用人民币余额用于贸易往来中的对华进口支付、投融资,以及满足流动性需求稳定外汇市场等领域(见表9.2)。从动用余额的变化来看,2022年末的动用余额887.77亿元比2014年末的158.01亿元有了大幅度的增加,尤其自2020年末以来动用余额明显增多,体现出人民币的国际需求有所增加。其背后的原因或许是2020年末以来美元升值明显且波动较大,在此环境下以美元为中介的交易对于外汇储备相对紧张的国家来说负担较大。而通过货币互换,交易双方总体上可以规避由于汇率浮动造成的潜在损失,有利于降低协议签署两国的货币对美元的依赖,推动双方货币的国际化,尤其在此番波动较大的环境下,货币互换的签订与余额动用能帮助双方规避不小的损失。

表9.2 境外货币当局动用人民币实例

日期	国家	用途
2023年1月8日	阿根廷	通过此次货币互换,阿根廷企业在进口中国产品时可以使用美元或人民币进行结算。其中350亿元人民币将用于稳定阿根廷外汇市场
2019年6月18日	土耳其	土耳其中央银行于2019年6月19日发布消息称,所有当月18日通过该银行支付从中国进口商品费用的公司,均以人民币进行结算
2016年7月29日	蒙古	因受制于蒙古图格里克非自由兑换货币的属性,自两国双边本币互换协议签署以来,蒙古通过互换协议使用了大量的人民币,用于贸易往来和投资领域
2015年10月1日	俄罗斯	2015年10月以来,中国人民银行与俄罗斯央行相互发起了多笔双边本币互换资金动用,资金最终提供给部分中国和俄罗斯商业银行

续表

日期	国家	用途
2013年1月27日	韩国	韩国央行2013年1月27日表示,该行首次动用了与中国签署的用于贸易结算的货币互换安排,向韩国外换银行贷款6 200万元人民币,这笔资金将贷给希望用人民币向中国贸易伙伴付款的韩国企业。此外,中国人民银行首次在双边本币互换协议下动用对方货币

资料来源:中国商务部,央视网,《参考消息》,《中国日报》,中金公司研究部。

双边互换协议下,中国人民银行动用外币亦有增加趋势。截至2022年末,中国人民银行动用外币余额折合5.51亿美元,中国人民银行动用外币余额的最高值为2017年第一季度末时的16.74亿美元,近年动用额有所减少但较为平稳,在2022年末有小幅增加趋势。中国人民银行动用的外币额度主要用来为相关企业从共建"一带一路"国家进口或直接投资进行当地货币的融资。2014年5月30日,中国人民银行动用中韩本币互换协议下的4亿韩元支持企业贸易融资,首次在双边本币互换协议下动用对方货币。后续随着中国与共建"一带一路"国家在贸易、金融等层面的往来日渐密切,中国人民银行也在与俄罗斯、哈萨克斯坦、蒙古等国家间的互换协议下多次将对方货币用于贸易、投融资等(见表9.3)。

表9.3 中国人民银行动用外币实例

日期	国家	用途
2016年7月29日	蒙古	2016年7月29日,中国银行内蒙古分行办理了首笔中蒙本币互换协议项下蒙古图格里克资金动用业务
2015年11月4日	哈萨克斯坦	中国银行于2015年11月通过中国与哈萨克斯坦两国本币互换协议项下资金,向哈萨克斯坦Kenshilik Service公司发放首笔坚戈贷款
2015年10月1日	俄罗斯	2015年10月以来,中国人民银行与俄罗斯央行相互发起了多笔双边本币互换资金动用,资金最终提供给部分中国和俄罗斯商业银行
2014年5月30日	韩国	央行于2014年5月30日宣布,使用中韩本币互换协议下4亿韩元(约合240万元人民币)资金支持企业贸易融资。这是央行首次在双边本币互换协议下动用对方货币

资料来源:央视网,哈萨克国际通讯社,中国人民银行,中金公司研究部。

双边互换协议可以作为流动性补充机制。有关中央银行货币互换协议的研究表明[1]，央行互换额度作为一种国际最后贷款人形式，对一国的外币融资成本将产生显著影响。当互换额度为海外国家提供流动性支持时，其外汇远期的定价与抛补利率平价（CIP）理论值的偏差将会显著缩小，这代表着该国金融体系的外币融资所要付出的溢价有所下降。2023年1月8日，阿根廷宣布激活了与中国的双边互换协议[2]，并明确了其中350亿元人民币将用于稳定阿根廷外汇市场。我们希望基于此项研究结果判断双边互换协议是否对共建"一带一路"国家建立金融安全网提供了帮助。由于阿根廷的金融市场发达程度有限，可使用的金融数据也受制约。因此，我们用阿根廷政府发行的2029年7月到期的美元计价国债和与之期限相当的美国7年期国债收益率做差，以此来模拟阿根廷政府融资的流动性和信用溢价。从图9.4中我们可以看出，虽然后期有所反弹，但在2023年1月8日后美元收益率有一段明显的快速回落。由此可见，中国的双边互换协议对于急需外币流动性的共建"一带一路"国家来说确实是很好的流动性补充，尽管其尚未展现出预想中的长期效应，但相关机制的存在和实践说明了中国签订的双边互换协议已经成为现有国际流动性安排的一种重要补充。

图9.4　阿根廷政府7年美元国债收益率与美国7年期国债收益率之差在激活互换额度前后的走势

资料来源：Bloomberg、中金公司研究部。

---

[1] Saleem Bahaj, Ricardo Reis. "Central Bank Swap Lines: Evidence on the Effects of the Lender of Last Resort." 2021.
[2] 参见 https://news.cnstock.com/news,bwkx-202306-5074131.htm。

3. 双边本币互换额度使用的相关限制

双边本币互换动用机制尚未明确。目前真正动用的互换资金额度相对于协议签署总额仍是少数，并且使用场景也依旧存在局限。从目前的动用实例来看，本币互换资金的主要动用场景是跨境贸易结算。但帮助共建"一带一路"国家建立金融安全网的职能发挥尚不明显，且共建"一带一路"国家作为当地货币融资的主要需求来源，其较少动用互换资金以满足跨境投资需求。导致动用难、场景受限的其中一个原因或许是中国目前尚缺乏常态化机制安排，即对双边本币互换可动用的额度、币种、报价、准入等的明文规定。这方面的不充足导致商业银行、企业等资金需求方对互换协议的了解程度不足，较难开展使用以及扩大使用范围。

在双边互换协议使用中，汇率影响与信用风险的管理是两个潜在的课题。首先，货币互换协议的流动性补充功能通常是为了增强金融稳定，并在危机时期为共建"一带一路"国家提供流动性支持。如果额度的激活被共建"一带一路"国家用于支付人民币以外的国际债务，那么其在理论上可能会对人民币汇率造成临时性的额外压力。不过，该压力的大小须考虑额度的实际动用情况。截至2022年底，境外当局动用的额度存量很小，其中被用于流动性补充功能的额度更小，因此，我们判断货币互换尚未对人民币汇率造成显著的额外压力。另外，如果协议规模大到足以影响汇率的短期供求，那么协议动用条件的设定（如期限、汇率波动补偿机制）则可能会在一定程度上弱化协议动用的汇率影响。其次，信用风险的管控难也是本币互换额度在贸易和投资等商业化使用方面发展相对缓慢的重要原因之一。互换资金动用的主要风控机制是商业银行用债券等有价资产进行质押。这样，信用风险就从央行转移到了商业银行。但境内商业银行的风控人员对于共建"一带一路"国家的相关状况并不熟悉，由于共建国家多为发展中国家，金融市场发展尚不健全，评估相关信贷的信用风险往往会比较困难，使双边本币互换协议动用的潜在风险加大。

（二）完善共建"一带一路"国家的双边外汇市场建设

1. 完善双边外汇市场，有效降低交易成本

中国与共建"一带一路"国家经贸往来密切，但相关经贸活动仍以美元为主要结算货币。美元之所以在中国与这类国家的贸易和投资中占据主导地位，主要原因包括配套金融服务发达、融资相对便利以及外汇交易成本相对更低。

美元在降低风险、降低交易成本和潜在投资收益方面具有优势。表9.4显示了泰国、印度尼西亚的大型银行在2023年4月12日当天的外汇买卖牌价。对于泰国资产排名第一的盘谷银行，其美元牌价的买卖价差仅为0.88%，交易成本不到其他主要货币的一半，而人民币与泰铢的买卖价差达到了3.17%。印度尼西亚总资产最高的曼迪利银行的牌价数据也显示，美元的交易成本最低，买卖价差为2.37%，人民币的买卖价差为5.50%。作为资本项目管制和外汇市场不发达的国家，印度尼西亚的外汇交易成本明显高于泰国，但人民币交易成本仍然是主要货币中最高的，买卖价差超过美元的2倍。

表9.4 泰国盘谷银行和印度尼西亚曼迪利银行的外汇牌价（2023年4月12日）

泰国盘谷银行					印度尼西亚曼迪利银行			
币种	现汇买入价	卖出价	价差（%）	币种	现汇买入价	卖出价	价差（%）
美元	34.0500	34.3500	0.88	美元	14 750.00	15 100.00	2.37
英镑	42.1175	43.0075	2.11	英镑	18 260.00	18 854.00	3.21
欧元	36.9950	37.7350	2.00	欧元	16 041.00	16 578.00	3.35
100日元	25.2300	25.9350	2.79	100日元	109.48	113.87	4.01
人民币	4.8875	5.0425	3.17	人民币	2 110.00	2 226.00	5.50

资料来源：泰国盘谷银行，印度尼西亚曼迪利银行，中金公司研究部。

人民币和共建"一带一路"国家货币交易成本相对较高的重要原因是，人民币与本地货币之间双边外汇市场欠发达，或是没有直接的货币兑换市场，因此需要美元作为媒介货币来进行人民币与当地货币的兑换，进而导致泰铢和人民币之间的交易需要承担两倍的交易成本，买卖价差也就变为泰铢美元货币对价差的两倍多。当人民币与当地本币的交易成本偏高时，用美元计价的贸易合同就成了分担交易各方汇率风险的常规选项。

为解决交易成本过高的问题，建设和完善中国与共建"一带一路"国家的双边外汇市场的重要性越发突出。有了功能完善且流动性更好的双边本币直接交易的外汇市场，中国和共建"一带一路"国家之间的外汇交易就能够摆脱第三方货币实现直接兑换。这既能够减少借助美元进行间接交易的时间、成本，也可规避因国际外汇市场美元汇率的变动及流动性短缺而带来的汇率风险，进而依托中国与共建"一带一路"国家的贸易往来进一步推广人民币的使用。

2. 中国在共建"一带一路"国家建设双边外汇市场的推进现状与挑战

自 2010 年 8 月中国人民银行授权中国外汇交易中心在银行间外汇市场发展人民币对马来西亚林吉特直接交易以来，中国在共建"一带一路"国家推进双边外汇市场的建设取得了显著进展。

在岸人民币外汇市场方面，交易中心于 2010 年开办了人民币对马来西亚林吉特货币对直接交易市场。交易机制是与美元人民币市场一样的做市商制度，合格做市商为人民币对林吉特进行买卖双边报价并提供流动性。据交易中心负责人的答记者问[1]，银行间外汇市场人民币对林吉特的交易规则与人民币对其他非美货币的交易规则基本相同。此后外汇交易中心先后挂牌了 21 个非美货币的直接交易。2022 年，非美货币的直接交易成交量约为 2.2 万亿元人民币，近几年非美货币对直接交易占比为 3.6%~4.2%。其中 11 个挂牌货币是共建"一带一路"国家货币，2022 年之前的年成交总量约为 1 000 亿元人民币，占中国与当地国家双边贸易额的 1%~2%。而直接交易份额占双边贸易总额较大的共建"一带一路"国家有新加坡、匈牙利和俄罗斯。为积极配合共建"一带一路"倡议，切实落实金融支持实体经济发展，促进银行间人民币外汇直接交易市场发展，外汇交易中心自 2017 年 8 月 1 日起[2]，暂免人民币对新加坡元、俄罗斯卢布、马来西亚林吉特、新西兰元、南非兰特、沙特里亚尔、阿联酋迪拉姆、波兰兹罗提、匈牙利福林和土耳其里拉 10 个直接交易货币对竞价和询价交易手续费，暂免期为 3 年，在 2020 年[3]，在上述 10 个共建"一带一路"国家货币的基础上，韩元和泰铢也加入了暂

---

[1] 参见 https://www.reuters.com/article/idCNnCN126700720100819。

[2] 参见 https://www.shibor.org/chinese/sfbf/20170704/1004682.html。

[3] 参见 https://www.shibor.org/chinese/scggwhscggscggtz/20200803/1726501.html#cp=scgg-whscgg。

免手续费的行列。

在尚不满足直接在外汇交易中心挂牌的货币方面，中国人民银行则在与相关共建"一带一路"国家毗邻的省份授权开展区域货币交易。2011年人民币与泰铢在云南实现了区域挂牌交易，为首例人民币对非主流储备货币之间的银行间市场区域交易。此后人民币与哈萨克斯坦坚戈、蒙古图格里克、柬埔寨瑞尔和印度尼西亚卢比等货币的区域交易陆续上线。近年来，区域外汇交易市场的规则亦不断演进。2018年，外汇交易中心发布《银行间外汇市场区域交易准入指引（试行）》，首次拟引入境外机构参与境内外汇市场交易。指引规定区域交易挂牌货币所在国人民币购售业务境外参加行和清算行（包括境外外资商业银行、中资银行境外分支机构等），可根据业务需要申请成为境内银行间外汇市场区域交易参与行和报价行，通过交易中心交易系统参与相应货币的区域交易。该举措丰富了相关市场的参与对象，为市场引入更多的流动性和交易需求。2021年，浙江省商业银行、印度尼西亚当地银行在境内的分行和子行，以及印度尼西亚当地的人民币购售业务境外参加行和清算行等机构，上线开展了人民币对印度尼西亚卢比的银行间市场区域交易。该协议是中国在2021年与印度尼西亚签署本币结算合作框架之后的产物。在印度尼西亚资本管制的背景下，中国与印度尼西亚的区域外汇交易实现了多项创新。一是采取非对称合作模式。印度尼西亚卢比使用严格限于两国间的贸易投资，中国企业不将印度尼西亚卢比用于与第三国主体间结算，而印度尼西亚企业可将人民币自由用于与第三国主体间结算。二是在人民币/印度尼西亚卢比区域市场引入多家印度尼西亚当地银行（20家参加行中有12家印度尼西亚当地银行），更好地匹配供需两端，畅通清算平盘渠道，提升交易活跃度。三是允许区域市场参加行将被动持有的人民币或印度尼西亚卢比头寸在市场中平盘，并首次在区域市场中支持远期、掉期等衍生交易，实现外汇产品全覆盖，充分满足流动性和汇率风险管理需要。

在离岸人民币外汇市场的建设方面，2004年，当时中国内地与中国香港特别行政区签署了《关于银行间人民币业务的备忘录》，标志着离岸人民币市场的正式诞生。此后，依托中国香港的金融市场平台和人民币跨境清算和支付等基础设施的推进，离岸人民币外汇市场也逐步发展成全球外汇市场一个不可忽视的新兴力量。在很多国家，离岸人民币都成了当地外汇市场中需求较大且流动性较好的品种，主要得益于中国全球贸易份额的增加、资本项目的渐进开放以及双边外汇市场建设。至 2022 年，人民币的外汇交易额已经上升至全球第五，仅次于美元、欧元、日元、英镑等老牌货币。近期，随着人民币跨境支付系统参与者的逐步增加和央行数字货币桥等新兴功能的逐步开发落地，共建"一带一路"国家在当地交易和使用人民币的便利性进一步提升。

人民币与双边外汇市场建设的推进和加强在降低外汇交易成本方面发挥了积极作用。素桑甘（2020）[1]的研究显示，自从 2015 年工行在泰国开展人民币清算行业务，使人民币对泰铢的直接交易得以顺利实施以来，人民币对泰铢的牌价买卖价差明显收窄，并连续低于缺乏外汇直接交易机制的日元。

尽管中国在推进共建"一带一路"国家双边外汇市场建设方面取得了一定的成果，但仍面临一些挑战。首先是美元的先发优势仍然很强。在共建"一带一路"国家，美元仍然是主流的结算和交易货币，交易成本仍然低于人民币。这就导致直接交易外汇市场的客户需求不足，流动性较弱，总体人民币直接交易的成交量与双方的经贸往来规模存在较大差距。成交活跃度不高造成直接交易市场存在一定的流动性溢价，交易成本较原先通过美元交叉盘并没有显著优势。这会进一步降低外汇直接交易需求，减少流动性供给。其次是直接交易的成本优势尚未完全显现。在汇率定价方面，即使在直接交易市场，汇率定价仍无法完全用两国货币的供求关系实现，而是会参考美元双边汇率的定价进行折算。这是因为在一个相对联通的外汇市场，直接交易价格与交叉货币交易定价一旦产生差异，就会形成无风险套利机会。而短期美元双边汇率的市场容量远大于直接交易市场，因此直接交易市场的定价仍然会以美元双边汇率为锚。

我们认为双边外汇市场的建设面临挑战的原因在于以下几点。第一，外汇市场基础设施不完善。一些共建"一带一路"国家的金融市场尚不成熟，外汇市场基础设施较为薄弱，如交易系统、清算结算机制等方面仍有待完善，这使人民币与这些国家货币之间的直接交易面临一定的技术和操作难题。第二，金融市场开放程度不足。一些共建"一带一路"国家的金融市场开放程度有限，外资准入限

---

[1] Sussangkarn C. "Promoting Local Currency Usage in the Region." *Asian Economic Papers*, 2020, 19(2): 1–16.

制较多，可能会影响中国与这些国家在双边外汇市场建设方面的合作，限制双方货币之间的直接交易规模。第三，配套服务仍需跟进。由于部分共建"一带一路"国家的金融市场发展水平较低，风险管理能力相对薄弱，而人民币与当地货币的直接交易市场，其配套的远期、期权、掉期等金融衍生产品的种类、流动性和定价都相对落后，这令双边外汇市场在面临汇率波动、资本流动等风险时，可能难以有效应对，从而影响即期直接外汇交易的相关需求。第四，当地企业和银行的认知有限。虽然人民币国际化取得了一定进展，但在全球货币体系中仍占据次要地位。这令人民币直接交易市场虽然有所发展，但在不少共建"一带一路"国家的当地企业和银行的心目中尚未形成深刻认知，导致需求方无法有效引流进入双边外汇交易市场。第五，与各国政策协调困难。由于各国经济发展水平、货币政策和金融监管政策差异较大，协调各国相关政策并不容易。在推动双边外汇市场建设的过程中，如何平衡各国货币政策和金融监管政策成为一个重要挑战。

总之，人民币与当地货币直接交易在共建"一带一路"国家的双边外汇市场建设中具有重要意义。为了进一步推动人民币与当地货币直接交易的发展，中国可以继续拓展直接交易范围，提高现有市场的流动性与深度，优化外汇产品与服务，推动离岸人民币市场发展，提高人民币的区域认知度以及深化区域货币合作。通过推动人民币与当地货币的直接交易，双方可以降低贸易与投资成本，提高资金流动效率，促进人民币国际化，进而推动区域经济一体化进程。这将有利于中国与共建"一带一路"国家共同实现经济发展和繁荣。

（三）开展与共建"一带一路"国家大宗商品贸易的人民币计价与结算

1. 时代背景赋予人民币完善支付计价功能的机会

艾兴格林（2010）[1]认为一国货币国际化的经验顺序是：首先，鼓励其在贸易开票和结算中使用；其次，鼓励其在私人金融交易中使用；再次，鼓励中央银

---

[1] Eichengreen B, Flandreau M. "The Federal Reserve, the Bank of England and the Rise of the Dollar as an International Currency, 1914–39." BIS Working Paper 328 (Basel: Bank for International Settlements), 2010.

行和政府以该货币形式持有外汇储备。我们认为"德国模式"是适合中国在共建"一带一路"国家推进人民币国际化的可行路径。依托中国的贸易和产业链优势，在共建"一带一路"国家推广双边贸易的人民币结算可能是完善人民币交易和计价功能的重要抓手。传统的国际贸易理论中，贸易计价货币的选择与汇率的价格传导存在一定关联，其既可以选择用生产国货币计价，也可以选择用消费国货币计价。但在实践中，仅少数货币能成为计价货币。美元和欧元是最常用的第三方媒介货币，这是因为国际货币的选择具有网络效应和使用惯性。时代背景的变化为人民币在贸易结算计价中发挥更大的作用提供了机会。在逆全球化、去金融化的大背景下，美元作为结算和计价货币等公共产品正在更多地被美国政府透支信用，这导致了以共建"一带一路"国家为代表的广大新兴国家寻求减少对单一结算计价货币的依赖，而依靠庞大的贸易网络和相对健全的支付清算和外汇交易等基础设施，人民币成为很多国家在贸易计价结算中的重要货币选择。

由于共建"一带一路"国家以资源类国家居多，因此我们建议在商品贸易人民币计价结算的推进过程中，以大宗商品作为重点。一方面，中国是大宗商品的重要需求国，推动大宗商品的人民币结算可以在一定程度上形成对方国家的人民币储备，从而带动人民币的储值功能。另一方面，大宗商品国家处于价值链的上游，其在确定计价结算货币的过程中或能更少受到上下游价值链中的计价结算货币的影响。

2. 推动人民币结算与计价的重点区域（国家）和重点商品

推动人民币的计价结算需要兼顾效率和经济利益。我们认为共建"一带一路"国家需要满足自然资源丰富、与中国经济较好互补且双边贸易密切等条件。在满足上述基本条件的前提下，可根据对手国对中国贸易顺差、逆差情况实现不同的人民币循环体系，即当对手国对中国是顺差时，人民币通过经常项目输出至对手国，对手国则可将人民币通过资本项目渠道回流至国内或流入离岸人民币市场，而当对手国对中国是逆差时，中国可将人民币以直接投资、证券投资等资本项目的形式投资于对手国，丰富对手国的人民币投融资市场。

我们认为，共建"一带一路"国家中经济上满足主要出口商品为资源品（50% 以上）、与中国双边贸易额较大（100 亿美元以上）、与中国双边贸易额占总进出口比重较大（9%以上）的国家可作为人民币结算的首要考虑。在多年来经济全球化的潮流下，部分国家的农产品、能源或矿产的资源相对丰富，因此出口结构以大宗商品为主，并且这些国家经济发展空间较大，工业化程度相对较低，而中国作为全球最大的工业国，可以通过出口工业制成品等产品满足其经济需求，叠加中国是全球大宗商品最主要的进口国的现实，中国可以与这些资源国通过双边贸易形成很好的互补关系，我们对部分国家进行了统计，如表9.5所示。

表9.5 经济条件较为适合推动人民币进行大宗商品结算计价的国家

国家	地域大类	与中国双边贸易额（十亿美元）	对中国贸易差额（十亿美元）	与中国双边贸易额占比(%)	资源出口占商品出口比例(%)	大宗农产品(%)	能源(%)	矿产(%)
俄罗斯	欧洲	146.9	11.76	15.8	67.8	7.8	52.3	7.6
印度尼西亚	东南亚及南亚	124.4	3.09	26.0	55.6	25.6	22.1	7.8
沙特阿拉伯	中亚、西亚及其他	87.3	26.66	17.7	76.5	1.8	72.6	2.0
阿联酋	中亚、西亚及其他	72.4	-15.28	12.4	65.1	4.7	40.6	19.8
智利	美洲	65.8	13.21	32.2	87.0	32.5	0.9	53.6
南非	非洲	54.3	12.11	23.1	57.3	12.9	10.3	34.1
秘鲁	美洲	37.3	10.71	30.1	90.5	22.3	7.9	60.3
伊拉克	中亚、西亚及其他	37.3	15.92	29.0	99.8	0.2	96.9	2.6
阿曼	中亚、西亚及其他	32.1	25.00	38.8	73.5	5.2	59.9	8.3
尼日利亚	非洲	25.7	-19.60	25.8	97.9	3.6	92.8	1.5
哈萨克斯坦	中亚、西亚及其他	25.3	-2.71	22.3	87.3	5.6	68.6	13.1
新西兰	大洋洲	24.7	7.59	20.1	79.4	73.7	1.9	3.8
科威特	中亚、西亚及其他	22.1	13.35	16.5	88.0	1.5	85.9	0.6
埃及	非洲	20.0	-16.56	15.8	53.7	17.6	25.9	10.2
乌克兰	欧洲	19.3	0.49	11.7	53.3	41.3	1.8	10.3
缅甸	东南亚及南亚	18.6	-2.46	53.9	61.1	27.9	22.9	10.3

续表

国家	地域大类	与中国双边贸易额（十亿美元）	对中国贸易差额（十亿美元）	与中国双边贸易额占比(%)	资源出口占商品出口比例（%）	大宗农产品（%）	能源（%）	矿产（%）
阿根廷	美洲	17.8	−3.55	11.1	64.2	56.6	3.9	3.8
卡塔尔	中亚、西亚及其他	17.2	9.24	10.3	86.9	0.1	84.5	2.4
伊朗	中亚、西亚及其他	14.8	−1.78	9.3	74.9	7.1	62.3	5.4
刚果（金）	非洲	14.4	8.88	32.3	95.2	3.1	6.7	85.4
厄瓜多尔	美洲	10.9	−0.02	20.1	93.9	49.7	41.7	2.5

注：数据为2021年，各国贸易总额数据来自世界银行，与中国的贸易数据来自中国海关总署。
资料来源：世界银行，中国海关总署，Wind，中金公司研究部。

结算货币是用于支付货物和服务的货币，而计价货币则是在交易中用于标价或设定价格的货币。尽管在大多数情况下，计价货币和结算货币往往会使用同一种货币，但考虑到大宗商品定价的市场化程度较高，不同种类的商品推进人民币计价的难度是不同的。我们认为，中国可以在部分美元定价权不高、中国境内交易所活跃度较高的大宗商品上同步争取推进人民币计价与结算。而在油气等美元定价权先发优势较大的商品门类中，先推进人民币结算，而后再推进人民币计价。具体看，能源方面，我们可以在原油、天然气等美元计价权较强的大宗商品中先行推进人民币结算，而在燃料油、动力煤等人民币有计价优势的品种上同步推进人民币计价与结算。金属方面，黄金和铜可先推进人民币结算，螺纹钢、白银、热卷、镍、铝、硅铁、锰硅、锌、锡等产品可同步推进人民币计价与结算。农产品方面，豆粕、豆油、棕榈油、玉米、大豆等品种适合先推进人民币结算，而菜粕、天然橡胶、纸浆、白糖、棉花、菜籽油、苹果、鸡蛋等农产品适合同步推进人民币计价与结算。

3. 与共建"一带一路"国家推进大宗商品人民币计价结算现状

近年来人民币在大宗商品领域的结算方面取得了明显进展，主要体现在主要大宗商品贸易领域人民币跨境收付保持较快增长。中国人民银行发布的《2022

年人民币国际化报告》显示，2021年，大宗商品贸易领域人民币跨境收付保持较快增长，全年原油、铁矿石、铜、大豆等主要大宗商品贸易跨境人民币收付金额合计为4 054.69亿元，同比增长42.8%。全年锂、钴、稀土等新能源金属大宗商品贸易跨境人民币收付金额合计为1 005.63亿元，同比增长27.7%；从人民币计价的角度来看，2021年，中国已上市的原油、铁矿石、精对苯二甲酸（PTA）、20号胶、低硫燃料油、国际铜、棕榈油共7个特定品种交易期货稳步发展，在为大宗商品交易人民币计价结算提供定价基准方面发挥了一定作用。

各国推进本币与人民币计价结算的意愿上升。能源方面，2023年3月28日，中国达成了首单以人民币结算的进口液化天然气采购交易[1]，这是中国在大宗商品中的油气领域推进人民币结算迈出的重要一步。这单交易由中国海油与法国的道达尔能源在上海石油天然气交易中心达成，液化天然气资源来自海合会国家阿联酋，以人民币结算的进口液化天然气成交量约为6.5万吨。本次交易涉及多个重要因素，包括中国交易所的人民币结算、欧洲能源公司提供服务、中东国家出售资源等，这样的中国–欧洲–中东模式是一次有益的探索，为中国的油气安全提供了一定保障。

金属方面，2023年3月1日彭博社称[2]，俄罗斯最大的镍生产商诺里尔斯克镍公司以人民币计价的方式向中国出口镍，以上海期货交易所和伦敦金属交易所的混合价格定价，这有助于增强人民币的定价能力，并加深俄罗斯作为共建"一带一路"国家与中国的经贸联系。

4. 与共建"一带一路"国家推进大宗商品人民币计价结算面临的挑战

我们认为人民币在与共建"一带一路"国家发展大宗商品领域的结算计价功能时仍面临较多挑战。人民币的跨境结算与计价相分离或导致相关配套服务缺失，增加汇率波动风险。国际期货交易所目前主要由欧美主导，计价基本绑定美元，共同对定价权形成较大影响。以原油为例，目前全球主要原油期货合约有三

---

[1] 参见 http://www.news.cn/fortune/2023-03-29/c_1129473352.htm。

[2] 参见 https://www.bloomberg.com/news/articles/2023-03-01/russia-s-largest-miner-is-selling-nickel-to-china-in-yuan#xj4y7vzkg。

种，即芝加哥交易所的 WTI（西得克萨斯中质原油）、洲际交易所的 BRENT（布伦特原油）以及迪拜交易所的 DUBAI（迪拜原油），分别反映北美、欧洲和亚太的原油供需，其交易所位于欧美或由欧美控制，且均以美元计价，中国在未来或将持续面临"美元计价，人民币结算"的局面，人民币要想实现计价功能的突破难度较大，因此人民币计价和结算功能或只能错位发展。大宗商品运费、保险等一整套服务均以美元计价，且美元计价有成熟的汇率工具做套期保值。在定价权缺失的情况下，人民币结算仍然存在汇率风险。根据联合国贸易和发展会议的数据[1]，截至2022年末，共计48种大宗商品的价格序列中，有35种以美元计价（占73%），剩余的计价货币为欧元（占27%）。美国是较为主要的大宗商品定价中心，芝加哥商业交易所集团旗下拥有芝加哥商品交易所（CME）、芝加哥期货交易所（CBOT）、纽约商业交易所（NYMEX）、纽约商品交易所（COMEX）等重要交易所，分别对各类金融衍生品价格、农产品价格、国际油价和金属价格形成定价基准。

五、思考与启示

国际货币的选择除了考虑通胀、流动性、外贸体量等传统基本面因素外，也需要考虑网络效应。一种货币使用的国家越多，其通用性越强。因此，国际货币体系具有很强的惯性，尽管中国的经济和贸易体量已经足够庞大，但人民币在全球贸易结算计价、外汇交易以及价值储藏等多个重要维度的使用程度上仍明显落后于经济和贸易份额。国际货币选择的演变通常需要经济社会层面的重大事件冲击来打破原有惯性。而在当前逆全球化和去金融化的时代背景下，美元作为全球主导货币的基础受到了一定冲击，美元货币体系的缺陷也被逐步放大。由于全球经济政治环境的变化，国际货币体系正在从单一的美元体系向多元体系过渡。新冠疫情和俄乌冲突等全球事件都使货币多元化的需求变得更加强烈。这些全球格局的变化都让人民币国际化迎来历史机遇，人民币的国际使用程度逐步与经贸份额匹配或将成为未来阶段的重要发展趋势。

---

[1] 参见 https://unctadstat.unctad.org/wds/TableViewer/tableView.aspx?ReportId=140866。

中国与共建"一带一路"国家有着广泛的经贸往来。在当前逆全球化程度进一步加深的背景下，不少共建"一带一路"国家也存在适当降低对美元依赖的需求。因此，人民币国际化程度的提升也能够为"一带一路"倡议高质量发展提供便利。通过德国和日本两国货币国际化的历史经验对比，我们发现德国马克依托贸易竞争优势和区域合作的国际化路径，是中国在共建"一带一路"国家推进人民币国际化的重要参考。对中国而言，贸易竞争力是货币国际化的核心。以经常账户为核心，依托中国的贸易和产业链优势，可能是当前逆全球化和去金融化大背景下，最适合中国推进人民币国际化的选择。考虑到中国的金融市场深度和广度都仍有发展空间，在货币国际化初期，资本账户开放不是必然条件，应协调推进利率市场化、汇率市场化、资本项目可兑换。而在资本项目部分可兑换的背景下，区域合作是实现货币国际化的有效手段。欧洲国家间的政治性制度安排对德国马克的国际化起到了积极作用，对于中国而言，参与"一带一路"倡议的许多国家与中国存在文化共通性和紧密的贸易联系，为区域合作、共同制定人民币在区域使用的规则安排奠定了基础。

在具体措施方面，我们认为签署双边本币互换协议有利于推广人民币的结算功能，大宗商品计价有助于拓展人民币的计价功能，建设外汇市场有望发展人民币的储值功能，三项措施将成为促进"一带一路"倡议高质量发展和人民币国际化的重要抓手。双边互换协议的签署既是一个流动性补充机制，能够帮助共建"一带一路"国家降低总体融资成本，又是一个贸易促进手段，为双边贸易的人民币结算创造流动性的基础。建设人民币与共建"一带一路"国家当地货币直接交易的外汇市场，能够有效降低交易成本，提升双边经贸往来的效率。而结合共建"一带一路"国家资源类禀赋居多的现状，大宗商品贸易的人民币结算与计价可以成为推广人民币贸易结算与计价功能的切入点。

针对上述三个抓手推进过程中的约束，我们提出了以下几条政策建议。第一，针对双边本币互换协议的推进，我们建议设立常态化互换额度动用机制，明确额度动用细则，适度扩大本币互换额度的商业使用范围，并设置适当的动用条件以防范风险。第二，针对外汇市场的建设，我们建议进一步拓展外汇直接交易范围和边界，提升现有在岸和区域外汇市场的流动性与深度，优化外汇产品与服务并深化区域货币合作。第三，针对大宗商品的人民币结算与计价推广，我们建议有关部门积极加大期货现货市场的建设力度。加快国内大宗商品交易市场的开放，简化准入流程，吸引更多海外套保和交易需求进入国内人民币计价的商品交易中。中国可以与共建"一带一路"国家中主要的大宗商品出口国共建"'一带一路'商品交易所"，依托当地较大的大宗商品供给与中国的大宗商品需求，实现供给方与需求方更好的对接，反映出大宗商品的"亚洲价格"。

产业篇

第十章

"一带一路"项目可持续性：
产业视角的分析

实现"一带一路"项目的可持续发展，双方合作既要符合产业层面的"优势互补、互通有无"要求，以确保具有合作共赢的潜力，也要通过合理的政策设计来实现"惠民生"，确保各利益群体能够共享"一带一路"合作红利。由于国际关系是国际经贸往来中最大的交易成本来源，因此即便是行业层面具有合作共赢的潜力，这些潜力能否转变成可持续合作红利，取决于相关政策能够在多大程度上改善国际关系，以降低跨国交易成本。

从行业合作共赢的角度看，海上"一带一路"桥和陆上"一带一路"桥是核心区域。第一，初级产品方面，油气等传统能源主要集中在陆上"一带一路"桥区域，即从东欧、中亚、西亚到北非的半环形地带。工业金属和新能源金属分布比较分散。第二，对于基建及重化工业而言，人口众多、城镇化率在30%~60%且环境承载力较好的东南亚地区发展意愿与潜力较大，也就是海上"一带一路"桥区域。第三，装备制造方面，东南亚对于工程机械有较强的需要，西亚、北非、南美洲在光伏和风电等新能源设备方面的市场潜力较大。第四，对于科技创新而言，共建"一带一路"国家有助于提供多样化的市场需求激励。第五，东南亚或许是纺织服装、家电、汽车等消费行业产品贸易合作的首要方向，其次是南亚、北非。将中国旅游、水果等消费市场更多向东南亚开放，有助于增强中国对东南亚国家的吸引力。

政策对于"一带一路"项目可持续的意义至少可以从两个方面来理解，一是构建有利于各群体分享合作红利的分配机制，另一个是降低跨国交易成本。最大的跨国交易成本来自国际关系，如何经营与东道国的外交关系，是降低跨国交易成本的核心课题。对于海上"一带一路"桥和陆上"一带一路"桥两个行业层面合作的核心区域而言，需要更为综合的方式来降低跨国交易成本。中国企业走向共建"一带一路"国家，既面临发达国家企业"走出去"所面临的那种国家间交易成本，也面临东道国营商环境普遍有待提升而造成的东道国内部交易成本较高问题，因此，需要给予走向共建"一带一路"国家的中国企业更大力度的政策支持。除了政策性金融支持外，还可以考虑给予在外中企自发形成的商会更多的支持，提供诸如东道国法律法规、劳动仲裁知识培训与服务等方面的更多信息服务，以增强驻外中企应对风险的能力。[1]

---

[1] 本章作者：谢超、李彤玥、吴云杰、白皓、李根、颜晓畅。本章得到了尹学钰的支持。

经过10年的发展,"一带一路"倡议取得了一系列有目共睹的成绩,社会各界对于"一带一路"项目可持续性的重视程度也越来越高。2021年11月,习近平主席在第三次"一带一路"建设座谈会上强调,共建"一带一路"要"以高标准、可持续、惠民生为目标"[①]。作为旨在践行"人类命运共同体"理念、促进全球共享发展红利的"一带一路"项目,提升可持续性的一个重要方面在于实现行业层面的合作共赢,这需要建立在共建"一带一路"国家间优势互补、互通有无的前提下。按照联合国对全球区域的划分,截至2023年1月,已同中国签订共建"一带一路"合作文件的151个国家,基本覆盖了除北美洲以外的全部区域。如果对广大区域的所有国家平均用力,则互补性更强的重点区域无法实现合作收益最大化,互补性较弱地区则存在投入产出效率较低问题,可能会弱化相关项目的可持续性。

如图10.1所示,现在的"一带一路"项目分布既兼顾了广泛性,也有明显的区域重点。从行业层面看,这样的分布是否符合优势互补标准?不同行业对于国家间优势互补、互通有无的要求并不相同,现有布局是否可以满足主要行业的诉求?产业篇对于这些问题进行了探讨。正如后续各章分析所表明的,中国与共建"一带一路"国家在行业层面上存在优势互补、合作共

---

① 参见 http://www.qstheory.cn/yaowen/2021-11/19/c_1128081519.htm。

赢的广阔空间。如何将这些共赢潜力转化为合作收益？按照过去几十年有关国际经贸合作的主流观点来看，尽可能减少政策干预以促进国际自由贸易和投资，是实现国际经贸合作红利的最好方式。但在产业篇的分析中，几乎每一章都有关于加强政策支持的探讨。如何理解流行观点与产业篇分析之间的这种矛盾？或者说，在行业层面存在自发合作共赢空间的情况下，政策在"一带一路"项目建设中的角色定位是什么样的？对于上述问题，本章将尝试从如下三个方面进行探讨：一是"一带一路"合作共赢的产业基础分析，二是探讨政策在可持续合作共赢中的角色与作用，三是总结性质的思考与启示。

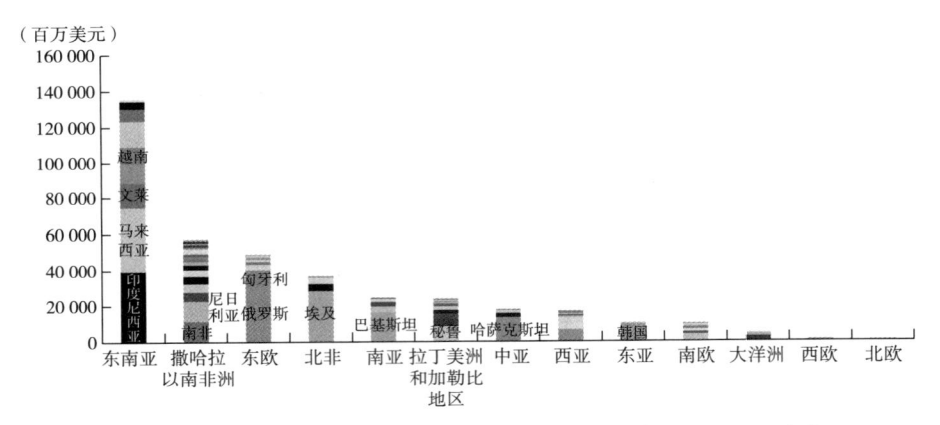

图10.1 中国在共建"一带一路"国家的绿地投资分布（2013—2022年）

资料来源：fDi Markets，中金研究院。

一、合作共赢的产业基础

从我国各产业占全球供求比重来看，有些行业是明显供不应求，有些则是供过于求（见图10.2）。与此同时，共建"一带一路"国家覆盖的地理范围广阔，不同国家的要素禀赋不同，市场存在显著差异，意味着对于产业层面的合作共赢而言，不同行业在共建"一带一路"国家间互通有无、优势互补的含义可能并不相同。以纺织服装、家电、锂电池、工程机械、光伏设备等中低技术制造业为例，我国产能占全球比重较高，很多产业的产能位于世界第一的位置，家电、新能源设备等的产能甚至占全世界的七八成。这背后虽然不乏政策支持的作用，但主要决定因素还是过去的人口红利。现在人口红利渐行渐远，中国与共建"一带一路"国家进行产能合作有助于改善成熟行业的回报率。对于供不应求的大宗商品，资本或技术密集的汽车等产业，以及旅游、农产品等具有区域特色的产品而言，在"一带一路"倡议下的合作共赢诉求与纺织服装、家电等产业明显存在差别。

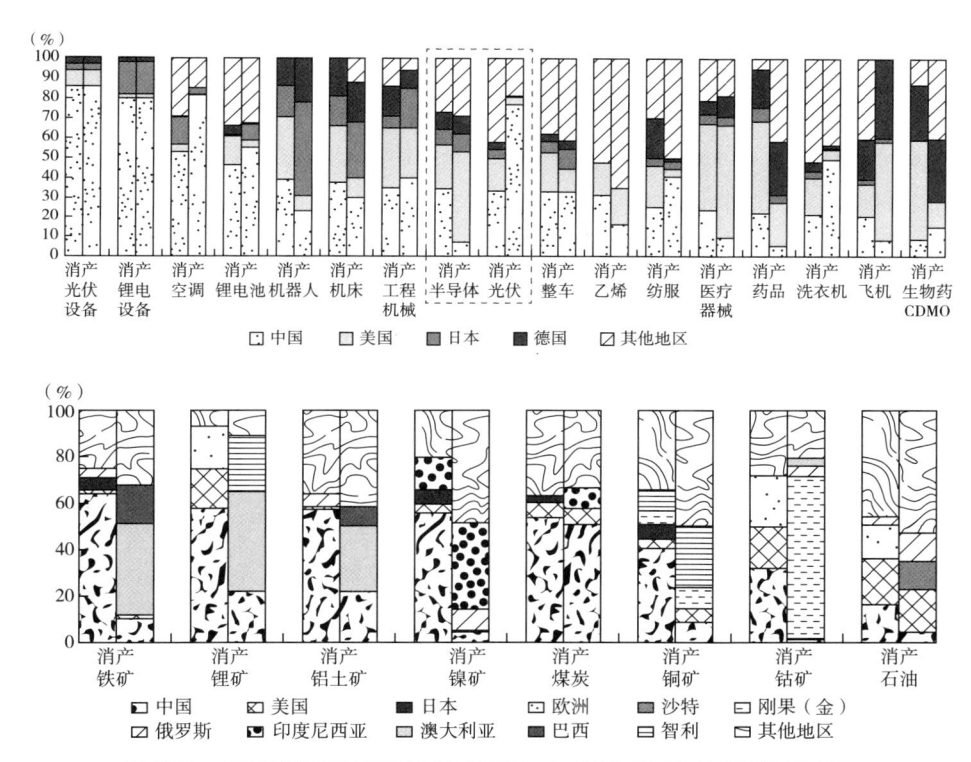

图10.2 2021年各经济体主要工业制成品、自然资源的消费占比和生产占比

注：生产（消费）占比＝该地区该行业产值（消费规模）/全球该行业总产值（总消费规模）。CDMO指合同研发生产组织。

资料来源：中国工信部，各国相关网站，中国机床工业协会，中国光伏行业协会，印度品牌价值基金会（IBEF），高工机器人，高工锂电，械数据云，弗若斯特沙利文，产业在线，Wind，Bloomberg，Statista，BP，SIA Factbook，EVTank，IBISWorld，Markines，WSTS，Bnef，Reuters，S&P Global，Euromonitor 零售数据（2021），Textile World，Marketresearch，Aero Dynamic Advisory，Off-highway，USGS，MB，Grand View Research，IQVIA，中金公司研究部，中金研究院。

第十章 "一带一路"项目可持续性：产业视角的分析

此外，从产业层面看，共建"一带一路"国家对与中国的合作也存在多个层次的需要。这一点可以从逆全球化下的规模优势、中国与共建"一带一路"国家发展阶段接近以及要素禀赋互补三个层面来理解。第一，在过去几十年的全球化时代，大小经济体都可以分享全球统一大市场带来的规模经济红利。逆全球化趋势下的全球大市场面临收缩风险，小经济体可能受到更大冲击，大国的规模优势会进一步凸显。中国作为超大型经济体，能够在逆全球化下为共建"一带一路"国家提供需求侧的超大市场（例如进口共建"一带一路"国家特色农产品和旅游服务）和供给侧的规模经济（例如作为制造业大国，中国可以为共建"一带一路"国家提供性价比更高的制成品）。第二，发展中国家是共建"一带一路"国家的主要构成部分，中国作为最大的发展中国家，在过去40年的改革开放过程中取得了举世瞩目的成绩。与发达国家相比，中国的发展阶段与大多数共建"一带一路"国家更为接近，中国的发展经验可能更适合共建"一带一路"国家参考。例如，中国强大的基建能力能够为共建"一带一路"国家提供更完善的基础设施，助力这些国家的经济发展。第三，从要素禀赋上看，许多共建"一带一路"国家拥有较充裕的自然资源和年轻人口，相对缺乏将这些要素整合起来的资本、技术与管理经验。中国庞大的工业产能，能够通过原材料进口与成熟产能合作等多种方式实现与共建"一带一路"国家的要素禀赋互补。

总之，对"一带一路"合作共赢的产业基础进行分析，既要探讨我国不同行业对于共建"一带一路"国家的诉求是什么，也要兼顾共建"一带一路"国家对于中国产业的需求所在。这需要结合中国产业体系在当前形势下面临的主要挑战和风险来探讨。如图10.3所示，从产业角度看，我国目前面临两大挑战，一个是内部的人口红利消退，另一个是外部的国际竞争加剧。[1]这两大挑战在产业层面上造成了三个风险：基于人口红利形成的原有产业结构面临难以为继的风险，国际竞争加剧造成了产业链面临横向的去中心化风险和纵向的供给风险。从中国与共建"一带一路"国家进行产业合作的角度看，存在四种应对三大风险的方式：供给侧方面提高大宗商品贸易安全保障、加大产能合作力度，需求侧方面开拓制成品贸易新市场、加大我国超大规模市场开放力度。由于不同行业的全球供求地

---

[1] 谢超等：《中庸策·双支柱举国体制》，中金研究院，2022年12月。

位等状况不同，并非每个行业都要在这四种应对方式上平均用力，可以有不同的侧重。

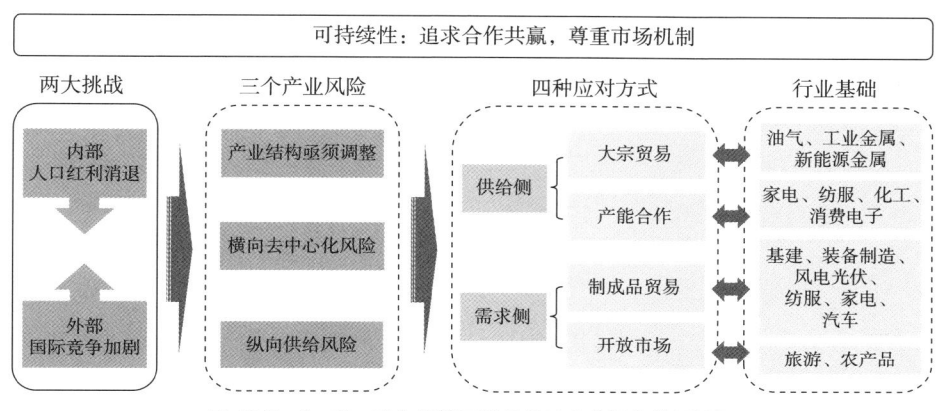

图10.3 "一带一路"倡议可持续性的产业视角分析框架

资料来源：中金研究院。

（一）供给侧大宗贸易：提高大宗商品贸易安全保障

在逆全球化背景下，中国产业面临着两类供给风险：一类是社会各界普遍关注的芯片等高科技领域的技术相对落后问题；另一类是中国作为资源相对稀缺的制造业大国，在自然资源的供给方面对外依存度较高。[①] 如图10.4所示，对外依存度比较高的初级产品主要有三类：第一类是石油、天然气等传统能源；第二类是铁矿石、铜、铝等工业金属；第三类是镍、钴、锂等新能源金属。这三类资源的"一带一路"分布区域并不完全一致。传统能源方面，石油和天然气的分布是高度集中的，基本上是在东欧、南亚、西亚到北非这一半环形区域，我们把它称为陆上"一带一路"桥，涉及的国家也比较集中。相较于分布比较集中的传统能源，工业金属的分布要稍分散一些。俄罗斯矿藏资源丰富，铁矿储量在共建"一带一路"国家中遥遥领先，铜矿储量位居前列，仅次于南美洲的智利、秘鲁等国。铝土矿主要分布在东南亚、西非、拉美地区。新能源金属方面的分散化布

---

① 中金公司研究部、中金研究院：《大国产业链》，中信出版社，2023年3月。

局态势更为明显，传统能源丰富的陆上"一带一路"桥地位明显下降，东南亚、南部非洲、南美洲的重要性显著上升，这三个区域分别在镍、钴、锂的储量方面遥遥领先。

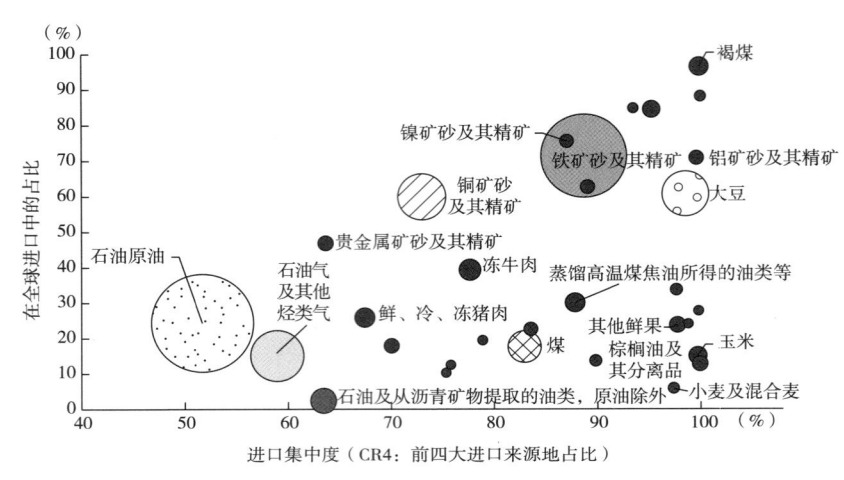

图 10.4　2021 年中国初级产品进口占全球比重及进口集中度

说明：圆圈大小代表中国大陆对各类产品的进口值大小，进口占比 = 该国该类货物进口金额 / 全球该类货物进口金额。

资料来源：UN Comtrade，中金研究院。

与自然资源的供给约束相比，在逆全球化背景下，中国更大的供给风险体现在高科技领域。对此，我们认为根本的应对方式在于构建"双支柱举国体制"，即统筹政府与市场、实体与金融等各方力量，以"大企业＋大政府＋大银行"应对纵向风险，关键在于提升追赶式创新能力；以"中小企业＋制度建设＋资本市场"应对横向风险，关键在于提升引领式创新能力。[1] 不过，这并不意味着对外合作不重要。在立足提升我国创新能力这个根本的同时，尽可能加强科创领域的国际合作，将有助于提升我国应对此类风险的能力。以新能源汽车产业为例，当前我国在电动化方面已经居于全球领先地位，建立了比较完整且产能庞大

---

[1]　中金公司研究部、中金研究院：《大国产业链》，中信出版社，2023 年 3 月。

的电动汽车产业链。然而，电动化并不是新能源汽车行业的终点[①]，未来更广阔的领域在于智能化，将对高端芯片、人工智能算法等软硬件提出更高需求。这意味着，如果不能够及时突破高科技领域的技术瓶颈，中国新能源汽车由电动化向智能化发展的进程或将面临受阻的风险。

在当前逆全球化形势下，一个可能的思路是在"一带一路"倡议范围内，与科创资源比较丰裕且与大国关系均相对友好的国家加大科技合作。如果仅看共建"一带一路"国家的科创资源禀赋，韩国、俄罗斯、意大利研发人员数量靠前；从专利增量看，韩国位居第一，其次是意大利、俄罗斯；从科研人员人均专利数量来看，则韩国第一（0.35 项/研发人员）、意大利第二（0.15 项/研发人员），均远超俄罗斯的 0.05 项/研发人员。

（二）供给侧产能合作：将中国资本与"一带一路"人口红利结合起来

自 1992 年正式确立市场经济的主导地位以来，中国增长模式和 1994 年之前的日本类似，无论是 GDP 总量增速，还是人均 GDP 增速，其波动与劳动年龄人口的增量波动都是高度相关的。作为驱动过去 30 年经济高速增长的主力劳动人群，中国 20~59 岁年龄人口增量自 2007 年达到年增 1 400 万人的峰值之后开始趋势性下降，我国经济增速也随之进入趋势性下降阶段。当前，20~59 岁的主力劳动人群增量开始正式进入持续负增长阶段，这是自新中国成立以来从未有过的变化（见图 10.5）。

从劳动、资本、技术的三要素增长模型来看，缓解劳动年龄人口负增长对于经济增长的不利冲击，大致有三个方式。[②] 其中之一就是与劳动力丰富的国家进行成熟产能合作，在海外实现本国资本与国外劳动的结合，这对于纺织服装、家电等我国产能占全球比重较高的成熟产业而言尤为重要。本文从劳动年龄人口（15~64 岁）数量、受教育年限以及劳动工资三个维度对共建"一带一路"国家的劳动禀

[①] 中金公司研究部、中金研究院：《大国产业链》，中信出版社，2023 年 3 月。
[②] 谢超等：《中庸策·双支柱举国体制》，中金研究院，2022 年 12 月。

赋进行梳理。从总量看，劳动年龄人口最多的三个区域是东南亚、南亚、西非，其中拥有1亿以上劳动年龄人口的国家分别是东南亚的印度尼西亚（1.9亿人），南亚的巴基斯坦（1.4亿人）、孟加拉国（1.15亿人），西非的尼日利亚（1.15亿人）。从劳动工资上看，东非地区的工资最低，东南亚整体也属于中等偏下的水平。

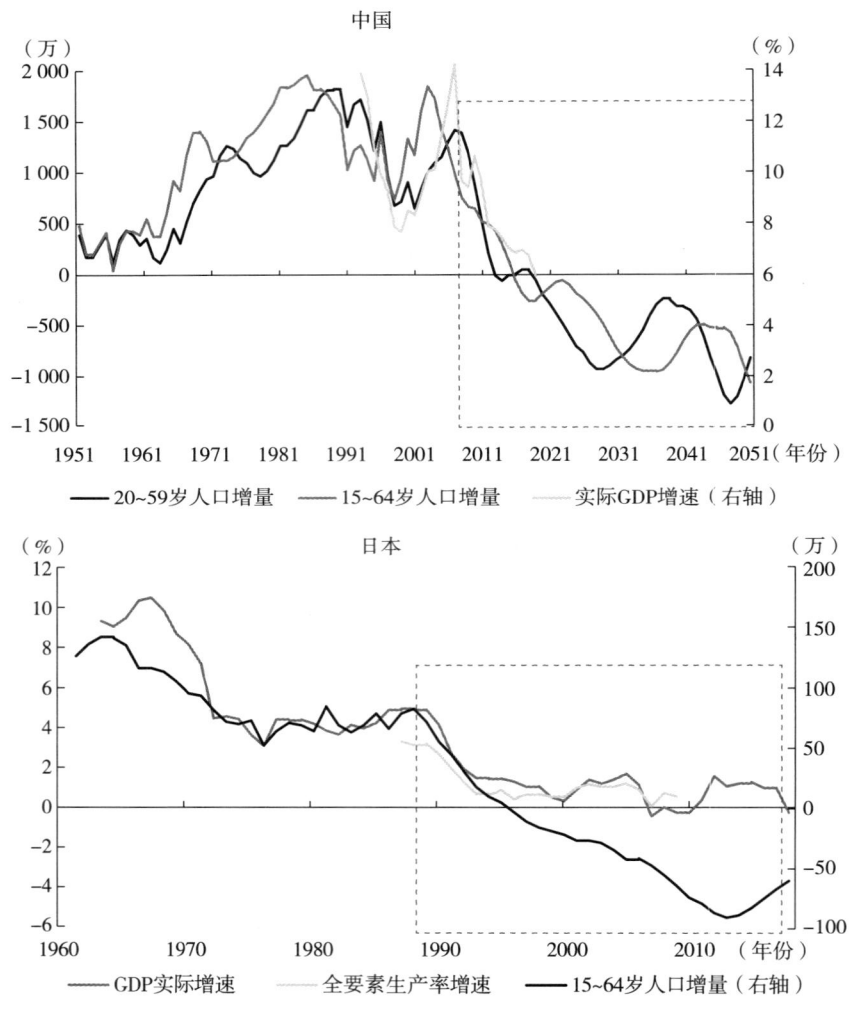

图10.5 中国、日本劳动年龄人口增量与经济增长

注：中国2022年以后的人口数据为联合国经济和社会事务部预测值。
资料来源：《跨越"新人口陷阱"的可能路径》（2022年11月），中金研究院。

不过，劳动工资数据对共建"一带一路"国家的覆盖率较低，且存在汇率换算等技术问题，因此参考意义可能有限。与此同时，劳动工资通常与受教育年限成正比，且不同行业对劳动力受教育年限的要求也不一样。例如，对于纺织服装、箱包制造等劳动密集型轻工业而言，关于劳动力受教育年限的要求不高，更多是要求有足够的劳动力数量，西非的尼日利亚、东南亚的印度尼西亚、南亚的巴基斯坦及孟加拉国更适合发展这些产业。但对于家电、汽车、消费电子等对劳动力受教育年限要求相对较高的产业而言，东欧、中亚等地区的共建"一带一路"国家或更具有优势。

此外，碳中和已成为中国部分行业进行对外产能合作的新动力。例如，2021年起内蒙古不再审批电石、PVC（聚氯乙烯）、合成氨（尿素）、甲醇、乙二醇、烧碱等新增产能项目，确有必要建设的，须在区内实施产能和能耗减量置换。[①] 推进碳中和、实现环境友好型发展，正成为全球共识，各国不同的环保要求也越发成为产能合作不得不考虑的新因素。从目前各国碳中和政策的进程来看，已形成相关法律的国家的环境承载空间相对有限，写到政策文件中的次之。相对而言，宣布或承诺推进以及提出或正在讨论推进碳中和的国家，环境承载空间大一些，在共建"一带一路"国家中主要是印度尼西亚等东南亚国家、中亚的哈萨克斯坦以及非洲的一些国家。

（三）需求侧制成品贸易：应对逆全球化下的全球大市场收缩

在《大国产业链》一书中，我们强调了大国竞争对于中国产业链造成的挑战不仅体现在供给侧的技术与资源供应约束上，也体现在需求侧的去中心化上。[②] 去中心化的本质是原本紧密联系在一起的美国需求与中国供给的关系弱化，由此在一定程度上会导致全球大市场收缩。而产业层面的国际分工之所以能够带来效率，很大程度上受益于过去几十年全球大市场的形成，使原本无法实现规模经济的单一生产环节变得有利可图，因而逆全球化不仅威胁到产业链布局的安全稳

---

① 参见 http://fgw.nmg.gov.cn/xxgk/zxzx/tzgg/202103/t20210326_1313895.html。
② 中金公司研究部、中金研究院：《大国产业链》，中信出版社，2023年3月。

定，随之而来的全球大市场萎缩也会冲击产业效率。更重要的是，即便没有大国竞争的影响，从日本经验来看，在总人口开始减少的情况下，国际化也是本国成熟产业进一步发展的必由之路[1]，尤其是对于纺织服装、家电、消费电子、汽车等成熟的消费品行业而言，需要推动品牌出海，在更广阔的全球市场进行竞争。

值得注意的是，我们于2023年3月对越南北部的制造业进行了调研，大多数企业表示，虽然仅从账面工资来看似乎越南的人工成本比中国中部地区低了20%~30%，但考虑到劳动效率、水电成本等因素后，越南的综合生产成本并不显著低于中国。促使它们将产能转移到越南的主动驱动力是贸易摩擦下美国需求的转移，而不是中国劳动力成本的上升。这意味着在逆全球化的背景下，劳动力成本上升对于产业链是否迁出本国而言，重要性可能是降低的，更重要的是本国能够在多大程度上解决产品的销路问题，也就是需求的重要性上升。对于中国而言，一方面需要采取措施尽可能释放本国的消费潜力，另一方面也需要开拓制成品贸易新市场，以提升外需的稳定性，对冲逆全球化造成的全球大市场萎缩压力。

当然，与发达国家的需求相比，共建"一带一路"国家市场普遍受经济发展水平不高的制约。但共建"一带一路"国家人口众多、面积广阔、发展阶段各异，高度多样化的市场需求不仅在一定程度上有利于引导我国产业创新多样化[2]，共建"一带一路"国家整体的潜在市场空间也值得重视。根据世界银行的统计，2021年共建"一带一路"国家人口、国土面积、GDP占全球的比重分别为47%、58%、22%。更重要的是，由于发展阶段存在差异，中国成熟产品的输出能够帮助共建"一带一路"国家更好发展，这也是中国与共建"一带一路"国家合作共赢的具体表现。例如，面向基础设施供应不足的国家的基建项目及工程机械出口，有助于提升这些国家的基建规模及质量，助力经济更快发展。部分共建"一带一路"国家面临电力供应短缺的难题，碳中和约束下的高排放项目融资支持也明显减少，导致部分共建"一带一路"国家解决供电问题越发困难。中国在光伏、风电产业链上具有明显优势，这些行业的产品输出到共建"一带一路"国家，有助于共建"一带一路"国家兼顾环保与发展，在绿色转型过程中弥补电

---

[1] 黄亚铷、谢超等：《"平凡"的胜利——日本低增速时代的"十倍股"分析》，2020年1月。
[2] 中金公司研究部、中金研究院：《大国产业链》，中信出版社，2023年3月。

力供应缺口，提升这些国家的经济发展潜力及居民生活质量。

从这个角度看，不同的共建"一带一路"国家对中国产品的需求并不相同。对于纺织服装、家电等日常消费品而言，不同人群的消费需求均较为刚性，因而人口数量是决定各国纺织服装、家电潜在市场规模的重要因素之一。此外，收入是消费的基础，各国 GDP 规模也是纺织服装、家电行业选择"走出去"目的地时值得参考的指标。从人口数量角度看，东南亚、南亚、西非地区的共建"一带一路"国家人口数量较多，2021 年人口数量排名前五的共建"一带一路"国家分别为印度尼西亚、巴基斯坦、尼日利亚、孟加拉国、俄罗斯；从 GDP 规模角度看，东欧、东南亚、西亚地区共建"一带一路"国家经济规模较大，分国别来看 2021 年 GDP 规模排名前五的共建"一带一路"国家分别为意大利、韩国、俄罗斯、印度尼西亚、沙特阿拉伯。综合考虑共建"一带一路"国家人口数量及经济规模，东南亚、南亚、东欧地区的共建"一带一路"国家兼具人口规模大、GDP 规模大的特点，对纺织服装、家电等制成品具有较大市场需求。

对于汽车等可选属性更强的消费品而言，市场规模不仅取决于人口规模，也与各国所处发展阶段有关。人均 GDP 较高的国家通常市场相对饱和，进一步增长的空间有限。人均 GDP 太低的国家可能缺少对汽车等可选消费品的足够消费需求。以汽车为例，汽车渗透率与人均 GDP 之间存在 S 曲线关系。研究表明，当以购买力平价计算的人均 GDP 处于 3 000~10 000 国际元时，每千人汽车保有量与人均 GDP 之间的弹性较大，此时人均 GDP 的单位增长能够更加有效地拉动汽车保有量的提升。① 从人均 GDP 的角度看，东南亚、西亚、南亚、北非、南美洲地区人均 GDP 处于 3 000~10 000 国际元的共建"一带一路"国家数量较多。综合考虑共建"一带一路"国家人均 GDP 水平及人口数量，东南亚、南亚地区的共建"一带一路"国家可能具备较大的汽车市场发展潜力。

人口与经济规模不只影响消费品市场，对于基建及相关的工程机械而言也很重要。通常而言，一国基建投资的潜在回报与该国人口规模密切相关，人口规模越大的国家，基础设施能够被更多的人使用，基建项目越有可能产生较好的社会

---

① Dargay J, Gately D, Sommer M. "Vehicle ownership and income growth, worldwide: 1960–2030." *The Energy Journal*, 2007.

及经济效益,这意味着人口规模较大国家的基建需求可能会更加旺盛。此外,城镇化水平在决定基建及相关工程机械需求方面也发挥着重要作用。研究表明,基建投资强度(基建投资额/GDP)与城镇化率之间存在倒 U 形关系。[①] 基于中国数据的分析[②] 表明,倒 U 形关系的顶点大约对应着 47% 的城镇化率水平,即当城镇化率低于 47% 时,城镇化率提升伴随着基建投资强度提升;当城镇化率高于 47% 时,城镇化率提升往往伴随着基建投资强度下降。本文以 30%~60% 城镇化率作为筛选标准,存在较大基建市场的共建"一带一路"国家主要集中在东南亚、西非、南亚和中亚地区。再结合前述有关共建"一带一路"国家的 GDP 和人口规模数据,东南亚、南亚、中亚基建投资需求较大,上述地区基建及工程机械市场发展潜力可能也较大。

对于光伏、风电等新能源行业而言,各国潜在的市场规模不仅受该国光能、风能等自然资源条件的影响,还取决于该国的用电需求大小。从共建"一带一路"国家的光能资源条件来看,南美洲、北非、南部非洲、西亚等地区光伏发电潜力[③] 较大,排名前五的共建"一带一路"国家分别是智利、玻利维亚、纳米比亚、秘鲁、也门;风能条件方面,南美洲、北非、西亚地区风能密度较高,从国家来看,排名前五的分别是智利、新西兰、阿根廷、克罗地亚、奥地利。从发展潜力方面看,光伏电站适合建设在光照时间长、太阳热辐射强度高的地区,风力电站则适合建设在风能密度高的地区。但发展潜力并不等同于发展意愿,如果缺少对电力的旺盛需求,即使一个国家具备良好的光伏、风电发展条件,良好的潜力也难以有效转化为对新能源发展的意愿。考虑到全球推进碳中和的大趋势,用电需求较大的国家发展光伏、风电等清洁能源的意愿可能会更强烈。从共建"一带一路"国家年耗电量的角度看,东欧、东南亚、西亚、北非、南美洲较高。综

[①] Zhigang Li, "Infrastructure and Urbanization in the People's Republic of China," January 2017; Rochna Arora, Baljit Kaur, "Is Urbanization sans Infrastructure a Myth? Evidence from India," March 2022.

[②] Zhigang Li. "Infrastructure and Urbanization in the People's Republic of China." January 2017.

[③] 光伏发电潜力以各地区每单位光伏装机平均每天所能产生的电量(kWh/kWp)来进行刻画。2020 年,世界银行《全球各国光伏发电潜力》报告结合各地区光照条件、气候、地形等因素,计算了全球各个地区的光伏发电潜力。考虑到一国内不同地区光伏发电潜力存在明显差异,世界银行推荐用各国不同地区发展光伏发电潜力的 75% 分位值代表该国整体的光伏发电潜力。

合考虑上述因素后，对于光伏、风电等新能源行业而言，西亚、北非、南美洲的市场规模可能比较可观。

（四）需求侧开放市场：发挥中国超大市场对共建"一带一路"国家的吸引力

在《大国产业链》中，我们提出应对横向去中心化风险的一个重要策略是加强区域合作，并强调打造引领式创新能力，这是供给侧增加对其他国家吸引力的关键。[1] 不过，仅靠供给侧发力来加强区域合作是不够的，还要加大中国超大市场的开放力度，有助于增强共建"一带一路"国家与中国合作的意愿。一方面，从历史经验来看，中国、日本、德国、韩国等经济体的快速增长阶段，无一不是受益于外需驱动；另一方面，我们在越南的调研也表明，美国市场为越南产品提供了大量销路，在美越两国关系改善中发挥了重要作用。综合考虑各方面的情况后，可以重点考虑加大旅游和特色农产品两个领域的对外开放力度。新冠疫情对各国旅游业造成了明显冲击，随着疫情的影响逐渐消散，很多国家对于吸引中国游客重返当地旅游市场的意愿较为强烈。目前看，共建"一带一路"国家中旅游业发展指数[2]较高的国家集中在西欧、北欧、东南亚，其中东南亚的经济发展水平低于西欧和北欧，同样的旅游市场开放力度，对于东南亚的吸引力可能会更大一些。

另一个能够吸引他国与我国合作的开放领域是特色农产品。农业作为国民经济最根本的基础产业，对任何一个国家而言，都具有至关重要的意义。为了确保

---

[1] 中金公司研究部、中金研究院：《大国产业链》，中信出版社，2023年3月。
[2] 世界经济论坛"旅行与旅游发展指数"（TTDI）综合考察了各国旅行、旅游在5个大方面、17个子方面的表现。一是旅行、旅游环境：商业环境，安全和保障，健康和卫生，相关人力资源和劳动市场，信息和通信技术的准备情况。二是旅行、旅游政策：旅行、旅游规划的优先级，国际开放程度，物价竞争力。三是基础设施：航空运输基础设施，地面和港口基础设施，旅游服务基础设施。四是旅行、旅游需求推动因素：自然资源，文化资源，非休闲资源（商务旅行、会议、展会、医疗旅行等）。五是旅行、旅游可持续发展：环境可持续性，社会经济适应能力和条件，旅行、旅游需求压力和影响。将以上每一个子方面的指数经过算术平均，最终得到"旅行与旅游发展指数"。

经济体系的独立与安全,大多数经济体都在对本国农业进行某种程度的保护,并希望别国更多地开放农产品市场。这在世界贸易组织多哈回合谈判中体现得尤为明显。例如在2005年的第六次部长级会议中,美国明确反对取消棉花补贴,但同时要求别国加大农业对外开放力度。这也是导致多哈回合谈判失败的重要原因之一。[①]也正因如此,农产品市场的开放能够有效吸引国际合作。当然,具体力度还需要结合本国农业生产者的承受度来决定。其中一个值得考虑的方式是加大水果市场对共建"一带一路"国家的开放力度,因为水果相对不易保存,大量集中上市后生产国存在迫切的销售需要,这也不会对进口国的口粮生产安全产生较大冲击。目前看,出口市场对于水果生产比较重要的共建"一带一路"国家主要分布在东南亚、西亚和东欧等,或可考虑对这些国家加大开放水果市场的力度。

(五)"一带一路"合作的产业重点区域探讨:"陆上'一带一路'桥 + 海上'一带一路'桥"

综上,从产能合作、大宗贸易、制成品贸易、开放市场四个方面来看,不同行业在"一带一路"倡议下实现合作共赢的重点区域可能并不一致。其中,有两个区域的战略地位非常重要,一个是陆上"一带一路"桥,另一个是海上"一带一路"桥。陆上"一带一路"桥是指从东欧、中亚、西亚到北非的半环形地带,富集了油气等传统化石能源,对于工业大国的经济安全具有特殊重要意义。工业金属的地理区域分布较为分散,俄罗斯、南亚、南美洲的铁矿石储量较大,南美洲、俄罗斯、中非富集了铜矿,铝土矿的重点分布区域是东南亚、西非和拉美地区。镍、钴、锂等新能源金属的分布则更为分散,镍集中在东南亚,钴集中在中非,锂则集中在南美洲。

与传统能源高度依赖陆上"一带一路"桥不同,对于交运基建等行业而言,由东南亚国家组成的海上"一带一路"桥可能是一个关键地区。由于大部分东南亚国家的城镇化率在30%~60%,且集中了大量人口,基础设施建设在这些地区

[①] 谢超:《特朗普的战争与和平:行业影响是什么?——基于美国"两头强、中间弱"产业结构的分析》,2018年8月。

能够更好地发挥经济效益。因此，在海上"一带一路"桥的东南亚地区，尤其是对于菲律宾、泰国、越南、印度尼西亚等国家而言，加大基建投资力度有望起到较好的惠民生效果。除此之外，城镇化率在30%~60%的还有南亚的巴基斯坦、孟加拉国，中亚的哈萨克斯坦等国家，它们可能也存在较高的基建需求。

此外，钢铁、水泥、化工、玻璃等重化工业与基建高度相关，因此海上"一带一路"桥区域对这些行业也存在较大的需求。从产能合作的角度看，在东南亚一些国家建设重化工业产能，不仅是服务这个国家，也是服务整个东南亚的需要。此外，考虑到大多数东南亚国家仍有较好的环境承载力，且发展重化工业以服务本地工业发展的意愿较为强烈，因此中国重化工业布局在这些地方可以较好地促进这些国家的经济发展。

对于装备制造业而言，既需要在"一带一路"上寻求产能合作，也需要在"一带一路"上进行产品贸易。在产能合作方面，在自然资源过于丰富的地区发展装备制造业，可能会面临资源诅咒①问题。对于南部非洲等经济基础相对薄弱的地区而言，既缺乏发展装备制造的内在需求，也缺乏相关的产业链供应链配套支撑。此外，装备制造业的发展也离不开丰富的劳动力资源供给。考虑到这几个条件之后，对于装备制造业的产能合作而言，海上"一带一路"桥可能仍是一个重要区域，因为东南亚可能存在发展装备制造业的需要。从产品贸易的角度看，装备制造大致可以分成两类：一类是工程机械，市场需求与基建的关系较大，因此合作重点还是海上"一带一路"桥地区；另一类是光伏、风电新能源设备，这部分主要与相关资源以及用电需求分布密切相关，西亚、北非、南美洲发展光伏、风电的市场潜力较大。

在技术密集型的高端制造业领域，构建双支柱举国体制是加速我国科技创新的根本之道，但这并不意味着要封闭起来搞科创。反之，如果能够与具有一定科研实力的共建"一带一路"国家开展一些高科技领域合作，创新资源、创新成果则有可能通过种种方式实现扩散，有利于我国更好地应对各类产业链风险。目前

---

① 资源诅咒是一个经济学理论，指的是自然资源丰富的国家及地区，由于对资源产业的过度依赖，其发展其他产业以及进行人力资本投资的意愿较弱，使该国或地区除资源产业以外的其他产业发展普遍较为落后，长期经济增速也要明显低于资源相对缺乏的国家及地区。这一理论在20世纪90年代被首次提出，并在诸多国家及地区得到了验证。

看，韩国的科创实力在共建"一带一路"国家中居于领先位置，其次是意大利、俄罗斯等国家。不过，整体来看共建"一带一路"国家的科创资源禀赋并没有明显优势，对于我国创新产业发展而言，更值得重视的可能在于共建国家多样化的需求与潜在市场规模。

对于消费行业而言，以东南亚为核心的海上"一带一路"桥区域依然重要，中国与东南亚相关国家在纺织服装、家电、汽车等消费品贸易领域存在较大的合作空间。此外，南亚、东欧在纺织服装、家电等行业的合作潜力也值得重视。消费中还有一些特殊的行业，可以通过开放市场的方式加强对共建"一带一路"国家的吸引力。从这个角度看，海上"一带一路"桥依旧是中国旅游、水果等市场开放值得考虑的重点方向。

综上所述，我国不同行业与不同国家、不同区域的合作共赢重点并不一致，其中的关键是海上"一带一路"桥和陆上"一带一路"桥两大区域。陆上"一带一路"桥是进行传统化石能源贸易的核心区域，可选消费的市场潜力也值得重视，以东南亚为核心的海上"一带一路"桥，对于基建以及几乎整个制造业都有较强的合作需要。

二、政策在项目可持续性中的角色探讨

前文从产业视角出发，探讨了"一带一路"合作共赢的可能性与重点方向。这只是可持续的基础，合作共赢本身能否可持续仍是一个需要探讨的问题。因为上述分析只是从两国整体角度说明了合作能给双方带来共赢，并没有考虑到国家内部的群体构成差异。事实上，国家并不只是一个抽象的整体存在，也包含政府、民众、企业等多个不同的群体。因此，考察国家间经济合作对于国际关系的影响，不应只将国家视作一个整体来看，也应考虑到国际合作的结构含义。表10.1的博弈矩阵分析表明，在国际合作能够给两国整体均带来可观经济利益的背景下，如果国际合作的利益在国家内部分配不合理，则两国最终可能难以持续合作。或者说，能否满足"惠民生"的要求，本身就关系到"一带一路"项目是否"可持续"问题。而如何让民众能够分享到"一带一路"产业合作的收益，则需要政策干预来构建起合理的分享机制。

表10.1 国际合作收益矩阵的整体视角与结构视角分析[1]

整体视角		
A＼B	合作	竞争
合作	10, 5	5, 2
竞争	7, 3	-2, -2

结构视角（受益者，受损者）		
A＼B	合作	竞争
合作	(15, -5), (8, -3)	(8, -3), (2, 0)
竞争	(7, 0), (5, -2)	(-1, -1), (-1, -1)

受益者的选择		
A＼B	合作	竞争
合作	15, 8	8, 2
竞争	7, 5	-1, -1

受损者的选择		
A＼B	合作	竞争
合作	-5, -3	-3, 0
竞争	0, -2	-1, -1

资料来源：中金研究院。

事实上，政策干预在"一带一路"项目可持续中的意义，不只是让产业合作收益能够"惠民生"，还涉及合作共赢潜力能够在多大程度上转化为现实的合作收益问题。如前所述，虽然不同行业重点不同，但大多数行业与共建"一带一路"国家具有自发合作共赢的基础。在我们的调研过程中，有很多企业也都是自发"走出去"的，相关厂房或者工业园建设也早于国家提出"一带一路"倡议时，在"一带一路"倡议提出后被追认为国家的"一带一路"项目。既然行业层面具有自发合作共赢的基础，那么还需要国家层面的政策介入吗？

这一点需要结合《大国产业链》[2]的分析来理解：对于经贸往来等国际合作而言，技术进步等生产力因素只是提供了可能性，国际关系缓和才将这种可能变成现实。与一国内部的经济活动不同，国际经贸往来还要克服由国际关系带来的交易成本。甚至可以说，很多时候国际关系是国际经贸往来中最大的交易成本来源。这些交易成本除了显性的关税和非关税壁垒外，还有很多隐性交易成本，例如国家间的关系在很大程度上会影响民众对于他国产品、企业的偏好。因此，如果无法降低这种由国际关系决定的跨国交易成本，则两国居民、企业甚至无法进

---

[1] 谢超等：《中庸策·双支柱举国体制》，中金研究院，2022年12月。
[2] 中金公司研究部、中金研究院：《大国产业链》，中信出版社，2023年3月。

行经贸往来，自然也就无法实现合作共赢。总之，要将两国产业层面合作共赢的潜力变成可持续的现实合作，需要政策干预积极介入，以改善两国关系为核心的跨国交易成本。

以美国为例，美国在二战期间的租借法案中花费了近500亿美元，占同期美国财政收入的36%、GDP的5%左右[1]；在战后的马歇尔计划中花费了约130亿美元，约占同期美国财政收入的8%、GDP的1%~2%。[2] 从事后结果来看，美国政府在这些对外项目中很难直接获取收益。但在这些看似没有直接回报的财政支出过程中，美国的产品、文化、标准、货币扩散到全世界，美国居民、企业能够进行国际经贸交往的范围也扩展到全世界，美国经济在这个过程中实现了发展。[3] 这意味着美国政府可以通过获取税收的方式为看似亏损的政府支出项目提供资金支持，进而提高国际合作的可持续性。

在国际经贸往来中，美国比较重视金融工具的使用，通过美国进出口银行、海外私人投资公司等政策性金融机构为对外投资企业提供担保、融资等支持，以降低美国企业的跨国交易成本。然而，美国的经验可能是难以复制的。以马歇尔计划为例，美国是在很多国家均遭受二战重创的情况下，凭借对他国明显的优势推进项目执行的，而且当时是以营商环境比较好、内部交易成本相对较低的欧洲国家为重点方向。然而，共建"一带一路"国家营商环境普遍有待改善，意味着要想实现合作共赢的可持续性，中国可能面临着更大的挑战，不仅要通过政策干预克服跨国交易成本，还要通过加强政策供给降低或者弥补东道国内部额外的交易成本。

在这方面，同属于后起国家的德国、日本，在二战后推动国际经贸合作方面

---

[1] 参见 https://www.loc.gov/item/today-in-history/october-23/。

[2] 参见 https://www.loc.gov/item/today-in-history/october-23/，https://www.archives.gov/milestone-documents/marshall-plan，https://fred.stlouisfed.org/series/GDPA，https://fred.stlouisfed.org/series/FYFR，https://web.worldbank.org/archive/website01306/web/marshall_plan.html。

[3] 付美榕：《美国经济史话》，对外经济贸易大学出版社，2004年。"在1948年至1951年的整个计划期间共计130亿美元左右，约占同期美国GDP的1.1%。二战结束后，特别是1958年欧洲各国货币恢复自由兑换之后，美国的大公司开始了大规模的跨国投资活动。到1965年，美国跨国公司达3 300家，控制大约23 000个海外分支机构，和全球对外投资的60%。"

的经验也许更值得重视。与美国相比，德国、日本政府对本国企业进行国际经贸往来的支持力度要大很多。以德国为例，形成了以德国联邦经济和能源部为主管部门，以德国联邦外贸与投资署、德国工商总会、德国海外商会为重要支柱的对外投资合作支持机构体系。[1] 重视为中小企业开拓海外市场提供服务是德国相关政策的突出特点之一，其中一个重要载体是具有德国政府背景的"德国中心"，其主要设在重点新兴市场国家，汇聚了德国联邦、各州政府等公共部门的力量[2]，为中小企业开拓海外市场提供优惠的东道国办公场所，通过组织研讨会、论坛等方式为德国企业与东道国企业建立联系，并为入驻德企提供咨询、信息等服务，以帮助德国企业走向世界各地，尤其是促进中小企业向海外扩张。[3] 美国虽然也有类似的针对中小企业的信息服务平台，如美国对外投资咨询中心，但主要提供信息服务，并不在东道国为美国企业提供办公场所等实体性质的服务。

由于日本对外直接投资更多投向了发展中经济体，日本政府在支持日企走出去方面所给予的政策支持力度要比美国、德国更大一些。以政策性金融为例，日本国际协力银行是日本政府为日企提供政策支持的主要工具。与日本类似的是，美国海外私人投资公司和德国复兴信贷银行也为各自国家的企业提供对外直接投资方面的政策性金融支持。但从融资条件来看，三个国家中美国最为严格，不仅只针对小企业，而且存在不得影响美国本土就业、工人权利等限制性条件；德国的条件要比美国宽松一些，只要是小企业即可；日本的条件最为宽松，并无特殊限制条件。从政策性金融机构发放的 OFDI（对外直接投资）贷款占 OFDI 总额的比重看，德国的支持力度是美国的近 7 倍，日本的支持力度则是德国的近 20 倍（见表 10.2）。

---

[1] 参见 http://de.mofcom.gov.cn/article/ztdy/201810/20181002796345.shtml。
[2] 参见 https://www.germancentre.com/en/。
[3] Borrmann A, "Direct investment in Asia by German small and medium-sized enterprises," *Intereconomics*, 1996, 31(5): 241–247; Helmold M, Yılmaz A K, Flouris T, et al., "Lean Management, Kaizen, Kata and Keiretsu: Best-Practice Examples and Industry Insights from Japanese Concepts," *Springer Nature*, 2022.

表10.2 日本、德国、美国对本国企业OFDI进行政策性金融支持的机构及力度

国家	机构	职能	外国直接投资融资的政策条件	OFDI贷款/OFDI总额	考察时间段	2021年OFDI投向发展中经济体的比重
美国	海外私人投资公司	投资保险、直接贷款、贷款担保	仅针对小企业的直接贷款，且项目不得对美国的就业、出口、环境或当地工人的权利产生负面影响	0.08%	1971—1992年	12.9%
德国	德国复兴信贷银行	国内投资、对外援助、出口、外国直接投资和项目融资	专为小型企业提供的贷款	0.53%	1963—1999年	13.8%
日本	日本国际协力银行	出口、进口、外国直接投资、项目融资、无条件贷款、对外援助	无	10.30%	1953—1999年	19.1%

资料来源：OECD, M. Solis（2003）[①]，中金研究院。

如前所述，对于中国企业走向共建"一带一路"国家而言，需要克服的跨国交易成本既有美国、日本、德国等发达国家的企业"走出去"时也会面临的一般性国家间交易成本（例如关税等），也有因东道国营商环境普遍有待改善而需要克服的东道国内部特有的交易成本（例如契约纠纷的法律处理成本、国别政治风险等）。因此，我们可能需要给予企业比美国、日本、德国更大的政策支持力度，以帮助企业克服这些国家间的交易成本和东道国内部的交易成本。

因此，在常规的金融支持之外，走向共建"一带一路"国家的中国企业还需要其他类型的政策支持。以"走出去"民企对工商联系统的政策诉求为例，如何克服跨国交易的信息不对称是重中之重，40.6%的民企希望国家有关部门能够提供关于东道国法律法规、劳动仲裁的知识培训与服务（见图10.6）。此外，在我

[①] Solis, M. 2003. "The politics of self-restraint: FDI subsidies and Japanese mercantilism." *World Economy*, 26(2), 153–180.

政府审批手续流程长、效率低、后续事项繁杂

当地公务人员存在消极怠工、遇事推诿、故意刁难等现象

当地公务人员不按法定程序处理事务

因政府换届/政权更迭导致合作项目中止或作废

当地政府对企业加征额外税款

当地政府或公务人员滥用权力，如随意没收企业或私人财产、随意罚款

当地政府不守信用，迟迟不兑现已承诺的优惠政策

当地政府以行政手段干预企业并购、股权收购等正常商业行为

当地政府强行向企业借款，要求企业认购政府债券或其他类似行为

0 5 10 15 20 25 30 35 40 45（%）

提供当地法律法规、劳动仲裁的知识培训与服务

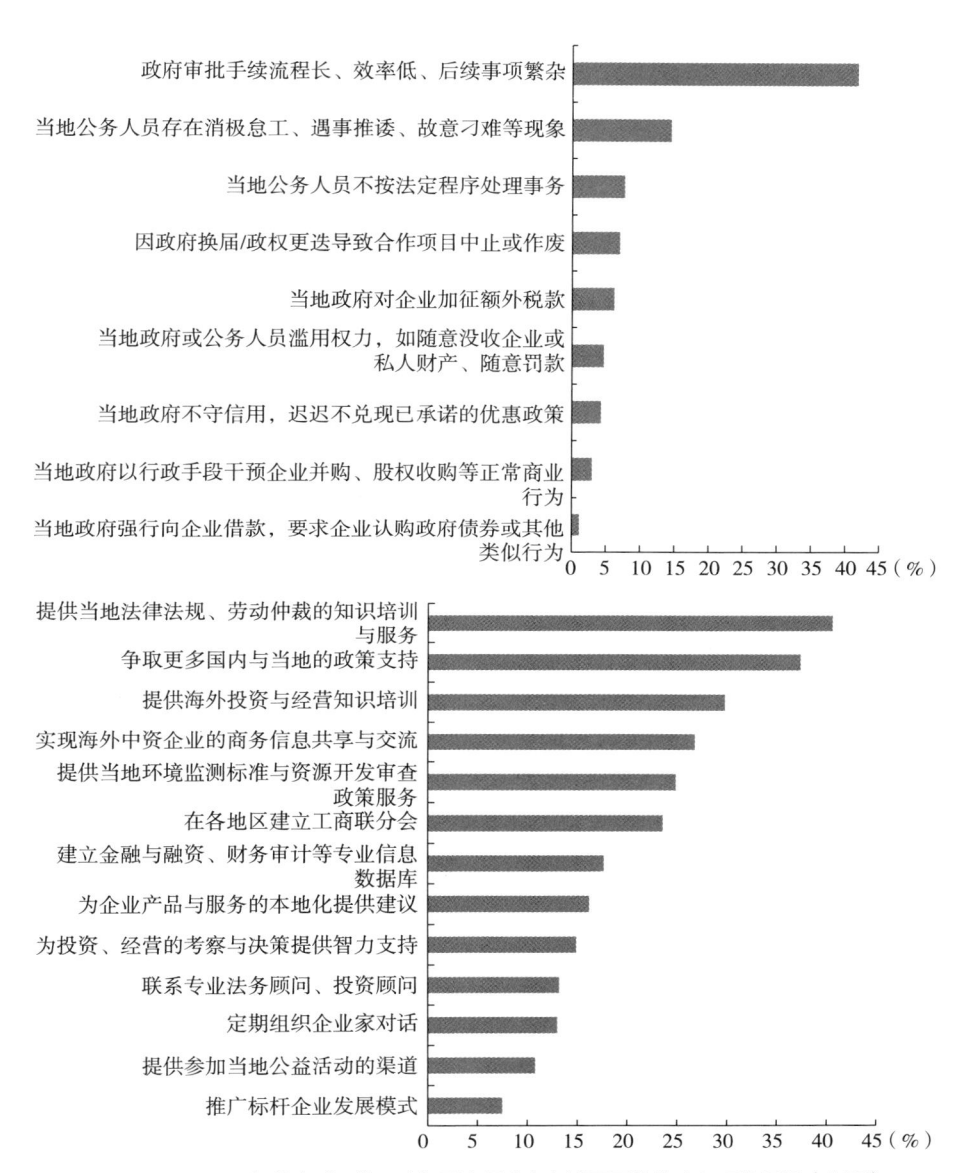

争取更多国内与当地的政策支持

提供海外投资与经营知识培训

实现海外中资企业的商务信息共享与交流

提供当地环境监测标准与资源开发审查政策服务

在各地区建立工商联分会

建立金融与融资、财务审计等专业信息数据库

为企业产品与服务的本地化提供建议

为投资、经营的考察与决策提供智力支持

联系专业法务顾问、投资顾问

定期组织企业家对话

提供参加当地公益活动的渠道

推广标杆企业发展模式

0 5 10 15 20 25 30 35 40 45（%）

图10.6 2019年共建"一带一路"国家民企在东道国面临的政务环境问题（上图）以及对工商联系统的主要政策诉求（下图）

资料来源：《"一带一路"沿线中国民营企业现状调查研究报告》[①]，中国一带一路网。

---

① 参见 https://www.yidaiyilu.gov.cn/xwzx/gnxw/110501.htm。

们于2023年3月对越南进行调研时，企业还普遍反映了两个方面的政策诉求：一方面，很多企业反映它们自发形成的商会，在帮助企业应对新冠疫情挑战方面发挥了举足轻重的积极作用，期待政策能够给予企业自发形成的商会更大的支持，以增强在外中国企业应对自然风险等挑战的能力；另一方面，母国政府背景的工业园在企业应对国别政治风险时发挥了较好的作用，企业期待能够在共建"一带一路"国家兴建更多具有母国政府背景的工业园，以增强在外企业应对国别政治风险的能力。

三、思考与启示

综上所述，实现"一带一路"项目的可持续发展，既需要产业层面"优势互补、互通有无"，以确保具有合作共赢的潜力，也要通过合理的政策设计来确保国家内部各群体能够分享国际合作收益。也就是说，"惠民生"的要求本身就是实现"一带一路"项目可持续的重要保障。此外，政策干预在"一带一路"项目可持续中所扮演的重要角色还体现在克服跨国交易成本上。具体的思考与启示如下。

首先，行业层面的合作共赢潜力是可持续性的基础。从产能合作、大宗贸易、制成品贸易、开放市场四个方面来看，不同行业的合作重点不尽相同。第一，初级产品方面。油气等传统化石能源主要集中在从东欧、中亚、西亚到北非的半环形地带。工业金属中，俄罗斯、南亚、南美洲的铁矿石储量较大，南美洲、俄罗斯、中非富集了铜矿，铝土矿的重点分布地区是东南亚、西非和拉美地区；新能源金属中的镍、钴、锂比较分散，镍集中在东南亚，钴集中在中非，锂则集中在南美洲。第二，对于基建及其相关的钢铁、化工等重化工业而言，人口众多、城镇化率在30%~60%且环境承载力较好的区域，例如东南亚以及南亚的巴基斯坦、孟加拉国，中亚的哈萨克斯坦等国家，发展上述产业的意愿较为强烈。第三，对于装备制造业而言，既需要在"一带一路"上寻求产能合作，也需要进行制成品贸易。综合考虑资源诅咒、产业链供应链支撑与劳动禀赋后，东南亚在工程机械方面的合作潜力较大，西亚、北非、南美洲对于光伏和风电等新能源设备的发展需求较大。第四，在技术密集型的高端制造业领域，共建"一带一路"国家中可以选择的空间有限，意大利具有一定的研发人员与专利优势，且与诸大国关系均相对较好，此外共建"一带一路"国家多样化的市场可能有利于增强我国创新的多样性。第五，对于消费行业而言，东南亚对于纺织服装、家电、汽车等行业具有较大的产品贸易与产能合作空间，其次是南亚、东欧。将中国旅游、消费市场更多向东南亚开放，有助于加强中国对东南亚国家的吸引力。

其次，从区域上看，实现行业层面的合作共赢需要重点关注海上"一带一路"桥和陆上"一带一路"桥两个区域。一方面，所谓海上"一带一路"桥，即由东南亚诸国构成的、散布在海上的半环形地带。这个区域与中国山水相连，是中国在海上连通共建"一带一路"国家的关键地带。《大国产业链》提出以加强区域合作应对去中心化风险的思路，并提出了重点方向是东南亚。当时的主要理由是"对于正值人口红利期的东盟而言，与其坐忧他国资本与东盟劳动力结合成为中国制造业的竞争对手，不如主动……推动中国-东盟产业链合作……有利于增进中国的利益"。从本章基于行业视角的分析来看，除了传统能源和高技术制造业之外，海上"一带一路"桥几乎是全部制造业、新能源金属、旅游等服务业对外合作值得重点考虑的区域。另一方面，所谓陆上"一带一路"桥，是指由东欧、中亚、西亚、北非构成的半环形地带。虽然这个区域中的大部分国家不与中国直接接壤，但富集了短期内无可取代的传统能源，也是在陆上连接欧洲和非洲的关键通道。在当前大国竞争的格局下，欧洲和非洲作为政治和经济上的中间地带，对于平衡大国竞争有着重要意义。尤其是在大国竞争可能影响海上传统通道安全的情况下，既要重视陆上"一带一路"桥在传统能源领域的经济意义，也要重视大国竞争视角下的战略意义。

最后，虽然从产业层面看，中国与共建"一带一路"国家能够实现合作共赢，但这种合作共赢是否可持续，则在很大程度上取决政策干预的方式和力度。政策干预对于"一带一路"项目可持续性的意义至少可以从如下两个方面理解。

一方面，构建相对合理的国际合作收益内部分享机制。博弈矩阵分析表明，在国际合作能够给两国整体均带来可观经济利益的背景下，如果国际合作的利益在两国内部分配不合理，则两国最终难以持续合作。或者说，能否满足"惠民生"的要求本身就关系到"一带一路"项目是否可持续。而如何让民众能够分享到"一带一路"产业合作的收益，则需要政策干预来构建起合理的分享机制。

另一方面，产业层面的合作共赢潜力能够在多大程度上转化为现实的合作收益，在很大程度上取决于跨国交易成本的大小。第一，对于国际经贸往来而言，最大的交易成本来自国际关系。它不仅决定了关税和非关税壁垒、市场准入限制等显性交易成本，也会影响本地居民、企业偏好等隐性交易成本。因此，如何经营与东道国的外交关系，是降低跨国交易成本的重要课题。第二，对于海上"一带一路"桥和陆上"一带一路"桥两个行业层面合作的核心区域而言，与这两个区域进行经贸合作的交易成本不只来源于东道国，也来源于对这两个区域具有深厚影响力的其他国家，需要有更为综合的方式来降低面向这两个区域的跨国交易成本。第三，加大对小企业的支持力度，创造有利于各类型企业公平参与国际竞争的政策环境。由于小企业抵御风险的能力较差，美国、日本、德国等国均给予参与国际经贸合作的小企业以专项支持，包括信息咨询、政策性金融等。第四，中国企业走向共建"一带一路"国家，既存在着美国、日本、德国等发达国家的企业"走出去"时面临的类似的国家间交易成本，也面临东道国营商环境普遍有待提升而造成的东道国内部交易成本较高问题，因此需要给予走向"一带一路"的中国企业更大力度的政策支持。除了借鉴发达国家的经验给予更多政策性金融支持外，还可以从以下层面进行探索：给予在外中企自发形成的商会更多支持，以增强企业应对自然风险等挑战的能力；提供诸如对东道国法律法规、劳动仲裁的知识培训与服务，以减小信息不对称带来的不利影响。

第十一章

基建"一带一路":共谋发展之道

中国在"一带一路"倡议的基建领域发展如何？（1）工程承包已经具备规模：自2013年"一带一路"倡议提出至2021年，中国"一带一路"对外承包工程新签合同金额由723亿美元增长至1 340亿美元，其间"一带一路"对外承包工程合同金额累计为1.1万亿美元，占中国总体对外承包工程合同金额的约51%。（2）中国工程承包商已经具备国际竞争力：根据《工程新闻记录》杂志，排名前250的国际承包商总营业额中，中国上榜企业占比从2012年的13%上升至2021年的28%，2021年《工程新闻记录》杂志中国上榜企业营业额在亚洲、非洲、中东的市占率分别为59%、55%、40%。

推进"一带一路"高质量发展需要以可持续性为前提，基建的可持续性不仅包含经济效益，也承载了政策沟通、惠及民生等意义。基建项目主要分为承包工程类、投资类和运营类，承包工程业务有一定的盈利性，但项目投资和运营的经济效益有所分化，如部分电网投资收益率高于国内，而部分风险较大项目未达到投资收益预期，交通基础设施项目普遍资金回报周期长，但对于区域互联互通、惠及民生、政策沟通都有重要的意义（例如雅万高铁等）。

"一带一路"基建可持续发展还面临什么问题？在实施落地层面如果没有进行全面的统筹规划，"一带一路"项目可能产生政策意图和企业行动脱节的情况；企业之间的竞合、产业与基础设施的配套等协同如果可以进一步提升，执行项目的合力将发挥得更加充分，从而能够更好地实现惠民生、增效益、包容性的高质量发展。

本文有什么思考？（1）聚焦重点国别、行业，集中资源做好高质量项目，着重开发可持续、惠民生的项目。（2）构建政府统筹引导、企业协同合作的发展机制。政府主要承担与东道国基础设施协作的顶层设计、形象塑造、信息服务和立法等职责，另外做好政企之间、企业之间、产能合作与基建之间的协调。（3）完善现有保险机构能力，拓宽多元化融资渠道：如加强中国出口信用保险公司对海外投资的保险功能，推动政府与社会资本合作、混合融资等融资创新模式等。[1]

---

[1] 本章作者：杨鑫、陈彦、郑宽、张文杰、孔舒、刘佳妮、王炜越、顾袁璠。

一、"一带一路"基建成绩斐然

本章会先分析基建在"一带一路"发展中的定位，再描绘中国在"一带一路"的基建发展如何。基建作为"五通"（政策沟通、设施联通、贸易畅通、资金融通、民心相通）[1]的基础，有其重要性和必要性。

（一）"一带一路"发展的基建定位

基础设施是指为社会生产和居民生活提供公共服务的物质基础，是用于保障国家和地区社会经济活动正常进行的公共服务系统。根据世界银行的定义，基础设施包括公用事业（电力、电信、供水、卫生和污水处理、固体垃圾收集和处理、管道煤气）、公共工程（公路、用于灌溉的大坝和运河）、其他运输部门（铁路、城市交通、港口、水运和机场）、教育和卫生保健等。[2] 根据 AEI 的数据，2013—2020 年中国在共建"一带一路"国家中涉及基建的投资，60%~80% 集中于交通、能源电力及相关的工程建设，因此本章讨论的基建覆盖行业主要指上述领域。

---

[1] 参见 http://sg.mofcom.gov.cn/article/ydyl/zcln/202104/20210403051266.shtml。
[2] World Bank. "World Development Report: Infrastructure for Development." Jun 1994.

从本质上看，基础设施作为具有正外部性的社会公共品，可以通过提高生产效率和降低服务成本来促进经济发展，还可以通过改善生活环境和增加真实收入来改善民生，投资具有显著的"乘数效应"。根据全球基础设施中心的相关研究，基础设施投资可以带来平均约1.5倍的经济增长。[①]自2013年中国提出"一带一路"倡议以来，基础设施联通作为"五通"的物理基础，一直是优先发展的方向，也是推动"产业出海"可持续发展的重要抓手。理解基建在"一带一路"倡议中的重要性与必要性，可以从共建"一带一路"国家需求、中国自身优势以及企业当前的发展动力分析。

首先，共建"一带一路"国家普遍基础设施建设滞后，且本地投资能力有限，因此对外来基建需求较迫切。全球基础设施中心的数据显示[②]，亚洲未来基础设施投资需求总量最高（见图11.1），预计年度投资额将从2022年约1.6万亿美元增长到2030年近2.1万亿美元；非洲虽然基础设施投资需求总量较小，但限于本地供给能力不足，资金需求缺口较大，预计2030年资金缺口占GDP的比重为1.44%，远高于世界其他地区。具体到国家，除新加坡等少数国家外，多数共建"一带一路"国家基础设施投资缺口较大，对外需求普遍存在，尤其是缅甸、俄罗斯、埃及、南非等，预计2030年基建投资缺口占GDP的比重在1.53%~3.01%（见图11.2），远高于0.55%的全球平均水平，是中国基础设施对外投资的重点关注对象。

其次，中国作为基建大国，积累了丰富的建设管理和运营经验。通过国内外海量的基础设施建设与运营项目，中国从规划设计、建筑施工到运营管理已形成全产业链优势，无论是电力装机量，还是高速公路里程、高铁运营里程均居世界前列；中国具备丰富且稳定的原料供应体系，根据中国水泥网和世界钢铁协会的数据，中国水泥、粗钢产能均居全球第一，2021年产量分别占全球产量的55%、53%；中国同时拥有众多具备国际竞争力的优质企业，根据《财富》杂志公布的2022年世界500强企业名单[③]，工程与建筑行业共上榜16家企业，其中中国企业

---

① 参见 https://www.gihub.org/infrastructure-monitor/insights/fiscal-multiplier-effect-of-infrastructure-investment/。

② 参见 https://outlook.gihub.org/。

③ 参见 https://www.fortunechina.com/fortune500/c/2022-08/03/content_415683.htm。

12家，且包揽前6名；据《工程新闻记录》杂志统计，中国企业在非洲、亚洲、中东的工程承包收入均排名第一，在非洲地区占比超过60%。[①]

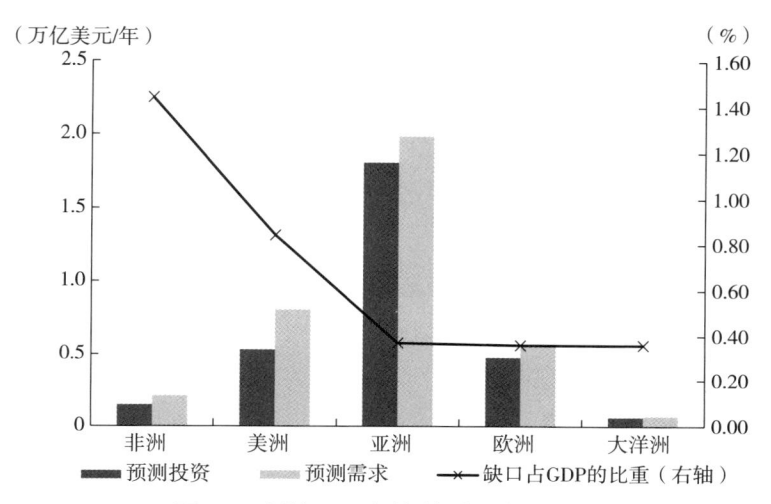

图 11.1　各洲 2030 年基建投资需求及缺口

资料来源：全球基础设施中心，中金研究院。

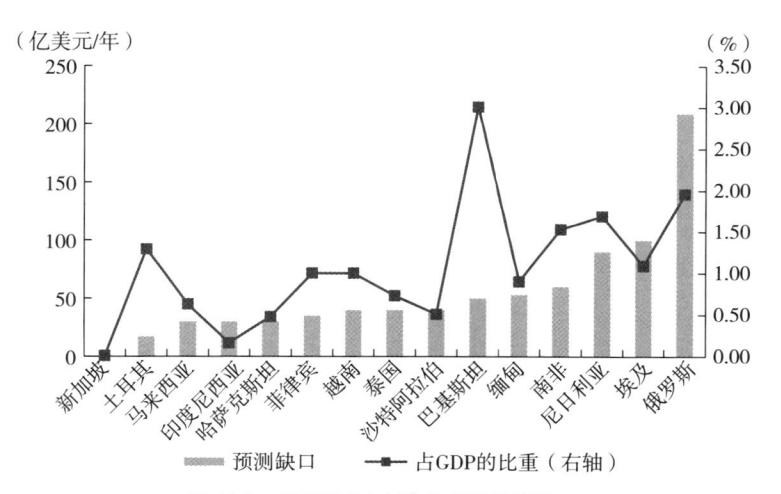

图 11.2　部分国家 2030 年基建投资缺口

资料来源：全球基础设施中心，中金研究院。

---

① 参见 https://www.enr.com/toplists/2021-Top-250-Global-Contractors-Preview。

第十一章　基建"一带一路"：共谋发展之道

最后，从企业自身的发展动力看，国内基建领域竞争日趋激烈，企业扩展海外业务意愿不断增强。根据国家统计局的数据，近年来中国建筑业企业总收入增速放缓，从2010年前20%以上的高增速降至当前不足10%。与此同时，建筑业企业数量快速增长，国内建筑业企业竞争压力增大、毛利率有所下滑。随着"一带一路"倡议的提出，各大基建类企业纷纷加大海外业务的布局力度，如中国建筑集团2013年开始实施"大海外"战略，中国铁建组建了"3+5+N"的出海团队，中国电建也提出紧跟国家倡议，坚定不移走国际化经营道路。

（二）中国在"一带一路"的基建发展

1. 过去10年中国"一带一路"工程规模持续扩张，当前亚非为主要区域

过去10年中国在共建"一带一路"国家中的工程规模持续扩张。2021年中国"一带一路"承包工程新签合同额为1 340亿美元，占全国对外承包工程新签合同总额的52%，2021年对共建"一带一路"国家直接投资额为242亿美元，占全国对外投资流量总额的14%，2012—2021年CAGR分别为8.7%和6.8%（见图11.3），均实现较快增长。

投资结构方面，亚非为主要区域，交通、建筑、电力为主要领域。2021年，中国对外承包工程项目（包含未参与"一带一路"倡议的国家，是总体的情况）分布于亚洲和非洲区域的新签合同额分别占总体的47%和30%。2021年，中国对外承包工程项目（包含未参与"一带一路"国家，是总体的情况）中交通运输建设、一般建筑、电力工程建设新签合同额分别占总体的25%、20%、19%，合计占比64%。

2. 中国"一带一路"工程经历三个发展阶段，当前更注重高质量发展

中国"一带一路"对外项目发展主要分为三个阶段，分别是初步发展的第一阶段（发展前期，首次提出"走出去"）、稳步增长的第二阶段（提出"一带一路"合作倡议）、高质量发展的第三阶段（"一带一路"项目质量要求提升）。

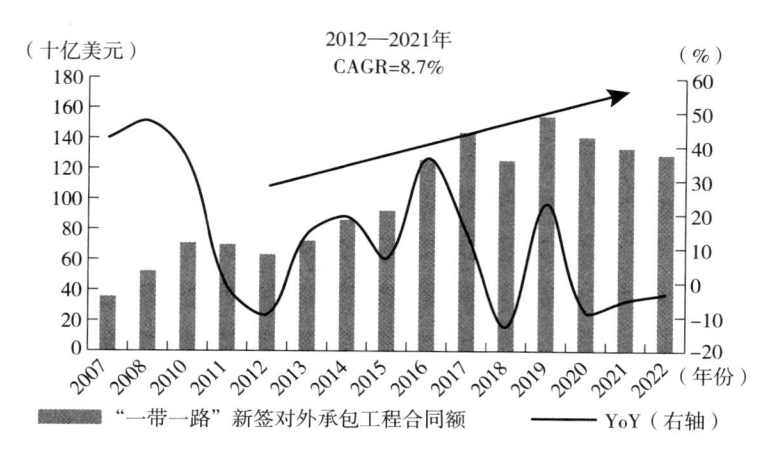

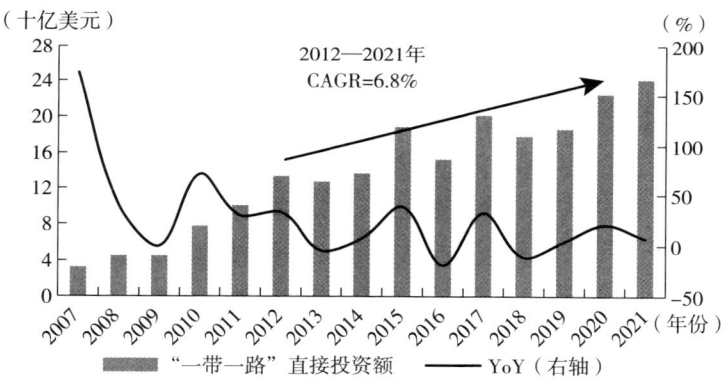

图 11.3　2012—2021 年"一带一路"新签对外承包工程合同
金额 CAGR 为 8.7%、直接投资额 CAGR 为 6.8%

注：YoY 指同比增长率。
资料来源：Wind，中国商务部，《中国对外直接投资统计公报》，中金公司研究部。

第一阶段：首次明确"走出去"至提出"一带一路"倡议。2000 年 3 月，第九届全国人大三次会议期间，正式提出"走出去"；2000 年 10 月，党的十五届五中全会上，"走出去"最终得以明确；此后至 2013 年提出"一带一路"倡议属于发展前期，根据中国商务部和《中国对外直接投资统计公报》，2005—2013 年中国"一带一路"对外承包工程新签合同额由 146 亿美元上升至 723 亿美元，实现 CAGR 达 22.1%。

第二阶段："一带一路"倡议正式提出，驱动规模稳步增长。2013 年 9 月和10月，中国国家主席习近平分别提出建设"丝绸之路经济带"和"21世纪海上丝绸之路"的合作倡议。① 其间，两优（援外优惠贷款、优惠出口买方信贷）贷款项目为企业开展对外承包工程项目起到良好的资金支撑作用，新签项目合同额进入快速增长阶段，根据中国商务部和《中国对外直接投资统计公报》，2013—2021年中国"一带一路"对外承包工程新签合同额由723亿美元增长至1 340亿美元，实现CAGR达8.0%。

第三阶段：注重高质量发展，规模有所下滑。2021年11月19日，中国国家主席习近平出席第三次"一带一路"建设座谈会并发表重要讲话②，指出"完整、准确、全面贯彻新发展理念，以高标准、可持续、惠民生为目标……推动共建'一带一路'高质量发展不断取得新成效"。其间，中国"一带一路"对外承包工程更加注重项目的高标准、可持续、惠民生等情况，由量的发展阶段进入质的发展阶段。

3. 《工程新闻记录》全球最大250家国际承包商中，中国企业份额持续上升

中国建筑企业海外承包工程完成营业额份额10年来持续上行（见图11.4）。2021年，中国内地企业有79家入选美国《工程新闻记录》评选的"全球最大250家国际承包商"，超过美国（41家）、土耳其（40家）、意大利（12家）、日本和韩国（均为11家）。中国上榜企业国际完成营业额达到1 130亿美元、占比28%，较2012年的672亿美元、占比13%持续提升。建筑央企如中国交建、中国建筑、中国中铁等在国际市场上承包多个重点项目，如中国交建独立完成肯尼亚蒙巴萨—内罗毕铁路项目设计施工、中国建筑承建埃及新行政首都中央商务区项目、中国中铁建设中老铁路项目等。2021年《工程新闻记录》250强国际承包商中国上榜企业前10名海外完成营业额情况见表11.1。

全球国际承包商区域分布：中国企业在亚洲、非洲和中东市场占优，欧美市场则仍以欧洲企业占优。2021年，250家上榜企业的国际完成营业额中，欧洲、亚洲、美洲、中东、非洲、大洋洲占比分别为28%、19%、13%、12%、12%、6%。

---

① 参见http://www.scio.gov.cn/ztk/wh/slxy/gcyl1/Document/1468602/1468602.htm。

② 参见https://www.gov.cn/xinwen/2021-11/19/content_5652067.htm。

《工程新闻记录》250 强中国上榜企业国际完成营业额在亚洲、非洲、中东市场的份额较高，分别达到 59%、55%、40%，而在欧洲、美洲市场份额较低，根据《工程新闻记录》和中国对外承包工程商会的统计，2021 年 250 强国际承包商中，欧洲承包商在欧洲、美洲市场完成的营业额份额分别为 74%、75%。

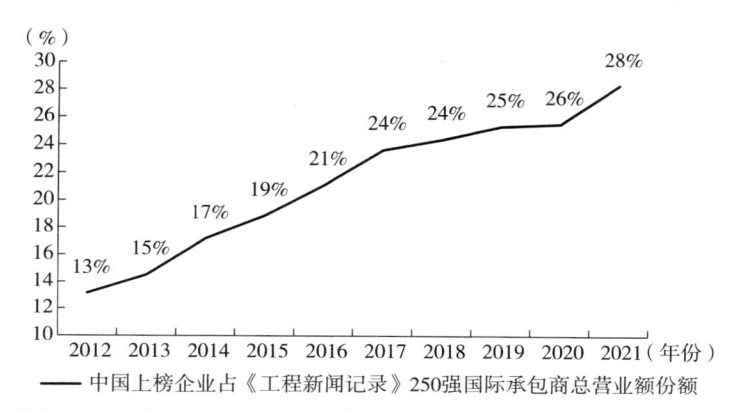

图 11.4　2012—2021 年中国建筑企业在国际承包商中的市场份额持续提升

资料来源：中国对外承包工程商会，中金公司研究部。

表 11.1　2021 年《工程新闻记录》250 强国际承包商中国上榜企业前 10 名海外完成营业额情况

公司	《工程新闻记录》国际承包商排名	海外营业额（百万美元）	占《工程新闻记录》250 强国际承包商比例（%）
中国交通建设集团有限公司	3	21 905	5.5
中国电力建设集团有限公司	6	13 703	3.4
中国建筑股份有限公司	7	12 316	3.1
中国铁建股份有限公司	10	9 012	2.3
中国中铁股份有限公司	11	7 421	1.9
中国能源建设股份有限公司	17	5 365	1.3
中国化学工程集团有限公司	20	4 861	1.2
中国机械工业集团有限公司	28	3 432	0.9
中国石油集团工程股份有限公司	30	3 313	0.8
上海电气集团股份有限公司	40	2 367	0.6

资料来源：Wind，《工程新闻记录》，公司公告，中金公司研究部。

亚洲企业出海对比：相较于日本，中国建筑企业在海外的工程起步晚，但规模增长更快。日本早在20世纪70年代便以政府开发援助等方式参与发展中国家的基础设施建设，2013年正式将基础设施输出升级为国家战略；2015年宣布"高质量基础设施合作伙伴关系：面向亚洲未来的投资"计划；2016年发布基础设施系统海外输出行动计划，将基建出口领域由亚洲扩张至世界；2018年首次明确中日应在第三方国家就基建领域进行合作，最终实现其自身基础设施海外输出战略与"一带一路"的对接。[①] 相较中国 2000 年提出"走出去"战略，日本进行海外开拓的起始时间较早，但中国企业在后续发展中凭借自身项目经验、技术优势、资金支持等，海外项目规模快速增长。

4."一带一路"基建促进当地经济发展、拉动国际贸易、带动上下游产业链

如前文所述，基础设施是具有正外部性的社会公共品，中国参与的"一带一路"基建项目促进了当地的经济发展，提振就业并改善民生，推动国际贸易并带动了基建产业链上下游的发展。

促进当地的经济发展、提振就业。"一带一路"倡议发展10年，形成了3 000多个合作项目，为共建"一带一路"国家创造了42万个工作岗位，让将近4 000万人摆脱贫困，例如蒙内铁路拉动了当地经济增长超过2个百分点。[②]

推动国际贸易。基础设施的配套使产能合作不再受制于地理空间，自2013年"一带一路"倡议提出以来，中国与世界600多个港口建立了航线联系，中欧班列开行数量从2013年的80列增长至2021年的1.6万列，中国与共建"一带一路"国家2014—2020年新增国际航线超过1 200条[③]，根据中国商务部的数据，中国与共建"一带一路"国家的年货物贸易额从 2013 年的 1.04 万亿美元增加到 2022 年的 2.07 万亿美元，年均增长 8%。

带动基建产业链上下游出海。第一，"一带一路"基建对工程机械的带动较为显著，根据《中国工程机械工业年鉴》，"一带一路"倡议提出后，挖掘机的出口数量从2013年的约1.3万台上升至2021年的16.6万台，复合增速为33%，占当

[①] 参见 https://www.thepaper.cn/newsDetail_forward_2080798。
[②] 参见 https://baijiahao.baidu.com/s?id=1759722310687095287&wfr=spider&for=pc。
[③] 国务院发展研究中心"一带一路"课题组：《构建"一带一路"产能合作网络》，中国发展出版社，2021年。

年国内销量的比例也从 11.8% 提升至 63.6%。根据 Arizton（咨询与情报公司）的统计，中国在共建"一带一路"国家中工程机械市占率约为 30%。第二，"一带一路"基建对钢铁水泥产业链有一定的带动作用，2013—2022 年中国粗钢出口数量经历了先上升后下降的过程（2022 年比 2013 年高 8%），2013—2022 年粗钢出口约占中国产量的 8.8%，根据中联钢的统计，截至 2021 年中国与共建"一带一路"国家钢铁国际产能合作的钢铁投资项目产能共计约 3 500 万吨，占中国总产能的 3.5%；而 2013—2022 年水泥的出口量仅占中国水泥产量的 0.3%，根据中金基础材料与工程组的统计，中国在共建"一带一路"国家的水泥产能合计占中国总产能的 2%。

二、"一带一路"基建可持续性包含更宽泛的经济效益

"一带一路"的基建项目大体可以分成三类：一是承包工程类项目（作为工程承建方完成建筑施工，并不参与投资和后续运营）；二是投资类项目（作为出资方投资并拥有运营权）；三是运营类项目（以中欧班列为典型代表的运营协调和输出项目）。

本章会分析典型项目的经济性。为什么要分析经济性？因为经济效益是"一带一路"基建可持续发展的前提。实际上本章通过分析发现"一带一路"基建项目是以市场行为为主的，企业参与项目考虑了其经济性。但某些基建项目经济性不强是否就被定义为不成功？虽然可能在项目层面没有体现经济性，但通过 FDI、贸易、人民币国际化等方式来内化项目的效益也是宽泛经济性的体现，另外，项目的示范效应也不能被忽视。

（一）承包工程类项目：中国企业具备优势，项目具有一定经济性

1.建筑央企毛利率：海外总体低于国内，但并不代表项目整体盈利性

我们统计了综合性建筑央企和专业从事国际工程的建筑央企的海外毛利率，并与国内业务毛利率进行了比较。根据各公司公告，2021 年中国建筑、中国中铁、中国铁建、中国交建、中国电建境外业务毛利率均在 8%~11% 之间，中工国际、中材国际（海外水泥工程）、中钢国际（海外冶金工程）的毛利率在

6%~17%之间。历史上有所波动，但总体略低于国内业务毛利率水平。由于不同企业的竞争壁垒、项目把控能力有差异，其海外项目毛利率存在差异。另外，工程承包企业层面的盈利能力不代表项目整体层面的盈利能力。

2. 竞争优势对比：中国企业在大型项目经验、项目成本等方面具有优势，而在高端技术、模式转型、工程标准、ESG等方面仍面临一定阻碍

中国企业在大型基建项目经验、成本管控、投融资体系支持等方面具有一定优势。

第一，大型基建项目建设经验丰富。经过国内多年城镇化发展，中国企业在国内基建项目方面积累了丰富的经验，培养了大量优秀人才，形成了较好的市场基础，企业在交通工程（高铁、跨海大桥、隧道、港口、机场等）、电力工程（太阳能、风电等新能源，以及储能等优势业务）、房屋建筑（超高层建筑）、通信工程、工业生产制造等领域具有较强的技术和竞争优势，中国装备、中国技术、中国建设越来越受到业主和合作方的认可。中国幅员辽阔，中国工程企业在各种复杂环境之下创造了基础设施建设的世界之最，如全球海拔最高、线路最长的高原铁路青藏铁路，全球运营里程最长的高速铁路京广高铁，中国企业在大型项目建设、项目管控能力方面都有较强的国际竞争力。

第二，项目成本优势。中国企业在某些领域具有价格优势，如在电力业务方面，中国企业拥有较成熟的技术和较低的价格，同时电力成套设备的接受度也较高，支撑中国企业未来在国际市场上的新能源类项目（如光伏项目）的发展。

第三，国内投融资体系支持。资金支持和结算均为开展和进行海外项目的重要部分。除了"两优"贷款项目的资金支持，近年中国多元化投融资体系不断健全，支撑海外项目的开展和结算更加便捷。根据中国一带一路网，截至2022年7月底，中国累计与20多个共建"一带一路"国家建立了双边本币互换安排，在10多个共建"一带一路"国家建立了人民币清算安排[①]；成立多边开发融资合作中心基金，全球共有10家金融机构参与；人民币跨境支付系统业务量、影响力也在稳步提升。

中国企业在项目模式、工程标准、ESG要求、属地化项目经验等方面仍存

---

① 参见https://www.yidaiyilu.gov.cn/xwzx/gnxw/269621.htm。

在相对劣势。

在项目模式方面，全过程管理经验、融资经验不足。在参与海外工程的过程中，中国企业过去多采用自身熟悉的 EPC 模式，而对于项目全产业链服务，由前端规划设计到项目建设，再到后期运营维护等全过程项目管理经验不足。在项目融资方面，企业缺乏参与全球投融资活动的经验，仍在形成相对成熟的常态合作机制和合作关系的过程中，达到部分项目较高标准的风险管控、实施质量、投资周期等要求或尚需发力。[1]

中国与海外工程的标准差异形成了发展阻碍，中国工程建设的技术标准不完全与国际市场一致，或在项目竞争远程中形成一定阻力。例如交通运输工程建设领域，该领域对技术标准的依赖性尤为明显，而中国交通运输工程建设的技术标准尚未被全球市场熟悉，目前在非洲、南亚和东南亚的一些工程项目中得到应用，但欧美的公路、铁路、桥梁等技术标准在国际市场仍占据主导地位；技术标准的不同会使在项目开展和进行中面临较多困难，降低项目完成效率，因此中国建筑企业或会在项目竞争中遇到一定阻力。

海外业主对项目 ESG 议题重视程度提高，业主所在国越来越多地提出了带动当地企业发展、提高当地社会获得感、带动当地人员就业等要求，对于公益活动、企业社会责任、与当地社会共同发展、项目环保等议题的关注持续提升，因此要求项目参与方增加透明度，对中国企业参与国际项目招投标提出了更高的要求。

属地化开展项目经验不足，其他国际企业在开展海外工程项目时，所带的本国团队人员较少，多为项目主要管理人员，且在项目中周转较快，而施工人员属地化比例较高，多为在当地招募的人员。相对来说，中国建筑企业开展海外承包项目时，更习惯将国内项目团队一起带到国外，从管理人员到施工人员均有涉及，进而导致人员负担相对更大、项目中人员流转稍慢。当前中国企业在开展海外项目时正在逐步提升人员属地化比例，我们认为未来或有望进一步解放人力需求、加快项目周转、提高项目效率。

---

[1] 毕马威、国家发展和改革委员会市场与价格研究所、中国对外承包工程商会：《共绘"一带一路"工笔画——吸引国际私有资本参与沿线国家基础设施建设》。中国商务部、中国对外承包工程商会：《中国对外承包工程发展报告 2019—2020》。

（二）投资性项目：不同项目回报分化，但承载了政策沟通、惠民生等意义

1.电力项目：地域分散，投资类别从传统向新能源转移，回报水平分化

共建"一带一路"国家电力投资具备一定经济性。共建"一带一路"国家普遍工业基础薄弱，大部分人均装机和用电量低于世界平均水平，电力缺口大，与中国电力企业合作潜力较大。中国电力企业出海获得了一定收益，但是由于国家政治经济风险不同，回报分化。以国家电网为代表的电网企业海外项目布局早，整体投资回报较好。据国资委报道，国家电网2009—2016年境外投资项目无一亏损，全部实现盈利，其中包含菲律宾等共建"一带一路"国家，投资其国家输电网的收益率为16%~18%，是国内的3~5倍。[①] 具体来看，华能水电在东南亚的水电投资项目毛利率高于云南，华能国际、中国神华火电盈利持续增长，龙源电力在南非的风电投资也有较高收益，但也有风险较大的项目未达到投资收益预期的情况。

共建"一带一路"国家电力基建投资情况：共建"一带一路"国家电力投资在2015—2018年达到高峰，截至2023年1月底，据中金风光公用环保组不完全统计，重点电力央企集团（五大电力集团[②]、三峡、国家开发投资、中核、中广核）合计投资113个共建"一带一路"国家项目，总装机量超74.3GW（见图11.5）。中国对外电力投资进程可划分为2012年前与2012年后两个阶段。

分电源来看，投资电源类型由水电、火电向风电、光伏拓展，火电投资已达峰。一是火电：早期火电投资集中在化石能源丰富的东南亚国家。然而，出于全球能源转型和经济性考虑，中国不再新建境外煤电项目。二是水电：为海外投资装机量第二的电源类型，主要由于东南亚地区水资源丰富，是众多河流的中下游流域。三是新能源：头部运营商现有风光装机量主要在风资源丰富、光照充足且能源转型进展较快的国家。未来随能源转型政策推进、地缘政治关系缓和，风光资源禀赋好的国家或将出现较多电企和设备商投资机会。

---

① 参见 http://www.sasac.gov.cn/n2588025/n2588124/c3833296/content.html。
② 五大电力集团是中国华能、中国大唐、中国华电、中国国电、中国电力投资。

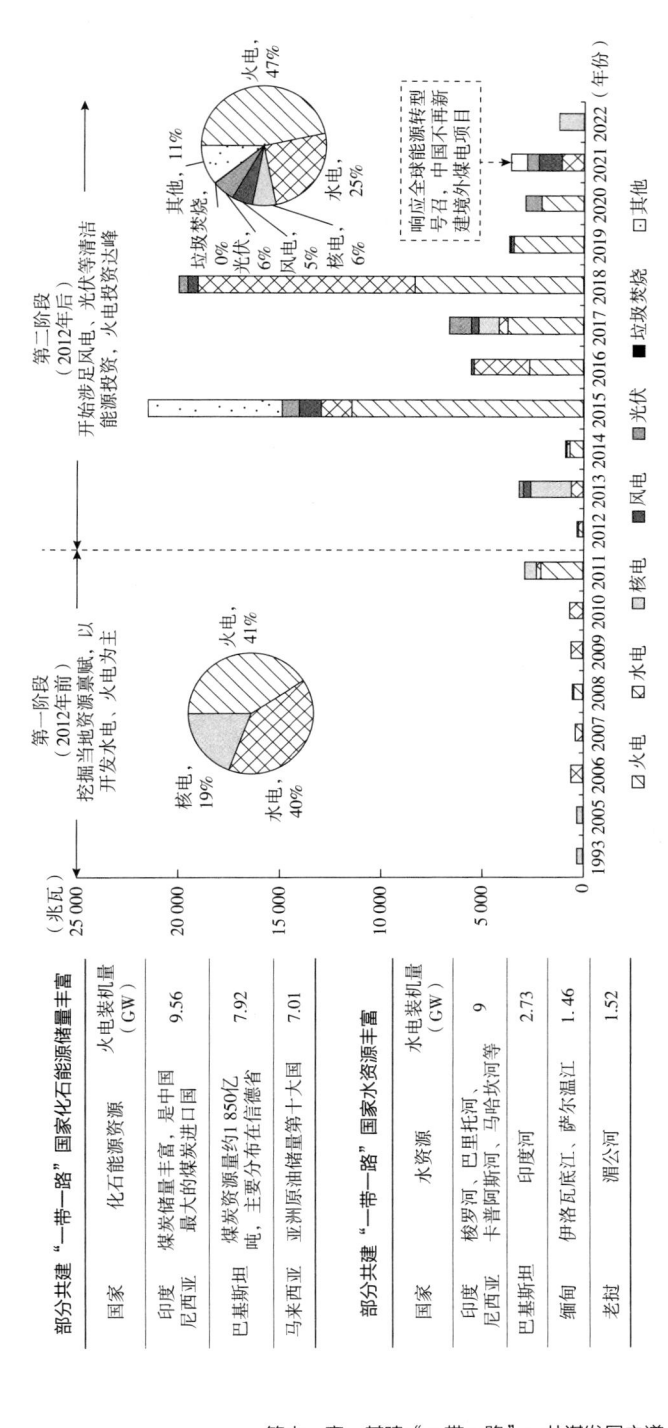

图 11.5 重点电力央企集团在共建"一带一路"国家的投资项目分布电源装机量

注：由于各公司 2022 年社会责任报告尚未发布，2022 年度为部分项目数据统计。

资料来源：五大电力集团及三峡、国开、中核、中广核社会责任报告，各公司官网，中国煤炭市场网，巴基斯坦地质调查局，中国有色网，BP《世界能源统计年鉴》（1993—2022），中金公司研究部。

第十一章 基建"一带一路"：共谋发展之道

分地区来看，投资地区由南亚、东南亚等周边国家向非洲、南欧、南美洲等地区拓展。早期重点电力央企集团总投资装机量集中在东南亚国家，在东南亚国家电力项目建设中具有较强竞争力，以开发当地资源禀赋为主。2012年后，投资地区范围逐步扩大，开始涉足光伏、风电投资，并向距离较远的非洲、南欧、南美洲等地区拓展。其中，风光装机量集中在巴基斯坦、欧洲和卡塔尔。

在投资方式方面，亚洲、南美洲风光项目以自建/EPC为主，欧洲多为收购。在共建"一带一路"国家电力项目建设过程中，中国重点电力央企对巴基斯坦、阿根廷、菲律宾投资贡献较大。中国在欧洲的风电投资以收购为主，在亚洲、南美洲的投资以自建/EPC为主，这主要是由于欧洲能源转型起步早，已有一定的风光项目建设基础，而在能源转型较慢的地区，中国公司能将已有的风光建设经验应用到投资项目中。

展望未来，共建"一带一路"国家能源转型政策支持加上风光资源禀赋能带来更多的投资机会。政策方面，共建"一带一路"国家普遍制定了降低火电比例，提升可再生能源的装机指引，风电、光伏项目有望在2030年大幅增加。资源方面，根据全球能源互联网发展合作组织发布的《一带一路国家风光资源评估报告》，共建"一带一路"国家陆上风电、光伏经济可开发规模分别占全球的70%、76%，哈萨克斯坦、乌兹别克斯坦、苏丹的风能与智利、纳米比亚、沙特阿拉伯的太阳能可利用小时数高、开发成本低，它们是较为理想的可再生能源开发国。

2. 交通基建类项目：以基建为纽带，加强互联互通，提升国际影响力

交通基建"走出去"提升国际影响力。"一带一路"交通基建类项目投资范围主要涵盖铁路、公路、港口，例如中老铁路、金港高速。相较于传统的承包模式，投资性项目参与了前端的投资开发以及后端的运营管理，能够带动更多相关产业"走出去"，但往往交通基建项目具有回收期较长、风险收益不稳定的特点，投资性交通基建项目出海的意义更多在于加强与共建"一带一路"国家的经贸互联互通，同时通过中国在基建领域的技术输出和经验共享提升国际影响力。下文以雅万高铁作为典型案例进行分析。

雅万高铁是中国高铁的首次出海，具有重要示范效应。雅万高铁连接印度尼

西亚首都雅加达和第四大城市万隆，是印度尼西亚的第一条高铁，也是中国高铁首次全系统、全要素、全产业链在海外落地的示范项目，该项目由中国和印度尼西亚成立合资公司筹资建设，并拥有50年特许经营权，印中高铁有限公司总经理称[1]该项目预计40年回本。雅万高铁的开通对于印度尼西亚和中国有不同的意义。

对于印度尼西亚来说，高铁的建设与开通有望增加收入、创造就业、带动沿线地区经济增长。一方面，高铁建设期间能够增加经济收入、创造就业。项目采购印度尼西亚本地生产的钢材、水泥等原材料和机械设备，累计采购金额达51.2亿美元，建设期间累计为印度尼西亚当地带来5.1万人次的就业，且建成运营的服务业每年将创造3万个就业岗位。[2]另一方面，雅万高铁开通后将促进人流和物流的畅通，同时对沿途的众多工业园区产生良好的辐射和拉动作用，带动沿线地区的经济发展。

对中国来说，高铁出海能够带动相关产业"走出去"，同时增强两国政策沟通、民心相通。雅万高铁是中国高铁首次全产业链出海的重大标志性项目，展现了中国高铁具备全产业链优势、技术优势、成本优势，对后续开拓海外市场有积极影响。此外，在高铁"走出去"的同时能够带动相关产业"走出去"。更重要的是，中国与印度尼西亚两国在高铁项目合作中能够增强政策沟通，增进民间友好，推动中印之间的经贸合作不断深化，提升中国的国际影响力。

（三）运营类项目：以中欧班列为代表，助力深化国际合作

中欧班列作为铁路国际联运列车，是中国积极参与国际合作的标杆性项目。根据中国国家铁路集团，中欧班列开行数量从2013年的80列增长到2022年的约1.6万列，运输货物品类从最初的手机、笔记本电脑等IT（信息技术）产品，扩大到汽车配件及整车、化工、粮食等5万余种，目前中欧班列已成为中国与共

---

[1] Reuters. "China-backed Indonesian rail link seen taking 40 years to breakeven." 参见 https://www.reuters.com/article/indonesia-railway-china-idCNL4N2UJ25U。

[2] 齐慧：《雅万高铁建设进展顺利》，《经济日报》，2022年11月24日。

建"一带一路"国家互联互通的有效载体，带动了区域经贸合作与文化交流，对中国积极深化对外合作具有重要意义。

中欧班列是重要的国际运输通道，时效性较强，但与海运相比运输价格偏高。中欧班列由于其运距短、速度快、安全性高，对海运、空运形成补充，但海运的货运量大、运费较低，海运的可负担性高于中欧班列，因此海运仍然是主要的运输方式。

中欧班列是深化中国与共建"一带一路"国家合作的重要载体，具有重要的国际合作示范意义。

第一，一单到底，是各国之间相互合作和协同的样板。国际班列途经不同国家，使用不同的铁路运输单据，因此在运行过程中可能存在换单手续烦琐、运行效率低下的问题，而中欧班列实现了"一次委托、一口报价、一单到底、一票结算"，一单到底不仅改变了以前沿途运输更换运单的操作，减少了作业时间和费用，标准的统一还强化了中国与共建"一带一路"国家的合作与协同。

第二，带动枢纽城市贸易发展和产业集聚。以成渝地区为例，根据中国铁路集团，2021年中欧班列（成渝）开行班列数占全国的30%，运输货值超2 000亿元，回程班列占比达55%，是开行量最多、开行最均衡、运输货值最高、货源结构最优的中欧班列。中欧班列也推动了西部电子、汽车、机械等适铁适欧产业的发展。中欧班列的开行对枢纽城市来说有望实现以通道促贸易、以贸易聚产业的良好效应。

三、基建可持续发展面临的挑战

"一带一路"基建也面临着亟待解决的问题，以提升其可持续性和高质量发展。总结而言，在实施落地层面如果没有全面的统筹规划，"一带一路"项目可能存在政策意图和企业行动的脱节，企业之间的竞合、产业与基础设施的配套等协同有进一步提升的空间，融资和保险的渠道尚不完善也是基建项目的痛点之一。

（一）自上而下的统筹规划缺位或导致政策意图和实际行动的脱节

中国缺少对于共建"一带一路"国家基础设施建设或相关产业协同出海的国家级规划。目前，除了《推动共建丝绸之路经济带和21世纪海上丝绸之路的愿景与行动》白皮书等愿景式官方文件，中国尚未出台针对共建"一带一路"国家基建领域的国家级规划，可能在项目落地中出现政府的政策意图与企业的行动脱节的情况。企业天生注重单体项目及短期收益，如果政府想布局更长期、全局性的基础设施建设，可能需要在规划阶段做好统筹协调。此外，在项目层面的规划落地过程中，如果政府可以进一步发挥统筹协调职能，能够较大限度避免出现就项目论项目的经济性分析的现象，而且将基建项目与其他产业一同考虑，基建的产业带动作用也能充分发挥。相较而言，美日等发达国家同样作为基建大国，在整体规划及政企协同等方面形成了相对有益的模式，本章会先分析日本、美国的模式，最后再借鉴中国国内发展基建的经验。

1. 日本模式

日本政府充分重视基础设施出口，制定了专门的国家级战略规划。早在20世纪70年代，日本就通过政府开发援助（ODA）等方式参与其他国家的基础设施建设，但此时基础设施海外出口主要服务于日本对外援助战略大框架，并未形成独立的基础设施出口战略[1]；2009年日本提出了"新经济增长"计划，其中包括高铁海外出口等内容；2010年提出未来10年经济增长规划，并首次将基础设施海外出口上升为国家级战略，制定了21个重点"国家战略项目"，包括核电站、新干线和水务基础设施等在内的"一揽子基础设施出口计划"。安倍晋三执政后，于2013年将基础设施海外输出纳入《日本再兴战略》，并提出"基础设施系统出口战略"，同年设立高规格政府机构"日本经济协作基础设施战略会议"，由内阁官房长官担任议长，专门负责制定和修订基础设施海外投资的总体规划。2015年提出"高质量基础设施合作伙伴关系：面向亚洲未来的投资"计划，明

---

[1] 马学礼、刘娟：《日本基础设施海外输出战略及其与"一带一路"对接研究》，《日本问题研究》，2019年第2期。

确了以亚洲为重点的海外基础设施投资方向。

在规划落地过程中,首先明确了地域的目标及细分方向。日本基础设施出口以亚洲地区为重点投资方向,以东盟为优先投资方向,后来扩展至印太地区,最后计划扩展至全球。日本对投资目标国做了细致的划分和研究,针对各投资国进行了基础设施重点投资领域细分(见表11.2)。

表11.2 日本对亚洲部分国家基础设施重点投资领域

国家或地区	重点投资领域
整个亚洲	交通基础设施、电力基础设施、通信基础设施、水利基础设施、工业园区、电子政务、网络安全基础设施
印度尼西亚	小水电、地热能、海上液化天然气发电、近海油气田开发等
菲律宾	港口、城市交通等
越南	智能交通系统、海上石油和天然气开发等
缅甸	跨国交通线路、海水淡化等
泰国	防灾基础设施、废弃物处理、网络安全等
印度	高铁、地铁、工业走廊等
孟加拉国	电力系统跨国互联、配电网等
巴基斯坦	超临界火力发电厂、卡拉奇城市交通系统等

资料来源:日本经济团体联合会,中金研究院。

参与目标国总体规划,从源头上把握需求。日本会向目标国派遣经济学家、社会学家、技术专家等进行专业援助,帮助目标国进行相关领域的顶层设计,进而从源头把握目标国基础设施建设需求。日本精心建立自己的比较优势,推动"以高质量为中心"的基础设施出口策略,并凭借其优质项目向目标国推广基础设施建设的"日本标准",从而形成竞争的比较优势。

在实施过程中,日本推行政府主导、官民一体、协调推进的基础设施出海机制。日本政府与企业通力合作,共同制定战略框架,在规划实施上协同运行,最大限度地发挥政府与企业的合力优势。日本政府不仅在制定战略规划时充分考虑企业利益诉求,而且在基建项目实施过程中给予企业充分的帮助和支持,以国家力量支持企业海外发展。比如日本政府会派遣专员去所在国或地区支持项目的前期调查和立项,并整合行业科研机构、协会、高校等资源,统筹行业力量支持企业海外发展;同时注重人才队伍建设,建立"海外基础设施输出人才培养计划"，为人才培养提供支持等。①

2. 美国模式

美国作为全球基础设施主导者之一，也精心设计了相关战略规划并设立专门机构推动实施。同时，美国的基建计划更加强调私人资本参与及标准先行，并主导G7国家共同实施，如蓝点网络、B3W（"重建美好世界"倡议）、PGII等，而且相关计划都更加强调气候、医疗、数字、健康等可持续发展目标的实现。

大力倡导私人资本参与。无论是蓝点网络、B3W，还是PGII，都强调自己并非实施海外基建的主体，而是搭建平台吸引私营企业到各国进行基础设施领域的投资，平台仅是利用各种金融工具包括美国国际发展金融公司、美国国际开发署、美国进出口银行、千禧基金等为私人资本投资服务。以最新的PGII为例，承诺将运用赠款、优惠贷款、市场利率贷款、担保等金融工具，在未来5年内调动2 000亿美元的联邦资金与私人投资，用于支持中低收入国家基础设施建设项目。从已开展的实际项目看，包括微软在内的多家私有企业以卫生护理等偏公益性的基础设施投资为主②，同时也有像SubCom等专注数字基础设施建设的企业，在美国政府的支持下成功竞标6亿美元全球海底电信电缆项目，抢占海底通信资源的同时利用后期运营权锁定长期收益。③ 推行标准先行。美国蓝点网络计划旨在建立一个多边机构，为全球基础设施投资提供评估和认证服务，类似于形成一项基础设施建设行业的"米其林指南"，以帮助发展中国家吸引私有资本参与其基建项目。而B3W、PGII则为符合其认证的项目提供融资和技术支持，以推动符合西方标准的投资和基础设施建设。

强调基础设施对可持续发展目标的作用。与"一带一路"关注桥梁、道路、通信设施、港口等传统基建项目不同，B3W、PGII更加关注气候变化、医疗及

---

① 周紫君等：《日本新一轮基础设施系统海外输出行动计划分析》，《交通与运输》，2021年第37期。
② 参见 https://sccwto.org/#/pc/detail?id=27323 。
③ 参见 https://www.whitehouse.gov/briefing-room/speeches-remarks/2022/06/26/remarks-by-president-biden-at-launch-of-the-partnership-for-global-infrastructure-and-investment/?continueFlag=40c2724537472cbb3553ce1582e0db80。

健康保障、数字科技以及性别平等和社会公平等领域，特别强调"价值驱动"和"高标准"。价值驱动涉及要求基建项目在融资、对环境和社会影响上保持透明和可持续性，高标准则涉及"蓝点网络"的标准，包括项目对气候环境的影响、杜绝腐败、保证劳工权益等。

总体看，无论是在亚洲基础设施建设已深耕多年的日本，还是面向全球雄心勃勃的欧美[①]，依托其相对完善的顶层设计与配套政策、完备的公私资本融合使用方式、先进的基础设施技术标准体系以及丰富的跨国投资合作经验，势必在共建"一带一路"国家基础设施建设项目中对中国产生强有力的竞争。据估算，2016—2040年亚洲基础设施投资需求将达到51万亿美元[②]，面对如此广阔的市场，中国与美日等国并非一定走向零和博弈。更重要的是，中国需要在博弈场中突出优势、取长补短，发挥高效统筹的体制优势，尽快形成顶层设计与落地实践兼备的国家规划与实施方案；同时，进一步提升在共建"一带一路"国家基建相关领域的参与度，以更加包容的"大国形象"，与美日等国在"一带一路"倡议乃至全球基础设施投资建设上走向竞合。

3. 中国基础设施建设已经取得明显成效，"一带一路"发展基建有什么经验可以借鉴？

日本经验和美国经验更多是从他国在海外发展基础设施的角度出发，那么中国作为基础设施发展最快的国家之一，国内又有哪些经验可以"复制"到海外？

中国基础设施建设已经取得明显成效。根据国家统计局的数据，2021年中国公路、铁路里程分别约为528.1万千米、15.1万千米（世界排名分别为第三、第二），全国城乡100%通电，4G覆盖99%的国土面积。根据世界经济论坛的

---

① 除美国引领的PGII等外，欧盟也提出全球门户战略，计划在2027年之前投入高达3 000亿欧元用于发展中国家的基础设施建设投资，参见 https://commission.europa.eu/strategy-and-policy/priorities-2019-2024/stronger-europe-world/global-gateway_en。

② G20. "Global Infrastructure Outlook: infrastructure investment needs 50 countries,7 sectors to 2040."

数据，2019年中国基础设施全球排名第36名[①]，高于中国人均GDP第65名的排名。"一带一路"发展基建有什么经验可以借鉴？主要有三点。

第一，中国前期的基建主要聚焦在偏生产型的基础设施上（例如电力、交通等），规模经济带来稳定的盈利性。根据中国国家统计局的数据，2008年以前偏生产型基础设施的固定资产投资规模占比持续高于70%，由于中国的规模经济性，这类基础设施虽然定价不高，但能实现合理回报（比如京沪高铁2019年实现归母净利润率36%、净资产收益率7.8%，与日本铁路基本可比）。

第二，基础设施投资首先集中在人口相对密集的发达地区，而后逐步向人口相对不密集的地区铺开。根据中国国家统计局的数据，2006年之前东部基础设施固定资产投资建设的比例维持在40%以上，随着2006年12月国务院常务会议审议并原则通过《西部大开发"十一五"规划》[②]，西部的基础设施固定资产投资比例在2006—2017年提升8个百分点。中国国家统计局的数据显示，以铁路和高速公路为例，2021年东部高速铁路密度分别是中部和西部的1.3倍和8.5倍，与2010年的1.5倍和87.5倍相比有明显缩小，2021年东部高速公路密度分别是中部和西部的1.4倍和5.4倍，与2005年的1.8倍和11.9倍相比有明显缩小。

第三，政府统筹规划。基础设施是经济社会发展的重要支撑，具有基础性、先导性作用，中国基础设施同国家发展和安全保障需要适配。中国各部委在基础设施各领域发展都会出台纲领性的文件，而各个地方也会出台相应的规划文件，形成统筹规划、上下协同的作用。

（二）多主体的进一步协调，项目合力或可进一步提升

"一带一路"项目倚靠多个主体协同才能发挥最大效益，以实现可持续发展。我们认为在目前已有协同合力的基础上，如果能进行更进一步的协调，项目的合力效应或可进一步提升，其中包括地方政府之间、企业之间、项目与金融机

[①] 世界经济论坛根据交通运输、公用事业两大块的一系列指标——例如交通运输中的公路通达性、铁路密度、机场通达性，公用事业中的电力连接率、供水可靠性等——拟合成的综合指数进行141个经济体的排名。

[②] 参见 https://www.gov.cn/govweb/ztzl/yzn/content_479426.htm。

构之间、基建与产业配套之间。

1. 地方的竞争与合作

地方竞争的正负效应。"一带一路"发展中，地方政府积极参与、主动融入，在具体操作实施中会引起不同程度的竞争，竞争本身是一个中性词，也会产生正反两方面的效应。在"一带一路"的语境下，正效应可能是地区基础设施加快完善、地方外事能力增强等，负效应可能是缺乏协同的重复建设、低价的恶性竞争等。尽管"一带一路"倡议已经获得了长足的发展，但地方政府的协同合作仍有局限，因为缺少相应的协同合作机制，地方仍更多从自身的发展需求来制定规划，部分导致了资源浪费和补贴竞争。

以中欧班列的发展举例说明，中欧班列的快速发展出现在2016年之后，2016年国家发展改革委公布了《中欧班列建设发展规划（2016—2020年）》，规划到2020年中欧班列年均开通5 000列，实际上根据中国铁路集团的数据，2018年中欧班列开行已超过5 000列（达到6 363列），2020年共开行12 406列中欧班列，是之前规划目标的248%。根据《中欧班列发展报告（2021）》，开通中欧班列的城市也从2016年的27个上升至2021年的91个。中欧班列的快速发展对中国和共建"一带一路"国家的标准对接、政策沟通有着示范意义，但部分中欧班列仍然依靠补贴才能开行，地方中欧班列开行的深入协同或有助于提高其可持续性，例如利用好枢纽节点城市，形成"点对点"到"枢纽对枢纽"的转换，进而合并部分班列线路，或允许班列线路在货源不足时停开和退出。

实际上，根据《中欧班列发展报告（2021）》，2021年西安、重庆、成都、郑州和乌鲁木齐五大城市中欧班列开通数占全国比重的56%，这意味着头部城市每年开通中欧班列超过1 000列次，而剩余86个城市平均开通不足80列，开通数量低或较难形成规模效应，不具备盈利能力。

2. 企业之间的协调

中国建筑企业在出海项目上的合力发挥空间仍大。当前仍需完善中国建筑企业在出海获取、承接、完成项目过程中的充分协调和合作机制，如果在出海模式和统筹安排上进一步发展，合力发挥空间仍大。

第一,联合出海模式有待发展。一些海外基建业务(如港口业务)涉及面广、开发周期长、合同结构复杂,对企业的业务能力及风险承担能力要求较高,在单个企业难以承担项目全周期管理要求的情况下,或可以考虑企业联合出海、发挥各自优势、形成合力,具有不同优势的建筑央企、地方建筑企业、民企等共同出资、建设或参与运营,共同承担和分担项目工作与风险,我们认为或有望规避风险、减少损失,以更高质量、更好利润情况完成项目。

第二,统筹安排减少恶性竞争。过于激烈的市场竞争不利于业务发展的质量水平进一步提高,也不利于打造中国企业的品牌优势,除少量具备国际先进水平的头部企业,大部分企业仍集中于施工领域,在项目价格方面形成竞争;若企业间、企业内部形成一定的统筹安排,以项目整体质量为目标,或有望减少价格竞争,实现更好的行业盈利水平,同时整体提升项目质量,打造中国企业的品牌效应,实现合作共赢。

3. 企业与金融机构之间的协调

(1)出海企业:基建项目市场融资渠道有待进一步通畅

中国海外基础设施项目贷款主体少,融资成本高。由于基础设施项目本身投资规模大、回报周期长,叠加海外投资风险较高,中国对"一带一路"基础设施项目投融资以贷款为主,根据中国国家外汇管理局和AEI的数据,贷款金额约为直接投资金额的两倍,其中80%来源于政策性银行;直接投资以国有企业投资为主,占比达到61%,民企占比30%(见图11.6)。利率方面,中国政策性银行能够提供的最优惠的贷款利率为2%~3%,而日本国际协力机构的贷款利率最高不到2%。[1] 究其原因,除了日本的基础利率较低外,日本国际协力机构还通过政府财政融资借款与财政拨款获得大量资金,约占总资金的50%,大大降低了融资成本;而中国政策性银行虽然也获得了政府财政贴息的贷款,但这部分占比并不高(仅占5%左右),未来还有进一步降低融资成本的空间。以印度孟买—艾哈迈达巴德高铁项目为例,中国提供的贷款利率为2%~2.5%,日本则仅为0.1%。[2]

---

[1] 陈沐阳:《从中日对比看后发国家的基础设施投融资》,《日本学刊》,2020年第2期。
[2] 参见 https://www.dw.com/en/japans-bullet-train-to-speed-up-indias-shabby-railways/a-40493183。

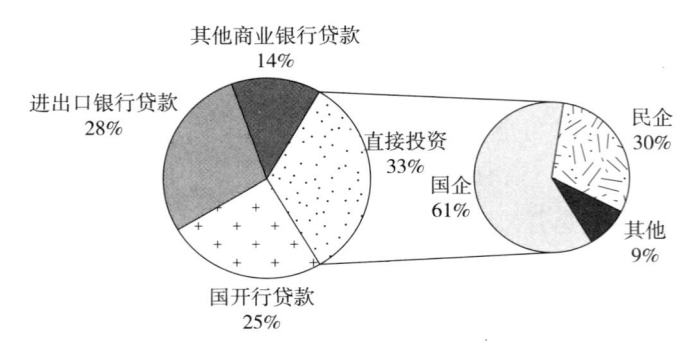

图 11.6 2013—2021 年中国对共建"一带一路"国家投融资统计

注：中国对"一带一路"直接投资规模以 AEI 统计的 2013—2021 年投资项目金额估算，贷款以中国国际收支头寸表 2021 年末与 2012 年末差额估算。
资料来源：中国国家外汇管理局，AEI，中金研究院。

从融资渠道来源看，美日等发达经济体更加多元，尤其在与国际多边开发银行的合作方面有一定优势。在亚洲区域内，美日等国充分利用亚洲开发银行作为融资补充，其诸多项目均有亚开行参与并协调贷款、融资，甚至无偿捐赠。近些年，我国虽然也与亚洲基础设施投资银行等多边金融机构加大了合作力度，但在项目数量、规模等方面仍有一定差距，尤其是对多边银行融资及放贷政策等方面的影响力有待加强。这方面，日本推动亚开行进行一系列改革以更好利用其针对基础设施的投融资功能，如整合完善亚开行内部基础设施基金，设立亚洲发展基金、亚太地区民间基础设施信托基金、亚太 PPP 项目准备基金等多种基金；同时日本扩大与政府的协调融资，联合加拿大、澳大利亚等国共同出资帮助私人部门参与基础设施项目，也设立公私合作办公室强化官民协作与民间融资。这些改革进一步拓宽了亚开行的融资渠道，也为日本的海外项目提供了更加便利的资金支持。例如由日本企业与当地企业合作开发的印度尼西亚穆瓦拉拉坡地热电站，亚开行为其提供了 1.09 亿美元的融资支持，其中 7 000 万美元来自亚开行自有资本，2 000 万美元来自亚开行民间部门事务局运营的"亚太地区民间基础设施信托基金"，还有 1 900 万美元由"清洁技术基金"（CTF）拨款。[1]

---

[1] 黄继朝、陈兆源：《竞争与差异化：日本对东南亚基础设施投资的策略选择》，《日本学刊》，2022 年第 2 期。

(2)制度层面：海外投资保险缺乏立法保护

中国海外投资保险制度尚不完善，缺乏相关立法保护。中国尚无关于海外投资保险制度的专门立法，这在一定程度上抑制了市场主体参与的积极性。这方面美日等发达经济体的法律体系相对健全，强调立法先行且优先保护私人投资（见表11.3），如美国通过《经济合作法案》创设了海外投资保险制度，并设立《对外援助法》专门对相关保险范围、法律适用条文等进行明确规定；日本制定了《出口保险法》，并设立了"海外投资原本保险"和"海外投资利润保险"等海外投资专项保险制度。

表11.3 美日海外投资保险制度对比

	美国	日本
法案	《对外援助法》	《出口保险法》
合格投资者	（1）美国籍公民；（2）依美国法律设立的法人或其他社团且资产的至少51%归美国公民、公司或其他社团组织；（3）依外国法设立的组织，其资产的至少95%归属于美国	日本的自然人与法人
合格的投资	（1）特定情况下的企业扩大生产投资；（2）经总统同意和由美国海外私人投资公司认可的不发达地区和项目；(3)贷款、租赁、技术援助等	（1）以参加事业经营为目的投向外国的股本、股份；（2）合营公司的当地股东向该公司出资用的资金长期贷款，债务偿还期在5年以上，但公司与股东需为同一国籍；（3）日本投资者能直接支配经营的外国法人的长期贷款；（4）为进行"海外直接投资"，直接以日本人名义取得的不动产或其他权利；（5）以开发输入资源为主的"海外直接投资"
合格的东道国	双边投资模式	单边投资模式
投资保险范围	外汇险、征收险及战争和内乱险及其他	外汇险、征收险及战争和内乱险及其他
保险费	承保额的1.5%	承保额的0.55%
保险期限	不超过20年	5~10年
保险金	承保人损失的90%	承保人损失的90%

资料来源：美国国会，日本国会，中金研究院。

保险资金来源较单一，民营中小企业投保相对困难。中国信保是中国唯一的政策性海外投资保险机构，其资金来源为出口信用保险风险基金，由国家财政部门安排预算，来源较单一。中国信保的投保对象目前仍以中国大型国有企业为主，虽然对于中小微企业近些年也加大了支持力度，但从实际承保结构看，中小型民营企业获得的融资增信承保金额仍相对有限。[1]

美日等国的海外投资保险机构虽然也相对固定，如美国的海外私人投资公司、日本的出口投资保险公司（NEXI），但其资金来源更加多元，除政府财政支持外，还广泛吸收私人资金参与，并与私人投资保险机构开展合作，如与私人投资保险公司开展共同保险或再保险等。[2] 在投保对象上，美国海外私人投资公司与日本出口投资保险公司更倾向于扶持中小型私人投资公司，例如为中小型私人公司优先承保、增加对中小型私人公司的承保比例、为中小型民营企业提供更加优惠的费率等。

（3）金融机构：风险相对集中，分担机制尚不完善

"一带一路"基建项目一般涉及的融资金额较高，但中资银行多倾向于独家贷款或两三家银行联合贷款，组织国际银行或金融机构团贷的能力不足，风险更多集中在中资金融机构。中国基础设施贷款主要来自两家政策性银行，即国家开发银行和国家进出口银行，通常由两家银行单独或与国内其他商业银行一起为"一带一路"基建项目提供贷款；而美日等发达国家则更倾向于组织国际团贷分担项目融资风险，如英法海底隧道工程，由英法公司牵头组织共计超100家银行提供贷款。相较而言，中国金融机构的风险相对集中，这也加大了我们对项目审核的力度要求。共建"一带一路"国家部分基础设施项目贷款来源对比见表11.4。

表11.4 共建"一带一路"国家部分基础设施项目贷款来源对比

主导国家	国家/地区	项目	贷款金额	贷款来源
中国	越南	永新燃煤电厂1号机组	16.7亿美元	中国进出口银行、中国银行、中国工商银行、中国建设银行
		永新燃煤电厂2号机组	27亿美元	中国国家开发银行、中华电力有限公司（香港）

---

[1] 参见 https://www.sinosure.com.cn/xwzx/ndbd/index.shtml。
[2] 王军杰、石林：《论"一带一路"框架下中国海外投资保险制度的完善与重构》，《财经理论与实践》，2019年第1期。

续表

主导国家	国家/地区	项目	贷款金额	贷款来源
中国	越南	永新燃煤电厂3号机组	27亿美元	中国国家开发银行、中华电力有限公司（香港）
	巴基斯坦	恩格罗塔尔二号发电厂	4.98亿美元	中国国家开发银行、巴基斯坦哈比卜银行
		UEP 100兆瓦风电场项目	2.5亿美元	中国国家开发银行
美日等发达国家	越南	蒙阳发电厂2号机组	21亿美元	法国巴黎银行、法国农业信贷银行、汇丰银行（中外合资）、荷兰国际银行、法国外贸银行、日本三井住友银行、英国渣打银行、日本瑞穗银行、意大利联合信贷银行
		蒙阳发电厂1号机组	21亿美元	法国巴黎银行、日本三井住友银行、英国渣打银行、日本瑞穗银行、意大利联合信贷银行
	巴基斯坦	俾路支省国家高速公路项目	2.35亿美元	亚洲开发银行、英国国际开发部、巴基斯坦
		Tenaga Generasi风电场2期	1亿美元	美国海外私人投资公司、巴基斯坦索纳利银行、世界银行、巴基斯坦哈比卜银行
		国家贸易走廊公路2期	2.38亿美元	亚洲开发银行、英国国际开发部、巴基斯坦
	孟加拉国	南亚次区域经济合作道路连接项目	2.59亿美元	日本减贫基金、亚洲开发银行、石油输出国组织国际发展基金、阿联酋阿布扎比发展基金、孟加拉国

注：UEP指联合能源巴基斯坦公司。
资料来源：CSIS，中金研究院。

4. 产能合作和基建缺乏协同配套

基建合作与产能合作存在分离。一方面，共建"一带一路"国家在招投标时可能独立分标；另一方面，基建和产能输出方往往由于不属于同一主体，协同机制或有待加强。实际上对于共建"一带一路"国家而言，基础设施和供应链配套不足制约了其参与国际分工的能力，需要同时提升基础设施和产业链支撑才能提升竞争力。而对于输出方而言，往往只有地区制造业集群发展，才会有更高的派生需求和偿付基础设施建设投入的能力，因此产能合作和基建输出的联合具备重要的意义。

四、思考与启示

推进共建"一带一路"高质量发展的关键是实施高质量的项目，在"一带一路"建设推进机制和路径上，要坚持共商共建共享原则，遵循市场原则和发挥企业的主体作用。在"一带一路"建设项目上，要努力实现高标准，惠及当地民生，追求可持续发展。具体的思考如下。

第一，聚焦重点国别、行业、项目，集中资源做好高质量项目。根据国别特点、需求以及与中国的优势互补情况，确定项目聚焦的大方向，尽可能发挥现有设施、现有渠道、现有网络的作用，集中资源建设好优势项目；着重开发便民利民、惠及民众的高质量民生项目，提高所在国民众的获得感与幸福感，实现企业经济效益与社会效益的统一。

第二，构建政府统筹引导、企业协同合作的发展机制。一方面，政府主要承担与东道国基础设施协作的顶层设计、国际合作的形象塑造、信息服务和立法等职责，鼓励、引导与保障企业更好地参与"一带一路"基础设施发展。另一方面，政府可加强基础设施内外统筹与科学引导的合作机制。针对重点国别、行业和项目，应做好全面统筹，包括协调政企合作（如充分考虑企业利益诉求，共同制定合作框架），协调企业与企业之间的竞合关系，避免出现互相压价、过度竞争，协调产能合作与基础设施项目（以"一带一路"产能合作为统领，围绕产业链布局的重点区域、重点方向，进一步完善基础设施投资布局）。

第三，完善现有保险机构能力，拓宽多元化融资渠道。一是加强中国出口信用保险公司对海外投资的保险功能，鼓励其他金融机构在海外开展投资保险业务。二是在完善境外投资保护机制的前提下，推动政府与社会资本合作、混合融资等融资创新模式，加强组织国际银行或金融机构团贷的能力。

第四，注重国际规则标准和各国发展政策对接的"软联通"。一方面，通过海关协作、标准互认、规则对接、系统兼容、信息共享等降低制度性交易成本。另一方面，逐步推广中国工程建设的技术标准，面对一些发达国家存在较高的市场壁垒（比如欧洲），着手从待发展地区获得标准主导权，逐步进入世界先进标准之列。

第五，针对中欧班列，首先，合并部分班列线路，利用好枢纽节点城市，形成"点对点"到"枢纽对枢纽"的转换；其次，制定和落实班列退出机制，允许班列线路在货源不足时停开，允许班列线路在营运不善时退出；最后，引入如满载率、税收贡献等指标来完善中欧班列评价体系，强调是否促进当地就业、税收、产业培育等，引导班列朝"重效益"的方向发展。

第十二章

大宗原材料：破解资源诅咒，
"一带一路"合作共赢

回顾历史，自然资源较为丰富的第三世界国家在人类社会工业化和全球化的进程中，往往扮演着大宗原材料出口国的角色，其贸易条件的高波动性对经济增长和经济结构优化具有较为深远的负面影响。本章认为，中国和共建"一带一路"国家的产业比较优势具备显著的互补性，发展大宗原材料行业的"一带一路"合作，不同于以往单纯的资源进出口，是帮助共建"一带一路"国家破解资源诅咒[1]、实现合作共赢的重大机遇；同时，也是中国大宗原材料保供和产能转移的重要抓手。而且，"一带一路"合作有望推动共建"一带一路"国家的工业化进程，激活全球大宗商品需求，推动大宗商品迎来新的超级周期。

中国大宗原材料行业的"一带一路"合作大体分为探索起步期、全面加速期和高质量发展期三个阶段。2013年中国提出"一带一路"倡议是"一带一路"合作进入高质量发展期的重要里程碑。总结经验，一是建立产业优势互补、互利共赢的合作机制，二是中国凭借完善的制造业基础和强大的海外工程技术能力为"一带一路"合作赋能，三是为共建"一带一路"国家 ESG 和减贫事业贡献中国智慧与中国作为。总结不足，一是商业投资决策机制欠缺灵活性，国际化经营和风险管控能力尚待提升；二是融资渠道单一，投资保险制度尚待完善；三是缺乏境外能源资源投资的配套机构和服务体系；四是政府和企业协同尚需改进。

本章根据世界银行政策稳定指数和营商环境指数对大宗原材料行业"一带一路"合作的重点国家进行评估，并总结了"一带一路"合作面临的三大挑战。一是在逆全球化背景下，地缘政治风险正在上升。二是配套基础设施不完善，给国际化经营带来较大不确定性。三是 ESG 风险、社区矛盾和治安风险或正在上升。

思考与启示主要有五点。一是建立互利共赢的政治外交环境和产业政策沟通机制。二是完善"一带一路"合作公共服务体系。三是推动人民币结算和计价，助力人民币国际化进程。四是高度重视 ESG 和文化价值观的融合，构建有中国特色的"一带一路"合作 ESG 评估体系。五是推动"一带一路"合作重点示范项目经验推广。[2]

---

[1] 资源诅咒这一经济学概念最早出自理查德·奥蒂在1993年发表的著作《矿物经济的可持续发展：资源诅咒》中。奥蒂通过广泛的国家间比较研究，说明丰富的自然资源可能是经济发展的诅咒而不是祝福，大多数自然资源丰富的国家的经济增速比那些资源稀缺的国家更慢。

[2] 本章作者：齐丁、裘孝锋、陈彦、郭朝辉、严蓓娜。

一、大宗原材料的合作共赢基础

(一) 资源诅咒

回顾历史，自然资源较为丰富的第三世界国家在人类社会工业化和全球化的进程中往往扮演着大宗原材料出口国的角色，这使其贸易条件容易受到大宗商品价格波动的较大影响。大宗商品的繁荣周期固然可以改善原材料出口国的贸易条件，提升短期的经济增速，但从长期看，或对经济和社会结构造成较为深远的负面影响。同时，大宗商品的高波动性会导致原材料出口国贸易条件的波动性大于工业国，可能长期抑制原材料出口国的经济增长，不利于经济结构优化。

第一，在大宗商品的繁荣周期中，原材料出口国的贸易条件虽然得到改善，但是原材料出口国却面临去工业化的压力。因为不断改善的贸易条件对原材料行业形成激励，同时也意味着进口制成品的相对价格下降，这对原材料出口国的制造业形成压力，使该国难以走上工业化发展道路。[1] 相反，作为贸易对手的工业

---

[1] Murphy, K. M., A. Shleifer, and R. W. Vishny. "Industrialization and the Big Push." 1989.

国在大宗商品涨价的压力下通过规模效应和技术创新降本增效[1]，可以进一步扩大在原材料出口国的市场份额。

第二，大宗商品价格上涨会加剧原材料出口国的社会不平等程度。[2] 大宗商品价格的上涨提升了资源租金，这将鼓励社会中的寻租行为，惩罚技术创新和风险承担，从而削弱经济增长。过分依赖于自然资源的比较优势，一国容易催生出抑制经济增长的机制，导致自然资源丰富的国家比那些资源稀缺的国家经济增长得更慢。比如由于新大陆金银资源的输入，17世纪西班牙也可视作资源丰富的国家，但其经济增长慢于资源贫乏的荷兰，19世纪和20世纪的日本与瑞士等资源贫乏国的经济增长领先于俄罗斯等资源丰富的经济体。[3]

第三，贸易条件的高波动性对原材料出口国的经济结构和经济增长均有一定的负面影响。一般来说，大宗商品比制成品和服务的价格波动性更大。原材料出口国贸易条件的分子端主要是出口商品，而且往往特定种类原材料的出口集中度较高，难以分散价格风险，分母端则主要是广泛的进口制成品和服务，这使原材料出口国的贸易条件天生就具备更高的波动性。

贸易条件的高波动性会导致对固定资产、人力资本和技术研发更低的投资；同时，在价格波动性大的经济体中，经济主体倾向于进行低风险、低回报的投资，从而压制长期经济增速。比如对于家庭来说，面对收入的高不确定性，通常会寻找更低风险、更低回报的经济活动来养家糊口，并且提高储蓄、降低投资，对健康和教育投资的缩减最终还会影响到下一代和长期的人力资本积累。[4] 对于政府来说，原材料出口国对于进出口税收的依赖度较高，如1820—1890年11个

---

[1] A. J. Venables. "Trade, Location, and Development: an overview of theory." *Natural Resources: Neither Curse Nor Destiny*, 2007: 259–287.

[2] Engerman, S. L., and K. L. Sokolof. "Factor Endowments, Institutions, and Differential Paths of Growth Among New World Economies: A View." NBER Historical Working Papers, 1994.

[3] Sachs, J. D., and A. M. Warner. "Natural Resource Abundance and Economic Growth." 1995.

[4] Rosenzweig, M. R., and K. I. Wolpin. "Credit Market Constraints, Consumption Smoothing and the Accumulation of Durable Production Assets in Low Income Countries: Investments in Bullocks in India." 1989.

拉丁美洲国家关税占其总收入的平均份额高达58%。[①] 贸易条件的高波动性导致其财政收入高波动，同时也很难在国际上取得信贷帮助，使其很难确保基础设施、教育等方面公共投资的稳定性。[②]

综上所述，自然资源较为丰富的第三世界国家在经济发展中容易受到资源诅咒的负面影响，而中国与共建"一带一路"国家在大宗原材料领域的合作，可以通过双方产业比较优势的互补实现共赢，推动共建"一带一路"国家的工业化进程，提升社会福利，降低贸易条件波动性，破解资源诅咒。

（二）产业优势互补，破解资源诅咒

中国和共建"一带一路"国家在大宗原材料领域是否具备产业互补性？"一带一路"合作能否帮助第三世界国家破解资源诅咒，实现互利共赢？为了回答以上问题，本文选取资源禀赋较为突出的32个共建"一带一路"国家作为研究对象，并根据大宗原材料的品种特征，将共建"一带一路"国家按六大地区（东南亚、中亚、西亚、欧洲、拉丁美洲、非洲）分类。同时，本文将大宗原材料相关产业分为四大部门，即燃料、矿石和金属、农业原材料等三大初级原材料部门，以及产成品部门，结合美国经济学家巴拉萨于1965年提出的显示性比较优势指数（RCA）[③]，来分析六大地区相关国家在四大部门中的产业比较优势，及其从20世纪60年代至今的变化趋势。

第一，燃料部门。横向对比来看，西亚、中亚在出口燃料方面比较优势显著，主要以西亚的卡塔尔、沙特阿拉伯，中亚的土库曼斯坦，以及非洲的尼日利亚等能源资源丰富的地区为代表。纵向变化来看，东南亚、西亚燃料部门的RCA呈现下降趋势，主要以东南亚的印度尼西亚，西亚的卡塔尔为代表。非洲、

[①] Bates, R. H., J. H. Coatsworth, and J. G. Williamson. "Lost Decades: Postindependence Performance in Latin America and Africa." 2007.

[②] Williamson, and G. Jeffrey. "Globalization, de-industrialization and underdevelopment in the third world before the modern era." *Revista de Historia Económica* 24 (1), 2006: 9–36.

[③] 显示性比较优势指数，即用一个国家某部门的出口在其商品总出口中的比重，除以全球该部门在全球商品总出口中的比重，从出口的角度看该国家某部门是否在全球具备比较优势。

拉丁美洲、欧洲燃料部门的RCA呈现先升后降态势，中亚则呈现先降后升态势。中国燃料部门RCA仅在20世纪80年代超过1，即相较于全球平均水平具备比较优势，但到20世纪90年代就已低于0.5，且至今呈现逐年下滑趋势。

第二，矿石和金属部门。横向对比来看，非洲、拉丁美洲、中亚在出口矿石和金属方面比较优势显著，主要以非洲的刚果（金）、几内亚，拉丁美洲的智利，以及中亚的塔吉克斯坦等矿产资源丰富的地区为代表。纵向变化来看，东南亚、欧洲、中亚矿石和金属部门的RCA呈现下降趋势，主要以东南亚的菲律宾、马来西亚、泰国，欧洲的俄罗斯、波兰，中亚的哈萨克斯坦、蒙古、塔吉克斯坦为代表。非洲、拉丁美洲、西亚矿石和金属部门的RCA呈现先升后降态势。中国矿石和金属的RCA一直低于1，即相较于全球平均水平不具备比较优势，且呈现逐年下滑趋势。

第三，农业原材料部门。横向对比来看，中亚、东南亚在出口农业原材料方面比较优势显著，主要以中亚的蒙古、塔吉克斯坦、土库曼斯坦等农业资源丰富的地区为代表。纵向变化来看，欧洲农业原材料部门的RCA呈现波动上升趋势，拉丁美洲、中亚处于小幅波动状态，东南亚、非洲、西亚呈现先升后降态势。中国农业原材料的RCA仅在20世纪80年代超过1，即相较于全球平均水平具备比较优势，但到20世纪90年代即降至1以下，至今呈现逐年下滑趋势。

第四，产成品部门。横向对比来看，仅中国在产成品出口上具备比较优势。纵向变化来看，东南亚、西亚产成品部门的RCA呈现上升趋势，非洲维持窄幅波动，中亚呈现先降后升态势，拉丁美洲、欧洲呈现先升后降态势。中国产成品的RCA自20世纪90年代以来一直高于1，即相较于全球平均水平具备比较优势，但以2013年为分水岭，呈现先升后降态势。

从目前六大地区产成品部门的RCA来看，东南亚共建"一带一路"国家的产成品部门RCA是最接近1的，且近年来呈现逐步上升态势，体现出从以上游原材料为主的经济结构向中下游制造业转型的潜力。从具体国家来看，东南亚的越南、菲律宾、马来西亚、泰国，拉丁美洲的墨西哥，欧洲的波兰，西亚的以色列，产成品出口RCA已经连续多年超过1，即相较于全球平均水平具备比较优势。另外，东南亚的缅甸和印度尼西亚目前的产成品出口RCA虽然未达到1，但呈现增长态势，具备向中下游延伸发展制造业的潜力。

值得关注的是，共建"一带一路"国家和中国在原材料和产成品部门比较优势的变化趋势呈现出一些重要特征。囿于数据可得性，本文比较了当前与20世纪90年代的比较优势的差异，主要有三点结论。一是相比于20世纪90年代，共建"一带一路"国家和中国在原材料部门的比较优势均有不同程度的下降，其中，中亚和欧洲的下降趋势最为明显，其次是东南亚和中国，非洲、拉丁美洲和西亚的下降趋势较弱，拉丁美洲的燃料部门、西亚的矿石和金属部门还出现了一定程度的上升。二是相比于20世纪90年代，共建"一带一路"国家和中国在产成品部门的比较优势变化幅度总体小于原材料部门，其中东南亚和中国的产成品部门比较优势显著上升，西亚次之；拉丁美洲、非洲、欧洲和中亚的产成品部门比较优势有所下降。三是从过去30年的变化可以看出，东南亚原材料部门比较优势下降，产成品部门比较优势上升最为显著，中国、西亚次之，这可能源于以上国家和地区经济转型升级取得了积极效果，而非洲、拉丁美洲、中亚、欧洲共建"一带一路"国家的原材料和产成品部门比较优势均在下降。

总结来看，共建"一带一路"国家在燃料、矿石和金属以及农业原材料三大原材料部门的比较优势虽然近年来有所下降，但依然颇为显著，产成品部门普遍不具备比较优势，甚至诸如拉丁美洲、非洲、中亚、欧洲等地区的共建"一带一路"国家的产成品比较优势还在下降。而中国在产成品部门具备稳定的比较优势，但在原材料部门不具备比较优势，且该比较优势正在日益下降。基于以上分析，本文认为，中国与共建"一带一路"国家在大宗原材料领域的产业比较优势互补性强，具备合作共赢的坚实基础。中国可以凭借自身成熟的制造业基础和雄厚的海外工程能力帮助共建"一带一路"国家从主要依靠上游原材料生产，逐步向中下游冶炼加工制造延伸，推动共建"一带一路"国家的工业化进程，减弱贸易条件波动性，有望破解长久以来困扰第三世界国家的资源诅咒。

（三）中国大宗原材料保供和产能转移

大宗原材料领域的"一带一路"合作，不仅是共建"一带一路"国家资源诅咒的破解之策，也是在当前国际政治经济环境大变局下，化解中国大宗原材料供应风险、推动冶炼深加工产能向海外转移的重大机遇。

从上游原材料角度看，作为制造业大国，大宗原材料关系到国计民生和社会经济稳定，但是近年来关键原材料的供应保障风险日益凸显。一是中国大部分原材料对外依存度偏高。本文的测算表明，2022年，除了稀土、锌等少数中国的优势资源外，绝大多数大宗商品对外依存度均高于50%，尤其是棕榈油（108%）[①]、铂（100%）、镍（98%）、大豆（85%）对外依存度高。二是海外进口集中度偏高，国内产业的议价能力偏低。本文对关键大宗商品的海外进口CR5（业务规模前五名所占的市场份额）进行测算，结果表明，2022年中国对外依存度高的品类除了镍、钴等少数品种，其他高对外依存度的大宗商品海外进口CR5基本在50%以上，甚至铝、锂、棕榈油的进口CR5接近100%。三是中国关键大宗商品的本土供应在全球范围内的成本竞争力较弱。本章对中国关键大宗商品的本土供应在全球边际成本曲线的位置进行分析，除了镍、锌等少数品类外，大多品类中国本土资源的成本基本位于50%分位线以上，成本劣势较为明显。比如2022年中国铁矿石CFR（Cost and Freight，成本加运费）现金成本为73.8美元/干吨，约为澳大利亚、巴西铁矿石现金成本的2.2倍，位于全球铁矿石成本曲线右侧。

从中游冶炼加工角度看，中国产能的全球占比较高，向海外产能转移的压力正在加剧。传统金属方面，2022年中国铝土矿、铁矿石、锌、锡等中游冶炼产能占全球比例较高，分别为61%、55%、49%、48%。新能源金属方面，2022年中国稀土、锂、锑、钴等中游冶炼产能占全球比例较高，分别为94%、76%、71%、63%。中国油气和农产品的冶炼和加工产能占全球比例相对较低，石油、高粱、棕榈油、大麦的占比分别为20%、13%、9%、7%。

本章认为，中游冶炼加工产能占比较高，固然和中国制造业的初级工业原料需求相关，但过高的占比会导致诸如国内资源快速透支、原料成本偏高、环保风险加剧等问题。本章对中国关键大宗商品的净出口占国内产量的比例进行了统计，净出口占比较高的行业具备向外转移产能的压力。2022年，传统金属方面，铝、铁矿石等品种的加工产品表现为净出口，分别为8%、6%；新能源金属方面，

[①] 棕榈油依存度取2022年数据计算得出，为保障棕榈油平稳供应，中国年度进口量或超过年度国内消费量，略有结余，导致对外依存度大于100%。

锂、钴、镍等品种的加工冶炼产品净出口占国内产量比例较高，分别为15%、35%、17%，一定程度上具有向海外转移产能的压力和动力；而油气和农产品等加工产品主要表现为净进口。

值得重视的是，在当前逆全球化背景下，资源国民族主义抬头，地缘政治加速全球市场分割，贸易摩擦升级，导致中国的上游原材料供应风险进一步加剧，中游冶炼加工产能在资源国本地配置的必要性进一步提升。这在新能源金属领域尤为凸显，比如锂行业，在中国锂冶炼产量占比（64%）本就超过国内需求占比（51%）的情况下，2022年美国《通胀削减法案》的推出、加拿大安全审查趋严[1]等事件，进一步加剧了国内锂冶炼的原料保障风险。比如镍行业，2014年1月印度尼西亚政府开始全面禁止镍矿和铝土矿的出口，虽然2017年1月宣布放宽矿石出口禁令，允许1.7%以上品位镍矿出口并实施配额管理制度，但在2020年1月又再次启动全面禁止镍矿出口政策[2]，意在吸引全球产业资本流入，构建本地化的新能源汽车产业链，这使中国锂电产业链向印度尼西亚本土投建动力电池材料产能成为重要趋势。

大宗原材料领域的"一带一路"合作，是化解中国大宗原材料供应风险、推动冶炼深加工产能向海外转移的重要机遇。一是共建"一带一路"国家资源丰富，与中国制造业对原材料的需求互补性强。从储量角度看，包含中国在内的共建"一带一路"国家，大宗商品矿产的储量占比为20%~98%，平均值为51%，不包含中国在内的大宗商品储量占比平均值为36%。从矿产量角度看，包含中国在内的共建"一带一路"国家，大宗商品矿产量在全球的占比为17%~95%，平均值为58%，不包含中国在内的大宗商品矿产量在全球的占比平均值为32%。

二是共建"一带一路"国家资源禀赋优质，能源和矿产品的成本优势显著。本章统计表明，沙特阿拉伯、伊朗、科威特和阿联酋是全球石油开采成本最低的地区，卡塔尔天然气成本最低，刚果（金）、秘鲁的铜矿生产C1成本（现金生产成本）分别位于10%~15%、15%~30%分位，印度尼西亚电解铝生产C1成本在全球前

---

[1] 参见https://www.canada.ca/en/innovation-science-economic-development/news/2022/10/government-of-canada-orders-the-divestiture-of-investments-by-foreign-companies-in-canadian-critical-mineral-companies.html。

[2] 参见https://nie.mysteel.com/22/1207/14/7AC6AB7A3E50B88B.html。

50%分位线以内，俄罗斯、白俄罗斯钾矿生产成本较低，刚果（金）、印度尼西亚在钴矿生产成本上具备优势，俄罗斯、印度尼西亚镍矿生产成本较低。

三是中国大宗原材料冶炼加工产能的海外转移，不仅是化解中国自身原材料供应风险的应对之策，更是顺应共建"一带一路"国家推进本国工业化、提升产业附加值的合理政策诉求，提升双方社会福利的共赢之路。从共建"一带一路"国家FDI的流入角度看，中国FDI流量占当年引入FDI总流量的比例呈现稳步上升趋势，在3%~6%之间，平均占比为4%左右。随着中国与共建"一带一路"国家的经济融合和外交关系进一步深化，中国大宗原材料行业与共建"一带一路"国家产能合作的深度和广度值得期待。

（四）新的超级周期正在徐徐展开

大宗原材料行业的"一带一路"合作，不仅在供应侧将中国的基建实力、生产经验、市场规模与东盟的人口红利、中东和非洲的自然资源等进行优势互补，而且随着新的规模经济和协同效应形成，"一带一路"合作还有望推动共建"一带一路"国家的工业化加速和人均GDP改善，从而从需求侧开启一轮以第三世界发展中国家工业化为主要引擎的超级周期。

产业链在共建"一带一路"国家内部重构的空间较大，或将带来较大的大宗商品需求冲击。对比发达国家，共建"一带一路"国家[①]的大宗商品消耗量存在较大增长潜力。从当前水平来看，2019年，共建"一带一路"国家的化石能源、金属和非金属矿物的年人均消耗量仅为发达国家的18%、21%和25%。同时，共建"一带一路"国家历年的消耗量大体处于发达国家历史数据拟合线以下，说明即便用共建"一带一路"国家当前的水平与发达国家人均GDP历史相似时期对比，也存在较大差距。事实上，共建"一带一路"国家2019年在化石能源、金属和非金属上的人均消耗量仅是发达国家1970年水平的25%、37%和30%。

为把握产业链重构下的发展机遇，共建"一带一路"国家推出促进工业化的

---

① 这里是指OECD数据库收录的180个国家和地区中的共建"一带一路"国家，参见https://stats.oecd.org/。

产业政策。例如，沙特阿拉伯政府制定的国家工业战略，计划投资1万亿里亚尔（约合1.92万亿元人民币）推进经济多元化，在2030年实现工业产值翻一番。[1]印度尼西亚政府提出2015—2035年国家工业发展总体规划，希望在2035年将工业部门对GDP的贡献提高至30%。[2]越南、马来西亚、埃塞俄比亚等一些主要共建"一带一路"国家也都提出了类似的发展纲要。

"要想富，先修路"，工业发展的先行条件之一是基建质量的提升。而从当前来看，共建"一带一路"国家的人均基建投资相对较少，基建质量有提升空间。虽然从长期来看，基建投资和新产能的建设将是弥补全球供给缺口的重要途径，但鉴于基建和生产设备的建设需要一定时间，在建设初期，基建投资的需求较大，而新产能的供给能力较小，共建"一带一路"国家或将成为全球实物资产的"净消费者"，由此带来的实物资产需求缺口，将是推升新超级周期的重要因素。

本章对共建"一带一路"国家的基建缺口进行简单测算。主要思路是，用线性回归测算出人均GDP与各类基建规模的关系，然后代入1945年后的三次产业转移之后人均GDP的平均增长比例，来简单估算未来各发展中国家承接中国产业转移可能带来的基建投资规模增长。本章选取共建"一带一路"发展中国家中2021年GDP总量排名前十的国家进行测算。[3]各国基建投资缺口平均为2021年GDP的4.55%（相当于每年投资增长3 310亿美元），其中电力与交通运输方面的缺口较大（分别占2021年GDP的1.47%和1.81%）。在交通运输领域内部，陆路交通的缺口较大，特别是公路缺口，说明共建"一带一路"国家内部市场的沟通尚需提升。分国家来看，巴基斯坦的基建投资缺口/GDP比例最高（9.04%），特别是电力缺口达到GDP的3.14%，亦为各国最高水平[4]，而经济发展水平稍好的土耳其、马来西亚、沙特阿拉伯等国基建投资缺口相对较小。这些基

---

[1] 参见 http://sa.mofcom.gov.cn/article/jmxw/202210/20221003363476.shtml。
[2] 参见 http://unctad.org/system/files/official-document/BRI-Project_RP07_en.pdf。
[3] 共建"一带一路"发展中国家选取2021年GDP总量排名前十的国家，包括土耳其、印度尼西亚、沙特阿拉伯、伊朗、泰国、埃及、菲律宾、马来西亚、巴基斯坦、越南。其中，由于伊朗数据缺失，本章添加虽然未参与"一带一路"倡议，但经济体量较大，且与中国往来密切的巴西。
[4] 2023年初，巴基斯坦全国面临大范围停电，参见 https://www.news.cn/photo/2023-01/24/c_1129310068.htm。

建缺口，特别是关键国家的电力、交通领域缺口，是产业链重构需克服的短板，补缺口过程所创造的实物资产需求，将是新超级周期的重要推动力。

二、发展进程、经验和不足

（一）"一带一路"合作的发展进程

回溯中国大宗原材料行业"一带一路"合作的发展进程，从20世纪80年代末到2003年，基本属于"探索起步期"，大多以政府间的合作为背景，以国企重点项目为抓手，谨慎决策，逐步推动。2004—2013年，在大宗商品价格大幅上行的背景下，随着2004年《政府工作报告》中提出充分利用"两个市场、两种资源"，鼓励"走出去"的政策喷涌而出，中国大宗原材料行业迎来了"全面加速期"，国企、民企百花齐放，传统原材料企业和来自制造业、贸易、房地产等行业的企业百舸争流，纷纷加入境外资源投资的大潮中（见图12.1）。

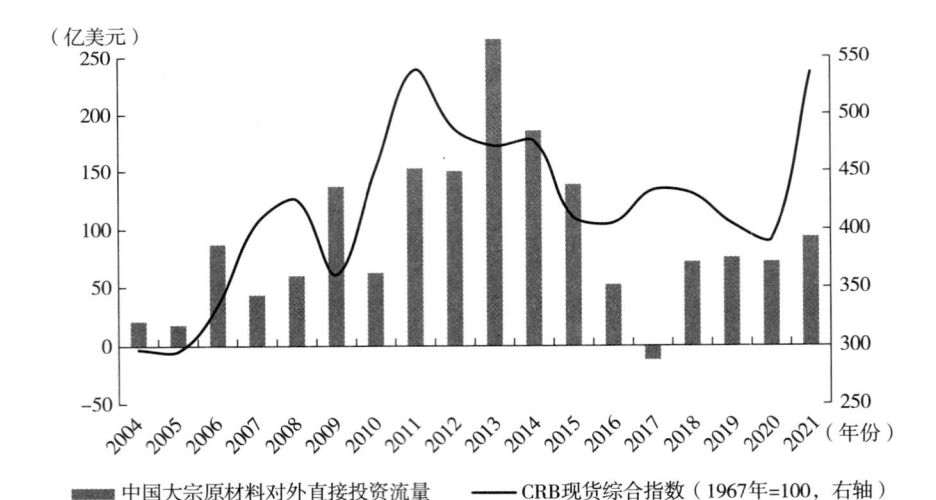

图12.1 中国大宗原材料行业对外直接投资流量与CRB（美国商品调查局）现货综合指数关系

资料来源：中国商务部，同花顺资讯，中金公司研究部。

2012年开始，大宗商品价格出现持续下跌，"走出去"热潮出现降温，周期波动的洗礼使中国企业境外资源投资趋于理性成熟。2013年9月和10月，中国先后提出共建"丝绸之路经济带"和"21世纪海上丝绸之路"的倡议，并以政策沟通、设施联通、贸易畅通、资金融通、民心相通为主要内容，得到了大宗原材料产业界和共建"一带一路"国家的广泛共鸣。随着"一带一路"合作政策支持的进一步提升，互利共赢的成功案例层出不穷，中国大宗原材料行业"一带一路"合作开启了新的"高质量发展时期"。

1. 第一阶段（2003年之前）：探索起步期

中国矿业"走出去"始于20世纪80年代末，这个阶段基本属于摸着石头过河，大多以政府间合作为背景进行推动。第一批"走出去"的企业中，从专业分类看，以矿企（90%）为主，从所有制性质看，以国企（70%）为主，合作方式以收购矿权（41%）和合资开发（39%）为主。[1]也正是因为"走出去"初期的摸索带来的谨慎投资，该阶段投资的项目达产率高达78%[2]，大部分项目历经30年发展仍然是中国境外矿业优质产能。比如首钢集团在秘鲁的马尔科纳铁矿，中冶集团在巴基斯坦的山达克铜矿以及在巴布亚新几内亚的瑞木镍钴矿等。

1993年开始，中国成为石油净进口国，在"两个市场、两种资源"的政策鼓励下，中国油气企业开启了"走出去"进程。1993年，中国石油获得了秘鲁7区的开发区块，开了中国油气企业"走出去"的先河，通过滚动勘探开发，仅仅5年就实现了成本回收。1994年，中国海油收购印度尼西亚马六甲油田32.59%的权益。2000年，中国石化与伊朗国家石油公司签订了伊朗卡山区勘探服务合同。[3]

煤炭行业方面，20世纪末，由于中国部分地区煤炭资源枯竭，一些企业面临矿井衰老、煤矿工人无法安置等情况。通过承包当地项目建设、对外输出富有经验的劳务工人等形式，中国煤炭行业初步实现"走出去"，成功帮助目标地区建设和运营煤矿，推动当地能源条件的改善，实现互利共赢。例如，徐矿集团承

---

[1] 王秋舒、宋崇宇、李文等：《中国矿业国际合作发展历程和现状分析》，《地质与勘探》，2022年第1期。
[2] 同上。
[3] 参见 https://www.sohu.com/a/538775658_158724。

包菲律宾波利略煤矿和圣保煤矿工程项目，帮助印度东南煤炭公司牛空达矿和拉金达矿实现达产运营。[1]

农业方面，1985年3月，中国第一支远洋船队启航开赴西非海岸[2]，揭开了中国远洋渔业历史的第一页，也开启了中国以企业为主的农业"走出去"的新篇章。中国对外农业投资在20世纪80年代以设立合资企业为主，主要涉及渔业和林业资源的合作开发。20世纪90年代开始，中国企业开始通过承担农业援助项目的方式到受援国开展农业投资，主要以国有企业为主，如1990年中国农垦集团在赞比亚投资建设第一个农场[3]，获得了在境外开展农业投资的宝贵经验。1995年之后，中国进一步明确了互利合作的援助方针[4]，鼓励国内有实力的企业参与援助项目，鼓励将援助资金用于当地有资源、有市场的生产性项目，鼓励大型骨干农企在海外进行资源开发型投资。在这一时期，中国水产总公司和中国农垦集团等大型国有企业扮演着重要角色。到1998年，中国农垦集团在赞比亚投资的农场增加到3个[5]，产业涉及种植业、养殖业及农畜产品加工业，产业链不断拓展。

2. 第二阶段（2004—2013年）：全面加速期

21世纪初，中国工业化的崛起开始驱动大宗商品迎来超级周期，加上2004年《政府工作报告》中提出充分利用"两个市场、两种资源"，鼓励"走出去"的政策喷涌而出，中国大宗原材料行业"走出去"进入全面加速期。

中国矿业"走出去"呈现出百花齐放、百舸争流的态势。中国地质调查局统计，这一时期民营企业（47%）超越国企（46%）成为矿业出海占比第一大类投资主体，同时地勘单位也开始尝试境外勘查投资，占比约6%。另外，从企业所属行业来看，来自贸易、制造业、房地产等行业的非矿业企业（24%）也纷纷加

---

[1] 史治斌、朱超、鲁金涛：《"一带一路"倡议背景下煤炭国际合作探索》，《煤炭工程》，2017年第11期。

[2] 参见 http://aoc.ouc.edu.cn/2019/0510/c9821a243815/page.psp。

[3] 参见 https://csfa.cnadc.com.cn/qydt/16173.jhtml。

[4] 参见 http://www.cidca.gov.cn/2018-08/06/c_129925064_2.htm。

[5] 参见 https://csfa.cnadc.com.cn/qydt/16173.jhtml。

入投资境外矿业的队伍。

本阶段奠定了中国参与全球矿产资源配置的基本格局，众多企业取得了"走出去"开创性成果，比如中国有色矿业集团的赞比亚谦比希铜钴矿、中国铝业集团的秘鲁特罗莫克铜矿、宝武钢铁集团收购利比里亚邦州铁矿等。同时，由于投资过热且部分非矿企业涌入，导致出现了诸多盲目和不理性投资，如西芒杜铁矿项目和赞比亚卡森帕铜矿项目等，使该阶段项目达产率下降至31%。[1] 本阶段的投资方式更加多样化，包括全资收购、以参股形式获取矿石供应、仅战略层面参股、与境外公司建立合资公司开发矿山等。

油气"走出去"出现全面加速。伴随着中国工业化崛起拉动石油需求快速增长，中国从原油进出口平衡国家迅速转为进口国，寻找稳定的石油供应源逐步成为国内企业的关注点。在此期间，中国企业进行了大量并购。2004—2007年，由于原油价格刚刚摆脱低迷，资源国有化尚未成为主流，中国企业一般是与独立资源企业并购资源，注入充足资金，协助企业升级改造和产能扩张。其中的典型案例包括中国石油于2005年并购哈萨克斯坦第三大石油公司PK的项目，中国海油收购Unocal（优尼科公司），以及中国石化国际勘探公司的并购项目等。2008年，由于原油价格达到每桶147美元的高价时，资源国有化程度显著加速，从传统油气资源较为丰富的南美洲、中亚持续获得并购机会的概率明显下降，中国企业开始逐步进入风险程度更高的非洲市场，典型案例是中国海油并购乌干达项目。在2011—2014年的高油价时代，诸如页岩油气和深水勘探开发等非常规油气技术得到迅速发展，中国企业也逐步试水页岩油气项目和油砂项目。

值得一提的是，除了直接入股资源以外，以工程方式进入中东市场获取资源也是一种常规合作模式，2008年伊拉克重建之后，中国石油获得了伊拉克的鲁迈拉项目，以工程换产量，超额产量还有额外分成。

煤炭行业"走出去"也在这一时期全面提速。中国已不限于对外输出煤炭行业劳务和相关技术，而是开始对境外煤炭资源进行投资开发，同时，带动目标地区从能源开采到能源上下游产业链协同发展。例如，2003年中鼎国际在马

---

[1] 王秋舒、宋崇宇、李文等：《中国矿业国际合作发展历程和现状分析》，《地质与勘探》，2022年第1期。

来西亚投资阿勃克煤矿项目，成为中国首家投资境外煤炭资源的企业。2009 年，中国神华与印度尼西亚的 PT. Energi Musi Makmur（电力企业）合作建设南苏 2×150 兆瓦煤电项目及配套 210 万吨 / 年露天煤矿。

农业"走出去"战略在这一时期正式确立。自中国 2001 年正式加入世界贸易组织以来，农业企业开始将"引进来"与"走出去"二者并重，农业"走出去"也成为中国经济建设中至关重要的一环。中国商务部、农业部和财政部在 2006 年联合发布了《关于加快实施农业"走出去"战略的若干意见》，同时农业部还专门制定了《农业"走出去"发展规划》[1]，从而正式确立了农业"走出去"战略。2007 年中央 1 号文件提出"加快实施农业'走出去'战略"，其中强调了对外农业投资的重要意义。加入世界贸易组织以来，中国切实履行承诺，农产品关税由 2001 年的 23.2% 降至 2010 年的 15.2%，是世界农产品关税水平最低的国家之一。中国农业开放红利不断释放，农产品贸易呈现由小到大、由弱渐强的发展态势。

3. 第三阶段（2013 年至今）：高质量发展时期

2013 年以后，随着大宗商品价格持续回调，中国大宗原材料行业 FDI 逐步回落，"走出去"更加理性成熟，叠加 2013 年下半年中国正式提出"一带一路"倡议，使中国大宗原材料行业"走出去"与"一带一路"合作紧密结合，进入新的高质量发展时期。

中国有色金属矿业该阶段主要表现为国内大型矿企抓住国际矿业市场周期性波动机遇，逆周期投资成功收购多项境外优质资产，为中国矿业出海取得突破性进展。比如五矿集团收购嘉能可旗下在建铜矿项目秘鲁拉斯班巴斯项目，洛阳钼业收购自由港公司旗下全球储量最大、品位最高的铜钴矿之一刚果（金）TFM（矿业公司）项目，赣锋锂业收购黏土型锂矿墨西哥索诺拉项目 22.5% 的权益，以及紫金矿业收购艾芬豪旗下全球第四大未开发的高品位铜矿刚果（金）卡莫阿－卡库拉项目等，该阶段的项目达产率也同步提升至 40%。[2]

---

[1] 参见 http://www.agri.cn/zx/jjps/201908/t20190809_6474407.htm。

[2] 王秋舒、宋崇宇、李文等：《中国矿业国际合作发展历程和现状分析》，《地质与勘探》，2022 年第 1 期。

铁矿石行业在经历深度调整后，对外投资更加理性成熟。2013年起全球经济增长放缓，铁矿石价格低迷，导致中国企业对海外铁矿的投资信心下降。同时，部分上一阶段投资的海外铁矿项目因管理失误、基建落后、政治环境复杂等面临开采即亏损的处境，如中铝集团投资的几内亚西芒杜铁矿和山东钢铁集团投资的塞拉利昂唐克里里铁矿，这让中国企业投资海外项目的态度变得更为冷静。[①]因此，此阶段的投资主要是对存续项目的重启和整合，新增项目相对较少。2017年以后，在国内钢铁行业供给侧改革和"一带一路"倡议的推动下，中国钢铁企业加强对项目的前期经济性评估，更注重项目的可持续性发展，成功获取了多项境外优质资产。

油气行业从2014年开始，对外投资全面放缓，以深耕细作和扩大产能为主。由于油价低迷，在高油价时代累积下来的高成本项目成为石油公司的拖累，因此油气行业普遍对海外投资十分谨慎。然而，中国加大对原来资产包的处理，成果之一便是中国海油的圭亚那项目，在当年收购的尼克森的资产包中仅仅是一个潜在的高回报项目，却实现了远超预期的回报。同时，中国作为全球第二的一次能源消费国，积极开展与资源国的贸易协作，开拓了俄罗斯天然气管线，盘活了俄罗斯远东资源，同时也获得了稳定的能源供应。

截至目前，中国的海外油气权益产量达到1.85亿吨，已经接近2022年中国国内石油产量的2.2亿吨。[②]其中主要产量贡献来自中国石油的伊拉克、土库曼斯坦、哈萨克斯坦项目和中国海油的圭亚那项目。由于错失了2014—2020年油价低迷时期的逆势扩张，且考虑到新能源替代的长期影响，国内企业在油气领域的资源扩张方面未来可能也相对较为谨慎。同时，中国在全球46个国家分布着近300个勘探开发项目，油气权益总年产量达到1.8亿吨油当量[③]，其中中东地区[④]4 976万吨油当量、中亚地区4 350万吨油当量、非洲地区2 700万吨油当量、南美洲地区2 045.1万吨油当量、北美洲地区2 049.1万吨油当量、亚太地区1 080.2万吨油当量、欧洲地区734.8万吨油当量。

---

① 参见 https://m.mysteel.com/21/0309/11/134FFD342D213E46_abc.html。
② 参见 http://www.sasac.gov.cn/n4470048/n13461446/n15390485/n15769618/c28016592/content.html。
③ 参见 https://www.mnr.gov.cn/dt/kc/201903/t20190326_2402970.html。
④ 此处不包含埃及。

在双碳背景下，煤炭行业的"一带一路"合作需要考虑更多因素。2020年9月，中国首次提出碳中和承诺和碳减排的目标，重申力争于2030年前实现碳达峰、2060年前实现碳中和。在此背景下，中国煤炭行业"走出去"可能需要考虑更多的因素。不过，在能源安全日益重要、"一带一路"合作日益紧密的背景下，煤炭行业仍有向外发展的动力。例如中国神华与俄罗斯合作的扎舒兰煤矿500万吨/年项目在有序推进的过程中[①]，与印度尼西亚PT. Lion Power Energy（煤炭生产商）合作建设的南苏1号2×350兆瓦煤电项目也计划于2024年投产运行。[②] 展望未来，煤炭行业需要逐渐探索新的合作模式，以更加绿色和环保的方式与共建"一带一路"国家实现互利共赢。

2013年以来，"一带一路"建设在推动"一带一路"农业合作方面成绩显著。截至2023年6月，中国已经与152个国家和32个国际组织签署了200余份共建"一带一路"合作文件[③]，与86个国家签署了农渔业合作协议，与其中一半以上的国家就农业合作建立了稳定的工作机制。[④] "一带一路"倡议实施以来，累计投资的农业项目超过820个，投资存量超过170亿美元，仅2020年中国与共建"一带一路"国家的农业贸易总额就达到957.9亿美元。[⑤] 中国与共建"一带一路"国家就农业贸易、农业技术、农业人才交流等达成了广泛的合作。随着《区域全面经济伙伴关系协定》下进口税普遍减免等一系列规则落地，区域内贸易成本明显降低，贸易便利化水平进一步提升，越来越多的东盟农产品进入中国市场，并享受到实在的福利。而且，随着西部陆海新通道、中老铁路等重大项目的推进，区域内冷链、冷库等配套基础设施不断完善，东盟国家农产品进入中国市场日益便捷。

农业对外投资主要集中在国内短缺产品或自有技术优势项目领域，前者如

---

① 参见 http://www.coalchina.org.cn/index.php?m=content&c=index&a=show&catid=16&id=135327。
② 参见 https://mp.weixin.qq.com/s?__biz=MzAxMTUyNTA0OA==&mid=2649550241&idx=4&sn=e3225a548e81733e6377e188ff9980db&chksm=83a78376b4d00a601261d01a228aa32560e1e0f1593a643ad06daeab89b3300751a05062cb84&scene=27。
③ 参见 https://www.yidaiyilu.gov.cn/xwzx/roll/77298.htm。
④ 参见 https://www.icc.org.cn/publications/policies/128.html。
⑤ 参见 https://www.gov.cn/xinwen/2021-11/25/content_5653270.htm。

橡胶、糖料、大豆、棕榈油、乳品、牛羊肉等的生产加工，后者如畜禽水产饲料、畜禽养殖、优质水稻生产加工等。投资环节从买地种粮向全产业链，再向产业链高端发展趋向明显。例如，中粮集团通过并购尼德拉和来宝农业两家跨国农粮企业，在南美洲、黑海等主要产区和关键物流节点优化港口、码头、仓储设施战略布局；中化集团并购先正达，使中国种子研发、农药生产能力实现"弯道超车"；上海光明集团并购西班牙、新西兰、加拿大、阿根廷企业，初步形成乳品、水产、肉类全球产业链布局；上海鹏欣集团在巴西布局大豆、玉米收储运产业链，具备百万吨级粮食收储能力。

值得一提的是，随着新能源汽车大潮的来临，新能源金属价格出现大幅攀升，2016年以来，新能源金属锂、钴、镍等品种在共建"一带一路"国家投资布局的进程出现显著加速，而且呈现出一些可喜的全新特征。一是"走出去"以民营企业为主，决策灵活性有所提升；二是依托于中国蓬勃发展的资本市场进行融资，融资金额和融资效率正在大幅提升，能源金属企业通过国内资本市场进行定向增发、可转债、配股等融资方式夯实资本实力，并借助在中国香港、瑞士等国际化资本市场的多样化融资渠道支持海外新能源金属资源项目的收购与开发；三是技术能力和装备水平显著提升，具备较强的产业输出能力。以赣锋锂业和力勤资源两家新能源金属企业为例，赣锋锂业经历长期的发展拥有深厚的提锂技术积淀和领先的研发与工程团队，可以因地制宜地设计和执行海外国家锂资源的开发方案；力勤资源镍湿法冶炼技术与工程建设能力全球领先，深耕印度尼西亚镍钴资源，以产能换资源，推进产业链互补的深度合作。

综上所述，中国大宗原材料行业经过三个阶段的发展，从"走出去"的谨慎探索，到周期波动下的起落沉浮，一直到当前与"一带一路"合作相结合的高质量发展，已取得了难能可贵的成果。统计表明，当前中国大宗原材料行业"一带一路"合作相关项目占共建"一带一路"国家石油、天然气、铁矿石、煤炭、钾、铜、铝土矿、锂、钴、镍资源量的比例分别为5%、5%、8%、0.2%、13%、14%、57%、19%、21%、2%。展望未来，该比例整体仍处于较低水平，在"一带一路"合作逐渐深化的趋势下，仍然具有广阔的提升空间。

（二）"一带一路"合作的经验

中国大宗原材料行业"走出去"经过上述三个阶段的发展，涌现出一批具有代表性的成功案例，为今后的"一带一路"合作提供了宝贵经验。本文总结了以下三点经验：一是建立产业优势互补、互利共赢的合作机制，构建中国与共建"一带一路"国家的命运共同体；二是中国凭借完善的制造业基础、强大的海外工程技术能力和资金优势为"一带一路"合作赋能，提供综合解决方案；三是为共建"一带一路"国家的ESG和减贫事业贡献中国智慧和中国作为。

1. 建立产业优势互补、互利共赢的合作机制，构建中国与共建"一带一路"国家的命运共同体，是"一带一路"合作成功的基石

紫金矿业刚果（金）卡莫阿-卡库拉铜矿项目，是中国和西方产业能力合璧，与刚果（金）政府一道构建互利共赢产业生态闭环的典型案例。卡莫阿-卡库拉铜矿坐落于刚果（金），位列全球资源储量前十大铜项目。从1996年加拿大矿业公司艾芬豪矿业取得5万平方千米的探矿权、2001年开始早期勘探、2008年发现卡莫阿高品位矿床，到2021年一期成功投产和2022年4月二期投产，其间经历了政局变化、项目资金中断等诸多困难，但凭借着中国、加拿大和刚果（金）政府的产业优势互补和互利共赢合作，截至2022年底，卡莫阿-卡库拉已成为全球前五大在产铜矿，未来有望成为全球第二大铜矿，是有色矿业"一带一路"合作的标杆项目。

该项目的成功经验主要有三点。一是设计合理的股权架构，建立稳定的互利共赢机制。卡莫阿-卡库拉铜矿项目目前由合资企业卡莫阿铜业管理运营。卡莫阿铜业层面，股权结构为中国紫金矿业（39.6%）、加拿大艾芬豪矿业（39.6%）、刚果（金）政府（20%）和晶河全球（0.8%）。艾芬豪矿业层面，该公司先后于2015年和2018年引入紫金矿业和中信金属战略入股，目前中信金属和紫金矿业作为艾芬豪矿业的前两大股东分别持有其25.9%和13.6%的股权，第三大股东罗伯特·弗里德兰先生是艾芬豪矿业的创始人和执行董事长，持有13.4%的股权。在以上股权架构下，紫金矿业通过在艾芬豪矿业和卡莫阿铜业的双重持股，成为项目层面的最大股东，该项目已成为紫金矿业上市公司铜矿产量的主要增长

极之一；罗伯特·弗里德兰先生带领的艾芬豪矿业则通过引入中国资本和中国产业能力，获得了丰厚的财务回报；同时，刚果（金）政府也由此获得了良好的经济和社会效益。

二是三方股东产业优势互补，文化高度融合，实现了卡莫阿－卡库拉铜矿项目的高速建设和高效运营。艾芬豪矿业作为西方优秀的勘探公司，在卡莫阿－卡库拉铜矿的前期勘探工作中取得重要成果，但后期由于融资和开发能力较弱，项目险些搁浅。中信金属和紫金矿业在大宗商品价格低迷的2015—2018年为艾芬豪矿业和卡莫阿－卡库拉铜矿项目注入资金，并进行产业赋能。2015年项目建设启动以来，中国、加拿大和刚果（金）三方高效配合，艾芬豪矿业在设计和运营方面贡献了精细化排产设计和符合西方规范的ESG实践，紫金矿业在海外项目开发建设方面展现了中国实力和中国速度，控制项目成本，确保项目如期交付，刚果（金）政府在本土化运营，尤其是在水电保障和社区关系方面保驾护航。在三方力量的共同推动下，该项目在2021年5月提前投产，而且仅用不到两年便成功达产。

值得关注的是，中国的产业能力在卡莫阿－卡库拉铜矿项目的开发、运输、销售全产业链中均扮演重要角色，形成"中国资本—中国建设—中国运输—中国产品"的贸易闭环[1]。项目开发环节，中国恩菲、金诚信、中信建设、中国有色、中国中铁等一众中国承包商和服务商在卡莫阿－卡库拉项目的建设、施工和技术指标提升中发挥了重要作用。物流运输环节，刚果（金）道路基础设施匮乏，运输能力稀缺，紫金矿业与嘉友国际展开合作，后者在刚果（金）布局了萨卡尼亚路港资产及安哥拉本格拉铁路，积极推动刚果（金）矿业疏通南下及向西出海路线建设，为提升刚果（金）矿企的物流效率、促进刚果（金）和安哥拉的经贸往来做出积极贡献。产品销售环节，卡莫阿－卡库拉铜矿项目生产的铜精矿100%由中信金属和金山矿业（紫金矿业子公司）包销[2]，实现了"中国资本—中国建设—中国运输—中国产品"的贸易闭环。

三是践行绿色可持续生产理念，构建中刚矿业命运共同体。卡莫阿铜业践

---

[1] 参见 https://www.cici.citic.com/content/details_39_2340.html 和 http://www.metal.citic.com/zxjs-cn/html/out/business/invest/8.html。

[2] 参见 https://cn.ivanhoemines.com/news/2021/kamoa-kakulas-off-take-agreements-signed-for-phase-1-blister-copper-and-copper-concentrate/。

行紫金矿业"绿色生态发展理念",重视与当地社区和人民的共同发展,设立了"可持续民生计划"等系列发展规划,矿山通过建立农业示范园来支持社区农民,再将园区交予社区农民,实现授人以渔。2022年,矿山创造的社会贡献总额为23.5亿美元,占刚果(金)GDP的4%。[①]展望未来,紫金矿业和艾芬豪矿业正在推进卡莫阿-卡库拉铜矿50万吨冶炼厂规划[②],项目建成后,或将进一步提升卡莫阿铜业在刚果(金)当地的产业附加值,为刚果(金)创造更多的税收、就业和广泛的社会效益。

2. 中国凭借完善的制造业基础、强大的海外工程技术能力和资金优势为"一带一路"合作赋能,提供综合解决方案

我们需要承认,西方跨国企业在全球优质资源的勘探和开发方面已具备了显著的先发优势,近年来又不断通过兼并整合优化资产组合,强化对优质资源的控制力。这也意味着中国企业的"一带一路"合作在资源品质、开发条件、经营难度等方面面临更大的挑战,这势必要求中国企业对共建"一带一路"国家的绿地项目、低效资产具备更强的赋能能力。也正是因为中国大宗原材料企业在"走出去"的初期就面临以上压力和困难,中国企业在"一带一路"合作的实践中也逐渐练就了较强的综合解决问题的能力。

例如中国五矿集团旗下的中国恩菲工程技术公司,便是在中国大宗原材料企业"一带一路"合作中逐渐发展壮大的工程咨询设计企业的先行者。中国恩菲是目前世界上屈指可数的可同时开展矿山、冶炼加工、电力、化工、环保、基础设施工程的综合服务商,是为中资企业"走出去"开发境外资源提供技术支持的工程咨询设计企业。据公司公告,中国恩菲曾为30多个国家和地区设计、建设了4000多个工程项目,几乎涵盖所有金属品种。[③] 2016年9月,中国恩菲矿业"走出去"联盟成立,由中国恩菲牵头,中国矿山装备领域知名企业共同发起,汇聚了非煤矿业领域从采矿、选矿、尾矿到冶炼全工艺流程的关键装备、工程技术,

---

① 参见 https://ivanhoemines.com/news/2023/ivanhoe-mines-publishes-2022-sustainability-report/。
② 参见紫金矿业公司公告。
③ 陆志方:《技术创新,焕发"一带一路"有色之光——中国恩菲践行"一带一路"倡议的思考与实践》,《中国有色金属》,2017年第23期。

为全球矿业客户提供"中国技术、中国方案、中国装备"的一站式服务，为全球矿业客户提供从技术研发、咨询设计到设备集成、工程总包的综合解决方案。

2023年4月，由中国恩菲承担设计、核心设备供货的力勤印度尼西亚OBI（奥比岛）镍钴项目硫酸镍工程顺利产出第一批电池级硫酸镍产品。该项目的成功投产使力勤印度尼西亚OBI项目的产品由MHP（氢氧化镍钴）延伸至大颗粒、高品质电池级硫酸镍。该项目以力勤印度尼西亚OBI项目生产的氢氧化镍钴为原料，生产三元材料用的高品质电池级硫酸镍和硫酸钴产品。中国恩菲在项目中采用了公司核心专长的萃取技术，设计范围从氢氧化镍钴矿浆压滤开始，至产出电池级硫酸镍和硫酸钴产品为止，包括过滤、酸溶、萃取分离、蒸发结晶及其他辅助工程。据力勤资源公司公告，该项目设计硫酸镍年产能达24万吨，是迄今为止世界产能最大的单体硫酸镍项目，也是印度尼西亚历史上第一次批量化生产电池级硫酸镍产品的项目，在印度尼西亚新能源产业领域具有里程碑式的意义和影响。

紫金矿业作为中国有色矿业国际化程度最高的企业之一，在"一带一路"合作项目中展现出雄厚的海外工程技术实力，以及对共建"一带一路"国家低效资产赋能的综合解决问题的能力。紫金矿业在地质勘查、湿法冶金、低品位难处理资源综合回收利用及大规模系统工程化等方面具有行业领先的技术优势和丰富的实践经验，公司独创以经济社会效益最大化为目标，以矿石流为走向，将地勘、采矿、选矿、冶金和环保五个环节进行统筹研究和全流程控制的"矿石流五环归一"矿业工程管理模式，以系统工程和经济矿业思想指导项目建设和运营，在投资和成本控制方面形成明显的竞争优势，成功开辟资源绿色高效开发新路径，形成矿业工程全球竞争力。

紫金矿业收购塞尔维亚博尔铜矿，激活老牌国企的经营活力，就是紫金矿业对低效资产赋能的典型案例。塞尔维亚东部城市博尔是典型的资源型城市，自1903年开始采铜以来，博尔实现快速发展。博尔铜矿之前是塞尔维亚唯一在产的大型铜矿，也是塞尔维亚规模最大的用工企业之一，但因技术设备更新滞后、管理缺失，矿山一度濒临破产并遗留下严重的环境欠账。[1] 2018年9月，紫金矿业正式收购了塞尔维亚国有铜业公司RTB Bor公司，拥有了该公司旗下4个

---

[1] 参见 http://www.scio.gov.cn/31773/35507/35510/35524/Document/1696691/1696691.htm。

矿山和1个冶炼厂的所有权，12月，紫金矿业与塞尔维亚政府签署战略合作协议。紫金矿业接手博尔铜矿后，大力推行技术创新，加强各生产环节管理，降低矿石贫化率和采矿损失率，提高选矿和冶炼回收率；同时采购先进的技术装备，向信息化、自动化、智能化转型，大幅提高生产效率，降低生产运营成本。根据公司公告，博尔铜矿在紫金矿业收购半年后即扭亏为盈，2019年实现2.3亿元净利润，2020年实现6.04亿元净利润。同时，紫金矿业在当地开展水系污染治理、尾矿生态绿化、社区服务中心建设等，2022年获得了当地的"州杰出经济贡献奖"。塞尔维亚总统武契奇表示："紫金矿业让塞尔维亚百年老矿'重生'，这是中国企业投资塞尔维亚的典范，我要用最美的语言表达敬意和感谢。"[1]

赣锋锂业凭借提锂技术、工程能力和资金优势赋能阿根廷盐湖开发。阿根廷地处南美洲"锂三角"地区，虽然拥有丰富的盐湖资源，但是资源禀赋不尽相同，在资源开发中需要"一湖一策"、因地制宜，其中低品位、高杂质的盐湖资源开发存在对先进技术工艺的内在要求。同时，阿根廷的经济发展长期受到高通胀的困扰，因此对于吸引外商投资的诉求较强。赣锋锂业长期专注于提锂技术创新，通过成立技术中心、创新激励、与高校合作等方法探索提锂技术的发展趋势。根据公司公告，截至2022年末，公司已经累计获得国家专利589项，其中国家发明专利160项、实用新型专利422项，技术专利储备在行业中领先，公司成立之初就以卤水、回收料等为原材料制备深加工锂产品，突破了卤水中直接提取电池级碳酸锂等关键技术。赣锋锂业积累的提锂技术与工程经验应用于阿根廷盐湖，显著提高了盐湖项目的开发效率；同时，公司积极通过资本市场丰富融资渠道，提高融资效率，从2016年开始两次发行可转债，并于2018年在港股IPO上市，募集资金支持海外锂资源的收购和阿根廷考沙里-奥拉罗斯（Cauchari-Olaroz）盐湖项目的开发。

中国农业的"一带一路"合作为共建"一带一路"国家提供技术和设备支持，推动了其农业生产效率上台阶。以农产品中的小麦为例，共建"一带一路"国家小麦种植面积超过11亿亩，但单产水平仅相当于中国的一半[2]，对先进技术

---

[1] 参见 https://www.yidaiyilu.gov.cn/ghsl/gnzjgd/177534.htm。
[2] 参见 http://www.xinhuanet.com/politics/2018-08/28/c_1123337834.htm。

有迫切需求。杂交小麦是提高单产的首要途径。2012 年，中种杂交小麦种业公司与巴基斯坦佳德农业公司、白沙瓦农业大学合作，开展杂交小麦试验示范。经过 120 余份杂交组合、230 多个种植点的试验，中国二系杂交小麦表现突出，较当地品种平均增产 24.4%。2017—2018 年度的试验显示，巴基斯坦北方麦区增产达到 50.1%。而佳德农业公司所在的中部麦区，杂交小麦增产幅度达 45% 以上。[1] 此外，援助格鲁吉亚蔬菜大棚种植技术合作，专家向农户推广日光温室种植技术，提高了当地农业产量，解决了当地蔬菜难以自给自足的难题；援助建设老挝农业技术示范中心，帮助当地玉米单产提高了近 70%，水稻单产提高了 1 倍。[2] 对东帝汶采取粮食种植技术培训、提供农用物资设备、援建粮食仓储设施等举措，帮助其提升粮食自给能力。

3. 为共建"一带一路"国家的 ESG 和减贫事业贡献中国智慧与中国作为

紫金矿业作为中国国际化程度最高的矿业公司之一，在共建"一带一路"国家的 ESG 工作可圈可点，具有较强的代表性。塞尔维亚博尔市罗布莱湖由于历史问题污染严重，被当地人称为"红湖"。紫金矿业收购博尔铜矿之后，持续淘汰落后的矿山工艺，并委托第三方开展水质调查，根据调查结果制定治理方案。经过多年的治理和投入，"红湖"废水治理工程目前已全部完成，而且"红湖"内高度受污染的水体通过紫金矿业的处理系统处理后用于生产，减少了对清洁水源的依赖。紫金矿业旗下的刚果（金）卡莫阿铜业重视与当地社区和人民的共同发展，设立"可持续民生计划"等发展规划，通过建立农业示范园支持社区农民，大幅提高了项目周边社区的粮食安全和农业生产能力。根据紫金矿业 2022 年 ESG 报告，紫金矿业旗下的哥伦比亚大陆黄金公司已连续开展 5 年"播种未来"农业发展计划，旨在帮助农民积极发展专业化农业，5 年间共计投资 4.81 亿哥伦比亚比索，参与或实施了 261 个农牧业创业项目、59 个生产性项目，454 个社区家庭在"播种未来"计划中直接受益，间接受益人群达到近万人。其中，大陆黄金重点扶持发展了当地特色的咖啡种植业，通过成立咖啡生产联盟、专业培

---

[1] 参见 http://www.xinhuanet.com/politics/2018-08/28/c_1123337834.htm。

[2] 参见 http://www.scio.gov.cn/zfbps/32832/Document/1696685/1696685.htm。

训等方式，提高当地咖啡的商业化水平，多个咖啡品牌在大陆黄金的帮助下出口欧洲和中国等地。[①] 紫金矿业旗下的塔吉克斯坦泽拉夫尚矿业将增加妇女收入作为助力社区发展的切入点，组织社区周边的家庭妇女开展家门口创业就业行动，通过种植蔬菜瓜果，同时预购包销成熟农副产品，提高当地女性的地位和收入。

"一带一路"倡议提出以来，中国不断加大对发展中国家的农业援助，对促进相关国家农业农村发展和减贫事业做出了积极贡献。迄今为止，中国已经成为联合国粮食及农业组织南南合作框架下资金援助最多、派出专家最多、开展项目最多的发展中国家之一。[②] 非洲是世界上贫困人口最集中的地区之一，携手非洲国家摆脱贫困，一直是中非关系发展的主旋律，消除贫困、改善民生、推动经济发展也是中非共建"一带一路"的重要目标。2011年开始，中国在莫桑比克加扎省的"万宝"稻田项目就有效缓解了莫桑比克粮食短缺的问题。项目开展以来，已培训超过1 500名农户[③]，在实现粮食自给和获得种植技术的同时，收入也有所增加。袁氏国际农业从2007年开始，派驻农业技术专家到马达加斯加推广杂交水稻种植技术。经过10多年的发展，目前该国已经成为非洲杂交水稻种植面积最大、产量最高的国家之一[④]，并成为首个实现杂交水稻育种、制种、种植、加工和销售全产业链发展的非洲国家。

（三）"一带一路"合作的不足

大宗原材料行业是典型的强周期行业，大宗商品的价格波动较大，使商业投资决策本就难以摆脱顺周期性，加上部分国内企业在决策机制上欠缺灵活性，容易酝酿较大的决策风险。2009年，中国镍矿龙头企业吉恩镍业趁着镍价牛市，一举收购两家分别位于加拿大和澳大利亚的大型镍矿公司，境外权益资源量迅速提升。但后续镍价大跌，加上对当地投资运营环境不熟悉，公司公告显示追加

---

① 资料来源：紫金矿业2022年ESG报告。
② 参见 world.people.com.cn/n1/2022/0603/c1002-32437657.html。
③ 参见 world.people.com.cn/n1/2022/0603/c1002-32437657.html。
④ 参见 http://mg.mofcom.gov.cn/article/jmxw/202106/20210603070505.shtml。

大笔资本开支，导致债务压力高企、利润不达预期，最终落得企业摘牌退市的境地。

"一带一路"合作涉及跨国经营，面对地缘政治、文化差异和当地营商环境的诸多不确定性，中资企业容易"水土不服"，国际化经营和风险管控能力尚待提升。从经营角度看，跨国经营不仅需要处理好与共建"一带一路"国家当地政府、管理层和员工的关系，融入当地的营商环境和文化氛围，同时，还需要较好地应对与西方管理层和员工在管理理念、管理架构及具体经营实践上的诸多差异，管理难度较大。金川集团在 2012 年私有化南非 Metorex（矿业公司），并于 2013 年 11 月将其注入港股金川国际，旨在将金川国际打造成金川集团境外资源开发的上市平台。虽然 Metorex 旗下的刚果（金）鲁阿希铜钴矿、金森达铜矿的资源都很优质，但在经营之初，生产、管理成本高昂，再加上 2013 年以后的金属价格熊市，导致 2014 年、2015 年连续亏损。后续通过中方管理层的进驻，与外方管理层深度融合，又通过严格的供应链管理和技术经济指标的提升降本增效，公司才在 2016 年底盈亏平衡，2017 年大幅盈利。从当地复杂的社区关系处理上看，山东钢铁在塞拉利昂的唐克里里铁矿项目，中国有色集团在赞比亚的谦比希铜矿项目、卢安夏铜矿项目，五矿集团旗下的秘鲁拉斯班巴斯铜矿项目，也都曾面临当地非营利性组织、社区居民的抗议或罢工活动等负面冲击，导致企业生产放缓。

融资渠道单一，投资保险制度尚待完善。间接融资方面，目前共建"一带一路"国家的企业融资支持主要依靠亚洲基础设施投资银行、中国国家开发银行、丝路基金等政策性金融机构，对民企海外项目融资的支持力度较小。在当前的会计和财务制度下，企业的境外资产和矿权难以作为抵押，投资境外项目主要通过"内保外贷"的方式获得贷款，增加了国内实体的负担，而商业银行出于风险考虑或对民营企业出海项目的资金支持不足，使部分出海企业的海外项目"供血不足"。股权融资方面，近年来"一带一路"合作项目在国内 A 股再融资、港股融资、GDR 上市融资的案例逐渐增多，但外汇政策仍较为严格，总体上仍面临一定的融资掣肘。同时，中国目前涉及矿业境外投资保险方面的法律政策体系仍有待完善，仅中国出口信用保险公司一家政策性保险公司有此方面的职能，其在矿业海外投资领域承办的保险金额和数量均较为有限。[1]

境外矿业投资的配套机构和服务体系欠缺，精通共建"一带一路"国家投资并购、经营管理的人才缺乏，是目前制约"一带一路"合作顺畅开展的重要因素。当前，中资矿业公司从事境外矿业收购时，主要依靠外资机构进行技术、法律、财务等方面的咨询，中国尚未形成一套成熟的服务于境外矿业投资的配套机构和服务体系。[2] 同时，鉴于中国大宗原材料行业"走出去"历史较短，企业普遍缺乏熟悉国外矿产资源勘查开发运作规则、具有跨国经营能力的专业人才队伍，在一些小语种国家尤其缺乏相关语言人才，这也成为制约"一带一路"合作顺畅开展的重要因素。

值得高度重视的是，2013年以来，中国大宗原材料行业的"走出去"已经上升到"一带一路"合作的高度，这意味着我们不仅需要做好企业层面的"一带一路"合作，也需要做好政府层面的"一带一路"外交，二者如果能开启彼此强化的正向循环，将为"一带一路"合作项目提供较好的保驾护航作用，从而尽可能地降低相关的地缘政治风险和治安扰动。

三、面临的挑战

在逆全球化背景下，"一带一路"合作面临的首要挑战是地缘政治风险。根据风险咨询公司Verisk Maplecroft的数据，新冠疫情发生以来全球34个国家和地区的资源民族主义指数显著上升，主要为南美洲和非洲资源国。虽然该指数从2017年开始就有上升趋势，但近一年的提升尤为显著。[3] 再加上当前地缘政治摩擦升级，可能为资源民族主义发酵提供进一步支撑。

第一，共建"一带一路"国家政局不稳定性上升，国有化风险显现。智利是全球锂资源储量第一和锂资源产量第二的国家，天齐锂业对于智利本地的盐湖提锂企业SQM拥有22%的股权。智利对于锂资源国有化的历史可以追溯至20世

---

[1] 李娜、陈秀法、常兴国：《"一带一路"工业文明：资源融通》，电子工业出版社，2018年。
[2] 王秋舒、宋崇宇、李文等：《中国矿业国际合作发展历程和现状分析》，《地质与勘探》，2022年第1期。
[3] 参见https://www.maplecroft.com/risk-indices/。

纪 60 年代，智利时任总统阿连德于 1970 年对 SQM 公司实施国有化并完全控股，在皮诺切特执政后转为私营企业。当前智利正在谋求重新推进锂资源国有化的进程，2023 年 4 月 20 日，智利总统博里奇表示，将成立一家 100% 国有的锂公司参与该国所有的锂产业，该提案将于 2023 年下半年提交议会投票。博里奇称智利政府会尊重目前的合同，但在合同到期之前，智利国家铜业将会与 SQM 商议以寻找智利盐湖国有化的解决方案，若法案通过将影响 SQM 公司和雅保公司（Albemarle）在阿塔卡马盐湖运营的控制权。[①]

第二，"一带一路"资源国矿业政策整体趋于保守，在资源、冶炼、制造、定价、能源、税收等层面均有收紧倾向。例如在钴镍资源的"一带一路"合作中，印度尼西亚的矿业政策就体现出较大的保守化倾向，不确定性上升。资源环节，印度尼西亚政府先后在 2014 年和 2020 年实施过两次镍矿出口的禁令，意在拉动本国镍冶炼投资和基础设施建设，对全球镍供给造成较大冲击。2022 年底，世界贸易组织在欧盟诉印度尼西亚禁止镍矿石出口一案上判印度尼西亚败诉，目前印度尼西亚仍在重新上诉中。同时，印度尼西亚不允许外资控股当地矿权，所以中资企业大多数布局集中在冶炼环节，这给当地中资镍冶炼项目的资源保障带来一定掣肘。冶炼环节，印度尼西亚近期有意向限制镍冶炼厂建设，以推动提升镍终端产品的附加值，同时考虑对镍铁等镍中间品征收关税。[②]

制造环节，印度尼西亚政府正在试图与美国就关键能源矿产达成有限自由贸易协议[③]，允许将电动车锂电材料生产中使用的镍和其他关键商品运往美国，从而让印度尼西亚公司享受美国《通胀削减法案》规定的税收抵免。价格层面，印度尼西亚正在推动对镍矿资源进行独立指导定价，按月发布印度尼西亚镍矿内贸基准价格，与国际市场镍矿价格脱钩，意在提升对红土镍矿产品的议价能力。能源层面，印度尼西亚已不再鼓励建设火力发电厂，2022 年 9 月起政府停止为新的燃煤电厂发放许可证[④]，以促进本地新能源和可再生能源的发展，这可能会提

---

① 参见 https://www.reuters.com/markets/commodities/chiles-boric-announces-plan-nationalize-lithium-industry-2023-04-21/。
② 参见 https://geoglobal.mnr.gov.cn/zx/kczygl/zcdt/202301/t20230118_8462681.htm。
③ 参见 https://finance.sina.com.cn/money/future/roll/2023-04-11/doc-imypypnq7507269.shtml。
④ 参见 https://jakartaglobe.id/business/jokowi-bans-new-coalfired-power-plants-with-few-exceptions.

升印度尼西亚"一带一路"合作项目的能源保障难度和获取成本。税收层面，印度尼西亚 2018 年新税法[①]规定公司税率为 25%，但矿业公司需要向中央政府缴纳净利润的 4%，向地方政府缴纳净利润的 6%。

第三，逆全球化背景下，欧美发达经济体也在试图以产业链势力影响大宗原材料流向，重塑关键能源资源供应链。2022 年 8 月 16 日，《通胀削减法案》由美国总统拜登签字生效，对于新能源汽车的税收减免新增了产业链本土化等抵免申报条件，规定 2024 年前电池关键矿物（锂、钴、镍等）中 40% 的价值量需在美国或与美国签订自由贸易协定的国家提取或加工，或者在北美洲完成回收，该比例 2026 年后将提升至 80%，满足矿物和电池组件含量要求的企业最高可以获得 7 500 美元的税收补贴，只符合一项则可获得 3 750 美元的补贴。全球主要的锂资源供给来源国中，澳大利亚、智利、加拿大、墨西哥均与美国签订了自由贸易协定，《通胀削减法案》试图通过补贴推动建立美国市场与自贸国之间的供应链闭环，这意味着中国与自贸国之间的锂资源"一带一路"合作或将面临更高的壁垒。

共建"一带一路"国家的营商环境不成熟，配套基础设施不完善，给企业国际化经营带来较大不确定性。以中国与南美洲国家的盐湖提锂项目为例，基础设施配套的欠缺对项目开发形成了较大挑战。一是南美洲的盐湖资源主要集中于智利的阿塔卡马沙漠和阿根廷的西北三省，位于蒸发量大且降水稀少的高原地区，降雨是水资源补给的主要来源，所以当地对于淡水资源利用的要求尤为严苛。在中国已经得到广泛应用的吸附法提锂技术需要大量的淡水资源，这对中国企业在阿根廷盐湖项目的工艺落地构成较大挑战。二是南美洲盐湖项目多数地处偏远，项目周围可能缺乏配套工业化生产的供电能力，多需要进行燃气电厂或光伏发电的配套工程建设，这会进一步抬升盐湖项目的资本开支和运营成本，配套项目的建设进度也可能对主体工程形成制约，影响整体项目的投产效率。

ESG、社区矛盾、治安问题日益成为影响项目运行的重大风险。比如中铝集团位于秘鲁的特罗莫克特大型铜矿项目，虽然在 2007 年中铝集团就获得了特罗莫克特大型铜矿的矿权，但由于历史开采造成当地环境破坏，该项目在建设过程

---

① 参见 http://www.zcqtz.com/news/1176567.html。

中因为当地居民的搬迁、环保诉求等问题一波三折。中铝集团通过积极履行社会责任、与当地政府订立环保协议，并投资建立污水处理厂，树立了较好的ESG形象。

五矿资源在秘鲁的拉斯班巴斯项目，多年来持续受到当地社区抗议活动和道路封锁的影响。2014年7月31日，由中国五矿集团公司所属的五矿资源有限公司牵头组成的联合体，正式以约70亿美元的对价收购秘鲁拉斯班巴斯铜矿，从而达成了当时中国金属矿业史上最大的海外并购交易。但是，拉斯班巴斯铜矿的开发命运多舛，由于当地政局和社区关系问题一直受到抗议活动和道路封锁的影响。据公司公告，该矿通往港口的道路约450千米，经过70个社区，社区关系问题复杂性高，自2016年投产以来，矿山已停运近400天，持续低负荷运行，铜矿年产量从2017年的45.4万吨降至2022年的30.5万吨，降幅达32.7%。

四、思考与启示

识别和管理政策风险，为"一带一路"合作建立互利共赢的政治外交环境和产业政策沟通机制。国家外交层面，针对性地与"一带一路"合作重点国家强化多层次的外交关系，协调推进"一带一路"合作重点项目建设和相关优惠政策落地，切实管控利益相关方的分歧，构建互利共赢的政商模式，为"一带一路"合作保驾护航。行业交流层面，建立和完善与共建"一带一路"国家的驻外使领馆、行业协会和相关企业的交流机制，倾听彼此的利益诉求，沟通双方的产业政策取向，协调解决"一带一路"合作中遇到的实际问题，更好地发挥"一带一路"合作的协同效应。

推动解决共建"一带一路"国家营商环境层面的诸多实际困难，完善"一带一路"合作的公共服务体系。一是加强"一带一路"合作的信息整合和共享机制。将分散在政府部门、金融机构、企业、协会的信息进行整合共享，对共建"一带一路"国家的政治局势、产业政策、营商环境进行跟踪研究和风险识别，为"一带一路"合作企业的投资决策和国际化运营提供支持。二是构建政府、行业协会和中介服务机构三位一体的服务体系。充分发挥驻外使领馆的作用，建立产业部门与驻外机构的有效沟通机制，并建议增设"产业合作官员"岗位，增加熟悉产业、技术和企业情况的人员设置，提升驻外机构的业务能力。参照国际通行做法，推动主要行业协会在共建"一带一路"国家设立办事机构，加强与所在国行业协会的沟通互动，针对性地做好所在国相关产业政策信息收集和当地企业的咨询服务；同时，做好同行业中资企业的沟通互动，尽量避免"一带一路"合作中中资企业之间的低效竞争。[1] 积极鼓励中介服务机构在共建"一带一路"国家布局设点，提升中资中介服务机构专业水平以及和共建"一带一路"国家当地的融合度，培育互利共生的商业生态圈。三是健全境外风险防控体系。对高风险国家和地区强化外交援助和救济保障，完善境外投资风险评估与预警机制。完善境外突发安全事件应急处理机制，及时解决和处置各类安全问题。四是积极建设"一带一路"合作的国际化人才队伍。积极引导企业培养和引进通晓国际规则、熟悉国外情况的管理人才和专业人才，建立健全国际化人才的激励机制，兼顾高等教育、职业教育和社会教育，有计划地组织国际化人才交流和培训。

在大宗原材料行业的"一带一路"合作中，推动人民币结算和计价，助力人民币国际化进程。共建"一带一路"国家的金融体系长期受到美元资本流动大幅波动的影响，尤其是在当前美国持续加息的背景下，金融体系脆弱性正在加剧，汇率风险凸显。随着"一带一路"合作的深入推进，可以接受双方本币结算，推动人民币结算和计价。一方面可以降低美元定价大宗商品价格波动对共建"一带一路"国家贸易条件的影响，降低共建"一带一路"国家金融体系的脆弱性和汇率风险；另一方面可以增强国内资本跨境投资共建"一带一路"国家的便利性，为人民币国际化奠定坚实的基础。

高度重视 ESG 和文化价值观的融合，增进利益相关方的相互理解。在"一带一路"合作项目 ESG 的实践中，推动中国融入国际主流 ESG 框架和标准，并且因地制宜地构建有中国特色的 ESG 评估体系，切实提升"一带一路"合作项目的 ESG 水平，为共建"一带一路"国家的社会福利提升做出切实贡献。重视文化价值观的融合，增进"一带一路"合作利益相关方的相互理解，共建人类命运共同体。

加强与共建"一带一路"国家头部企业的合作力度，推动重点示范项目落地

---

[1] 李娜、陈秀法、常兴国等：《"一带一路"工业文明：产能合作》，电子工业出版社，2021年。

和经验推广。推动重点"一带一路"合作项目落地,推动解决重点项目的核心瓶颈问题,并推广项目成功经验,形成"一带一路"合作的示范效应和发展势能,进一步激活企业和民间"一带一路"合作的积极性,将互利共赢的理念和成功经验发扬光大。

第十三章

重化工业:"一带一路"迎来发展新机遇

本章首先总结了重化工业在共建"一带一路"国家的发展现状及其"走出去"的必要性，然后基于市场、成本、国家治理、产业链配套等因素对共建"一带一路"国家所在地区的重化工业投资潜力进行了分析，最后通过三个案例回顾了重化工业走出去的成功经验，并从投资环境和投资风险两个维度总结了挑战与对策。

重化工产业参与"一带一路"的发展并积极向共建"一带一路"国家"走出去"有其必要性。近年来我国重化工业通过并购、自建工厂等多种方式进行海外投资，成果显著。基于对企业开拓市场机遇、规避贸易摩擦、促进当地经济发展和产业竞争力提升，以及实现互利共赢等因素的考虑，我们认为中国重化工产业参与"一带一路"投资有其必要性。

共建"一带一路"国家所在地区重化工业投资有较大潜力。共建"一带一路"国家总体城镇化、工业化程度不高，重化工业有较大的发展潜力。从市场、成本、国家治理与产业链配套等多个维度综合分析，我们认为东南亚、西亚及中亚等地是重化工业投资的良好选择，同时一部分治理较好的非洲国家也具有较好的投资潜力。

重化工业在"一带一路"地区成功发展的经验总结。我们分析总结了三个典型案例在海外成功投资的共同因素：一是均具备先进的技术和管理能力；二是加强本土化运营，通过不同的方式大力培养当地员工；三是合作共赢，与当地政府和社区加强合作，基于共同的利益谋求更好的发展。

在挑战与对策方面，重化工业"走出去"面临着地缘政治环境、法律环境、融资渠道、文化融合、工厂建设和运营等各方面的挑战，政府和企业当通力合作应对挑战，包括但不限于设立共建"一带一路"国家信息共享平台，完善投资保险制度，积极寻求当地企业或跨国公司等合作伙伴，倡导基础工业先行，推动建设大型产业园区，加强本地人才培养，做好本土化，强化出海企业社会责任意识。[1]

---

[1] 本章作者：裴孝锋、陈彦、贾雄伟、龚晴、夏斯亭、张树玮、李唐懿、姚旭东。本章得到了侯一林、李熹凌的支持。

重化工业具有资金密集、技术密集、投资规模大和产业关联效应强等特点，对一个国家的经济带动作用非常大。当前中国重化工业取得的成就有目共睹，无论是绝对的产能，还是技术水平、工程能力和运营能力，都走在世界前列。鼓励中国的重化工业"走出去"，在广袤的共建"一带一路"国家发展，既有利于中国重化工业进一步打开发展空间，也有利于共建"一带一路"国家的经济发展，为推动共建"一带一路"国家的工业化做出贡献。

现代意义的重化工业泛指为国民经济各部门提供生产手段和装备，即生产资料的产业，包括能源、冶金、电力、炼化、建筑建材、汽车和机械等，由于能源、汽车、机械等已单独成章，所以本章以炼化、钢铁、水泥三个子行业作为重化工基础材料产业的代表。炼化、钢铁、水泥均是市场体量大的资本密集型和技术密集型产业，能够有效代表重化工产业的发展水平，也涵盖了重化工产业投资涉及的核心要素。

本章主要围绕以下四点展开：一是当前重化工业"走出去"的必要性；二是哪些共建"一带一路"国家所在地区适合作为重化工业"走出去"的目的地；三是我国重化工业"走出去"的优势和成功经验；四是为了应对重化工业参与"一带一路"投资面临的挑战，国家和企业层面需要有哪些相应举措。

一、重化工产业参与"一带一路"投资的现状与必要性

（一）中国重化工产业在全球范围内具备竞争优势

中国化工产业规模大且产业链齐全，通用化学品竞争力强。中国化工产业规模大，具备全面的化工产业链和产品组合，2021年中国化工产业销售额、资本开支和研发支出分别占全球的43%、48%和30%，主要大宗化工品产能规模全球领先，规模效益突出，成本竞争优势明显。尤其是通用化学品领域技术领先，装备制造能力强，具备建设全球规模的装置和产业集群的能力。

中国是全球最大的钢铁生产、消费及出口国家。在全球钢铁产业发展历程中，实现钢产量占世界钢产总量一半的国家只有英国、美国和中国。1996年以来，中国粗钢产量一直保持世界第一。中国钢铁企业已经积累了足够的资本、技术优势、管理经验，初步具备参与全球竞争的基础条件。根据世界钢铁协会的数据，2022年中国粗钢产量10.1亿吨，全球占比高达53.93%，产量约为世界第二大生产国印度的10倍。同时中国是全球最大的钢铁消费和出口国，2021年中国钢铁表观消费量为9.52亿吨，占全球消费量的51.9%，2021年中国钢铁出口总量和净出口量分别达到6 621万吨和2 828万吨。

中国是全球最大的水泥生产及消费国，装备和技术水平不断提升。伴随着中国城镇化和基础设施建设的高速发展，水泥产量不断迈上新台阶，根据中国水泥网的数据，2022年中国水泥产量21亿吨，1980—2022年产量年均复合增速达8.1%。在水泥工业快速成长、产线快速建设的同时，中国水泥产线从老式的立窑、湿法窑等向技术水平更高、生产更加集约的新型干法窑渗透。2021年我国基本实现新型干法窑的全覆盖，并在产线设备和建造上逐步实现独立自主和国产化。

（二）重化工产业参与"一带一路"投资的现状

并购是国内化工企业参与共建"一带一路"国家投资的主要方式。中国化工企业在共建"一带一路"国家的对外投资主要以并购交易为主，且并购主要以国企为主导。中国化工集团收购了全球第五大轮胎企业倍耐力，万华化学为了开拓

海外市场，于2011年收购欧洲第五大MDI（聚氨酯材料）生产企业博苏化学。化工国企往往在海外标的资产经营遭遇困境且股东有意出售资产时收购，收购后经营也有比较大的改善。近几年国内一些民营企业也通过收购韩国新材料企业等资产获取先进技术（见表13.1）。

近年来海外建厂的化工企业逐步增多。截至2022年，中国石油和中国石化通过收购、合资建厂，在共建"一带一路"国家布局的炼油产能达到4 860万吨，其中合资建厂和收购的炼厂产能分别为3 360万吨和1 500万吨。受国际贸易摩擦及国内产业政策等影响，以及基于建立成本优势、开拓市场等因素，在东南亚等地区建厂的化工企业逐步增多，尤其是在海外建厂的轮胎企业数量越来越多。恒逸石化成功在文莱投资炼油项目后，中国企业在东南亚建设大型炼化项目的意愿较强。

对外投资较为谨慎，但化工企业在共建"一带一路"国家的投资效益明显。化工企业海外投资需综合考虑当地政治稳定、市场增长潜力、投资成本、企业管理等综合因素，相较于国内建厂的便利条件，企业在对外投资上较为谨慎，在共建"一带一路"国家的投资规模相对较小，但已经投资的项目整体经营情况较好。国内轮胎企业在海外工厂的产量和收入不断增加，恒逸石化文莱项目以及万华化学收购的子公司博苏化学的收入和利润规模也不断扩大（见图13.1）。

表13.1 中国化工企业在共建"一带一路"国家的投资现状

化工子行业	公司	投资方式	收购标的/新建产能所在地区	收购/建设业务
炼化	中国石化	建厂	沙特阿拉伯	延布炼厂
	中国石油	收购	新加坡	新加坡石油公司
		建厂	哈萨克斯坦	奇姆肯特炼厂
		建厂	苏丹	喀土穆炼厂
		建厂	乍得	恩贾梅纳炼厂
		建厂	尼日利亚	津德尔炼厂
		建厂	阿尔及利亚	阿达尔炼厂
	恒逸石化	建厂	文莱	炼厂
聚氨酯	万华化学	收购博苏化学	匈牙利	聚氨酯
轮胎	玲珑轮胎、赛轮轮胎、森麒麟、中策橡胶、贵州轮胎等	建厂	泰国、越南、柬埔寨、塞尔维亚等	轮胎
	中国化工集团	收购倍耐力	意大利	轮胎
	中化国际	建厂	泰国	橡胶防老剂

续表

化工子行业	公司	投资方式	收购标的/新建产能所在地区	收购/建设业务
电子材料	金宏气体	建厂	越南	电子特气
	杉杉股份	收购 LG（乐金）偏光片	韩国	偏光片
	雅克科技	收购 LG 彩色光刻胶	韩国	彩色光刻胶
		收购 UP Chemical（半导体材料公司）	韩国	前驱体

图 13.1 中国化工企业对外投资效益

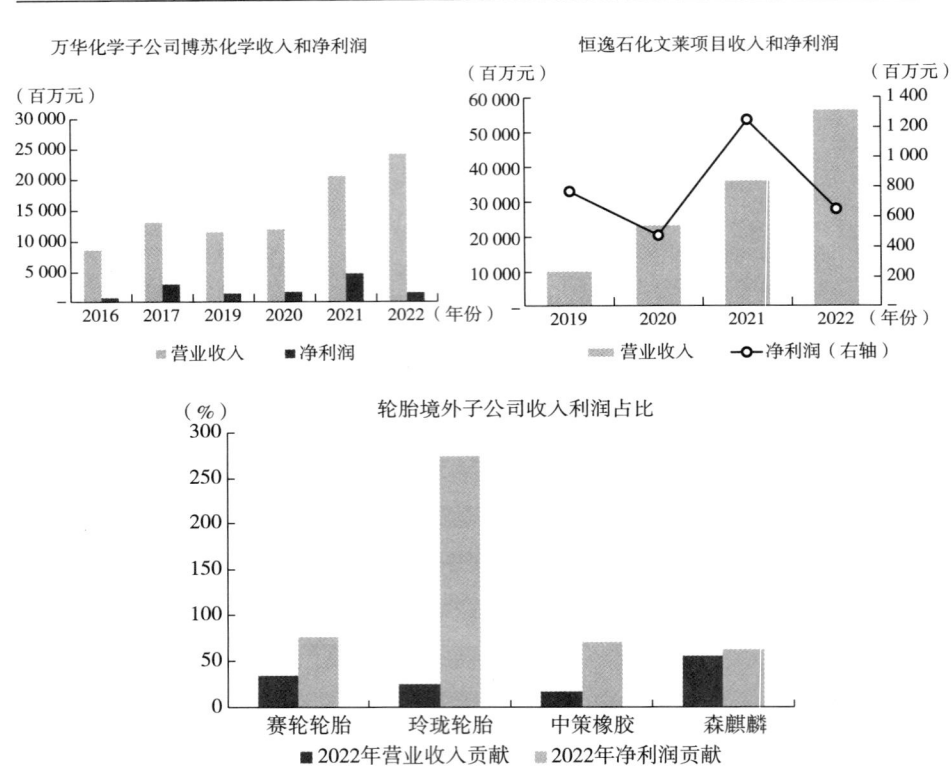

注：部分中国化工企业在共建"一带一路"国家的投资现状统计截至 2022 年；中策橡胶财务数据截至 2022 年上半年，收入利润占比取自 2022 年上半年数据；玲珑轮胎存在境内亏损，所以境外净利润贡献超过 100%。

资料来源：公司公告，Wind，中国石油和化学工业联合会，中金公司研究部。

受贸易壁垒等多方面的影响，中国钢铁行业积极进行全球布局以贴近市场。近年来，我国钢铁行业积极融入共建"一带一路"国家产业链布局，把握市场机会，充分了解投资环境，先期推动国内重点先进装备、产品、技术"走出去"，而后在资源丰富、基础设施良好、政治环境稳定的地区积极布局铁矿资源和钢铁生产基地，通过收购、兼并、联合等方式，组建跨国钢铁公司。

钢铁行业在"一带一路"建设中的投资合作项目亦是硕果累累，涌现出一批标志性的海外钢铁项目。根据钢铁行业主要上市公司公告，截至 2021 年，我国与共建"一带一路"国家钢铁国际产能合作的钢铁投资项目约 25 个，包括钢铁工程建设项目近 15 个、联合重组项目 5 个、特钢项目 5 个，其中印度尼西亚镍铁产业聚集了多家国内龙头企业的海外投资，包括德龙镍业、振石集团、青山镍业等。从出海方式来看，钢铁行业出海在东南亚地区以新建产能为主，在制造业相对发达的欧洲地区以联合重组为主。

海外水泥产线初具规模，投资形式多样，经营成果初步显现。根据中国水泥网，截至 2022 年底，国内水泥企业共在海外投建 44 条产线，熟料产能约 4 680 万吨，体量约为国内产能的 2.5%。代表企业包括海螺水泥、华新水泥、红狮水泥等，此外亦有较多中小民企，在东南亚邻国以及非洲建厂。2013 年"一带一路"倡议提出后，大型央国企响应号召，加快了出海的步伐。目前水泥行业出海地区以东南亚、中亚、非洲为主。同时，我国水泥工业的出海模式多样，并购、自建及合资均有涉及。根据代表企业海外经营的状况披露，经营成果整体处于平稳发展的过程中，如海螺水泥经历初期的产销高增后，毛利率逐步下降，华新水泥海外营收近年来持续增长。

（三）重化工产业参与"一带一路"投资的必要性

贸易保护升级削弱中国重化工品出口竞争力。自 2015 年以来美国对中国出口的乘用车轮胎、冷轧钢板、热钢板、高碳合金钢棒等征收高额的反倾销税、反补贴税，导致相关产品出口竞争力减弱。在贸易保护主义蔓延的背景下，产业链向地区性集聚演变。我们认为中国重化工产业在海外投资，有望规避贸易壁垒，提升产业竞争力。

国内能耗和碳排放政策约束部分重化工产业产能扩张。"双碳"发展背景下高能耗化工品项目建设受到限制。2021年国务院发布的《2030年前碳达峰行动方案》明确指出，严控新增炼油和传统煤化工生产能力，2025年国内原油一次加工能力控制在10亿吨以内，坚决遏制"两高"项目盲目发展等。"十四五"期间我国强调重工业绿色转型，钢铁行业产量压降明显。顺应国内产业政策导向，我们认为中国重化工产业有向土地、能耗等生产要素富裕、环境承载容量大的地区"走出去"的动力。

企业探寻新增长点，海外布局有望拓展市场机遇。随着劳动密集型产业逐步向海外转移，以及部分海外国家经济发展、城镇化率提升，对相应重化工产业的需求增加，中国企业在海外投资布局有望拓展市场空间。以水泥产业为例，国内逐步度过基础设施和房地产建设高峰期，我国水泥需求已从达峰平台过渡到缓慢下滑的阶段；而国内水泥企业出海的主要目的地东南亚、中亚和非洲等地区，基础设施建设、城镇化进程均处在早期或者上升期，同时具备相对丰富的矿产和土地资源，行业格局整体较为初级，存在介入的市场空间。

促进当地经济发展和产业竞争力提升，实现互利共赢。在共建"一带一路"国家投资将输出中国重化工产业的技术管理优势、工程化能力等，满足当地基础材料需求并完善产业链配套，促进产业链竞争力提升，以及促进当地经济发展和就业等，实现双方互利共赢。

二、出海目的地量化评价体系

国内重化工业参与"一带一路"投资能够带来新的成长机遇。但重化工业门类广泛，且共建"一带一路"国家间具有资源、市场等的差异，很难一概而论。我们从市场、成本、国家治理、产业链配套四个维度对东南亚、中东欧、非洲、西亚及中亚、中南美五大主要地区进行评价（结合地理位置、资源禀赋等因素将共建"一带一路"国家分为六大类：东南亚国家、中东欧国家、非洲国家、西亚及中亚国家、中南美国家以及其他地区，其他地区这里不做分析）。之所以选择这四个维度，主要是因为我们在对出海企业进行调研访谈时发现，安全性往往是企业选择出海地点的首要考虑因素，与一国的国家治理水平有着密不可分的关系。同时,出海项目的经济性与可实施性,一定程度上取决于当地的市场、成本及产业链配套。本章采用四因素(市场、成本、国家治理、产业链配套)模型以及合理的指标筛选对共建"一带一路"国家所在地区进行赋分评级,勾勒出未来我国重化工企业的海外布局蓝图,我们希望调研结果对我国重化工企业的出海目的地选择有一定的指导意义。

(一)市场因素:东南亚、非洲的重化工业有较大的发展空间

我们将从两个方面考虑对市场因素的评级,一方面包括GDP、人口等宏观因素,另一方面是五大地区在炼化等行业的自给率程度,取两者评级均值作为五大地区市场因素的评级。

非洲、东南亚的GDP与人口复合增速较高,同时其人均GDP与城镇化率低于全球平均水平(见图13.2)。重化工业产品的需求增速与宏观经济增速有着较高的相关性,通过GDP复合增速、人口复合增速等宏观经济指标表征各地区的重化工产品的总体市场需求增速具有一定合理性。同时,人均GDP与城镇化率代表地区的经济发展阶段,能够在一定程度上表征各地区重化工业的发展空间。在经济发展阶段处在中早期的国家和地区,重化工业资本支出往往较高。从整体经济发展阶段及重化工产品需求增速看,东南亚与非洲是我国重化工企业出海的首选目的地。

地区	2016—2021年实际GDP复合增速(%)	2021年人口(百万人)	2016—2021年人口复合增速(%)	2021年人均GDP(美元)	2021年城镇化率(%)
东南亚	2.9	675	1.0	4 961.8	50.6
西亚及中亚	0.6	473	1.5	7 126.0	64.4
中东欧	3.2	114	-0.3	17 157.1	61.8
中南美	0.6	162	0.7	7 684.8	83.1
非洲	2.3	1 389	2.5	1 943.3	44.0
全球	2.4	7 888	1.0	12 234.8	56.5

图13.2 共建"一带一路"国家所在地区经济发展与人口情况

注:受限于样本量,上述五大地区指标不包含所有共建"一带一路"国家。
资料来源:世界银行,Wind,中金公司研究部。

东南亚、非洲炼油能力缺口较大，我国有望凭借成熟的技术设计及工程建设水平向共建"一带一路"国家所在地区输出炼油能力。成品油、乙烯、对二甲苯（PX）等炼化产品是发展工业的基础，一国的工业化程度往往与其炼化产品的生产能力息息相关。多数共建"一带一路"国家的炼化产业规模小，技术基础相对薄弱，炼化技术的自主研发能力较弱，拥有炼化产业的国家大部分采用欧美技术。经过多年的自主研发与产业升级，我国炼化企业能够为千万吨炼油、百万吨级乙烯/芳烃等大型工程提供从技术许可、工艺包设计到开车试运行的全流程服务。根据英国石油公司的统计，我们计算了各区域的炼油能力缺口，发现非洲、东南亚炼油能力缺口较大（见图13.3）。从国家来看，东南亚的印度尼西亚及非洲的南非等国炼油能力缺口较大。从罗列的项目看，目前炼化项目出海目的地主要集中在非洲、东南亚、中亚地区。由于炼化项目需要配套大量的基础设施与设备工艺，炼化产业的输出本质上也是工业化能力的输出，我们认为未来我国炼化产业出海目的地仍将集中在供给缺口大、工业化程度较低，但资源禀赋、政治环境较优的地区及国家。

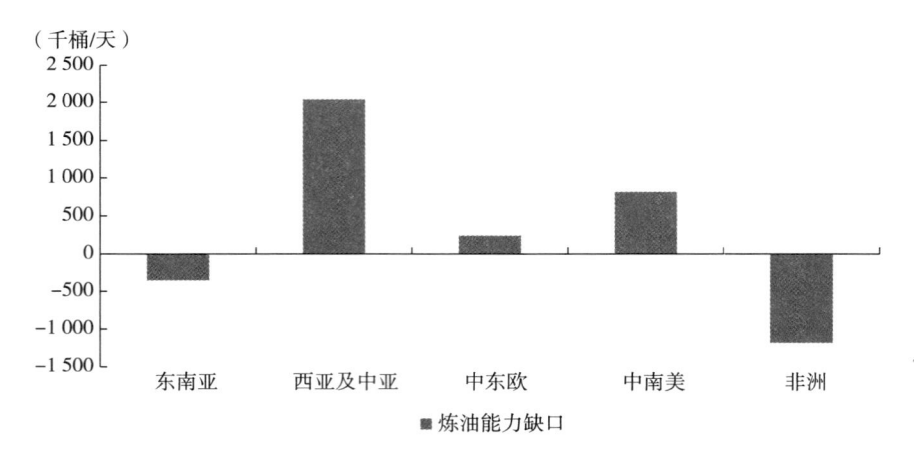

图13.3 2021年共建"一带一路"国家所在地区炼油缺口

注：缺口＝炼油能力－油品消费量，数值越小代表缺口越大；英国石油公司的统计不包含所有共建"一带一路"国家，地区合计以披露国家为准。
资料来源：BP statistics，中金公司研究部。

东南亚是钢铁产品净进口量最高的地区（见图13.4）。在钢铁行业，我们使用钢铁产品净进口量来衡量各地区的市场，根据2021年世界钢铁协会的数据，东南亚地区七国的钢铁（成品钢）净进口量达到2 607万吨，具有较大发展潜力，中东欧主要国家合计为1 913万吨，中南美主要国家合计为1 065万吨，非洲主要国家合计为895万吨，西亚及中亚主要国家合计为235万吨。

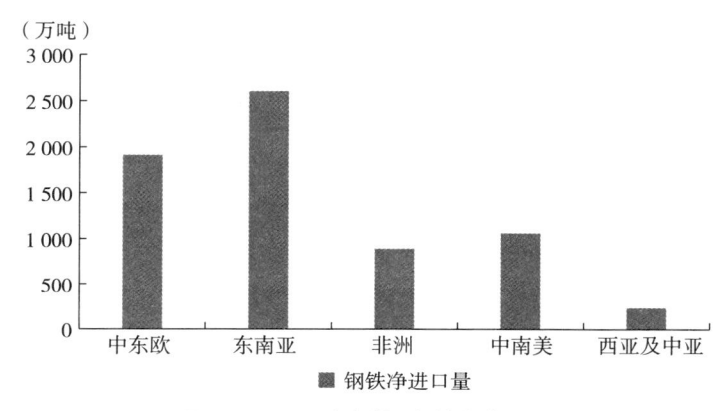

图13.4 2021年各地区钢铁净进口量

资料来源：世界钢铁协会，中金公司研究部。

东南亚及非洲是合适的水泥行业出海选择。我们认为水泥的供需面是决定市场景气度的决定性因素，若需求旺盛但当地产能格局已较为固定，甚至产能已经过剩，则并不是投资的优先考虑地点；同样，若市场需求已步入下行通道，亦不适合新进入者。因此，我们认为兼有以下三个方面市场因素的地区市场是企业出海布局的合理选择。第一，供给存在净缺口。若本国水泥熟料较大程度依赖于进口（见图13.5），则证明国内供应存在缺口，从提升自给比例的角度来看，发展或者吸引资本投入产能建设是有价值的。第二，市场需求旺盛。需求蓬勃成长的地区市场对投资具备更大的吸引力和确定性。第三，低集中度，行业技术水平偏低。当地水泥工业发展情况较为滞后，市场集中度不高，且较低的技术水平一般对应整体平坦且较高的成本曲线。国内的企业可依靠先进的技术、良好的效率带来的成本管控能力取得竞争优势。综合上述三大因素，我们认为东南亚、非洲是合适的出海选择。

非洲投资建设的水泥厂盈利能力较强。从部分公司披露的市场售价及统计数据来看（见表 13.2），非洲市场整体较为初级，且建设需求旺盛，然而当地缺乏稳定供应高质量水泥的产线。我国企业的海外基地盈利水平较强，如西部水泥在刚果（金）和埃塞俄比亚的新投产线综合售价能够分别达到 150 美元 / 吨和 748 元人民币 / 吨，远高于国内水平。因此，鉴于熟料进口量统计维度潜在的不全面性，我们认为从市场综合评级来看，非洲投资建厂盈利较为丰厚，具备较强吸引力。

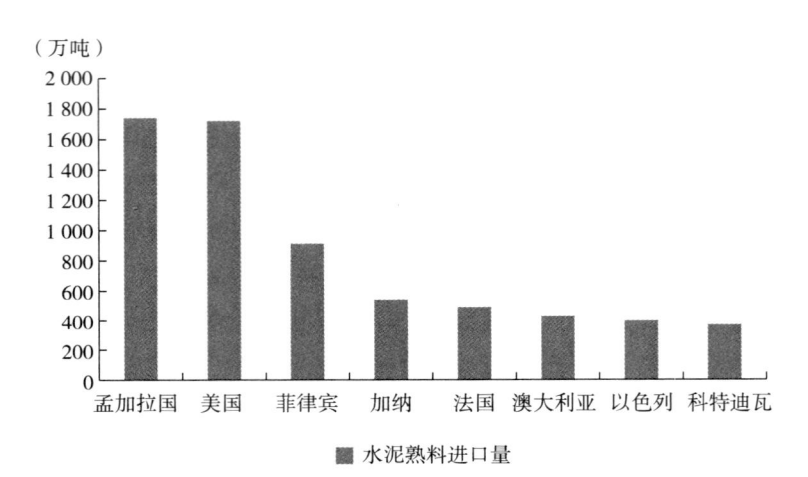

图 13.5　2020 年各地区水泥熟料进口量

注：水泥熟料进口量样本数据有限，采用全球进口量较高的国家作为代表。

表 13.2　各地区水泥市场价格

2022 年非洲水泥价格（元 / 吨）	
莫桑比克	552
刚果（金）	1 043
埃塞俄比亚	748
2021 年中南美水泥价格（元 / 吨）	
墨西哥	905
智利	682
委内瑞拉	676
阿根廷	580
巴西	319

资料来源：世界钢铁协会，PACRA，Statista，数字水泥网，中金公司研究部。

东南亚和非洲的炼化产品、钢铁、水泥净进口量较高（见表13.3），我们认为自给率有较大的提升空间。从宏观数据上看，非洲、东南亚的GDP与人口复合增速较高，同时其人均GDP与城镇化率低于全球平均水平。我们对各地区市场维度的赋分评级综合考虑了各主要地区的宏观经济指标及主要重化工产品的净进口量，从市场空间的维度看，我们认为东南亚、非洲的重化工业有较大的发展空间。

表13.3 基于市场维度的重化工业出海目的地赋分评级

地区	东南亚	西亚及中亚	中东欧	中南美	非洲
炼化	4	2	3	1	5
钢铁	5	2	3	1	4
水泥	4	3	1	2	5

注：基于市场维度的评分综合了宏观指标与各地区三大行业主要产品自给率。
资料来源：中金公司研究部。

（二）成本因素：东南亚、非洲重化工业投资具备成本优势

重化工业产品一般为大宗商品，产品具有同质性，成本为竞争的主要影响因素（见表13.4）。在共建"一带一路"国家投资地域选择中，成本应成为重要的考量因素。一般重化工业产品成本可拆分为原料、能耗、折旧、运费、人工以及其他等，原油、铁矿石是全球定价，原材料成本差异主要体现在运输费用上，所以我们主要比较各地能耗、折旧、运费、人工的成本差异。

非洲、东南亚、西亚及中亚等地区的炼化成本有较强的竞争力。成本是炼化工业竞争的核心因素之一，我们模拟测算了在"一带一路"主要地区进行1 000万吨/年炼油投资对应的炼化成本，排除原料价格后，发现东南亚、非洲、西亚及中亚有着较强的成本优势，加工成本较中东欧、中南美低100元/吨以上。

东南亚及非洲地区炼钢成本具备优势。对于产品同质化属性较强的钢铁行业，成本是重要的竞争力，不仅影响钢厂经营效益，更关系到企业在周期波动中能否持续健康经营。我们模拟测算在"一带一路"主要地区进行一条1 000万吨/年的钢铁产线投资对应的炼钢成本。由于共建"一带一路"国家中大部分不

具备原料自给能力，建设钢厂需进口大部分原料，成本差异主要体现为运输成本的差异。排除原料价格后，我们发现东南亚及非洲有着较明显的成本优势，加工成本较西亚及中亚、中东欧等地区低200元/吨左右。

非洲、西亚及中亚等地区水泥行业成本有竞争力。成本是水泥工业竞争力的核心因素之一，直接影响产线的经营效益，且个体差异比较明显。我们模拟测算了在"一带一路"主要地区进行一条5 000吨/天的熟料产线投资（对应年产水泥约200万吨）对应的吨水泥成本。水泥成本中能耗成本占据主导，由于矿山对应的原材料成本受区位、国别的影响较大，我们假设各地原材料价格相同。根据模拟测算，我们认为仅从成本来看（实际来说各国水泥价格差别较大），非洲、西亚及中亚相对具有竞争力。

表13.4 基于成本维度的重化工业出海目的地赋分评级

行业	加工成本(元/吨)	东南亚	西亚及中亚	中东欧	中南美	非洲
炼化	折旧	187	217	273	347	181
	能耗	34	24	57	51	42
	运费	27	0	43	0	0
	人工	15	30	27	22	16
	合计	263	270	399	420	239
	评级	4	3	2	1	5
钢铁	折旧	218	305	293	499	244
	能耗	50	43	48	42	44
	运费	60	90	120	30	30
	人工	59	123	109	91	65
	合计	387	561	570	662	383
	评级	4	3	2	1	5
水泥	折旧	51	42	34	39	33
	能耗	126	106	165	116	103
	运费	53	61	55	63	68
	人工	67	64	120	78	53
	合计	297	273	374	297	257
	评级	3	4	2	3	5

注：我们采用部分国家海外工厂的成本，按照我们划分的地区大类进行平均得到平均成本，平均成本或受样本量影响。

资料来源：McCloskey，数字水泥网，世界钢铁协会，恒逸石化公告，中国石油和化学工业联合会，中国化信，中金公司研究部。

（三）国家治理：中东欧、东南亚、中南美等地区较适合重化工业投资

重化工业对所在地区治理要求高。重化工业投资较大，以炼化为例，恒逸石化文莱一期 800 万吨炼油项目总投资额近 34.5 亿美元，同时装置连续运行要求高，一旦遇到工厂所有权或使用权被剥夺、局部冲突等不可抗因素，投资难以立刻收回，因此海外重工业投资对所在地区国家治理要求高。

全球治理指数（Worldwide Governance Indicators，WGI）从以下六大治理维度对全球各个国家和地区进行了评分（最新数据截至 2020 年）。第一，话语权和责任，反映一个国家的公民在多大程度上能够参与选择政府。第二，政治稳定性和不存在暴力，衡量政治不稳定和恐怖主义等暴力事件的可能性。第三，政府效率，人们对公共服务质量、公务员制度的质量及其独立于政治压力的程度、政策制定和实施的质量，以及政府对这些政策承诺的可信度的看法。第四，规管质量，反映人们对政府制定和实施合理政策与法规的能力的看法。第五，法治，反映人们对社会执法及监督体系的看法。第六，腐败控制，反映人们对公权私用程度的看法。

我们采用了 WGI 的评分（2020 年数据），按照对共建"一带一路"国家的划分计算每一个地区每一项的平均值，根据平均值大小，每项按照 1~5 分进行评级，然后对六项指标的评级做平均。从国家治理的角度，我们认为较为适合投资的地区有中东欧、东南亚、中南美等。

（四）产业链配套：中东欧、西亚及中亚具有较好的产业链配套基础

重化工业产业链配套要求高。重化工业主要产品为基础产品，具有规模效应的单工厂产能基本为百万吨量级以上，带来了较大的原料需求，同时要具备百万吨量级的原料和产品运输条件。对于炼化等产业，一般有高温高压的反应条件需求，需要配套基础公用设施以及对废弃物的处理，另外大规模装置的连续运营也离不开大量有经验的基础操作工人，因此重化工业对产业链配套需求主要是原料、基础设施、大量熟练工人。

第一，原料配套。炼化、钢铁产业分别以原油、铁矿石为主要原料，我们以

所在地代表国家原油储量全球占比以及铁矿石产量全球占比分别代表炼化、钢铁行业原材料产业配套的水平，我们按照水平高低对五个地区进行1~5分评级（石灰石资源在全球较为普遍，暂不评级）。

第二，基础设施配套。重化工业的建设离不开基建、环保处理、供热等基础设施，我们这里采用世界经济论坛2019年的评分来评估各个地区的基础设施完备程度，我们按照水平高低对五个地区进行1~5分评级。[1]

第三，熟练工人/工程师配套。重化工业生产过程复杂、技术门槛高，需要当地有大量具备一定知识水平的熟练工人以及工程师。根据世界银行统计的2018年全球中学入学率，我们筛选了各地区人口最多的四个国家作为样本代表，计算入学率平均值以评估培养工程师的人员素质基础，我们按照入学率高低对五个地区进行1~5分评级。我们看好中东欧、东南亚等国家的工业基础与大批量培养工程师的潜力。

对每个地区上述评级进行数值平均得到各地区产业链配套的评级赋分（见表13.5）。综合来看，虽然从原材料配套的角度，炼化、水泥、钢铁行业各地区禀赋有所不同，但从整体产业链配套的维度，我们认为在重化工业方面西亚及中亚、中东欧、中南美具有较好的投资基础。

表13.5 基于产业链配套维度的重化工业出海目的地赋分评级

		东南亚	西亚及中亚	中东欧	中南美	非洲
原材料配套	炼化-原油储量占比	0.7%	62.2%	0.1%	27.9%	9.1%
	钢铁-铁矿产量占比	1.1%	4.1%	0.1%	1.2%	4.0%
	炼化评级	2	5	1	4	3
	钢铁评级	2	5	1	3	4
基础设施配套	基础设施世界经济论坛评分	69	70	74	63	49
	评级	3	4	5	2	1
熟练工人/工程师配套	评级	2	3	5	4	1

---

[1] 该评分主要包含交通基础设施（道路质量、铁路运输效率、航空运输效率等）及公用事业基础设施（电力供应质量、水资源供应可靠性等）。

续表

产业链配套综合排序		东南亚	西亚及中亚	中东欧	中南美	非洲
	炼化平均评级	2	5	4	3	1
	水泥平均评级	2	4	5	3	1
	钢铁平均评级	2	5	4	3	1

注：石灰石资源在全球较为普遍，不对原材料储量进行评级，水泥产业链配套评级仅考虑基础设施与人员配套；除基础设施为2019年数据外，其他数据均截至2021年。

资料来源：Wind，世界经济论坛《2019年全球竞争力报告》，BP statistics，中金公司研究部。

（五）综合看东南亚、西亚及中亚以及部分非洲国家是重化工业投资的良好选择

我们将各个地区的市场、成本、国家治理、产业链配套四个部分按照一定的权重加和（见图13.6），并按照分数的高低对五个地区进行排序。我们认为东南亚、西亚及中亚等地区是重化工业投资的良好选择，部分治理较好的非洲国家也是重化工业投资的良好选择，同时中东欧在钢铁、炼化领域具有一定的吸引力。

	地区	市场	成本	国家治理	产业链配套	加权平均评级（不考虑国家治理因素）	加权平均评级（考虑国家治理因素）
炼化	东南亚	4	4	4	2	3.6	3.6
	西亚及中亚	2	3	2	5	2.9	2.8
	非洲	5	5	1	1	4.2	3.4
	中东欧	3	2	5	4	2.9	3.4
	中南美	1	1	3	3	1.4	1.8
水泥	东南亚	4	3	4	2	3.3	3.4
	西亚及中亚	3	4	2	4	3.5	3.2
	非洲	5	5	1	1	4.2	3.4
	中东欧	1	2	5	5	2.1	2.8
	中南美	2	3	3	3	2.5	2.6
钢铁	东南亚	5	4	4	2	4.1	4.0
	西亚及中亚	2	3	2	5	2.9	2.8
	非洲	4	5	1	1	3.7	3.0
	中东欧	3	2	5	4	2.9	3.4
	中南美	1	1	3	3	1.4	1.8

图13.6 重化工业"一带一路"出海目的地量化评价结果

注：数据评分受样本选择与计算方法的影响。不考虑国家治理维度的加权平均评级=50%×市场+30%×成本+20%×产业链配套。考虑国家治理维度的加权平均评级=40%×市场+20%×成本+20%×国家治理+20%×产业链配套。

资料来源：中金公司研究部。

当然，这里主要对各地区的整体情况进行比较，实际地区内部国家间成本、国家治理等差异依旧较大，选择投资地点的时候仍需进行更多的尽调以及与政府层面的沟通。这一点在非洲地区比较突出，如摩洛哥等国家治理分值相对较高，我们认为部分治理较好的非洲国家也具有进行重化工业投资的潜力。

从重化工项目出海的实际经验看，炼化项目出海目的地主要集中在非洲（苏丹、乍得、尼日利亚等）、东南亚（文莱等）、中亚（哈萨克斯坦）等国家及地区，钢铁项目出海目的地主要集中在东南亚（马来西亚、印度尼西亚等）、非洲（尼日利亚、南非等）和中东欧（塞尔维亚等）。重化工企业实际出海目的地与评分体系结果较为相符，以水泥为例，根据中国水泥网 2022 年的数据，海外投产规模体量排名前 10 的企业中，投建于东南亚（主要是印度尼西亚、缅甸、柬埔寨等）地区的产能占比达 50%，其次是非洲（坦桑尼亚等），占比达 26%，中亚（塔吉克斯坦等）的占比也达到 17%。

三、"走出去"的成功案例经验总结

上节市场、成本、国家治理、产业链配套的赋分评级结果显示，东南亚、西亚及中亚是重化工业投资的良好选择，但在企业切实向这些地区"走出去"的过程中可能会遇到更多实际的问题。本节通过案例分析的形式回顾了重化工业"走出去"的经典案例，旨在见微知著，将过去成功的经验进行有效推广。案例包括以下几个。一是恒逸石化文莱项目：我国炼化民营企业低成本、高效率出海投资建厂的典范。二是河钢集团收购塞尔维亚斯梅代雷沃钢厂：把握"窗口期"进行低成本全球扩张的成功案例。三是华新水泥出海：坚持利益共享、探索优势输出、推动文化相容的出海典范。

（一）恒逸石化文莱项目

恒逸石化文莱炼化项目（PMB 项目）由恒逸石化和文莱主权基金分别持股 70% 和 30%。一期项目于 2012 年做出投资决定，2019 年 11 月全面投产，总投资额为 34.5 亿美元，原油加工能力达 800 万吨 / 年，可年产 565 万吨成品油及

265万吨化工品，是"一带一路"重点建设项目，也是文莱迄今为止最大的实业投资项目以及国内民营企业最大的海外项目之一（见表13.6）。项目投产以来效益良好，2021年实现净利润约12.5亿元，目前公司也在规划文莱二期项目建设，以期进一步扩大产能。

国内炼油产能扩张受限是恒逸石化出海投资的主要原因。根据国务院发布的《产业结构调整指导目录（2011年本）》，在2011年6月起限制新建1 000万吨/年以下常减压装置，同时对其他炼油深加工和乙烯装置规模门槛提出限制。2011年恒逸石化市值不足百亿元，尚没有能力进行1 000万吨/年（投资额超过400亿元）以上的炼油装置投资，因此在海外政策更为宽松的地区进行投资是公司更好的选择。

表13.6 恒逸石化文莱项目投资的主要挑战和相关解决方案

挑战	解决方案
■ 基础设施：大摩拉岛在公司投资之前是一个荒岛，改造成为工业用地需要时间。此外，文莱过去电力供应以民用电为主，工业电力供应也有问题 ■ 标准制定：初期文莱希望以欧美标准建设炼厂，投资成本较高（前期投资预算达43亿美元） ■ 资金投入：PMB项目是当时我国最大的民营海外投资项目，解决融资问题较难	■ 基础设施：通过4~5年时间完成用地平整，将大摩拉岛改造为工业用地，并建设了220兆瓦自备电厂，解决了电力供应问题 ■ 标准制定：公司多次沟通后争取到文莱方认可采用中国标准，投资成本压减至35亿美元 ■ 资金投入：中国国家开发银行和中国进出口银行联合牵头银团对项目贷款，公司也得到了文莱当地银行的信贷支持
■ ESG议题 ▶ E：文莱对环境保护要求高，炼化项目不能影响大摩拉岛珍稀动植物的正常生存 ▶ S：伊斯兰教是文莱的国教，伊斯兰教信徒每日要礼拜5次，而炼厂24小时运营，如何在不影响员工文化习俗的情况下保证炼厂安全运行是一个挑战 ▶ G：在PMB项目投运之前，文莱本地没有重化工业，因此在人员管理、人才招聘等方面都需要公司从零开始	■ ESG议题 ▶ E：珍稀植物进行移植，对大摩拉岛周边区域同样进行环境影响评价，不断同政府沟通落实 ▶ S：在炼厂内设立礼拜堂，尊重本土员工的信仰 ▶ G：通过赞助奖学金的方式，从文莱大学筛选学生到浙江大学等国内高校进行联合培养

资料来源：恒逸石化公告，中金公司研究部。

我们认为公司之所以选择文莱进行炼厂建设，主要是因为文莱所处的东南亚地区存在成品油供需缺口,且文莱具有社会稳定、税收优惠、贴近原材料等多重优势。市场方面,文莱所处的东南亚经济增速快,成品油需求稳步增长,且炼厂产能不足,是成品油净进口地区,有能力消纳恒逸石化文莱项目的新增产能(根据英国石油公司的统计,2011年恒逸石化做出出海决策时,东南亚国家原油消费量达560万桶/日,但原油加工量仅有378万桶/日)。社会稳定性方面,根据世界银行的统计,2011年文莱人均GDP已达4.6万美元,人均收入较高,福利完善,安全形势好,犯罪率和环境污染水平都是世界上最低的国家之一。税收方面,文莱不征收个人所得税、营业税、工资税、生产税及出口税。PMB项目拥有本地先锋企业证书和出口企业证书,也可享受较长期限的企业所得税减免。原材料方面,根据英国石油公司的统计,2011年文莱石油探明储量已达11亿桶,天然气探明储量为2808亿立方米,可就近为炼化项目供应原油。

我们总结了恒逸石化文莱炼化项目面临的主要挑战和相关解决方案。我们观察到公司投资建设及运营PMB项目之时,也面临着基础设施不完善、炼厂标准制定、资金投入及ESG等多个方面的挑战。但是公司通过加强沟通,尊重本土文化等方式,顺利解决了这些问题,成功完成了该项目的建设。

(二)河钢集团收购塞尔维亚斯梅代雷沃钢厂

2015年是中国钢铁企业"走出去"的窗口期。一是国家提出"一带一路"倡议,"国际产能合作"的一系列配套支持政策逐步推出。二是共建"一带一路"国家的投资环境良好,有利于政策红利的释放,并降低了企业"走出去"的风险。三是国内钢铁行业处于竞争激烈、产能过剩的供给侧改革前期,"一带一路"市场相较国内市场投资机会多、并购成本低,斯梅代雷沃钢厂就是一个低成本投资机遇。四是全球钢铁产业已经转向中国,中国粗钢产量占世界半壁江山,具备参与全球竞争的基础条件。

避开欧盟贸易壁垒,低成本进入欧盟市场。在地区选择方面,河钢集团希望进入欧美成熟市场,其次是布局共建"一带一路"国家中的发展中国家。主要是因为在发展中国家投资需要先完善基础设施,而欧美地区拥有成熟高端的技术、市场与客户资源,通过并购可以规避很多市场开发风险,并且带动国内钢铁供给侧改革、结构调整和转型升级。但是，欧美地区对中国钢铁的敏感性阻碍了中国钢企进入欧美市场，而塞尔维亚身处欧洲腹地，它并非欧盟国家且市场与欧盟直接联通，为河钢集团带来了进入欧盟市场的机会。河钢集团选择投资并购而非投资新建，主要考虑是欧美地区环境容量小、市场高端稳定且获得渠道少、成本高，较之新建，并购投资成本低且可以直接拿到钢厂配套的产能资源和市场资源，从而有效规避了市场准入等诸多风险。

河钢塞钢项目是钢铁行业出海的代表项目。斯梅代雷沃钢厂建于1913年，是塞尔维亚国有大型支柱性钢企。经历了破产、出售、政府1美元回购、国外企业代管、美钢联撤资等困难，钢厂处于半停产状态。斯梅代雷沃钢厂设计年产能为220万吨，2015年全年产量不到90万吨，并且长期亏损，2015年亏损额达1.13亿欧元，濒临倒闭。2016年4月，河钢集团与塞尔维亚政府签约，以4 600万欧元的价格收购了斯梅代雷沃钢厂，6月完成了收购。2016年底，仅仅半年，河钢塞尔维亚公司就实现了全面盈利，扭转了其连续7年亏损的局面（见图13.7）。河钢塞钢项目是国内第一个以兼并收购实现出海的全流程钢铁项目，具有重要的代表性意义。

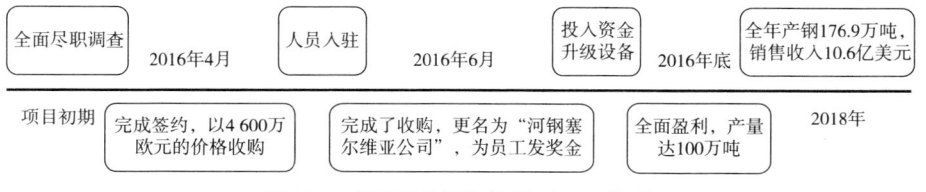

图13.7 河钢收购斯梅代雷沃钢厂时间线

资料来源：公司公告，中金公司研究部。

河钢的样板工程对两国和企业均有重要意义。对中国，有利于扭转国内钢铁产能过剩局面，增强两国政府战略合作的民意基础，并带动其他中国制造"走出去"。对塞尔维亚，项目振兴了工业经济，增加了出口，达产后出口额占塞尔维亚总出口的7%左右，直接解决塞尔维亚5 000余人的就业问题，促进了塞尔维亚的社会稳定和经济发展。对河钢集团来说，一是迅速形成海外发展的领先优势，获得更多国际市场认可，成为国际化程度领先的中国钢铁企业；二是拓展了在欧洲的客户群；三是经济收益大，以较低对价在欧洲获得了220万吨钢铁产能，比新建同等规模钢厂节约近百亿元。

我们认为，河钢塞钢项目能够成为最具代表性的钢铁出海项目，其成功经验可以归纳为四个方面。

第一，需求互补，合作共赢。塞尔维亚政府的核心诉求是保障钢厂员工的就业和福利，并维持钢厂长期可持续发展，拉动塞尔维亚经济增长；河钢方面希望以低成本、低风险在中东欧布局产能，一方面避免贸易保护壁垒，另一方面打入欧洲的高端钢材市场，推动集团产品高端化。河、塞双方诉求彼此契合，项目进程得以高效推进，从项目启动到完成交易仅用时不到一年。

第二，全面尽职调查，控制风险。河钢集团聘请多家机构为项目提供财务、税务、人力资源、法律尽职调查等服务，充分考虑项目风险；河钢德高为项目提供市场分析方面的支持，并跟随市场变化三次更新市场调研报告。集团对风险因子进行归纳整理，逐一研究制定解决方案或风险规避预案，尤其对欧盟反倾销和政府资助审查、劳资关系、汇率、税收、环保等重大风险事项，与塞尔维亚政府进行充分沟通，最终形成双方认同的方案。

第三，输出自身管理经营优势，实现效率的大幅提升。河钢集团旗下子公司河钢唐钢组成专门的技术、运营团队签署合作框架协议入驻塞钢，深入参与项目研发、技术指导、运营规划管理全过程，先后派出 11 批累计 200 人次赴塞钢开展工作，以攻克技术问题及优化管理。此外，河钢先后投入超 2.5 亿美元对原有设备进行技术改造和升级，优化公司设备水平，提升生产流程的智能化与节能水平。

第四，员工本地化，管理本地化，利益本地化。河钢集团将人本理念引入塞钢，妥善安置原企业 5 000 名员工，开通中塞两国之间的员工培训交流平台，起用当地员工承担关键岗位领导职务，维持企业原有的先进高效的扁平化业务运行及管理模式，构建优势互补、文化融通、健康向上的企业文化。与此同时，河钢塞钢积极履行社会责任，累计投入 100 多万美元，用于当地道路修建、村庄供水、捐资助学等，让世界看到了中国企业"开放共享，合作共赢"的智慧和胸怀。

（三）华新水泥出海

华新水泥于 2012 年走出国门，在塔吉克斯坦建设第一个海外项目。回顾华新出海布局的历程（见表13.7），公司主要布局中亚、非洲等市场格局较为初始、建设需求较为旺盛的地区。我们认为华新水泥的出海优势主要有以下几点。第一，技术及装备水平优越，全产业链一体化发展。公司实现了100%的设备国产化率，享有水泥产品、窑、磨等多个国家技术专利，并拓展了水泥工程EPC、水泥窑协同处置的装备与工程承包等业务，技术储备雄厚。这方面的科研和技术储备不仅帮助公司确立新建项目的竞争力，亦可有效帮助公司更好地评估并购项目的可行性、改进空间和潜在收益率。第二，管理模式领先。华新水泥对合资和收并购模式均有包容开放的态度，外资大股东在华新水泥导入的管理模式在海外也更加适用，在员工及客户忠诚度、治理结构、决策效率等层面展现出较大的优势。第三，多元化股权结构，投入的资源和成本较低。公司背靠外资大股东霍尔希姆公司（Holcim），多元化的股权结构易获得海外政府和并购对象的认可，同时，大股东霍尔希姆公司有较多全球产线布局，因自身战略考量，正在退出部分地区市场，华新水泥能够以较低成本更顺畅地取得海外资产（例如赞比亚及马拉维项目），初始投入较低。

中东新业务版图的全新开拓正在进行。2023年3月13日，公司公告收购阿曼水泥59.58%的股权，其熟料和水泥年产能分别为261万吨和360万吨。此次收购标志着中国水泥企业首次出海中东。

表13.7 华新水泥出海历程

建设方式	时间	所在国	项目
自建或合资	2013年8月	塔吉克斯坦	亚湾项目投产
	2016年3月	塔吉克斯坦	噶优尔（索格特）项目产品面市
	2020年6月	乌兹别克斯坦	吉扎项目投产
	2022年1月	尼泊尔	纳拉亚尼项目投产
并购	2015年3月	柬埔寨	卓雷丁项目经过注资重建，改造完成投产
	2019年12月	吉尔吉斯斯坦	收购接管南方水泥项目
	2020年5月	坦桑尼亚	收购马文尼项目，6月窑线复产
	2021年	赞比亚和马拉维	收购奇兰卡和马拉维波特兰项目
	2023年4月	阿曼	收购阿曼水泥项目

资料来源：公司官网，中金公司研究部。

作为外资投资者，华新水泥在进入乌兹别克斯坦市场的过程中遭遇了制度差异、人才稀缺、文化冲击的三重挑战。第一，制度差异。在调研华新水泥的过程中，我们发现，在华新水泥进入乌兹别克斯坦市场前，乌兹别克斯坦水泥均通过交易所销售，客户在交易所平台购买，水泥产量不足时客户经常买不到水泥。第二，人才稀缺。在乌兹别克斯坦开展业务，当地水泥行业发展并不发达，当地亦缺乏专业化的技术和高质量人才。第三，文化冲击。华新水泥作为外资投资进入，在语言、文化、习俗、法律法规等诸多方面存在差异，对日常经营产生较大隐患。

应对挑战，华新水泥提出三点解决方案。第一，创新交易模式。华新水泥吉扎克团队通过研究乌兹别克斯坦法律，顺利在当地完成了水泥自由销售模式的审批。华新水泥的客户不仅可以用传统的交易所模式采购，还可以直接从工厂采购水泥，效率大大提高。第二，推行师徒制度。为了提升乌兹别克斯坦工作人员的技能，华新水泥组织当地员工培训，项目运营后推行"师带徒"制度，一名中方师傅对接一名当地员工，手把手教授技能。第三，推进文化相容。一方面，公司强化教育引导，积极组织中方员工学习乌兹别克斯坦法律与国情，要求中方员工自觉遵守当地法律，尊重当地风俗习惯。另一方面，公司也加强文化交流，经常组织两国员工共同参加公司团建活动，相互增进了解。此外，公司还组织当地骨干参与生产经营管理例会，让当地管理人员充分了解项目经营情况和技术细节，并采纳合理的意见和建议，有效增进中外员工间的信任。

我们认为，华新水泥能够成为中国水泥工业"一带一路"出海的先驱，并且完成了诸如华新水泥吉扎克项目等效益良好、反响热烈的标杆级项目，与公司秉持的出海三大核心要义有关，我们将其总结为"走出去、立得住、管得好"。首先，公司具备资金和工程实力，能在当地导入先进的生产和环保技术，具备"走出去"的基础。其次，公司能在实践中做到兼容和创新并举，识别出当地市场的供给缺口和制度差异，在所在国推进本土化运营，能够较好地在当地立足。最后，公司导入了先进的管理和奖惩体系，并迁移国内经验进行精细化的成本管控，使其作为当地市场的新进入者，具备管理、效率等方面的竞争优势。

（四）案例总结：先进技术和管理能力、本土化运营、合作共赢是成功出海的重要因素

以恒逸石化、河钢集团、华新水泥等为代表的企业依托自身雄厚的技术和工

程实力，识别出当地市场的供给缺口，充分发挥了自身的管理优势，在所在国推进本土化运营，成果丰硕。我们认为重化工企业在共建"一带一路"国家能够成功完成如华新水泥的投资运营并取得良好的投资回报，总结来看主要有三点因素。

第一，先进的技术和管理能力。在出海之时，中国重化工行业已经在技术研发、工程建设、团队管理等方面建立起了多重优势。一是技术能力。以石化行业为例，国产千万吨级炼油装置及百万吨级乙烯等主要核心装备性能指标基本达到了世界同类设备的先进水平。二是工程能力。我国化工、水泥、钢铁行业的工程建设、工程技术服务已总体处于国际先进水平，具备较强的国际竞争力，化工行业的寰球工程、水泥行业的中材国际等均已经成为国际领先的重化工EPC企业。三是管理能力。2021年中国化工、水泥、钢铁行业用工人数超过1 000万，人才积累充足，可对外输出管理经验。此外，中国管理团队在本土化运营上也已经拥有较为丰富的经验，尊重当地文化风俗。

第二，本土化运营。三个出海项目均选择了本土化运营，通过不同的方式大力培养当地员工，如河钢集团开通中塞两国之间的员工培训交流平台，起用当地员工承担关键岗位领导职务；华新水泥推行"师带徒"制度，一名中方师傅对接一名当地员工，手把手教授技能，项目最终均获得了良好的效益。

第三，合作共赢。文莱石油资源丰富但是炼厂能力不足，恒逸石化的投资刚好契合了当地政府扩大炼化产能的需求；斯梅代雷沃钢厂在河钢收购前处于长期亏损濒临倒闭的状态，收购后仅半年就实现了扭亏为盈，直接解决了塞尔维亚5 000余名员工的就业问题，促进了塞尔维亚社会稳定和经济发展。我们认为出海项目与当地政府和社区实现合作共赢是项目成功的重要因素，基于共同的利益才能获得更好的发展。

四、思考与启示

（一）重化工业在共建"一带一路"国家所在地区投资面临的挑战

我们认为重化工企业出海过程并非"一帆风顺"，机遇与挑战并存。我们与重化工业领域内的多家企业进行了出海项目落地运营的调研交流，总结了目前重化工业在共建"一带一路"国家所在地区投资面临的挑战。

1. 投资环境

地缘局势多变。近年来，全球安全环境稳定性遭遇挑战，全球安全格局加速演进，中美贸易摩擦、英国脱欧、俄乌冲突等地缘政治事件改变了"全球化"进程，政治环境的不稳定因素会增加出海项目实现"共赢"的难度。重化工企业的海外项目多是重资产项目，而对重化工项目需求较高的多是经济发展阶段相对较早，政治生态较不稳定的国家及地区。部分企业的海外项目进度持续受到地缘政治事件的影响，企业担心海外资产的安全性是推进我国重化工业"一带一路"进程面临的主要挑战之一。

共建国家法律体系不一。共建"一带一路"国家多是转型中国家和发展中国家，大部分国家沿袭了欧洲大陆的大陆法系、英美等国的普通法系、阿拉伯国家的阿拉伯法系（也称伊斯兰法系）等法律制度。共建"一带一路"国家的法律体系与我国存在较大的不同，对海外投资者的财产保护规则也具有一定差异。如何适应不同出海国家的法律体系也是推进我国重化工业"一带一路"进程面临的主要挑战之一。

融资渠道有限、汇率波动等。共建"一带一路"国家企业融资支持主要受益于亚洲基础设施投资银行、中国国家开发银行、丝路基金等政策性金融机构，但是这些机构普遍具有贷款门槛高、信用要求高、项目审查严格等特点，并且资金主要流向基础设施建设、民生等大型项目。政策性金融机构贷款门槛高，商业银行出于风险考虑对民营企业出海项目的资金支持不足，使部分出海企业的海外项目"供血不足"。同时，重化工出海企业的业绩更易受到汇率变动的影响，如果当年汇率大幅波动，或许会对企业业绩造成显著影响。如何拓宽融资渠道并对冲汇率风险、保障我国出海企业的可持续发展，也是推进我国重化工业"一带一路"进程面临的主要挑战之一。

共建国家文化差异。文化差异会增加经济活动的难度与风险，加大企业协调和治理的成本。从交易双方来看，文化差异会带来信息传播的误差从而导致不必要的冲突与误解，使交易双方的风险预期上升。在我国重化工企业的出海进程中，我们发现共建国家民族多、文化差异大，如何协调不同文化的行为方式并与当地政府进行有效合作也是推进我国重化工业"一带一路"进程面临的主要挑战之一。

2.投资风险

项目周期较长带来的投资回报收益风险。以炼化项目为例，由于部分共建"一带一路"国家缺乏工业基础，我国海外炼化项目投资金额普遍较高，建设周期较长，立项合作沟通需要2~3年，建设周期短则2~3年，长则4~5年，投资地区往往在西亚及中亚、非洲等油气资源丰富但基础设施较为薄弱的地区。目前海外炼化项目多以中石油、中石化等央企主导，抗风险能力相对较强。未来随着我国共建"一带一路"的推进，民营企业"走出去"的项目会逐渐增多，如何帮助我国重化工民营企业在海外取得合理的投资回报收益、建立有效的激励与保护机制，也是推进我国重化工业"一带一路"进程面临的主要挑战之一。

国际化经营管理能力不足的风险。出海企业既需要本国外派的管理及骨干队伍，也需要在当地培养相应的人才队伍。外派人员可能会不适应当地文化，而当地雇员的生产技能相比国内成熟员工又有所欠缺。核心管理人才属于稀缺资源，国内外派的管理人员由于不适应东道国的文化背景和生活方式，导致员工流失率高。国际人才市场体系不健全、信息不对称，造成在东道国或第三国寻找目标人选的成本高、难度大。对核心管理人员的迫切需求面临母国外派失败率高、人才本地化成本高的两难困境。对于一般员工而言，东道国当地的员工及第三国的劳务输送都存在因管理、培训、文化和语言、距离等问题而产生的不易估计的隐性成本。核心人员招聘难及一般员工管理难也是推进我国重化工业"一带一路"进程面临的主要挑战之一。

工程标准不一带来的风险。重化工业企业在海外建厂往往会面临施工标准不一致带来的额外成本，出海企业建厂如果能够采用中国标准可有效提升施工及设备、材料采购的便利性，从而降低成本。根据中国工程建设标准"一带一路"国际化政策研究项目组的统计，我国在房屋建筑、市政基础设施、城市轨道交通三大领域海外项目中，使用中国标准的工程项目占比33%，仍有较大的提升空间。如何提高中国标准在世界的认可度并提升中国设计和工程咨询企业在项目前期的主导能力,是推进我国重化工业"一带一路"进程面临的主要挑战之一。

产业链配套缺失带来的风险。重化工企业的原料运输与设备使用需要相应基建能源配套,如果相应基础设施缺失则需要国内基建企业配套出海,成本会相应增加。重化工企业产品多处在产业链中游,上游原材料与下游客户的配套也决定了出海企业能否顺利开展生产。如何建立出海企业的基建及上下游配套也是推进我国重化工业"一带一路"进程面临的主要挑战之一。

(二)应对重化工业在共建"一带一路"国家所在地区投资挑战的措施

1. 投资环境

设立共建"一带一路"国家信息共享平台,对当地政策、投资环境做好尽调。重化工业本身属于重资产行业,而共建"一带一路"国家在社会制度、经济基础、法律体系、营商环境、宗教文化、民众习俗等各方面存在较大差异,这些差异均可能给资产安全性带来一定风险。在中国企业开展"走出去"投资之前,对东道主国家做好尽调防范风险十分重要。因共建"一带一路"国家数量众多且各国情况相差较大,企业层面对目标国进行详细尽调比较困难,建议国家层面主导对一些共性问题的统一尽调并及时分享。我国可以参考日本的做法,日本设立了日本贸易振兴机构(JETRO),在海外56个国家设立了74个办事处,构建了与当地政府、企业、研究机构、国际组织之间的良好关系,为日本企业出海投资提供最新的海外信息和尽调报告等,助力日本企业拓展海外业务、降低投资风险。

完善投资保险制度。部分共建"一带一路"国家存在政治不稳定、市场经济建设不完善等问题,致使固定资产投资较多的重化工业在部分国家建设运营过程中面临较高的不确定性,而这些不确定性难以通过投前尽调完全避免。一些国家如美国、日本、德国等已经实行较为完善的投资保险制度,我们认为我国可立足于国内情况借鉴海外经验,对相关投资保险制度进行完善和补充,切实有效地鼓励和保护国内企业在共建"一带一路"国家的投资。

积极寻求当地企业或跨国公司合作,共享收益、共担风险。与当地企业或已进入当地的跨国公司以合资方式经营，不仅可以减少国内公司的资金投入从而降低投资风险，而且可以充分利用东道国合伙人的本土化优势，帮助国内企业更快更好地融入东道国市场。另外，合资是一种快速建立国内企业与海外东道国之间良好公共关系的有效手段，能够规避东道国政府、供应商、客户等对海外投资企业的一些不公平待遇。

2. 投资风险

倡导基础工业先行，积极引导企业布局下游产业链，推动建设大型产业园区。恒逸石化投建文莱项目之前，大摩拉岛几乎是一个荒岛，且文莱电力供应以民用为主，缺乏工业供电设施，所以恒逸石化前期进行了大量土地平整、电厂建设等基础性建设工作，拖慢了文莱炼化项目整体建设进度。基于此，我们认为对基础设施或基础工业发展水平较弱的国家，可倡导国内基础工业（如煤炭、石油、电力等能源行业工业，以及冶金工业、基本化学工业、交通运输业等）企业先行，为下游产业链奠定发展基础。对已经完成基础工业初期建设的国家，应积极引导企业布局下游产业链配套建设，以已建成的炼化、钢铁等产业项目为基地，建设大型产业园区，进一步提升产业链一体化程度和产品附加值，创造更大的经济和社会价值，例如万华化学于2011年并购匈牙利博苏化学公司并深耕欧洲市场，恒逸石化在文莱投资建设的综合炼化项目一期已于2019年投产，这些大型项目完全可以作为国内其他化工项目"走出去"的有力抓手。

加强本地人才培养，做好本土化。参照成熟经验，人才本地化培养可有效减少文化差异影响、增强企业在东道国的认同感、降低成本、保证员工稳定性。以恒逸石化文莱项目为例，油气产业是文莱国民经济支柱产业，但是文莱缺乏该方面的专业人才。恒逸石化先后通过"文莱达鲁萨兰大学－浙江大学－恒逸""文莱技术教育学院－兰州石化职业技术大学－恒逸"等人才联合培养项目，培养了大量当地化学工程技术人才，使项目工程能长期惠及当地，并与当地建立和谐互促的关系。河钢集团也是承接了原斯梅代雷沃钢厂的5 000余名员工，开展深度培训并起用部分员工担任关键领导职位，构建优势互补的企业文化，实现双赢。

强化出海企业的社会责任意识。与西方大型跨国公司相比，中国企业出海时间还不长，要想立得住、行得远、走得稳，必须关注ESG表现。企业层面，我们认为应建立健全海外社会责任组织管理体系，结合企业自身与东道国的社会经济发展情况，制定个性化的海外社会责任战略，重视舆论宣传，讲好海外履责故事。例如，河钢集团积极投入资金用于当地道路修建、村庄供水、捐资助学等，得到当地政府与居民对中国企业的认可，为其深耕当地奠定基础。政府层面，应强化企业海外社会责任履行指导，建立中资企业海外社会责任履行情况监控评价体系并与优惠政策挂钩，积极参与国际社会责任标准制定并推动中国企业在标准制定过程中的话语权提升等。

加强沟通，强化宣传，推动新建工程项目采用中国标准。新建工程项目若采用中国标准，技术输出的门槛、成本会大幅降低，建设速度也会大幅提升。提高我国标准的国际竞争力是中国标准在共建"一带一路"国家推广的先决条件。我国可开展中国标准与发达国家标准的全面对比工作，一方面梳理中国标准与国际或国外标准不兼容的情况，另一方面为我国标准制定提供参考。最后在落地过程中，对于经济发展水平较低、尚未形成本国标准体系的东道国，政府和企业应共同积极介绍中国标准成功经验，并通过人才输出、政策帮扶等方法助其完善标准体系；对于经济发展水平较高的国家，应加强沟通，在不降低项目建设水平的情况下论证中国标准的可行性，渐进式推动中国标准落地。恒逸石化在投建文莱炼厂初期，当地政府希望以欧美标准建设炼厂（投资预算约43亿美元），经过多轮沟通后，文莱方认可中国标准，投资成本压减至35亿美元，这是采用中国标准降本增效的有力佐证。

加强企业国际化管理能力建设。国内一些企业受规模、经营时长等因素限制，其内部经营管理结构、经营管理能力、规章制度完备程度、激励制度配套程度等并不完善，尤其是国际化管理经营能力有所欠缺。对此，企业可通过如下方式提高自身国际化管理能力。第一，借鉴跨国公司先进经验，例如华新水泥积极引入外资大股东的管理模式，在员工及客户忠诚度、治理结构、决策效率等层面产生了较好的效果。第二，引入具有国际化管理经验的人才，国内科技、工程等领域的龙头企业在国际化经营管理方面已经积累了丰富的经验，可以积极引入相关人才。第三，加强自身国际化人才培养。

第十四章

高端装备：聚焦基建类装备"一带一路"出海机遇

装备制造业是工业的核心部分，随着中国经济增长进入新阶段，拓展海外市场对企业具有重要意义。当前一些行业已实现技术突破，同时具备成本优势，但在共建"一带一路"国家的出海状况却相对受阻，特别是中国高铁、核电等行业曾被寄予厚望，但过去10年的出海历程并不顺利。了解背后的原因，有助于优化后续中国装备制造业参与共建"一带一路"国家市场的路径和政策方向。

产业概览：共建"一带一路"国家和基建类装备是出海重点。中国装备制造业产值规模较大，全球供需地位相对平衡，但龙头企业普遍出海程度不高。中国企业在发展中国家的突破优于发达国家市场，基建类装备出海进展快于制造类装备。各行业出海程度高低与产品国产化率的高低有较强相关性，但也存在部分行业即便国产化率已达到较高水平，在海外市场的份额比重仍相对较低。

重点行业分析：项目型行业面临挑战较多。从代表性行业的出海状况来看，产品型行业优于项目型行业，市场主导型行业优于政府主导型行业。受制于品牌、渠道等因素，中国在发达国家的市场突破仍需时日。而在发展中国家，高铁、核电等项目也面临一些挑战。首先，项目型行业对建设国的资金等具有较高要求，共建"一带一路"国家需求端存在较大压力；其次，项目型行业易受地缘政治影响，限制出海选择空间；最后，中国在项目经验、融资方案等方面不具备优势。因此，即便技术达标，产品成本低，行业出海仍面临挑战。

思考与启示：聚焦供给侧改善。展望未来，对于产品型行业，着力帮助提升产品竞争力；对于项目型行业，需综合考虑优化项目经验、融资方案、政策环境等。同时，一些已经面临出口限制的行业，建议考虑优化产能布局和加强产业链协同，为企业参与共建"一带一路"国家市场创造条件。[1]

---

[1] 本章作者：陈显帆、曾韬、邹靖、苗雨菲、曲昊源、车昀佶。本章得到了刘中玉、刘婧的支持。

一、高端装备出海概览

本节选取 15~20 个高端装备子行业，通过对全球产值分布、中国在全球的供需格局及出海情况进行分析，整体描绘出中国高端装备在全球的地位以及出海情况。从产值的角度来看，全球产值超过万亿元的行业主要集中在地产基建、交通运输领域，包括电力设备、铁路装备、工程机械、农业机械、船舶制造、大飞机等。

全球区域对比：中国在代表性装备制造产业中占据重要地位。根据我们的梳理，2022 年全球装备制造业代表性品类总产值近 11 万亿元，其中中国、美国、欧洲、日本的占比分别为 37%、20%、20%、9%（见表 14.1）。

跨行业对比：在全球产值中的高占比主要来自传统行业，高精尖装备占比不足。国内广阔的市场空间和完善的产业配套为地产基建装备、金属制品、船舶制造、能源装备等行业提供产业发展条件。但是技术复杂度更高的行业，如半导体设备、大飞机产业、卫星互联网等，中国起步较晚，技术差距较大，在全球产值规模中占比不高。

（一）高端装备在全球的供需地位：总体平衡，发挥综合成本优势

中国大部分行业处于供需平衡状态。供给大于需求的行业可以分为三类。第一类为依赖供应链优势和制造成本优势的行业，例如工具以及集装箱行业，其制

表 14.1 中美日欧代表性装备制造产业对比

分类	装备/产品	中国	美国	日本	欧洲	全球	分类	装备/产品	中国	美国	日本	欧洲
地产基建设备	铁路设备	3 000	3 000	420	3 600	11 400	地产基建设备	铁路设备	26%	26%	4%	32%
	工程机械	4 200	2 600	2 100	950	10 000		工程机械	42%	26%	21%	10%
	农机	3 000	2 500	600	3 000	10 000		农机	30%	25%	6%	30%
	电力设备	10 000	1 000	1 000	1 000	20 000		电力设备	50%	5%	5%	5%
	合计	20 200	9 100	4 120	8 550	51 400		合计	39%	18%	8%	17%
金属制品	五金工具	5 250	500	300	800	7 000	金属制品	五金工具	75%	7%	4%	11%
	集装箱	950	0	0	0	1 000		集装箱	95%	0%	0%	0%
	合计	6 200	500	300	800	8 000		合计	78%	6%	4%	10%
交运设备	船舶制造	4 500	1 800	1 000	1 000	11 000	交运设备	船舶制造	41%	16%	9%	9%
	大飞机	1 000	6 000	250	5 000	13 000		大飞机	8%	46%	2%	38%
	合计	5 500	7 800	1 250	6 000	24 000		合计	23%	33%	5%	25%
通用设备	机床	1 113	371	1 039	742	3 700	通用设备	机床	30%	10%	28%	20%
	机器人	410	140	840	400	1 800		机器人	23%	8%	47%	22%
	激光设备	838	350	89	323	1 600		激光设备	52%	22%	6%	20%
	注塑机	400	160	80	160	800		注塑机	50%	20%	10%	20%
	合计	2 761	1 021	2 048	1 625	7 900		合计	35%	13%	26%	21%
专用设备	煤炭设备	1 400	200	0	100	3 000	专用设备	煤炭设备	47%	7%	0%	3%
	锂电设备	1 000	25	200	25	1 260		锂电设备	79%	2%	16%	2%
	光伏设备	893	89	27	107	1 100		光伏设备	81%	8%	2%	10%
	风电设备	1 600	600	10	1 000	3 600		风电设备	44%	17%	0%	28%
	核电设备	900	80	80	1 640	2 700		核电设备	33%	3%	3%	61%
	半导体设备	200	2 800	2 100	1 900	7 000		半导体设备	3%	40%	30%	27%
	3D打印	250	350	100	200	1 000		3D打印	25%	35%	10%	20%
	卫星互联网	50	270	10	150	500		卫星互联网	10%	54%	2%	30%
	合计	6 293	4 414	2 527	5 122	20 160		合计	31%	22%	13%	25%
总合计		40 954	22 835	10 245	22 097	111 460	总合计		37%	20%	9%	20%

注：数据为 2022 年产值规模，单位为亿元；右表中的百分比为产值占全球的比重，灰底数字为占比最高的国家或地区。

资料来源：中国工程机械工业协会，中国机床工具工业协会，中国光伏行业协会，中国集团，巨星科技，中国铁路总公司等公司公告和公司官网，中金公司研究部。

造工艺并不复杂，但钢材用量较大，中国的金属加工业体量具有优势，现阶段其他发展中国家的相关供应链尚不够成熟。第二类为依靠市场需求的行业，例如电力设备和挖掘机行业，庞大的地产基建投资为其提供发展机会，这类行业在国内发展成熟之后，凭借性价比优势进行出口。第三类为政策补贴和市场扩容驱动降本从而实现领先的行业，例如光伏、锂电等行业。同时，由于技术短板，机床、工业机器人、大飞机等行业供给占比低于需求占比。

（二）高端装备行业出海情况：总体水平不高，共建"一带一路"国家和基建类装备是重点

高端装备龙头企业出海程度普遍不高。结合各行业的龙头企业海外收入占比与海外市场规模占比来看，中国高端装备龙头企业出海程度普遍不高，海外收入占比处于较低水平。在主要行业中，光伏产业占有较高的全球份额（见图14.1），这主要得益于较强的成本优势、持续的工艺突破、丰富的产业配套和标准化的产品属性。

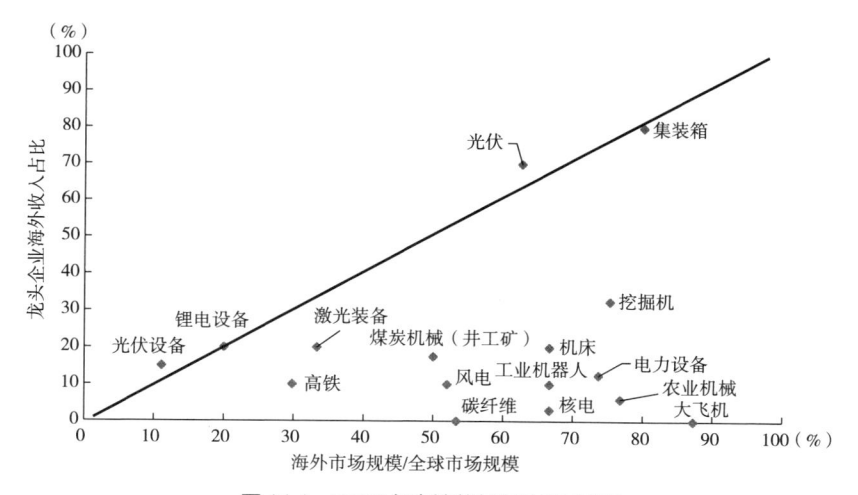

图14.1 2022年高端装备海外出口情况

资料来源：中国工程机械工业协会、中国机床工具工业协会、中国光伏行业协会等行业协会，三一重工、隆基绿能、中国铁路总公司等公司公告和公司官网，中金公司研究部。

从区域来看，高端装备行业在发展中国家份额更高，因此共建"一带一路"国家是重点发展方向（见图14.2）。我们估计绝大部分高端制造代表性行业在发展中国家的市占率都超过发达国家，而共建"一带一路"国家以发展中国家为主，因此共建"一带一路"国家是中国高端装备行业的重点出海方向。中国在发展中国家的市场份额高于发达国家，主要受以下因素影响。（1）在需求特性上，发展中国家看重性价比，发达国家对产品价格不敏感，而注重品质、品牌和渠道。国产产品的技术水平仍有差距，品牌和渠道建设处于弱势。（2）地区环境影响中国企业对发达国家的出口。而过去中国在发展中国家的基建输出带动了相关产品出海，帮助建立了初期渠道。因此，中国在共建"一带一路"国家的装备出口存在较大潜力，这也是优先发展路径。

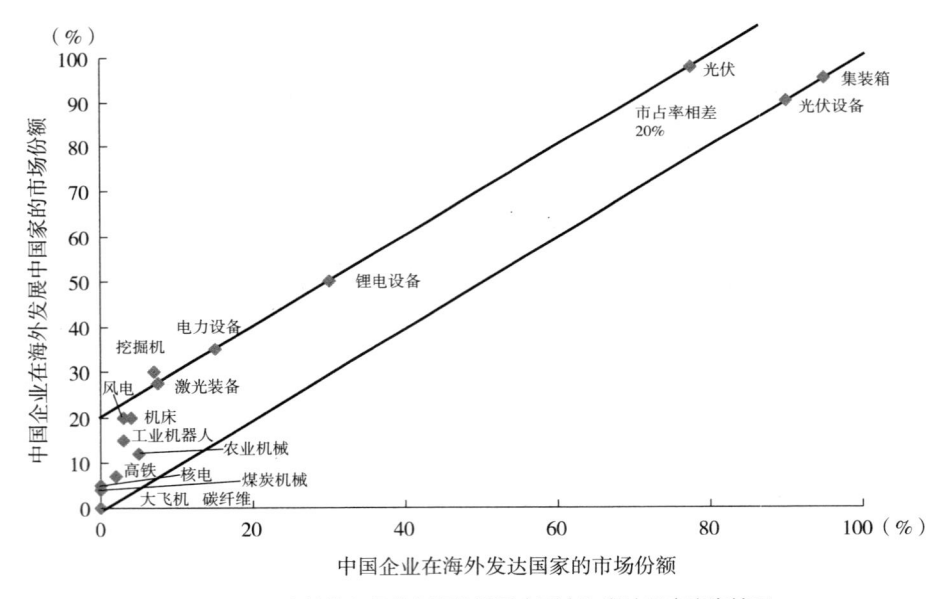

图14.2 高端装备行业向海外发展中国家和发达国家出海情况

注：数据为2022年，由于发展中国家目前几乎没有锂电设备市场，因此我们将中国企业在发展中国家的市占率看成中性水平，选取市占率50%。
资料来源：中国工程机械工业协会、中国机床工具工业协会、中国光伏行业协会等行业协会，三一重工、隆基绿能、中国铁路总公司等公司公告和公司官网，中金公司研究部。

从需求端来看，基建类装备是中国出海的优势领域，制造类装备出海动能稍弱。从制造业增加值来看，全球制造业主要分布在中美日欧地区，前15大国家制造业增加值占全球的79%，其中共建"一带一路"国家共5个，占比为10%。这5个国家中发展中国家只有3个，占比仅4%（见图14.3）。由于技术实力与发达国家企业仍有差距，叠加共建"一带一路"国家或发展中国家的制造业在全球的比重不高，中国制造类装备的出海程度低于基建类装备。

从供给端来看，国产化是出海的先决条件。横向比较各行业，我们认为技术达到先进水平是出海的先决条件，整机国产化水平一定程度上可以作为技术水平的衡量标准。国产化不足说明技术发展不足，产品可能难以与海外厂家竞争。同时，国产化水平低说明国内市场尚有突破空间，企业家拓展海外市场动力可能不足。

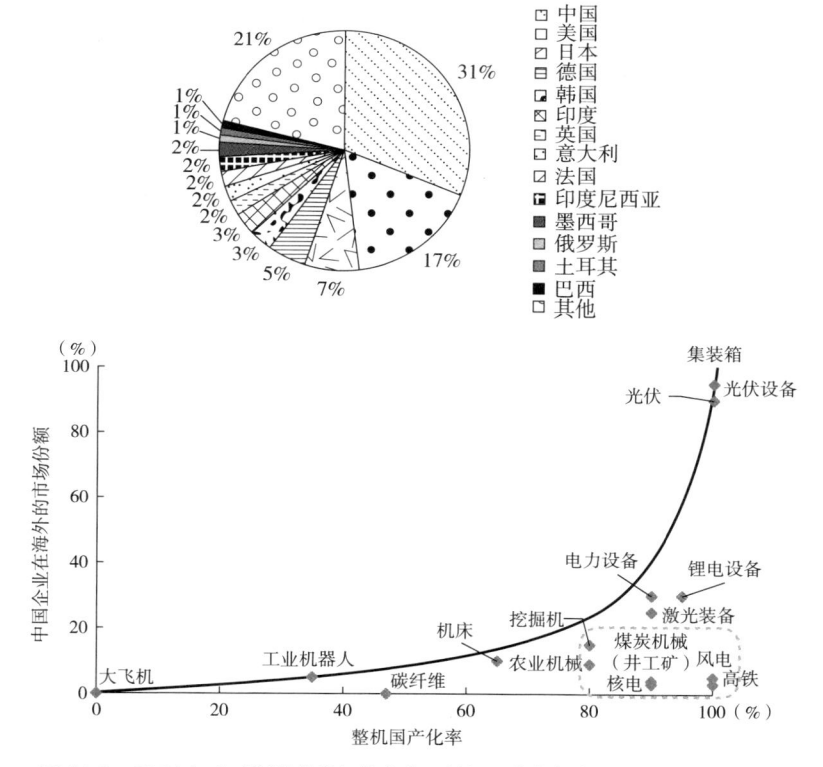

图14.3 2021年全球制造业增加值分布，整机国产化与中国企业海外份额对比

注：韩国、意大利、印度尼西亚、俄罗斯、土耳其为共建"一带一路"国家。
资料来源：世界银行，中国中车、大族激光、三一重工等公司公告，中金公司研究部。

第十四章 高端装备：聚焦基建类装备"一带一路"出海机遇

然而，在国产化已达到较高水平的情形下，我们发现仍有部分行业出海程度不足，例如核电、煤炭机械（井工矿）、风电以及高铁。煤炭机械（井工矿）出海不足主要由于海外以露天矿为主，产品应用场景不同；风电出海不足主要由于此前海外市场主要在发达国家，发展中国家市场近几年才兴起，但其增长速度较快，中国企业份额也在快速提升。核电、高铁虽然技术成熟，但是受多种因素影响出海程度仍然不足。因此，我们需要回答，为何技术达标、成本具有优势的行业，出海却相对受阻？

二、重点行业出海分析与展望

本节进一步选取 5 个行业进行重点分析。上述出海程度不足的行业中，我们主要选取规模较大的高铁、核电进行分析，此外，我们还选取了 3 个市场规模较大或出口相对顺利的行业，包括电力设备、工程机械、光伏。从业务特点角度来看，我们将代表型行业从两个维度归类，分为项目型和产品型，以及市场主导和政府主导（见图 14.4）。我们可以初步看出产品型行业出海进展优于项目型行业，市场主导的行业优于政府主导的行业。

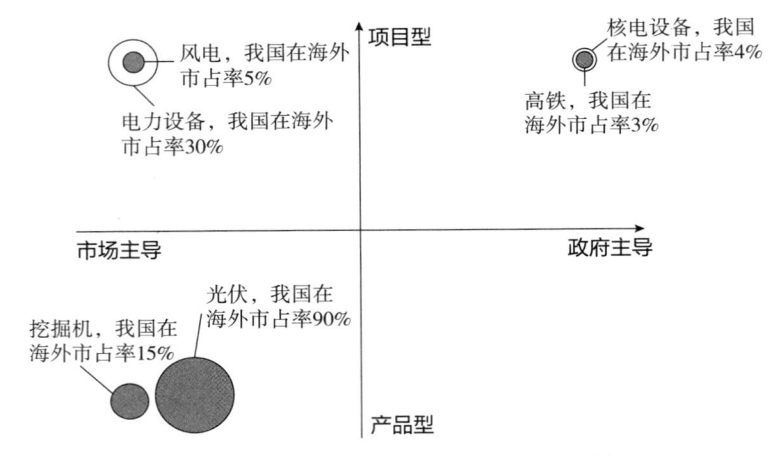

图 14.4 高端装备代表性行业在海外市占率比较

注：数据为 2022 年。政府主导指行业参与主体主要为政府单位，市场主导指行业参与主体主要为民间主体。
资料来源：中国工程机械工业协会、中国光伏行业协会等行业协会，三一重工、隆基绿能、中国铁路总公司等公司公告和公司官网，中金公司研究部。

总体来看，光伏在共建"一带一路"国家的出口已达到高点，目前处于市场关系的调整期。得益于产业链协同的跟随式出海，电力设备、工程机械向共建"一带一路"国家出口获得了一定成效。受制于项目经验不足，此前核电出海进展较慢，随着初期项目落地，我们认为未来有望加速。而首要受制于需求状况，高铁出海还需一定时日。

（一）光伏：绿色转型与能源安全交织，关注中国产能在共建"一带一路"国家出海机遇

1. 需求端：共建"一带一路"国家光伏需求增势明显，未来发展前景可期

共建"一带一路"国家新增光伏装机需求呈增长态势，是有潜力的新兴光伏市场。根据彭博新能源财经（BNEF）的数据，2011—2016年共建"一带一路"国家新增装机全球占比在6%~9%之间震荡，2018—2020年快速提升至20%左右，受抢装结束影响，2021年合计光伏新增装机量达26.04GW，全球占比下降至14.3%。

中东欧地区受能源危机和地缘政治催化，光伏需求增长迅速。主要地区如波兰2021年底即实现此前2030年累计装机7.8GW的目标，波兰可再生能源研究所（IEO）预计，至2030年年均新增装机2.3GW，与2020年新增装机水平相当；意大利国家能源和气候综合计划（PNIEC）预计，该国至2030年年均新增装机3.3GW，较2021年增长250%。

东南亚、南亚地区短期受抢装影响需求波动，具备长期装机空间。在抢装的推动下，越南2020年新增装机12.7GW，成为东南亚当年需求的主要拉动力量；印度（未参与"一带一路"倡议）电力部门预计该国至2030年年均新增装机32GW，较2021年增长160%。

西亚及北非地区光资源丰富，清洁能源转型意愿强烈，是未来3年重要增长市场。根据全球能源监测（GEM）的数据，截至2023年1月，西亚及北非国家地面电站光伏装机约9GW，储备项目规模超过93GW，未来增量市场值得期待。

中亚地区尚处能源转型早期，逐步探索光伏、氢能等清洁能源与中国互联互通设想。主要地区如哈萨克斯坦预计至2035年建成10GW新能源（包括光伏）项目；乌兹别克斯坦预计至2030年年均新增装机0.3GW，较2021年增长233%。

南美洲、大洋洲受制于经济条件，当前光伏规模尚小，5~10年内亦是储备市场。主要地区如智利预计至2030年年均新增装机0.5GW，与2019年新增装机水平相当；巴西（未参与"一带一路"倡议）发布《2050年国家能源计划》，提出长达10年的能源扩张计划。

2. 供给端：中国企业成为共建"一带一路"国家光伏供给主力

共建"一带一路"国家光伏市场当前仍主要依赖中国光伏制造供给。我们按照出口金额及出口综合均价测算（各地区可能受均价高低影响，估算出货量结果和实际有一定差距），2019—2021年，中国向中东欧出口组件量占该地当年平均新增装机量的约74%，其他共建"一带一路"国家光伏组件需求基本由中国提供（见图14.5）。

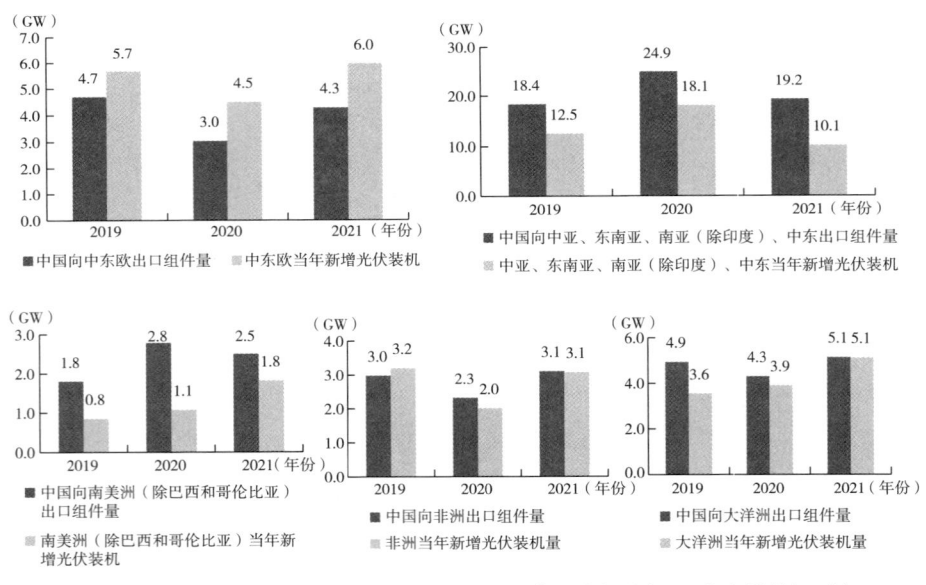

图14.5　2019—2021年中国对共建"一带一路"国家组件出口量与新增装机对比

资料来源：BNEF，Solarzoom，中金公司研究部。

3. 经验总结与展望：发挥规模优势与成本优势，关注产能出海方向

我们认为国内光伏行业成功出海主要由于以下两点。

第一，光伏行业降本增效为主旋律，国内要素成本优势叠加技术迭代推动出海加速，而国内光伏需求侧大市场促进规模效应优势释放。一方面，光伏行业成本为王，光伏各个环节非原材料（人工、折旧、电力等）成本占比为5%~27%，中国在劳动力、电力、土地设备等要素方面均具备优势，使光伏产品具备较高的性价比；同时规模效应也是降本的重要途径，在生产规模不断提升的情形下，规模效应带动供应链成本优势并摊薄生产成本，进而形成光伏全产业链成本降低。另一方面，光伏行业具备"干中学"特性，需要在技术积累中实现从量变到质变，而做大需求规模不仅能够帮助行业实现规模效应，还能够给予工艺试错和技术迭代的肥沃土壤。为提振本土光伏需求、带动本土产业链各环节配套发展，中国出台了一系列补贴政策降低终端客户成本，促进光伏需求持续大幅增长，需求侧大市场持续为供给侧降本增效，为技术迭代提供基础，从制造产能分布来看，我们测算中国在光伏产业链主材及核心辅材的占比已基本超过80%。

第二，光伏产品相对标准化，认证后可全球推广。光伏各环节产品相对标准化，在进行全球拓展时，通过不同市场的第三方产品认证后即可销售，且不同市场的第三方认证具备一定的共性，因此产品推广较快。中国光伏行业在占据成本优势的基础上，积极进行产品认证，销售网络基本已经覆盖全球。

当前中国光伏行业已经在全球范围内获得了较高市场份额。作为一种重要的新型清洁能源，在全球碳中和转型背景下，光伏行业被赋予了更高的战略价值地位，同时份额较高的中国光伏产业也因此受到了多国的重点对待。面对全球化的竞争态势，中国光伏产业未来的重要发展方向不仅在于持续的技术进步，更在于依靠产能出海等方式帮助中国光伏产业持续地"走出去"。相较于大多数制造产业，中国光伏产业已经远远走在前列，未来的重点方向是寻求稳定地区转移中下游环节，为光伏持续出海提供条件。

（二）电力设备：共建"一带一路"国家输变电设备需求旺盛，加速出海正当时

1.需求端：共建"一带一路"国家电力设备需求充沛

全球电网投资稳健增长。根据BNEF的统计，2022年全球电网投资总额达

2 738亿美元，2023年有望突破3 000亿美元，同比增长约10%。

共建"一带一路"国家电力设备需求充沛。根据世界银行的统计，截至2020年，仍有56个共建"一带一路"国家的无电人口比例超过10%，当地电力可获得性的提高带来充沛的电力设备需求空间。此外，能源转型也带来了投资机遇，例如南非预计于2026年前增加8 000千米电缆用于新能源电力输送，菲律宾、泰国、卡塔尔等国家也将智能化与自动化作为未来电网升级的方向。

2. 供给端：中国电力设备厂商技术与性价比优势显著

中国电力设备技术位于全球前列，在性价比优势的加持下出海竞争力突出。从技术实力来看，中国在国际上率先建立了完整的特高压交直流、智能电网技术标准体系，累计主导发起编制国际标准超过100项。国家电网积极推进技术标准软联通，已在共建"一带一路"国家应用中国标准525项。从成本来看，中国供应链具备原材料和人工等优势，例如中厚板作为电力设备主要原材料之一，中国市场价格长期低于欧盟、美国、日本等地区。

中国电力设备出口势头强劲。中国主要电力企业对外合作情况如图14.6所示。根据中电联的数据，截至2021年底中国主要电力企业境外累计投资总额达1 026.6亿美元。根据世界银行的统计，2020—2022年新冠疫情下中国变压器及电感器出口金额逆势增长（见图14.7），CAGR约14%，出口规模处于领先地位。

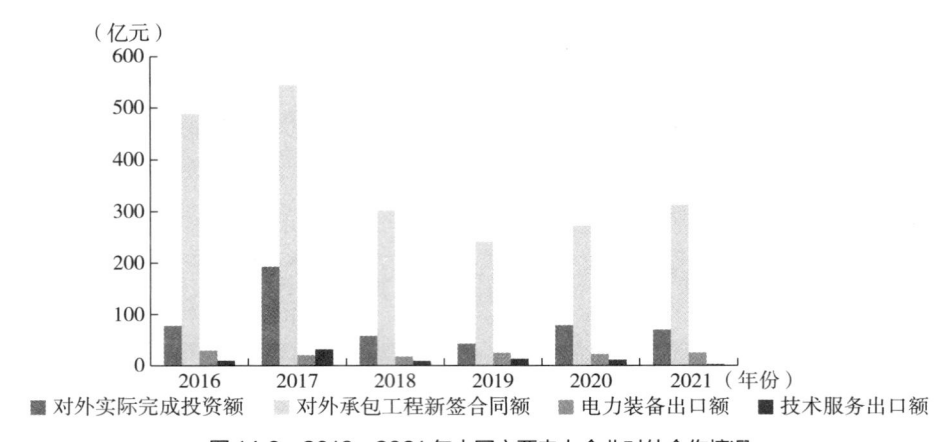

图14.6　2016—2021年中国主要电力企业对外合作情况

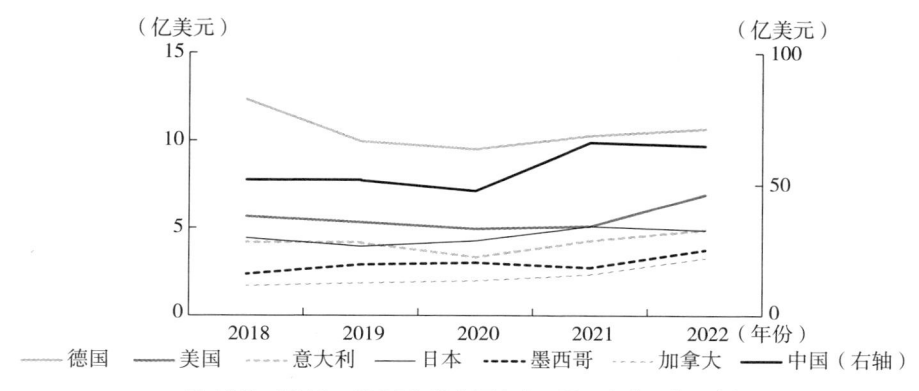

图 14.7 2018—2022 年部分国家变压器及电感器出口金额

资料来源：中电联，World Integrated Trade Solution，中金公司研究部。

欧美电气行业龙头全球化布局相对成熟，国内厂商仍处于快速发展的早期阶段。西门子、施耐德等欧美电气行业龙头出海历史悠久，品牌认可度高，全球销售服务网络成熟，相较而言，中国企业出口起步较晚，上海电气、思源电气等国内龙头企业海外业务收入占比普遍低于 20%，海外市场是未来企业发展的重要战略方向。

3. 经验总结与展望：构建互利互赢、全产业链的"走出去"模式

双赢为基础。电力装备出海旨在加强电网基础设施互联互通，促进能源清洁低碳转型，对当地经济社会发展和民生改善具有积极作用。构建双向互利的良性合作对于产品或项目出海具有较强助推作用。

"技术标准－规划设计－工程建设－装备制造"的全产业链模式带动效果显著。2021 年中国主要电力装备企业出口总额为 25.0 亿美元，其中境外工程带动装备出口占比约 84%。以中巴经济走廊重点项目——巴基斯坦默拉 ±660 千伏直流输电工程为例，项目建设中近 80% 采用中国技术标准，96 家中国企业 5 000 多名中国员工参与建设，带动电力设备和技术服务出口约 67 亿元人民币。

乘海外需求大幅增长的春风，电力装备直接出口能力有望提高。在初期，中国电力设备出口主要由 BOT（建设－经营－转让）、EPC 工程项目带动，成功打开出海通道。但海外工程也面临部分制约因素，比如部分国家工程项目收款难度

大、风险高。我们认为，随着国内电力设备企业在海外逐步积累交付业绩和品牌认知，在共建"一带一路"国家的出口有望逐步摆脱对于工程项目的依赖，直接参与单机设备的市场化竞争，凭借技术与性价比竞争力提升市场份额。

（三）工程机械：共建"一带一路"国家需求旺盛，为国内企业率先突破市场

1. 需求侧：共建"一带一路"国家工程机械需求增速超过全球市场

共建"一带一路"国家需求约占全球需求的20%，需求增速超过全球市场。2020年共建"一带一路"国家工程机械的总销量约为21万台，销售额约为200亿美元，全球占比约20%。Off-highway（专业咨询公司）预测2021—2025年全球工程机械市场的CAGR为0.6%，而Arizton（咨询与情报公司）预测，2021—2028年，沙特阿拉伯和东南亚等地区的工程机械年增长率均大于4%，明显高于全球增速（见图14.8）。

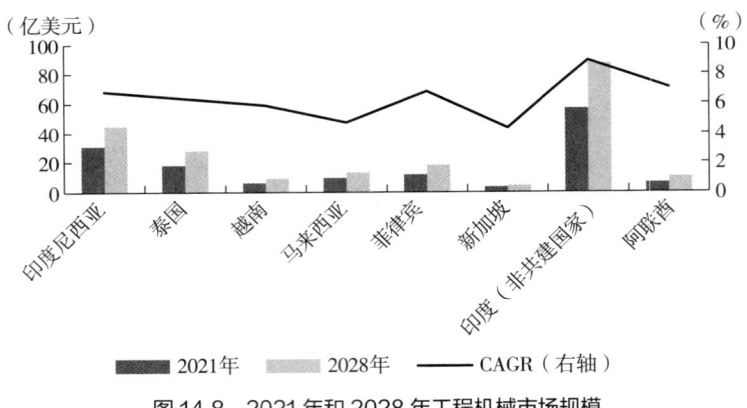

图14.8 2021年和2028年工程机械市场规模

中国企业在共建"一带一路"国家中占比约30%，但是细分地区存在分化。2020年在工程机械市场规模排名前列的共建"一带一路"国家中，中国企业市占率基本保持在30%以上，其中阿联酋、俄罗斯和新加坡占比较高，分别约为65%、80%和96%（见图14.9）。

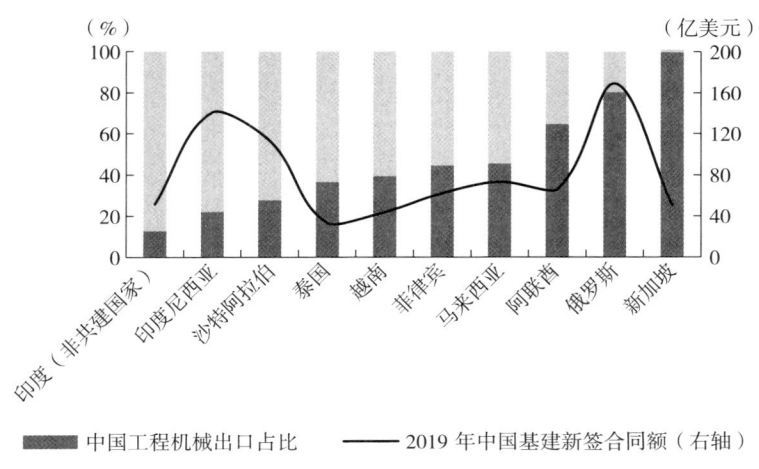

图 14.9　2020 年中国工程机械在部分地区的市场份额

资料来源：Off-highway，Arizton，中金公司研究部。

2. 供给侧：中国具备工程机械销量外溢条件

国产供应链具有制造成本优势。根据三一重工等公司的公告，工程机械主要原材料为液压件、铸件、钢材等，占总成本的 88%，得益于国内的供应链优势，中国工程机械产品具有成本优势。

工程机械国产化率快速提升，具备出海条件。2020 年国内挖掘机需求为 30 万台，占全球市场的 44%，国内庞大的市场带来工艺积累机会，促进国产厂家技术迭代升级。目前挖掘机泵阀、油缸、发动机的国产化率分别约为 30%、70%、15%，头部液压厂商生产的液压件除了供应本土市场之外，也实现了对外出口。挖掘机整机国产化率由 2006 年的 7.5% 提升至 2022 年的 80% 以上，国产化率已经达到较高水平，具备进军海外市场的条件。

3. 经验总结与展望：在发展中国家率先突破，在发达国家渠道和品牌薄弱

以挖掘机为例，挖掘机出口为 To B/C（面向企业/消费者）模式，挖掘机出口最初在很大程度上依赖基建项目进行市场开拓。随着海外拓展的深入，逐渐发展为自主渠道出口。此外，除了市场增速较快的发展中国家，发达国家尽管地产基建已较为成熟，但工程机械市场仍然庞大，我们认为也不能忽略发达国家市场。

"一带一路"发展中国家：2020年中国工程机械在印度（未参与"一带一路"倡议）占比低于主要共建"一带一路"国家，占比仅约13%。主要由于东南亚对中国基建项目接受程度相对更高，2013年以来，中国和东南亚已合作投资超过22个大型基建项目，而中国对印度的基建订单仅为对东南亚的15%。

"一带一路"发达国家：中国工程机械在海外发达国家出口占比均不高，对于"一带一路"发达国家也是如此。根据Off-highway的统计，目前中国工程机械在北美洲、德国和英国（均未参与"一带一路"倡议）的市占率较低，只有5%~10%。主要原因包括欧美更加注重品质而非性价比，其次中国在海外的营销渠道尚不完善。同样，除了地处东南亚的新加坡，中国在参与"一带一路"倡议的韩国、意大利等地的市场份额也相对较低。

展望未来，中国在东南亚已获得较大成功，未来主要伴随当地市场扩容而发展。南亚、中亚、中东是下一步重点开拓的地域。伴随着品牌和渠道的完善，"一带一路"发达国家的拓展也有望逐渐获得成效。

（四）核电：共建"一带一路"国家需求广阔，出海机遇大于挑战

1. 需求端：共建"一带一路"国家具有广泛的核电站建设需求

共建"一带一路"国家核电规划积极，为全球核电站建设的快速增长极。根据世界核协会的数据，共建"一带一路"国家（考虑俄罗斯和韩国为核电供给大国，本节共建"一带一路"国家的统计不包含俄罗斯和韩国）2023年在运行反应堆51座，装机规模2 600万千瓦，在海外、全球市场占比仅8%、7%。按照目前在建和已计划的情况，共建"一带一路"国家有望新建29座核电站，装机规模达到3 000万千瓦，占海外市场的30%。若加上拟议核电站，则共建"一带一路"国家潜在新增核电站数达到100座，装机规模达到1.1亿千瓦，占海外市场的比重达40%。

我们假设共建"一带一路"国家单千瓦核电站建设对应的建设成本为2 000美元，则共建"一带一路"国家"在建+计划"核电站的市场空间可达到600亿美元（未来5~8年预计可获取），"在建+计划+拟议"的市场空间可达到2 150亿美元（潜在的总市场空间）。其中沙特阿拉伯、土耳其、乌克兰、南非潜在市

场占比为 16%、13%、10%、9%，是主要市场。

2. 供给端：核电出口市场参与者少，集中度较高

核电出口竞争格局具有集中化特征。全球具有核电出口能力的国家包括俄、中、美、法、日、韩六国（见表 14.2）。目前核电出口参与者仅俄、中、法、韩四国（日本和美国由于国内核电建设需求不足，使核电公司发展受阻，基本不参与国际市场竞争），其中我们根据出口国在海外在建核电站的规模，估计 2022 年俄罗斯在全球核电出口市场占比为 68%，中国占比为 4%。若把业主国限定到共建"一带一路"国家，则目前参与者仅俄、中、韩三国，我们估计俄罗斯占比达到 76%，中国占比为 7%。

3. 经验总结与展望：项目经验与融资方案待优化，未来出海机遇大于挑战

我们认为，当前中国在核电出口市场所占份额较低，主要有以下三个原因。首先，第三代核电机组出海战略起步较晚。核电出海需国家战略推动，2013 年 11 月 26 日，国家能源局首次提出核电"走出去"战略。而俄罗斯 2007 年即成立国家原子能集团公司。其次，技术自主化不足，同时核电标准不统一。例如华龙一号自主的发电机和反应堆压力容器在 2017 年才完成研发。此外，目前中国出口主型号华龙一号 HPR1000 于 2015 年面世，此前国内存在三种技术路线，并未达成共识。最后，无海外样板工程，缺乏建设经验积累。中国自研的三代机组"华龙一号"的海外示范电站直至 2021 年才在巴基斯坦建成，缺乏核电安全信任度。示范电站建成后，中国同阿根廷、英国（未参与"一带一路"倡议）的核电订单进展加速。

展望未来，中国核电技术具备竞争力，未来出海机遇大于挑战。一方面，核电出口已具有较强的竞争力，未来参与国际竞标有能力提速。中国目前拥有自主研发的"华龙一号"三代核电机组，已成功在巴基斯坦建设 6 座机组，我们认为具有较为成熟的核电工程出口经验。此外，相较于其他出口国机组，中国核电建设周期短，建设成本低，"华龙一号"的建筑周期短至 67 个月，实际建设周期仅为他国的 60%，建设安装成本与俄罗斯、韩国位于同一水平，低于法国、美国、日本。

表14.2 全球主要核电出口国竞争力比较

国家	项目经济性		融资能力			一站式服务能力			小型模块化反应堆研发能力			
	建设安装成本（美元/千瓦）	建设周期（月）	贷款利率	贷款担保	融资结构	铀浓缩技术	后处理技术	核废料回收	轻水堆	高温气冷堆	快中子堆	熔盐堆
俄罗斯	2 271	122	3%~4%	专项低息贷款支持 免除信用担保要求	30%股权 70%债权	有	闭式循环	有	建设阶段	授权阶段	授权阶段	授权阶段
中国	2 500	67	4.5%	无专项低息贷款支持 需要主权信用担保	100%债权	有	闭式循环	无	建设阶段	建设阶段	未研究	未研究
韩国	2 157	101	1.5%	专项低息贷款支持	20%股权 80%债权	无	一次通过式	无	授权阶段	未研究	未研究	未研究
法国	4 013	204	—	—	—	有	闭式循环	无	—	—	—	—
美国	4 250	—	—	—	—	有	一次通过式	无	授权阶段	未研究	未研究	未研究
日本	3 963	—	—	专项低息贷款支持	100%债权	无	闭式循环	无	—	—	—	—

注：建设安装成本为OECD 2020年报告《预计发电成本》根据代表性项目测算；建设周期根据2022年各国出口核电站的实际建设周期统计；融资条款根据各国代表性出口项目汇总；日韩受核协议限制，无铀浓缩技术；闭式循环指对反应堆卸出的乏燃料再利用，一次通过式指直接掩埋乏燃料。

资料来源：OECD、世界核协会、中国核工业、韩国经济网、《福布斯》、《能源》杂志、WISE、中金公司研究部。

另一方面，通过与当前全球核电第一大出口国俄罗斯相比，我们认为核电出海仍面临一些挑战。一是融资方案竞争力不足。在核电站生命周期总成本中，核电站建设成本和初始资金产生的利息成本占比通常达到60%以上。业主国较为关注融资后的债务压力且通常不愿以国家信用为贷款担保。目前中国仅提供普通出口信贷且需要业主国主权信用担保。而俄罗斯提供专项低息贷款，允许免除主权信用担保，同时引入股权融资，降低业主国的投资风险和债务压力；核电全方位解决方案能力弱于俄罗斯。目前中国针对乏燃料的闭式循环处理技术相对不成熟，且不能提供核废料回收处置服务。而俄罗斯闭式循环处理技术先进，允许将业主国的核废料运回本国进行处理。二是小型模块化反应堆（SMR）研发方向单一。小型模块化反应堆有助于解决共建"一带一路"国家投资额度低、灵活性差等问题。中国在轻水堆和高温气冷堆方面领先，高温气冷堆需水量低，适应沙漠国家需求。但研发全面性不及俄罗斯，其中，快中子堆优势为铀利用率更高，熔盐堆优势为需水量低和燃料储量丰富。

（五）高铁：共建"一带一路"国家市场需求偏弱，高铁出海从长计议

1. 需求端：共建"一带一路"国家高铁运营与在建里程短，远期建设具有不确定性

共建"一带一路"国家高铁运营整体规模较小。根据 UIC（国际铁路联盟）的数据，共建"一带一路"国家高铁运营里程 4 034 千米，在建里程 3 748 千米，而中国国内运营里程超 4 万千米，在建里程超 1.3 万千米。未来有修建高铁规划的国家有 22 个，中短期规划里程 11 755 千米，远期规划里程 9 159 千米，总规划里程约 2.1 万千米，略长于中国国内规划里程的 1.8 万千米。但高铁项目建设已受多种因素干扰，远期规划的落地确定性有待观察。

部分共建"一带一路"国家经济实力薄弱，现阶段高铁需求不强。高铁建设有资金投入、人口密度、电力供应、经济发展水平门槛，很多共建"一带一路"国家经济实力落后，难以承担高铁建设开支，投资收益率亦无法保证。有高铁规划的国家，其建设进度也会受到全球宏观经济和自身财政情况变动的影响，存在较大不确定性。

2. 供给端：中国是重要高铁技术提供商，高铁列车出口仍待开花结果

中国高速铁路（CRH）是全球高铁先进技术之一，但中国高铁出口案例仍较少。全球共有七种高铁技术，分别为法国 TGV、德国 ICE、日本新干线、中国高速铁路、韩国 KTX、意大利 ETR、西班牙 AVE。中国中车出口项目以 100 千米/小时与 160 千米/小时级动车组、城轨、机车、地铁、货车为主，高速动车组出口较少，雅万高铁是中国 350 千米/小时级高铁车辆出口第一单，除此之外还有出口奥地利的 200 千米/小时级动车组。根据 UIC 统计的各国在运营车厢数，阿尔斯通、西门子在共建"一带一路"国家的市场份额分别为 38%、11%，它们拥有更广泛的市场和客户，韩国现代依靠在本土市场的优势地位，市占率达 34%，日本日立则在意大利有一定市场，市占率约为 11%。

国外企业技术积淀时间长，业务全球布局。高铁领域，阿尔斯通、西门子、川崎、庞巴迪四家公司均有较长历史，出口应用案例众多。根据 UNIFE（欧洲铁路行业协会）的数据，在除中国以外的轨交市场，西门子、阿尔斯通、庞巴迪分别有 10% 左右的市场份额，而中国中车仅有 3%，在高铁列车领域，市场份额更向国际巨头集中。

中国高铁国产化率在 90% 以上，技术和成本优势突出。根据世界银行的数据，中国高铁建设成本为 1.29 亿元人民币/千米，相比其他高铁系统成本优势明显。通过技术引进与消化，中国高铁动车在牵引制动、网络控制、转向架等方面已经摆脱核心技术受制于人的局面，国产化率达到 90% 以上，大幅降低了制造及运营成本。

3. 经验总结与展望：融资方案待优化，以稳定性较强区域为目标市场

中国融资方案待优化。由于建设成本较高、建设周期较长，融资方案是业主国较为关注的问题。日本从 20 世纪初进入零利率甚至负利率，并有专门的政府开发援助计划，贷款利率低至 0.1%。尽管中国高铁在建设周期和造价上有优势，但融资方案仍存在优化空间，以更贴近业主国诉求的方式获取项目，如通过 BOT 等模式弱化对业主国主权信用担保的要求。

高铁项目建设周期较长，易受外部因素影响。不同于市场化的产品或项目，

高铁项目能否落地更多由国家层面决定。在发达国家和地区，当地有成熟的轨交装备供应商，中国企业的优先级不高。此外，若当地社会环境不稳定，会给高铁项目合作带来不利影响。

以雅万高铁为例，中日在东南亚高铁项目中竞争激烈。日本基建出海早于中国，20世纪70年代便已积极参与发展中国家的基础设施建设。在雅万高铁竞标过程中，日方的贷款利率较低，但其需要占用印度尼西亚政府的财政预算。中国方案无须印度尼西亚政府提供贷款担保，由中印企业联合体向中国国家开发银行申请贷款，并通过雅万高铁50年特许经营权偿还贷款，中方借此获得了雅万高铁项目。

中国高铁未来或在中东、东南亚市场率先突破。中东地区高铁建设国经济状况相对较好，人口稠密，基础设施落后，催生了大量基建需求。我们认为中东是高铁出海的良好目标市场之一。东南亚国家人口较稠密，部分国家经济发展状况良好，我们认为泰国、马来西亚等国家可能存在机遇。对于欧美发达国家，由于其自身拥有较强的高铁技术，中国企业将面临西门子、阿尔斯通等企业的竞争，出口难度较大。

三、共建"一带一路"国家出海影响要素总结

前两节分别从整体性和行业性视角阐述了中国高端装备行业的出海现状和要素分析。我们看到中国一些行业技术水平已达到较高程度，但出海进展并非一帆风顺。本节从需求和供给两大维度总结了一些影响企业在共建"一带一路"国家出海的重点要素，以了解历史上中国各产业出海的制约因素，以及未来的重点改进方向。

（一）需求侧：海外市场容量大是先决条件

共建"一带一路"国家的综合市场规模处于海外中等水平。共建"一带一路"国家人口数量较多，但发展程度相对不足。发达国家的消费购买力、消费需求更大，同时基础设施建设体量庞大，相应地存在更大规模的装备需求。对于大

部分高端装备行业，在中国以外的地区，市场主要集中在发达国家和地区。相较于基建类装备，制造类装备该特征更明显。从上述代表性行业可以看出，共建"一带一路"国家的市场容量加总后具有可观体量，通常在全球市场中占据20%~30%。但从统一大市场来看，西方国家仍是海外市场的主要分布地区。例如，在工程机械行业，共建国家中印度尼西亚是人口规模和基建需求潜力较大的国家之一，但当前发展处于早期阶段，根据 Off-highway 的数据，印度尼西亚每年对挖掘机的需求仅 1 万台。而日本（未参与"一带一路"倡议）国内每年挖掘机需求在 5 万台左右，美国（未参与"一带一路"倡议）则要达到 10 万台。

同样，在能源行业中，通常先发展基础电力设施，满足居民的基础用电需求，再考虑能源转型，以清洁能源替代传统化石能源。对于电力设备、风电、光伏、核电这四大行业，共建"一带一路"国家的电力设备市场规模占海外市场的比重相对是最大的，因为共建"一带一路"国家的人口规模存在一定基数，对此类基础需求相对刚性。而对于核电、风电、光伏等新型能源，共建"一带一路"国家的市场空间目前相对较小。除光伏外，中国电力设备的海外份额明显高于风电与核电。

个别行业需求存在特殊性。对于高铁这类市场需求较为特殊的行业，共建"一带一路"国家的需求状况也存在较大波动。一方面，高铁规划资金体量大、建设周期长，对国家的财政状况提出了较高的要求。一些发展中国家在征地、财政支出的过程中逐渐感受到资金等方面的压力，初始高铁规划有时发生变更或终止。另一方面，高铁建设涉及国家战略，需要国家层面的综合协调，市场与竞争关系受各类外部因素的影响较大。总体来看，共建"一带一路"国家市场仍处于培育之中，一些行业的市场培育期可能相对较短，如风电、光伏等，部分行业则可能经历更长的时间，如高铁等。

（二）需求侧：地区环境对市场开拓存在较大影响

地区环境是否稳定会影响中国企业市场开拓的顺利程度，通常项目型行业更容易受此影响。高铁、核电既是项目型行业，也是政府主导型行业。以高铁为例，中国的高铁项目经验丰富，技术成熟度高，建设成本也相对更低。但发达市场存在成熟的本土化供应商，中国企业的优先级相对不高。发展中国家市场也需要稳定的地区环境，才能支持项目型行业的有序开展。

对于产品型行业，也可能存在相关影响。例如在共建"一带一路"国家中，2020年中国在东南亚的挖掘机市场份额较高。中国挖掘机在共建"一带一路"国家的表现与中国在当地的基建投资规模具有较强的相关性。

中国光伏行业具备较为明显的成本优势，在全球范围内都处于规模和份额领先状态。随着能源转型日益成为全球化的共识，近两年中国光伏产品出口遇到越来越多的阻碍。印度（未参与"一带一路"倡议）、土耳其等都已经开始向中国光伏出口提出限制条件。

（三）供给侧：技术可靠性是前提，项目经验是重要保障

从国产化率可以看出，中国出海程度相对高的行业，几乎都是国产化率已达到较高水平的行业。而国产化程度相对不足的行业，对海外市场的拓展也处于相对初级阶段，如机床、机器人等。当技术尚未达到较高水平时，通常国产化率偏低。这意味着，一方面国内产品的技术水平仍相对不足，缺乏在国际市场与海外品牌的竞争力；另一方面国内市场仍有替代空间，企业家仍有在国内市场突破的较大潜力，而开拓海外市场需要在渠道建设等方面有较多前期投入，性价比相对不足。

对于一些项目型行业，即便技术达到一定水平，项目经验的缺乏也会给企业出海带来一定挑战。例如中国自主研发的"华龙一号"三代核电机组国产化率接近90%，但初期缺乏项目建设经验，而业主国对此较为看重，这在一定程度上影响了中国核电出海的进程。同样，2021年当中国核电机组示范电站在巴基斯坦落成后，中国与阿根廷、英国（未参与"一带一路"倡议）的核电项目合作也迎来了加速。

同样作为成本导向型的行业，中国光伏产业出海进展明显优于风电产业。光伏为产品型行业，而风电需要进行组装和安装，为项目型行业。尽管中国风机产业也长期存在成本和价格优势，但由于附加服务属性较强，整机产品销售后需要配套后续运维服务，对整机企业本地化运维团队的建设能力要求较高，中国风机

整体的出海进展相对较慢，特别是在发达国家和地区相对缺乏竞争力。近年来在发展中国家需求上升的带动下，中国风机在共建"一带一路"国家的出口已呈现一定的加速趋势。

（四）供给侧：制造成本存在优势，融资方案有待优化

得益于中国的人口红利，以及庞大的内需市场、完善的工业体系、丰富的配套基建等因素，中国制造业具备相对明显的综合成本优势。即便近两年东南亚等地的劳动力和土地成本逐渐拉大对中国的成本优势，但受制于产业体系完整度，对于大多数行业，其仍不具备综合成本优势。一定程度上，制造成本优势是中国产品或中国项目出海的共同优势。

但中国出海并非没有成本劣势，对于项目型行业，其建设周期较长，资金投入量较大，对利率较为敏感，如高铁、核电等行业。相较于发达国家，中国利率成本并不占优势。因此，中国在海外的项目建设中仍需优化投融资方案，以更具吸引力的项目资金投入方式获得业主方的青睐。

（五）供给侧：品牌和渠道是突破发达国家市场的攻坚要素

尽管中国在共建"一带一路"国家的出海主要依靠综合成本优势，并且一些行业已经取得了较大突破。但共建"一带一路"国家中仍有较为广阔的发达国家市场值得我们关注，在这些区域，中国企业通常不占优势。此外，共建"一带一路"国家之外的发达国家仍是绝大多数行业的主要海外市场，因此，攻克发达国家市场对于中国产业长期"走出去"具有重要意义。

中国企业通常率先在发展中国家取得进展，当地市场变化较快、较大，更容易出现新进入者，稳固的供应链合作关系尚未形成，同时发展中国家的产品更看重性价比，这是对中国厂家更有利的竞争环境。相较于发达国家的成熟品牌，中国企业起步较晚，在品牌端处于相对劣势。对于发达国家市场，其市场成熟度较高，买家并非单纯看重性价比，会综合考量产品质量、售后服务、合作历史、融资渠道等要素。因此，中国企业通常率先在发展中国家取得突破，在发达国家不

易建成品牌、渠道、产品推广间的良性循环。

以挖掘机为例,中国进入发展中国家的重要渠道方式是跟随式出海,伴随中国的基建商进入东南亚等市场,进而落地生根,在当地发展营销渠道、强化服务网点、增设配件工厂等。而这套模式在发达国家迟迟未能见效,在较长一段时间里,中国企业缺乏进入发达国家的渠道。过去两年,受新冠疫情的影响,海外供给受到较大限制,即便疫情对供给端的直接干扰率先解除,但高通胀、低劳动参与率使发达国家的生产效率仍处于偏低水平。在海外宏观刺激的背景下,中国企业获得抢占市场份额的机遇,三一重工在欧美高端市场实现了连年翻倍的增长。对于三一重工等龙头企业,疫情发生后的供需缺口为国产挖掘机出口提供了难得的机遇,若企业把握机遇强化海外营销渠道、服务体系、融资配套措施等,则产品的品牌竞争力和美誉度有望进入提升通道。

对于大多数行业,要考虑出海条件的齐全度,通常发展中国家是出海的首选地区。同时,海外市场通常主要集中在发达国家,发展中国家的市场增速更快,但绝对体量仍相对较小。因此,对于中国高端装备行业,只有突破发达国家市场才能使中国企业成为真正的国际化龙头。

四、思考与启示

对于需求侧要素,其通常作为外生变量,可以协助企业选择适当的目标市场,这对政策制定具有一定的指导意义。政策端则更多聚焦于供给侧的改善,包括为产品型行业提供便利,帮助提升产品技术实力;对于项目型行业,则需综合考虑优化项目经验、融资方案、政策环境等。此外,面对复杂的国际局势,一些领跑行业受到了地缘政治的不利影响,对此,我们需考虑优化产能布局和加强产业链协同,为企业更好地参与共建"一带一路"国家市场竞争创造条件。

(一)对于产品型行业,着力提升产品技术优势

一是提供场景帮助企业强化工艺积累。当前仍有不少行业受制于技术水平,尚不具备出海的成熟条件。装备制造业的竞争力来自持续的工艺积累,以优化技

术水平。对于下游试错成本较高的行业，需加大政策扶持力度和优化补贴方向，降低下游买家的试错成本。同时，对处于培育期的行业，在供给端为企业发展提供一定保护，将一些工艺积累场景留给本土企业。在产业链端，则需重点培育核心器件的自制能力，避免重整机、轻配套的传统发展思路，帮助提振产业链综合竞争力。

二是推动新能源行业发展，鼓励企业拥抱新技术。得益于中国锂电产业链的发展，近年来已有一些行业呈现出弯道超车或换道超车的发展潜力。例如中国燃油叉车与铅酸叉车均处于国际竞争劣势，产品价格仅为外资的 60%。而近两年伴随锂电叉车的问世，中国企业的产品价格已能达到与外资同等的水平，同时海外市场的份额提升趋势也得到明显强化。

三是为企业提供融资便利，帮助企业进行前期海外销售和服务渠道建设。通常产品推广前需要搭建海外渠道，并针对海外市场研发适应性产品，前期投入成本较高、风险较大。为鼓励企业家积极拓展海外市场，可考虑为企业提供便利实惠的专项贷款，鼓励企业积极参与海外竞争，积累海外市场拓展经验。

（二）对于项目型行业，优化项目经验、融资方案、政策环境

一是优化出海策略，协同攻关积累项目经验。项目型行业的扰动因素多于产品型行业，一些行业的业主方对项目经验有较高要求。因此，建议考虑针对重点区域、重点项目，有选择、有计划、有组织地尝试突破，积累前期经验，为参与更广阔的海外市场奠定基础。例如中国在巴基斯坦的核电项目为其他项目的进展提供了良好帮助，中国雅万高铁也在高铁出海中具有较强的代表性含义。

二是优化投融资方案。针对业主国实际情况，灵活采用不同投融资模式，给予不同贷款条件，提供专项低息贷款支持，放宽贷款信用担保要求。探索 BOT 等新融资方案，拓展融资来源，降低业主国债务压力。一方面强化中方的方案优势，另一方面需要控制投资风险。

三是夯实顶层设计，优化市场选择、技术标准统一等。项目型尤其是政府主导型行业易受地区因素影响，在出海过程中要突出经济价值，努力实现彼此的利益共赢。各个共建"一带一路"国家在产品技术与认证标准方面存在差异，导致

出口产品进入新市场前验证周期长、认证成本高,建议从国家层面牵头技术联盟,统一技术标准,降低交易成本,同时加强中国不同产业链企业间的协同,提升整体出海的综合竞争力。

(三)对于受地缘政治影响较大的行业,优化全球产能布局,强化产业链协同

当前中国光伏产业已受到部分发达国家和发展中国家的出口限制,未来在产能建设、产业链协同方面存在优化空间,这也能为中国其他类似行业提供良好经验。

一是推动在稳定地区加强产能建设,并注重核心工艺的本土留存。随着全球各地光伏市场的扩大,各国对于降低光伏产品对单一国家供应依赖度的诉求较高,对中国光伏企业产能出海提出要求。东南亚、中东等在能源价格、人力成本、关税费用等角度较其他海外地区或有比较优势,是中国企业产能出海的合意地区。同时,在产能出海过程中,优先考虑中下游环节,注重核心器件和环节的本土制造能力。

二是推动产业链协同出海,更好地发挥协同优势,创造需求空间。目前海外的光伏开发企业在获取银行贷款时,海外政策性银行已开始要求对组件产品进行原材料溯源,这在一定程度上影响了对中国产品的采购意愿。若通过顶层支持提升光伏产业链的协同出海程度,包括但不限于组件、EPC、开发商、资金方共同出海开发光伏项目,则可以为中国光伏产品出海保驾护航。

第十五章

新能源汽车:"一带一路"出海正扬帆

共建"一带一路"国家与中国在汽车工业上具有广阔的合作共赢空间，具有明确的资源互补、协同发展和绿色环保的合作基础。总体而言，共建"一带一路"国家的汽车需求快速提升，但汽车工业基础仍相对薄弱，中国能够为其提供优质的汽车产品和技术，助力当地汽车的消费和普及，拉动当地经济和就业，提升当地人民生活质量，并帮助共建"一带一路"国家实现绿色转型和可持续发展。共建"一带一路"国家亦可充分发挥自身资源禀赋优势，实现新能源汽车产业链延伸升级。

根据中国汽车工业协会及Marklines（全球汽车信息平台）的数据，2009年中国汽车产销跃居世界第一，2015年中国成为全球最大的新能源汽车市场，2022年中国超越德国成为全球第二大汽车出口国。我们认为，中国汽车产业已具备输出优质产品和技术的能力，出海不仅有利于促进共建"一带一路"国家的汽车经济发展，也将提升我国汽车产业实力。

我们复盘20世纪70年代以来日本丰田的出海案例，丰田汽车通过打造全产业链集群、本地化建厂、兼顾绿地投资与合资合作等多方面举措，在亚洲多国实现了互惠互利的发展。中日汽车产业链在出海背景、发展诉求等方面有相似之处，丰田案例为中国与共建"一带一路"国家的合作发展提供了有价值的借鉴。中国汽车企业近年来自发加速了在共建国家的产品、产能、技术、品牌和人才等方位的布局，但对于车企出海的政策支持力度仍有待提高，汽车行业出海的产业集群尚未形成。中国仍需加强与共建国家多方面的合作联系。整车端，需培育多方位体系化的能力，避免无序投资，助力良性竞争；动力电池端，需推动配套产业链出海，防范潜在的资源限制与地缘政治风险；新能源金属端，可结合共建"一带一路"国家的资源禀赋，加强合作从而丰富上游供给来源。

中国汽车特别是新能源汽车产业，有望在"一带一路"倡议中扮演重要角色，打造产业链出海的集群效应，发挥全产业的规模和技术优势，实现产品、品牌、技术、人才的全方位出海。我们建议中国企业针对共建"一带一路"国家的经济阶段、发展需求及资源禀赋，因地制宜地制定和执行汽车出海方略。[1]

---

[1] 本章作者：邓学、曾韬、齐丁、常菁、王颖东、张家铭、隋诗华。本章得到了司颖、陈雅婷、杜懿臻的支持。

一、产业竞争力提升助力"一带一路"互利共赢

（一）中国汽车有望赋能"一带一路"经济，并具有广阔的发展空间

中国与共建"一带一路"国家在汽车产业上具有互利共赢的合作基础。对内，中国汽车内需已达瓶颈阶段，出现供大于求的压力，汽车出口能够缓解这一压力。对外，中国汽车出海有"产品出口"与"产业链出海"两种模式，2021年以来中国汽车出口实现台阶式跃升，中国汽车零部件正在从过去以"产品出口＋收购并购"为主的出海模式，加速向海外布局产能和研发中心转型，部分自主车企还加强了生产制造与营销服务的海外布局。当下中国的汽车出口为共建"一带一路"国家提供了物美价廉的产品，提升了当地人的生活质量；而产业链出海，则是车企及上游产业链积极投建海外产能，助力共建国家汽车工业发展，带动当地就业和经济，特别是中国新能源汽车产品出口和技术输出，有望加快共建国家的绿色经济转型。

整车端，大部分共建"一带一路"国家的汽车需求快速成长，而汽车产业基础薄弱。共建"一带一路"国家中，低收入与中等收入国家的占比较高，汽车保有量水平普遍较低；除了东南亚、中东欧、南美洲部分国家，多数共建"一带一路"国家汽车产业基础比较薄弱，更缺乏强势本土汽车品牌。如图15.1所示，

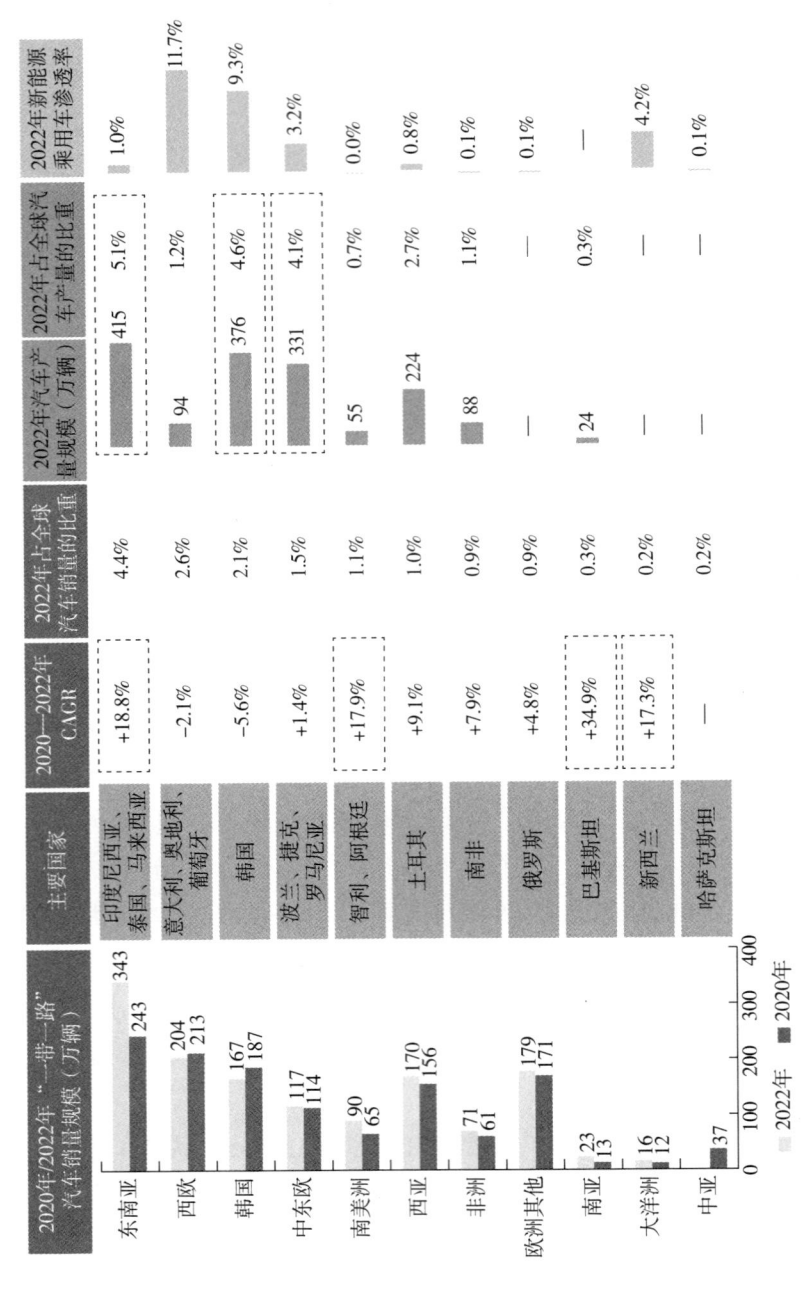

2020年/2022年"一带一路"汽车销量规模（万辆）	主要国家	2020—2022年 CAGR	2022年占全球汽车销量的比重	2022年汽车产量规模（万辆）	2022年占全球汽车产量的比重	2022年新能源乘用车渗透率
东南亚 343 / 243	印度尼西亚、泰国	+18.8%	4.4%	415	5.1%	1.0%
西欧 204 / 213	意大利、奥地利、葡萄牙	-2.1%	2.6%	94	1.2%	11.7%
韩国 167 / 187	韩国	-5.6%	2.1%	376	4.6%	9.3%
中东欧 117 / 114	波兰、捷克、罗马尼亚	+1.4%	1.5%	331	4.1%	3.2%
南美洲 90 / 65	智利、阿根廷	+17.9%	1.1%	55	0.7%	0.0%
西亚 170 / 156	土耳其	+9.1%	1.0%	224	2.7%	0.8%
非洲 71 / 61	南非	+7.9%	0.9%	88	1.1%	0.1%
欧洲其他 179 / 171	俄罗斯	+4.8%	0.9%	—	—	0.1%
南亚 23 / 13	巴基斯坦	+34.9%	0.3%	24	0.3%	—
大洋洲 16 / 12	新西兰	+17.3%	0.2%	—	—	4.2%
中亚 37	哈萨克斯坦	—	0.2%	—	—	0.1%

图 15.1 共建"一带一路"国家汽车销量展现较强成长性

注：Marklines 数据并未覆盖所有共建"一带一路"国家，我们筛选出其覆盖的共建"一带一路"国家进行匹配；"欧洲其他""西亚"分类下部分国家2022年产量、销量、新能源渗透数据缺失，以2021年产量、销量、新能源渗透数据代替；"中亚"以2020年产量、销量、新能源渗透数据代替。

资料来源：Marklines，中金公司研究部。

根据 Marklines 的数据，共建"一带一路"国家 2022 年汽车产销分别为 1 606.7 万辆、1 191.4 万辆，占全球的比重分别为 20%、15%，但伴随着共建国家的经济发展，汽车需求呈现了强劲的成长潜力，比如 2020—2022 年东南亚、南美洲、南亚、大洋洲等地区的乘用车销量，实现了双位数复合增速增长，展现了较强的成长性，与全球和发达地区的需求萎靡形成了鲜明对比。

中国汽车目前主要出口共建"一带一路"国家，并向"产业链出海"拓展。根据中国海关总署的数据，中国向共建"一带一路"国家出口乘用车的数量从 2017 年的 53.2 万辆增加至 2022 年的 115.0 万辆，复合增速为 24%。近年来随着出口总量的提升和出口市场结构性的调整，共建"一带一路"国家占比虽然有所下降，但持续占据中国汽车出口的主导地位，份额占比常年超过 50%。与此同时，中国汽车自主品牌已具备全球化的竞争实力，正在摆脱低价低质的产品和品牌形象；伴随电动智能领域的技术领先优势确立，中国汽车正在取得产品的性价比优势，树立高技术的品牌形象；伴随规模增长和品牌发展，中国汽车抓住从产品出口向"产业链出海"转变的机遇，中国汽车产业链的海外投资建设有望推动共建"一带一路"国家的汽车工业发展，包括基础设施完善、人才培养、资金支持和经验分享等。此外，全球正全力推动实现碳中和目标，积极发展新能源汽车，中国新能源汽车产业链的技术与产品全球领先，"产业链出海"有望推动共建"一带一路"国家加快实现碳中和目标和愿景。

新能源汽车上游端，中国可充分利用共建"一带一路"国家的资源禀赋优势，带动当地产业升级与绿色转型。锂、钴、镍和稀土是新能源汽车上游的主要能源金属，中国除了在稀土资源上具备比较优势，锂、钴、镍资源均较为缺乏。锂资源方面，共建"一带一路"国家中南美洲的玻利维亚、阿根廷、智利均有丰富的锂资源储备，非洲的津巴布韦、刚果（金）也有广阔的资源开发潜力。钴资源方面，参考美国地质勘探局的数据，2022 年刚果（金）拥有全球 46% 的钴资源储量和 71% 的钴资源产量，目前中国企业在刚果（金）已经拥有广泛的钴矿布局。镍资源方面，全球的镍矿资源主要分布在澳大利亚和印度尼西亚，2020 年以来印度尼西亚限制出口未经加工的镍矿石，中国企业逐步完善布局印度尼西亚境内的镍冶炼厂及下游配套产业链。中国可以深化与共建"一带一路"国家在资源开发和本地化深加工等方面的合作，完善产业链的上中游布局，补齐在上游能源金属环节的资源短板。如本书前文所述，共建"一带一路"国家有望充分利用自身资源优势引入新能源汽车的先进技术与产能，进行产业升级与绿色转型，实现经济民生高质量发展，但也需要注意绿色约束下技术、能源、资本及土地等要素成本上升的潜在风险。

（二）中国汽车打造规模与技术优势，由大到强具备全球竞争力

回顾中国汽车工业发展，2009年，中国汽车产销跃居世界第一；2015年，中国成为全球最大的新能源汽车市场；2022年，中国超越德国成为全球第二大汽车出口国。取得的每一个里程碑，都是中国汽车工业制造能力提升的证明，标志着中国逐步具备向全球输出产品和影响力的实力。而如今，中国汽车工业正处在从"产品出口"向"产业链出海"升级的新阶段，有望在"一带一路"倡议中扮演重要角色。

复盘我国乘用车的发展历程，可见其竞争格局长期以合资车企或者外资品牌为主导。合资模式的技术导入和国产程度相对有限，中国汽车核心技术和制造能力的自主积累过程比较漫长，导致在竞争中处于落后地位。随着中国自主车企经历了"低价打开微车市场"（新中国成立以来至2009年）、"高性价比发力SUV（运动型多用途汽车）"（2009—2015年）、"电动智能助力弯道超车"（2015年以来至今）三个阶段后，中国正加速从汽车大国向汽车强国转变，"一带一路"经济的汽车产业输出有望加速这一进程。

从合资外资主导到自主崛起，需要结合全球汽车工业历史、中国汽车发展历程和汽车技术正处于颠覆革命的大背景，但同时我们也需要看到中国汽车工业在全新的电动智能时代逐步确立明确的长期竞争优势。如图15.2所示，依托"灵活政策＋需求大市场＋高效供应链"的产业禀赋，中国市场成长为全球最大的汽车市场（2022年国际汽车制造商协会数据），确立了全球领先的规模优势。电动智能技术变革改变了汽车的核心技术能力，并且产品形态和核心价值链也发生了重大变化，中国汽车技术不断追赶乃至超越，产业链竞争优势乘势崛起。当前，自主车企紧紧抓住电动智能化的发展机遇，产品和品牌竞争力显著提升，正在带领中国从汽车大国向汽车强国迈进，逐步构建起向外输出优质制造的能力。

依托产业禀赋，中国汽车具备全球领先的规模优势、制造优势以及供应链优势。汽车产业是我国国民经济发展的支柱产业之一，同时是中国家庭的重要大宗消费品。在宏观经济和居民收入增长的驱动下，汽车在家庭消费中的渗透率逐步提升。国家统计局的数据显示，全国居民平均每百户拥有的家用汽车从2013年的16.9辆提升至2022年的43.5辆。从2009年开始，中国始终是全球最大的汽车市场。2018年，在经历连续28年的增长后，我国汽车销量见顶回落，标志着中国车市从成长期步入成熟期。消费升级，接力成为存量市场增长的重要驱动力，持续推动技术创新和品质提升，保证中国汽车市场继续高质量成长。"中国制造"强大的供应链能力在汽车产业中发挥得非常充分，具体表现为突出的成本优势、优秀的工程师队伍和高效的管理水平。在电动智能汽车时代，这一优势被进一步放大，源于整车的动力形式发生深刻变化，中国领先的三电系统占据BOM（物料清单）成本高达40%。中国拥有完善的本土动力电池产业链集群，产业链覆盖广、合作深、配套能力强，能够及时响应车企需求，为规模化和持续降本提供了有力保障。

1. 产业禀赋 中国汽车产业优势	2. 产业机遇 核心技术变迁	3. 产业升级 中国汽车有望引领全球
◆ 中国灵活的政策优势 · 需求刺激政策 · 新能源财政补贴 · 双积分政策 ◆ 中国大市场规模优势 · 私家车普及 · 消费升级 ◆ 中国制造供应链优势 · 劳动力优势 · 工程师红利 · 高效供应链管理	电动智能产业变革 ◆ 整车系统化能力 · 模块化平台 · 电子电气架构 ◆ 电动化能力 · 动力电池产业链 ◆ 智能化能力 · 智能驾驶 · 智能座舱	◆ 形成产品和品牌竞争力 · 产品开发周期缩短 · 产品矩阵丰富优化 ◆ 自主品牌市占率提升 · 整体市占率达到50% · 新能源市占率超过80% ◆ 自主车企出口加速，布局出海 · 全球第二大汽车出口国 · 从产品出口到产能出海

图15.2 中国乘用车竞争力分析框架

资料来源：中国汽车工业协会，Marklines，中金公司研究部。

电动智能技术变革，中国技术创新弯道超车。在电动智能趋势下，汽车的产品形态和核心价值发生巨大变化，三电系统取代传统动力总成，智能化功能向更优质的智能座舱体验和更高级的自动驾驶升级。我们拆分智能电动车的BOM成本发现，电动化和智能化相关零部件的价值占比超过70%，传统燃油车高价值量的"发动机+变速箱"动力系统不复存在。燃油车时代的技术壁垒被打破，中国在电动智能化领域的产业链地位和竞争优势明显提升，也为自主品牌实现品牌向上提供了可能。

天道酬勤，自主车企高度重视产品快速迭代、产品矩阵优化、品牌向上，产品和品牌的竞争力显著提升。依托中国汽车消费大市场和工程师红利，新车研发周期从28~36个月压缩到12~18个月，每年发布的新车型数量显著增加，在售车型的上市时间明显缩短。头部自主车企充分发挥模块化平台的规模优势，通过多样化品类，丰富优化产品组合，挖掘不同细分市场的用户需求。另外，为改变以往低端化的品牌形象，自主车企单独设立电动智能汽车高端品牌，与原有中低端车型形成差异化定位。自主车企正在沿着"电动化转型、智能化升级、品牌高端化和全球化布局"的路径加速崛起。

在国内市场，合资品牌占主导的竞争格局发生改变，如图15.3所示，交强险数据显示，2022年中国自主品牌在国内新能源乘用车各价格段市场中的销量同比增速及份额均处于领先水平。在海外市场，头部自主车企多年的出海布局步入收获期，如图15.4所示，中国汽车工业协会的数据显示，2022年中国汽车出口311万辆，同比增长55%，超越德国成为世界第二大汽车出口国；其中，新能源汽车出口占比也持续提升，2022年中国新能源乘用车出口65万辆，同比增长126%，出口汽车的新能源渗透率从2020年的8%提升至26%。

中国将新能源汽车的先进技术扩散到共建"一带一路"国家，实现互利共赢。现阶段，中国新能源汽车具备全球领先的竞争力，基于持续打造的规模优势与技术优势，自主车企的制造能力和产品竞争力提升，中国汽车工业已经具备向全球输出优质产品与技术的实力。中国新能源汽车的"一带一路"出海，代表的是高端先进技术、过硬品质品牌、绿色环保产业，既是中国制造业转型升级的体现，也是与共建"一带一路"国家的成果共享。中国可以将新能源汽车的领先技术向共建"一带一路"国家进行扩散，实现低附加值产能升级为高附加值产能，对汽车价值链的不同环节进行再分配，促进共建国家在新能源汽车产业领域的深入合作，最终实现创新扩散、互利共赢，打造"一带一路"的中国制造范式。

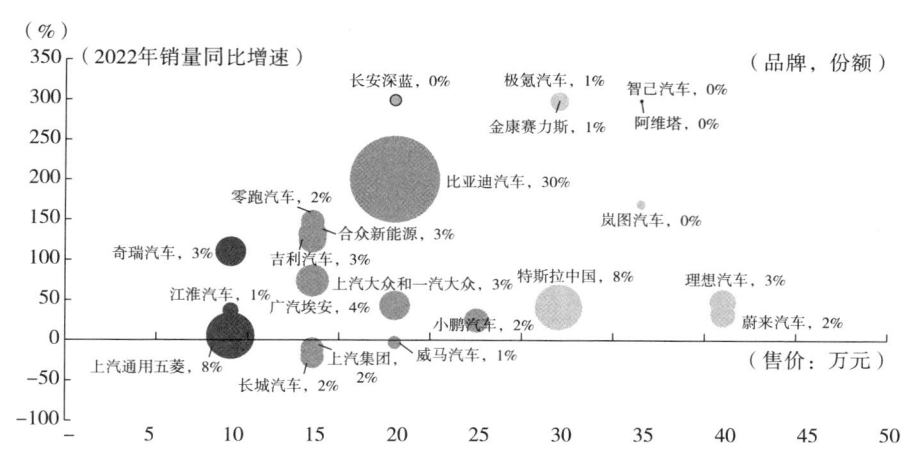

图 15.3　中国自主品牌新能源乘用车在各价格段市场中的销量同比增速及份额均处于领先水平

资料来源：交强险，中金公司研究部。

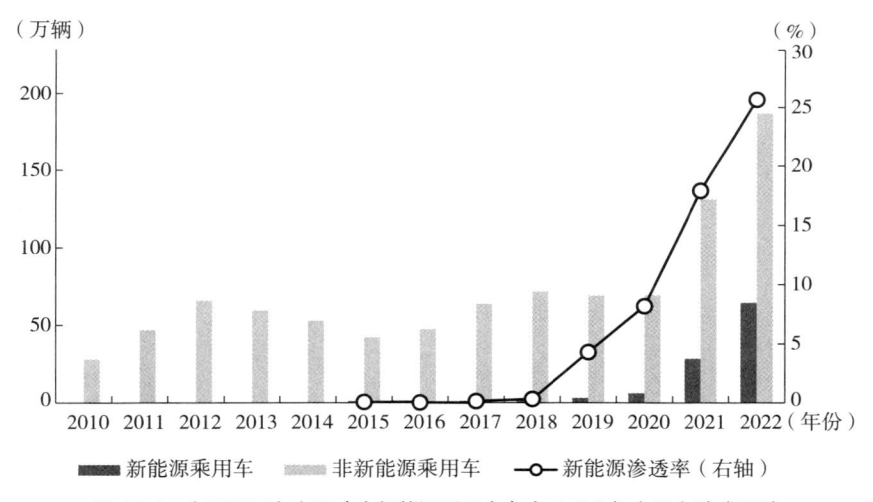

图 15.4　中国乘用车出口（含新能源乘用车）自 2021 年实现台阶式跃升

资料来源：中国汽车工业协会，中金公司研究部。

二、出海需发挥集群效应，全方位深化合作

诚如第一节所述，过去 20 年中国汽车工业制造能力持续提升，逐步具备向全

球输出产品和品牌的实力,而共建"一带一路"国家汽车保有量水平较低、汽车工业基础薄弱,但整体具备明显的成长性。因此,中国可以通过"一带一路"汽车出海倡议为共建"一带一路"国家提供高性价比的产品,助力汽车普及,带动当地汽车工业、民生就业及经济税收发展,并通过新能源汽车出海助力其实现绿色转型;共建"一带一路"国家亦可以充分发挥自身的资源禀赋优势,向中下游配套产业链延伸,与中国汽车实现互利共赢的合作。

复盘 20 世纪 70 年代以来日本丰田的出海案例,丰田汽车通过打造全产业链集群、本地化建厂、兼顾绿地投资与合资合作等多方面举措,在亚洲多国实现了互惠互利的发展。当前中国汽车产业链已有不少企业在共建"一带一路"国家加速实现产品、产能、品牌、渠道、技术和人才等的多方位布局,汽车出海浪潮已势不可当。然而,对比日本汽车在亚洲发展的成功案例,中国汽车仍呈现政策支持弱、产业集群不足的特点,同时在体系能力、消费市场、动力电池、新能源金属等多方面均与东道国对接不够紧密、合作不够深入、发展不够顺畅,而日本丰田的案例值得中国汽车借鉴。

(一)他山之石:丰田汽车在亚洲"产业链出海"的成功路径

丰田汽车在亚洲地区的出海布局,是日本车企实现国际化转型、日本实现产业转型升级、带动东南亚国家汽车工业发展实现共赢的典型案例,为中国汽车产业链与共建"一带一路"国家的合作发展提供了有价值的借鉴。

丰田汽车经历了典型的从"产品出口"到"产业链出海"的完整转型。20世纪70年代,石油危机爆发,日本经济增速放缓,新车销量增速放缓,丰田加大出口力度,寻求海外市场突破,1970—1980 年出口销量 CAGR 达到 14.0%。到 20 世纪 80 年代,由于美日贸易摩擦,日本政府签订《美日自愿出口协议》主动限制汽车出口,叠加日元持续升值,"产品出口"遇到瓶颈和困境。经过一系列的战略调整,丰田汽车加快了海外生产基地建设,并设立区域性本土化的技术研发、销售渠道、供应链管理中心,1980—2022 年丰田汽车境外产量的 CAGR 达到 10.8%,截至 2022 年丰田海外产销占总产销的 70.6%、86.5%,国际化成效显著,完成"产业链出海"。

丰田出海的整体逻辑是贯穿上中下游，打造"产业链出海"的集群效应。丰田汽车通过交叉持股等方式贯穿上下游，打造"丰田系"产业链。如图 15.5 所示，丰田对电装、丰田纺织、爱信精机、捷太格特、小糸车灯等上游零部件供应商，以及丰田通商等下游贸易服务公司进行股权相互渗透，从而形成紧密合作、相互绑定的关系，整条产业链共同出海、互相扶持。其中，综合商社丰田通商在全产业链出海中发挥了重要作用，通过其在中国、东南亚等发展中国家及地区的社会网络及资源优势，助力产业链相关公司在土地划批、资金融通、技术合作等环节顺利发展。例如，丰田通商配合日本政府在泰国、印度尼西亚、柬埔寨等国打造工业园区 Techno-Park，为入驻企业提供多种专业化的商务服务，吸引了大批日本汽车产业链厂商入驻。

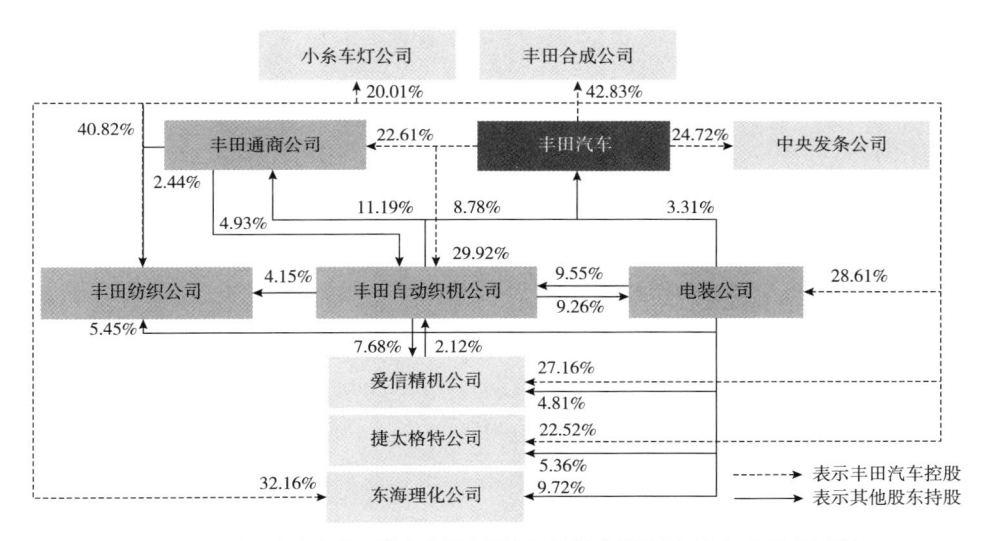

图 15.5　丰田汽车与上下游产业链公司交叉持股（截至 2023 年 3 月 24 日）

资料来源：丰田公司官网，中金公司研究部。

丰田汽车在亚洲的"产业链出海"既满足了自身降本扩产、拓展业务的需求，又带动了亚洲各国的经济民生发展，满足当地汽车需求，实现互惠共赢。初期充分利用当地劳动力成本优势和地理位置优势出口欧美，带动了东南亚、印度当地经济的快速发展和居民消费能力的有效提升；后期本地化生产带动原本的"出口基地"转变为供应当地需求的生产基地，满足当地日益增长的汽车消费需求。参考 Marklines 的数据，2022年丰田在亚洲（除中国大陆、日本）的销量、产量分别达到138.4万辆、140.0万辆，其在东南亚及南亚地区的市占率达到15.4%。

具体来看，复盘丰田在亚洲（除中国大陆、日本）的汽车产量及产能布局表现，可以分为三个阶段。第一阶段，低基数快速增长期（1962—1981年），产量级别从百辆快速增长至10万辆。出海模式以与当地企业合作、代理生产、寄售生产为主，泰国、印度尼西亚等国家系设立子公司直接生产。此时的东南亚、南亚本地汽车需求仍较弱，丰田布局产能主要是为了充分利用当地廉价的劳动力，以及便利的海运地理优势，从而出口外销至欧美发达国家。第二阶段，本地建厂稳健增长期（1982—1997年），产量级别从10万辆增长至30万辆。出海模式以设立全资子公司直接本地建厂为主，先后在中国台湾、泰国、菲律宾、巴基斯坦、越南、印度等地设立子公司投产。此时的东南亚伴随经济增长，汽车消费兴起，丰田本地产能既满足本地需求，又实现出口外销。第三阶段，产能与需求快速增长期（1998年至今），产量级别增长至百万辆。丰田在印度、印度尼西亚、泰国、缅甸等地继续建厂或扩产，并于2003年9月在泰国设立研发制造中心TDEM，旨在面向亚洲新兴国家进行车型研发和运营支持当地工厂。伴随亚洲新兴国家经济的快速发展和汽车需求的持续旺盛，特别是2008年全球金融危机后，丰田将出海重心聚焦到亚洲。

泰国凭借完整的产业链、廉价的劳动力、广阔的地理辐射范围和积极的政策支持，成为丰田在亚洲的主要生产基地和研发中心。具体到丰田在亚洲（除中国大陆、日本）各国及地区的表现，泰国是丰田在亚洲的主要生产国，出口外销占比较高，而印度尼西亚、中国台湾、马来西亚、菲律宾、越南、印度等地区产小于销（见图15.6），丰田本地化生产主要系满足当地需求。20世纪90年代起，泰国政府确立了出口导向型的汽车工业总体发展模式，与多个国家及地区签署自贸协议，积极引入外资车企及零部件厂商进入泰国市场。2021年起，泰国投资委员会推出了一系列新能源汽车投资促进激励措施。除了丰田以外，奔驰、宝马等国际品牌以及长城、比亚迪等中国品牌均在泰国投资建厂，甚至建立研发中心。

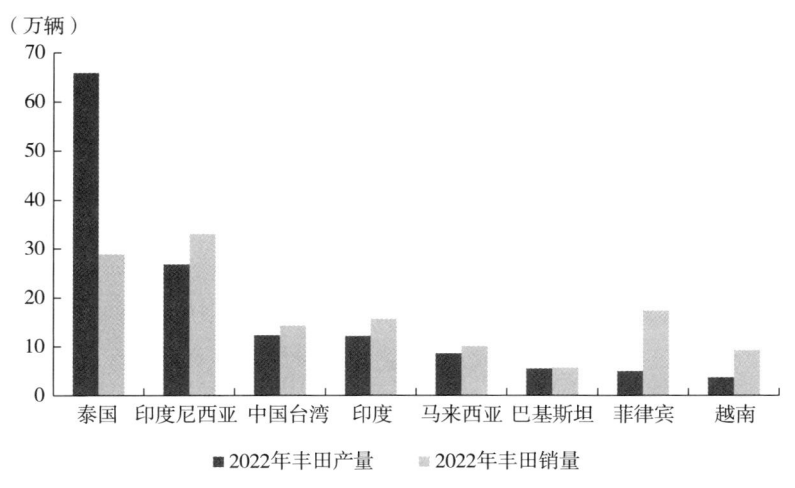

图 15.6　2022 年丰田在亚洲（除中国大陆、日本）各国及地区的产销表现

资料来源：丰田公司官网，中金公司研究部。

"母工厂制"打造高效快捷的海外子工厂，助力丰田出海。为了快速提升海外生产基地的产能利用率及生产效率，丰田打造"母工厂制"，即在日本本土设立母工厂，在境外设立生产基地，由国内母工厂负责为海外生产基地提供技术支援，生产关键部件、高价值产品和试制新产品。1984 年丰田与通用的合资公司 NUMMI（新联合汽车制造公司）投产时，生产卡罗拉车型的本土高冈工厂被认定为母工厂，为前者提供运营指导和提质增效的建议；后续部分境外早期建设的工厂也成为晚期建设工厂的母工厂，例如泰国第二工厂 TMT Ban Pho Plant 的母工厂便是泰国第一工厂 TMT Samrong Plant。

如表 15.1 所示，对比中日汽车产业链在亚洲及更广泛的共建"一带一路"国家的合作发展，我们认为两者在出海背景、发展诉求等方面具备相似之处，在产业趋势、核心技术、供应体系等方面存在差异，日本"走出去"的经验值得中国进行借鉴与反思。

表 15.1　中日汽车产业链"一带一路"出海对比

	日本汽车产业链	中国汽车产业链
出海时间	二战后零散出海，20 世纪 70 年代以来集中出海	20 世纪 90 年代开始零散出海，2020 年以来集中出海

续表

	日本汽车产业链	中国汽车产业链
代表车企	丰田、本田、日产、铃木、大发等	上汽集团、奇瑞、长安、吉利、长城等
相似点			
国内背景	日本国内经济增长由高速进入减速放缓，人口红利逐步丧失，新车销量增速放缓，日本政府积极推动制造业转型升级	中国国内经济进入新常态，人口老龄化趋势明显，新车销量见顶，新能源汽车渗透率快速提升，中国政府积极推动高端制造和新能源产业发展
国际背景	全球化快速发展，发达国家经济整体处于高速成长期，日本政府签订《美日自愿出口协议》主动限制汽车出口、日元升值	后新冠疫情时代，全球经济增速放缓，全球化生产模式成熟，逆全球化兴起，地缘政治较为紧张，中美贸易摩擦持续
差异点			
共建"一带一路"国家背景	东南亚、南亚经济快速发展，汽车需求爆发式增长	东南亚、南亚等新兴国家及地区对汽车仍有需求，新能源汽车处于爆发期的前夜
产业背景	燃油乘用车普及期，相关技术与产业链较为成熟	电动智能化快速发展，相关技术、供应链迭代升级
产品优势	燃油经济性高，质量优势突出	智能化水平高，续航里程占优，性价比较高
核心技术	领先的发动机、变速箱等燃油车核心动力技术	新能源三电系统核心技术，智能化软硬件核心技术
供应链	核心动力总成自研配套为主	电池、电驱动等动力系统培育出成熟的外部第三方供应商，配套产业链长，产业链各环节禀赋差异大
产能及研发中心布局	· 1962—1981年，丰田主要与菲律宾、韩国、马来西亚、中国台湾、新加坡、孟加拉国等国家和地区的当地企业合作，进行代理生产、寄售生产 · 1982年至今，丰田在印度、中国台湾、泰国、菲律宾、巴基斯坦、越南、缅甸等地设立子公司直接生产 · 1990年7月，丰田在新加坡设立亚太供应链管理中心 · 2003年，丰田在泰国设立研发制造中心	· 上汽在泰国、印度尼西亚和印度建有工厂，在巴基斯坦有一个KD（散件组装）工厂 · 长安在巴基斯坦建有工厂 · 长城在俄罗斯、泰国、印度尼西亚、巴西建有工厂，在厄瓜多尔、马来西亚、突尼斯、保加利亚、伊朗建有KD工厂，在印度和韩国均有海外研发中心 · 比亚迪泰国工厂于2022年签约

资料来源：丰田汽车、上汽集团、长安汽车、长城汽车、比亚迪公司官网及公司公告，中金公司研究部。

（二）政策支持力度加大，有助于提升中国汽车在共建"一带一路"国家的产业集群效应

在当前国内外局势背景下，中国汽车产业链的"一带一路"倡议具有充分的必要性。根据上文丰田产业链的亚洲发展经验，日本车企最初将东南亚地区作为出口基地，主要是基于老龄化加剧的国内背景与美日贸易摩擦的国际背景，以及当地劳动力成本优势与地理运输优势；后续打造满足当地汽车消费需求的生产基地，则是基于东南亚经济腾飞和汽车消费兴起的背景。而现阶段的中国同样面临国内人口红利逐步消失、国际地缘政治紧张和贸易摩擦持续的境况，恰逢电动智能化新机遇创造技术、产品和品牌上的弯道超车，中国新能源汽车的全球竞争力提升，而东南亚乘用车需求仍在增长，尤其是新能源市场处于发展萌芽期。中国汽车出海，有望满足共建"一带一路"国家当地的市场需求，带动当地新能源汽车工业发展，实现优质产品与先进技术的良性输出。

回望我国过往的"一带一路"汽车产业相关政策，可以基本概括为：第一，鼓励在共建"一带一路"国家当地进行汽车产业投资；第二，畅通出口贸易通道，提供出口贸易优惠政策。虽然有宽泛的对外投资与出口鼓励政策，但目前缺乏实操层面的法律法规、财税优惠、金融支持等多维度具体政策支持。以境外工业园区为例，中国境外园区在2000年后开始逐步发展、2010年之后数量显著增加，集中在共建"一带一路"国家，但在前端没有打造明确的产业定位和园区规划，在后端缺乏营销招商、物业管理、生产运营服务等能力，导致对中国企业入驻的吸引力有限，对于提升汽车产业链的集群效应仍有提升空间。[①]

中国汽车"产业链出海"蔚然成风，以绿地投资为主，共建"一带一路"国家多为产能承接地。如表15.2所示，中国自主车企通过多年深耕已在海外市场形成了一定的销量规模与品牌认知，在泰国、印度尼西亚、马来西亚、巴基斯坦、俄罗斯等共建"一带一路"国家本地化建厂，实现深度经营；中国汽车零部件厂商自21世纪以来，在东欧、东南亚等地区的"一带一路"国家进行生产基

---

① 詹晓宁、李婧：《全球境外工业园区模式及中国新一代境外园区发展战略》，《国际经济评论》，2021年第1期。

地布局并服务国际车企。大部分共建"一带一路"国家凭借劳动力成本优势、地理位置及运输优势成为中国汽车的产能转移承接地，其汽车工业与民生就业一定程度上有所改善。目前，中国汽车产业链"一带一路"布局以直接的绿地投资为主，参股合资、收购并购等其他合作方式较少。此外，中国与共建"一带一路"国家之间缺乏深度合作，本地化建厂多停留在生产制造环节，尚未进一步延伸资源加工与研发设计、营销服务等上下游环节。借鉴日本经验，日本车企及零部件企业面向东南亚地区出海，经历了"先与本地企业合资合作、代理生产到收购并购，再到本地化建厂、设立研发技术中心"的由浅入深、由表及里的过程，从而实现了对于当地政府、相关企业和人文资源的充分理解、融合与利用。我们认为，中国汽车"产业链出海"也应采用绿地投资、跨国收购、参股合资等多种方式，加深与共建"一带一路"国家之间的资源融合、产业链上中下游全方位合作，推动共建国家的新能源汽车产业转型升级发展。

表15.2 中国车企及汽车零部件厂商在共建"一带一路"国家的产能布局情况（截至2023年4月）

车企	海外布局区域	布局时间	投产时间	汽车零部件厂商及主营业务	海外布局区域
上汽集团	泰国	2008年	2014年	上声电子：车载扬声器、功放、AVAS等	捷克
	印度尼西亚	2011年	2017年	福耀玻璃：汽车玻璃	俄罗斯
	印度	2012年起	2019年	拓普集团：汽车NVH领域、铝合金压铸、热管理、底盘系统等	马来西亚、波兰
	巴基斯坦	2016年起	2021年	华域汽车：金属成型与模具、内外饰、电子电器、功能件、热加工、新能源六大业务	全球多个国家及地区
长城汽车	俄罗斯	2016年	2019年	凌云股份：汽车金属及塑料零部件	印度尼西亚
	泰国	2019年	2020年	隆鑫通用：发动机、发电机等	越南
	巴西	2021年	2023年	新泉股份：汽车内外饰系统	马来西亚
	马来西亚	2021年	—	银轮股份：热交换器及尾气后处理等	波兰
	巴基斯坦	2022年	—	保隆科技：胎压监测、传感器、空气悬架等	匈牙利
	厄瓜多尔	2022年	—	瑞玛精密：精密金属零部件及相应模具	匈牙利
比亚迪	泰国	2023年	2024年	精锻科技：汽车锻造齿轮	泰国
	巴西	2023年	2024年	恒帅股份：汽车清洗系统、微电机等	泰国

注：AVAS指汽车声音警报系统，NVH指噪声、振动与声振粗糙度。
资料来源：各公司官网，公司公告，中金公司研究部。

目前中国汽车产业链在共建"一带一路"国家的海外布局呈现明显的分散化，中国公司资源互通、相互扶持的程度有限，产业集群效应尚未形成。以长城、奇瑞为代表的中国车企在共建"一带一路"国家的海外建厂以散件组装性质的 KD 工厂为主，大量零部件运输至境外，进行本地化组装，本质上对于上游供应链及当地汽车工业的带动作用有限。而中国汽车零部件企业在东欧、东南亚等地区的共建"一带一路"国家进行本地化建厂，主要是为了满足特斯拉、福特、大众等国际车企的配套需求，尚未与出海的中国车企形成联动。此外，现阶段中国境外园区以独资模式、地方各省市推动为主，集中发力在基础设施建设上，缺乏前后端服务能力，中国企业出海呈现分散化特征，中国政府及境外园区提供的相关支持不足以实现资源互通、相互扶持，产业集群效应尚未形成。

参考丰田经验，日本汽车产业出海从分散的企业个体行为最终形成合力，离不开日本政府及商社在对外投资、法律法规、财税金融等方面的引导支持。凭借本国拥有的资金、技术及管理优势，日本政府主导在海外选址建设海外工业园区，并与东道国政府建立合资公司负责园区运营管理，从而为出海企业提供一站式精细化服务与稳定保障，吸引日本企业入驻和就近配套合作。以日泰大城工业园区为例，其汽车制造的产业定位明确、联动性强，是本田在泰国最大的生产基地，普利司通等日本汽车零部件公司纷纷入驻，形成完备的汽车制造产业链，极大地增强了日本在泰国汽车生产的实力与竞争力。[1]

而且，由于跨国交易成本等问题，中国汽车"一带一路"出海面临不少的经营挑战。我们与中国汽车企业沟通发现，它们高度认可国际化布局的必要性，但对出海短期的盈利和运营风险较为担忧。由于共建"一带一路"国家大多为发展中国家，其法治化程度、政府治理和公民受教育程度与发达国家相比差距较大，已布局的中国企业缺乏与东道国政府特别是地方政府的沟通经验，可能会出现政商环境较差、团队融合困难、工厂效率低下等具体问题，不少企业本地化经营多年仍处于亏损状态。因此，如何保护海外中国企业的权益，降低企业的海外运营成本，防止中国汽车出海陷入"孤岛"是长期难点。

---

[1] 谢木兰、邹春萌：《从"走出去"到"走进去"：中日在泰国工业园区发展比较》，《云大地区研究》，2021 年第 1 期。

我们认为，中国政府可在共建"一带一路"国家积极引导"产业链出海"和产业集群建设，大力发展境外园区，发挥产业集群效应，为中长期创造扎实稳健的经济效益。一是企业可以共享中国境外工业园区的基础设施、水电能源、物业管理、生产运营等"一站式"的全面产业链服务，无须各自单独对接海外地方政府、有关部门、水电能源商、物管运营商等诸多主体，实现中国资本、技术、服务的打包海外经营，从而降低跨国交易、海外建厂的成本。二是中国汽车企业可以加强彼此之间在供应链生产制造乃至财务、金融上的协同联动，打造强大的生态圈突破国际市场。比如大型车企在财务金融上形成紧密横向合作，并寻求中国汽车零部件企业供应，实现零部件生产的标准化，推进其在生产制造中的整合与对接，从而提升中国汽车产业链整体效率与竞争力，最终实现经济效益提升。

除了对中国汽车"一带一路"倡议自身政策缺乏、产业集群不足的反思，我们还从大家比较关注的整车、动力电池和新能源金属资源三个领域出发，对中国汽车"一带一路"布局的机遇与挑战进行更为细致的研讨。

（三）完善整车多方位的体系化能力，防范无序投资、助力良性竞争

日本汽车集中出海时期，东南亚地区正处于汽车的快速兴起期，市场竞争尚不充分，日系产品凭借较强的燃油经济性和质量优势占据领先的市场份额。与日本不同，现阶段中国汽车"一带一路"布局中，尽管东南亚地区汽车仍有需求，但燃油车的市场竞争较为充分，日韩系车企处于领先地位，而非洲和美洲地区的汽车市场中欧美品牌占优势，中国车企需迎接存量竞争和价格战的考验。此外，共建"一带一路"国家新能源汽车正处于成长期，中国车企应积极引导培育当地新能源汽车消费习惯，从而充分利用电动智能的技术优势，打造全方位体系化能力。

1. 中国汽车出海，多方位的体系化能力尚不完善

汽车是一个高额的耐用消费品，消费者对其个性化配置、金融支持、售后保养、二手交易的服务需求较强。车企除了向共建"一带一路"国家输出产品与产能之外，还需具备研发中心、销售及服务网点、售后服务、金融服务、充换电基

础设施等多方位的体系化服务能力。有车企表示，尽管出口的产品性价比优势突出，但本土消费者出于金融政策考虑而选择购买可以采用当地银行贷款购置的日韩品牌汽车，中国车企在深耕本地化资源、获取当地银行授信上还需中国政府的辅导支持。对于新能源汽车而言，消费者更有里程焦虑、充电焦虑、售后焦虑等，充换电基础设施布局程度成为购车的重要影响因素。因此，除了自身产品力与性价比因素，培育多方位体系化能力是自主车企出海的一大挑战，也是决定能否成功的胜负手之一。

以上汽集团为例，其之所以成为中国出口量最大的汽车集团（2022年中汽协数据），就在于除了海外产能布局之外，还设立了本地化研发中心、拓展营销服务网络、完善售后服务及补能基础设施、采用差异化的本土战略，实现了从产品到服务的全方位体系化出海。目前，上汽集团的海外产能布局集中在东南亚及南亚地区（见图15.7），分别在泰国、印度尼西亚、印度和巴基斯坦建立了4个生产基地及KD工厂；在欧美日布局了3个创新研发中心和3个设计中心；在欧洲、南美洲、西亚、北非、澳大利亚和新西兰、东盟建立了区域化营销服务中心超1 800家，并且打造了维修保养、金融贷款、充电基建等本土化售后服务。此外，公司还基于旗下自有物流公司安吉物流，开通了东南亚、墨西哥、南美西、欧洲等7条自营国际航线支撑供应链管理。最后，公司深入推进人才本土化，西亚、印度、泰国等地的团队大量吸纳本土人才，来开发满足本土需求的产品、消费体验和服务。

2. 助力良性竞争，防范无序投资与产能过剩的潜在可能

中国车企面临来自共建"一带一路"国家本地强势品牌的竞争，应避免陷入价格战和无序投资。非洲、美洲地区的汽车市场中，欧美品牌占优势。以东南亚地区的共建"一带一路"国家为代表的乘用车市场竞争较为充分，具备高性价比、符合当地需求和习惯的日韩品牌车型占据主要市场份额。参考Marklines的数据，2006—2022年日本和韩国车企在亚洲（除中国大陆、日本）的市场份额分别在40%以上和20%左右，日韩车企凭借低油耗和高品质的特点，在过去20年占领亚洲国家市场，并且已经在当地形成了成本优势及完善的供应链网络。2022年中国乘用车海外销量中燃油车占比高达70%，目前国内出口的燃油车多

以高性价比取胜，出口的对象国较为分散，在单一国家市场的销量与份额仍比较有限。我们认为，伴随后续自主品牌销量持续增长，在各国的市场份额或将提升，如何避免与当地现有竞品品牌陷入恶性竞争甚至价格战是需要慎重考量的。

项目	措施
消费体验	■ 搭载i-Smart系统（智能系统）的MG ZS（名爵ZS）是泰国和印度第一款智能网联车型，语音识别功能受到消费者热捧
汽车金融	■ 上汽通用五菱多元金融印度尼西亚公司2019年5月开业运营，在全国设立多个网点，向汽车经销商及终端用户提供汽车金融贷款及保险服务
售后服务	■ 泰国：推出售后服务品牌"PASSION SERVICE"（热情服务），包括提供全国范围内点对点的移动服务车、全天候服务热线以及道路救援等服务 ■ 印度："555"售后质保方案，即5年质保、5年道路救援及5年免人工费的售后服务；回购保证"3-60计划"，即3年后按残值的60%回购，"24×7"响应支持服务
基础设施	■ 泰国：上汽正大和销售公司MG Sales Thailand宣布与泰国国家科技发展局合作建立EV（电动汽车）充电站的认证体系和标准，并分阶段建设MG SUPERCHARGE充电站 ■ 印度：2020年6月8日，塔塔电力有限公司和名爵汽车印度有限公司签署谅解备忘录，为MG经销商安装50千瓦直流快速充电桩并提供EV解决方案
电池回收	■ 印度：印度最大的电子资产管理公司之一Attero Recycling Pvt（锂电子电池回收公司）与名爵汽车印度有限公司于2021年5月28日宣布合作，目的是再利用和回收废旧锂离子电池

图 15.7 上汽集团在东南亚实现"全链条"出海

资料来源：上汽集团公司官网，中金公司研究部。

向前展望，中国出口的新能源汽车具备高电动智能化特点、领先完备的产业链、更成熟的产品设计及中国制造优势，系中国工程师红利的产物，有望实现优质的产品产能和技术输出，在共建"一带一路"国家实现突围。但新能源汽车海外市场的快速突破并非一蹴而就，更需要关注、避免无序投资与产能过剩的问题。我们发现，部分国际车企出于自身战略考虑正在优化全球布局、出售过剩产能，这为中国车企提供了收购整合优质资产、缓解资本支出压力及减少经营风险的机会，也对原本工厂的员工、上下游合作伙伴产生利好。例如，泰国是汽车年产量最大的东南亚国家（2022年Marklines数据），丰田、日产、通用等国际车企在当地已有成熟的整车产能布局，2020年2月长城汽车宣布收购通用汽车的泰国罗勇府制造工厂。

（四）推进动力电池跟随"一带一路"出海，防范国际竞争风险

在电动智能化转型下，核心零部件系统与技术变化，导致汽车产业链内供应体系发生变化。燃油车的核心动力总成"发动机+变速箱"系机械产品，主要由整车厂旗下子公司及少数关系紧密的零部件集成商生产制造，而新能源汽车的核心动力系统"电池+电驱动系统"链条更长，涉及上游多种化学金属材料，更多由第三方独立供应商产销。相应地，原本燃油车企出海可直接进行内部协调，推动旗下发动机变速箱子公司本地化建厂配套，但新能源车企出海则需要与外部动力电池供应商沟通实现本地配套。特别是，不少共建"一带一路"国家在动力电池的核心原材料锂、镍、钴上存在资源禀赋优势，有望与中国新能源汽车及动力电池出海形成较强的协同效应，延伸共建"一带一路"国家自身产业链发展。

当下中国动力电池产业链已在欧美地区布局，面临国际竞争的核心风险。凭借产业集群和成本优势，中国动力电池产业链已在全球供应占据主导地位，并加速海外产品输出，但同时，欧美对产业链本土化要求日益增强，中国动力电池产业链正经历从产品输出向产能输出的转型。当前国内动力电池产业链向欧美产能输出面临三个主要难点：一是地缘政治，主要影响产能能否落地以及能否获取当地支持；二是本土缺少配套产业链，需要产业链整体输出而非单个环节输出；三是生产成本增加，包括人工、能源、环保、供应链等。其中以地缘政治为代表的国际竞争风险是核心矛盾，以下我们分析了美国和欧洲的情况。

美国动力电池本土化政策严格，限制条款较强。美国 2022 年 8 月正式通过《通胀削减法案》，并于 2023 年初正式实施，该法案具有较强的本土化导向：一方面针对需求端购置补贴（上限 7 500 美元/车）设置了电池组件和关键矿物本土化生产比例的门槛，另一方面针对供给侧给予产业链制造补贴。而同时，法案附带限制条款，设置关注实体清单，对清单内企业的产品限制本土使用。国内动力电池产业链在美国布局，一方面或受到限制条款的约束，美国本土产品销售的压力较大，另一方面赴美建厂亦面临生产成本抬升的问题。

欧洲动力电池相关政策中性，本土化导向明确。2021 年欧盟批准了由 12 个成员国提供的 29 亿欧元的资金支持，涵盖从上游矿物开采提取到电池设计、电

池制造以及回收等整个产业链。欧盟在2023年3月发布的《净零工业法案》中明确提出，到2030年动力电池全产业链要实现40%本土化的目标。此外，2023年6月欧盟议会通过的电池新法规对动力电池强制要求碳足迹声明和标签。我们认为欧盟明确推动本土电池产业链建设，但政策整体偏中性，提高了中国电池产业链出口配套欧洲的难度与本土建厂的门槛。

中国动力电池"一带一路"布局有望与共建"一带一路"国家充分合作利用资源禀赋，多元化布局产业链。当前看，与中国签署共建"一带一路"合作文件的151个国家没有直接针对锂电池中游制造环节的限制性政策，仅印度尼西亚自2020年以来限制出口未经加工的镍矿石，智利限制锂矿直接出口，其余国家暂无落地政策或规划草案。我们认为，中国动力电池产业链可与共建"一带一路"国家达成互惠合作，充分利用当地资源优势，进行深加工向新能源汽车产业链中下游延伸，既能拓展欧美以外的市场需求，多元化布局产能，也能带动共建"一带一路"国家新能源汽车产业向先进技术、高端产能转型升级。

但中国动力电池产业链也需防范潜在的国际竞争风险。由于动力电池是中国新能源汽车产业中较为突出的核心零部件，中国拥有明显的规模和技术优势，因此要格外重视动力电池潜在的出海风险。考虑到逆全球化和国际竞争背景，中国动力电池产业链需防范地缘政治导致的潜在风险。一般而言存在两种潜在限制方式：一是限制上游资源出口，二是限制新能源汽车消费进口。那么相应而言需要确保关键原材料的供应，通过政策手段降低因国际关系或政策变化直接失去部分国家新能源汽车市场的风险。

（五）结合共建"一带一路"国家的资源禀赋，加强合作丰富上游供给来源

锂资源是新能源汽车的核心原材料，对动力电池成本具有重要影响。供应紧缺时期，锂盐价格的上涨导致电池成本大幅增加。2020—2022年，新能源汽车需求的快速增长导致锂供应紧缺，电池级碳酸锂和氢氧化锂的价格分别从底部到顶点上涨十几倍。正极材料是锂电池成本占比最大的部分，其生产成本主要受锂盐价格的影响，因此锂盐价格的大幅上涨带来电池成本上升，来自上游的成本压

力在产业链下游逐级传导。电池成本的上涨导致新能源车企的盈利能力偏弱，限制了国内新能源汽车的降价空间。

中国锂资源的成本竞争力偏弱。中国的锂资源主要包括四川锂矿、江西云母、青海盐湖等，由于国内锂资源普遍品位较低且杂质含量较高，以中国各类资源的产量加权平均，我们测算中国资源的平均锂盐生产成本约为5.0万元/吨，位于全球锂资源成本曲线的70%分位线。

中国锂资源的对外依存度较高。全球锂产业链纵深，涉及从上游资源开发到中间产品加工，再到终端消费的多个环节，而产业链的分工基于各国的比较优势，具备资源优势、加工优势的地区与主要消费市场的地域错配是供应风险的根源，一旦产业链中的某个环节出现一定的扰动，就有可能导致新能源金属产业链面临较大的不确定性。从冶炼需求看，中国是全球最大的锂盐供给基地，但是高度依赖大洋洲的进口锂精矿。从终端需求看，中国也是全球最大的新能源汽车消费市场，但是国内的锂资源供给难以满足终端需求。

中国锂资源的进口集中度较高，进口来源国智利与阿根廷为共建"一带一路"国家。根据中国海关总署的数据，我们测算到2022年中国锂资源进口的CR5为99%，主要进口的来源国包括澳大利亚、智利和阿根廷。中国海关总署的数据显示，2022年中国从大洋洲进口锂精矿262.5万吨，占中国锂资源进口总量的67%，中国从智利和阿根廷分别进口碳酸锂12.2万吨和1.3万吨，分别占中国锂资源进口总量的24%和3%。智利、阿根廷锂资源储备丰富且为共建"一带一路"国家，2022年它们的锂资源储量在全球的占比分别为11%、21%，锂资源产量在全球的占比分别为23%、5%，是中国锂资源的第二大和第三大进口国，中国有望深化与两国的锂资源合作。

中国与共建"一带一路"国家进行资源合作具有必要性。由于中国本土的锂资源成本竞争力偏弱，且锂资源的对外依存度较高，锂盐价格的上涨导致电池成本增加，限制了中国新能源汽车的降价空间。相比之下，海外锂盐企业拥有自有优质资源的成本优势，与海外新能源汽车企业签署的长协订单给予了海外新能源汽车企业更强的成本优势。因此，在中国本土的锂资源禀赋并不占优势的背景下，中国企业与共建"一带一路"国家合作开发低成本的锂资源具有必要性。

三、思考与启示

中国汽车产业有望在"一带一路"倡议中扮演重要角色，实现面向共建"一带一路"国家从产品出口到产能、品牌、技术、人才的全方位出海。借鉴日本汽车产业链在中国及东南亚、南亚地区的出海经验，中国政府可大力支持中国汽车特别是新能源汽车出海，提供法律、政策、金融和建设工业园区等方面的支持。

（一）鼓励多种海外布局方式，建立国家层面的协调沟通

通过直接出口、合资参股、跨国收购、绿地投资等多种方式进行海外布局。合资参股、跨国收购有利于减少东道国的政策风险，利用海外资源弥补外来国家企业不足，甚至是"以技术换市场"；绿地投资则有助于较大限度地维持企业自身在技术、管理等方面的优势。借鉴丰田的历史经验，考虑到共建"一带一路"国家复杂多样的特征，中国汽车产业链企业可采用直接出口、合资参股、跨国收购、绿地投资等多种方式实现出海，从而达到充分利用出海国当地资源、减少政治风险与维持企业自身竞争力的平衡。例如，面向小市场可直接出口，或与当地贸易公司及强势企业形成合资合作；面向大市场可通过入股参股投资上下游，搭建海外本土产业链，或输出核心技术、掌握核心资源。

特别是，针对高政治风险区域，中国企业可通过技术授权、运营服务等方式出海。借鉴宁德时代与福特拟合作的电池工厂方案，即电池工厂由福特全资所属，宁德时代提供技术专利服务和工厂运营，来规避国际竞争风险。我们认为针对参与"一带一路"倡议政策风险较强、存在国际竞争可能性的国家，中国企业可通过技术授权、提供运营服务和支持等新的合作方式进行输出。

大力建设境外工业园区，建立国家层面的协调沟通，打造中国汽车出海的产业集群效应。现阶段出海的中国汽车产业链之间合作发展、相互扶持、资源互通尚未成形，企业个体面临的跨国交易成本与政策风险较高。借鉴丰田的经验，中国企业自身可通过股权合作、配套建厂供应、资源倾斜等方式加强联系合作、形成产业集群，从而提升经营效率与竞争力。但更重要的是，在国家政策层面，可

以完善具体的支持措施及相关制度建设，通过签署自由贸易协定、投资保护协定以及进行税收安排等为中国企业在外建立工业园区提供制度便利，与东道国政府共同建立国家层面的协调委员会，负责政策落实和制度保障。在操作层面，除了基础设施建设之外，还要完善前后端服务能力，打造包括前期定位研发、产业和园区规划，中期融资开发建设，以及后期营销招商、物业管理、生产性服务等在内的工业园区服务全链条解决方案，具体到协助企业安排设计、施工招标，申请厂房建筑许可证、厂房验收执照与开工许可证，以及向企业提供招工咨询、员工培训、办理劳工证等人力资源服务等"一站式"服务，从而助力中国汽车产业打造集群效应，提升中国企业出海的经济效益。

（二）重视"一带一路"能源资源合作，建立伙伴关系

重视外交关系对于中国企业与共建"一带一路"国家能源资源合作的助力作用。正如我们在第一节所说，中国缺乏锂、钴、镍等新能源汽车上游的能源金属，而阿根廷、智利、刚果（金）、印度尼西亚等共建"一带一路"国家相关资源储备丰富，资源开发潜力较大，中国可以与资源供给国建立能源资源伙伴关系，与共建国家共同开发相关资源，实现互利互惠的合作基础，帮助中国企业在共建国家实现合作共赢。

中国头部锂企业赣锋锂业在阿根廷的盐湖锂资源投资便是外交伙伴关系助力的成功案例。中国近年来持续深化与阿根廷的全面合作伙伴关系，2022年2月阿根廷总统访华，两国一致同意深化全面战略伙伴关系，在符合各自利益和国家法律的基础上，积极促进双边投资，扩大经济互补性，寻找新的经济机遇，推动绿色可持续发展和数字经济领域的投资合作。[1] 正如前文提到的，共建"一带一路"国家中阿根廷锂资源储备丰富，系2022年中国锂资源进口的第三大来源国，但仅占中国锂资源进口总量的3%。基于良好的外交伙伴关系，赣锋锂业持续加大对于阿根廷的资源投资力度。赣锋锂业拥有的技术和资金优势与阿根廷拥有的资源优势具有良好的互补性，公司以当地盐湖提锂产业为基础，进一步延伸

---

[1] 参见 https://www.gov.cn/xinwen/2022-02/06/content_5672272.htm。

盐湖提锂产业链，深度绑定当地盐湖产业，与胡胡伊省政府及阿根廷国家生产发展部签署合作备忘录，并决定考虑及评估在阿根廷胡胡伊省设立电池组装厂的可能性。此外，赣锋锂业在阿根廷的盐湖提锂项目为当地居民提供了更多的就业机会，积极融入当地社区的工作与生活，并成立阿根廷公益基金会对阿根廷业务所在社区实施捐赠计划，推动公司获得社区的支持，通过兴建基础生活设施实现工业生产与社区的和谐共生。

赣锋锂业在阿根廷的布局，为中国与共建"一带一路"国家的资源合作提供了宝贵经验。一是注重中国企业的独特优势与当地经济发展需求的互补性，中国企业通过对共建"一带一路"国家的资源投资提供资金、技术的支持，促进与共建国家实现共赢的合作机会。二是中国拥有完整的新能源汽车产业链的布局优势，可以积极推动产业链各环节的企业在"走出去"过程中的合作，通过产业链的延伸与当地产业的长期发展深度绑定。三是引导中国企业承担社会责任，在资源开发的过程中重视环境保护、社区关系多方面因素的协调统一，有利于实现可持续的长期合作关系。

（三）因地制宜制定和执行汽车"一带一路"倡议，实现合作共赢

中国汽车的"一带一路"倡议需综合考虑当地需求、产业政策环境、生产要素禀赋等多重条件。我们参考"波特钻石模型"的要素对共建"一带一路"国家进行分析。除了企业层级的战略选择，从更宏观的角度看，不同国家的需求条件、经济及产业政策环境、生产要素禀赋不同，当地汽车产业发展诉求不一，对应中国"一带一路"倡议的落地执行可以配合调整（见图15.8）。

汽车及零部件产业整体而言兼具资本密集型和技术密集型产业的特点，前期投入大、固定成本高、规模效应明显。我们认为可优先从需求体量出发，选择（潜在）市场空间大、竞争格局优良的市场，同时考虑配套产业链、资源、成本、政策等因素选择产品导入类型和方式。

西欧、韩国体量规模大，新能源渗透率相对领先，但存在强势本土车企和新能源配套产业链，可能会面临较激烈的市场竞争及较大的政策保护风险。我们认为中国车企以燃油车突破的难度较大，但具备竞争力的新能源车型仍存在进入机

图15.8 "一带一路"汽车出海机遇

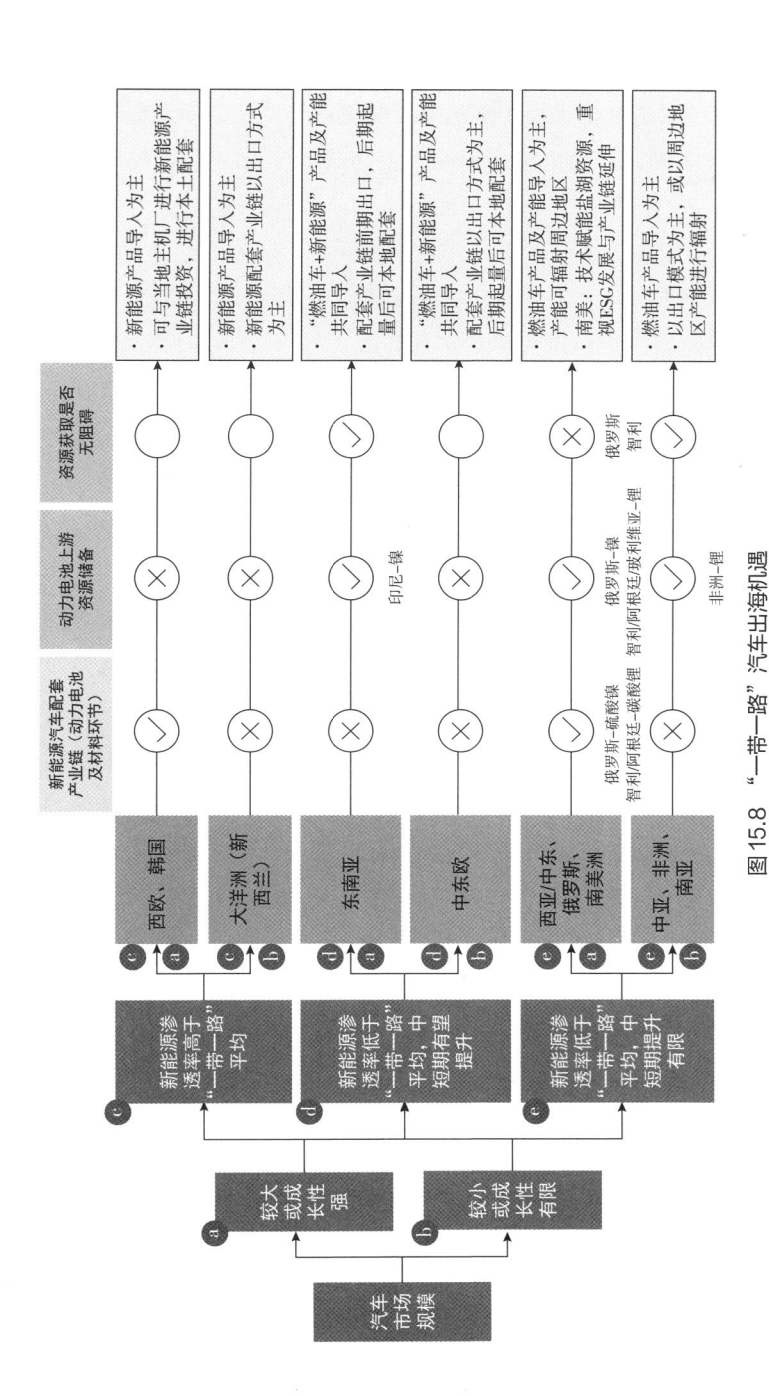

注：圆圈内"√"代表具备相应要素，"×"代表不具备相应要素。此外，"资源获取是否无阻碍"需要在具备要素"动力电池上游资源储备"的前提条件下方可判断，因此，如果国家及地区不具备要素"动力电池上游资源储备"，则不考虑"资源获取是否无阻碍"，圆圈为空白。
资料来源：中金公司研究部。

第十五章　新能源汽车："一带一路"出海正扬帆

473

会，如名爵品牌 2022 年在西欧新能源市场份额排名靠前。考虑到当地人力、土地等成本相对较高，通过周边地区进行产能辐射可能更具经济性，但欧洲对新能源产业链本土化导向较明确，动力电池厂商可能需考虑本土化建厂以规避政策风险。

与西欧、韩国相比，东南亚市场体量大、成长性更强，具备相对完善的燃油车配套体系，新能源渗透率尚处于初步提升期；市场格局呈现日系垄断、本土崛起的特征。就产品品类而言，我们认为燃油车和新能源可"双管齐下"，经济性和智能化卖点或具备较强吸引力，紧抓东南亚新能源渗透率提升的窗口期；就出海方式而言，东南亚地区具备人力成本优势、零部件配套完善，可进行产能本土建设，上汽、长城、比亚迪、哪吒等已在泰国建设工厂。其中值得一提的是，泰国政府通过购车补贴、税收优惠等形式鼓励新能源汽车消费，同时通过所得税、关税等税收优惠，以及投资奖励基金等方式鼓励车企及零部件企业投资建厂。印度尼西亚也积极给予政策支持以带动新能源汽车产业的发展，但也对整车及零部件本土生产或采购提出了更具体的要求。再考虑到印度尼西亚丰富的镍资源及政策导向，我们认为泰国、印度尼西亚有望成为中国汽车产业链在东南亚地区布局的主要基地，产能投建势在必行，除满足本土需求外，后续有望进一步辐射东南亚、澳大利亚和新西兰等地区，成为中国汽车"一带一路"出海的重要中转站。

此外，西亚、俄罗斯、南美洲也具备汽车大市场的属性，但短期来看新能源渗透率提升的驱动因素有限，我们认为可以燃油车产品及产能导入为主；其中南美洲上游资源储备较丰富，可实现技术赋能盐湖资源，重视 ESG 发展与产业链延伸。

中东欧市场容量不大，但地处亚欧大陆中部，且具备汽车产业配套基础，有望作为中国汽车海外产能建设的重要基地。其他汽车市场规模有限的地区，我们认为短期内以出口叠加周边地区产能辐射或更具经济性。

第十六章

消费产业：助力"一带一路"经济

消费产业是"一带一路"倡议的重要载体。"一带一路"倡议以政策沟通、设施联通、贸易畅通、资金融通、民心相通为主要内容。居民消费和储蓄是短期和长期宏观经济增长和经济政策制定需要考虑的核心变量，设施联通降低消费服务的交易成本，消费需求通过国际贸易的形式得到满足就需要贸易畅通，储蓄如何转化为投资就是资金融通需要解决的问题，而文化消费和消费文化自身也是民心相通的社会根基。中国与共建"一带一路"国家之间进行消费产业合作，有助于推动共建"一带一路"国家经济发展战略的对接与耦合，促进共建"一带一路"国家居民消费和收入增长，增进与共建"一带一路"国家人民的人文交流与文明互鉴。

我国与共建"一带一路"国家的消费产业合作体现在生产、销售、采购全流程中，具体对应优化产业链全球布局、促进品牌出海、发挥大国需求（包括全球采购、旅游观光）。首先，单位劳动力成本驱动中国消费行业在共建"一带一路"国家优化全球产业链布局，推广中国先进经验，同时帮助共建"一带一路"国家提高劳动生产率，促进当地经济内生增长。其次，中国消费产业已经进入工程师红利阶段，通过产品微创新、跨境电商渠道创新等方式，中国品牌全球影响力正快速提升，共建"一带一路"国家居民收入增长也将释放可观的市场潜力。最后，中国具备的大国规模经济优势，推动中国成为共建"一带一路"国家的主要市场之一。此外，消费是文化的重要承载和表现形式，可以提升我国和共建"一带一路"国家对彼此文化的亲近感，增进民心相通。

我们建议从"引进来"和"走出去"两个维度提供政策支持。在"引进来"时，我们建议在降低贸易壁垒和交易成本（如扩大进口市场范围和产品种类、优化海关流程及推动数字化建设等）、提升人员跨国流动的便捷性方面给予更多的政策支持。在"走出去"时，希望通过打造高水平的海外产业园区并加强专业化配套服务，以及建立常态化交流机制，降低企业"走出去"门槛和助力中国品牌出海。[1]

---

[1] 本章作者：何伟、樊俊豪、朱一平、林思婕、林骥川。本章得到了郭海燕、王文丹、陈文博、侯利维、韦一飞、黄佳媛、王嘉钰、惠普、陈煜东、王杰睿、陈婕、孙宇馨、赖晟炜、水嘉琛的支持。

一、消费产业是"一带一路"倡议的重要载体

"一带一路"是促进共同发展、实现共同繁荣的合作共赢之路,消费是生产的目的,经济发展的一个目标和重要体现是人民生活水平的提高,而生活水平往往是通过居民的消费水平来衡量的。"一带一路"倡议以政策沟通、设施联通、贸易畅通、资金融通、民心相通为主要内容。居民消费和储蓄是短期和长期宏观经济增长和经济政策制定需要考虑的核心变量,设施联通降低消费服务的交易成本,消费需求通过国际贸易的形式得到满足就需要贸易畅通,储蓄如何转化为投资就是资金融通需要解决的问题,而文化消费和消费文化自身也是民心相通的社会根基。可以说,消费产业是"一带一路"倡议的重要载体。中国与共建"一带一路"国家之间进行消费产业合作,有助于推动共建"一带一路"国家经济发展战略的对接与耦合,发掘区域内市场潜力,促进共建"一带一路"国家居民消费和收入增长,满足各国差异化的消费需求,创造共建"一带一路"国家当地就业,促进贸易平衡,增进与共建"一带一路"国家人民的人文交流与文明互鉴。

本章聚焦于消费行业,按消费活动的特征分别探讨生产、销售、采购、文化交流,以及所面临的挑战和机遇,针对性提出相应政策与建议,具体对应优化产业链全球布局、促进品牌出海、发挥大国需求(包括全球采购、旅游观光)、增

进文化交流。

（一）优化产业链全球布局，助力共建"一带一路"国家内生增长

消费行业属于中等技术水平行业，中国已成为全球纺织服装、轻工、家电的生产中心。在中国人口老龄化、劳动力成本上升、中美贸易摩擦以及区域关税壁垒等因素的影响下，中国消费行业在共建"一带一路"国家优化全球产业链布局正成为重要趋势。中国消费行业的产能全球配置有助于向共建"一带一路"国家推广中国先进经验，有助于提升相关国家的工业化水平、夯实工业基础，并带动当地就业，为其带来发展机遇，突破发展瓶颈。

家电等耐用消费品行业属于中等劳动密集型、中等资产行业，其产业配套能力是决定产业链全球布局的核心要素。家电产业发展初期，劳动力成本优势虽然重要，但并非决定性的影响因素。本地消费市场规模可吸引外国直接投资，在产业发展初期带来必要的技术、生产、管理经验。同时，家电产业涉及化工、电子等上下游多个产业，而核心技术又主要来源于上游行业，中国齐全的产业门类带来的产业链配套优势，也是中国家电产业全球竞争力的优势所在。目前部分家电龙头具备产业链一体化优势，布局共建"一带一路"国家，将中国产业集群和产业配套的经验应用到共建"一带一路"国家，有助于提升这些国家制造业的整体水平。

纺织服装、家具制造等行业，人工成本占比较高，向东南亚地区的产能转移有助于降低生产成本。共建"一带一路"国家具备包容性和多样性，工业化水平普遍较低，整体劳动力和资源充裕，资本相对不足，与中国的要素禀赋互补。中国的工业化道路具有成功经验，而共建"一带一路"国家在全球的经济体量不容忽视。此外，国家与区域间的关税成本差异对中国消费行业产能转移产生影响。而且，海外产能的扩大也有助于企业灵活应对原材料采购的限制。中国消费企业主动跟随产能转移，与共建"一带一路"国家形成嵌套依赖关系。

消费品行业通过构建全球产业链，提高共建"一带一路"国家劳动生产率，带动当地经济内生增长。中国消费企业的产能全球化布局，需要因地制宜地制定差异化的全球化战略。劳动力成本是一个重要因素，但是也需要综合考虑劳动生产率。例如，印度尼西亚、泰国等国（见图16.1），劳动生产率增速与中东欧国

家（如保加利亚、捷克等）基本在同一水平，但是这些国家过去10年劳动者收入的增速则相对较低，说明一些东盟国家单位劳动力成本的优势仍然比较突出。对于劳动生产率低一些的共建"一带一路"国家，企业在当地直接投资，不仅实现资本和劳动力的结合，而且可以通过技术、管理等多种生产要素的本地化投入，帮助这些国家提高劳动生产率，实现其内生经济增长。

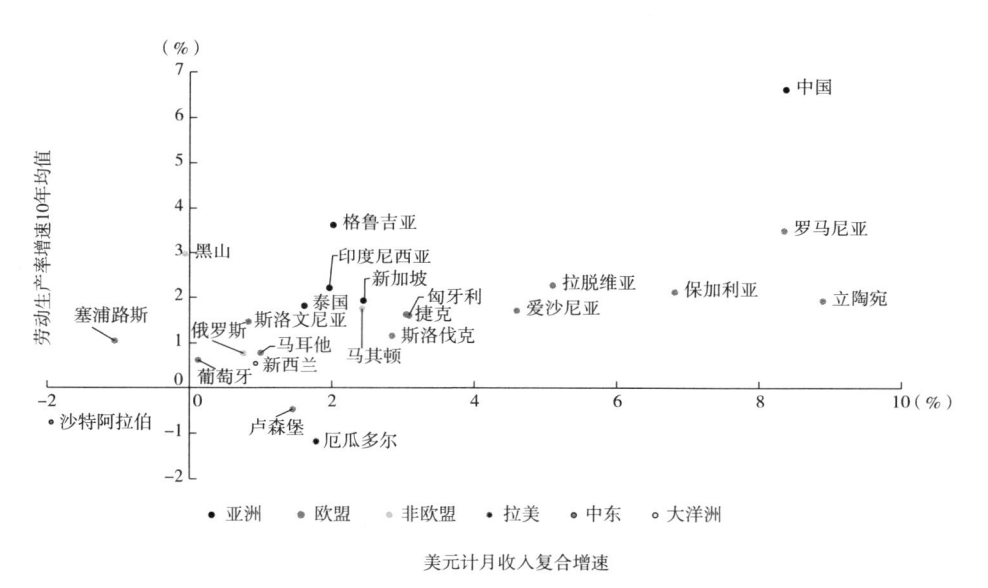

图16.1 部分国家劳动者月收入复合增速和劳动生产率增速10年均值（2011—2021年）

注：沙特阿拉伯月收入数据截至2018年。
资料来源：世界银行，国际货币基金组织，CEIC，中金研究院。

（二）促进品牌出海，挖掘共建"一带一路"国家多元化市场需求潜力

中国与共建"一带一路"国家之间存在资源禀赋差异和代际选择多元化需求，相互间优势互补，推动共建"一带一路"国家高质量发展。共建"一带一路"国家大多自然资源丰富，中国消费产业的比较优势在制造方面，双方资源禀赋和比较优势互补，中国从共建"一带一路"国家进口大宗农产品等商品和服务，同时也可以增加对共建"一带一路"国家的消费品出口，满足共建"一

带一路"国家居民日益增长的物质文化生活需求。消费品市场结构特征在于多元化、竞争性强、创新需求大，消费存在代际差异，共建"一带一路"国家人口增速快，近5年人口复合增速均值为1.3%，高于全球1%的均值，而且人口结构年轻化，共建"一带一路"国家人口总量为中国的2.6倍，但15~40岁的年轻人口却是中国的3倍。[1]中国消费品产业具备很强的微创新能力，产品更新迭代快、品质优、价格低，尤其适合增速高、年轻化、多元化的消费市场。对于中国而言，更广阔的市场有助于提高消费品生产制造效率，对中国技术进步和产品创新有推动作用，有利于发挥规模经济对消费产业的积极影响；对共建"一带一路"国家而言，年轻的劳动人口也可以参与中国企业的生产经营活动，实现资金、技术、劳动力的结合，带动本国制造业发展和技术创新，增加双方优势互补，共同推动经济发展和社会福利增长，改善当地人民的物质和文化生活水平。

中国消费产业已经从人口红利阶段转向工程师红利阶段，通过产品微创新、跨境电商渠道创新等方式，具备品牌国际化发展的能力。类似于日本在20世纪八九十年代、韩国在21世纪初消费品品牌全球拓展的趋势，日本和韩国都经历了消费电子、消费电器、重工业产品（如汽车）、文化（如漫画、电影、明星）的国际化阶段。目前部分中国品牌在一些共建"一带一路"国家取得了一定的影响力，例如在非洲，中国的彩电（海信）、手机（传音）有一定的影响力；在东南亚，中国的消费电子（华为、荣耀、小米、OPPO、vivo、传音）、白色家电（海尔、美的）、餐饮（海底捞）、影视（爱奇艺、腾讯视频）等都具备一定的品牌影响力。值得一提的是，有别于昔日日韩品牌出海，中国互联网的全球影响力提升，是中国品牌出海可以借助的独特竞争优势。

共建"一带一路"国家居民收入的增长，形成中国消费产业品牌出海的市场潜力。消费是居民可支配收入的函数，但二者并非在任何时点都是一致的。1957年弗里德曼的《消费函数理论》[2]和意大利经济学家莫迪利安尼提出的储蓄和消费的生命周期理论[3]，本质上都表明居民消费存在明显的跨期决策特征，在一个

---

[1] 资料来源：联合国。

[2] Milton Friedman. *A Theory of the Consumption Function*, Princeton University Press, 1957.

[3] Modigliani, F., & Ando, A. K. 1957. "Tests of the life cycle hypothesis of savings." *Bulletin of the Oxford Institute of Statistics*, 19, 99–124.

更长的周期内，收入增长和消费增速之间基本一致。我们梳理了部分共建"一带一路"国家过去10年的家庭人均年收入水平和收入增速（见图16.2）。首先，消费品的品牌出海可以优先选择收入水平较高的国家和地区，如家庭人均年收入水平大幅超过中国（5 480美元）的新加坡、奥地利等国家，以及家庭人均年收入水平略高于或者和中国比较接近的部分中东欧国家（如捷克、匈牙利、罗马尼亚等）。其次，对于以美元计的年收入水平低于中国，但增速较高的国家，如保加利亚、越南等，其消费市场也具备未来增长潜力。最后，部分国家以美元计收入增速较低，但本币计增速较高，如哈萨克斯坦等中亚国家，汇率波动一定程度上限制了这些地区消费市场的发展，中国和共建"一带一路"国家之间的双边贸易本币结算和双边汇率安排，或将有助于降低这些市场增长的不确定性。

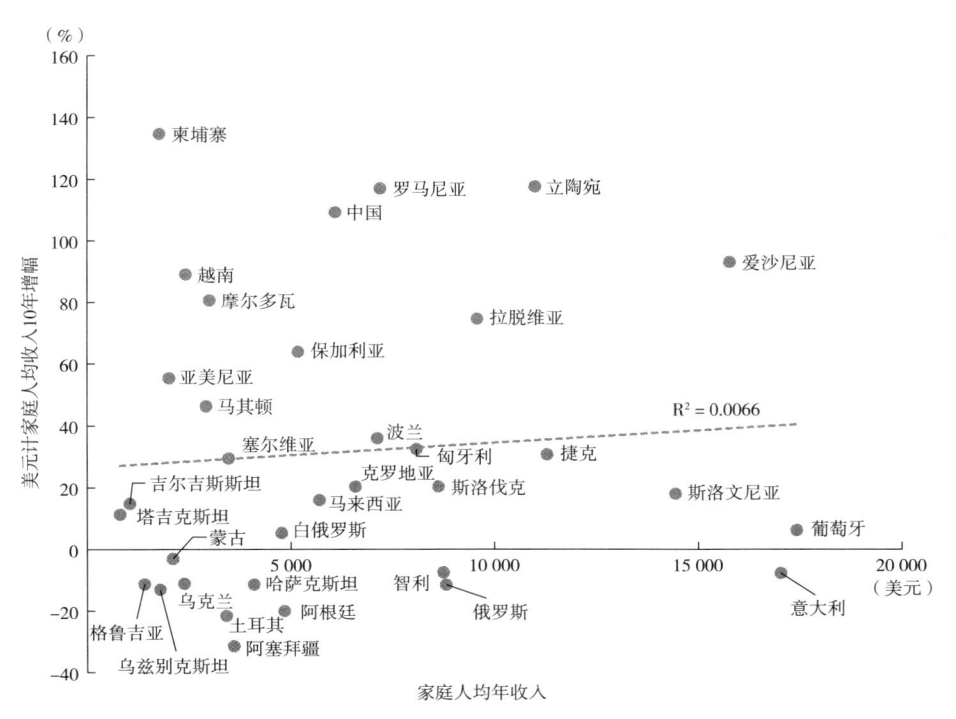

图16.2 共建"一带一路"国家家庭人均收入增速（2011—2021年）

资料来源：世界银行，CEIC，中金研究院。

第十六章 消费产业：助力"一带一路"经济

共建"一带一路"国家经济体量占比尚有提升空间，随着共建进程的推进而使增长潜力加大。目前，共建"一带一路"国家涵盖全球近半数人口，经济体量占比不到 1/4（2021 年）。2021 年，共建"一带一路"国家整体人均 GDP 水平为 5 771.62 美元，低于世界平均水平（12 236.62 美元）；人均最终消费支出水平为 4 044.70 美元，同样低于世界平均水平（8 806.90 美元）。[1]不同的共建"一带一路"国家经济发展水平和消费水平存在较大差距，发展不均衡。世界银行统计，共建"一带一路"国家（不包括中国）中有 27 个低收入国家、48 个中等偏下收入国家、40 个中等偏上收入国家和 36 个高收入国家。其中，低收入国家 2021 年的人均消费仅 530 美元，而高收入国家的人均消费达到 20 338 美元。但随着共建"一带一路"进程的纵深拓展，我们认为共建"一带一路"国家耐用品消费市场增长或将超预期，值得中国消费企业重点拓展品牌业务。

（三）发挥大国需求，规模经济推动中国成为共建"一带一路"国家的主要市场之一

中国市场具有规模经济优势，增加从共建"一带一路"国家进口商品和服务，有助于推动共建"一带一路"国家的经济增长。过去 30 年，中国成为全球制造中心的发展进程中，大国规模经济发挥了重要作用。[2]中国参与全球分工的过程中，对共建"一带一路"国家的需求集中体现在矿产资源等工业金属、大宗商品领域，中国需求的规模经济效应带动了一些商品国的经济增长。事实上，中国的大国需求效应不仅体现在工业品上，还体现在消费品领域，例如，中国对热带水果等农副产品以及出国旅游等服务的需求也呈现上升趋势。共建"一带一路"国家的地理位置、气候条件具有很大差异，各自具有独特的自然资源和禀赋优势，很多共建"一带一路"国家的支柱产业包括农林牧渔、旅游业等消费产业，但是由于交通运输、资金、技术等方面的限制，长期以来无法从国际贸易中受益。随着"一带一路"倡议互联互通在这些国家的开展，设施联通、资金融通

---

[1] 资料来源：世界银行。
[2] 中金公司研究部、中金研究院：《大国产业链》，中信出版社，2023 年 3 月。

等措施为增进中国和共建"一带一路"国家之间的贸易和经济合作发展提供了实实在在的基础。中国增加从共建"一带一路"国家进口优质农产品、旅游观光等商品和服务，不仅可以满足国内居民日益增长的物质文化生活需求，同时还通过增加双方的贸易流、资金流、货物流、信息流，发挥大国需求优势，推动共建"一带一路"国家贸易增长和经济发展。对于共建"一带一路"国家而言，在完善交通物流等基础设施建设的基础上，有机会增加对中国商品和服务的出口，能够在与中国互联互通的过程中增加获得感，促进经济增长，提高居民收入，实现经济发展和福利增进。

（四）以消费为载体，增进文化交流

消费是文化的重要承载和表现形式。以消费（包括消费企业、品牌、消费者）为载体，可以增进与共建"一带一路"国家人民的人文交流与文明互鉴，提升共建"一带一路"国家对中国文化的亲近感。发达国家的经验表明，消费品的全球化能够提升文化的全球影响力，并成为文化的符号和象征。欧美、日韩等都通过消费品实现有利于母国形象的文化输出，增强国际影响力，提高软实力。例如影视游戏动漫（百老汇、好莱坞、韩流、日本漫画等）、快时尚（H&M、优衣库、Zara、李维斯等）、咖啡茶饮（星巴克、日本威士忌等）、餐饮（麦当劳、肯德基等）、运动用品（耐克、阿迪达斯等）、百货（无印良品等）、零售（开市客、山姆超市等）、科技消费品（苹果、亚马逊等）等，这些消费品深入全球消费者的生活，有较强的文化影响力。

中国消费行业出海，有利于向共建"一带一路"国家传递积极正面的中国文化和国民形象。过去，中国的消费行业、文化行业偏重于针对欧美市场推广，对共建"一带一路"国家的关注度相对较低。中国消费企业应在经济活动中注重传播积极、有吸引力、令人向往的中国文化，摆脱过去片面追求性价比的形象。例如，茅台需要提升在国际酒文化中的影响力，名创优品需要突出中国文化元素，科技公司（华为、大疆、小米、石头、科沃斯等）可以展现中国在消费品方面的创新力形象。此外，中国的文化作品已在国际上产生影响力，如李子柒的短视频、《斗破苍穹》等网络小说、《三体》等科幻小说、《原神》等游戏，以及在东南亚等地流行的中国电视剧。除消费企业外，中国国民在海外观光旅游时保持良好行为，有助于改善国际形象，也有助于提升中国文化影响力。日本曾经历类似阶段：20世纪七八十年代，日本去海外旅游的游客大幅增长，其国际形象经历了逐步的改善。1991年，日本运输省（现为国土交通省）出版《日本国民海外旅行礼节指南》，规范日本国民在海外的行为，经过30年的努力，日本游客在国际上的形象明显提升。

接下来，本章将围绕产业链全球配置、品牌出海、大国需求、政策建议这几个方面进一步展开。

二、劳动力成本及关税驱动产业链全球配置

（一）产业链全球配置重要原因：劳动力成本、关税壁垒

纺织服装、家具制造等行业人工成本占比较高，对劳动力成本变化敏感。纺织制衣产业链中成衣制造环节涉及裁剪、缝制、熨烫、包装等流程，由于服装产品质地柔软，行业自动化水平不高，主要依赖手工缝制，成本结构中人工工资占比较高，以鲁泰衬衣业务为例，其2022年人工工资成本占比高达26%；软体家具制造行业劳动密集属性也较强，以顾家家居沙发业务为例，2022年其人工工资占总成本的比例达16%；家电行业在进行自动化生产转型前，也是劳动相对密集的产业。因此，这些行业对于劳动力成本的变化较为敏感，有动力将产能布局在人工成本更低的区域以提高利润率。

南亚及东南亚地区国家劳动力资源丰富，部分共建"一带一路"国家劳动力成本显著低于中国。根据国际货币基金组织的数据，2021年越南、柬埔寨的15~64岁人口占比分别为69%、65%，相较于2000年分别提升了6个百分点、8个百分点。而且，共建"一带一路"国家劳动力成本具有竞争力。

国家与区域间的关税差异对国内消费行业产能转移产生影响。近年来在中美贸易摩擦背景下，中国向部分国家出口的关税成本较越南、柬埔寨等共建"一带一路"国家更高，低关税税率地区出口商品在定价方面拥有竞争力，驱动国内消费行业产能向海外转移。

（二）中国消费行业产业链全球配置，东南亚地区承接最多

中国消费制造企业产业链全球配置，实现产能全球化布局。纺织服装方面，中国纺织业对外投资目的地分布在全球100多个国家和地区[①]，涵盖东南亚和非洲（目的为输出产能）、欧美和大洋洲（目的为学习设计、技术等，连接消费者）等重点区域，能适应更为长远的产业链变迁。家电方面，以美的、海尔为代表的大家电企业一方面受大家电运输半径影响，在全球范围自建工厂；另一方面通过收购完善海外布局，目前大家电企业已在欧洲、美洲、东南亚、南亚、东亚、非洲等地区完成大规模的生产基地建设，区域辐射效应明显。

东南亚地区承接产能转移最多（见表16.1）。纺织服装行业，中国为全球第一大服装出口国，2021年中国大陆占全球服装出口额的32.1%，但相比2013年的高点下降了7.1个百分点，孟加拉国、越南等国获取了部分流失份额，2021年分别占服装出口额的7%、6%；轻工业方面，家居（沙发、床垫等）、家用轻工（电助力车、电动工具等）、个护（纸尿裤等）等企业也纷纷选择在越南、老挝等共建"一带一路"国家建厂；家电业方面，消费电器国际贸易中，中国约占全球总净出口额的90%，视听产业中净出口额的52%来自中国，24%来自中东欧与土耳其，19%来自拉丁美洲，近几年受关税问题影响，东南亚也是净出口地区。

共建"一带一路"国家与中国形成嵌套依赖关系。中国通过投资、合资、并购等多种形式主动输出产能，以越南为例，2021年越南外资成分的出口总额为2 468.76亿美元，占出口总额的72.30%；2022年外资投资总额为124.46亿美元，其中来自中国（含港澳台）的投资达29.71亿美元，占外资投资的23.87%。以纺织服装行业为例，中国对外投资已涵盖从纤维到服装的全产业链，2021年外资企业贡献了越南纺织业约60%[②]的出口金额，而中国占外资投资金额的约24%。

[①] 中国纺联产业经济研究院：《入世20年：中国纺织对外贸易发展回顾》，2022年，参见http://chinawto.mofcom.gov.cn/article/ap/p/202201/20220103236583.shtml。

[②] 广西壮族自治区商务厅：《越南纺织协会制定2022年纺织品出口目标，提出高、中、低三个方案》，2021年，参见http://swt.gxzf.gov.cn/zt/jjdm/jmdt/t10983318.shtml。

表16.1 轻工制造业产能转移

公司	主营业务	2022年上半年产能分布
轻工制造		
共创草坪	人造草坪	越南约占49%，国内约占51%
乐歌股份	人体工学办公设备、家具	2021年越南（海外）产能占比30%左右，国内宁波和广西约占70%
盈趣科技	智能控制部件、消费电子	2021年马来西亚智能制造基地产能占比已达到30%以上，其他产地未披露；2022年上半年马来西亚智能制造基地产能同比有所下降
家居		
顾家家居	成品家具	越南、墨西哥
敏华控股	沙发产品	越南、墨西哥
家用轻工		
泉峰控股	电动工具、户外设备	"越南+欧洲"占比约10%
久祺股份	自行车、电助力车	2022年欧洲电助力车产能占比约20%
裕同科技	印刷包装	东南亚、印度产能占比约10%
个护		
豪悦护理	纸尿裤	泰国

资料来源：公司公告，中金公司研究部。

（三）产能转移经验与教训

国内消费行业头部公司在过去多年的海外产能转移中积累了一定的经验教训。国际化经营需要学习周期，大企业虽然经验丰富，但还有很多小企业当前缺乏经验，对目的地国家的政策、文化等缺乏充分了解，需要一个学习过程。例如，部分国家对于环保要求严格，成功进行海外产能扩张的中国企业要严格遵守当地环保要求，注重绿色生产。此外，部分国家在宗教、文化、习俗等方面与国内存在较大差异，公司需在建厂前对当地情况进行详细调研，并通过外派人员、与当地文化深度融合、进驻产业园等方式实现本地化，适应当地营商环境。

产业园建设有助于减少"走出去"风险。根据中国产业园的经验，产业园可以提供大量配套服务，有助于降低信息不对称性，有助于企业更快地融入当地市场。我国与共建"一带一路"国家合作的70余个海外产业园区中，大多数园区的建设发展处于初级阶段，管理模式相对粗放，规模化、高质量的产业园区较少。

海外环保监管、下游品牌方要求倒逼企业重视绿色环保生产。部分共建"一带一路"国家如越南、柬埔寨环保标准严格,《越南工业废水国家技术规范》和《柬埔寨工业废水排放标准》规定的向公共污水处理系统排放的标准分别为COD(化学需氧量)≤150mg/L(毫克/升)、COD≤100mg/L,比中国《纺织染整工业水污染物排放标准》规定的间接排放标准COD≤200mg/L严格,越南等国也多次要求停止严重污染环境的项目。此外,以纺织服装行业为例,近年来下游品牌方尤其是国际一线品牌日益重视供应商的ESG管理,如耐克对供应商的节水节能、化学物质使用、污水排放等均提出要求。国内头部消费企业应当严格遵守当地环保监管要求,满足品牌方要求以达到验厂标准,从而顺利进行海外产能扩张。

适应当地文化、法律、习俗,积极推进本地化并提高海外工厂技术水平。中国企业在海外扩产时,往往在文化、习俗、法律法规等方面面临很大挑战,当地社会风俗与国内存在较大差异。以纺织服装行业为例,中国纺织制造龙头企业约从2004年开始投资东南亚等共建"一带一路"国家,这些中资企业派出了许多技术专家和中高层管理者,与被转移国家的互动融合更为深刻,甚至在当地扎根,并将融入当地文化作为企业发展的重要事项。同时头部公司将国内先进的生产技术复制到海外工厂,并积极推进海外人才培养以满足对于本地人才的需求,获得了当地的支持,也减少了海外扩产可能产生的摩擦。此外,随着近年来中国政府与共建"一带一路"国家政府的合作不断深入,一些海外工业园获得两地政府支持,企业入驻产业园可享受水电、物流、生活服务、污水处理等配套设施,以及专门的补贴、贷款贴息等政策。[①]中国企业进驻工业园区可以共同适应当地营商环境,顺利实现本地化。

三、中国品牌出海时代,挖掘共建"一带一路"国家市场需求潜力

(一)中国品牌全球影响力正快速提升

2001年中国加入世界贸易组织后,凭借成本和效率优势逐渐成长为大部分

---

① 参见 https://www.sohu.com/a/594367822_121440235。

消费产品全球最主要的生产基地之一,随着产业链日益完备,逐渐从 OEM(原始设备制造商)向 ODM(原始设计制造商)转型升级。近年来,一方面,随着中国进入工程师红利时代,消费品产品创新能力明显增强;另一方面,中国的互联网企业在全球的影响力增强,随着电商开始在全球范围影响线下渠道,中国企业在电商方面积累的先发优势,带来了中国消费品品牌在全球市场份额的快速提升。这类似于日本在 20 世纪八九十年代、韩国在 21 世纪初消费品品牌全球拓展的趋势,两国都经历了消费电子、消费电器、轻工业产品、重工业产品(如汽车)、文化(如漫画、电影、明星)的国际化阶段。值得一提的是,中国互联网的全球影响力提升,是中国品牌出海可以借助的独特竞争优势,有别于昔日日韩品牌出海。

借鉴日本在 20 世纪 80 年代全球化的发展经验,消费品品牌开始在全球产生广泛的影响力。为规避美国对日本的贸易限制措施以及广场协议签署后日元的强劲升值,20 世纪 80 年代日本企业采取出口产品升级和外国直接投资相结合的战略,开启了日本经济的全球化进程。在亚洲地区,日本企业开始通过外国直接投资的形式,将加工装配环节转移到中国台湾和韩国,然后出口到美国市场。此外,日本企业通过对外援助、基建项目投资以及制造业直接投资等方式,在泰国、印度尼西亚等劳动力更为充裕的东南亚国家投资设厂。由此形成了日本在亚洲推行的"雁行模式",即日本作为排头雁具有资金和技术优势,亚洲四小龙率先进入"出口导向型"经济增长阶段,而中国、东南亚地区则处于"进口替代"阶段。中国、东南亚地区对日本的发展具有战略意义,20 世纪 80 年代印度尼西亚为日本提供了 13% 的进口原油和 53% 的天然气,日本向东南亚提供的财政援助和贷款超过美国[1],并且在亚洲开发银行扮演更重要的角色。日本的投资扩张带动东南亚对其消费品、资本品的需求,亚洲在 1991 年取代美国成为日本最大的出口市场。同时期,日本消费品品牌开始在全球产生广泛的影响力,其中典型的案例如索尼代表日本消费电子企业的创新高峰,旗下的 Walkman(随身听)、Discman(光碟随身听)、Handycam(摄影机)、特丽珑电视在全球具有广泛影响力,日本松下、大金、

---

[1] Katzenstein, Peter, Martin Rouse. "Japan as a Regional Power in Asia." *Regionalism and Rivalry: Japan and the United States in Pacific Asia*, University of Chicago Press, 1993.

日立等消费电器在亚洲具有广泛的品牌影响力。

中国消费品在全球的品牌发展呈现出全面开花的特点。其中消费电子产品创新速度快，因此更早地开始在海外市场建立品牌优势，例如华为、小米、传音手机等；消费电器品牌出海的布局历史更早，但市场变化慢，海尔、美的等企业通过并购海外品牌与发展自主品牌结合的方式，近些年取得快速发展；轻工日用品的品牌出海和新零售方式密切结合，大量跨境电商企业通过线上销售轻工业产品，知名品牌如快时尚公司希音、生活家居综合零售商名创优品等；同时，我们也看到，近些年中国的汽车品牌在海外的份额开始大幅提升。在过去几年，中国消费行业品牌的出海重点在于欧美发达国家，主要原因是欧美市场购买力强、市场规范，特别是美国是一个统一的大市场。但如今中国消费行业内的众多企业开始在共建"一带一路"国家取得品牌业务的快速发展。共建"一带一路"国家未来的消费具备成长潜力，值得中国消费行业更加重视。

在品牌出海过程中，中国企业面临诸多困难，也有很多失利。例如，21世纪初，中国摩托车品牌通过价格优势一度抢占大量越南摩托车市场份额，但很快由于产品质量不达预期，份额快速下滑；2003年，TCL（科技公司）收购法国彩电公司汤姆逊，但很快随着彩电市场中CRT（阴极射线管）电视被平板电视替代，汤姆逊的价值大幅下降；2020年全球电商大发展，但2021年亚马逊开展品牌保护活动，对平台卖家的运营规范进行整顿，部分中国跨境电商卖家账号受到影响。这一方面教育企业应当规范经营，另一方面也说明要分散渠道风险，以及中国互联网平台需要进一步提升全球影响力。华为手机在全球快速发展，根据Counterpoint（市场调查机构）的数据，2019年第一季度，华为在欧洲智能手机销量份额达26%，仅次于三星，排名第二；但2019年5月，国际形势变化导致华为失去欧洲手机市场，共建"一带一路"国家的市场份额也有所下降。中国的互联网在海外也面临监管的挑战，主要来自未参与"一带一路"倡议的国家，以TikTok（短视频社交平台）为例，2020年6月印度下架的59款中国App（应用程序）中包括TikTok[1]；2020年8月美国开始以数据安全为由限制TikTok。[2] 诸

---

[1] 参见 https://www.thepaper.cn/newsDetail_forward_8067907。

[2] 参见 https://www.thepaper.cn/newsDetail_forward_8620743。

多失利背后的原因各有不同，有些是公司进入不了解的行业，错判了行业趋势，有些是产业链部分环节被阻断。但中国企业会吸取经验，继续前行。

后文中，我们将重点分析三个代表性的消费行业和其中的代表性公司，包括消费电子、消费电器、轻工日用品，最后我们会分析中国互联网如何凭借全球影响力帮助中国企业品牌出海。

（二）消费电子品牌出海

近年来，中国消费电子品牌在全球市场份额不断提升。代表性的消费电子产品包括手机、彩电、智能配件等，涌现出华为、荣耀、小米、OPPO、vivo、传音、TCL、海信、安克创新、极米科技等一批消费电子全球品牌龙头。以智能手机为例，中国智能手机品牌凭借高性价比、产品迭代快、销售渠道优势以及良好的本土化战略等竞争优势，在海外市场崭露头角并展现出强劲的发展态势。无论是在市场相对饱和的发达地区，还是在潜力较大的新兴市场，中国品牌都发展强劲。根据 Counterpoint 的数据，2021 年欧洲智能手机市场份额的前五名中，中国品牌独占三席，分别是小米（20%）、OPPO（5%）和真我（3%），并且市场份额均呈现稳定上升趋势。同年拉丁美洲手机市场份额的前五名中，排名第三的小米市场份额从 2020 年的 6.5% 增长至 10.5%，增速最快；中兴也实现 74% 的同比增长，市场份额为 4.5%，位列第四。非洲市场中，中国品牌传音同样表现亮眼。根据 IDC（互联网数据中心）和中金公司研究部科技硬件组的数据，2021 年第四季度传音在非洲的智能手机出货量为 1 114 万台，市场份额达到 47.9%，远超第二名的三星（19.6%）。

在共建"一带一路"国家，手机品牌出海最具特色的是传音，该品牌的案例能够代表性地说明如何在技术并不具有优势的情况下占据共建"一带一路"国家的市场份额。传音被称为"非洲手机之王"，根据 IDC 的数据，传音品牌连续多年占据非洲手机市场 40% 以上的份额。[①] 在非洲市场，传音聚焦于本土化战略。首先是产品的本土化，除产品定价低外，传音针对非洲消费者皮肤颜色深的特

---

① IDC, Africa's Smartphone Market Declines Amid Inflationary Pressures and Weaker Demand.

点，推出"智能美黑"；针对非洲跨运营商通话价格昂贵、消费者习惯配置多张SIM（用户身份模块）卡的特点，传音推出"四卡四待"；针对非洲消费者的娱乐方式推出手机"低音炮"。其次是渠道和营销的本土化，传音针对非洲市场线下为主且线下分销渠道极其复杂的特点，因地制宜地建设大量经销商，将线下网点遍布非洲各地。营销方面传音重视非洲消费者的特点，一方面聘请非洲本地歌手代言，另一方面采取先渗透农村市场的策略，在广大农村的主要建筑外墙上刷墙宣传。传音手机在非洲的成功，一方面使非洲消费者获得了具有性价比且更符合当地需求的产品并从中受益，另一方面展现了中国消费品品牌出海不能仅凭性价比，还需要做好产品功能、渠道和营销的本土化运营。

最近几年传音手机开始向南亚（在未参与"一带一路"倡议的国家中以印度为主）、东南亚、拉美等市场拓展。我们以东南亚市场为例，这一市场2021年的人口数量超过6.5亿[1]，拥有庞大的人口红利、年轻的消费群体和旺盛的手机需求，这使该地区受到手机厂商的高度重视。随着经济发展和数字化进程的推进，2022年东南亚六国[2]的互联网用户数量已达4.52亿人，互联网渗透率达到76%[3]，越来越多的东南亚人使用智能手机和移动设备，创造了一个庞大的市场。东南亚智能手机市场的增长主要来自经济欠发达和智能手机普及率低的国家和地区，例如印度尼西亚、菲律宾和越南等。而随着4G和5G的逐步普及以及智能手机品牌不断推出高性价比的产品，我们预计越来越多的消费者将会购买智能手机，从而推动市场增长。欧睿信息咨询预计，东南亚六国智能手机市场将稳定增长，预计将从2020年的1.14亿台以4%的年均增长率达到2027年的1.55亿台。

传音在东南亚地区发展迅速。东南亚地区占传音手机的出货量比例从2019年第四季度的2.7%，上升到2022年第四季度的11.2%。尤其在菲律宾手机市场，传音的市场份额从2020年的8%上升到2022年的16%，并在2022年Lazada（在线购物网站）的大促活动中跻身销售额榜单的前五名。我们认为其成功的原因主要有以下几个方面：首先，传音在进入东南亚市场时，准确把握了当地消费

---

[1] 中金公司证券研究报告《东南亚数字经济初探》。
[2] 东南亚六国指的是印度尼西亚、马来西亚、菲律宾、新加坡、泰国和越南。
[3] 中金公司证券研究报告《东南亚数字经济初探》。

第十六章 消费产业：助力"一带一路"经济

者的需求和市场趋势,该公司将目光聚焦于菲律宾等收入水平和消费能力较低的大众消费市场[①],推出了一系列价格实惠、性能稳定、功能实用的手机产品;其次,传音在进入东南亚市场后,积极采取本土化运营策略,该公司在当地设立了研发中心、营销团队、售后服务中心等机构,以更好地满足当地消费者的需求和习惯;最后,传音还加强了与当地运营商和零售商的合作,建立了稳定的渠道和销售网络。

除了传音,其他中国品牌在东南亚六国智能手机的市场份额自2013年以来也呈现上升趋势。根据欧睿信息咨询的数据,2022年东南亚六国的智能手机市场份额前五名中,均有至少三个中国品牌;其中小米在马来西亚的市场份额最高(31%),OPPO在泰国、印度尼西亚和越南的市场份额均超过20%。尽管在新加坡市场中国品牌份额仍低于苹果和三星,但总份额从2013年的不足3%增长到2022年的约20%,我们能够看到中国品牌逐渐进入高端市场的趋势和决心。

(三)消费电器品牌出海

2020年后中国家电品牌全球化趋势形成。中国家电龙头企业在2010年后就尝试品牌出海,但当时没有形成趋势。品牌全球化趋势形成在2020年后,新冠疫情导致欧美居家类消费需求大幅增长。此时中国很多家电产品在微创新上已经领先,且电商影响了欧美传统的线下渠道,2020年、2021年中国家电出口大幅增长。消费电器产品更新速度明显慢于消费电子产品,在具有稳定的品牌格局的市场,重新树立新品牌具有更大的难度。因此,中国消费电器品牌出海更多是通过并购整合的方式。共建"一带一路"国家的消费电器市场仍处于成长期,市场增长较快,这时候发展中国自主品牌的成功概率更高。目前我们看到在发达国家和地区,家电行业主流通过并购整合的方式进行品牌扩张,典型的如海尔收购通用电气家电业务、三洋家电业务,美的收购东芝家电业务,海信收购古洛尼,JS环球生活收购SharkNinja(家电企业)小家电业务。在东南亚市场,该市场深受日韩品牌影响,中国企业通过收购的日本品牌和自己的品牌同步扩张,在其他发

---

① 菲律宾2021年国民人均总收入约为3 419美元,在东南亚六国中属于较低水平。

展中国家和地区更多通过自己的品牌扩张。消费电器行业中，品牌出海规模大、效果好的是海尔。

自 2006 年以来，海尔始终践行全球创牌战略。在 21 世纪初，海尔就坚持自主品牌走向国际市场，相继在美国、泰国、尼日利亚、约旦、巴基斯坦等地建立工厂，生产和销售白电产品。2006 年，海尔率先提出了"全球化品牌战略"，但是当时时机并不成熟，效果平平。特别是在发达国家，海尔品牌业务进展缓慢。2010 年后，海尔集团开始在全球发达国家市场通过并购整合外资家电品牌来实现出海。公司先后收购了日本三洋白电业务、新西兰斐雪派克、美国通用电气家电业务以及意大利 Candy（家电制造企业）等，并取得其在全球范围内的部分工厂，进一步推进全球化进程。2015 年起，海尔集团确定由海尔智家作为全球家电平台，并逐步将所有海外家电业务整合到海尔智家旗下。2015—2020 年，海尔智家的并购支出超过 550 亿元。由于大家电产品和渠道变化慢，且部分发达国家和地区的本土品牌认知度高，海尔通过并购整合策略取得了较好的效果。海尔赋能被并购企业更好的激励制度、更高的生产效率、更快的研发速度，带动被并购企业竞争力提升。例如，海尔并购通用电气家电业务并进行整合，取得了显著效果。2022 年海尔在美洲的收入为 766 亿元人民币，对比惠而浦在北美 115 亿美元的收入，规模已基本接近，主要得益于通用电气家电业务在美国的市占率提升。考虑到大家电产品的运输半径影响，海尔多采取本地生产本地销售的经营策略。截至 2022 年末，海尔在全球有 122 个制造中心、30 个工业园，在全球市场覆盖近 23 万个销售网点，服务范围达 10 亿家庭用户。

在发展中国家，海尔秉承"三位一体"本土化的经营理念，实行多品牌运营。首先，公司坚持研发、制造、销售"三位一体"的本土化经营策略，在当地建有配套的产品研发实验室、生产制造基地，以及完备的营销网络渠道。例如 2017 年海尔上线越南、印度尼西亚制造基地 SAP（思爱普）系统；2019 年海尔印度北部工业园举行奠基仪式，AQUA 越南滚筒洗衣机工厂投产运营；2021 年印度北部工业园顺利达产等。其次，公司发挥收购品牌的优势，除海尔主品牌外，在东南亚推广日系 AQUA 品牌，并于 2022 年在印度尼西亚完成 Candy 的产品企划，将卡萨帝引入泰国，应对不同细分市场，积极拓展市场增量。最后，除了经销体系的逐年成熟和完善之外，海尔当地体验店的建设也在不断推进。例如，2021年海尔菲律宾001号店开业，2022年8月卡萨帝高端智慧场景体验中心在泰国开业，2023年2月AQUA印度尼西亚望加锡首家品牌店开业。

（四）以渠道品牌带动大量轻工日用品出海

渠道品牌形式是轻工日用品出海的可行模式。日用品品类多，有些品类市场规模小，直接的品牌出海并不具有经济性。但是以日用品连锁店的渠道品牌形式出海，是一个之前就被验证过可行的商业模式，比如日本的无印良品。中国目前也已经成长出了自己的全球性日用品连锁店名创优品。名创优品成立于2013年，初期对标日本无印良品，目前已发展出自己的特色，并走向全球。名创优品以简约、自然的设计风格，打造时尚家居、数码电器、美妆个护、文具礼品等多个品类，是拥有超过8 800个核心SKU（最小存货单位）的连锁零售品牌。根据弗若斯特沙利文的报告，名创优品是全球最大的生活日用品零售品牌，按2021年的GMV（商品交易总额）计，在全球的市场份额为6.7%，国内市场份额为11.4%。

名创优品在2015年推行全球化战略，涉及多个国家和地区。目前，名创优品在海外进驻了105个国家和地区，其中包括美国、英国、澳大利亚、法国、新加坡等发达国家，也有拉美、东南亚等新兴市场。近年来名创优品的海外门店数量稳步上升，2019—2022年净增门店672家，到2022年海外门店数已达到2 027家，约占总门店数量的38%；公司海外业务收入占总收入的百分比则从2020年第四季度的22%上升至2022年第四季度的40%。在2023年2月名创优品召开的"中国名创·点亮全球"全球品牌战略升级发布会上，名创优品集团董事会主席兼首席执行官叶国富表示，未来公司战略将聚焦"在海外市场本地化打造细分经营，希望把名创优品打造成每个国家的超级品牌"[①]。目前，名创优品开始在越南等地开发当地供应链，我们认为这一举措将进一步控制成本，并守住其性价比"护城河"。通过提高效率、降低成本，名创优品可以更好地应对激烈的市场竞争，为海外市场的持续发展奠定坚实的基础。

我们将名创优品的成功总结为：通过高颜值、高品质和高性价比的商品及高

---

① 名创优品：《中国品牌颠覆全球零售格局，名创优品进驻105个国家及地区》。

频创新持续吸引顾客进店并形成复购；通过创新性的名创合伙人模式实现快速、标准化的渠道扩张，形成规模；通过规模化采购和数字化工具实现降本并保证供应链的稳定高效。名创优品一方面拥有"中国制造"的价格优势；另一方面根据不同国家的消费者购买力、购买偏好，以及当地竞争环境做差异化定位和差异化组货。

名创优品在东南亚地区取得成功。在东南亚市场，随着中产阶级的快速崛起和消费观念的转变，"variety stores"（杂货店）[①]在当地综合性零售店市场展现出了较大的增长潜力。名创优品作为"variety stores"的代表，以时尚的设计、实惠的价格和优质的服务赢得了东南亚年轻人的喜爱和追捧。名创优品通过"优质低价"策略适应消费水平，兼具设计感和实用性，满足年轻人的需求。其创新的投资商模式实现渠道快速扩张，进驻主要商业街区和购物中心，快速扩大市场份额。以越南为例，名创优品积极推动市场营销，邀请知名歌手代言，以及与越南最大的房地产集团旗下的购物商场 Vincom 进行战略合作，叠加简约的门店装饰和便捷的购物体验，提升了品牌知名度和好感度。名创优品的成功也打破了日本品牌大创长期占据市场主导地位的竞争格局，成为东南亚日用品零售市场的新晋龙头。尤其是在印度尼西亚和越南两大市场，名创优品的市占率上升最为显著，根据欧睿信息咨询的数据，名创优品在这两个市场的市占率分别从 2016 年的 16% 和 17% 上升至 2022 年的 87% 和 39%。

（五）中国互联网的全球化助力品牌出海

中国互联网的全球化，助力中国品牌出海。中国互联网产业具备全球竞争力，并全球化发展，包括电商、长视频、短视频、网络游戏等，也出现过现象级

[①] 综合性零售店可以根据商品种类和价格定位分为两种店铺。综合商品店（general merchandise store）提供广泛的商品种类，规模较大，通常位于购物中心或大型商场内，如沃尔玛、家乐福等。相比之下，杂货店出售日用品和杂货，店铺面积较小，产品性价比高，如大创、无印良品、名创优品等。这些店铺通常开设在街头小巷、社区商圈或购物中心，为消费者提供便捷的购物体验。"variety stores"注重文化、设计感和产品质量，通过创新小众的商品和服务吸引年轻消费者。

跨文化传播的"李子柒短视频"。一方面，电商的发展冲击了海外消费品原有的渠道格局，并给熟悉电商运营的中国企业带来一定的优势；另一方面，中国企业熟悉各种互联网流量的广告和引导价值，可以更好地宣传产品、品牌。

2020年新冠疫情发生后全球电商及跨境电商市场大发展。其中跨境电商最主要的市场是美国和西欧，但其他地区也在快速发展。在这一大发展周期中，涌现出了一批具有代表性的公司，例如希音、安克创新等。

共建"一带一路"国家的潜力不可忽视。虽然这些国家普遍互联网渗透率偏低，但电商在快速发展。特别是东南亚地区，人口规模大，经济发展快，地理位置临近中国，导致中国的互联网龙头普遍将东南亚地区作为互联网业务的重点培育地区，深度参与东南亚互联网发展进程。

以在线视频网站行业为例，中国在线视频网站龙头爱奇艺、腾讯视频在东南亚快速发展，与欧美的奈飞、HBO（有线电视网络媒体公司）、迪士尼形成抗衡之势。爱奇艺、腾讯视频除了在东南亚引入中国电视剧外，目前已经开始本地化制作，投资当地电视剧。

以电商行业为例，东南亚电商发展水平相比中国要明显落后，正在快速发展，类似中国2010年后电商快速发展的势头。2022年，东南亚平均电商渗透率（不包括食品和饮料）为20%，领先的是印度尼西亚和新加坡，电商渗透率约为30%，而菲律宾、泰国和越南紧随其后，电商渗透率约为15%[①]，但与中国47%的电商渗透率相比仍有差距。东南亚最大的电商平台Shopee获得腾讯的战略投资，通过跨区域交流借鉴和学习中国电商成功拓展的经验。东南亚第二大区域性电商Lazada由阿里巴巴投资并控股，阿里巴巴将Lazada整合到其全球性电商生态圈里，通过Lazada，东南亚消费者能登入淘宝和小红书热门产品界面，直接对接中国线上商家购买中国产品。

短视频是中国领先全球的互联网模式，代表性公司是字节跳动，在海外推出TikTok。TikTok通过内容输出、IP（知识产权）输出和本土化策略等方式，将中国文化与各国用户紧密联系在一起，是中国有力的文化输出载体。2023年，TikTok上关于#China（#中国）的标签，话题总浏览量已超过713亿次，视频

---

① 麦肯锡：《电子商务在东南亚正在进入一个新阶段，物流参与者准备好了吗？》。

内容包括中国传统的工艺、城市景点、美食、动物、经济等。同年，作为根植于中国传统文化的"东方美食生活家"，李子柒在 TikTok 上拥有超过 360 万粉丝。以国潮文化和时尚街拍为代表的中国新文化产品也受到了海外用户的喜爱：2023 年，中国街拍话题标签 #chinesestreetfashion 在 TikTok 上观看量高达 30 亿，其中不少时尚达人的穿着将中国传统元素与现代设计巧妙结合，成功演绎出具有东方特色的时尚。

中国企业也善于通过 TikTok 进行品牌宣传，以海尔为例，根据 TikTok for Business（全球移动营销平台）的数据，2022 年 4 月，海尔通过 TikTok 在东南亚发起 #HaierAirPower、#AQUAAirPower 品牌挑战赛，为新品 Haier Expert Rac 空调造势，上线 3 天获得超 57.5 亿浏览量，总互动量突破 5 亿，大幅提高了海尔在东南亚消费者中的曝光度。此外，TikTok 已开始推行社交电商 TikTok Shop。以东南亚地区为例，据 The Information（科技媒体）报道，2022 年 TikTok 在东南亚的商品交易总额同比增长接近 3 倍，达到了 44 亿美元。[①] 我们认为社交电商的发展预计会逐步侵蚀传统电商平台的份额，并改变消费模式。

四、发挥大国需求，共创互利共赢

（一）非主粮农产品采购互惠互利

中国农产品消费稳步增长，进口需求持续扩大。中国是世界上最具活力的食用农产品市场，同时也是最大的农产品进口国。中国的主粮安全可以自主保证，但消费升级需要的非主粮农产品需大量进口。一方面，根据《中国农业展望报告》，2015 年以来中国农产品消费量稳中向上，2022 年达 22 亿吨，2015—2022 年 CAGR 为 3.1%；另一方面，根据中国海关总署的数据，中国农产品进口自 2015 年以来持续扩大，2022 年国内农产品进口金额达 2 240 亿美元，2015—2022 年

---

① 参见 https://www.theinformation.com/articles/tiktok-parent-bytedances-e-commerce-volume-surged-in-2022-internal-data-show#:~:text=Meanwhile%2C%20shoppers%20on%20TikTok%20in%20Southeast%20Asia%20more,ban%20the%20app%20due%20to%20national%20security%20concerns。

CAGR达11.4%。中国农产品整体进口增速较消费量增长更快,我们认为主要原因是需求侧农产品消费结构变化,非主粮农产品需求大、消费量增速快,同时供给侧源于国内外资源禀赋差异,部分非主粮农产品依赖海外进口,助推整体进口规模快速扩张。

国内居民消费升级趋势明显,非主粮农产品进口起到重要作用。随着中国居民饮食结构的调整,国内消费者的饮食目标也逐渐从"吃饱"转变为"吃好",对传统主食的消费需求趋于稳定,而对非主粮农产品的消费需求日趋提高。肉类、禽类、蛋类、奶类、水产、干鲜瓜果等农产品的人均消费量增速领先农产品整体。从消费角度,根据国家统计局的数据,上述农产品的人均消费占比分别从2013年的7.0%、2.0%、2.3%、3.2%、2.9%、11.2%提升至2021年的7.9%、3.0%、3.2%、3.5%、3.4%、14.7%。从进口角度,上述非主粮农产品的进口增速同样快于农产品整体。根据中国海关总署的数据,肉及食用杂碎、水海产品、食用水果及坚果、乳品及蛋品、咖啡/茶和香料等农产品进口占比分别从2015年的6.5%、6.0%、5.7%、3.1%、0.4%提升至2022年的13.8%、8.4%、7.4%、4.3%、0.7%,有效缓解了国内农业资源压力。我国的非主粮农产品人均供应量依然偏低。根据联合国粮食及农业组织的数据,2020年我国牛肉、禽肉、咖啡及制品人均供应量为6.75千克、15.63千克、0.13千克;根据欧睿信息咨询的数据,我国2022年乳制品人均消费量为70.4美元。

共建"一带一路"国家在我国非主粮农产品进口中起到重要作用(见表16.2)。中国海关总署的数据显示,2022年共建"一带一路"国家贡献了我国33%的畜禽肉类进口,其中主要是从阿根廷、新西兰进口冻牛肉;贡献了我国64%的水产品进口,我国水产品及制品进口金额排名前三的国家为厄瓜多尔(特色对虾)、俄罗斯(特色鳕鱼)、越南(特色巴沙鱼),均为共建"一带一路"国家,占比分别达19%、15%、9%;贡献了我国68%的蛋和奶进口,我国乳制品所需要的原奶供不应求,我们预计2025年国内原奶缺口量达2 100万吨,占总需求量的33.6%,我国存在进口大包粉及干酪的需求,用以生产乳饮料、冰激凌等乳制品;贡献了我国91%的水果和坚果进口,其中主要从泰国进口榴梿、椰子、鲜龙眼,从智利进口樱桃,从越南进口火龙果和从菲律宾进口香蕉;贡献了我国50%的咖啡、茶和香料进口,其中主要从埃塞俄比亚和越南进口咖啡,以及从印度尼西亚进口豆蔻。

我国进口水果的需求也同样为共建"一带一路"国家提供了经济支撑。其中，泰国是我国主要的水果供应国之一，主要向我国出口榴梿（见表16.3）。随着我国对水果的需求增加，从泰国的采购金额也在快速上升。根据泰国商务部的数据，2022年泰国向我国出口各类水果的金额为1 337亿泰铢，占泰国水果出口总额的88%，其中，泰国向我国出口榴梿的金额为1 060亿泰铢，占其榴梿出口额的比重高达96%。

我国从共建"一带一路"国家进口非主粮农产品，助力改善共建"一带一路"国家产品供应链，同时也通过技术输出为相关国家的可持续发展提供帮助。以水产、渔业为例，自1981年起，我国渔业承担多边、双边援外培训项目148个，为全球137个国家和地区（绝大部分为共建"一带一路"国家），培训了4 000多名高级渔业管理官员和技术人才。越南等国的水产养殖行业经过多年产量增长后存在过度捕捞、资源不足和环境污染的问题，而中国在良种培育、疾病防控和水产品质量等领域则有丰富的科研成果。自"一带一路"倡议发起后，中越两国已在北部湾联合开展了5次增殖放流活动，其中中方累计向北部湾放流各类水产苗种超2.26亿尾[①]，有效增加北部湾渔业资源数量，惠及两国渔民。

表16.2 共建"一带一路"国家在我国非主粮农产品进口中起到重要作用

进口情况概览	肉类	水产品	乳品及蛋品	水果及坚果	咖啡、茶和香料
2022年我国进口总量	309亿美元	188亿美元	95亿美元	166亿美元	16亿美元
2022年主要共建"一带一路"国家进口份额	阿根廷10%、新西兰9%	厄瓜多尔19%、俄罗斯15%、越南9%	新西兰54%	泰国38%、智利20%、越南9%、菲律宾4%	埃塞俄比亚12%、印度尼西亚11%、越南5%
2022年共建"一带一路"国家总份额	33%	64%	68%	91%	50%
意义	随着我国居民饮食结构调整，国内消费者对农产品的要求日趋提高，农产品进口有效缓解了农业资源压力，满足了消费者的需求，具有较大的发展潜力				

资料来源：中国海关总署，中金公司研究部。

---

① 参见 http://m.news.cn/gx/2023-05/08/c_1129596768.htm。

表16.3 我国占共建"一带一路"国家出口比重较高，我国进口需求为
共建"一带一路"国家提供经济支撑

共建"一带一路"国家出口情况概览	泰国		越南
	水果	榴梿	腰果
2022年出口总量	1 516亿泰铢	1 101亿泰铢	52万吨
出口国家和地区份额	中国大陆88%、东盟9国6%、中国香港3%、欧盟27国1%	中国96%	美国28%、中国15%、荷兰10%、德国3%
2022年共建"一带一路"国家向中国出口份额	91%	96%	15%

资料来源：中国海关总署，泰国商务部，中金公司研究部。

产业链合作能够保障我国农产品供应的稳定性，同时拉动共建"一带一路"国家经济发展。近年来，诸多国内企业向上布局，在原材料主产国建立原材料基地或直接收并购上游品牌、产地公司。对我国，向上布局有利于企业获取更稳定、高质、低价的原料采购资源。如中国部分红酒企业2013年起响应国家"一带一路"倡议，拓展海外布局，先后收购智利魔狮葡萄酒公司，西班牙爱欧公爵，法国富朗多、蜜合花、拉颂酒庄，丰富其产品矩阵，既解决了国人进口偏好，又拓展了海外布局。对共建"一带一路"国家，中国企业投资建厂、收并购当地品牌可以拉动投资与就业，提供中国企业的技术和管理经验，增强当地产品知名度，促进当地产品出口。如劲仔食品于2018年紧跟"一带一路"倡议发展步伐，在肯尼亚建设水产品初加工基地，将国内外先进生产理念、工艺和技术带到肯尼亚，赋能当地产业链。该项目2021年成为肯尼亚渔业部质检员国家培训基地，2022年获中国驻肯尼亚大使馆表彰。

（二）旅游观光：旅游来往带动当地产业发展，共创互利共赢

我国出境游渗透率较发达国家仍有较大提升空间。伴随中国经济高速发展，中国居民出境游时的消费能力得到验证。根据世界旅游组织的数据，中国游客出境人均消费金额2015年为1 954美元，超过美国、法国、韩国、印度等国家。

2019 年该指标小幅下降至 1 647 美元，但仍高于同期美国与加拿大的 1 326 美元与 1 328 美元。2019 年我国居民出境游渗透率由 2010 年仅 4.3% 的水平逐步提升至 11%，但同期发达国家如美国、加拿大等出境游渗透率可达 30%、72%，中国与之相比仍有较大提升空间。

中国游客在共建"一带一路"国家的旅游消费有挖掘潜力。中国游客总体更喜欢欧美、日本等发达国家和地区作为旅游地，共建"一带一路"国家的旅游支出相对较少，可以继续挖掘潜力。中国赴共建"一带一路"国家旅游人次逐年上升，根据 CEIC（经济数据库）的数据，2013—2019 年赴主要共建"一带一路"国家（泰国、柬埔寨、印度尼西亚、马来西亚、菲律宾、新加坡、越南、韩国及俄罗斯）旅游的中国游客数量从 1 663 万人次提升至 3 763 万人次，占整体中国出境游人次比重由 16.9% 提升至 22.2%。从人均消费来看，国家旅游局于 2017 年 5 月估计，"十三五"时期（2016—2020 年），中国将为共建"一带一路"国家输送 1.5 亿人次游客、2 000 亿美元旅游消费，我们估计 2019 年中国游客在共建"一带一路"国家的人均消费约为 1 333 美元，相较 2019 年中国游客在日本和美国的人均消费（1 972 美元和 12 000 美元），仍有较大的增长空间。从对不同国家旅游业的贡献来看，2019 年上半年我国境外旅行支出为 1 275 亿美元，其中在共建"一带一路"国家的消费金额为 149 亿美元，占比仅为 11.7%。

安全、基础设施待加强是很多共建"一带一路"国家旅游业发展的障碍。在共建"一带一路"国家中，中国游客主要的出游目的地是毗邻的韩国、东南亚地区，2017 年前往东南亚主要七国的旅游人次占共建"一带一路"国家旅游人次比重的 83%。韩国自参与"一带一路"倡议后，凭借其自身优势及特色（签证便利、出境游机票价格较低、免税行业发达、韩流文化传播），同样成为共建"一带一路"国家中出境游的重要选择。从中国出境游各大洲分布结构来看，2017 年亚洲地区（除港澳台）接待中国游客数的占比为 23.3%，亚洲以外地区接待中国游客数的占比仅为 23.6%，欧洲、北美洲、大洋洲、非洲、南美洲占比分别为 9.3%、8.7%、4.5%、0.8%、0.3%。2017 年欧洲和非洲接待中国游客最多的共建"一带一路"国家分别为俄罗斯和埃及，接待中国游客数仅为 148 万人次和 30 万人次，远低于泰国的 950 万人次。东南亚及韩国以外共建"一带一路"国家的中国游客接待量较少，主要是由于部分国家（如非洲、中亚和南美洲地区）地理位置远且整体治安情况和基础设施仍待加强。

中国游客为共建"一带一路"国家经济带来更多发展机会。根据中国旅游研究院，按照大口径计算，包含短期留学、务工、医疗等消费在内，2017年共建"一带一路"国家实现国际旅游收入3 851亿美元，其中30.8%由中国游客贡献。根据世界旅游业理事会的数据，2018年旅游业对共建"一带一路"国家平均综合就业贡献达14.1%，综合经济贡献达14.9%。以俄罗斯远东地区的共同开发为例，2022年12月俄罗斯与中国合作，计划共同开发远东经济特区，拟引进中国投资1 600亿美元。虽然远东地区的海洋、农业、林业、渔业资源丰富，但资金、人力及技术有限，与中国战略合作可相互促进经济发展，增进经济贸易来往，同时提升远东地区在中国的知名度，增加旅游往来。为满足不断增长的中国游客出境游的各类需求，共建"一带一路"国家不断进行服务业转型升级，提供更加优质的服务和旅行体验，从而吸引更多中国游客。例如，为方便中国游客出入境过程推出电子签证[1]，进行基础设施建设完善道路交通，完善移动支付、电子钱包等数字支付方式等。

五、思考与启示

"一带一路"倡议的不断推进，为中国消费者购买共建"一带一路"国家优质的产品、出境旅游观光，以及企业对外投资和品牌出海等方面提供了良好的环境和机遇，双方合作逐步加深。然而，由于不同国家之间在经济制度、文化习俗、基础设施水平等方面存在较大差异，国内外企业和消费者在合作与互动过程中也可能遇到诸多问题和挑战。例如，共建"一带一路"国家优质的水果等农产品进口价格较高，进口市场范围和进口产品种类、通关效率等方面尚存优化提升空间；企业对于国外当地市场的准入制度、相关法律法规、文化习俗等不熟悉，信息不对称的问题亟待解决；企业出海的过程缺乏一定的统筹规划，未能充分发挥产业集群效应等。

基于此，我们分别从"引进来"和"走出去"两个维度进行分析讨论，建议

---

[1] 参见 https://agents.vfsevisa.com/thailand/b2b/login。

在降低贸易壁垒和交易成本、提升人员跨国流动的便捷性方面给予更多的政策支持，并且希望通过打造高水平的海外产业园区、建立常态化的合作交流机制，降低企业和品牌"走出去"的门槛，提升中国品牌和文化的国际认同感。

（一）引进来：降低贸易壁垒与交易成本，提升人员跨国流动的便捷性

扩大进口市场范围和产品种类，发展多元化的运输方式，从而降低进口贸易壁垒。共建"一带一路"国家优质的水果等农产品在国内需求旺盛，但进口水果的售价较高，部分原因在于进口市场较为集中，例如，根据中国海关总署的数据，在2022年7月以前我国仅允许进口泰国鲜食榴梿，而自2022年7月越南鲜食榴梿获准进入中国市场后，我国榴梿消费量进一步提升，且进口价格有所降低。根据中国海关总署的数据，2023年1—3月中国鲜榴梿进口量9.14万吨、货值35亿元，同比分别增加154%、144%（上年同期受到海关通关不畅和泰国当地气候影响，进口量较低）；平均进口单价为38.3元/千克，同比下降4.2%，其中，泰国、越南鲜榴梿进口量分别占比70%、30%，平均进口单价分别为40.3元/千克、33.6元/千克。因此，面对我国日益多元的消费需求，可以在充分考虑共建"一带一路"国家资源禀赋的基础上，合理扩大优质产品的进口种类和进口市场范围，积极落实《区域全面经济伙伴关系协定》，推进《全面与进步跨太平洋伙伴关系协定》等区域自由贸易协议谈判，进一步降低与共建"一带一路"国家农产品的贸易壁垒。此外，开通更多的运输路线也为进一步加强国内外贸易往来降低壁垒，例如，根据央广网，自2021年12月中老铁路开通运行之后，泰国榴梿进口至中国昆明大约需要3天的时间，运输周期显著快于此前海运所需约7天、公路运输约5天的时间，运输效率的提升一方面能够提高进口产品的品质，另一方面也能够显著降低运输途中的损耗率。[①]

优化海关流程，推动数字化建设，推进交易降本提效。海关的监管效能是影响进出口贸易效率的重要因素之一。根据中国商务部的数据，2013—2022年，

[①] 参见 https://www.cnr.cn/news/20230512/t20230512_526249158.shtml。

我国与"一带一路"沿线国家货物贸易额从1.04万亿美元扩大到2.07万亿美元，贸易规模与种类持续提升。通过完善数字化、自动化、智能化的通关体系建设，提升口岸查验和征税效能，可以提高贸易流转效率，缩短过关时间周期，降低企业交易的时间成本及经济成本。

增加签证互免，提升人员跨国流动的便捷性，完善出境游产品及服务水平。通过提升旅游签证政策的便捷、开放程度，促进国际旅游快速发展。例如，进一步优化与共建"一带一路"国家的入境签证互免政策，增加免签国家数量，提升出游便利度，促进双向旅游。根据中国领事服务网，截至2023年2月22日，在151个共建"一带一路"国家中，已有130个国家与中国缔结互免签证协定，持适用的护照短期旅行通常无须事先申请签证。此外，建议进一步完善出境游产品和服务水平，增加旅游线路及旅行社跟团游产品等。

（二）走出去：打造高水平的海外产业园区，增强中国品牌的国际认同感

借助国内丰富的产业集群经验，因地制宜打造海外产业园区，降低企业"走出去"门槛。中国有丰富的产业集群和产业园建设经验，例如江苏昆山经济技术开发区自2016年布局高端食品产业以来，瞄准多元化食品消费方向，积极拓展咖啡、巧克力、冰激凌、饮料等休闲食品品类，构建了集生产、研发、传播、展示、销售、物流仓储等于一体的产业链生态，目前已汇集核心企业20余家，2022年实现年产值超120亿元。[①] 因此，在国内企业"走出去"的过程中，可以借鉴中国的产业园建设经验，发展当地产业集群。一方面，海外产业园区可以增加东道国当地税收，提供就业岗位，促进当地产业结构升级等；另一方面，政府牵头可以争取更有利的优惠政策和营商环境，进而降低企业"走出去"的门槛与运营成本。

加强海外产业园区的专业化配套服务，建立动态运营反馈机制，提升园区运营效率。目前，我国与共建"一带一路"国家合作的70余个海外产业园区中，

---

① 资料来源：《昆山"拼"出高端食品产业新版图》，《江苏日报》，2023年1月13日。

大多数园区的建设发展处于初级阶段，管理模式相对粗放，规模化、高质量的产业园区较少。建议产业园区加强专业配套服务建设，例如引入银行、保险等金融服务机构，缓解企业融资困难等问题，并建立动态运营反馈机制，在产业园区运营阶段做好管理与支持，提升园区运营效率。

协助出海企业建立信息交流及传播组织，帮助其了解当地市场的基本情况，更好地进行产品及渠道的本土化。中国企业在本土市场的渠道、技术、品牌下沉方面有丰富的经验，下沉离不开对当地市场的深入了解，因地制宜地制定策略。传音在非洲市场渠道和营销的本土化，宣传渗透到农村市场是典型的案例。对于出海的消费品企业而言，了解当地的风土人情和消费习惯必不可少，政府层面可以引导或协助出海企业建立类似商会的互助组织，不定期分享当地市场的信息和运营经验，帮助出海企业更好地融入当地市场环境，进行产品及渠道的下沉。

建立常态化交流机制，增强海外消费者对中国品牌的认同感，助力中国品牌出海。相对而言，品牌出海大多是企业自主选择下的市场化行为，政府层面可以引导并提供国内外企业与消费者互相交流的机会，以促进中国品牌的本土化塑造。例如，定期在共建"一带一路"国家牵头举办不同行业的品牌、产品、文化交流会。一方面，对于国内企业来说，其能够更有针对性地学习和借鉴国外本土品牌的理念和品牌建设方法，并在当地寻求合适的战略合作伙伴；另一方面，对于共建"一带一路"国家的消费者而言，通过文化宣传可以增加其对中国文化与中国品牌的认知程度，培养文化共识以及品牌亲近感，进而提升当地居民在消费中对于中国品牌的偏好程度。